裁判要点与观点丛书
总 主 编　刘贵祥
副总主编　杨临萍　程新文

股权案件
裁判要点与观点

本册/主　编　刘　敏
副主编　袁　力

法律出版社
LAW PRESS·CHINA

裁判要点与观点丛书

编　委　会

《股权案件裁判要点与观点》
编 委 会

主　编 刘　敏

副主编 袁　力

编　委 刘　敏　袁　力　韦钦平　徐子良　夏旭日

出 版 说 明

“统一法律适用标准”既是实现“同等情况相同对待”古老自然正义的要求，也体现了“努力让人民群众在每一个司法案件中感受到公平正义”的目标，它归根到底是希望法官在处理同类案件中适用一致的裁判规则，确保法律适用的准确和统一，维护社会的公平正义，进而形成司法积累甚至对立法的补充完善，促进法治的进步。

《裁判要点与观点丛书》针对民商事审判实践中常见多发的纠纷案件类型，择取各类案件中的常见、重点、疑难新型问题，结合典型裁判，提炼裁判要旨，突出对案件裁判要点的归纳和解读、观点的阐述和分析，以超越个案审判的视野，研究案例所体现的法律规则、裁判方法以及裁判理念，以期达到有助于将裁判规则适用于类案的效果。丛书立足审判实践，主要由一线资深法官精选典型案例并撰写，同时收纳了最高人民法院指导案例、公报案例、最高院发布的典型案例等，并由最高人民法院专家型民商事法官审读修改把关，对法官、律师办理同类民商事纠纷案件有较大的借鉴与指导意义。丛书内容包括股权、民间借贷、借款担保、买卖合同、房屋买卖租赁、婚姻家庭继承、道路交通、人身损害赔偿、建设工程施工合同、劳动争议10个分册。具体特点如下：

1. 典型丰富的真实判例，体现系统性、指导性

案例从最高人民法院以及北京、上海、江苏、广东等有代表性省份的法院近年来审结的数千件真实案件中精心筛选而来，案例具有广泛的选编基础，兼顾每个专题问题的体系性、全面性，并包括最高人民法院公报案例、指导案例、最高人民法院发布的典型案例、个别省的参阅、参考性案例以及来自《民事审判指导与参考》、《人民法院案例选》等权威出版物所登载的案例，力求使每个分册都涵盖此类案件重点、疑难、新型问题的法律适用点。

2. 精准简明的提炼加工，体现准确性、权威性

案例均是对法院裁判的精细加工和提取，对每一个案例，除了高度概括“案情”、“结论”、“法院认为”之外，着重准确简明地提炼该案例的核心裁判要点即“裁判要旨”，同时挂接了司法解释理解与适用等权威的观点，并由最高人民法院民商事专家型法官全面审读把关，对裁判要旨、裁判观点逐一修改完善，使裁判要点和观点与最高人民法院保持一致。

3. 广泛深入的研讨分析，体现针对性、新颖性

每个专题问题经北京、上海、江苏等具有丰富审判实践经验的一线资深法官集体讨论，提出意见，并经最高人民法院资深法官修改审定，前后经多次反复修改最终定稿，使问题针对审判实践，且具有新颖性。其中一些重点案例辅之以“法官分析”、“同类案例”以及重要、权威的裁判“观点”，以便读者更为深入地了解案例背后的法理解析、裁判思路、法律适用方法等。

丛书编辑出版历时1年有余，凝聚了编者的心血和智慧，但囿于水平和时间所限，不当、错误之处在所难免，敬请读者批评指正，我们将在丛书的修订再版中予以补正完善。

联系邮箱：dazhong@ lawpress. com. cn

编　者

2016年5月

缩　略　语

全　称	简　称
中华人民共和国公司法	公司法
中华人民共和国合同法	合同法
中华人民共和国民法通则	民法通则
中华人民共和国民事诉讼法	民事诉讼法
中华人民共和国企业破产法	企业破产法
中华人民共和国物权法	物权法
中华人民共和国担保法	担保法
中华人民共和国婚姻法	婚姻法
中华人民共和国继承法	继承法
中华人民共和国侵权责任法	侵权责任法
中华人民共和国外资企业法	外资企业法
中华人民共和国中外合资经营企业法	中外合资经营企业法
中华人民共和国中外合作经营企业法	中外合作经营企业法
中华人民共和国城市房地产管理法	城市房地产管理法
中华人民共和国会计法	会计法
中华人民共和国信托法	信托法
中华人民共和国涉外民事关系法律适用法	涉外民事关系法律适用法
中华人民共和国公司登记管理条例	公司登记管理条例

中华人民共和国中外合资经营企业法实施条例	中外合资经营企业法实施条例
中华人民共和国外资企业法实施细则	外资企业法实施细则
中华人民共和国城镇国有土地使用权出让和转让暂行条例	城镇国有土地使用权出让和转让暂行条例
最高人民法院关于适用《中华人民共和国民事诉讼法》若干问题的意见	民事诉讼法意见
最高人民法院关于适用《中华人民共和国公司法》若干问题的规定(一)	公司法解释(一)
最高人民法院关于适用《中华人民共和国公司法》若干问题的规定(二)	公司法解释(二)
最高人民法院关于适用《中华人民共和国公司法》若干问题的规定(三)	公司法解释(三)
最高人民法院关于适用《中华人民共和国合同法》若干问题的解释(一)	合同法解释(一)
最高人民法院关于适用《中华人民共和国合同法》若干问题的解释(二)	合同法解释(二)
最高人民法院关于适用《中华人民共和国担保法》若干问题的解释	担保法解释
最高人民法院关于贯彻执行《中华人民共和国民法通则》若干问题的意见(试行)	民法通则意见(试行)
最高人民法院关于民事诉讼证据的若干规定	民事诉讼证据规定
最高人民法院关于审理民事案件适用诉讼时效制度若干问题的规定	民事案件诉讼时效制度规定

目 录

第一章

股东资格与股权确认纠纷

第一节 股东资格与股权确认纠纷的具体认定

001. 股东资格确认的形式要件和实质要件

侯某某与青岛城阳海燕木业有限公司股权确认纠纷案①

[案号]

山东省青岛市中级人民法院(2010)青民二商终字第480号

[裁判要旨]

确认股东资格的一般实践原则是其具备股东资格的形式要件或实质要件。形式要件为公司章程、股东名册以及工商登记的记载,实质要件为签署公司出资协议书、出资、取得出资证明书、实际享有股东权利。司法实践中,根据股东确认的一般原则,确认取得股东资格和股东权利,在不具备形式要件的情况下,也应当符合取得股东资格的实质要件。

[案情]

上诉人侯某某与被上诉人青岛城阳海燕木业有限公司(以下简称海燕木业公司)、第三人矫某某、第三人李某某股权确认纠纷一案,一审法院审理查明:被告海燕木业公司成立于1998年12月21日,公司股东(发起人)名录和公司章程记载,该公司成立时注册资本为50万元,股东为矫某某、李某某,其中矫某某出资38万元,李某某出资12万元,出资方式均为货币出资,验资报告载明,上述出资已于1998年11月24日到位。

海燕木业公司从成立至今共进行过三次增资,现有注册资本2800万元。第一次注册资本变更为2001年2月20日,注册资本从50万元增至500万元,其中矫某某出资380万元,李某某出资120万元;2003年12月15日第二次注册资本变更,注册资本从500万元增加至800万元,新增注册资本300万元均为货币出资,其中

---

① 本书未注明出处的案例来源于中国裁判文书网或文书所在省、市法院网站。

矫某某增加出资228万元,李某某增加出资72万元;2008年3月23日第三次注册资本变更,注册资本从800万元增加至2800万元,其中矫某某以货币出资2128万元,李某某以货币出资672万元。海燕木业公司三次增资的股东会决议和章程修正案中所记载的公司股东均为矫某某、李某某两人,其中矫某某的参股比例为76%、李某某的参股比例为24%。原告侯某某未在海燕木业公司股东会议记录、股东会决议上签名。被告海燕木业公司2000年至2008年历年审计报告中均无股东分红的账面显示。2009年度1月份、2月份未分配利润分别为-630284.23元、-944203元。

另查明,青岛市城阳区棘洪滩木器厂(以下简称棘洪滩木器厂)系依法核准成立的独立企业法人,与海燕木业公司是两个不同的法人。1998年10月30日,海燕木业公司股东矫某某收购棘洪滩木器厂。1999年1月2日和1999年3月20日,棘洪滩木器厂共收取侯某某102万元资金。海燕木业公司2001年1月31日的其他应付款清查评估明细表中载明尚欠侯某某1999年9月的借款420000元。原告侯某某于2001年11月29日收到海燕木业公司还款40万元,该款项以支票转账给青岛环海房地产发展有限公司,用于原告购买该公司开发的商品房。原告侯某某曾在被告公司任副经理职务,至迟于2009年3月离开被告公司。

原告侯某某起诉要求确认其系海燕木业公司股东。

原告提交借条原件2份,证明原告向海燕木业公司投注股金102万元,明为借款,实为投资。被告和两第三人质证认为该证据不能证明原告所说的证明事项即不能证明明为借款,实为投资的结论。

原告提交2007年4月24日海燕木业公司开具给原告的证明原件1份,证明原告是海燕木业公司的股东,并持有公司35%的股权。2007年公司发展壮大后,原告不放心其股东身份,要求被告出具了该证明。被告海燕木业公司和两第三人质证认为,该证据不是用来证明原告的股东资格和股份情况,理由如下:(1)从证据的表面格式看是为国外需要而出具,因为证明和落款时间和单位名称都放在左下角。(2)矫某某的签字不是其本人签署。(3)该证据应原告要求为他儿子出国而开具的,是双方恶意串通出具的虚假证明,不具有法律效力。(4)其中的内容如股份比例、工资额等内容都与事实不符。

一审法院依照《民事诉讼证据规定》第2条,《公司法》[①]第4条、第25条、第27条、第29条、第32条、第33条之规定,判决:驳回原告侯某某的诉讼请求。

上诉人侯某某不服原审判决,提起上诉,请求撤销原审判决,确认其海燕木业公司的股东身份。

---

① 此处指2005年修订的《公司法》。

［结论］

二审法院判决驳回上诉，维持原判，即驳回侯某某要求确认其股东身份的诉讼请求。

［法院认为］

本案上诉人要求确认具有海燕木业公司的股东资格。根据我国《公司法》相关规定，关于股东资格的确认标准主要有以下几种：一是股东是否签署公司章程并记载为股东；二是股东是否实际出资；三是股东名册是否有记载；四是是否经工商登记为股东；五是是否有公司出具的出资证明书。但实践中确实会因种种原因使部分条件不具备，从而导致股东资格确认纠纷。司法实践中，根据股东确认的一般原则，确认取得股东资格和股东权利，在不具备形式要件的情况下，也应当符合取得股东资格的实质要件。

庭审中上诉人和被上诉人海燕木业公司以及两原审第三人各方均确认，本案上诉人不具备成为海燕木业公司股东的形式要件，不符合法律规定的外观形式。即，公司章程、股东名册以及工商机关的登记中，均未记载上诉人是海燕木业公司的股东。因此，本案双方争议的焦点问题是，上诉人是否符合取得海燕木业公司股东资格应当具备的实质要件。法院从以下三个方面进行分析论证：

(1)1999 年 1 月 2 日和 1999 年 3 月 20 日棘洪滩木器厂收取上诉人 102 万元资金的性质，是借款还是股东的出资款，能否以此确认上诉人向海燕木业公司履行了出资义务。

出资是股东应当向公司履行的一项法定义务，是取得股东资格的实质条件。上诉人所持的 102 万元的借条和收款收据的收款人棘洪滩木器厂，棘洪滩木器厂和海燕木业公司是两个独立的企业法人，该款项被上诉人海燕木业公司和两第三人均不确认是作为对海燕木业公司的出资款项，上诉人所谓和被上诉人海燕木业公司及其他股东有口头约定没有证据支持。分析款项发生的时间，是在海燕木业公司 1998 年 11 月 24 日验资并成立之后，故从时间上看可以确认，该款项发生时不存在作为股东的原始出资注入海燕木业公司的事实，不能确认是出资款。在海燕木业公司成立之后的三次增资中，均未记载和确认该款项作为股东出资款投入海燕木业公司。上诉人既未与海燕木业公司签订任何认购出资或者股份协议，海燕木业公司亦未向上诉人签发股东资格证明等行使股东权利的凭证。故上诉人仅以借条和收据要求确认履行了股东向海燕木业公司的出资义务，证据不足，二审法院不予确认。

(2)上诉人是否实际行使了股东的权利，即是否实际享有了海燕木业公司股东权利的问题。

股东权利的享有、股东义务的履行，是取得股东资格的结果，也是判断是否取得股东权利的依据之一，上诉人主张其行使了股东权利，但从被上诉人海燕木业公司提交的股东会议记录来看,上诉人从未行使过股东表决权,从未作为股东参与过海燕木业公司的重大决策和决议,甚至在海燕木业公司几次增资的股东会议中,亦从未作为股东履行表决权利。侯某某主张其在海燕木业公司分过红的主张证据不充分,且海燕木业公司提交了公司年度审计报告中关于未分配利润情况的相反证据,被告关于因为侯某某曾是公司聘用的副总,对公司的贡献较大,故在侯某某离开公司时给予较大补偿的解释具有合理性,因补偿数额的较大,即判定是分红,没有法律依据。对侯某某关于其在海燕木业公司分取过红利的所称,不予认定,即侯某某并未享有海燕木业公司的资产收益权。通过上述综合分析认定,侯某某也不具备海燕木业公司股东的实质要件。

(3)2007年4月24日被上诉人海燕木业公司向上诉人出具的证明,能否作为确认上诉人具有海燕木业公司股东资格的依据。

被上诉人海燕木业公司向上诉人出具的证明,从形式上来看,落款时间和单位均位于材料的左下角,且时间顺序倒写,符合国外的书写习惯;从出具时间分析,与上诉人儿子出国使用的证明信,存款证明均发生在同一天;且从证明内容来看,证明上诉人在被上诉人的资产情况,各证据间具有关联且能够相互印证,形成的较为完整的证据链能证明海燕木业公司出具股份证明的真实目的在于为原告之子出国留学提供便利。上诉人仅以此证明要求确认海燕木业公司的股东身份显然不能成立。

综上所述,上诉人既不具备作为海燕木业公司股东的形式要件,也不具备取得股东资格的实质要件,既无证据证明向海燕木业公司履行过出资义务,也没有任何交付出资的证明,提交的证据也不能证明实际履行了股东的权利。至于上诉人是否能确认为海燕木业公司的"隐名股东",从本案证据分析,也不符合"隐名股东"的法律特征。海燕木业公司的股东,即第三人矫某某、第三人李某某从未确认上诉人是"隐名股东",上诉人没有实际出资,也一直未以实际股东身份行使股东权利,并且没有对应的显名股东以及与显名股东之间的协议或约定存在,上诉人"隐名股东"一说不能成立。故上诉人要求确认海燕木业公司股东资格,依法不能成立。原审法院认定事实清楚,适用法律正确。

[法律法规链接]

《公司法》(2005修订)第4条、第25条、第27条、第29条、第32条、第33条

【观点】

当事人取得股权有两种方式,一是原始取得,即在公司设立或增资中通过向公司出资或者认缴出资取得股权及股东资格;二是继受取得,即从他人处受让股权。股东取得无瑕疵的股东资格和股东权利需要符合实质要件和形式要件。公司章程

所记载的有关股东身份的内容可以作为确认股权的依据。股东名册的记载具有权利推定效力(在股东名册上记载为股东的,推定为公司股东)、对抗效力(权利人以合法的原因及方法受让股权,如果未进行名义更换,仍然不是股东,不可以对公司行使股权)、免责效力(公司没有义务查证股权的实际持有人,仅向股东名册上记载的名义上的股东履行各种义务即可)。工商机关的登记可以作为证明股东资格并对抗第三人的表面证据。①

002. 拟以增资扩股方式成为有限责任公司股东,但未经股东会决议通过的,不能成为公司股东

原某某与上海亚朋生物技术有限公司股权确认纠纷案

[案号]

上海市第一中级人民法院(2010)沪一中民四(商)终字第69号

[裁判要旨]

根据《公司法》的规定,公司增加注册资本应由股东会作出决议,且必须经代表2/3以上表决权的股东表决通过。拟以增资扩股方式成为有限责任公司股东,但未经公司股东会决议通过,未确定投资人投资数额及股权份额,不能成为公司股东。

[案情]

上诉人原某某与被上诉人上海亚朋生物技术有限公司(以下简称亚朋公司)股权确认纠纷一案,一审法院查明:亚朋公司系设立于2005年9月1日的有限责任公司,其设立时的注册资本为人民币100万元,股东由张某某、王某某组成,其中,张某某的出资额为90万元,王某某的出资额为10万元。法定代表人由张某某担任。

2006年5月9日,原某某与张某某签订《入股合资经营协议》,内容涉及,协议人就原本由张某某独资经营的亚朋公司变更为吸收原某某出资入股进行合资经营的相关权利义务达成一致;本协议签订日前,对上述公司张某某已经出资到位额为(此处为空格)万元,原某某已经出资到位额为12万元,双方各自的出资总额以其最终累计的出资额为准,公司对双方已经到位的出资额应出具出资证明,公司对以后分批到位的新的出资额,应及时出具出资证明;双方均应对自己出资额的真实性向对方承担责任;张某某应向原某某提供公司注册资本的银行

① 最高人民法院民事审判第二庭编著:《最高人民法院关于公司法解释(三)、清算纪要理解与适用》,人民法院出版社2011年版,第345~354页。

资金及相关验资证明资料和公司能够合法运营的相关注册、登记、许可等证照、批准手续的复印件资料;按照出资比例享有权利,分担风险,公司分配利润的时间为每会计年度的 12 月 31 日前后,具体用于分配的利润额由双方视情况商定;增加新的出资人应经对方同意,双方授权公司的实际创始人李某某具体负责公司的生产经营事宜,李某某向本协议双方负责并报告工作,大的经营行为应征求双方意见。

原某某称,上述协议签订前,张某某向原某某提供了亚朋公司营业执照、税务登记证、生产许可证、设立时的验资资料,且告知原某某另一股东王某某是虚构的,亚朋公司实际由张某某独资。

此后,经股权转让和增资,截至 2008 年 7 月 16 日,亚朋公司的注册资本增加至 300 万元,张某某不再担任亚朋公司股东。在亚朋公司股权变更过程中未涉及原某某,原某某未记载于亚朋公司的股东名册。

2006 年 9 月 26 日,张某某向原某某出具收条,注明收到原某某股金 25 万元,该收条上加盖了亚朋公司公章。李某某于 2006 年 9 月 27 日在该收条注明,另加现金 4000 元。原某某称其出资款均付至张某某之妻李某某的个人账户。

原某某起诉要求确认其为亚朋公司股东。

一审法院依照《民事诉讼证据规定》第 2 条之规定,判决驳回原某某的诉讼请求。

上诉人原某某不服一审法院判决,向二审法院提起上诉,请求二审法院撤销一审判决,改判支持其一审诉讼请求。

二审法院经审理查明:李某某系张某某丈夫。原某某在二审期间确认其系通过亚朋公司增资扩股方式成为亚朋公司股东,但未确定其投资数额及所持股权份额。

[结论]

二审法院判决驳回上诉,维持原判,即驳回要求确认其为亚朋公司股东的诉讼请求。

[法院认为]

一审法院认为,当事人对自己提出的诉讼请求所依据的事实或者反驳对方诉讼请求所依据的事实有责任提供证据加以证明。本案中,原某某主张其系亚朋公司股东,出资金额为 25.4 万元,对此,应由原某某承担举证责任。

首先,亚朋公司系设立于 2005 年 9 月 1 日的有限责任公司,其设立时的注册资本为 100 万元,股东由张某某、王某某组成。原某某于 2006 年 5 月 9 日与张某某签订《入股合资经营协议》时,亚朋公司已成立。原某某表示,上述协议签订前,张某某向原某某提供了亚朋公司营业执照以及设立时的验资资料等,因此,原某某对于亚朋公司的注册资本和股东结构是明知的。原某某称,张某某告知原某某另一股东王某某是虚构的,亚朋公司实际由张某某独资,对上述情况,原某某应结合亚朋公司的验资情况作出客观的判断。原某某却在明知亚朋公司工商登记内容的情况下,仍与张某某签订了与亚朋公司实际情况不符的协议。

其次,《入股合资经营协议》涉及的是原某某与张某某之间的权利、义务关系,因此,原某某称张某某系代表公司与原某某签订协议的主张无事实依据。张某某虽于协议签订后向原某某出具了加盖亚朋公司公章的收条,但作为法定代表人,张某某对公章有掌控权,且原某某称有关款项系根据张某某的要求付至李某某的个人账户,因此,以上协议和收条不能证明亚朋公司确认原某某存在出资入股的法律关系。

最后,根据《公司法》[①]第38条、第44条的规定,公司增加注册资本应由股东会作出决议,且必须经代表2/3以上表决权的股东表决通过。本案中,在亚朋公司已依法设立的情况下,原某某若成为亚朋公司股东,可通过受让股权或增资入股的方式来完成。但在亚朋公司股东历次变更的过程中,原某某未从亚朋公司的股东处受让过股权,亚朋公司亦从未就原某某增资入股事宜召开过股东会并形成决议。

综上,原某某未通过受让股权或增资入股的方式取得亚朋公司的股东身份,原某某提供的协议和收条不足以证明原某某与亚朋公司之间存在出资入股的法律关系,因此,原某某要求确认其为亚朋公司股东的诉讼主张缺乏事实和法律依据,一审法院难以支持。

二审法院认为:原某某与张某某签订《入股合资经营协议》的目的系通过亚朋公司增资扩股方式成为亚朋公司股东,但是该协议未经亚朋公司股东会决议通过,未确定原某某投资数额及股权份额,且在协议之后亚朋公司的多次变更过程中均未涉及原某某,原某某也从未行使过股东经营管理公司的义务、享有过公司股东的权利,现张某某已不是亚朋公司股东,故原某某再以其与张某某签订的协议为据主张亚朋公司增资扩股吸收其为公司股东的主张无事实依据和可能,故对原某某的上诉请求二审法院难以支持。综上,一审判决并无不当,原某某的上诉请求无事实和法律依据,二审法院予以驳回。

[法律法规链接]

《公司法》(2005年修订)第38条、第44条

---

① 此处指2005年修订的《公司法》。

003. 法律或公司章程对股东资格的取得规定必须经有关部门批准的，受让人的股东资格自批准后取得

上海天迪科技投资发展有限公司诉西部信托有限公司、陕西天王兴业集团有限公司股权确认纠纷案

[案号]

一审：陕西省西安市中级人民法院（2009）西民四初字第090号

二审：陕西省高级人民法院（2010）陕民二终字第09号

[裁判要旨]

在股东资格确认案件中，法律或公司章程对股东资格的取得规定必须经有关部门批准的，受让人的股东资格自批准后取得。

[案情]

上海天迪科技投资发展有限公司诉西部信托有限公司、陕西天王兴业集团有限公司股权确认纠纷一案，经审理查明：2007年年底，上海天迪科技投资发展有限公司（以下简称天迪公司）通过参与陕西西部产权交易所的公开交易，经过49轮电子竞价后竞买到陕西天王兴业集团有限公司（以下简称天王公司）持有的西部信托有限公司（以下简称信托公司）3.07%的股权，双方于2008年2月29日签订了《西部产权交易所产权转让合同》，股权转让价款2620万元。同年3月3日天迪公司向天王公司支付全部股权转让款，同年3月5日天王公司收到该转让款。

2008年2月26日，信托公司依据公司股东会决议向中国银行业监督管理委员会陕西监管局提交《关于股权转让及股东资格审核的申请报告》，就天迪公司与天王公司的股权转让、天迪公司股东资格等事宜报请审核。同年10月10日中国银行业监督管理委员会陕西监管局以陕银监复〔2008〕62号批复同意天迪公司受让天王公司持有的信托公司3.07%的股权，并同意天迪公司成为信托公司的出资人。同年10月20日信托公司修改公司章程，将天迪公司列入信托公司股东名册。同年12月15日信托公司向陕西省工商行政管理局申请工商变更登记。2009年2月20日陕西省工商行政管理局变更天迪公司为信托公司股东。此后，因与老股东天王公司就2007年的红利归属问题发生争议，天迪公司起诉要求确认其自股权款付清之日即取得信托公司股东资格并要求信托公司和天王公司赔偿其未积极履行登记、变更义务而给天迪公司造成的损失。

一审法院判决：一、确认天迪公司于2008年10月10日具有信托公司之股东资格；二、驳回天迪公司的其余诉讼请求。一审宣判后，天迪公司提起上诉。

[结论]

二审法院判决驳回上诉,维持原判,即确认天迪公司于2008年10月10日具有信托公司之股东资格。

[法院认为]

陕西省高级人民法院认为:本案争议的主要问题是天迪公司从何时取得信托公司的股东资格以及信托公司和天王公司是否构成侵权,是否应承担赔偿损失的责任。

关于天迪公司何时取得信托公司股东资格问题。按照《公司法》①第72条第4款的规定,即"公司章程对股权转让另有规定的,从其规定"。本案中信托公司的公司章程第25条规定:"公司转让股权、调整股权结构应当事先报请中国银行业监督管理委员会批准。"第26条也规定:"公司股东应当符合中国银行业监督管理委员会规定的向信托投资公司投资入股的条件。"同时,信托公司作为非银行业的金融机构,其经营管理应遵守《信托法》的规定。《信托法》第4条规定:"受托人采取信托机构形式从事信托活动,其组织和管理由国务院制定具体办法。"而中国银行业监督管理委员会受托制定的《信托公司管理办法》第12条明确规定:"信托公司有下列情形之一的,应当经中国银行业监督管理委员会批准……(七)变更股东或者调整股权结构……(八)修改公司章程……"故按照《信托法》的规定,本案信托公司变更股东必须经中国银行业监督管理委员会的批准。2008年10月10日中国银行业监督管理委员会陕西监管局批准之日即应为天迪公司取得信托公司股东资格之日。虽然2008年2月29日,天迪公司通过股权转让的方式受让了天王公司所持有的信托公司3.07%的股权,并于同年3月3日付清了股权转让款,但是在未经批准前天迪公司不能依据股权转让合同而当然的取得信托公司的股东资格。故天迪公司主张其自2008年3月3日即成为信托公司股东之理由与事实不符,与法相悖,本院不予支持。

关于信托公司与天王公司是否构成侵权,应否赔偿损失问题。首先,天迪公司通过公开竞价竞买到天王公司所持有的信托公司的3.07%的股权后,在双方签订股权转让合同之前,2008年2月26日信托公司已经就天迪公司与天王公司的股权转让、天迪公司的股东资格问题报请中国银行业监督管理委员会陕西监管局批准。2008年10月10日,中国银行业监督管理委员会陕西监管局批准天迪公司成为信托公司股东后,2008年10月20日信托公司遂修改公司章程,将天迪公司列入信托公司股东名册。2008年12月15日信托公司向陕西省工商行政管理局申请工商变更登记,2009年2月20日陕西省工商行政管理局变更天迪公司为信托公司股东。庭审中,信托公司表示,天迪公司可随时到公司申领出资证明书。上述行为表明,在履行对天迪公司股东资格的申请报批及变更登记过程中,信托公司并无怠于履

① 此处指2005年修订的《公司法》。

行之事实。天迪公司认为信托公司怠于履行义务之理由,证据不足,不能成立。在中国银行业监督管理委员会陕西监管局批准之前,信托公司依据原有的股东名册通知天王公司参加股东会议,表决通过2007年度红利分配预案,是信托公司依据《公司法》履行对股东的义务,该行为不构成对天迪公司股东权利的侵害。天迪公司主张天王公司怠于履行协助义务,构成侵权,但天迪公司并未提出天王公司具体的侵权事实,故其该项主张因缺乏相关事实依据,本院不予支持。

[法官分析]

本案是一起典型的股东资格确认案件。该类案件发生的原因是由于法律或受让公司的公司章程对股东资格的取得另有规定,那么在股权转让合同与股东资格批准的这个空档期,公司的股东资格如何认定,往往存在一些分歧。一种观点认为,股权转让合同生效之日,受让人即取得受让公司的股东资格,批准、登记属于行政管理事项,不应作为股东资格取得的条件。另一种观点认为,公司的股东资格应按照法律规定和受让公司的章程约定综合界定。法律、行政法规对公司股东资格的取得另有规定的,应以法律规定的条件作为股东资格确认的依据。公司章程对股东资格的取得另有约定的,应以公司章程规定的条件作为取得股东资格的依据,但公司章程不得与法律规定冲突。本案采用第二种观点,具体理由如下:

股权和股东资格是两个不同的概念。股权更多地表现为一种财产权利,如股利分配权等,而股东资格某种意义上具有“身份性”的特征,参加股东会议、参与表决等。一般意义上来讲,股东依法转让其股权后,公司应当及时变更受让人为公司新的股东,即原则上受让人自依法履行有效股权转让协议后就应当具有了公司股东资格。但股权转让协议签订并已实际履行后,公司股东资格的取得还有例外情况。第一种情况是,法律、行政法规对有限责任公司的股东资格取得有特殊约定的,应从法律规定。这是因为一般情况下,有限责任公司变更股东应遵从意思自治原则,法律不过多地加以干预,但是在特殊情况下,对某些涉及国防、安全、金融秩序等特殊行业,法律对有限责任公司的股东资格取得做出特殊规定,这是基于国家公共秩序管理的需要,在此情况下应以法律规定的条件作为股东资格取得的依据。本案中《信托法》第4条规定:“受托人采取信托机构形式从事信托活动,其组织和管理由国务院制定具体办法。”而中国银行业监督管理委员会受托制定的《信托公司管理办法》第12条明确规定:“信托公司有下列情形之一的,应当经中国银行业监督管理委员会批准:……(七)变更股东或者调整股权结构……(八)修改公司章程……”故按照《信托法》的规定本案信托公司变更股东必须经中国银行业监督管理委员会的批准。第二种情况是,公司章程对股东资格的取得另有规定的,应以公司章程规定的条件作为公司股东资格取得的依据。有限责任公司具有人合性特征,而人合性的重要体现即是公司章程,公司章程是全体股东意志的集中体现,要成为公司的股东需要经过其他股东的同意,而接受公司章程的约束是成为公司新股东的必要条件。同时，从合同的相对性原则出发，股权转让协议只约束转让双方，公司不是转让合同的当事人，要使股权转让的效力及于公司，只有通过公司章程规定的程序，如召开股东会议形成决议、履行审批手续等，才能将股权转让双方的意志转化为公司的意志，也即只有履行了公司章程规定的条件，受让人才能成为公司的股东。而本案中信托公司的章程规定取得公司股东资格应当经中国银行业监督管理委员会的批准。综合上述两种情况，本案中中国银行业监督管理委员会的批准之日应为天迪公司取得信托公司股东资格之日。

该案明确了在此类案件审理中，法律或公司章程对股东资格的取得规定必须经有关部门批准的，受让人的股东资格自批准后取得的审判理念，符合法律精神。

（编写、评析人：陕西省高级人民法院　赵　敏　编辑整理：马小莉）

［法律法规链接］

《公司法》（2005 年修订）第 72 条第 4 款

《信托法》第 4 条

《信托公司管理办法》第 12 条

004. 股东的出资来源不影响对股东资格或身份的认定

衢州三成照明电器有限公司与徐某某、刘戊等股东权纠纷案

［案号］

一审：浙江省衢州市中级人民法院（2005）衢中民二初字第 83 号

二审：浙江省高级人民法院（2006）浙民二终字第 54 号

［裁判要旨］

股东的出资来源并不影响股东在公司的股东资格或身份的认定，股东出资来源与股东资格认定不属同一法律关系。即使股东没有出资或抽逃出资，其应承担的是补足出资等违约责任，法律上也难以因此否定其股东资格。

对死亡股东股份的继承问题，公司章程有规定的，从该章程规定；公司章程没有规定的，遵照《公司法》的有关规定；《公司法》没有规定的，依照其他法律规定。

［案情］

上诉人衢州三成照明电器有限公司（以下简称三成公司）与被上诉人徐某某、刘戊、一审被告刘乙、刘丙、一审第三人蒋某某、刘甲股东权纠纷一案，一审法院审理查明：刘乙、刘丙、刘丁系兄弟关系。徐某某系刘丁妻子，刘戊系刘丁与徐某某的儿子。刘甲、蒋某某系刘乙、刘丙、刘丁的父母。2001 年 11 月 15 日，由刘乙、刘丙、刘丁签署三成公司章程，共同出资组建三成公司。三成公司注册资本 191 万元，其中刘乙以原材料、产成品及机器设备出资 141 万元，占 73.82%；刘丁、刘丙以现金

各出资25万元，各占13.09%。同月29日，开化钱江源会计师事务所对三成公司进行验资后出具验资报告，载明该公司截至2001年11月29日止已收注册资本合计191万元，其中股东刘乙以其拥有的原料、产成品及机器设备出资141万元，股东刘丁、刘丙各以现金出资25万元。2003年8月4日，三成公司经股东会议决定追加公司注册资本110万元。同日，股东刘乙、刘丙、刘丁签订三成公司章程修正案一份，将原公司章程第4条、第8条、第9条进行修正。第4条将公司住所地变更为开化县工业园区园一路5号；第8条修正为：公司注册资本为301万元；第9条修正为：公司各股东的出资方式和金额为：刘乙以实物出资141万元，占46.84%；刘丁以现金出资80万元，占26.58%；刘丙以现金出资80万元，占26.58%。同月8日，三成公司由刘丙、刘丁各以缴纳现金55万元的方式增加注册资本110万元。同月11日，开化钱江源会计师事务所有限公司向三成公司出具验资报告，载明：截至2003年8月8日三成公司已收到刘丙、刘丁缴纳的新增注册资本合计110万元，出资方式均为现金；本次增值前的注册资本为191万元，已由开化钱江源会计师事务所审验，并于2001年出具开钱会字第(2001)85号验资被告；变更后的累计注册资本实收金额为301万元。同月15日，三成公司委托刘丁办理了公司的变更登记事宜，并向开化县工商行政管理局出具三成公司股东身份证明，其中刘丁的股东身份证明内容为："兹证明刘丁是我公司股东，其在我公司的投资金额为80万元，折26.58%股"。同日，三成公司经开化县工商行政管理局核准变更登记，变更后三成公司的注册资本出资情况为刘乙出资141万元，占46.84%；刘丁、刘丙各出资80万元，分别占26.58%。同年9月3日，三成公司新厂房建设雇用民工开挖水井作业过程中发生中毒事故，刘丁在施救过程中不幸中毒死亡。其后，三成公司的法律顾问以三成公司系刘乙个人出资为由向开化县工商行政管理局发函。2005年6月10日，开化县工商行政管理局作出行政处罚决定书，认定三成公司在只有一人出资的情况下，将现金划到刘丁、刘丙名下验资，骗取工商登记；当事人提交虚假证明文件出资设立有限公司的行为，违反了《公司法》①第20条第1款的规定，决定对三成公司处以责令改正及罚款1万元的处罚。另，刘丁死亡后，徐某某、刘戊由徐某某代表从三成公司领取自2004年10月至2005年1月每月850元的工资，并由刘乙交纳了刘戊的扶助学费。另查明：2001年11月28日，开化县城关农村信用合作社社内往来凭证载明浙江省开化县三成电器厂划转50万元为刘丁、刘丙验资，同日，刘丁从开化县城关农村信用合作社林山分社以转账方式取款50万元。同日，刘丁以转账方式存款25万元。次日，刘丁从户名为"刘丁"的账户上取款25万元。2003年8月7日，三成公司从开化县城关农村信用合作社林山分社贷款50万元，借款用途为进购铝带，并以转账的方式分五次共计取款50万元；该分社社内往来

① 本篇案例所涉及的《公司法》指2004年修订的《公司法》。

凭证显示收款单位为储蓄柜台转入545000元；刘丁以转账方式存款50万元。次日，刘丁除从其账上取款50万元外，还从中国工商银行开化县支行户名为“刘乙”的账户上取款40万元、230849.53元；在中国工商银行开化县支行存入30849.53元。

2005年8月1日，徐某某、刘戊共同向一审法院起诉。请求判令：(1)确认徐某某、刘戊为三成公司股东或受偿股份出资额，其中徐某某为50万元，刘戊为10万元；(2)由三成公司、刘乙、刘丙支付徐某某、刘戊自2003年9月至今的红利。

刘甲、蒋某某在一审中答辩称：三成公司系刘乙个人出资，刘丁、刘丙只是名义股东，没有实际出资。请求驳回徐某某、刘戊的诉讼请求。

一审法院依照《公司法》第4条第1款、第11条第1款、第22条、第25条、第26条、第27条第1款，《婚姻法》第17条、第24条，《继承法》第3条、第6条第1款、第10条、第13条第1款、第26条第1款之规定，于2005年11月23日作出判决：一、确认徐某某、刘戊为三成公司的股东，其中徐某某享有三成公司16.6125%的出资额，刘戊享有三成公司3.3225%的出资额。二、驳回徐某某、刘戊的其他诉讼请求。

三成公司不服，提出上诉称：(1)徐某某、刘戊的诉讼案由和诉讼请求不明确，互相矛盾；原判结果也模糊不清，且与诉讼请求不一致。其中第一项诉请既有确认之诉又有给付之诉，两项诉请之间用了选择性的“或”字，原判并未要求一审原告对此加以释明和明确。本案争议根源在刘乙与刘丁之间对刘丁所持有公司26.58%股权的权属争议。而股东之间的该权属争议显然与公司无关，将公司作为被告要求确权没有法律依据。(2)有限责任公司强调的是股东之间的“人合”性，原判判令原股东的部分继承人直接成为公司股东并强制对其股权进行分配，没有法律依据。(3)原判混淆了出资额和股权的概念，对出资额进行精确分割令人费解。请求撤销原判，驳回徐某某、刘戊的全部诉讼请求。

[结论]

二审法院判决如下：

一、维持一审判决第二项，即驳回徐某某、刘戊的其他诉讼请求；

二、变更一审判决第一项为：确认徐某某、刘戊为衢州三成照明电器有限公司的股东，其中徐某某享有衢州三成照明电器有限公司16.6125%的股份，刘戊享有衢州三成照明电器有限公司3.3225%的股份。

[法院认为]

二审法院认为：本案争议焦点在于：

(1)徐某某、刘戊在一审中的诉讼请求是否明确以及一审将案由确定为股东权纠纷是否正确。徐某某、刘戊在一审中的第一项诉讼请求为“确认徐某某、刘戊为三成公司股东或受偿股份出资额，其中徐某某为50万元，刘戊为10万元”，徐某某、刘戊在该项诉讼请求中虽使用了“或”字，但其诉讼请求的意思明确，是要求确认其股东身份及享有的股份数额。股东身份的确认必然涉及对其享有股份数额的确认,这是股东身份确认之诉,并非给付之诉。三成公司上诉认为徐某某、刘戊的第一项诉请模棱两可,既有确认之诉又有给付之诉的理由不能成立。股东身份确认之诉属于股东权纠纷之列,原判将本案案由确定为股东权纠纷并无不当。

(2)原判认定刘丁生前为三成公司的股东依据是否充分以及三成公司是否本案适格被告。从2001年11月三成公司设立时各股东签名的章程内容、验资报告、工商核准登记材料以及2003年8月三成公司增资时的股东会决议、章程修正案、增资验资报告、股东身份证明、工商部门核准的公司变更登记材料等当事人均无异议的证据内容看,刘丁生前已经分别以现金方式足额缴纳在公司设立时和增资时其认缴的出资25万元和55万元,其出资占公司股份26.58%。原判据此认定刘丁生前具备三成公司的股东资格的实质要件和形式要件正确。各方当事人对刘丁生前系三成公司的股东实际亦无异议,只是三成公司、刘乙、刘丙等抗辩主张刘丁生前为三成公司的名义股东。但由于刘丁生前与刘乙之间并无关于刘丁为名义股东、刘乙为"隐名股东"的书面约定,要认定刘丁为名义股东依据不足。刘乙抗辩刘丁为名义股东的主要理由是刘丁在三成公司的出资来自于其私营企业开化县三成照明厂或个人存款或三成公司的贷款,因此认为刘丁的80万元出资均来自于其个人。二审法院认为,股东的出资来源并不影响股东在公司的股东资格或身份的认定,股东出资来源与股东资格认定不属同一法律关系。即使刘丁在三成公司没有出资或抽逃出资,其应承担的是补足出资等违约责任,法律上也难以因此否定其股东资格。故三成公司、刘乙、刘丙等关于刘丁生前在三成公司没有真实出资、是名义股东的上诉理由和抗辩意见,无事实依据和法律依据,二审法院不予支持。刘丁的合法继承人徐某某、刘戊要求三成公司确认其股东身份和股份,三成公司应为本案适格被告。三成公司诉称其并非适格被告的理由不能成立。

(3)原判确认徐某某、刘戊成为三成公司的股东是否有法律依据。三成公司上诉称有限责任公司强调的是人合性,原判判令原股东刘丁的部分继承人直接成为公司股东并强制对其股权进行分配,没有法律依据。二审法院认为,对死亡股东股份的继承问题,公司章程有规定的,从该章程规定;公司章程没有规定的,遵照《公司法》的有关规定;《公司法》没有规定的,依照其他法律规定。本案中,三成公司的章程对股东死亡后的股份继承问题没有作出特别约定;原《公司法》虽对股份继承问题未作明确规定,但也没有禁止性规定。2006年1月1日实施的《公司法》第76条明确规定"自然人股东死亡后,其合法继承人可以继承股东资格;但是,公司章程另有规定的除外。"刘丁在三成公司的26.58%股份属于其生前合法财产,原判根据《婚姻法》和《继承法》的有关规定,确认徐某某、刘戊作为刘丁的合法继承人,继承刘丁的股东身份有法律依据。三成公司上诉称股东资格继承无法律依据的理由不能成立。

(4)能否对刘丁在三成公司的原出资额进行分割以及徐某某、刘戊所继承的股份份额确认。股东的出资一经投入公司,即转化为公司所有的财产,股东丧失了对该出资的所有权和处分权,但股东因其出资行为拥有了对公司的相应股份。股东的合法继承人继承的是股东生前享有的股份,而非股东生前的出资额。对死亡股东在公司的出资额不能分割,可以分割的应是其股份。原判确认徐某某、刘戊分别享有三成公司的16.6125%和3.3225%的出资额不当,应予以变更,确认徐某某、刘戊分别享有三成公司的16.6125%和3.3225%的股份。三成公司关于原判分割刘丁出资额不当的理由成立。

综上,原判事实认定清楚,除对刘丁在三成公司的出资额进行分割不当应予以变更外,其余实体处理正确。三成公司除关于原判对刘丁的出资额进行分割不当的上诉理由成立外,其余上诉理由均不能成立。

[法律法规链接]

《公司法》(2004年修订)第4条第1款、第11条第1款、第22条、第25条、第26条、第27条第1款

《婚姻法》第17条、第24条

《继承法》第3条、第6条第1款、第10条、第13条第1款、第26条第1款

005. 国内自然人不能成为外资企业和中外合资经营企业的股东

徐某某与某会社、饭某某、A公司股东资格确认纠纷案

[案号]

上海市第一中级人民法院(2012)沪一中民四(商)终字第2000号

[裁判要旨]

根据《中外合资经营企业法》第1条的规定,中外合资经营企业的股东是外国公司、企业和其他经济组织或个人,与中国的公司、企业或其他经济组织。因此,国内自然人不能成为外资企业和中外合资经营企业的股东。

[案情]

上诉人徐某某与被上诉人某会社、饭某某、A公司股东资格确认纠纷一案,一审法院查明:2001年9月28日,上海市政府批准某会社在上海市外高桥保税区设立外商独资企业A公司。

A公司的章程载明公司的投资方为某会社。公司注册资金为20万美元。公司设董事会,董事会成员由投资方委派,董事会是公司的最高权力机构,决定公司的一切重大事宜。投资方委派饭某某作为董事长、武某某为副董事长兼总经理、颜某某为董事。

在工商局备案的投资方某会社的开业证明显示,某会社于2001年8月31日于日本注册成立、注册资本4000万日元,有8位董事,武某某是董事长、饭某某是

董事之一。

A公司的注册资金的汇入情况：某会社于2002年3月28日从日本八千代银行汇入A公司验资账户5万美元；2002年4月9日，饭某某从香港中国银行汇入A公司验资账户15万美元。上海中惠会计师事务所有限公司保存了一份委托书。内容为某会社委托董事饭某某于2002年4月9日从香港中国银行汇入A公司15万美元作为A公司的注册资金，该股权属某会社所有。A公司的档案机读材料显示，股东某会社实缴出资20万美元，出资时间2002年4月10日。

徐某某现持有一份收条"收到出资金美金壹拾伍万元整。饭某某2002年4月8日"和一份A公司于2002年4月出具的《出资证明书》："兹收到徐某某先生美金15万元，本款作为对本公司缴纳的出资款，占公司75%股权。"

2003年年初，饭某某因刑事案件在日本被羁押（到庭的当事人均称饭某某已于2005年被日本法院判决终生监禁）。2003年5月12日，武某某向徐某某出具了一份委任状："本人将有关A公司的全部权利及全部权限委任于徐某某"。

2005年7月5日，上海市浦东工商分局向A公司发出《准予变更登记通知书》，准予董事长饭某某变更为加某某、董事颜某某变更为广部某雄。为此，某会社于2007年两次向浦东工商分局以有人冒充某会社法定代表人武某某的签名出具任免书为由申请撤销上述变更登记，但均未获受理。2009年12月，某会社向法院提起行政诉讼，要求浦东工商分局撤销变更登记。浦东工商分局辩称虽任免书上武某某的签名系徐某某代签，但是武某某曾将有关A公司的全部权利和权限委托给徐某某，并且某会社起诉已经超过二年。A公司作为该案的第三人同意浦东工商分局的意见。加某某作为该案第三人未到庭应诉。一审法院以某会社超过诉讼时效驳回起诉。二审上海市第一中级人民法院对该行政案件维持原裁定。

某会社还向上海市公安局经济犯罪侦查总队报案。在其报案的材料中有：某会社于2002年6月26日向饭某某汇款1240万日元的汇款凭证以及饭某某出具的收条收到1240万日元折合10万美元作为A公司的资本金，以及某会社于2002年10月11日又向饭某某汇款50万日元的汇款凭证。以此证明某会社已向饭某某返还了垫付的注册资金。

本案中，徐某某向一审法院起诉要求判决确认其在A公司拥有75%股权，并判决某会社、饭某某和A公司协助徐某某办理股东变更的工商手续。

一审法院依照《外资企业法》第6条、第10条和《民事诉讼证据规定》第2条、《民事诉讼法》第130条①之规定，判决驳回徐某某的所有诉讼请求。

一审法院判决后，徐某某不服，提起上诉，请求撤销一审判决，改判支持其一审诉讼请求。

---

① 现已修订为第144条。

[结论]

二审法院判决驳回上诉，维持原判，即驳回徐某某要求确认股权及办理工商登记的诉讼请求。

[法院认为]

本案系外商投资企业股东资格确认纠纷，根据《涉外民事关系法律适用法》第14条第1款之规定，本案纠纷应适用中华人民共和国法律。一审法院确定本案准据法正确，二审法院予以确认。

在我国设立的外资企业或中外合资经营企业的股东身份须符合法律规定。根据《外资企业法》第1条规定，外资企业的股东是外国的企业和其他经济组织或者个人，根据《中外合资经营企业法》第1条规定，中外合资经营企业的股东是外国公司、企业和其他经济组织或个人，与中国的公司、企业或其他经济组织。被上诉人A公司是外资企业，上诉人徐某某作为国内自然人，不能成为该公司股东。即使A公司可以转变为中外合资经营企业，徐某某也不能成为该公司股东。另外，徐某某诉请确认的股权是批准登记在某会社名下的股权。而徐某某提交的证据系饭某某出具的15万美元的收条和A公司的出资证明书，该两份证据并不能证明徐某某与某会社存在隐名出资协议。而某会社现明确否认徐某某隐名出资，在饭某某未到庭应诉的情况下，法院不能确认徐某某与某会社存在隐名出资关系。因此，徐某某的请求不符合法律规定。

综上所述，上诉人徐某某的上诉理由均不能成立，一审判决认定事实清楚，适用法律正确，应予维持。

[法律法规链接]

《外资企业法》第1条、第6条、第10条

《中外合资经营企业法》第1条

《涉外民事关系法律适用法》第14条第1款

006. 仅向公司投入资金，而未与原公司股东达成入股公司合意的出资性质认定

【上海高院参考性案例17号】

王某某等诉上海知音琴行有限公司股东资格确认纠纷案

（上海市高级人民法院2013年9月3日讨论通过）

[关键词]商事　股东资格的取得　投资性质的认定

［裁判要点］

《公司法解释（三）》第23条[①]规定了认定股东资格取得的两个条件，即取得方式条件和出资条件，但对于如何界定向公司投入资金行为的性质，即何种情况下可认定为股东出资，该条款并未明确规定。实践中，公司股东之外的第三人向公司投资的表现形式多样，对于仅向公司投入资金，而未与原公司股东达成入股公司合意、未实际行使股东权利且所投资金未转化为公司资本的投资人，可否将其认定为公司股东仍是法律适用领域的难点之一。本案例旨在就该难点问题进行分析，为出资性质的认定提供可资借鉴的思路，并认为此种情况下，该类投资人不应被确认为公司股东。

［相关法条］

1.《公司法解释（三）》（2011年施行）第23条、第24条

2.《民事诉讼证据规定》第2条

［基本案情］

被告上海知音琴行有限公司成立于1997年1月17日，成立之初注册资本为人民币500万元；原始股东为上海恒通置业公司、上海百士企业发展公司、上海大得经贸有限公司；公司性质为有限责任公司。

1998年2月，原告王某某向被告缴纳4万元，被告向原告出具书面凭证一份，载明：公司内部职工股权，人民币肆萬圆整，落款日期1998年2月，编号9×××（系原告的工资单序号）。该书面凭证上盖有被告公章及法定代表人朱甲的印章。现原告据此诉至法院，要求确认其为被告的股东并享有被告公司0.80%的股权。

另查明，被告公司股权变更如下：1997年12月23日，被告召开第二次股东大会，确认三名原始股东的股权分别转让给中联音像多媒体文化科技有限公司、上海民成实业有限公司、朱甲、朱乙、朱丙、于某、毛某某、姜某某等八名新股东。1998年1月，被告的三名原始股东与八名新股东共同签署《公司股权转让协议》一份，明确被告公司的注册资本500万元不变，新股东按照各自出资份额享有出资比例。1998年1月20日，被告的八名新股东共同制定《公司章程》。

1999年1月20日，被告召开第三次股东大会，作出《关于确认本公司股权转让的协议》，确认股东中联音像多媒体文化科技公司的240万元投资，按原价将其中的200万元转让给股东朱甲。2002年4月，被告公司注册资本变更为800万元。至此，被告的股东为本案第三人朱甲（出资635万元）、朱乙（出资100万元）、毛某某（出资20万元）、姜某某（出资20万元）、黄某某（出资25万元）。

又查明，1998年2月包括原告及本案第三人朱甲、朱乙、毛某某在内的共31人向被告缴纳款项并取得“内部职工股权”凭证。2006年至2011年，被告以缴纳款

① 此处指2011年施行的《公司法解释（三）》，2014年修订后为第22条。

项为基数，每年按照一定的比例向上述缴款人（董事会决定不予发放的除外）发放一次性钱款。截至本案诉讼之前，已有部分缴款人员因退休、跳槽等原因离开被告公司，被告均向该部分缴款人退还本金及不等利息，并收回“内部职工股权”凭证予以作废。目前，仍有15人持有“内部职工股权”凭证。

原告诉称，其出资购买被告股权后，被告向其出具股权证书。但认购股权后，原告从未享有过任何股东权利和权益，且从未从被告处分到过任何股红和利润。经律师调查，原告并未被确认为被告股东，其认购股权的出资仅被作为“集资款”计入被告公司某些高管持有的股权名下。原告出资的目的是认购被告股权，但被告的行为严重侵害原告的权利，故请求法院确认原告的股东身份。

被告辩称，原告诉请确认的股权既非原始取得，亦非继受取得；且原告从出资起从未享有股东权利，亦未履行股东义务、承担被告经营风险；其缴纳款项性质非股东出资，应为借贷，故不应获得股东资格。

［裁判结果］

上海市长宁区人民法院作出（2012）长民二（商）初字第4号民事判决，驳回原告的诉讼请求。一审判决后，双方当事人在法定期限内均未提起上诉。案件一审生效。

［裁判理由］

原告虽向被告缴纳了4万元，被告就此出具了“内部职工股权凭证”，但该款项是否构成股东出资，进而能否由此认定原告为公司股东，应从以下几个方面进行审查：

首先，就主体而言，出资应系股东间合意，即新、老股东之间就增资扩股或股权转让等达成协议。本案中，被告在1997年成立时已登记有原股东上海恒通置业公司、上海百士企业发展公司、上海大得经贸有限公司，1998年1月原股东与新股东中联音像多媒体文化科技有限公司、上海民成实业有限公司、朱甲、朱乙、朱丙、于某、毛某某、姜某某签订股权转让协议，重新确定被告的股东及各自享有的股份。原告并无证据证明其与被告的上述三个原始股东或八个新股东中的任何股东，存在受让被告公司股权或增资扩股的意思表示。原告提供的出资凭证，仅反映的是其与公司之间就资金的使用达成一定合意的事实。

其次，就权利、义务内容而言，出资对出资人而言应以取得并享有股东权利为目的。股东权属综合性权利，兼具财产权与人身权的双重性质，主要表现为股东不仅享有利润分配权，还享有参与公司决策表决等权利。本案中根据查明的事实，原告自1998年2月向被告支付款项获取“内部职工股权”凭证之后，仅每年享受被告公司以缴纳款项为基数，按一定比例发放的一次性钱款，而从未参加被告的股东大会，亦未参与决策表决，即原告从未享有过与股东有关的权利，亦未履行过股东相应的义务。其虽事实上向公司投入资金，但并无证据证明其投资目的系获取股东资格、享有股东权利，亦无证据证明其实际上行使了上述权利或履行了相应义务。

最后，就法律后果而言，股东出资后，股东自有资金转化为公司资本，不得随意抽回。根据公司资本确定、资本不变原则之要求，股东出资后，其资金不得随意撤回或抽取。而本案中，1998年2月共有31人（包括原告及本案第三人）向被告缴纳款项并取得“内部职工股权”凭证。截至本案诉讼之前，已有部分缴款人员因退休、跳槽等原因离开被告公司，被告均向该部分缴款人退还本金及相应利息，并收回“内部职工股权”凭证予以作废。由此可以认定，上述职工所缴纳之款项，并未转化为公司资本。

综合以上三点，结合《公司法解释（三）》第23条①之规定，原告所投资金不能认定为其向被告公司的出资，因而无法认定其为公司股东。一审法院从维持公司资本制度及市场交易安全的角度出发，依法作出驳回原告诉讼请求的判决。

007．“抛股借款”协议的认定与履行及股东身份的确认

万某某等诉北京城南诚商贸有限公司确认股东资格案②

［案号］

北京市第二中级人民法院（2004）二中民终字第06770号

［裁判要旨］

“抛股借款”协议实际上包含借款协议与股权转让协议两个协议，是当事人与公司及其全体股东的真实意思表示，亦不违反法律、法规的强制性规定，应认定有效。协议履行后，经公司确认，出借人可取得股东身份，但未将股东变更情况办理工商变更登记手续的，其股东身份尚未取得对抗第三人的公信力，相应股权已通过转让被第三人合法取得的，权利人可依法索赔，但不再持有原股份。

［案情］

万某某等诉北京城南诚商贸有限公司确认股东资格一案，经审理查查明：城南诚商贸公司系有限责任公司，成立于1997年8月25日，注册资金100万元人民币。1999年1月，公司股东发生变更，变更后在工商机关登记的股权结构为：湖北兴发化工集团股份有限公司出资27.1万元，占注册资本的27.1%；北京市环球橡胶厂出资20万元，占注册资本的20%；湖北兴山兴发建设有限责任公司

① 此处指2011年施行的《公司法解释（三）》，2014年修订后为第22条。

② 鲁桂花主编：《北京市第二中级人民法院建院20年案例精选集》，法律出版社2015年版，第148～151页。

出资 11.3 万元，占注册资本的 11.3%；浙江龙光电器集团有限公司出资 14 万元，占注册资本的 14%；湖北东方事业有限公司出资 8 万元，占注册资本的 8%；自然人黄甲出资 8.3 万元，占注册资本的 8.3%；自然人胡某某出资 8.3 万元，占注册资本的 8.3%。

1999 年 9 月 29 日，城南诚商贸公司分别向万某某、黄某某出具股权证明书，载明：根据城南诚商贸公司第二届股东会决议（双方当事人均未提交此决议），万某某享有城南诚商贸公司 0.7% 的股权，黄某某享有城南诚商贸公司 0.3% 的股权。城南诚商贸公司法人股东及自然人股东在该股权证明书上分别签字盖章，城南诚商贸公司亦予以盖章确认。但城南诚商贸公司未就万某某、黄某某享有公司股权的情况向工商机关办理变更登记手续。

1999 年 10 月 10 日，万某某向城南诚商贸公司付款 70 万元，黄某某向城南诚商贸公司付款 30 万元。因城南诚商贸公司未偿还借款，万某某、黄某某将城南诚商贸公司诉至法院，请求偿还借款。北京市丰台区人民法院以（2001）丰民初字第 2227 号、2228 号民事判决书判决城南诚商贸公司分别向万某某、黄某某偿还借款本金及利息。该判决已经执行完毕。

城南诚商贸公司向万某某、黄某某出具股权证明书后，公司股权结构又发生了 5 次变更，均在工商机关登记备案。至万某某、黄某某起诉时，该公司的注册股东为：宜昌市夷陵国有资产经营有限公司，出资 67 万元，占注册资本的 67%；宜昌市国创投资管理有限公司，出资 23 万元，占注册资本的 23%；北京世纪京都投资有限公司，出资 10 万元，占注册资本 10%。1999 年 9 月 29 日在股权确认书上签字盖章的 7 名法人、自然人股东现无一是城南诚商贸公司股东。

万某某、黄某某向法院起诉要求确认万某某、黄某某为城南诚商贸公司股东，分别享有 0.7%、0.3% 的股权，并请求城南诚商贸公司在一个月之内到工商机关办理股东变更登记手续。

[结论]

法院经审理，判决驳回万某某、黄某某的诉讼请求。

[法官分析]

本案涉及“抛股借款”协议的三个法律问题。

1.“抛股借款”的性质及效力问题

虽然双方当事人均未向法院提交“城南诚商贸公司第二届股东会决议”，但根据股权证明书的记载，应当认定该决议当时确实存在。万某某、黄某某主张该决议系针对城南诚商贸公司“抛股借款”事宜进行的决议，对此，城南诚商贸公司未提出异议，故法院对万某某、黄某某诉称“抛股借款”的事实予以确认。根据双方当事人的陈述，所谓“抛股借款”应认定为万某某、黄某某向城南诚商贸公司出借 100 万元，成为公司的债权人，同时，因该借款关系的存在，城南诚商贸公司的全体股东自愿出让 1%的股权给万某某、黄某某。因此，“抛股借款”实际上包含了两个协议，一是万某某、黄某某与城南诚商贸公司之间的借款协议，二是万某某、黄某某与该公司当时的股东之间的股权转让协议。基于前一个协议的存在，在后一个协议的履行中，城南诚商贸公司的股东负有向万某某、黄某某出让 1%股权的义务，而万某某、黄某某无须支付股权转让款。城南诚商贸公司的股东自愿为公司的利益而让渡自己的利益，系其自愿所为，并且公司资本并不因该利益的让渡而受到损害，从而影响公司外部第三人的利益。因此，“抛股借款”既是万某某、黄某某与城南诚商贸公司及其全体股东的真实意思表示，亦不违反法律、法规的强制性规定，应认定有效。

2.“抛股借款”协议的履行及万某某、黄某某股东身份的确认问题

根据已查明事实，万某某、黄某某向城南诚商贸公司实际支付了 100 万元，城南诚商贸公司已偿还该款，双方之间的借款协议已履行完毕。

关于股权转让协议的履行，城南诚商贸公司向万某某、黄某某出具的股权证明书载明，根据城南诚商贸公司第二届股东会决议，万某某享有城南诚商贸公司 0.7%的股权，黄某某享有城南诚商贸公司 0.3%的股权，城南诚商贸公司全体股东均在该股权证明书上签字盖章，城南诚商贸公司亦予以盖章确认。据此，应认定城南诚商贸公司全体股东已将 1%的股权出让给了万某某、黄某某，至于这些股东之间如何具体分担该 1%的份额，属于这些股东另行协商的问题，对万某某、黄某某获得 1%的股权并无影响。

原股东向万某某、黄某某交付股权后，万某某、黄某某若要实际取得股东身份，尚需得到城南诚商贸公司的确认。根据《公司法》[①]第 36 条规定：股东依法转让其出资后，由公司将受让人的姓名或者名称、住所以及受让的出资额记载于股东名册。可见，股东名册是有限责任公司确认股东身份的法定文件。但实践中，股东名册的设置尚无统一的形式，本案中，城南诚商贸公司也未提交该公司置备有股东名册的证据，因此，本案不应以有无股东名册记载作为万某某、黄某某是否取得股东身份的标志。而城南诚商贸公司出具的股权证明书已明确记明万某某、黄某某享有该公司 0.7%、0.3%的股权，这表明城南诚商贸公司已经对万某某、黄某某的股东身份予以认可，故万某某、黄某某可以据此向城南诚商贸公司主张股东权利。

3. 万某某、黄某某的上诉请求应否支持

就城南诚商贸公司内部而言，万某某、黄某某的股东身份已经得到确认，万某某、黄某某可以向城南诚商贸公司主张股东权利。但是，根据《公司登记管理

---

① 此处指 2004 年修订的《公司法》。

条例》[1]第31条规定：有限责任公司变更股东的，应当自股东发生变动之日起三十日内申请变更登记。办理工商登记手续具有将股东身份向社会宣示的效力，本案中，由于城南诚商贸公司尚未为万某某、黄某某办理工商变更登记手续，故万某某、黄某某的股东身份尚未取得对抗第三人的公信力。在此情况下，城南诚商贸公司原注册股东陆续将股权转让给其他人，并且最终受让人均不是原来的股东，在无充分证据证明最终受让人知道所受让股权中包含万某某、黄某某1%的份额，原股东系无权处分的情况下，受让人根据具有公示效力的工商登记情况接受注册股东转让的股权，应认定其受让有效；现受让人的股东身份已经得到了公司的认可，并且已经在工商机关办理了公示登记，故其股东身份和股权份额，均应受法律保护。

万某某、黄某某的股权被城南诚商贸公司原股东自行转让给其他人，万某某、黄某某如认为该行为侵犯了其权利，可以要求赔偿；但由于该部分股权已被第三人合法取得，万某某、黄某某已不再持有该部分股权，故对万某某、黄某某要求确认其为城南诚商贸公司股东，并由公司为其办理股东变更登记手续的请求，法院不再支持。

［法律法规链接］

《公司法》(2004年修订)第36条

《公司登记管理条例》(1994年发布)第31条

008. 虚拟股东的股东资格确认问题

中复电讯公司股东资格纠纷案[2]

［案号］

北京市第二中级人民法院(2007)二中民终字第12080号

［裁判要旨］

工商登记对外具有公示的效力，在无相反证据证明的情况下，公司股东的资格是通过公示材料即工商登记予以表明。如果工商档案中记载股东是虚拟的不存在的人，其股东身份不能认定。

［案情］

中复电讯公司股东资格纠纷一案，经审理查明：1996年7月，中复电讯公司由原私营企业变更为公司法所规范的有限责任公司，并到工商管理部门办理了

---

① 此处指1994年发布的《公司登记管理条例》。

② 鲁桂华主编：《北京二中院建院20年案例精品集》，法律出版社2015年版，第250～252页。

重新登记。根据当时的工商档案记载,中复电讯公司的股东为郃某(出资367万元)、芦某(出资113万元)、王某(出资10万元)、臧某(出资10万元);郃某为董事长、芦某为副董事长、王某为董事、臧某为监事。在工商档案中,王某的身份证复印件记载,“王某、女、汉族、1968年9月13日出生、住北京市石景山区古城水泥厂集体宿舍、身份证号为41030568091××××”;臧某的身份证复印件记载,“臧某、女、汉族、1970年2月10日出生、住北京市东城区和平里二区3号楼12-13号、身份证号为11010170021××××”。中复电讯公司对上述身份证复印件盖章确认真实性,芦某也签字认可。1999年4月,中复电讯公司增资1500万元,股东出资情况:郃某出资990万元、股权比例为49.5%;芦某出资990万元、股权比例为49.5%;王某出资10万元、股权比例为0.5%;臧某出资10万元、股权比例为0.5%。

芦某在2006年10月10日作出的针对离婚诉讼的上诉状中称,芦某与郃某在工商档案上各占中复电讯公司股份的49.5%,实际上是各占股份的50%。

2005年9月7日,郃某在接受北京市工商行政管理局朝阳分局的询问时,表示中复电讯公司的股东有4位:郃某、芦某、郃某的外祖母臧某、芦某的母亲王某。

经本院向北京市公安局人口管理处查询,中复电讯公司工商档案中记载的“王某、女、汉族、1968年9月13日出生、住北京市石景山区古城水泥厂集体宿舍、身份证号为41030568091××××”及“臧某、女、汉族、1970年2月10日出生、住北京市东城区和平里二区3号楼12-13号、身份证号为11010170021××××”与客观事实不符。与身份证号41030568091××××相对应的个人姓名为侯某,与身份证号11010170021××××相对应的个人姓名为张某。

一审法院判决:确认北京中复电讯设备有限责任公司工商档案中的王某、臧某是虚拟的自然人并不享有股东身份。驳回郃某的其他诉讼请求。

原审判决后,芦某不服,提起上诉,要求撤销原审判决。

[结论]

二审法院经审理判决:驳回上诉,维持原判,即确认北京中复电讯设备有限责任公司工商档案中的王某、臧某是虚拟的自然人并不享有股东身份。

[法官分析]

本案是我国首例虚拟股东资格纠纷案。

北京中复电讯有限责任公司是当年北京最大的手机零售商,“买手机到中复”耳熟能详。在公司成立时,郃、卢夫妇虚构了两个自然人王某、臧某作为股东,身份证是由多个人的身份证拼凑而成。其中,郃、卢夫妇分别占有公司49.5%的股权,王某、臧某分别占有公司0.5%的股权。郃、卢、王为董事,臧为监事。2006年,郜、卢夫妇因离婚纠纷,对中复电讯的控制权产生争夺。卢与其母王某召开公司董事会,决议罢免郜的董事长职务,选举卢为董事长。郜拒绝参加董事会,并诉至法院,以"股东兼董事王某"是公司成立时的虚拟人物,不具有合法的股东身份为由,要求确认卢母王某不是工商登记的王某,由其参加的董事会无效。

本案争议的焦点为中复电讯公司工商档案中记载的王某、臧某是否为中复电讯公司的合法股东问题。工商登记对外具有公示的效力,在无相反证据证明的情况下,公司股东的资格是通过公示材料即工商登记予以表明。现工商档案中记载的中复电讯公司股东"王某、女、汉族、1968年9月13日出生、住北京市石景山区古城水泥厂集体宿舍、身份证号为41030568091××××"与"臧某、女、汉族、1970年2月10日出生、住北京市东城区和平里二区3号楼12－13号、身份证号为11010170021××××"是虚拟的人物,是世界上根本不存在的人,因此,其股东身份不能认定。芦某有关股东身份的认定不能因向工商机关提交的股东身份证明存在错误而无效的上诉主张,没有法律依据,二审法院不予以支持。因王某是虚拟的人物,其客观上根本不能够参加诉讼,因此,芦某关于一审法院没有通知王某参加诉讼属于程序违法的上诉主张,没有事实依据,二审法院不予以支持。虽然郜某、芦某都曾认可过工商登记的股东王某是芦某的母亲,但双方对此陈述前后矛盾并不统一,且股东郜某、芦某的陈述,不足以改变工商登记的法律效力,故芦某关于郜某、芦某均认可其母亲王某是中复电讯股东,王某的股东身份应予认定的上诉主张,没有事实依据,二审法院不予以支持。在中复电讯公司的工商登记材料中,北京永拓会计师事务所和北京龙华会计师事务所出具的验资报告虽表明王某已出资到位,但验资报告所显示的已履行出资义务的王某,是指工商登记材料中虚拟的人物王某而非芦某的母亲王某,芦某也没有证据证明其母亲王某已履行了出资义务,故芦某有关其母亲王某已出资到位的上诉主张,没有事实依据,二审法院不予以支持。

009. 非原始股东能否取得有限公司股权的认定

迟某某与上海甲软件有限公司股东资格确认纠纷案

[案号]

上海市第一中级人民法院(2012)沪一中民四(商)终字第221号

[裁判要旨]

公司的股权属于公司的股东所享有的权利,非有限责任公司原始股东,只能通过股权的转让、股权赠与或公司增资扩股等方式取得股东资格,否则,不能取得有限公司股权。

[案情]

上诉人迟某某与被上诉人上海甲软件有限公司(以下简称甲软件公司)股东资格确认纠纷一案,经审理查明:2008 年 3 月 24 日,迟某某为乙方、案外人上海市乙有限公司(以下简称乙公司)为甲方签订《劳动合同》,该合同载明鉴于用工单位需要使用乙方,委托甲方办理录用手续,经协商一致签订劳动合同,合同固定劳动期限自 2008 年 3 月 24 日起至 2010 年 3 月 23 日止。同日,迟某某与甲软件公司签订《劳务协议》,约定根据与乙公司的劳动合同,迟某某被派遣至甲软件公司工作,甲软件公司并于同日向迟某某发出福利待遇通知书,向迟某某告知年薪、奖金等待遇,同时载明"股权待遇:1. 您将获得 2008 年 4 月公司合资变更完成时 1. 20% 比例的股权(当前公司市值 1350 万美元),分四年每年实施其中的 25% 的股权,并在加入公司后三个月内实施,如在每次实施股权后一年内离职,则公司有权收回当年所转让的股权。2. 根据公司股东同管理层的相关约定,在 2008 年 4 月起的年度,如公司完成约定业绩,则会得到 5% ~10% 的股权奖励,你作为公司的管理层,有权根据所作贡献参与上述股权奖励的分配"。2010 年 1 月 27 日,迟某某再次与乙公司签订《劳动合同》,约定固定劳动期限自 2010 年 3 月 24 日起至 2012 年 3 月 23 日止。2010 年 11 月 1 日迟某某向甲软件公司提出辞职申请,2010 年 11 月 10 日,迟某某与甲软件公司办妥工件交接手续。2011 年 6 月 10 日,迟某某诉至法院,请求判令确认其持有甲软件公司 0. 6% 的股权。原审审理中,迟某某变更诉讼请求,要求判令甲软件公司支付相当于该公司 0. 60% 的股权价值的款项人民币(以下币种同)182609. 30 元。

一审法院依照《民事诉讼证据规定》第 2 条之规定,判决驳回迟某某的诉讼请求。

一审判决后迟某某不服,提起上诉称本案是股权奖励,不是协议出资,公司的股权是确定的,非增资扩股,不存在劳务出资的问题,请求本院撤销原审判决,改判支持迟某某的原审诉讼请求。

[结论]

二审法院判决驳回上诉,维持原判,即驳回迟某某要求甲软件公司支付相当于该公司 0. 60% 的股权价值的款项人民币的诉讼请求。

[法院认为]

本案的争议焦点在于迟某某能否取得甲软件公司的股权?迟某某认为福利待遇通知书明确约定,其可以取得甲软件公司相应的股权作为公司给其的股权奖励。二审法院认为,甲软件公司的股权属于公司的股东所享有的权利,甲软件公司本身没有股权可言,故不可能给予迟某某股权。迟某某非甲软件公司的原始股东,只能通过股权的转让、股权赠与或公司增资扩股等方式取得甲软件公司的股东资格,但迟某某并未提供相应的证据证明其赖以取得股权的事实存在，故其不能当然地成为甲软件公司的股东，从而取得甲软件公司的股权。二审庭审中，迟某某陈述甲软件公司为实现对公司高管的股权激励专门设立了上海甲投资管理有限公司（以下简称甲投资公司），其实际上应受让甲软件公司在甲投资公司中的股权。对此二审法院认为，若迟某某自认应持有甲投资公司的股权，那么其本案诉请更无依据。综上，迟某某的上诉请求缺乏事实和法律依据，原审所作判决并无不当，二审法院院依法予以维持。

［法律法规链接］

《民事诉讼证据规定》第 2 条

《公司登记管理条例》（2005 年修订）第 14 条

010. 有限责任公司股东约定不按实际出资比例持有股权的效力

【指导与参考案例】

深圳市启迪信息技术有限公司与郑州国华投资有限公司等股权确认纠纷案①

［案号］

最高人民法院（2011）民提字第 6 号

［裁判要旨］

股东持有股权的比例一般与其实际出资比例一致，但有限责任公司的全体股东内部也可以约定不按实际出资比例持有股权，如该约定是各方当事人的真实意思表示，且未损害他人的利益，不违反法律和行政法规的规定，应属有效，股东按照约定持有的股权应当受到法律的保护。

［案情］

申请再审人深圳市启迪信息技术有限公司（以下简称启迪公司）与被申请人郑州国华投资有限公司（以下简称国华公司）、原审被告开封市豫信企业管理咨询有限公司（以下简称豫信公司）、原审第三人珠海科美教育投资有限公司（以下简称科美投资公司）股权确认纠纷一案，开封市中级人民法院一审查明：2006 年 9 月 18 日，刘某某为甲方，张某为乙方签订《合作建设北京师范大学珠海分校工程技术学

① 《中华人民共和国最高人民法院公报案例（2012 年卷）》也收录了该案例。

院协议书》(以下简称《9.18协议》),约定:双方合作成立珠海市科美教育咨询有限公司(以下简称科美咨询公司),并以公司名义与北京师范大学珠海分校(以下简称珠海分校)签署合作协议,合作建设和运作珠海分校工程技术学院(以下简称珠海分校工程学院)。甲方以教育资本(包括教育理论与理念,教育资源整合与引入、教育经营与管理团队、教育项目的策划与实施)占科美咨询公司70%的股份,乙方以7000万元的资金投入珠海分校工程学院的建设和运作,占科美咨询公司30%的股份,本协议签署后10日内乙方将500万元保证金打入科美咨询公司账户,本协议生效。科美咨询公司与珠海分校协议签署之前,该保证金不能使用。科美咨询公司与珠海分校协议签署之后的15日内,乙方将1500万元打入科美咨询公司与珠海分校合作的共管账户,同时乙方将已经打入科美咨询公司的500万元保证金打入珠海分校作为履约保证金。科美咨询公司与珠海分校签署协议后90日内,乙方将1000万元打入共管账户,余款4000万元随工程进度及时打入共管账户。在乙方投入的7000万元回收完毕之前,双方在科美咨询公司的分配比例按照20%对80%。7000万元回收完毕之后按股份比例分配。2006年9月30日,国华公司将500万元保证金打入科美咨询公司账户。2006年10月24日,500万保证金被从科美咨询公司账户上打入启迪公司账户。2006年10月26日,国华公司与启迪公司、豫信公司签订《10.26协议》约定:(1)国华公司以现金出资人民币300万元,占公司注册资本30%;豫信公司以现金出资人民币150万元,占公司注册资本15%;启迪公司以现金出资人民币550万元,占公司注册资本55%。并约定三方应及时将缴纳的出资打入新设立公司筹委会账户。(2)对拟与珠海分校的办学合作项目的运作及利润的分配等事项作出了约定。(3)约定了科美投资公司的工商登记手续由启迪公司负责办理。(4)国华公司方张某出任科美投资公司董事长、法定代表人。(5)公司注册资金1000万元和投资6000万元全部由国华公司负责筹集投入。同日,通过了《珠海科美教育投资有限公司章程》。约定:公司注册资本1000万元人民币。启迪公司认缴出资额550万元、比例55%,国华公司认缴出资额300万元、比例30%,豫信公司认缴出资额150万元、比例15%。各股东应当于公司注册登记前足额缴纳各自所认缴的出资额。董事长由国华公司一方担任,副董事长由启迪公司一方担任。章程与《10.26协议》冲突的,均以《10.26协议》为准。2006年10月25日,应豫信公司和启迪公司要求,国华公司汇入豫信公司150万元,汇入启迪公司50万元。豫信公司将上述150万元汇入科美咨询公司账户(该账户同时为科美投资公司筹委会账户)作为其认缴出资。启迪公司将国华公司转来的50万元和10月24日从科美咨询公司账户转入的500万元保证金汇入科美咨询公司账户作为其认缴出资。国华公司将300万元汇入科美咨询公司账户作为其认缴出资。2006年10月31日,经珠海市工商局核准,科美咨询公司变更为科美投资公司。注册资金由50万元变更为1000万元,股东由娄某某、刘某某、赵某某变更为国华公司、启迪公司和豫信公司。同日，科美投资公司与珠海分校签订了《合作兴办北京师范大学珠海分校工程技术学院协议书》，约定了合作办学项目的具体事项。2006 年 11 月 28 日刘某某与张某签订《合作备忘》约定：(1)双方同意将科美咨询公司更名为科美投资公司。(2)公司股东由法人组成，启迪公司和豫信公司代表甲方，国华公司代表乙方，注册资金全部由乙方支付。其后，国华公司陆续投入 1750 万元，连同 1000 万元出资共计投入 2750 万元。启迪公司认可 2006 年 11 月 2 日以后国华公司才接管科美投资公司账户。在科美投资公司与珠海分校合作办学的过程中，双方产生矛盾，在是否与珠海分校继续合作上也发生争议，国华公司 2007 年 7 月 18 日提起诉讼，请求判令：(1)科美投资公司的全部股权归国华公司所有。(2)如果国华公司的第一项请求不能得到支持，请依法判决解散科美投资公司，并进行清算。

一审法院依照《公司法》①第 27 条、第 28 条之规定，判决：一、确认国华公司出资 800 万元，占科美投资公司 80% 的股份；豫信公司出资 150 万元，占科美投资公司 15% 的股份；启迪公司出资 50 万元，占科美投资公司 5% 的股份。二、驳回国华公司其他诉讼请求。

启迪公司不服一审判决，上诉请求二审法院查明事实后依法改判。

二审法院判决驳回上诉，维持原判。

启迪公司不服上述民事判决，向最高人民法院申请再审，请求：(1)撤销一审判决和二审判决；(2)由最高人民法院提审或者将该案移送到珠海市中级人民法院进行再审；(3)驳回被申请人原一审全部诉讼请求。

最高人民法院再审查明：(1)《10.26 协议》第 14 条约定："利润分配：1. 在上述乙方（即国华公司）7000 万元资金没有收回完毕之前，公司交纳所得税并依法提取公积金、公益金后的利润，三方股东按照约定分配，即甲方（启迪公司）享有分配公司利润的 16%，乙方享有 80%，丙方（豫信公司）享有 4%。(2)在上述乙方 7000 万元资金收回完毕后，公司交纳所得税并依法提取公积金、公益金后的利润，三方股东按照三方出资比例予以分配，即甲方享有分配公司利润的 55%，乙方享有 30%，丙方享有 15%。"(3)《9.18 协议》列明：协议的甲方为珠海分校工程学院项目策划和运营方，乙方为张某等。最高人民法院对原审查明的其他事实予以确认。

再审中，国华公司明确表示，放弃原审第二项即解散并清算科美投资公司的诉讼请求。

[结论]

最高人民法院判决撤销一审判决和二审判决；驳回郑州国华投资有限公司的

---

① 本篇案例所涉及的《公司法》指 2005 年修订的《公司法》。

诉讼请求。

[法院认为]

最高人民法院认为,本案当事人争议的焦点是,以启迪公司名义对科美投资公司500万元出资形成的股权应属于国华公司还是启迪公司。

根据再审查明的事实,《9.18协议》是珠海分校工程学院项目策划和运营方为甲方,张某等人为乙方,刘某某、张某分别代表甲乙方签订的双方成立科美咨询公司以合作建设珠海分校工程学院的协议书,而《10.26协议》是启迪公司、国华公司、豫信公司三方以各自名义签订的关于组建科美投资公司的协议书,两个协议在签订动机上确有一定的联系,但是,两个协议的签订主体和合作内容完全不同,两个协议彼此独立,其间并不存在从属关系,即使《9.18协议》无效,也不影响《10.26协议》的效力,原审以《9.18协议》的效力否定《10.26协议》的效力系适用法律错误。本案是启迪公司、国华公司、豫信公司因履行《10.26协议》组建科美投资公司发生的纠纷。科美投资公司系由科美咨询公司变更而来:公司名称变更,股东由娄某某、刘某某、赵某某变更为国华公司、启迪公司和豫信公司,公司注册资金由50万元变更为1000万元。《10.26协议》约定该1000万元以货币出资,是各方当事人真实意思的表示,符合《公司法》第27条关于股东可以用货币出资的规定,故该约定有效。

股东认缴的注册资本是构成公司资本的基础,但公司的有效经营有时还需要其他条件或资源,因此,在注册资本符合法定要求的情况下,我国法律并未禁止股东内部对各自的实际出资数额和占有股权比例做出约定,这样的约定并不影响公司资本对公司债权担保等对外基本功能实现,并非规避法律的行为,应属于公司股东意思自治的范畴。《10.26协议》约定科美投资公司1000万元的注册资本全部由国华公司负责投入,而该协议和科美投资公司的章程均约定股权按照启迪公司55%、国华公司35%、豫信公司15%的比例持有。《10.26协议》第14条约定,国华公司7000万元资金收回完毕之前,公司利润按照启迪公司16%,国华公司80%,豫信公司4%分配,国华公司7000万元资金收回完毕之后,公司利润按照启迪公司55%,国华公司30%,豫信公司15%分配。根据上述内容,启迪公司、国华公司、豫信公司约定对科美投资公司的全部注册资本由国华公司投入,而各股东分别占有科美投资公司的约定份额的股权,对公司盈利分配也做出特别约定。这是各方对各自掌握的经营资源、投入成本及预期收入进行综合判断的结果,是各方当事人的真实意思表示,并未损害他人的利益,不违反法律和行政法规的规定,属有效约定,当事人应按照约定履行。该1000万元已经根据《10.26协议》约定足额出资,依法进行了验资,且与其他变更事项一并经工商行政机关核准登记,故该1000万元系有效出资。以启迪公司名义对科美投资公司的500万元出资最初是作为保证金打入科美咨询公司账户,并非注册资金,后转入启迪公司账户,又作为投资进入科美投资公司账户完成增资,当时各股东均未提出任何异议,该500万元作为1000万元有效出资的组成部分，也属有效出资。按照《10.26协议》的约定，该500万元出资形成的股权应属于启迪公司。启迪公司作为科美投资公司的股东按照《10.26协议》和科美投资公司章程的约定持有的科美投资公司55%股权应当受到法律的保护。

启迪公司认为公司股东之间因出资、权益分配等问题出现纠纷均应由公司住所地人民法院受理，但启迪公司在原审中并未提出管辖异议。启迪公司也未申请对二审法院关于管辖的裁定进行再审，故最高人民法院对启迪公司认为原审地域管辖错误的理由不再审查。

股权确认之诉与公司解散、清算之诉是相互独立的诉讼，不具有诉讼关联性，不应合并审理，且国华公司在再审中明确表示放弃解散并清算科美投资公司的诉讼请求，故最高人民法院对该诉讼请求不予审理。

综上，原审判决认定以启迪公司名义对科美投资公司的500万元出资违反法律禁止性规定缺乏法律依据，启迪公司申请再审的主要理由成立，最高人民法院予以支持。

[法官分析]

本案再审审理中，主要存在以下两个问题。

1. 应以《10.26协议》还是《9.18协议》确定本案当事人的权利义务

《10.26协议》与《9.18协议》最主要的区别在于主体差异，《9.18协议》是珠海分校工程学院项目策划和运营方为甲方，张某等人为乙方，刘某某、张某分别代表甲乙方签订的，而《10.26协议》是启迪公司、国华公司、豫信公司三方以各自名义签订的，两个协议产生的显然是不同的民事法律关系。两个协议产生的时间有先后，但二者间并不存在从属关系，是完全独立的。

本案国华公司以启迪公司和豫信公司为被告提起诉讼，其诉讼请求的对象是启迪公司和豫信公司，表明国华公司提交法院审理的是国华公司、启迪公司和豫信公司三者之间的纠纷。这三者之间的权利义务是由《10.26协议》而非《9.18协议》确定的，因此，法院在审理该纠纷时，只能依据《10.26协议》来确定本案当事人之间的权利义务关系。

2. 关于《10.26协议》约定不按实际出资比例持有股权的效力

本案争议的焦点问题是500万元出资形成的股权的归属问题，其核心是有限责任公司的全体股东约定不按实际出资比例享有股权的效力。如果这样的约定有效，则股权的归属根据约定确定，如果约定无效，则需要根据相关法律规定或者法律原则确定。

(1)有限责任公司各个股东的出资比例和持股比例，属于公司股东意思自治的范畴。

股东出资对公司和公司的债权人有重大意义，我国公司法对股东出资的形式、出资的比例结构及出资义务的履行程序，均有明确的规定。股权是股东享有的权利，一般情况下，股东按出资比例持有股权。股东将其所有的财产作为对公司的出资后，其原有的财产即成为公司财产，股东丧失对其出资财产的所有权，而获得相应的股权。我国《公司法》第 4 条规定，公司股东依法享有资产收益、参与重大决策和选择管理者等权利。公司股东通过分取红利实现依法享有的资产收益权利。股东持有公司股权的比例大小，直接影响其行使股权的结果。我国《公司法》在对股东出资作出若干明确规定的同时，却并未规定股东必须按出资比例持有股权。

股东的持股比例与其行使股权是密切联系的，根据《公司法》第 35 条和《公司法》第 43 条的规定，有限责任公司的股东可以对股权如何行使作出约定，不按出资比例行使股权。《公司法》第 35 条规定，有限责任公司股东按照实缴的出资比例分取红利；公司新增资本时，股东有权优先按照实缴的出资比例认缴出资。但是，全体股东约定不按照出资比例分取红利或者不按照出资比例优先认缴出资的除外。可见，这条规定明确股东分取红利的一般原则为按照实缴出资比例分取，但是如果全体股东另有约定的除外。《公司法》第 43 条规定，股东会会议由股东按照出资比例行使表决权；但是，公司章程另有规定的除外。资产受益权和表决权是股权的主要内容，《公司法》第 35 条和《公司法》第 43 条的规定实际体现了公司法允许股东约定不按出资比例行使股权的精神。

公司各个股东的出资比例和持股比例如何，对公司资本是否充足和公司债权人债权并没有影响，仅对公司股东的权利义务有影响。对股东而言，股权行使的意义明显大于持有股权多少的意义，通过上述分析可知，股东是否按照出资比例行使股权属于股东意思自治的范围，那么股东是否按照出资比例持有股权自然也属于股东意思自治的范围。

(2)股东的出资比例和持股比例不一致的约定，需经有限责任公司全体股东一致同意方可生效。

尽管有限责任公司公司的股东出资比例和持股比例是否一致属于股东意思自治的范畴，但是，为了防止出现大股东或者多数股东欺压小股东或者少数股东的情况，应严格限制该约定的生效条件为全体股东一致同意。

(3)《10.26 协议》约定不按出资比例持有股权的效力。

因为股东的出资比例和持股比例是否一致属于公司股东意思自治的范畴，《10.26 协议》可以就此作出约定。《10.26 协议》关于出资比例和持股比例约定：国华公司以现金出资人民币 300 万元，占公司注册资本 30%；豫信公司以现金出资人民币 150 万元，占公司注册资本 15%；启迪公司以现金出资人民币 550 万元，占公司注册资本 55%。公司注册资金 1000 万元全部由国华公司负责筹集投入。该约定包括三层意思，一是出资的数额和形式；二是出资的实际负担者；三是股权按比例持有。约定科美投资公司注册资金 1000 万元，全部以货币出资，这完全符合我国公司法关于出资形式和出资比例结构的要求，而且该 1000 万元也已经足额存入科美投资公司的账户。无论是约定还是实际履行，都没有损害科美投资公司和科美投资公司的债权人的利益，也不损害国家、集体的利益。在出资形式和出资比例结构符合公司法规定的前提下，国华公司、启迪公司、豫信公司约定出资完全由国华公司承担，但股权不按出资比例持有的约定的效力需要根据合同法有关合同效力的规定来判断。

本案中，国华公司关于该约定无效的主要理由有两点，一是启迪公司以教育资源作为出资违反公司法关于出资的强制性规定，二是《10.26协议》约定的以货币出资系以合法形式掩盖非法目的。国华公司的这两点理由并不成立。启迪公司以教育资源作为其与国华公司合作的条件，而非作为其对科美投资公司的出资。科美投资公司股东的出资形式是货币出资，符合《公司法》第27条的规定，并不违反公司法关于出资的强制性规定。

以教育资源出资确实存在着对债权人的担保难以实现的问题，但是，用货币代替教育资源出资不影响公司资本担保功能的实现，完全符合公司法的规定，这并非以合法形式掩盖非法目的。本案中，与北师大合作办学需要教育资源和资金，启迪公司掌握着一定的教育资源，缺少资金，而国华公司有资金，缺少教育资源，二者均不具备单独与北师大合作办学的实力。二者合作成立科美投资公司后，就使二者通过公司与北师大合作成为可能。据当事人介绍，豫信公司促成了启迪公司与国华公司的合作。启迪公司的教育资源和国华公司的资金均是实现这一合作的必要条件，缺一不可。通俗地说，就是国华公司出钱，启迪公司出力，这样既符合公司法的规定，又实现了具有经营功能的人力资本和具有担保功能的物质资本的结合，是一种"双赢"的合作模式。而且各方对于盈利的分配也作出了特别约定，即在国华公司的资金收回前，不按股权比例分配，而是国华公司优先分配，进一步表明协议的约定是在各股东充分协商、考虑了各股东利益平衡的基础上作出的真实意思表示。商人以营利为目的，但商业活动中的利益与风险共存，如果国华公司不采取这样的模式与启迪公司合作，国华公司难以得到与北师大合作的机会，但采取这样的模式合作风险在于，启迪公司利用股权优势控制公司经营，可能对国华公司不利，且公司一旦出现破产等情况，国华公司的实际损失较大。但双方在运营中发生纠纷，属于双方履行《10.26协议》和公司章程中的问题，不影响《10.26协议》的效力。

综上，国华公司提出的《10.26协议》关于股东出资比例和持股比例不一致的约定无效的两点理由不能成立，该协议也不存在合同无效的其他情形，故《10.26协议》关于股东不按出资比例持有股权的约定有效。启迪公司按照该约定持有科美投资公司55%的股权应该受到法律保护。

（《商事审判指导》2011年第3辑　最高人民法院民二庭　刘崇理）

[法律法规链接]

《公司法》（2005年修订）第3～4条、第27～29条、第35条、第43条

011. 法院生效裁判可直接产生股权变动的效力

龙元建设集团股份有限公司诉上海联华合纤股份有限公司损害公司利益责任纠纷案

[案号]

上海市第二中级人民法院(2012)沪二中民四(商)终字第1121号

[裁判要旨]

有限责任公司股权变动不以变更登记为要件,法院裁判文书可以直接导致股权变动。

[案情]

龙元建设集团股份有限公司诉上海联华合纤股份有限公司损害公司利益责任纠纷一案,经审理查明:2002年4月10日,因案外人海泉国际有限公司(以下简称海泉公司)无力清偿龙元建设集团股份有限公司(以下简称龙元公司)到期债务,上海市第二中级人民法院裁定:海泉公司持有的上海联海房产有限公司(以下简称联海公司)11.5%的股权以4081014.67元的价格抵偿给龙元公司,原海泉公司在联海公司11.5%的股权归龙元公司所有。但之后一直未办理股权变更工商登记。2007年2月13日,联海公司将其两处房产为上海联华合纤股份有限公司(以下简称联华合纤公司)向中国民生银行上海分行(以下简称民生银行)的借款提供抵押担保。嗣后,由于联华合纤公司未按期还款,经法院委托拍卖,上述抵押房产最终以1872万元偿还联华合纤公司欠民生银行的部分债务。2011年9月20日,龙元公司以股东身份要求联海公司董事陈某某向联华合纤公司主张债权。其间,联海公司曾于2011年9月1日向法院提起诉讼,要求联华合纤公司偿还1872万元。当月27日联海公司又以无诉讼必要为由撤回了对联华合纤公司的起诉。

2012年5月29日,龙元公司向上海市黄浦区人民法院提起本案诉讼,称2002年上海市第二中级人民法院已裁定将海泉公司持有的联海公司11.5%股权归龙元公司所有。联海公司在经龙元公司催告后仍怠于向联华合纤公司主张1872万元债权。因此,龙元公司有权提起股东代表诉讼,请求判令联华合纤公司偿还联海公司1872万元及逾期还款的利息。

联华合纤公司及联海公司共同辩称:龙元公司提起股东代表诉讼的前提系具备公司股东的身份,而龙元公司并非联海公司在工商登记备案的股东。同时,龙元公司亦未通过正式途径催告联海公司向联华合纤公司主张欠款,且联海公司也曾经向法院提起诉讼催讨联华合纤公司的欠款。综上,龙元公司无权提起股东代表诉讼,请求驳回龙元公司的全部诉请。

一审法院判决联华合纤公司偿付联海公司欠款 1872 万元及逾期还款利息。

判决后，联华合纤公司不服，向上海市第二中级人民法院提起上诉。

[结论]

二审法院经审理后，判决驳回上诉，维持原判，即联华合纤公司偿付联海公司欠款 1872 万元及逾期还款利息。

[法院认为]

股东代表诉讼制度的立法本意是保护与公司财产存在直接利益关系的投资人权益。龙元公司的股东资格虽未在工商行政部门备案登记，但龙元公司通过法院裁定书已受让了海泉公司对联海房产公司 11.5% 的出资，显然与联海房产公司财产状况存有利益关系，故而应当获得股东代表诉讼制度的保护。另外，股东资格的确认并不以工商部门备案登记作为必要要件，工商部门备案登记仅起到对抗公司外部善意第三人之作用。因此，龙元公司符合股东代表诉讼的主体资格。此外，龙元公司曾于 2011 年 9 月 20 日致函联海公司董事陈某某要求追讨联华合纤公司债务，而联海公司怠于行使自己的债权。龙元公司在提起股东代表诉讼之前已竭尽了公司内部的救济手段。故法院判决联华合纤公司偿付联海公司欠款 1872 万元及逾期还款利息。

[法官分析]

本案当中，龙元公司提起的是股东代表诉讼。提起股东代表诉讼，首先必须具备公司股东资格。本案的主要争议焦点是龙元公司通过法院裁定书受让了海泉公司对联海房产公司的股权但未变更股东名册与工商登记的情况下是否具备联海公司的股东资格。《公司法》和已颁布的司法解释均未明确有限责任公司股权变动的生效要件，审判实践中也存在不同的做法。因此，需要重点讨论的法律问题是法院生效裁判能否直接产生股权变动的效力。

1. 法院生效裁判直接导致股权变动的理论基础

股权是一种无形的、抽象的、综合性的权利。股权变动，指股权民事法律关系各要素的动态变化，包含了股权的取得、变更、丧失，即动态的股权民事法律关系。股权变动分为基于法律行为的股权变动与非基于法律行为的股权变动。

法院裁判导致股权变动是非基于法律行为的股权变动。从本质上来说，法院生效裁判能直接引起股权变动是因为法院生效裁判并不是法律行为，而非法律行为引起的股权变动不需要公示。在生效裁判引起股权变动的情况下，股权的变动不是因为当事人的意思表示，而是基于法律规定。

此外，当股权权属发生争议时，法院是对争议进行裁判的终局机关。法院审判或执行时对双方当事人提供的材料进行实质审查后作出的裁判是对权利义务的最终确定，法院裁判文书具有确定的、终局的法律效力，且具有国家强制力。法院生效裁判文书的这些性质决定了其可以产生股权变动的效力。

2. 法院生效裁判可直接导致股权变动的法律依据

(1)有限责任公司股权变动不以变更登记为要件。

与股权变动有关的变更登记有两种,一种是《公司法》①第74条规定公司内部变更登记,另一种是《公司法》第33条第3款规定的工商变更登记。

①股权变动不以公司内部变更登记为要件。

《公司法》第74条规定,转让股权后,公司应当注销原股东的出资证明书,向新股东签发出资证明书,并相应修改公司章程和股东名册中有关股东及其出资额的记载。这一规定并没有明确股权变动生效的要件。一种观点认为,股权转让合同的生效并不能使受让人取得股东资格,只有在公司股东名册变更之后,受让人才取得股东资格。然而,根据《公司法》第74条,向新股东签发出资证明书、修改公司章程和变更股东名册都是股权转让后公司的法定义务,股权转让在前,此种义务的履行在后。一个"后"字表明立法者认为公司内部变更登记是在股权转让的事实之"后",登记只能是对股权转让这一事实的确认,而不可能是判断股权是否转让的标准。可见,公司对股东名册进行变更登记时,股权转让已经完成,变更登记是公司对股权变动的结果进行确认,如果将股东名册的变更作为股权变动的生效要件,在逻辑上就是倒果为因。因此,公司股东名册变更与否不影响股权转让的效力,公司章程或股东名册上没有记载的股东未必没有股东资格。《公司法》第33条第2款规定,"记载于股东名册的股东,可以依股东名册主张行使股东权利"。这一规定表明存在没有记载于股东名册的股东,只是这类股东不能依股东名册主张行使股东权利而已。应当认为,股东名册具有股权推定效力,是认定股权归属的表面证据,可以被相反证据推翻。在股东名册没有记载但公司知悉股权发生变动的情况下,股权受让方可对公司享有股东资格,请求公司变更股东名册,公司不能以股东名册对抗股权受让方。

②股权变动不以工商变更登记为要件。

《公司法》第33条第3款规定,公司应当将股东的姓名或者名称及其出资额向公司登记机关登记;登记事项发生变更的,应当办理变更登记。未经登记或者变更登记的,不得对抗第三人。从该规定可知,因股东发生变更而进行的工商变更登记,其性质属于对抗性登记,而非设权性登记,不会产生权利义务关系从无到有的变化,而是对既有法律关系的记载,使既有法律关系具有公示公信效力。因此,不能仅以未进行工商变更登记为由认定股权受让人不具有股东身份。

(2)法律文书直接导致物权变动的规定可供参照。

《物权法》第28条规定:"因人民法院、仲裁委员会的法律文书或者人民政府的征收决定等,导致物权设立、变更、转让或者消灭的,自法律文书或者人民政

① 本篇案例所涉及的《公司法》指2005年修订的《公司法》。

府的征收决定等生效时发生效力”。可见，法院生效裁判文书可产生物权变动的效力，并适用于登记生效的不动产。虽然不能将股权等同于物权，但有学者认为，股权是物权在投资领域的延伸，《公司法》未明文规定有限责任公司股权变动的形式要件而构成法律漏洞，法院可将股权解释为动产参照《物权法》适用。《物权法》第223条有关股权可以出质的规定也表明《物权法》并非与股权毫无关系。在《公司法》对股权没有规定的情况下，《物权法》的规定是具有参照意义的。如《公司法解释（三）》第27条就规定，股权的无权处分可参照适用《物权法》第106条规定的物权善意取得制度。因此，法院生效裁判文书可直接产生股权变动的效力。此外，根据当然解释这一法律解释方法，对于采登记生效主义的物权，法院生效裁判文书尚且能产生物权变动的效力，举重以明轻，对于不需登记即能生效的股权，法院生效裁判文书当然能够直接产生股权变动的效力。

（3）司法解释规定执行裁定可直接导致财产权转移。

《最高人民法院关于人民法院民事执行中拍卖、变卖财产的规定》第29条第2款规定，“不动产、有登记的特定动产或者其他财产权拍卖成交或者抵债后，该不动产、特定动产的所有权、其他财产权自拍卖成交或者抵债裁定送达买受人或者承受人时起转移”。虽然对于股权的性质没有统一的观点，但认定股权是一种财产权是没有争议的。因此在执行程序中，当法院作出的股权转移的裁定书、拍卖成交或抵债裁定书一生效，股权变动的效力就已发生。

（4）工商部门的文件规定法院裁判可直接导致股权变动。

《国家工商行政管理局关于协助冻结或强制转让股权问题的答复》规定："对股东或投资人在有限公司或非公司企业法人中的股权或投资，人民法院判决或裁定以拍卖、变卖或其他方式转让给债权人或第三人，并要求工商行政管理机关协助执行的，按下述意见办理：1. 受让股权的债权人或第三人，依判决取得股东的合法地位，工商行政管理机关应当书面通知企业限期办理相关的变更登记或备案手续。2. 申请变更登记，应提交下列文件：（1）原任或新任法定代表人签署的申请书；（2）新股东会的决议；（3）修改后的章程；（4）新董事会的决议。3. 企业逾期拒不办理变更登记的，登记主管机关分别依照《公司登记管理条例》第66条或《企业法人登记管理条例》第30条的规定给予行政处罚……”从工商管理部门的这一规定可以得知，仅凭法院生效裁判文书工商管理部门不会办理股权变更登记，而是需要公司提出申请并提供股东会决议、董事会决议等法院和股权受让人无法单方面获得的材料，如果公司不配合，则无法完成股权变更的工商登记。基于这一现实，如果还认为法院生效裁判不能直接产生股权变动的效力，则在公司不配合申请工商变更登记的情况下，法院生效裁判将成为一纸空文。因此，该答复首先就明确“受让股权的债权人或第三人，依判决取得股东的合法地位。”这表明工商部门也认可法院生效裁判可直接产生股权变动的效力，使股权受让人取得股东资格。

(5)法院裁判文书直接导致股权变动不影响公司的人合性。

有观点认为，如果法院裁判能直接产生股权变动的效力，则侵害了有限责任公司的人合性和其他股东的权益。这一担忧是没有必要的，因为根据我国法律的相关规定，法院在作出裁判文书时必然会确保公司的人合性和其他股东的权益。《公司法》第72条规定，股东向股东以外的人转让股权，应当经其他股东过半数同意，且其他股东有优先购买权。《公司法》第73条规定，“人民法院依照法律规定的强制执行程序转让股东的股权时，应当通知公司及全体股东，其他股东在同等条件下有优先购买权。其他股东自人民法院通知之日起满二十日不行使优先购买权的，视为放弃优先购买权。”法院的职能就是适用法律对纠纷进行裁判，由于我国法律对股权转让过程中股东优先购买权的保护有充分的规定，法院适用法律对股权变动作出的裁判已经充分保护了公司的人合性及其他股东的权益。

不管是从法理上进行分析，还是根据法律规定，法院生效裁判文书都能直接产生股权变动的效力。当然，因法院裁判生效股权变动就发生效力，会导致股东名册或工商部门登记的股权与真实的股权不一致。为避免第三人信赖登记簿的记载而发生善意取得的风险，因法院生效裁判而取得股权的权利人应及时要求公司变更股东名册及工商登记，从而更好地保护和行使自己的股权。工商部门也应该改变在有法院裁判的情况下仍然要求公司提出申请并提供股东会决议、董事会决议等材料才办理股权变更登记的僵化做法，而应该将法院生效裁判文书作为办理股权变更登记有效依据。

(作者:赵　炜　黄文旭)

[法律法规链接]

《公司法》(2005年修订)第72条、第73条、第74条

第二节　“隐名股东”问题

012. 股权确认的一般标准与“隐名股东”股东资格的认定标准

陕西锐达房地产开发有限公司、王乙与胡某某、朱某、王甲、西安达成物业管理有限责任公司股权确认纠纷案

[案号]

一审：陕西省西安市中级人民法院(2006)西民四初字第07号

二审：陕西省高级人民法院(2007)陕民二终字第68号

[裁判要旨]

股东间因股权确认问题发生纠纷的，人民法院审查的核心应是股东会决议等股东间关于股权问题的真实合意，并结合当事人是否实际享有股东权利、参与公司经营管理等事实进行判断。当事人的股东身份并不必然因其未出资或出资不足而被否定。关于“隐名股东”的认定，“隐名股东”不得出于规避禁止性法律规定的目的，且其他半数以上股东知道或应当知道其存在并认可，否则不能确认其股东身份。

[案情]

1999年6月，西安达成物业管理有限责任公司(以下简称达成公司)在西安市工商行政管理局登记注册成立，注册资本人民币50万元，股东为朱某、胡某某、王甲和芦某某，其出资比例分别为30%、30%、30%、10%。1999年11月27日，芦某某将全部股份转让给王甲并退出达成公司，朱某将10%的股份转让给胡某某，达成公司的出资及股权比例变更为：胡某某和王甲各出资20万元，各占40%股份，朱某出资10万元占20%股份。2000年3月26日，达成公司向西安市工商行政管理局申请变更登记，增加公司注册资本为人民币850万元。变更后，胡某某和王甲各出资420万元，各占49.41%的股份，朱某出资10万元占1.18%股份。2000年10月18日，朱某与达成公司签订《清算事项说明》，将其对达成公司的股权及所有事项全部清结完毕，双方再无经济关系。2001年4月25日，胡某某与王甲签订《出资协议书》，确认胡某某出资637.5万元占达成公司75%的股份，王甲出资212.5万元占25%的股份，但股权变动后达成公司未在工商登记机关办理变更手续。此后，达成公司2001~2003年度《年检报告书》中记载的公司股东均为胡某某和王甲。

2000年4月11日至2001年5月31日，王乙安排陕西锐达房地产开发有限公司(以下简称锐达公司)、陕西锐达实业集团有限责任公司和西安国际广告大厦(三方企业法定代表人均为王乙)以项目借款和项目前期费的名义，共向达成公司的市体育场“综合训练办公楼”项目建设转款1200万元(其中锐达公司转款300万元)。

2004年2月18日，达成公司召开股东大会，同意胡某某将297.5万元股份转让给王乙[胡某某、王甲、陈某(系王甲之夫)均认可王乙基于1200万元资金往来取得达成公司的股东身份，最初作为“隐名股东”将股权放在胡某某名下]，确认达成公司的股东为胡某某、王乙和王甲，并变更了公司《股东名录》。其中：胡某某出资340万元占40%股份，为公司执行董事、公司董事长兼总经理；王乙出资297.5万元占35%股份，为公司监事；王甲出资212.5万元占25%股份，为公司经理。2004年3月1日，胡某某、王乙，陈某召开达成公司第三次股东会。决议：(1)同意将原公司法人胡某某变更为王乙;(2)同意吸纳新股东王乙,达成公司章程相应作了修正。2004 年 3 月 5 日,达成公司申请变更登记,后因申请变更登记的相关材料存在虚假问题,西安市工商局撤销该次变更登记。2004 年 3 月至 2005 年 5 月,达成公司的法定代表人由王乙担任,并主持公司的日常工作。后因股权问题发生纠纷,锐达公司、王乙诉至法院。王乙请求确认其为达成公司股东,持 35% 的股权。锐达公司认为其向达成公司转款 1200 万元,是真正的出资人,却未被载入公司的股东名册,请求法院确认其为达成公司的股东,并占有股权 65%。同时,请求判令被告向锐达公司和王乙交付达成公司的公章、财务章、账册,变更股权登记手续并将法定代表人变更为王乙。

一审法院依照《民事诉讼法》第 64 条第 1 款,《民法通则》第 5 条,《公司法》①第 11 条第 1 款、第 35 条、第 36 条之规定,判决:一、确认王乙系达成公司的股东,并享有达成公司 35% 的股权;二、驳回锐达公司的诉讼请求;三、驳回王乙的其余诉讼请求。

一审宣判后,锐达公司、朱某、王甲均不服,向省高院提起上诉。锐达公司上诉请求:撤销原审判决第三项,确认锐达公司享有达成公司 65% 的股权。

朱某、王甲上诉请求:撤销原审判决第一项,并予以改判。

[结论]

二审法院判决驳回上诉,维持原判,即确认王乙系达成公司的股东,并享有达成公司 35% 的股权;驳回锐达公司的诉讼请求;驳回王乙的其余诉讼请求。

[法院认为]

二审法院认为:首先,关于王乙的达成公司股东身份问题。2004 年 2 月 18 日达成公司召开股东会,股东会决议确认王乙持有达成公司 35% 的股份,并修正了公司章程,变更了股东名录。2004 年 3 月 1 日达成公司召开了第三次股东会,决议同意吸纳新股东王乙,并将公司法定代表人由胡某某变更为王乙。自 2004 年 3 月起,王乙亦实际参与达成公司的日常经营,直至 2005 年 5 月。综合上述事实,王乙股东身份依法应予确认。其次,关于锐达公司所主张其为胡某某、王甲所持达成公司剩余 65% 股权的实际股东的问题。锐达公司在诉讼中不能证明其实际向达成公司投资,其与胡某某、王甲间存在隐名协议或隐名关系,达成公司其他股东已认可其实际股东身份等事实问题。故锐达公司的上述主张缺乏事实及法律依据,应不予支持。最后,关于锐达公司所主张达成公司设立时,其股东并未履行出资义务的问题。从其法律后果来看,如果公司有效设立,股东瑕疵出资主要导致瑕疵出资股东对公司承担相应的出资补足责任,对其他股东承担出资违约责任,或者对公司债权人承担补充偿还责任,并不因此而否定其股东身份。

---

① 本篇案例所涉及的《公司法》指 2005 年修订的《公司法》。

[法官分析]

本案涉及的法律问题主要有二：一是股权确认的一般标准；二是“隐名股东”的法律地位及其股东资格的认定标准。

1. 股权确认的一般标准

股权确认纠纷案件是当前公司纠纷案件中的主要类型。与股权确认相关的要件事实或证据主要有出资证明或出资事实、股东名册的记载、工商登记的记载。基于对出资证明、股东名册、工商登记在证明股东身份上证据效力的不同认识，对于股权确认的一般标准主要有以下四种观点：一是以出资证明或出资事实作为认定确认股权的依据，在确认投资事实的基础上确认股权的归属。二是以股东名册作为确认股权的依据，认为股东名册是股东身份的法定确定方式。三是以工商登记作为股权确认的标准，认为工商登记是股权的法定公示方式。四是区分当事人争议的不同类型，分别适用不同的标准：当事人均为股东的，应主要以投资行为作为依据；纠纷发生在公司与股东之间的应以股东名册作为依据；纠纷发生在股东与第三人之间的，则应以工商登记作为确认依据。从目前的司法实践来看，关于股权确认的标准问题主要倾向于采取区分的原则，即区分内部关系和外部关系，予以分别对待。首先，纠纷涉及股东与第三人的外部关系时，应着重审查工商登记的内容。工商登记关于股东身份的记载具有对善意第三人宣示股东资格的证权功能，第三人有理由依赖登记材料的真实性。即使登记内容存在瑕疵，按照商法公示主义与外观主义原则，第三人仍可以基于对该登记内容的依赖，要求工商登记的股东按登记的内容对外承担责任。但工商登记本身并无创设股权的效力，即工商登记关于股权的登记内容属证权性登记，并非设权性登记。所以，在纠纷涉及公司与股东或者股东之间时，工商登记并不作为审查的主要内容。其次，当纠纷涉及公司与股东间的关系时，在确认股权时应着重审查股东名册的记载。股东名册具有推定效力，即在没有相反证据时，股东名册就是股东资格的证明。实质上的权利人在尚未完成股东名册登记或者名义变更前，不能对抗公司，向公司主张股东权利；公司依法对股东名册上记载的股东履行了通告、公告等必须履行的义务后，即可免除责任。当然，股东名册既然具有推定效力，那么就可以被其他证据推翻的可能。如果实质上的权利人虽未被记载于股东名册，但其已在公司实际享有股东权利的，其股东身份亦应予以确认。最后，当纠纷涉及股东间关系时，股权确认一般应审查出资证明、股东会决议等股东实际投资及股东间关于股权安排的真实意思表示等相关事实。但值得注意的是，尽管出资证明或出资的事实往往是股东证明其出资的主要证据之一，但股东未实际出资或出资不足的，是否必然否定其股东资格呢？《公司法》第 28 条第 2 款规定：“股东不按照前款规定缴纳出资的，除应当向公司足额缴纳外，还应当向已按期足额缴纳出资的股东承担违约责任。”从该款规定来看，股东未出资的，主要应承担补足出资的责任或者向其他股东承担违约责任，对未出资或未足额出资股东的股东身份并未予以否认。最高人民法院民二庭在(2007)民二终字第93号安达新世纪·巨鹰投资发展有限公司与协和健康医药产业发展有限公司股东权确权赔偿纠纷案的民事判决书中认为:根据公司法的规定,股东出资不到位并不影响其股东资格的取得,但其股东权利的行使应当受到一定的限制,这种限制应根据具体的股东权利的性质确定,即与出资义务相对应的股东权利只能按出资比例来行使。既然在涉及股东间内部关系时,出资并不是股权确认的依据,那么此时股权确认的核心依据究竟应是什么呢?笔者认为,公司是股东间合意设立的团体法人,是具有高度自治性和人合性,所以在现行法律框架下应尽可能地尊重股东间关于股权安排、股权比例等问题的真实意思表示。对股权确认,亦应着重审查股东会决议等股东间关于股权问题的真实意思表示,或者根据股东实际享有股东权利,参与公司经营管理等事实行为推定出股东间关于股权问题的意思表示。结合本案事实,达成公司2004年2月18日股东会、2004年3月1日第三次股东会的决议中,对王乙的股东身份、持股比例已经确认,达成公司其他股东胡某某、王甲在公安机关的讯问笔录、询问笔录中对此亦予以认可,达成公司股东间关于王乙系该公司股东的意思表示真实。而且,王乙作为公司股东,也已实际参与了达成公司的经营管理。基于上述事实,王乙的股东身份依法应予确认。另外,达成公司已办理了股东名册变更,王乙被记载于股东名册,王乙的股东身份也已取得对抗达成公司的效力。

2.“隐名股东”的法律地位及其股东资格的认定标准

隐名投资一般是指一方实际认购出资,但公司的章程、股东名册或其他工商登记材料记载的投资人却为他人的法律现象。江苏省高级人民法院民二庭在《有限责任公司内部治理纠纷案件审理中的几个基本问题》中,对隐名投资或“隐名股东”现象的原因归纳有以下情形:国有、集体企业改制过程,为实现职工持股,需要规避《公司法》关于有限责任公司股东人数的限制性规定;为了获得工商登记的便利或者相关优惠政策;股东出于保护个人隐私、商业秘密等考虑,甚至出于掩盖违法行为的目的而有意为之;等等。我国《公司法》对“隐名股东”的认定问题并未作出明确规定,但对“隐名股东”也未作出禁止性的规定。在认定标准上,一般认为如果股东隐名并非出于规避禁止性法律规定的目的,其他半数以上的股东知道或应当知道该“隐名股东”并认可的,对其股东身份应予确认。在涉及第三人时,基于商法的公示主义和外观主义原则,未经登记的股东不具有对抗善意第三人的效力。司法实践中应当注意的是:首先,“隐名股东”需有共同设立公司或通过受让股权取得公司股权的相应意思表示。如果隐名关系的双方仅为资金往来关系,而提供资金一方并没有成立公司或实际取得股权的意思,那么双方关系的实质应为借款关系,提供资金一方并不能取得公司的股东身份。其次,“隐名股东”身份的确认需有其他股东认可其股东身份的意思表示。基于有限责任公司的人合性,如果其他股东并不知道“隐名股东”的存在,也不同意与其存在共同投资关系的,该“隐名股东”则不能被显名确认为公司股东。本案中,锐达公司未能提供证据证明其与达成公司股东胡某某、王甲间存在隐名协议或隐名关系,也无证据表明胡某某、王甲知道锐达公司实际出资的事实或对其“隐名股东”身份认可的事实,所以对锐达公司的股东身份不予确认。

(编写、评析人:陕西省高级人民法院 吴小鹏 编辑整理:马小莉)

[法律法规链接]

《民法通则》第5条

《公司法》(2005年修订)第11条第1款、第35条、第36条

013. 显名股东转让全部股份后,实际出资人也相应失去确认其股东身份的相关权利

余某某与广州市金升房地产开发有限公司等股权确认纠纷案

[案号]

广东省广州市中级人民法院(2011)穗中法民二终字第2406号

[裁判要旨]

实际出资人的出资未直接交付公司,也未办理股东登记等相关手续,亦未取得公司及其他股东认可,不能确认为公司的显名股东。随着显名股东将其持有的全部股份转让给他人,其不再是公司股东,实际出资人随之失去确认其股东身份的相关权利。

[案情]

上诉人余某某与被上诉人广州市金升房地产开发有限公司(以下简称金升房地产公司)、一审第三人广州市金升房地产开发有限公司工会委员会(以下简称金升公司工会)、广州市荔源国有资产经营管理有限公司(以下简称荔源公司)股权确认纠纷一案,一审法院审理查明:1996年年底,金升房地产公司成立,在金升房地产公司1996年12月23日制定的公司章程中,记载股东为:广州市荔湾区房地产管理局(出资人民币130万元,出资比例为52%)、广州市荔湾区新荔城拆迁有限公司(出资人民币20万元,出资比例为8%)及广州市金升房地产开发公司工会(出资人民币100万元,出资比例为40%),章程中有全体股东签字、盖章。

余某某当时作为广州市荔湾区房地产管理局的职工,提供自有资金参加金升房地产公司的集资,金升公司工会向余某某颁发《股权证》,写明本股权证是金升公司工会招集入股职工的股权证据,股数为3900,之后曾于1998年、2000年、2001年三次领取分红,至2001年7月,股份变动为总股权数11232。后来,余某某发生工作调动,调至荔源公司工作至退休。

金升房地产公司成立后，至2001年2月23日，由于党政机关与所属经济实体和管理的直属企业应脱钩，金升房地产公司申请国有股权由荔湾区房地产管理局变更为广州市荔源国有资产经营管理有限公司（即本案第三人荔源公司），并得到批准，变更后公司股东情况为：荔湾区新荔城拆迁有限公司（出资36万元，出资比例7.2%）、金升公司工会（出资230万元，出资比例46%）、荔源公司（出资234万元，出资比例46.8%）。2004年10月14日，广州市荔湾区国土资源和房屋管理局、广州市荔湾区国有资产管理办公室分别向区国资委发出《关于代管企业股权结构调整的请示》、《关于对新荔城公司、金升公司、荔房水电公司股份清退问题的处理意见》，在这两份文件中，均提出对金升房地产公司中非本公司职工的个人股份予以清退。2004年11月24日，中共广州市荔湾区委办公室作出《关于代管企业股权结构调整请示的复函》，原则同意对新荔城公司、金升房地产公司、荔房水电公司股权清退问题的处理意见，并要求按规定程序办理有关工作。金升房地产公司遂按相关方案进行清退股权，但余某某的股权未清退。2005年1月24日，金升房地产公司召开股东代表大会，对工会股权变更决议，将以金升公司工会名义登记股权的局机关、房管所、租赁所的工作人员及其离退休人员，以及非金升公司职工的其他人员所持有的股权2471782.4股（该股权包括了余某某所有的股权）全数转让给荔源公司，转让价格为每股1元，将以金升公司工会名义登记的1208217.6股按有关规定登记在个人股东黄某某等28人名下。次日，金升公司工会与荔源公司签订了《股东转让出资合同书》约定金升公司工会将原持有的金升房地产公司46%的部分股份247.1782万股转让给荔源公司，并约定了转让价格、付款时间等内容。之后，金升公司工会将股权转让款发放给各集资人，余某某原来所在的带河房管站部分职工签收了转让款，余某某未签收。2008年1月25日，金升公司工会与黄某某等20人及荔源公司签订《股东转让出资合同书》，再次约定金升公司工会将原持有的金升房地产公司46%的部分股份247.1782万股转让给荔源公司，并约定其他部分分别转让给黄某某等20人，金升公司工会自转让出资之日起，不再是公司股东，不得再以公司名义对外从事任何活动，合同书还约定了转让金额等其他内容。该转让合同得到股东会同意，并办理了相关工商变更手续。

之后，金升房地产公司股东几经变更，至现在，金升房地产公司已变更为国有独资企业，股东为荔源公司，出资800万元，出资比例100%。

余某某起诉要求确定其拥有金升房地产公司股份。

一审法院依据《公司法》第72条第1款①的规定，于2011年8月1日判决：驳回余某某的诉讼请求。

判后，余某某不服一审判决，向二审法院提起上诉，上诉请求：(1)撤销原判；

---

① 此处指2005年修订的《公司法》。

(2)改判确认余某某拥有金升房地产公司股权数11232股,第二次注册资本500万元占公司资本0.2264%。

[结论]

二审法院判决驳回上诉,维持原判,即驳回余某某要求确定其拥有金升房地产公司股份的诉讼请求。

[法院认为]

二审法院认为,《公司法》第32条、第33条分别作出规定,"有限责任公司成立后,应当向股东签发出资证明书";"记载于股东名册的股东,可以依股东名册主张行使股东权利。公司应当将股东的姓名或者名称及其出资额向公司登记机关登记;登记事项发生变更的,应当办理变更登记"。由此可知,《出资证明书》、《股东名册》和工商登记是公司股东行使股东权利的外观依据。本案中,金升房地产公司的显名股东之一系金升公司工会。余某某持有的股权证系金升公司工会所颁发,作为金升公司工会搜集入股职工的股权证明,余某某的出资系交给金升公司工会而非金升房地产公司。余某某不能到验资机构办理验资手续,也未到金升房地产公司办理任何股东登记等相关的手续,亦未取得金升房地产公司及其他股东的认可,故不能确认余某某为金升房地产公司的显名股东。而随着金升公司工会将其持有的全部股份转让给他人,不再是金升房地产公司股东。余某某随之失去确认其股东身份及拥有公司股份的相关权利。至于第三人金升公司工会之转让股权的行为,是否损害了余某某的合法利益,余某某可另案主张。故一审法院依法驳回余某某关于确认其拥有金升房地产公司股份的诉讼请求,并无不当。综上所述,一审判决认定事实清楚,适用法律正确,二审法院予以维持。余某某的上诉理由不能成立,对其上诉请求,二审法院予以驳回。

[法律法规链接]

《公司法》(2005年修订)第32条、第33条、第72条第1款

014. 实际出资人要求变更股权登记手续须经其他股东过半数同意

【公报案例】

张某某诉杨某某股权确认纠纷案

[裁判要旨]

有限责任公司的实际出资人与名义出资人订立合同,约定由实际出资人出资

并享有投资权益，以名义出资人为名义股东，该合同如无《合同法》第52条规定的情形，应当认定为有效。实际出资人有权依约主张确认投资权益归属。如实际出资人要求变更股东登记名册，须符合《公司法》[①]第72条的有关规定。

人民法院在审理实际出资人与名义出资人之间的股权转让纠纷中，以在所涉公司办公场所张贴通知并向其他股东邮寄通知的方式，要求其他股东提供书面回复意见，公司其他股东过半数表示同意股权转让的，应当认定该股权转让符合《公司法》第72条的规定，名义出资人应依约为实际出资人办理相应的股权变更登记手续。

［案情］

原告张某某与被告杨某某股权确认纠纷一案，法院一审查明：2007年3月14日，原告张某某、被告杨某某签订合作出资协议约定，原、被告共同出资1238万元，以被告名义受让绿洲公司61.75%股权，其中被告出资877.501万元，占43.77%；原告出资360.499万元，占17.98%。原告同意所有出资（或股权）登记在被告名下，股东权利由被告代为行使。原告应于2007年3月15日前将出资款360.499万元汇入被告指定账户。

2007年3月28日，原告张某某、被告杨某某签订补充协议约定，被告确认原告已经按约向被告支付360.499万元，实际持有绿洲公司17.98%的股权；双方同意代为持股的期限为三年，自2007年3月28日起至2010年3月27日止；代为持股期限届满后30日内，被告应将股权变更登记至原告的名下，相应手续依法办理；若因绿洲公司其他股东提出异议或其他事由导致变更登记无法完成，则被告应以市价受让原告的股权或将代为持有的原告股权转让于第三方并将转让款返还于原告；前述“市价”系指双方依据市场情况就原告的股权协商确定的价格或经会计师事务所等具有评估资质的机构对原告股权依法进行评估的价格。合作出资协议、补充协议还对其他条款作了约定。

2007年3月15日、16日，原告张某某将350万元出资款付给上海亚帆钢结构工程有限公司，该公司于次日又将款转入南京中船绿洲机器有限公司。

2007年4月15日，被告杨某某出具确认书，确认收到原告张某某的360.499万元出资款。

2007年3月23日，江苏纵横会计师事务所有限公司出具验资报告称，绿洲公司申请登记的注册资本2005万元，全体股东于2007年3月21日前一次缴足，其中被告杨某某委托南京中船绿洲机器有限公司向绿洲公司开设的临时存款账户缴存1238万元。

2008年11月25日，被告杨某某出具承诺书，承诺于2009年2月底前将原告

① 本案例所涉及的《公司法》指2005年修订的《公司法》。

张某某实际持有绿洲公司 17.98% 的股权变更登记至原告名下。

2009 年 5 月 15 日，绿洲公司核准登记，绿洲公司股东为被告杨某某、马某某、曹某某（原为陈某某，后经工商变更登记）等十四位自然人和南京中船绿洲机器有限公司。

原告张某某请求判令确认原告为绿洲公司之股东，持股比例为 17.98% 并履行相应的股权变更登记手续；或判令被告向原告支付前述股权等值之金额（暂计）400 万元。

［结论］

一审法院依照《公司法》第 72 条的规定，于 2010 年 1 月 18 日判决如下：

一、确认被告杨某某持有的绿洲公司股权中 17.98%（价值人民币 360.499 万元）为原告张某某所有。

二、被告杨某某应在本判决生效之日起 10 日内至工商管理部门将上述股权变更登记至原告张某某的名下。

一审判决宣判后，双方当事人均未上诉，一审判决已经发生法律效力。

［法院认为］

本案的争议焦点是：原告张某某要求确认绿洲公司股权并变更登记的主张应否支持。

原告张某某、被告杨某某之间的合作出资协议、补充协议和被告出具的确认书、承诺书，系当事人真实意思表示，无《合同法》第 52 条规定的情形，因此，原、被告的合作出资协议、补充协议等合法有效。根据原、被告的约定，被告代原告持有绿洲公司股权的期限至 2009 年 2 月底，现已逾代为持有的期限，原告有权依约主张自己的权利，故应确认争议股权为原告所有。

本案中，争议股权虽应为原告张某某所有，但原告并不当然成为绿洲公司的股东，被告杨某某在代为持股期限届满后，为原告办理相应的股权变更登记手续，形同股东向股东以外的人转让股权。按照《公司法》第 72 条第 2 款、第 3 款的规定，股东向股东以外的人转让股权，应当经其他股东过半数同意。股东应就其股权转让事项书面通知其他股东征求同意，其他股东自接到书面通知之日起满三十日未答复的，视为同意转让。其他股东半数以上不同意转让的，不同意的股东应当购买该转让的股权；不购买的，视为同意转让。因此，被告为原告办理相应的股权变更登记手续，应当由绿洲公司其他股东过半数表示同意。

审理中，法院在绿洲公司张贴通知，并向绿洲公司部分股东发出通知，说明根据公司法有关规定，如绿洲公司股东对原告张某某、被告杨某某之间的股权变更登记有异议，应按规定收购争议的股权，并于 2009 年 12 月 31 日前回复。嗣后，马某某等八位股东（过半数）同意股权变更登记。因此，张某某、杨某某之间股权变更登记的条件已经成就，原告要求被告履行相应股权变更登记手续的诉讼请求，符合事实与法律依据,应予支持。

关于被告杨某某否认收到原告张某某160余万元出资一节,原告有银行转账凭证和被告出具的确认书确认,被告并无证据佐证,应确认被告收到原告全部出资款。因此,被告的辩称缺乏事实与法律依据,不予支持。

(案例选自《中华人民共和国最高人民法院公报》2011年卷)

[法律法规链接]

《公司法》(2005年修订)第72条

《公司法解释(三)》(2011年施行)第25条

【观点】

在实际出资人与名义股东之间,实际出资人的投资权益应当依双方合同确定并依法得到保护。但如果实际出资人请求公司办理变更股东、签发出资证明书、记载于股东名册、记载于公司章程并办理公司登记机关登记等,此时实际出资人的要求就已经突破了前述双方合同约定的范围,实际出资人将从公司外部进入公司内部、成为公司的成员,对于公司和其他股东而言,这类似于发生了股权的对外转让。为了保障公司之人合性,维护公司内部关系之稳定,此时应当参照《公司法》第72条第2款规定的股权外部转让规则,经由公司其他股东过半数同意时,实际出资人才能取代原名义股东成为公司股东,否则实际出资人不能成为公司股东。①

015. 外商投资企业"隐名股东"股权确认

高帽子股份有限公司诉柏甲、李某、上海郁柏服饰有限公司股权确认纠纷案②

[案号]

一审:上海市第一中级人民法院(2008)沪一中民五(商)初字第277号

二审:上海市高级人民法院(2011)沪高民二(商)终字第14号

[裁判要旨]

虽无书面约定,但根据全案证据可证明,外商投资企业与名义股东之间存在一方实际投资、另一方作为名义股东的口头约定,并已实际投资。根据《最高人民法

---

① 最高人民法院民事审判第二庭编著:《最高人民法院关于公司法解释(三)、清算纪要理解与适用》,人民法院出版社2011年版,第371页。

② 参见最高人民法院中国应用法学研究所编:《人民法院案例选(2012年第4辑)》,人民法院出版社2013年版,第217~222页。

院关于审理外商投资企业纠纷案件若干问题的规定(一)》第 14 条的规定,人民法院或者当事人在诉讼期间就实际投资者变更为股东征得了外商投资企业审批机关的同意,可以作出判决直接确认“隐名股东”权利。

[案情]

高帽子股份有限公司诉柏甲、李某、第三人上海郁柏服饰有限公司股权确认纠纷一案,高帽子股份有限公司(以下简称高帽子公司)系台湾公司,法定代表人为董事长阙某。高帽子公司投资设立上海瑞冠服饰有限公司(以下简称瑞冠公司),阙某任法定代表人和董事长。上海郁柏服饰有限公司(以下简称郁柏公司)工商资料显示其股东为柏甲和李某,两者认缴出资占比分别为 90% 和 10% 。但根据全案证据,柏甲和李某并未实际出资,郁柏公司万元以上开支费用基本均从瑞冠公司借入,柏甲和郁柏公司涉及公司经营各个层面的大量费用系以瑞冠公司报销。2000 年至 2006 年,高帽子公司曾授权郁柏公司为其商品在上海地区市场总经销,销售品牌为 ELLE PARIS、ELLE SPORTS,涉及帽子、伞等。高帽子公司曾于 2006 年从郁柏公司获得一百余万元的分红款。

一审审理中,一审法院致函上海市商务委员会,要求该委就郁柏公司所属行业以及经营范围是否存在禁止或限制台资准入提供意见,该委回函答复如下:目前,外商投资商业领域已全面开放,郁柏公司所从事的经营范围不存在禁止或限制台资准入事项。

2008 年 11 月 12 日,高帽子公司诉诸法院请求判令:(1)确认高帽子公司享有第三人郁柏公司的全部股权;(2)要求柏甲、李某及第三人返还投资收益人民币 9121379. 31 元,并互负连带责任。2011 年 1 月 6 日,高帽子公司撤回上述第二项诉讼请求。

一审法院依照《公司法》[①]第 4 条、《最高人民法院关于审理外商投资企业纠纷案件若干问题的规定(一)》第 14 条之规定,判决确认原告高帽子公司享有第三人郁柏公司 100% 股权。

柏甲、李某提起上诉。

[结论]

二审法院判决驳回上诉,维持原判,即确认原告高帽子公司享有第三人郁柏公司 100% 股权。

[法院认为]

一审法院经审理认为,本案的争议焦点在于:原、被告双方究竟谁是第三人郁柏公司真正的股东,并且行使股东权利实际控制管理郁柏公司。

首先,两被告在郁柏公司注册之时,并未投入资金,注册资金系高帽子公司在

---

① 此处指 2005 年修订的《公司法》。

其后的经营活动中陆续投入，故从实际出资的角度来看，郁柏公司的实际出资人应为高帽子公司，而不是两被告。其次，从柏甲发送给高帽子公司法定代表人阙某的大量传真函件来看，时间跨度之长久，内容涉及之细致，传真发送之频繁，语气用词之谦恭，均超出商业活动中同行交流之正常范畴。由此可见，阙某虽人在台湾，但对于第三人公司事无巨细悉数掌控，几乎涵盖公司经营涉及的各个层面，是第三人公司的实际管理控制人。再次，原告从第三人公司处分得了红利，这是股东享有并行使权利的重要表现形式。最后，一审法院于诉讼期间就郁柏公司股东变更事项向上海市商务委员会发函征询，得到该委的答复是现第三人公司所从事的经营范围不存在禁止或限制台资准入事项。

二审法院经审理认为，虽然本案并无高帽子公司与柏甲、李某关于隐名出资的书面约定，柏甲、李某也始终予以否认，但一审认定的证据还是能够形成较为完整的证据链，达到了民事诉讼高度盖然性的证明标准，据此可以认定高帽子公司与柏甲、李某之间存在一方实际投资、另一方作为名义股东的口头约定，并已实际投资。相关行业是否允许台资准入属行政机关的特有权力，而实际出资者与名义股东关于股权归属的民事争议仍属法院审理范畴。据此，二审法院驳回上诉，维持原判。

[法律法规链接]

《公司法》(2005 年修订)第 4 条

《最高人民法院关于审理外商投资企业纠纷案件若干问题的规定(一)》第 14 条

第二章
股东出资纠纷

第一节　股东未全面出资

016. 以土地使用权或房产等实物出资但未办理过户手续可否认定为没有出资

甲公司与乙公司股东出资纠纷案

[案号]

上海市第一中级人民法院(2010)沪一中民四(商)终字第808号

[裁判要旨]

股东以土地使用权出资,如果已经交付土地,仅未及时办理过户手续,为出资瑕疵;基于多种因素,后股东从公司收回上述土地使用权且未能向公司另行交付相应土地使用权,未全面履行出资义务,应当依法予以履行,并应配合公司办理相关的土地使用权评估及相应的权属变更登记手续。

[案情]

上诉人甲公司与被上诉人乙公司股东出资纠纷一案,一审法院查明:甲公司于1996年12月9日设立,工商登记资料显示,公司注册资本人民币200万元(以下币种同),法定代表人为林某某。公司的法定住所为上海市闵行区莘庄工业区春东路618号。公司三名股东为上海巨林实业有限公司(以下简称巨林实业)、上海洪力实业公司(以下简称洪力公司)及林某某。其中巨林实业认缴出资额90万元,洪力公司认缴出资额80万元,林某某认缴出资额30万元。甲公司章程约定,巨林实业以材料或设备出资,洪力公司以5.7亩土地使用权折价出资,林某某以30万元出资。嗣后,上述地块及地上零星房屋未评估即进行了验资。甲公司成立后,在上述莘庄工业区春东路618号地块上建造了厂房等,并开始生产经营。

2000年12月20日,乙公司与甲公司签订《补充协议》一份,约定:在1996年11月21日由甲、乙、丙三方曾签订有补充协议(即原补充协议),其中甲方是洪力公司,由于该公司在1998年3月已合并在乙公司,因此甲方变更为乙公司;原补充协议的乙方和丙方,现变更为只有乙方即甲公司;经复测,厂区的占地面积是7923.31平方米(含11.88亩),建筑面积共计4813.56平方米;厂区内建筑物和场地的使用权现归甲公司;本补充协议签订之日起,甲乙双方共同努力办理厂区内建筑物的房产证;1996年11月21日所签协议的其他条款继续有效,本补充协议的所有条款与原协议有同等法律效力。2001年,因案外人上海造漆厂颛桥联营厂迁建仓库及辅助用房,上述地块被征用。

2001年12月13日,案外人上海光中实业有限公司(以下简称光中公司)作为甲方与作为乙方的巨林实业签订《合同》一份,约定:甲方将下属上海造漆厂颛桥联营厂名下的位于上海市沪闵路、金都路口10.7亩土地(已获政府有关部门批准)转让给乙方作为工业用地使用;转让费为20万元/亩,共计214万元;等等。后该土地被市政建设征用。

诉讼中,甲公司认可巨林实业代表甲公司与光中公司签订了上述《合同》;甲公司自认该地块为国有土地;并自认其在该地块上建造的房屋已得到赔偿;还明确其诉讼请求为要求乙公司完全履行对甲公司的出资义务,将类似的土地交予该公司。

一审法院另查明,乙公司和案外人光中公司的法定代表人均系马某某,但两个公司的投资方系不同单位。

一审法院依照《民事诉讼法》[①]第130条、《公司法》[②]第28条第1款的规定,判决驳回甲公司的诉讼请求。

判决后,上诉人甲公司不服,向二审法院提起上诉,请求撤销一审判决,依法改判支持上诉人的一审诉讼请求。

二审法院另查明:闵行区春东路618号的土地并未被政府征用。

[结论]

二审法院依照《民事诉讼法》第130条、第153条第1款第2项、第158条,《公司法》第27条、第28条之规定,判决如下:

一、撤销一审判决;

二、被上诉人乙公司应于本判决送达之日起三十日内以坐落于上海市闵行区春东路618号、5.7亩土地使用权向上诉人甲公司履行其股东出资义务。

[法院认为]

一审法院认为,本案的争议焦点是土地使用权未办理过户手续是否可认定为没有出资,乙公司是否需要履行土地出资的义务。根据甲公司的陈述,出资地块进行了验资。之后,甲公司即在该地块上建造了厂房并使用了该地块。故可以认定

---

① 此处指2007年修订的《民事诉讼法》。

② 本篇案例所涉及的《公司法》指2005年修订的《公司法》。

原公司股东洪力公司将出资地块交付给了甲公司。在甲公司成立后的几年内,该地块未过户至甲公司名下,甲公司一直没有异议。这从《补充协议》的“厂区内建筑物和场地的使用权现归甲公司”,并约定“补充协议签订之日,甲乙双方共同努力办理厂区内建筑物的房产证”这两节内容得到印证。而双方对是否需要办理出资地块的过户手续并没有约定。本案中,即使洪力公司出资土地的使用权确需过户而未过户,若该地块还存在,只需补办过户手续即可予以补救。因此,若需过户而未过户是属于瑕疵出资。本案中,虽然存在案外人光中公司与代表甲公司的巨林实业签订另一地块土地使用权转让合同这一节事实,但不能就此认定乙公司将原出资地块抽回,有用另一地块出资的意思表示。乙公司与案外人光中公司的法定代表人尽管为同一人,但两者的投资方不同,不能由此推定光中公司即代表乙公司,应只能视为甲公司的土地被征用后案外人对其生产经营场所的重新安置。这从涉案合同甲公司需支付案外人土地转让费等内容可以得到反映。而案外人与征地后的使用人之间的关系,涉案合同表述为“下属上海造漆厂颛桥联营厂”。至于案外人与甲公司之间的合同最终没有履行,甲公司的权益受到损失,甲公司可以通过其他途径救济。分析乙公司的该种瑕疵出资,因该地块已被征用并发生征地费用,原土地使用权出资形式已经转换为现金出资形式,即使甲公司要求乙公司履行出资义务,也只能要求该公司补足相应出资款。现甲公司要求乙公司交付类似地块的诉求,没有合理性,亦没有事实依据,一审法院难以支持。乙公司经法院合法传唤无正当理由拒不到庭,应视为放弃质证和抗辩的权利。

二审法院认为,上诉人甲公司设立时,由三方股东共同出资,其中洪力公司以座落于本市闵行区春东路618号5.7亩土地使用权进行出资。上述洪力公司的出资行为虽未办理土地使用权属的变更登记,但上诉人已在该地块上建造厂房进行生产经营。至洪力公司为被上诉人乙公司合并,被上诉人亦未能及时办理相关的土地使用权属的变更登记手续,明显违反了法律的规定。因被上诉人未依法到庭应诉,二审法院采信上诉人的诉称事实,认定上诉人系因被上诉人的利益考虑而搬离了春东路618号,双方另行签约,被上诉人的关联企业表示以坐落于沪闵路、金都路口的10.7亩土地使用权转让给上诉人建造厂房使用。然而该10.7亩地块被市政建设征用,致使上诉人至今未能足额收到股东的投资,被上诉人乙公司应当依法履行原洪力公司的出资义务。一审法院认定原洪力公司的出资土地被征用,与事实不符,相关的坐落于闵行区春东路618号地块并未被政府征用,其土地使用权的权利归属仍在被上诉人名下。被上诉人作为合并原洪力公司的法人,原洪力公司作为上诉人的股东应履行以相应的土地使用权进行出资的义务,因被上诉人从上诉人处收回上述土地使用权且未能兑现向上诉人另行交付相应土地使用权的承诺,而未能全面履行,应当依法予以履行,被上诉人还应当配合上诉人办理相关的土地使用权评估及相应的权属变更登记手续。

[法律法规链接]

《公司法》(2005年修订)第27条、第28条

【指导与参考案例】

邢某某、大庆市银兴化工有限公司等与中国信达资产管理股份有限公司黑龙江省分公司借款合同纠纷案

[案号]

一审:黑龙江省高级人民法院(2008)黑高商初字第45号

二审:最高人民法院(2010)民二终字第77号

[裁判要旨]

股东以房产和机器设备等实物出资,价值总额已经超过其承诺的实物出资价值,且已实际交付公司使用,即使未办理过户手续,亦可认定其已经履行了实物出资义务,债权人以该股东出资不足为由,向其主张债权的,不予支持。

[案情]

上诉人邢某某、大庆市银兴化工有限公司(以下简称银兴公司)、大庆市太福化工集团有限公司(以下简称太福集团公司)与中国信达资产管理股份有限公司黑龙江省分公司(以下简称信达黑龙江分公司)借款合同纠纷一案,一审法院经审理查明:2002年12月26日,中国银行大庆市分行(以下简称大庆中行)与大庆市太福化工有限公司(以下简称太福化工公司)签订四份借款合同,借款本金总计6500万元,借款期限均为12个月,借款利率均为5.31%。其中2002中庆借字第06240029号合同借款3330万元、2002中庆借字第1220070号合同借款770万元、2002中庆借字第1220071号合同借款400万元、2002中庆借字第1219069号合同借款2000万元。同日,大庆中行与大庆市太福塑料制品有限公司(以下简称太福塑料公司)签订2002中庆保字第20021220070、20021220071、200206240029号保证合同,约定由太福塑料公司为2002中庆借字第1220070、1220071、06240029号借款合同提供连带责任保证,保证期间为2年。贷款到期后,太福化工公司未能按约定偿还贷款本息。2003年12月31日,太福化工公司在大庆中行办理了上述贷款本金借新贷还旧贷手续,重新签订两份借款合同,借款期限均为9个月,借款利率均为5.31%。其中,2003中庆借字第1118053号合同借款4500万元,2003中庆借字第0602022号合同借款2000万元,旧贷款所欠利息未还。合同签订后,大庆中行按约定发放了贷款。同日,大庆中行又与太福塑料公司签订2003中庆保字第1118053号保证合同,由太福塑料公司为2003中庆借字第1118053号借款合同提供连带责任保

证。贷款到期后，太福化工公司未偿还贷款及利息。大庆中行于2004年6月25日与中国信达资产管理公司哈尔滨办事处(以下简称信达公司哈办)签订债权转让协议，将其享有的对太福化工公司的债权转让给信达公司哈办。2004年7月28日，太福化工公司及大庆市鑫福塑料制品有限公司(以下简称鑫福塑料公司)分别在债权转让通知和担保权利转让通知上盖章确认。2005年3月21日，中国银行黑龙江省分行与信达公司哈办共同在黑龙江日报上发布债权转让暨催收公告，对2003中庆借字第06240029、1220070、1220071、1220069号借款合同欠付利息进行转让通知并催收。2005年1月26日，中国银行黑龙江省分行与信达公司哈办共同在黑龙江日报上发布债权转让暨催收公告对2003中庆借字第1118053、0602022号借款合同欠付本金及利息进行转让通知并催收。2006年6月24日、2008年6月11日，信达公司哈办在黑龙江日报发布对上述六份借款合同项下债权的催收公告。

另查明，2001年1月，太福化工公司将其注册资金从1500万元变更为12500万元，新增注册资金中邢某某投入价值2712.5万元的实物，其中包括评估值为1543.5224万元的房产，但邢某某未将该房产的产权转移至太福化工公司名下。

2003年4月，太福塑料公司更名为鑫福塑料公司。2007年9月，又更名为太福集团公司。

2005年11月，太福化工公司更名为银兴公司。

2008年6月25日，信达公司哈办向一审法院提起诉讼，请求判令：(1)银兴公司偿还贷款本金6500万元，利息33548666.11元(利息计算到2008年12月20日)，其他损失1451433.89元，合计100000100元；(2)太福集团公司对其提供保证的4500万元贷款本金及利息19573360.46元(利息计算到2008年12月20日)承担连带还款责任；(3)邢某某对上述债务在其注册资金未到位的范围内承担清偿责任。

一审法院依照《合同法》第73条第1款、第205条、第206条、第207条及《公司法》[①]第3条、第28条之规定，判决如下：一、银兴公司于判决送达之日起10日内给付信达公司哈办2002年中庆借字第06240029号、1220070号、1220071号、1219069号借款合同项下尚欠的利息(按合同约定利率计算)；给付2003年签订的借款合同项下本金6500万元及利息(合同期内按合同约定利率、逾期按中国人民银行规定的同期逾期贷款基准利率标准计算)；二、太福集团公司对2003中庆借字第1118053号借款合同项下4500万元借款本金及利息承担连带清偿责任；三、如银兴公司不能偿还上述债务，由邢某某在15435224元的范围内负责清偿；四、驳回信达公司哈办的其他诉讼请求。

---

① 此处指2005年修订的《公司法》。

邢某某、银兴公司、太福集团公司均不服一审判决，向二审法院提起上诉。邢某某上诉请求撤销一审判决第三项，改判邢某某不承担民事责任。

银兴公司上诉请求撤销一审判决，依法改判银兴公司不承担该部分民事责任。

太福集团公司上诉请求撤销一审判决，依法改判太福集团公司不承担该两部分民事责任。

二审法院经二审审理除对一审法院查明的事实予以确认外，另查明：2001 年，太福化工公司与中国农业银行大庆市分行营业部（以下简称农行大庆分行）签订农银借字（2001）第 020 号《借款合同》，约定由农行大庆分行向太福化工公司发放贷款 3000 万元整，并约定借款担保方式为抵押担保。农行大庆分行又与太福化工公司签订了农银抵字（2001）第 020 号《抵押合同》，约定由太福化工公司以机器设备为上述债务提供担保，并于 2001 年 12 月 19 日办理了抵押登记，登记证号为庆工商抵字第 0126 号。在该《企业动产抵押登记档案》中的《抵押物登记申请表》载明，抵押人为太福化工公司，抵押金额为人民币 70459600 元整，抵押物状况为企业自有。勘验人员对抵押物进行了现场勘验，档案中留存企业抵押物图片卡，其中有塑料扁丝拉丝机组若干，图片卡载明该机组的生产厂为“武进市东方”，使用单位、保管使用人为“太福化工公司”，购置日期为“2001”，另有蒸汽锅炉若干，图片卡载明其生产厂为“齐市”，购置日期为“2001”，使用单位、保管使用人为“太福化工公司”。在该《企业动产抵押登记档案》中，存有齐齐哈尔锅炉总厂大庆产品经销处于 2001 年 10 月 8 日为邢某某出具的 150 万元蒸汽锅炉及辅机款收据，以及武进市东方园织机厂于 2001 年 10 月 23 日，以邢某某为交款人而开具的《收款收据》，其载明“拉丝机组 25 套，单价 600000 元”。

银兴公司于 2009 年 5 月 28 日出具的《邢某某出资证明》载明，股东邢某某 2001 年 10 月向银兴公司出资的财产已交付给银兴公司，其出资财产包括：（1）工艺管道 1 套，价值金额为 10443355 元。（2）电器设备 1 套，价值金额为 2404010 元。（3）采暖通风设备 1 套，价值金额为 1854845 元。（4）10 吨蒸汽锅炉一台及辅机，价值金额为 150 万元。（5）拉丝机组 25 套，价值金额为 1500 万元。

2010 年 7 月，信达公司哈办更名为信达黑龙江分公司。

［结论］

二审法院判决：维持一审判决第一、二、四项；撤销一审判决第三项，即撤销邢某某对银兴公司不能清偿债务在 15435224 元范围内负责清偿的判项。

［法院认为］

一审法院经审理认为：大庆中行与太福化工公司、太福集团公司分别于 2002 年、2003 年签订的六份借款合同、四份保证合同及大庆中行于 2004 年 6 月 25 日与信达公司哈办签订债权转让协议均系各方当事人的真实意思表示，内容不违反法律、行政法规的强制性规定，又无导致合同无效的其他法定情形，均应认定为有效合同。大庆中行按约定发放了贷款,太福化工公司亦在借款凭证上加盖公章及法定代表人名章予以确认,故银兴公司与太福集团公司对上述借款合同中欠付的本息负有连带偿还义务。银兴公司、太福集团公司以及邢某某提出大庆中行未实际发放贷款的抗辩主张,以及邢某某关于还款期间未到,债权人即不能对外转让债权的主张均无事实和法律依据,该院不予支持。

大庆中行与太福化工公司2002年12月26日签订的四份借款合同到期后,太福化工公司未能偿还贷款,双方又于2003年12月31日重新签订两份借款合同,以借新贷还旧贷的方式偿还了2002年四笔贷款的本金,尚有2002年四笔贷款的利息及2003年两笔贷款的本息未予偿还。本案争议的是该部分债权是否超过法定的诉讼时效期间问题。2003年12月31日签订的两份借款合同约定到期日为2004年9月30日,应开始支付利息的时间为2004年3月20日,其诉讼时效截止期间时间分别为2006年10月1日与2006年3月21日,信达公司哈办2005年1月26日、2006年6月24日、2008年6月11日在黑龙江日报发布公告对上述债权向债务人太福化工公司及保证人太福集团公司催收,已构成诉讼时效中断,至2008年6月25日提起诉讼并未超过法定的诉讼时效期间。对于2002年四份借款合同欠付的利息,虽然原债权人及信达公司哈办在黑龙江日报发布的催收公告有误,但根据《民事案件诉讼时效制度规定》第11条"权利人对同一债权中的部分债权主张权利,诉讼时效中断的效力及于剩余债权,但权利人明确表示放弃剩余债权的情形除外。"的规定,信达公司哈办主张此部分债权亦未超过诉讼时效期间。银兴公司、太福集团公司及邢某某的此节诉讼主张缺乏事实及法律依据,该院不予支持。

邢某某至本案法庭辩论终结前仍未能将出资到银兴公司的房产权属变更至银兴公司名下,银兴公司未能取得该部分资产的所有权。故邢某某对银兴公司的出资未全部到位,其对该公司及已足额出资的股东构成违约,邢某某负有向公司补足出资的民事责任,信达公司哈办有权向邢某某主张权利,邢某某应在其出资不足的范围内对银兴公司不能清偿的债务承担清偿责任。至于邢某某主张其已用2001年3月13日再次从大庆市太福(集团)有限公司(以下简称太福集团)分得价值1470.221万元的资产经验资补足出资问题。经查,该部分资产为生产设备,邢某某欠缴的出资为房产,其提供的大庆庆元会计师事务所验资报告记载验资时间为2001年1月11日,此时该部分资产尚未分配,不存在用于出资并进行验资的可能。邢某某还主张其于2001年10月购买了价值1500万元的拉丝机组及价值150万元的锅炉出资到太福化工公司,但未能提供正式的税务专用发票,且邢某某未能举示变更出资资产种类并经验资确认的证据。银兴公司虽出具证明证实邢某某出资已到位,但因其与邢某某系公司与其股东的关系,银兴公司又拒绝提供确已接受邢某某投入资产,并已按财务制度规定记入公司实收资本账或固定资产账的证据,因此,在没有其他证据相佐证的情况下,邢某某主张已补足出资的证据不足,对其主张不予支持。信达公司哈办主张给付其他损失 1451433.89 元，但未能提供相应的证据，对其该部分主张该院亦不予支持。

综上，信达公司哈办的部分诉讼请求有事实及法律依据，该院予以支持。

二审法院认为，本案二审争议的焦点是：(1)本案所涉借款合同约定的贷款是否已实际发放；(2)邢某某是否履行了出资义务，其应否就银兴公司的债务在 1543.5224 万元范围内承担补充赔偿责任。

(1)关于本案中大庆中行是否实际发放了贷款的问题。2003 年 12 月，太福化工公司在大庆中行就未偿还债务办理借新贷还旧贷手续，双方重新签订的两份借款合同，系双方真实意思表示，并不违反法律和行政法规的规定，应为合法有效。大庆中行按约定发放了贷款，太福化工公司亦在借款凭证上加盖公章及法定代表人名章予以确认。该债权转让给信达黑龙江分公司后，太福化工公司及鑫福塑料公司分别在债权转让通知和担保权利转让通知上盖章确认，该债权债务关系明确。故邢某某主张大庆中行并未实际发放贷款，与事实不符，二审法院不予采纳。

(2)关于邢某某是否履行了出资义务的问题。2001 年 1 月，太福化工公司增加了注册资本，由原 1500 万元变更为 12500 万元，并办理了工商变更登记，其中邢某某投入价值 2712.5 万元的实物出资，包括评估值为 1543.5224 万元的房产，该房产已实际交付太福化工公司使用，但因该房产未取得产权证明书等合法手续，致使其无法过户到太福化工公司名下。根据太福化工公司于 2000 年 12 月 15 日形成的《公司章程修正案》、《股东会议纪要》等记载，邢某某虽以实物出资，但并未明确该“实物”财产的具体类别。并且，大庆中行发放本案 6500 万元贷款时，借款人太福化工公司的注册资本为 1.25 亿元，没有证据证明其是基于对邢某某出资中评估价值仅为 1543.5224 万元房产的信赖而发放该笔贷款。而根据工商部门登记的太福化工公司的《企业动产抵押登记档案》中的记载，大庆中行同样可查询到邢某某于 2001 年将其购买的价值 1650 万元的拉丝机、蒸汽锅炉投入太福化工公司供其使用，并作为太福化工公司所有的财产抵押给了农行大庆分行等相关事实，使其相信太福化工公司的财产除 1.25 亿元注册资本外，还有这部分价值 1650 万元的机器设备。因此，邢某某承诺出资的房产虽未完成过户手续，但并不影响大庆中行发放贷款时对太福化工公司的资信能力所作出的实质性判断，对其决策亦不构成外观上的误导和欺诈。邢某某购买上述 1650 万元机器设备的凭证虽不是正式发票，但其购买机器设备时生产厂家出具的《收据》，以及此前用于抵押登记并由工商机关提供的《企业动产抵押登记档案》等证据，足以证明其购买行为及作为出资投入太福化工公司的事实是真实的，对此，银兴公司在一审期间亦明确表示认可。故二审法院对邢某某以价值 1650 万元的机器设备作为出资已投入银兴公司的事实予以确认。综上，邢某某向银兴公司实际投入的资产已超过其在《章程修正案》、《股东会议纪要》等文件中承诺的 2712.5 万元，不存在其向银兴公司出资不足的事实。本案系信达黑龙江分公司与银兴公司之间的债权债务纠纷，在没有证据证明银兴公司不能清偿本案债务及股东邢某某侵害公司资产的情况下，信达黑龙江分公司以其对银兴公司的债权而向其股东邢某某主张代位求偿权，没有事实和法律依据。上诉人邢某某关于其不应对银兴公司的债务承担民事责任的上诉理由成立，二审法院予以支持。一审判令邢某某对银兴公司不能清偿的债务在1543.5224万元范围内负责清偿，系认定事实有误，适用法律不当，二审法院予以纠正。

（案例选自《商事审判指导》2010年第4辑）

[法律法规链接]

《合同法》第73条第1款、第205条、第206条、第207条

《公司法》(2005年修订)第3条、第28条

017. 以国有划拨土地使用权作为出资，须经国家有关部门批准并办理土地出让手续

南京富力精细化工有限公司诉
南京四力化工有限公司出资纠纷案

[案号]

一审：南京市中级人民法院(2004)宁民二初字第82号

二审：江苏省高级人民法院(2005)苏民二终字第034号

[裁判要旨]

以国有划拨土地使用权出资既未办理土地出让手续，也未经国家主管部门明确批准作为国家出资投入，该土地不可以作为企业财产对外承担责任。

[案情]

南京富力精细化工有限公司诉南京四力化工有限公司出资纠纷一案，经审理查明：南京四力化工有限公司(以下简称四力公司)为出资设立南京富力精细化工有限公司(以下简称富力公司)，于1998年8月委托南京永诚国际咨询评估公司对其拟作为出资的部分房地产进行评估。经评估：房产面积为1055平方米，评估值为301700元；土地面积为2830平方米，使用权价格为424500元；设备评估值为118142元。1998年9月18日，江苏富森科工贸有限公司(以下简称富森公司)、四力公司及徐某某签订三方合资联营协议一份，约定：三方共同出资设立富力公司，四力公司出资75万元，出资方式为以土地、厂房和部分设备折价出资；土地以联营各方确认的图纸为准，土地使用期限为50年。同日，三方又签订土地房产入股协议一份，约定：四力公司以土地房产入股，三方认定为75万元(含设备金额)，其中

房产实际使用面积为1055平方米，土地实际使用面积为2830平方米，经三方签字盖章后生效；四力公司以富力公司名义办理产权使用证和土地使用证，土地使用权年限为50年，办证所需一切费用由四力公司承担。后四力公司将土地、房产及设备交付给富力公司，双方对土地的四至范围表述一致。1998年10月27日，南京审计事务所出具验资报告，证明富力公司的注册资本已由投资方缴足，其中，四力公司投入实物资产部分(含房地产)计84.43万元，以其中75万元用于注册，超过部分按应付款核算。同年11月4日，富力公司领取企业法人营业执照。1999年7月，房产部门向富力公司核发房屋所有权证，房屋面积759.61平方米；同年11月，土地管理部门向富力公司核发国有土地使用证，使用权类型为国有划拨。

经现场勘查查明，四力公司交付富力公司实际使用的房屋为三处房产，即生产用房、办公用房和实验用房，房屋的实际状况与评估报告中所记载的房屋一致，面积也基本一致，评估报告中评估价值分别为生产用房价值204700元、办公用房价值85000元、实验用房价值12000元。该三处房产中的生产用房、办公用房已办理了房产所有权证，但房产所有权证面积分别比实际面积分别少88.78平方米和133.61平方米(该部分面积属于房屋内部隔层，房产部门未颁发所有权证)，实验用房73平方米未办理房屋所有权证书。另，四力公司已将价值118142元的机器设备交付给富力公司。

富力公司于2004年5月24日以公司成立至今四力公司仅交付房产759.61平方米。且未交纳土地出让金为由诉至法院，请求判令：(1)四力公司补足395.39平方米的房产，如不能交付，则支付该面积房产1998年的价值，并赔偿房屋价格上涨的差价损失，共计750000元；(2)四力公司支付土地出让金850000元。

一审法院判决：驳回富力公司的诉讼请求。

富力公司不服一审法院判决，上诉请求二审法院撤销原审判决，依法支持富力公司的诉讼请求。

[结论]

二审法院判决如下：一、撤销一审判决；二、四力公司在判决生效10日内向富力公司补足出资342158元；三、驳回富力公司其他诉讼请求。

[法院认为]

一审法院认为，根据合资联营协议及土地房产入股协议的约定，四力公司应投入价值750000元的土地、房产和设备，作为对富力公司的出资。经评估机构评估，四力公司拟作为出资的实物的总价值超过750000元，该评估结论得到富力公司三方股东的一致认可。实际履行中，四力公司已按约将上述实物全部交付给富力公司，该事实也得到验资机构的确认。从房屋所有权证可以看出，实物交付后，房屋结构已发生变化，与原平面图存在明显差异，致房屋面积与约定不符。因房产在四力公司交付后已发生变化，故富力公司以房屋所有权证为依据认为四力公司出资不足,缺乏依据,其要求四力公司补足房屋面积并赔偿差价损失的请求不能成立。协议约定四力公司应为富力公司办理土地使用证,并未特别约定土地使用权的类型,四力公司也于1999年为富力公司办理了国有土地使用权证,使用权类型为划拨,富力公司已实际取得该土地的使用权。四力公司的行为符合协议约定。因该片土地的使用权类型并非出让,无须交纳土地出让金,也无任何管理部门要求富力公司交纳土地出让金,故富力公司要求四力公司支付土地出让金85万元,缺乏事实依据,其请求不能成立。

二审法院认为:根据1998年9月18日富森公司、四力公司及徐某某三方签订的合资联营协议、土地房产入股协议和1998年10月27日南京审计事务所验资报告,四力公司应当向富力公司投入价值75万元的房产、设备和土地使用权作为注册资金。在实际投入过程中,四力公司将联营协议中约定的相关实物交付富力公司使用情况如下:价值118142元的机器设备完全按约交付所有权;为价值204700元的生产用房和价值85000元办公用房办理的房产所有权证记载的面积虽与约定的投入面积不相符,与实际面积不相符,但由于该房产与所评估的房产一致,其价值并不因房产所有权证记载面积的减少而下降,因此该两处房产应认定投入到位;价值12000元的实验用房因四力公司至目前为止仍未将房产所有权证办理到富力公司名下,该房产不属于富力公司所有,因此,四力公司对该房产的投入没有到位;2830平方米土地使用权性质至目前为止仍为国有划拨土地,没有办理出让手续,且四力公司未能举出该土地使用权经国有资产管理部门批准可以作为注册资本投入和其被授权管理该土地使用权的证据,根据相关法律规定,富力公司虽然取得该土地的国有划拨土地使用权证,但仅仅可以根据国家的授权使用,不能将土地记入公司资产范围和进行处分,因此,四力公司对土地使用权的投入没有到位。综上,四力公司实际投入到位的资产价值407842元,对于未到位的资产依法应当按约定履行,但鉴于客观上该房产、土地使用权已无法按合同约定履行,其依法应对750000元注册资金中342158元的不实部分承担补足责任。原审判决认定四力公司已经履行出资义务不当,应予纠正。富力公司认为四力公司的注册资金投资不到位的上诉请求成立,该院予以支持。根据公司法规定,有限责任公司股东以其出资额为限对公司承担责任,股东作为出资的实物、土地使用权的实际价额显著低于公司章程所定价额的,应当由交付该出资的股东补交其差额。因此,富力公司要求四力公司赔偿差价损失和支付土地出让金的诉讼请求缺少法律依据,该院不予支持。

[法律法规链接]

《公司法》第27条第1款、第28条

《公司法解释(三)》第8条、第10条

【观点】

原则上，划拨土地使用权是不得用于出资的，但司法实践中，如出资人已以划拨土地出资设立公司，工商行政管理机关已经办理了公司登记，法院在审理有关诉讼中，如果土地使用权存在的权利瑕疵可以补正，且在法院指定的合理期限内已经补正的，可以认定出资的效力。出资人以划拨土地使用权出资的，应当在法院指定的合理期限内依法补缴土地出让金，办理土地变更手续，将划拨土地使用权变更为出让土地使用权。能否补正瑕疵的决定权在于土地管理部门，而不是法院，法院的审理是以瑕疵补正的结果为判断前提的。①

018. 股东未足额出资即转让股权的，出资不实的责任不随股权的转让而免除

陈某某与甲公司股东出资纠纷案

［案号］

上海市第一中级人民法院（2010）沪一中民四（商）终字第2036号

［裁判要旨］

股东应当足额缴纳公司章程规定的各自所认缴的出资额。未足额出资的股东即使已对外转让了股权，但其出资不实的责任不应随着股权的转让而免除，仍须依据章程约定和法律规定向公司补足出资。

［案情］

上诉人陈某某与被上诉人甲公司股东出资纠纷一案，甲公司系有限责任公司，原注册资本为人民币2500万元（以下币种同），股东原由上海金桥（集团）有限公司（认缴出资额为125万元，占注册资本的5%）、马某某（认缴出资额为2250万元，占注册资本的90%）、陈某某（认缴出资额为125万元，占注册资本的5%）组成。甲公司章程载明，股东负有缴纳所认缴的出资、在公司登记后不得抽回出资等义务。

2005年6月25日，甲公司形成股东会决议，决定将公司的注册资金由原来的2500万元增加至6250万元，由马某某追加出资3375万元，陈某某追加出资375万元。上海兴中会计师事务所有限公司出具的验资报告载明，截至2005年8月10

① 最高人民法院民事审判第二庭编著：《最高人民法院关于公司法解释（三）、清算纪要理解与适用》，人民法院出版社2011年版，第126页。

日，马某某、陈某某已将各自认缴的出资额以货币资金3375万元、375万元缴入甲公司开立于中国农业银行上海市松江支行（以下简称农行松江支行）的验资资金专户存储。作为验资报告附件的两份进账单载明，马某某以票据号码为“09210329”、金额为3375万元的本票出资，陈某某以票据号码为“09210330”、金额为375万元的本票出资。此后，甲公司的注册资本变更为6250万元，其中，陈某某出资500万元，占注册资本的8%。

农行松江支行的记账凭证显示，2005年8月10日，上海虹洋实业有限公司（以下简称虹洋公司）分两次向甲公司的验资账户转账划款3375万元、375万元。当日，甲公司自其验资账户向虹洋公司划款3000万元。2005年8月11日，甲公司自其验资账户向虹洋公司划款750万元。本案审理期间，上述银行向本院出具书面证明称，编号为09210329、09210330的两张本票未解入甲公司验资账户。

现陈某某已将其所持甲公司股权转让给案外人。

甲公司请求法院判令陈某某支付未缴纳的出资款375万元。

一审法院判决：陈某某应向甲公司补缴出资款375万元。

判决后，上诉人陈某某表示不服，提起上诉，请求二审撤销原判，依法发回重审或改判驳回被上诉人甲公司的一审诉讼请求。

另查明，甲公司原法定代表人马某某亦即公司股东，于2007年去世。

[结论]

二审法院判决驳回上诉，维持原判，即陈某某应向甲公司补缴出资款375万元。

[法院认为]

我国《公司法》①第28条明确规定，股东应当按期足额缴纳公司章程中规定的各自所认缴的出资额；股东以货币出资的，应当将货币出资足额存入有限责任公司在银行开设的账户；股东不按照前款规定缴纳出资的，除应当向公司足额缴纳外，还应当向已按期足额缴纳出资的股东承担违约责任。上诉人陈某某作为被上诉人甲公司的股东之一，在公司增资3750万元的过程中，理应依法履行其缴纳增资款375万元的出资义务。一审审理过程中，上诉人陈某某以票据号码为“09210330”、金额为375万元的银行本票进账单证明其已履行了相应的增资出资义务，但甲公司验资账户的开户银行已向一审法院证实，上述本票并未解入甲公司验资账户，3750万元增资验资款实际来源于案外人虹洋公司的划款，而上述验资款又已于划款当日及次日由甲公司返还给了虹洋公司，该款项中包含了陈某某应当认缴出资的375万元。上诉人陈某某又于二审审理过程中称，其系于增资当时已将系争款项交给原公司法定代表人马某某，但未能提供相应的付款凭据，由于马某某已经去

① 此处指2005年修订的《公司法》。

世，陈某某称其已付款的事实缺乏证据证明，二审法院难以认定。同样没有证据证明陈某某于此后向甲公司补足出资 375 万元，一审法院据此认定，在甲公司增资过程中，上诉人陈某某未实际出资，并无不当。鉴于股东的出资义务系法律所规定的股东基本义务，陈某某的行为违反了公司章程的约定和公司法的规定，故其应向甲公司履行相关的出资义务，该项义务不适用诉讼时效的规定。上诉人陈某某虽已对外转让了其全部股权，但其出资不实的责任不应随着股权的转让而免除。上诉人陈某某应当依法向被上诉人甲公司补足出资。一审法院查明事实清楚，适用法律正确，依法应予维持。上诉人陈某某的上诉理由，没有事实依据和法律依据，不能成立，其上诉请求，二审法院难以采信。

[法律法规链接]

《公司法》(2005 年修订)第 28 条

019. 受让人明知原始股东未足额出资，公司向其主张履行出资的可以支持

周某某与甲公司股东出资纠纷案

[案号]

上海市第一中级人民法院(2010)沪一中民四(商)终字第 1115 号

[裁判要旨]

原始股东未向公司足额出资，受让股权的股东向原始股东收回了所支付的股权转让款亦未向公司出资，且在股权转让时，其明知原始股东未按约支付全部出资款。按照公司股东应当足额出资原则及公司资本维持原则，公司选择向当前享有股东身份的股东要求其履行全部出资义务，可以支持。

[案情]

上诉人周某某与被上诉人甲公司股东出资纠纷一案，一审法院查明：甲公司于 1996 年 12 月 11 日成立，注册资金为人民币 500 万元(以下币种同)，由乙公司出资 255 万元，占注册资金的 51%，上海鸿翔国际货运服务公司(以下简称鸿翔公司)出资 245 万元，占注册资金的 49%。甲公司于 2004 年 3 月 28 日召开股东会，作出股东会决议，决定：乙公司将其持有的占注册资本 51% 的股权，以 255 万元转让给周某某。同日，周某某和乙公司签订《股权转让协议》，约定乙公司将其持有的甲公司 51% 股权以 255 万元转让给周某某，该转让款由周某某一次性给付乙公司等。2004 年 3 月至 4 月以周某某为缴款人、甲公司为收款人的《委托代收缴款单》和《现金解款单》显示，缴款金额为 255 万元。之后，甲公司经工商变更登记的注册资本仍为 500 万元，股东为周某某(51% 股份)和鸿翔公司(49% 股份)。

2004年8月5日，甲公司作出股东会决议，决定鸿翔公司将其持有的占甲公司注册资本49%的股权以245万元的价格转让给上海明鸿货运代理有限公司（以下简称明鸿公司）和刘某某，其中，明鸿公司以125万元受让25%的股权，刘某某以120万元受让24%的股权；周某某将其持有的占甲公司注册资本51%的股权以255万元转让给丁某。2004年8月6日，甲公司召开董事会，决定选举刘某某为本届董事长，周某某为副董事长，任期三年；并修改了公司章程，将甲公司股东改为明鸿公司、刘某某、丁某。同日，还签订了以周某某方为出让方、丁某为受让方的《股权转让协议》。之后，周某某起诉刘某某、丁某和甲公司，上海市虹口区人民法院判决认定，2004年8月5日在周某某未出席的情况下通过了股东会决议，并作出了董事会决议，修改了公司章程，又冒用周某某的名义签订了《股权转让协议》，并办理了股东工商变更登记手续，该股权转让行为不是周某某的真实意思表示，事后也未得到周某某追认。故判决：一、确认甲公司于2004年8月5日所作的股东会决议、2004年8月6日作出的董事会决议、章程、以周某某为出让方、丁某为受让方于2004年8月6日签订的股权转让协议无效；二、确认周某某系甲公司的股东，并享有甲公司51%的股权等。该案审理中，上海市虹口区人民法院就周某某于2004年3月至4月对甲公司出资255万元的真实情况，依法委托了会计师事务所进行了司法会计鉴定，结论为：在甲公司账面未查见周某某交款记载。审计报告也无法证实乙公司向甲公司支付了转让款255万元。该案还查明：周某某在该案中自认，其于2004年3月至4月支付乙公司转让款255万元，办理完工商变更登记手续后又收回了255万元转让款。之后，未向甲公司投入资金。

甲公司起诉要求周某某缴付出资255万元及利息。

一审法院依照《公司法》[①]第28条、第36条之规定，判决：一、周某某应向甲公司交付股本金255万元；二、周某某应向甲公司支付以上述255万元为基数，自2004年4月7日至判决生效日止，按照中国人民银行规定的同期贷款利率标准计算的银行利息。

判决后，上诉人周某某不服，向二审法院提起上诉，请求撤销一审判决，发回重审或依法改判驳回被上诉人甲公司的一审全部诉讼请求。

[结论]

二审法院判决驳回上诉，维持原判，即周某某应向甲公司交付股本金255万元及利息。

[法院认为]

我国《公司法》第28条明确规定，股东应当按期足额缴纳公司章程中规定的各自所认缴的出资额；股东以货币出资的，应当将货币出资足额存入有限责任公司在

---

① 本篇案例所涉及的《公司法》指2005年修订的《公司法》。

银行开设的账户，以非货币财产出资的，应当依法办理其财产权的转移手续；股东不按照前款规定缴纳出资的，除应当向公司足额缴纳外，还应当向已按期足额缴纳出资的股东承担违约责任。案外人乙公司作为被上诉人甲公司设立时的股东，其未能向甲公司足额缴纳资本金的行为有瑕疵。上诉人周某某从乙公司处受让股权时，理应将相应的股权转让款交付乙公司，但周某某自认其已收回了向乙公司所支付的255万元股权转让款，之后亦未向甲公司投入资金的事实，已由双方当事人于另案诉讼中经生效判决予以了确认。且在转让时，上诉人明知乙公司未按约支付全部出资款。无论是设立公司时的股东乙公司还是受让股东周某某均未能完全履行其作为股东应当履行的出资义务，按照公司股东应当足额出资原则及公司资本维持原则，甲公司的资本金理当受到法律的保护，其选择向当前享有股东身份的周某某要求其履行全部出资义务，为避免诉累亦未尝不可。由此，一审法院关于上诉人周某某作为股东对于被上诉人甲公司出资不到位的事实予以认定，并无不当，周某某对此未能提出充分的证据以推翻生效判决所确认的事实，其应当依法足额向甲公司缴纳出资款。至于上诉人周某某认为其系从乙公司处受让取得了甲公司51%的股权，即使需要支付相应款项，亦应向乙公司支付对应的股权转让款，而非直接由甲公司向其主张股东出资。对此，一审法院已查明乙公司实际并未出资的事实，若由乙公司向周某某主张股权转让款再行转交甲公司，周某某将可能以该主张超过诉讼时效进行抗辩，甲公司亦存在无法收取合法的股东出资的可能性，有违法律的规定。故甲公司直接向周某某提出缴付出资款255万元及利息主张的诉请，一审法院予以支持并无不妥。上诉人周某某的上诉理由，缺乏事实依据和法律依据，二审法院对此难以采信。

[法律法规链接]

《公司法》(2005年修订)第28条、第36条

《公司法解释(三)》(2011年施行)第19条

020. 股东在第一期出资后即向公司内部股东转让股权，但未约定后续出资义务主体时如何处理

杨某某诉黄甲股权转让纠纷案①

[案号]

一审：福建省厦门市集美区人民法院(2011)集民初字第973号

---

① 最高人民法院中国应用法学研究所编：《人民法院案例选(2012年第2辑)》，人民法院出版社2012年版，第192~196页。

二审:福建省厦门市中级人民法院(2011)厦民终字第2498号

[裁判要旨]

公司章程规定股东分期缴纳出资,股东在第一期出资后即向公司内其他股东转让其股权,且股权转让协议未明确该股权后续的出资义务由谁承担,鉴于受让方作为公司内部股东,对未缴足出资的股权情况应有了解仍同意购买股权,应对股权所涉的权利义务一体承担。

[案情]

杨某某诉黄甲股权转让纠纷一案,一审法院经查明:2009年3月30日,杨某某与黄甲签订《股权转让合同书》一份,合同载明杨某某同意将其在厦门兴宝鼎精密机械有限公司的23%股权转让给黄甲,黄甲同意支付杨某某人民币17万元,其中现付3万元,余款14万元两年内付清;双方签字后生效,杨某某在厦门兴宝鼎精密机械有限公司的股东权利终止。同日,黄甲向杨某某出具"股权转让费用"一份,载明"兹承接兴宝鼎精密机械有限公司杨某某先生股份转让费人民币壹拾肆萬圆两年内付清。"黄甲在欠款人栏签字确认。2009年12月21日,黄甲向登记部门递交《有限责任公司变更登记申请书》,申请将厦门兴宝鼎精密机械有限公司股东由林某某、黄甲、杨某某变更为黄甲、黄乙。厦门工商行政管理局盖章确认的《厦门兴宝鼎精密机械有限公司企业信息》载明,该公司在2011年3月28日的股东为黄甲,出资比例90%;黄乙,出资比例10%。《厦门兴宝鼎精密机械有限公司股东(发起人)名录》载明,股东(发起人)林某某,认缴出资10万元,持股比例10%,实际出资2万元,出资时间2008年3月14日,余额交付期限2010年3月16日;黄甲,认缴出资67万元;持股比例67%,实际出资134000元,出资时间2008年3月14日,余额交付期限2010年3月16日;杨某某,认缴出资23万元,持股比例23%,实际出资46000元,出资时间2008年3月14日,余额交付期限2010年3月16日。截至2010年1月6日,黄甲在厦门兴宝鼎精密机械有限公司出资90万元,占注册资本总额90%,黄乙出资10万元,占注册资本总额的10%。

另查明:经福建历思司法鉴定所鉴定,标注日期为2009年12月21日的《股东会决议》上"杨某某"的签名笔迹、标注日期为2009年12月21日的《厦门兴宝鼎精密机械有限公司股权转让协议》上"杨某某"的签名笔迹与所提供样本上杨某某书写的笔迹不是源于同一人所写。

原告杨某某诉称:被告未信守承诺支付余下14万元款项,请求判令被告立即向原告支付股权转让款14万元。

审法院依照《民事诉讼法》①第64条第1款,《公司法》②第72条第1款、第4

① 此处指2007年修订的《民事诉讼法》。

② 此处指2005年修订的《公司法》。

款,《合同法》第 60 条、第 77 条、第 159 条、第 161 条之规定,判决:被告黄甲应于本判决生效之日起十日内支付原告杨某某股权转让款 14 万元。

宣判后,黄甲不服提起上诉,请求撤销原判,改判驳回杨某某原审的全部诉讼请求。

[结论]

二审法院判决:驳回上诉,维持原判,即被告黄甲应于本判决生效之日起十日内支付原告杨某某股权转让款 14 万元。

[法院认为]

一审法院认为:本案因支付股权转让款而引发的股权转让纠纷。杨某某与黄甲于 2009 年 3 月 30 日签订《股权转让合同书》系双方真实意思表示,符合《公司法》股东之间股权转让之规定,对双方具有法律约束力,除非有法定或约定事由阻却其适用,双方即应依其内容履行相应法律义务。现被告认为双方于 2009 年 12 月 21 日重新签订《厦门兴宝鼎机械有限公司股权转让协议》对 2009 年 3 月 30 日签订的《股权转让合同书》进行了变更,应以《厦门兴宝鼎机械有限公司股权转让协议》作为双方权利义务约定。经鉴定,标注日期为 2009 年 12 月 21 日的《厦门兴宝鼎机械有限公司股权转让协议》上"杨某某"的签名笔迹与所提供样本上杨某某书写的笔迹并非同一人书写。原告认为鉴定结论符合法律规定,应作为定案依据;被告认为鉴定机构未用与《厦门兴宝鼎机械有限公司股权转让协议》形成时间接近的杨某某书写样本进行比对,且是在扫描件基础上鉴定,故鉴定结论不能作为定案依据。本院认为,福建历思司法鉴定所就被告异议出具《回复委托函》确认,本案提供的比对样本材料和调取的检材扫描件经其审核认为符合鉴定要求;另,双方在申请鉴定阶段均到场确认以杨某某现场书写样本作为比对样本,对鉴定机构到工商登记部门扫描原件进行鉴定不持异议,被告在鉴定结论形成后又对此提出异议,显然违反诚实信用原则,对其重新鉴定的申请本院不予准许。以上述鉴定结论为据,被告关于《厦门兴宝鼎机械有限公司股权转让协议》已对《股权转让合同书》进行变更的抗辩主张不能成立,故 2009 年 3 月 30 日双方签订《股权转让合同书》应作为双方履行法律义务的依据。《厦门兴宝鼎精密机械有限公司企业信息》等证据足以认定杨某某已经依约将其所持厦门兴宝鼎机械有限公司 23% 股权转让给黄甲,黄甲即应履行给付股权转让款的义务。原告认为《股权转让合同书》约定的价款是购买签订该合同书时杨某某的 23% 股权,被告认为《股权转让合同书》约定的价款系购买杨某某第二期出资完毕后的 23% 股权,该院认为《股权转让合同书》并未约定黄甲购买杨某某 23% 的股权为缴足第二期出资后的股权,未作特别说明的,即应当理解为签订合同书之时杨某某所持股权。杨某某此时所持股权记载于工商登记机关,且黄甲还是公司设立股东之一,黄甲对杨某某此时尚未缴足出资的股权情况应有充分了解,其仍签字同意以 17 万元购买杨某某上述股权,立即支付 3 万元,并出具尚欠杨某某14万元股权转让款的凭证，现即应遵照前约履行支付股权转让余款14万元之义务。黄甲在2009年3月30日的欠款凭证上注明两年内付清，现其注明的付款期限也已届满，故原告杨某某请求被告黄甲支付股权转让款14万元的请求，于法有据，该院予以支持。

二审法院认为：根据股权的概括转让原则，除法律有规定或当事人另有约定，股权转让后，股东基于股东地位对公司所发生的全部权利义务关系均一体移转给受让人。本案中，杨某某与黄甲于2009年3月30日签订的《股权转让合同书》，系双方当事人的真实意思表示，应认定为合法有效合同。该《股权转让合同书》约定双方签字后生效，杨某某在兴宝鼎公司的股东权利终止，其在兴宝鼎公司的股东义务相应终止。黄甲于2009年3月30日向杨某某出具《股权转让费用》确认其承接兴宝鼎公司杨某某股份转让费14万元于两年内付清。现付款期限已届满，杨某某要求黄甲支付股权转让费14万元是合法的，原审法院予以支持并无不当。原审判决认定事实清楚，适用法律正确，判决结果正确，应予维持。

[法律法规链接]

《公司法》(2005年修订)第72条第1款、第4款

《合同法》第60条、第77条、第159条、第161条

021. 股东以对公司的到期债权抵销瑕疵出资的认定

刘某某与胜利油田华滨天然气综合利用有限责任公司、胜利油田华滨机电设备制造有限责任公司股东出资纠纷案

[案号]

山东省东营市中级人民法院(2011)东民再终字第29号

[裁判要旨]

股东是否履行完毕出资义务，须结合全案的事实与证据综合认定。瑕疵出资股东对公司享有到期债权的，该股东或公司可以依据《合同法》第99条、100条之规定以该债权抵销相应的瑕疵出资，但公司已进入破产程序或公司债权人已提起诉讼要求瑕疵出资股东对公司债务承担责任的除外。

[案情]

申请再审人刘某某与被申请人胜利油田华滨天然气综合利用有限责任公司(以下简称天然气公司)、胜利油田华滨机电设备制造有限责任公司(以下简称机电公司)股东出资纠纷一案，原一审法院确认以下事实：2001年8月29日，原告天然气公司与刘某某、张某某、郭某某、黄某某、赵某、许某某、车某某出资设立被告东营市华滨机电设备制造有限责任公司。其中原告出资275.9万元，出资方式为货

币924591元,实物出资868317元,土地使用权出资966092元。经营期限至2008年8月29日。被告机电公司成立后原告即将作为出资的土地交付被告使用,并依据国家有关规定约定半年内办理土地使用权过户手续。后因利津县政府的城区规划,该宗土地被利津县人民政府收回,政府给予征地赔偿费用75.6235万元。2002年8月28日,原告与代表利津县人民政府的利津县建设局签订赔偿协议书,约定赔偿费用75.6235万元,于2002年12月30日支付50%,2003年6月30日支付50%。

因为原告作为向被告出资的土地被政府收回,2002年2月17日被告机电公司的全体股东召开股东会议,一致同意原告作为出资的土地因政府收回改变为流动资金形式出资。形成决议后全体股东均签名认可,签名股东有刘某某、张某某、郭某某、黄某某、赵某、许某某、车某某及原告天然气公司。

2003年12月31日,东营隆正会计师事务所对被告进行审计并出具审核报告。审核报告证实被告自2002年4月陆续向原告借款870000元,依据2002年2月17日的股东会决议被告已将借款870000元转为实收资本,即转为原告向被告缴纳的出资。同时东营隆正会计师事务所提出双方应及时到工商行政管理机关备案。该报告还说明被告应付的利息22100元已经计入财务费用,双方应协商解决。

2003年1月30日,原告为被告垫付工人工资、保险等费用32950.5元。2004年1月16日被告向原告借款60000元。2004年1月30日,被告将应支付原告的房屋租金68000元记入应付款账目。原告主张以上三项款项转为原告对被告的出资。

2006年3月13日,东营中胜有限责任会计师事务所出具验资报告,证实截至2004年1月30日,被告已收到原告变更土地使用权出资的流动资金注册资本966092元。该报告用于被告变更登记使用。

被告变更工商登记后,利津县工商行政管理局于2006年3月20日出具证明,证实原告在被告机电公司的投资已经由土地使用权变更为流动资金,以债权的形式出资。经利津县工商局备案。

2009年9月4日,原告天然气公司起诉刘某某、张某某、郭某某,请求法院依法确认原告对被告的出资全部到位。

一审法院依照《公司法》[①]第27条、第28条、第29条的规定,判决:确认原告胜利油田华滨天然气综合利用有限责任公司向被告东营市华滨机电设备制造有限责任公司由土地使用权出资变更为流动资金出资的966092元已全部缴纳。

上诉人刘某某不服原一审判决上诉,请求二审法院撤销原判,依法改判。二审法院判决:驳回上诉,维持原判。刘某某不服二审判决申请再审,请求依法撤销一

① 此处指2005年修订的《公司法》。

审和二审判决，驳回被申请人天然气公司的起诉。

［结论］

再审法院判决维持一审、二审民事判决，即确认胜利油田华滨天然气综合利用有限责任公司向东营市华滨机电设备制造有限责任公司由土地使用权出资变更为流动资金出资的966092元已全部缴纳。

［法院认为］

再审法院认为本案争议的焦点问题为，被申请人天然气公司是否履行了对被申请人机电公司966092元的出资义务。再审法院认为，2001年8月29日，被申请人机电公司成立时，被申请人天然气公司按照公司章程中规定认缴的出资额为275.9万元，其中土地使用权出资为966092元。被申请人机电公司成立后，被申请人天然气公司即将作为出资的土地交付被申请人机电公司使用，并依据国家有关规定约定半年内办理土地使用权过户手续。后因利津县政府的城区规划，该宗土地被利津县人民政府收回。被申请人机电公司2002年2月17日的全体股东会决议，一致同意被申请人天然气公司由原来的土地使用权出资改变为流动资金形式出资。后因该宗土地的政府补偿款不能及时到位，被申请人天然气公司以提供借款或垫付费用的形式陆续交付出资。2003年12月31日，东营隆正会计师事务所出具的审核报告显示被申请人机电公司自2002年4月陆续向被申请人天然气公司借款870000元，依据2002年2月17日的股东会决议，被申请人机电公司已将借款870000元转为实收资本。2003年1月30日，被申请人天然气公司为被申请人机电公司垫付工人工资、保险费用32950.5元；2004年1月16日被申请人机电公司向被申请人天然气公司借款60000元；2004年1月30日，被申请人机电公司将应支付被申请人天然气公司的房屋租金68000元记入应付款账目。2006年2月27日，被申请人机电公司召开股东会议并作出决议确认已经实际收到被申请人天然气公司的现金出资966092元。2006年3月13日，东营中胜有限责任会计师事务所根据被申请人机电公司的委托出具验资报告，报告显示截至2004年1月30日，被申请人机电公司已收到被申请人天然气公司缴纳的注册资本合计人民币966092元，以债权的方式出资966092元。利津县工商行政管理局于2006年3月20日出具证明，证实：被申请人天然气公司在被申请人机电公司的投资已经由土地使用权变更为流动资金，该公司以债权的方式出资，已经利津县工商局核准备案。综上所述，证明被申请人天然气公司对被申请人机电公司的土地使用权出资变更为流动资金出资的966092元已实际全部缴纳。

关于申请再审人刘某某提出以债权转为出资不符合法律规定和没有股东会决议支持的理由。再审法院认为，（1）根据《山东省高级人民法院关于审理公司纠纷案件若干问题的意见（试行）》第18条的规定，瑕疵出资股东对公司享有到期债权的，该股东或公司可以依据《合同法》第99条、第100条之规定以该债权抵销相应的瑕疵出资。但下列情形除外:①公司已经进入破产程序的;②公司债权人已经提起要求瑕疵出资股东对公司债务承担责任的诉讼的。但是申请再审人刘某某并未对被申请人天然气公司提起要求其作为瑕疵出资股东对机电公司债务承担责任的诉讼。东营隆正会计师事务所2003年12月31日出具的审核报告显示:被申请人机电公司自2002年4月陆续向被申请人天然气公司借款870000元,依据2002年2月17日的股东会决议,被申请人机电公司已将借款870000元转为实收资本。原审适用《公司法》的规定并无不当。(2)2006年2月27日,被申请人机电公司召开股东会议并作出决议确认已经实际收到被申请人天然气公司的现金出资966092元。该决议虽然没有作为股东之一的申请再审人刘某某的签名,但是按照该公司的章程,该决议已经由2/3以上有表决权的股东签名表决通过,并到利津县工商行政管理局进行了变更登记,申请再审人并无证据推翻该决议的证明效力。

综上,再审法院认为,本案原一、二审判决认定事实清楚,适用法律正确,判决结果得当,应予维持。

[法律法规链接]

《公司法》(2005年修订)第27条、第28条、第29条

022. 瑕疵出资股东是否应当履行出资义务的认定

顾某某与甲公司股东出资纠纷案

[案号]

上海市第一中级人民法院(2010)沪一中民四(商)终字第2110号

[裁判要旨]

我国公司法关于股东负有缴纳出资义务的规定,是为形成公司独立的法人人格及法人责任,同时也为保证公司的经营能力以及对外偿付能力等。在认定瑕疵出资股东是否应当履行出资义务的过程中,应当结合实际综合考虑。如公司已停止经营,股东再履行出资义务对公司自身经营而言,已无实际意义。若公司存在对外债务,在公司停止经营,不能清偿债务的情况下,债权人可要求瑕疵出资股东承担相应民事责任。

[案情]

上诉人顾某某与被上诉人甲公司股东出资纠纷一案,一审法院经审理查明:顾某某与案外人陆某某欲发起设立甲公司。双方商定由陆某某具体负责借款验资、注册登记公司。

1999年10月12日,上述两名发起人制订甲公司章程一份,约定设立甲公司,注册资本100万元,公司营业期限为10年。章程第9条规定,陆某某认缴出资额

60 万元,占公司注册资本的 60%;顾某某出资 40 万元,占公司注册资本的 40%;章程第 12 条规定,股东负有以下义务:(1)在规定期限内足额缴纳公司章程中规定的各自认缴的出资额。否则应向已足额缴纳出资的股东承担违约责任。(2)公司注册登记后,不得抽回资金。(3)依其所认缴的出资额承担公司债务。章程第 22 条规定了公司监事由顾某某担任。章程对其他事项亦作了规定。

1999 年 10 月 13 日,上海闵行审计事务所出具验资报告,确认甲公司已收到其规定投入的货币资本 100 万元,顾某某与案外人陆某某在 1999 年 10 月 13 日将 40 万元、60 万元分别缴存于上海闵行审计事务所在上海银行闵行支行开设的验资专户内。

1999 年 10 月 15 日,甲公司成立,性质为有限责任公司,注册资本 100 万元,工商登记的股东为顾某某与案外人陆某某,顾某某认缴出资额 40 万元,陆某某认缴出资额 60 万元。法定代表人为陆某某。

1999 年 10 月 19 日,甲公司将其银行账户内的 100 万元划入上海银联电器设备型材厂的银行账户内。

甲公司成立后,顾某某负责公司的销售工作。2005 年 5 月,顾某某离开甲公司。嗣后,甲公司停止了经营,其工商登记的企业状态于 2008 年 3 月 28 日显示为吊销未注销。

2009 年 4 月 2 日,顾某某申请对甲公司予以清算。在清算过程中,由于陆某某拒不交付公司财务账册等相关清算资料,法院无法对甲公司组织清算。2009 年 9 月 2 日,法院作出裁定,终结甲公司的清算程序。2009 年 11 月 19 日,顾某某起诉陆某某,法院判决陆某某赔偿顾某某剩余财产分配损失 495638.84 元。

一审诉讼中,顾某某确认其通过陆某某向上海华乐电工设备厂借款 40 万元用于验资,且至今尚未归还的事实;顾某某认为公司由陆某某掌控,其不知抽逃出资的事实。

甲公司认为,顾某某作为甲公司的股东之一,认缴出资额为 40 万元,依法应当足额缴纳该认缴的出资款。但顾某某在验资后又抽走出资款,显然违反了法律的强制性规定,侵害了甲公司的合法权益。故甲公司诉至法院,要求判令顾某某向甲公司足额缴纳出资 40 万元。

一审法院依照《公司法》①第 28 条的规定,判决:顾某某于本判决生效之日起十日内向甲公司缴纳出资款 40 万元。

一审法院判决后,顾某某不服判决,向二审法院提起上诉,请求撤销一审判决,驳回甲公司的一审诉讼请求。

[结论]

二审法院判决:撤销一审判决;驳回甲公司的全部诉讼请求。

---

① 此处指 2005 年修订的《公司法》。

［法院认为］

一审法院认为，本案存在三个争议焦点，一是顾某某是否有瑕疵出资的行为，顾某某是否应承担相应责任；二是甲公司是否是本案适格主体；三是陆某某是否应当是一审被告。

关于第一个争议焦点，无论顾某某的出资款是借款取得还是其他方式取得，在验资时已记载于顾某某名下，并已进入验资账户。根据进账单以及验资报告的记载，顾某某的出资款表面是到位的。但根据本案现有证据相互印证，可以认定在甲公司验资完成后，即从甲公司银行账户内划出与验资资金等同数额的款项归还了实际出借人上海银联电器设备型材厂。顾某某辩称不知抽逃事实，但顾某某作为两名发起人股东之一，是否归还借款关系自身利益，且其又是公司监事，还在公司工作，对所借款项用于验资后的去向不可能不知情。一审法院注意到，顾某某对所借用于验资的 40 万元也至今没有归还的举动，无论是上海华乐电工设备厂还是上海银联电器设备型材厂，也均未向陆某某或顾某某主张过归还借款。借款还款，本是天经地义，事隔十一年，顾某某从未归还借款，出借人也从未催讨借款，充分说明顾某某对所借验资款项已归还的事实是清楚的。所以，尽管 100 万元验资后的款项在公司成立后即汇入上海银联电器设备型材厂银行账户内，划款的行为看似是公司具体实施，但一审法院认为，因被划之款项已存入公司账户内，如汇出一般形式上也只能是公司实施，而获益主体当然是股东。因此，可以认定顾某某具有划出注册资本 40 万元的行为。退一步来说，即使是陆某某代顾某某实施了划出注册资本的行为，也存在顾某某作为注册资本投入的资金公司未实际收到的事实。上述事实符合股东将资金转入公司账户后又立即转出的情形，属于虚假出资。生效法律文书亦确认顾某某与陆某某未实际出资的事实。因此，顾某某应向公司承担瑕疵出资的责任。

关于第二个争议焦点，尽管甲公司的清算程序终结，但终结的原因是因为无法清算，而顾某某根据生效法律文书获得的是剩余财产分配不能的损失赔偿款，而不是清算后的剩余财产。所以，在未经历依法清算、公司主体未经注册登记部门核准注销的情形下，甲公司仍具有诉讼主体资格，可以要求顾某某根据注册资本的确定、维持、不变的原则，承担差额填补的责任。

关于第三个争议焦点，成为必然被告，必须有事实和法律上的依据。甲公司可以依据股东的出资情况，针对某一股东提起诉讼，这是甲公司的选择权。所以陆某某不是一审案件的当然被告，一审法院无须追加陆某某为被告。

综上所述，尽管甲公司章程及工商登记将顾某某记载为出资 40 万元、占甲公司 40% 股份的股东，但甲公司的注册资本，顾某某未实际投入。本案涉及的出资形式从社会俗语来说为“过桥借款”，即指公司股东为履行出资义务从第三人处取得借款，股东将借入资金交付公司并取得公司股权后，再将公司资金直接或间接地归还给出借人，用以抵销股东对出借人的欠款。所以，既然甲公司成立时存在瑕疵出资的事实，顾某某作为瑕疵出资股东应该承担瑕疵出资的民事责任，顾某某辩称的其出资到位，与出借人形成借款关系的理由，不能成立。

二审法院认为：我国公司法关于股东负有缴纳出资义务的规定，是为形成公司独立的法人格及法人责任，同时也为保证公司的经营能力以及对外偿付能力等。一审认为根据我国公司法的规定，顾某某作为甲公司的股东，负有缴纳出资款的法定义务，二审法院认为在认定顾某某是否应当履行出资义务的过程中，应当结合甲公司目前的经营状况、两位股东之间的他案诉讼等重要事实综合考虑。从甲公司的经营状况来看，公司于2005年5月已停止经营，于两年前被吊销营业执照，虽然尚未注销，但从法院于2009年9月2日裁定终结甲公司的清算程序来看，顾某某履行出资义务对目前甲公司自身经营而言，已无实际意义。至于甲公司是否存在对外债务，二审法院认为甲公司若存在对外债务，公司债权人可以在公司停止经营，不能清偿债务的情况下，直接向抽逃出资的股东请求在抽逃资本范围内承担民事责任。另外，从存在于顾某某与陆某某之间的他案诉讼来看，顾某某申请对甲公司予以清算一案中，系实际控制甲公司的股东陆某某拒不交付公司财务账册等相关清算资料，导致法院无法对甲公司组织清算，最终法院判决陆某某赔偿顾某某剩余财产分配损失495638.84元，该案反映的事实与顾某某是否应当履行出资义务有直接关联，该案判决陆某某作为控股股东赔偿顾某某，是以认定公司有剩余财产为前提的，法院因甲公司无法清算而依法认定了公司剩余财产的分配，可以认为等同于清算后的财产分配，亦可视为顾某某取得赔偿后退出公司，从此角度而言，亦不应再要求其履行出资义务。

综上所述，二审法院认为一审认定事实清楚，适用法律有所不当，判决结果应予纠正。

[法律法规链接]

《公司法》(2005年修订)第28条

023. 股东出资不足对公司债务的补充赔偿责任

范某某与A公司、张某某股东损害公司债权人利益责任纠纷案

[案号]

上海市第一中级人民法院(2012)沪一中民四(商)终字第1637号

[裁判要旨]

股东应当按照认缴出资额足额向公司缴纳出资，公司债权人有权请求未全面履行出资义务的股东，在未出资的本息范围内对公司不能清偿的债务承担补充赔

偿责任。公司的发起人应当对该补充赔偿责任承担连带责任。承担责任后,可以向出资瑕疵的股东追偿。

[案情]

上诉人范某某为与被上诉人A公司、原审被告张某某股东损害公司债权人利益责任纠纷一案,经审理查明:2011年4月12日,经原审法院判决上海华延木业有限公司(以下简称华延公司)应支付A公司人民币153456.96元、承担诉讼费1684.50元,如华延公司未按判决指定的期限内履行给付义务,应当加倍支付延迟履行期间内的债务利息。同年6月8日A公司向原审法院申请执行。因华延公司已不在注册地、主要经营地经营,经营地不明,且有未了债务案件,原审法院未查找到华延公司的财产,A公司也未提供华延公司可供执行的财产线索,同年9月1日原审法院裁定终结上述执行程序。

华延公司系有限责任公司,成立于2010年7月28日,注册资本为50万元,股东(发起人)系范某某和张某某。2010年7月19日,华延公司的章程规定范某某和张某某出资额均为25万元,均分两期出资,第一期出资额均为5万元,出资时间均为2010年7月19日,第二期出资额均为20万元,出资时间均为2012年7月18日之前。2011年2月24日,范某某与张某某签订股权转让协议,明确范某某同意从持有华延公司50%股权(认缴出资额25万元,首期已出资5万元,还应按期补缴20万元)中,转让出40%给张某某,转让价格为5万元,但范某某应按期缴纳的20万元余额,由张某某承担。同日,华延公司修改公司章程,其中明确张某某认缴出资额45万元,实缴5万元(出资时间2010年7月19日),40万元(出资日期2012年7月18日),范某某认缴出资5万元(出资日期2012年7月18日)。同日,范某某和张某某作为华延公司股东形成股东会决议,明确股权转让事宜并通过了修改过的华延公司章程。至今,范某某和张某某在工商行政部门登记的对华延公司的实缴出资额均为5万元。

2012年6月14日,原审法院出具(2012)浦民二(商)初字第1398、1399、1340号民事判决书,分别判决张某某归还上海浦康托运部8万元、归还上海姗姗木业有限公司18万元、归还上海中万物流有限公司7万元。上述三个案件中范某某作为上海浦康托运部、上海中万物流有限公司的法定代表人、上海姗姗木业有限公司的委托代理人参加了诉讼。2012年8月16日,范某某分别支付上海浦康托运部8万元、支付上海中万物流有限公司7万元、支付上海姗姗木业有限公司18万元。

一审法院根据《公司法》①第28条、第29条、《公司法解释(三)》②第13条第2

① 此处指2005年修订的《公司法》。

② 此处指2011年施行的《公司法解释(三)》。

款、第3款、《民事诉讼法》[①]第130条的规定，判决如下：一、张某某应于一审判决生效之日起十日内在未履行出资40万元的本息范围内对华延公司应支付A公司的155141.44元及上述款项自2011年6月8日起至一审判决生效之日止按中国人民银行同期贷款利率两倍计算的延迟履行利息不能清偿的部分承担补充赔偿责任；二、范某某对张某某的上述补充赔偿责任承担连带责任，范某某承担责任后，可以向张某某追偿。

一审判决后范某某不服，提起上诉，请求二审法院撤销一审判决，改判驳回A公司一审全部诉讼请求。

[结论]

二审法院判决驳回上诉，维持原判，即张某某在未履行出资40万元的本息范围内对华延公司应支付A公司的155141.44元及延迟履行利息不能清偿的部分承担补充赔偿责任；范某某对张某某的上述补充赔偿责任承担连带责任，范某某承担责任后，可以向张某某追偿。

[法院认为]

一审法院认为，经法院判决A公司对华延公司享有155141.44元的债权（货款153456.96元及诉讼费1684.50元），且因无法查找到华延公司的财产终结了执行程序，故应认定为华延公司无法清偿A公司的债务。根据华延公司2010年7月19日章程的规定，范某某第一期5万元出资额对应的出资时间为2010年7月19日，第二期20万元出资额对应的出资时间为2012年7月18日之前，故在2011年2月24日，范某某与张某某签订股权转让协议，约定范某某转让其持有的40%股权给张某某，范某某应按期缴纳的20万元由张某某承担，并不属于股东未全面履行出资义务即转让股权，不悖法律规定。根据华延公司2011年2月24日章程的规定，张某某认缴出资额45万元，范某某认缴出资5万元，根据华延公司的工商登记材料显示，范某某已足额出资。就范某某主张的其与张某某已实际代华延公司清偿的债务超过需补缴的出资额一节，范某某提供的（2012）浦民二（商）初字第1398、1399、1340号民事判决书表明上述判决确定债务人系张某某并非华延公司，即使范某某代张某某履行了上述债务，也不能认定为张某某对华延公司补缴出资。范某某提供的华延公司与上海姗姗特种金属材料有限公司、王某某之间的协议、资金往来凭证等，未经依法设立的验资机构验资确认，且华延公司也未就上述款项进行过股东实缴出资变更登记，故不能认定为范某某与张某某对华延公司补缴出资。因张某某未全面履行出资义务，范某某作为华延公司发起人与张某某承担连带责任，范某某承担责任后，可以向张某某追偿。张某某未到庭应诉，放弃了对A公司所主张之事实和证据进行辩驳的权利，对此可能产生的不利法律后果，应由其自行

---

①　此处指2007年修订的《民事诉讼法》。

承担。

二审法院认为：张某某作为华延公司的股东，应当按照认缴出资额足额向公司缴纳出资，现张某某未按华延公司章程确定的出资日期、数额缴纳出资，A公司作为华延公司的债权人有权请求张某某在未出资的40万元本息范围内对华延公司不能清偿的债务承担补充赔偿责任。范某某作为华延公司的发起人和股东，应当对张某某的补充赔偿责任承担连带责任。综上，范某某的上诉请求缺乏事实和法律依据，二审法院不予支持。一审判决并无不当，二审法院依法予以维持。

[法律法规链接]

《公司法》(2005年修订)第28条、第29条

《公司法解释(三)》(2011年施行)第13条第2款、第3款

024. 抽逃出资行为的认定

上海甲婚庆礼仪有限公司与曹某某、计某股东出资纠纷案

[案号]

上海市第一中级人民法院(2011)沪一中民四(商)终字第1890号

[裁判要旨]

在公司成立后，股东违法从公司抽回相当于其已缴纳出资数额的财产，同时继续持有公司股份的，应认定为股东抽逃出资。在注册资金可以动用时，用于归还公司对股东的欠款以及公司设立期间股东垫资属于合法的用途，不构成抽逃出资。

[案情]

上诉人上海甲婚庆礼仪有限公司(以下简称甲公司)与被上诉人曹某某、计某股东出资纠纷一案，一审法院经审理查明：上海乙足部保健有限公司(以下简称乙公司)系于2009年5月依法设立的有限责任公司，注册资本为人民币10万元，股东由曹某某、计某组成，出资比例各占50%。2010年12月，曹某某、计某将其持有的全部股权转让给案外人陈某。2011年6月，陈某将乙公司变更为甲公司。

乙公司2009年6月10日的记账凭证记载，曹某某、计某的投资款各5万元，一级科目记载为“银行存款”，二级明细科目记载为“工行”，该记账凭证后附有两张2009年5月6日的进账单。

从乙公司在中国建设银行上海六里支行开设的账户(以下简称建行账户)可以看出，该账户于2009年7月7日通过交换存入的方式汇入100062.01元。并

在 2009 年 7 月 10 日、8 月 11 日和 9 月 2 日分别以差旅费的形式提取 49000 元、15000 元和 30000 元。在乙公司的现金日记账中记载:2009 年 7 月 10 日,科目为“银行存款”,摘要为“提现”,收入金额为“49000 元”;8 月 10 日,科目为“银行存款”,摘要为“提现”,收入金额为“15000 元”;9 月 10 日,科目为“银行存款”,摘要为“提现”,收入金额为“30000 元”。该现金日记账中还记载有:2009 年 6 月 10 日,科目为“其他应付款”,摘要为“借款曹某某”,收入金额为“5 万元”;6 月 10 日,科目为“其他应付款”,摘要为“借款计某”,收入金额为“5 万元”;7 月 31 日,科目为“其他应付款”,摘要为“还款曹某某、计某各 1.5 万元”,付出金额为“3 万元”;9 月 10 日,科目为“其他应付款”,摘要为“还款曹、季各 1 万元”,付出金额为“2 万元”等。

2011 年 8 月 29 日,甲公司向原审法院提起诉讼,请求判令曹某某返还抽逃的出资 47000 元及自 2009 年 9 月 3 日开始起算至判决生效日止,按照中国人民银行规定的同期贷款利率标准计算的银行利息;计某对上述债务承担连带清偿责任。

一审法院认为,甲公司认为曹某某、计某抽逃资金,并要求曹某某、计某补足出资的主张,无事实依据,一审法院不予支持。故判决驳回甲公司的全部诉讼请求。

一审法院判决后,甲公司不服,提起上诉,请求二审法院撤销原判,依法改判支持其一审全部诉讼请求或发回重审。

二审法院经审理查明,乙公司的银行存款(工商银行)日记账载明,2009 年 6 月 10 日曹某某、计某各交付投资款 5 万元;2009 年 7 月 10 日,该 10 万元划入乙公司的建行账户;2009 年 8 月 10 日该账户有利息收入 62.01 元,同日此款亦划入“乙公司”的建行账户。

乙公司的现金日记账载明,2009 年 6 月 10 日至 2009 年 6 月 30 日,乙公司用于购置空调、电视机、房租、工资、水费及电费等其他管理费用等共付出 96613.95 元。2009 年 7 月 10 日、7 月 31 日,乙公司用于购置税控机、支付水费及电费等各类费用共付出 14245.78 元。2009 年 8 月 30 日,乙公司用于支付电话费、水费及电费等各类费用共付出 13459.88 元。2009 年 10 月 30 日,乙公司支付水费、电费及发放工资等各类费用共付出 15222.04 元。

一审法院查明的其余事实均属实,二审法院予以确认。

[结论]

二审法院判决驳回上诉,维持原判,即驳回甲公司的全部诉讼请求。

[法院认为]

根据公司法的相关规定,在公司成立后,股东违法从公司抽回相当于其已缴纳出资数额的财产,同时继续持有公司股份的,应认定为股东抽逃出资。现甲公司主张,曹某某、计某以差旅费名义提取94000元的行为已构成抽逃出资。而曹某某、计某则认为,该94000元由乙公司以差旅费的名义提取后实际用于还款、支付工资及其他管理费用,两人并不存在抽逃出资。二审法院认为,为查明曹某某、计某是否存在抽逃出资的行为,必须先对现有的银行日记账与现金日记账记载的事项予以核实,进而查明注册资本金到账后的资金流向。对此,甲公司主张,银行日记账及现金日记账虽已做平,但账上所记载的科目与原始会计凭证上并不对应,故银行日记账、现金日记账并不能真实反映乙公司的资金流向。二审法院通过对乙公司银行日记账、现金日记账与原始会计凭证核对发现,日记账上所记录的很多科目所发生的时间与该科目真实发生的时间确实有出入。2009年5月乙公司设立,即开展一系列设立活动,如购置固定资产、支付房租及各类管理费用,但该公司的日记账在2009年6月10日才正式设置,因此,2009年6月10日至2009年6月30日所支出的费用96614.95元所对应的原始会计凭证上所记载的时间早于日记账上所记载的时间,但日记账上所记的科目、金额与原始会计凭证上所记的科目、金额均一致,故日记账上日期记录的瑕疵,并不足以否定日记账、原始会计凭证上所记载的乙公司各类款项的发生。由此,二审法院采信乙公司的银行日记账与现金日记账所记载的事项。

虽然根据乙公司建设银行活期存款明细账显示,乙公司确于2009年7月10日、8月11日和9月2日从乙公司的建行账户以差旅费的名义提取过94000元,但乙公司的银行日记账、现金日记账及原始会计凭证并不存在该款被公司员工以差旅费名义领取的记录。鉴于甲公司未提供证据证明乙公司的银行日记账、现金日记账及原始会计凭证存在伪造的情形,故二审法院认定,乙公司从银行提取时所填写的用途并不代表该款的真实用途。

关于该94000元的真实用途的问题。二审法院认为,根据乙公司建设银行的明细账显示,该94000元是在注册资本金可以动用时,乙公司分三次领取的。从乙公司的现金日记账反映,该款在领取后用于支付公司的各类管理费及向曹某某、计某归还部分借款。该款用于支付公司的各类管理费显属合理用途,二审法院不再赘述。对于乙公司向曹某某、计某还款是否属于抽逃出资的问题。对此,二审法院认为,在2009年6月30日前,乙公司为公司的设立已支出大量费用,而根据乙公司银行存款(工商银行)日记账记录,曹某某、计某用于验资的款项于2009年7月7日才划入乙公司建设银行,也就是说,在2009年7月7日前,乙公司根本无法动用注册资本金进行公司设立活动。由此可见,曹某某、计某关于在注册资本金到账前由两人垫付款项的理由,具有可采性。因此,在注册资本金到账后,乙公司向曹某某、计某归还款项属于合法的用途,曹某某、计某并不构成抽逃出资。

综上,甲公司的上诉请求及事实理由,缺乏事实和法律依据,二审法院不予支持。一审判决并无不当,二审法院依法予以维持。

[法律法规链接]

《公司法解释(三)》第 12 条

【观点】

《公司法解释(三)》第 12 条从广义上列举了抽逃出资的四种表现形式,即将出资款项转入公司账户验资后又转出、通过虚构债权债务关系将其出资转出、制作虚假财务会计报表虚增利润进行分配、利用关联交易将出资转出,同时根据本条规定,股东或公司实施上述行为时,只有在该行为对公司权益造成损害的情况下,才被认定为抽逃出资,从而追究行为人的责任。因此,损害公司权益是认定抽逃出资的必要条件。除了明确列举的四种抽逃出资的情形之外,凡是在公司成立后,股东未经法定程序而将其出资抽回并且损害公司权益的,人民法院都可根据本条司法解释的规定,认定该股东构成抽逃出资行为。①

025. 股权转让后,原股东从公司撤回出资,系抽逃出资,应予以补缴

上海钰钢钢铁有限公司诉张某某等股东出资纠纷案②

[裁判要旨]

股权转让后,原股东擅自撤回出资,侵害了公司财产权,也损害了受让股东的权利,系抽逃出资行为,应继续缴纳出资。

[案情]

上海钰钢钢铁有限公司诉张某某等股东出资纠纷一案,经审理查明:张某某、叶某某、江某某共同出资设立上海钰钢钢铁有限公司(以下简称钰钢公司),2009 年 1 月 12 日,三被告签订了钰钢公司章程一份,约定:钰钢公司的注册资金为 3688 万元,江某某、张某某应分别出资 1475.20 万元,各占 40% 股份,叶某某应出资 737.6 万元,占股份 20%;第一期出资应于 2009 年 1 月 15 日之前缴纳,其中江某某、张某某应分别出资 295.04 万元、叶某某应出资 147.52 万元,等等。2009 年 10 月 19 日,三名股东签订《资产和公司股权受让框架协议》(以下简称《受让协议》),协商将钰钢公司的总资产定为 2400 万元,由江某某给付张、叶

---

① 最高人民法院民事审判第二庭编著:《最高人民法院关于公司法解释(三)、清算纪要理解与适用》,人民法院出版社 2011 年版,第 184 ~ 185 页。

② 邹碧华主编:《2013 年上海法院案例精选》,上海人民出版社 2013 年版,第 319 ~ 322 页。

1440万元，以收购两人在钰钢公司所占60%的股权。江某某在给付1170万元后拒付余款270万元，张、叶两人遂起诉江某某，一审法院已认定股权转让协议有效，判决江某某支付余款。

江某某支付余款后取得了钰钢公司的全部股权，但钰钢公司旋即又在本案中起诉江、张、叶三股东，要求他们补缴抽逃的第一期出资，诉请判令：被告江、张、叶分别向原告履行295.04万元、295.04万元、147.52万元的第一期出资义务。

一审法院依照《公司法》[①]第28条第1款、《公司法解释(三)》[②]第12条、第13条第1款之规定，判决：被告江某某、张某某、叶某某于本判决生效之日起十日内，分别向原告钰钢公司履行人民币295.04万元、295.04万元、147.52万元的出资义务。

一审判决后，被告张某某、叶某某不服，提起上诉。

[结论]

二审法院判决，驳回上诉，维持原判，即三被告应向原告补缴相应出资。

[法院认为]

一审法院经审理后认为，根据法律规定，股东应当按期足额缴纳公司章程中规定的认缴出资额。公司成立后，股东不得抽逃出资。针对张某某、叶某某辩称，《受让协议》生效后，其已不是钰钢公司股东，故撤回出资的行为并非公司法上的抽逃出资行为，法院认为，(1)钰钢公司章程约定第一期出资应于2009年1月15日前缴纳，其时两被告均系公司股东，故负有出资义务。(2)两被告目前尚系钰钢公司工商登记备案之股东，对外仍具有钰钢公司股东身份。(3)即便对内已转让了全部股权，由于其撤回出资的行为发生在股权转让后，其在无三方约定或受让股东同意的情况下，擅自撤回出资，既是对公司财产权的侵害，也损害了受让股东的权利。

综上，一审法院认为，三名被告作为钰钢公司股东，对公司第一期注册资本金负有出资义务。现江、叶以公司小金库内的废钢收入作为其个人的出资，未实际履行出资义务，明显违反法律规定，故两被告应当向原告缴纳出资。张某某虽曾履行第一期的出资义务，叶某某也履行了部分出资义务，但在股权转让后抽回了全部出资，故其行为违反了公司法的规定，侵害了公司的财产权。

[法律法规链接]

《公司法》(2005年修订)第28条第1款

《公司法解释(三)》(2011年施行)第12条、第13条第1款、第19条

---

① 此处指2005年修订的《公司法》。

② 此处指2011年施行的《公司法解释(三)》。

026. 股东抽逃出资对债权人的责任承担

【指导与参考案例】

长春市商业银行北国支行与新产业投资股份有限公司等借款合同纠纷案

［案号］

最高人民法院(2007)民二终字第215号

［裁判要旨］

出资人从公司收回资金,在其没有证据证明除注册资金外,另有其他形式资金投入公司的情况下,应当认定出资人收回的资金系公司资产的组成部分,出资人的行为属于抽逃公司资产,对于公司对外所负债务,公司首先应以其自有财产清偿,如果公司的财产不足以清偿债务,出资人应当承担相应的赔偿责任。

［案情］

上诉人长春市商业银行北国支行(以下简称商行北国支行)与被上诉人新产业投资股份有限公司(以下简称新产业公司)、吉林省商务厅以及原审被告吉林新产业投资有限责任公司(以下简称吉林新产业公司)借款合同纠纷一案,吉林省高级人民法院审理查明:1996年8月29日至1997年5月19日,吉林省对外贸易投资总公司(以下简称外贸公司)同商行北国支行前身长春市北国城市信用合作社签订了十份借款合同,总计借款金额4298万元。借款合同签订后,长春市北国城市信用合作社如约履行了向外贸公司拨付贷款的义务。但借款合同到期后,外贸公司除1997年4月11日偿还300万元借款外,其余借款尚未偿还,至2003年12月31日止外贸公司尚欠商行北国支行借款本金3998万元,利息2639.767804万元,商行北国支行催要未果。

1997年12月25日,原吉林省对外贸易经济合作厅(以下简称吉林省外贸厅)给外贸公司下发批复,内容为:同意由新产业公司零价收购外贸公司。吉林省外贸厅投入的50万元注册资金,以及外贸公司代吉林省外贸厅收回的580万元债权留外贸公司使用,待外贸公司改制时保留部分股权,由吉林省外贸厅委托第三方作为出资人享有所有者权益,吉林省外贸厅投入外贸公司的债权尚有4159万元未能实现,在新产业公司零价收购外贸公司前一次性返还给吉林省外贸厅。同年12月26日,吉林省外贸厅与新产业公司签订了以吉林省外贸厅为甲方、新产业公司为乙方的《收购协议书》一份,约定:甲方同意将其持有的外贸公司95%的股权按零价转让给乙方，甲方原投资在外贸公司的债权有4159万元尚未收回，乙方同意将该部分债权由甲方收回。外贸公司的债权、债务和现有员工由外贸公司承继，乙方不承担本协议以外的债务和或有负债。外贸公司转让时间定为1997年12月31日，由甲乙双方协商，委托中介机构进行资产评估，外贸公司的资产、负债及净资产均以评估数为准。外贸公司股本应核定为1280万元，公司净资产为-353万元，乙方同意甲方保留5%股权并委托外贸公司持有。

1998年8月25日，吉林省国有资产管理局向外贸公司下发关于确认资产评估结果的通知，评估结果为净资产-2609635.59元。1998年9月7日，外贸公司向吉林省工商行政管理局申请更名为吉林新产业公司，同时将原来的注册资金4400万元变更为1000万元，将企业类型由“国有”变更为“有限”。自此，新产业公司持有吉林新产业公司95%的股权，外贸公司代吉林省外贸厅持有5%的股权。

吉林新产业公司由外贸公司更名而来，外贸公司成立之初注册资金为500万元，1996年9月25日外贸公司的注册资产由500万元变更为4400万元，但该注册资金是否到位，该注册资金是以什么方式投入的以及验资报告等材料，现有的工商档案中均没有记载。

商行北国支行曾向吉林新产业公司发出一份没有注明日期的《贷款逾期催收通知书》，该《贷款逾期催收通知书》告知吉林新产业公司借款已经到期，如在2001年6月1日前不能归还，将按《贷款通则》有关规定处理。吉林新产业公司在《贷款逾期催收通知书》的借款人处加盖了公章及法人代表李某国的名章。

2001年11月26日，商行北国支行提起诉讼，请求判令：吉林新产业公司偿付借款3998万元及利息；新产业公司承担连带责任；吉林省外贸厅在抽回4159万元注册资金范围内承担还款责任。

一审法院依照《民法通则》第106条第1款、《最高人民法院关于审理与企业改制相关的民事纠纷案件若干问题的规定》第5条、《民事诉讼证据规定》第2条的规定，判决：一、吉林新产业公司于该判决生效后十日内偿还所欠商行北国支行借款本金3998万元及利息；二、驳回商行北国支行的其他诉讼。

商行北国支行不服，提起上诉。

二审另查明：1997年12月26日，吉林省外贸厅与新产业公司签订《收购协议书》中约定，吉林省外贸厅保留外贸公司5%的股权，由吉林省外贸厅委托吉林省对外贸易进出口公司持有。

1999年4月29日，深圳亚太会计师事务所对吉林新产业公司出具验资报告，该报告载明：按照协议，新产业公司零价占有吉林新产业公司95%股权，吉林省对外贸易进出口公司持有5%股权。吉林新产业公司承继外贸公司的相关债权、债务和现有员工，变更后的注册资本为人民币1000万元。

2003年12月30日，吉林省外贸厅被撤销，其职能并入新组建的吉林省商务厅。

[结论]

二审法院判决如下：

一、维持一审判决主文第一项；

二、变更上述民事判决主文第二项为：吉林省商务厅在4159万元范围内对吉林新产业投资有限责任公司应偿还长春市商业银行北国支行的本案债务承担赔偿责任；

三、驳回长春市商业银行北国支行的其他诉讼请求。

[法院认为]

一审法院审理认为，本案争议的焦点问题：(1)吉林省外贸厅从外贸公司收回的4159万元债权是否是吉林省外贸厅投入到外贸公司的注册资金，外贸公司的注册资金由500万元增加到4400万元是如何增加的，与4159万元债权是否有关联。(2)吉林省外贸厅从外贸公司收回4159万元债权的行为是否属于抽逃注册资金，吉林省外贸厅应否在4159万元资金的范围内承担赔偿责任。(3)新产业公司应否对本案借款承担连带责任。

关于第一、第二个问题，经查，外贸公司成立之初的注册资金为500万元，该500万元注册资金是否到位，是以什么方式投入的，现有工商档案中没有记载。1993年吉林省外贸厅向外贸公司投入债权4738890.43元。1996年9月25日外贸公司的注册资金由500万元增加至4400万元，但外贸公司增加注册资金的相关情况即增加注册资金的形式是以实物还是以现金增资的，以及相关的验资报告等，在现有的工商档案中均没有记载。

在该院调查核实该部分事实时，吉林省工商行政管理局出具材料证实：外贸公司系全民所有制企业，出资人为吉林省外贸厅。1996年9月25日该公司原始登记档案，没有此次增资的验资报告。由于该企业设立时间较早等原因，对此次增资的方式(货币、实物)和出资是否到位无法进行确认。

外贸公司经合法传唤不参加本案的诉讼，该公司现已不在原办公地点办公，其新的办公地点及相关人员无法找到。因此有关外贸公司注册资金的情况及吉林省外贸厅投入外贸公司4159万元债权是否是外贸公司注册资金的问题，无法查实。

鉴于上述事实，该院认为，吉林省外贸厅从外贸公司收回的4159万元债权，根据本案现有的证据材料，一方面不能证明该债权是吉林省外贸厅投入到外贸公司的注册资金；另一方面亦不能证明吉林省外贸厅收回的4159万元债权是抽逃注册资金。商行北国支行关于吉林省外贸厅抽回的4159万元债权系吉林省外贸厅投入到外贸公司的注册资金的主张，因证据不充分，不予支持。故吉林省外贸厅对外贸公司向商行北国支行的借款不应在4159万元资金的范围内承担赔偿责任。

关于第三个问题,该院认为,本案新产业公司对借款人外贸公司的收购不是整体收购公司行为,尽管吉林省外贸厅在批复中载明同意新产业公司零价收购外贸公司,但体现双方真实意思表示并对合同当事人有约束力的是双方最终签订的《收购协议书》。所谓整体收购公司是指由被出售企业的资产管理人代表国家对企业的所有资产(包括债权和债务)一并出售给其他经济组织或者个人,从而改变企业产权性质的行为。本案外贸公司的资产管理人吉林省外贸厅没有把外贸公司的全部资产进行出售,而是在收回 4159 万元债权,保留 50 万元投资产生的出资人权利之后,将公司部分产权进行出售,新产业公司通过购买改制公司 95% 的财产权利,达到了参股的目的,在客观上实现了对改制公司控股式的企业兼并,所以外贸公司转变成吉林新产业公司实质上是企业产权制度变更过程中不很规范的企业公司制改造行为。

企业公司制改造,是指根据《公司法》的有关规定,将企业改造为有限责任公司或者股份有限公司的法律行为。国有企业改造为公司是企业变更的一种特殊形式,由于原企业完全丧失了法人资格,因此,原企业的债权债务转移到改制后的公司中,改制后的公司应当承继原企业的债权债务。《最高人民法院关于审理与企业改制相关的民事纠纷案件若干问题的规定》第 5 条规定:“企业通过增资扩股或者转让部分产权,实现他人对企业的参股,将企业整体改造为有限责任公司或者股份有限公司的,原企业债务由改造后的新设公司承担。”

吉林省外贸厅作为外贸公司的出资人,其通过转让部分产权的方式对外贸公司进行了公司制改造,在客观上实现了新产业公司对外贸公司的参股。外贸公司的债务应当由改制后的新设公司吉林新产业公司承担。

《公司法》①第 186 条规定:“公司需要减少注册资本时,必须编制资产负债表及财产清单。公司应当自作出减少注册资本决议之日起 10 日内通知债权人,并于 30 日内在报纸上至少公告三次。债权人自接到通知书之日起 30 日内,未接到通知书的自第一次公告之日起 90 日内,有权要求公司清偿债务或者提供相应的担保。”新产业公司在对改制后的企业吉林新产业公司进行减少注册资本变更登记之前,没有履行上述法律义务,但该义务的不履行所产生的法律后果是工商行政管理部门有权对其进行行政处罚,而不能由此要求新产业公司对吉林新产业公司的债务承担责任。

综上,该院认为,商行北国支行与外贸公司所签订的十份借款合同,双方当事人意思表示真实,合同内容没有违反法律和行政法规的强制性规定,因此上述十份借款合同合法有效。商行北国支行按照合同约定履行发放贷款的义务,外贸公司

① 此处指 2005 年修订的《公司法》。

及吉林新产业公司接受贷款后未按期偿还借款已构成违约，故对本案的民事纠纷应承担民事责任。

二审法院认为，本案当事人之间争议的焦点是：新产业公司收购外贸公司资产的性质以及其是否应当对外贸公司的债务承担清偿责任问题、吉林省商务厅是否应当对外贸公司的债务承担民事责任问题。

关于新产业公司收购外贸公司资产的性质以及其是否应当对外贸公司的债务承担清偿责任问题。根据本案查明的事实，吉林省外贸厅与新产业公司签订的《收购协议书》载明，经双方协商，就吉林省外贸厅转让外贸公司股权、新产业公司受让外贸公司股权达成一致意见，并同意签订本协议。该《收购协议书》第 1 条还载明，按零价格收购，接受部分资产。吉林省外贸厅同意将其持有的外贸公司 95% 的股权按零价格转让给新产业公司。上述事实可以看出，吉林省外贸厅与新产业公司在《收购协议书》中关于出让和收购外贸公司股权的意思表示明确、无歧义。在本案诉讼中，双方也未提出对《收购协议书》的上述约定应作其他理解的主张。商行北国支行一、二审均主张新产业公司收购外贸公司的是全部资产和债务，并提供了合同以外的一系列证据材料，这些证据材料包括：(1)吉林省外贸厅于 1997 年 12 月 25 日作出的《关于对新产业投资集团股份公司零价收购省外贸投资总公司的批复》，该批复第 1 条载明：同意新产业投资股份有限公司零价收购你公司；(2)外贸公司于 1997 年 12 月 20 日向吉林省国有资产管理局提交的《资产评估立项申请书》，该申请书是以企业兼并进行资产评估立项的；(3)吉林求实会计师事务所于 1998 年 3 月 9 日作出的评估结果是对外贸公司整体资产和负债进行的评估，而不是对公司股权价值进行的评估；(4)吉林省国有资产管理局于 1998 年 8 月 25 日作出的《关于确认资产评估结果的通知》，该通知是对新产业公司兼并外贸公司整体资产评估的确认，而不是对被收购公司的股权价值的评估确认。二审法院认为，上述证据材料中出现的以零价格收购公司、以企业兼并进行评估立项、对公司整体资产和负债进行的评估以及对上述评估结果的确认等内容，与当事人意图实施的股权收购行为并不矛盾。股权收购是企业兼并的一种形式，股权收购的价格取决于企业资产的价值，即使是股权收购也应该对公司的整体资产和负债进行评估。在本案净资产评估结果为负值的情况下，股权的价值当然为负值，对本案零价格收购而言，评估资产或评估股权价值并无实质的差异。因此，在《收购协议书》已经作出明确的、无歧义的约定的情况下，商行北国支行依据合同以外其他文件中与《收购协议书》并无明显不同的内容否认《收购协议书》的约定，二审法院不予支持。一审判决认定新产业公司收购的是外贸公司 95% 的股权并无不当，二审法院予以维持。商行北国支行坚持主张新产业公司应当对外贸公司的债务承担清偿责任，但对于自己的主张却始终未能提供充分的证据予以证明。新产业公司收购外贸公司的并不是其全部资产和债务，一审法院依照《公司法》以及本院《关于审理与企业改制相关的民事纠纷案件若干问题的规定》，认定新产业公司不应对外贸公司的债务承担清偿责任，该认定不违反双方当事人在《收购协议书》中的真实意思表示，也不违反我国法律、行政法规的强制性规定，二审法院予以维持。

关于吉林省商务厅是否应当对外贸公司的债务承担民事责任问题。根据本案现有证据来看，由于外贸公司在工商行政管理部门注册登记的档案材料缺失，该公司投资设立的基本情况已无法考查。但是，根据外贸公司营业执照载明的注册资金为4400万元，可以认定吉林省外贸厅已经足额出资，对此，各方当事人均没有提出异议。在吉林省外贸厅与新产业公司签订的《收购协议书》以及吉林省外贸厅《关于对新产业投资集团股份公司零价收购省外贸投资总公司的批复》中，均载有新产业公司同意吉林省外贸厅在外贸公司设立时投入的债权尚有4159万元没有收回，由吉林省外贸厅收回的内容。本案诉讼中，吉林省商务厅不否认其前身吉林省外贸厅已经实际从外贸公司收回4159万元债权的事实，但其辩称该4159万元债权与4400万元注册资金无关，却始终不能提交上述4400万元出资的具体形式的证据以及证明外贸公司返还吉林省外贸厅的4159万元债权与吉林省外贸厅4400万元出资之间关系的证据。据此，应视为吉林省商务厅不能证明除4400万元注册资金之外，吉林省外贸厅对外贸公司还有其他形式的资金投入，故二审法院认定上述4159万元债权系外贸公司资产的组成部分，吉林省外贸厅收回该部分债权，属于吉林省外贸厅抽逃外贸公司资产的行为，该行为损害了外贸公司以及外贸公司债权人的合法权益。因外贸公司系独立的民事主体，其对外所负债务首先应以其自有财产清偿，如果外贸公司的财产不足以清偿债务，则吉林省外贸厅应就其抽逃资产的行为对外贸公司的债务承担相应赔偿责任。一审法院认定吉林省外贸厅对外贸公司向商行北国支行的借款不应在4159万元范围内承担赔偿责任不当，二审法院予以纠正。

综上分析，一审判决认定事实基本清楚，但部分适用法律不当，应予纠正。商行北国支行关于吉林省商务厅应当对吉林新产业公司的债务承担责任的上诉理由成立，二审法院予以支持。

（案例选自《商事审判指导》2010年第1辑）

［法律法规链接］

《公司法》（2005年修订）第186条

《民法通则》第106条第1款

《最高人民法院关于审理与企业改制相关的民事纠纷案件若干问题的规定》第5条

第二节　公司增资减资

027. 部分股东不知情状态下公司增资的效力认定

黄某某诉陈甲等股东资格确认纠纷案①

[案号]

一审：上海市虹口区人民法院(2012)虹民二(商)初字第754号

二审：上海市第二中级人民法院(2013)沪二中民四(商)终字第188号

[裁判要旨]

有限公司增加注册资本应当按照公司法的规定进行，在部分股东不知情的情况下进行增资，不仅侵害了不知情股东的合法权益，同时也剥夺了不知情股东的优先认缴权，该增资行为应属无效，应当恢复不知情股东的原持股比例。倘若存在虚假增资(含抽逃增资)，不知情股东的股权更加不能被摊薄，即使股权已作变更登记或者被再转让。

[案情]

黄某某诉陈甲等股东资格确认纠纷一案，经审理查明：2004年4月21日，原告黄某某与被告陈甲、陈乙、张某、顾某某、王某某共同出资登记设立了太仓宏冠钢结构制品有限公司(以下简称宏冠公司)，注册资本为400万元，各股东的出资情况及对应的持股比例分别为：张某出资120万元，持股30%；黄某某、顾某某各出资80万元，各持股20%；陈乙、陈甲、王某某各出资40万元，各持股10%。

2006年10月20日，苏州市太仓工商行政管理局根据宏冠公司的申请，将宏冠公司登记的注册资本由400万元变更登记为1500万元，同时将股东及持股比例登记为：张某出资120万元，持股8%，黄某某、顾某某各出资80万元，各持股5.33%；陈乙、陈甲、王某某各出资40万元，各持股2.67%；被告上海新宝建筑安装工程有限公司(以下简称新宝公司)出资1100万元，持股73.33%。宏冠公司申请上述变更登记的主要依据为落款日期均为2006年10月16日的《宏冠公司章程》、《宏冠公司股东会决议》。其中章程内容的主要变更为：宏冠公司的注册资本由原来的400万元增加至1500万元；增加新宝公司为股东。而《宏冠公司股东会决议》载明的主要内容为：同意修改后的公司章程；增加公司注册资本，由原来的400万元增加到1500万元，新宝公司增加投资1100万元。根据公司章程的规定，宏冠公司增加注册资本，应由公司股东会作出决议，并经代表2/3以上表决权的股东通

---

① 本案被《最高人民法院公报》2015年第5期刊载。

过。但上述章程和股东会决议均无黄某某本人签名。

新宝公司用于所谓增资宏冠公司的1100万元，于2006年10月18日完成验资后，就以“借款”的形式归还给新宝公司。

2009年5月21日，被告陈甲作为宏冠公司股东代表与苏州恩纳斯工程机械有限公司（以下简称苏州恩纳斯公司）签订股权转让合同，苏州恩纳斯公司以8248500元价格受让了宏冠公司的全部股权。股权转让以后，宏冠公司名称变更为江苏恩纳斯重工机械有限公司（以下简称江苏恩纳斯公司），即本案被告之一。2009年6月24日，苏州市太仓工商行政管理局出具《公司准予变更登记通知书》，载明：江苏恩纳斯公司原股东已由黄某某、陈甲、陈乙、张某、顾某某、王某某、新宝公司变更为苏州恩纳斯公司、南通远华贸易有限公司，上述变更事项已经工商备案。

原告黄某某诉称，2004年4月，宏冠公司设立时其持股20%。2011年5月24日，经查询宏冠公司工商登记材料，其才发现所谓的增资情况。此前他对此事完全不知情，也未在增资的股东会决议上签字，且新宝公司的1100万元投资在验资后即转走，公司从未进行过实际增资。此外，受让方在收购宏冠公司股权时，受让价格亦未考虑增资部分。因此，黄某某认为宏冠公司的增资行为是虚构且无效的，故诉至法院，请求确认其在2004年4月宏冠公司设立时起至2009年6月股权转让期间持有宏冠公司20%的股权。

审理中，经司法鉴定，新宝公司提供的有黄某某签名的2006年9月26日《新宝公司股东大会决议》和2006年9月28日的《宏冠公司章程》上“黄某某”的签名并非黄某某所签。

一审判决：确认黄某某自2004年4月21日起至2009年6月24日止持有宏冠公司（已更名为江苏恩纳斯公司）20%的股权。

新宝公司不服，提起上诉，认为黄某某对新宝公司增资事宜是明知的，增资行为并未使黄某某认缴的注册资本中的出资额有所减少，且至本案一审终结前，江苏恩纳斯公司的股本变更登记并未被撤销。故上诉请求二审法院撤销原审判决，改判驳回黄某某的原审诉讼请求。

[结论]

二审判决驳回上诉，维持原判，即确认黄某某自2004年4月21日起至2009年6月24日止持有宏冠公司（已更名为江苏恩纳斯公司）20%的股权。

[法院认为]

一审法院认为，宏冠公司在设立时黄某某依法持有宏冠公司20%股权。在黄某某没有对其股权作出处分的前提下，除非宏冠公司进行了合法的增资，否则黄某某的持股比例不应当降低。新宝公司等被告声称宏冠公司曾于2006年10月20日完成增资1100万元，并为此提供了所谓的股东会决议，但在原告黄某某及被告王某某否认的情况下,新宝公司等被告却没有提供足以证明该些书面材料系真实的证据材料。相反,有关“黄某某”的笔迹鉴定意见却进一步证实了黄某某并没有在相关股东会决议上签名的事实。由此认定黄某某、陈甲、陈乙、张某、顾某某、王某某作为宏冠公司的前股东未就宏冠公司增资1100万元事宜召开过股东会,这违反了宏冠公司的章程及法律的规定,是无效的行为。此外,从结果上来看,新宝公司用于所谓增资的1100万元,在完成验资后,就以“借款”的形式归还给新宝公司,此种情形不能认定新宝公司已经履行了出资的义务。

二审法院认为,宏冠公司章程明确约定公司增资应由股东会作出决议,现经过笔迹鉴定,与增资事项相关的宏冠公司和新宝公司的股东会决议上均非黄某某本人签名,不能依据书面的股东会决议来认定黄某某知道增资的情况。因此,在没有证据证明黄某某明知宏冠公司增资至1500万元的情况下,对宏冠公司不知情的内部股东而言,该增资行为无效,对于黄某某没有法律约束力,不应以工商变更登记后的1500万元注册资本金额来降低黄某某在宏冠公司的持股比例,而仍旧应当依照黄某某持有20%的股权比例在股东内部进行股权分配。

[法官分析]

本案的性质是关于股东资格确认之诉,主要争议焦点在于宏冠公司是否进行了合法有效的增资及对原告黄某某持股比例的影响。因有限责任公司增加注册资本不仅涉及股东会决议的召集及决议事项是否合法有效,还涉及股东持股比例的变化以及工商行政机关登记对增资效力的影响,并直接影响与股东资格相关的知情权、参与决策权、表决权等股东权利。笔者将针对其中的几个法律问题展开论述。

1. 程序参与与有效表决:公司增资的法定要求

增加注册资本,简称增资,是指公司基于筹集资金,扩大经营等目的,依照法定的条件和程序增加公司的资本总额。实践中,增加注册资本主要包括两种方式:一是由既有股东认缴新增资本的出资,二是由新加入的股东按出资协议缴纳出资。前者主要涉及公司与股东以及股东内部之间的法律关系,并受公司法律规范调整;后者既包括公司内部法律关系,还包括公司与第三人之间缴纳出资的公司外部法律关系,故除受公司法律规范调整外,还受民事法律规范调整,且后者的效力要受到前者效力的制约,即如果增资未经股东会决议通过,或者股东会决议的形成不合法,即使出资者与公司达成出资协议,亦会导致增资行为无效,本案即属于此种情况。

本案中,因宏冠公司并未通知黄某某参加有关增资事项的股东会决议,黄某某对增资事宜及股东会的召开并不知情,且股东会决议上的签字亦非其本人所签。可见,该股东会的召集程序、表决方式均有违法律规定,故黄某某的参与权、表决权与决策权均受到了影响。这从另一个角度体现了该增资行为在法律要件上的缺失。

2. 优先认缴权与撤销权行使：公司增资过程中小股东权益的保护

现行《公司法》尊重有限责任公司人合性特征，主要表现在以下两个方面：一是未限制股东之间互相转让股权，并且股东同意转让的股权，在同等条件下，其他股东有优先购买权。二是当公司增加注册资本时，公司现有股东有权优先根据其持有的股权比例购买相应的新增资本的权利，即优先认缴权。

(1)优先认缴权是股东的固有权利

一方面，就理论意义而言，有限公司股东的优先认缴权兼具人身性与财产性，行使该权利仍以股东身份为前提，相较于其他投资人等社会第三人，公司原股东的权利应当具有一定的优先性。优先认缴权也是贯彻股东平等性原则的要求，以防止股东的股权比例发生重大变化时损害小股东的权益。另一方面，就法律规定而言，《公司法》第 34 条规定，"股东按照实缴的出资比例分取红利；公司新增资本时，股东有权优先按照实缴的出资比例认缴出资。但是，全体股东约定不按照出资比例分取红利或者不按照出资比例优先认缴出资的除外。"该条后半段的但书规定只针对认缴的出资比例作出例外规定，未对股东是否有优先认缴权作出例外规定。此外，股东的优先认缴权亦不属于《公司法》规定的"公司章程另有规定的除外"之列。因此，有限公司的股东在公司新增注册资本时均享有优先认缴权。

(2)优先认缴权是选择权，非经股东本人同意，不得剥夺

股东行使包括参与权、表决权及决策权的前提是相关股东会议合法有效的召集，即小股东被通知参加股东会是行使优先认缴权的前提条件。若通过绝对多数表决权作出增资决议，股东依法享有优先认缴权，既可以选择行使，亦可选择放弃，但非经股东本人同意，不得剥夺。若小股东未被通知参加，应属于程序违反法律与公司章程的情形，可依据《公司法》第 22 条第 2 款的规定，在决议作出之日起 60 日内请求人民法院撤销。如果股东认为公司股东会决议内容违反法律、行政法规，应认定为无效的，则不受 60 日的限制。

我国《公司法》并未对优先认缴权的行使期限作出规定，若小股东在增资完成后才知道增资的，为保障小股东的权益，可允许其在合理期限内可提出按照实缴的出资比例认缴出资，若知情后超过合理期限的，根据诚实信用原则，该小股东便不能再提出优先认缴请求，增资行为对小股东亦产生法律拘束力。司法实践中，对于合理期限的认定，应根据股权标的、公司运营的状况、购买人一般内部决策所需期限等多种因素，予以综合认定。

(3)优先认缴权确保股权不被稀释，同时保证公司的人合性

一方面，在小股东不知情的情况下，即使小股东股权比例不能影响股东会增资决议的通过，该增资决议也不能因此减少(摊薄)小股东股权比例。因为，参加股东会并参与公司重大事项的决策是股东的固有权利，该权利的行使系动态的过程，而股东会决议的结论是权利行使的结果，不论结果是否相同均不该影响权

利的行使。增资决议的作出与优先认缴权的行使是公司增资过程两个不同的程序，二者不得混为一谈。即使小股东投出了反对票，增资决议仍依据资本多数决通过，其也有权行使优先认缴权，以保证股权不被稀释而遭受重大不利影响，或者阻止新股东的加入以保证各股东之间的信赖关系。另一方面，优先认缴权的法理基础之一就是有限责任公司的人合性，因为公司的增资扩股机制不仅涉及资本的集中，还涉及公司的人合性，如果不考虑有限公司的人合性，新加入股东可能会陷入与原股东之间的“战争”之中，形成一种“敌对”状态，反而有悖于公司制度的本意。优先认缴权的行使可有效保障股东之间的相互信赖及紧密的关系，有利于公司治理与运行效率。

本案中，虽然黄某某的原股权比例只有 20%，即使投出反对票，亦不足以最终影响增资决议的通过，但宏冠公司在黄某某不知情的情况下即完成增资系变相剥夺了公司原始股东的表决权与优先认缴权，稀释了其股权比例，损害了黄某某作为股东的合法权益。此外，宏冠公司采取邀请第三方(新宝公司非宏冠公司股东)出资的方式进行增资，该方式必然导致股权比例的变化，同时还影响到公司原有的人合性。此外，至黄某某知悉该增资事宜止，该股东会决议的作出已超过 60 天，这导致黄某某请求撤销股东会决议的救济途径受阻。

3. 虚假增资不因工商备案登记而对原股东产生法律效力

(1)有效的股东会决议是公司合法增资的前提

公司是以股东的出资作为财产基础独立对外承担责任，股东出资是公司形成独立法人资格的物质基础，因此，除非法定情形，不得减少。《公司法》第 35 条规定，公司成立后，股东不得抽逃出资。因此，增资时股东亦有如实缴纳出资的义务，如在未履行出资义务后通过虚构债权债务关系将其出资转出等方式可能构成抽逃出资。《公司法》规定，在股东未履行或者未全面履行出资义务，公司或者其他股东有权请求其向公司依法全面履行出资义务，公司债权人亦可请求未履行或者未全面履行出资义务的股东在未出资本息范围内对公司债务不能清偿的部分承担补充赔偿责任。根据《公司法》相关司法解释的规定，若股东未履行出资义务或者抽逃全部出资，经公司催告缴纳或者返还，其在合理期间内仍未缴纳或者返还出资，公司可以股东会决议解除该股东的股东资格。公司应当及时办理法定减资程序或者由其他股东或者第三人缴纳相应的出资。由此可见，对于增资而言，若无人缴纳相应出资，则须进行相应的减资，从结果上看又恢复到未增资的状态，小股东的股权亦同时恢复为原持股比例。因此，即使存在虚假增资(含抽逃全部增资)，也可因股东拒绝缴纳或者返还出资而解除该股东资格，使得增资行为无效，最终防止小股东的股权被摊薄。

(2)虚假增资不因完成工商登记对原股东产生拘束效力

工商登记部门对于增资事项主要进行形式审查，包括是否经股东会决议通过等，而对于股东会召集之前是否已通知所有股东、召集程序是否合法、股东签章是否真实等事项无法逐一核实。因此，就增资事项而言，工商变更登记是工商行政管理机关对公司变更管理的程序性要求，其不具有创设权利的效力，尤其是涉及虚假增资时，其“违法性”不因完成登记而“合法”。

于本案而言，一方面，在黄某某不知情的情况下，宏冠公司完成所谓的增资后即变更了工商登记，然而登记不具有股东权利创设效力，除非宏冠公司进行了合法的增资，否则无法在实质上改变原有的股权比例。另一方面，新宝公司用于所谓增资的1100万元在完成验资后，就以“借款”的形式归还给新宝公司，其行为足以认定为抽逃全部出资，该行为亦反映了新宝公司虚假增资的恶意。因此，对宏冠公司设立时的股东内部而言，该增资行为无效，对黄某某不产生法律约束力，不应以工商变更登记后的1500万元注册资本数额来降低黄某某在宏冠公司的持股比例。

（编写人：上海市第二中级人民法院　赵　炜　李丽丽　华东政法大学　王园园）

［法律法规链接］

《公司法》第22条第2款、第34条、第35条、第41条、第43条

028. 未经增资验证程序不能否定股东补足增资的真实性与有效性

张某某与董某某、会波公司股东出资纠纷案

［案号］

上海市第一中级人民法院(2013)沪一中民四(商)终字第130号

［裁判要旨］

公司在增资时经过了验资，后股东将增资款抽回，公司在会计处理上记载为对股东的其他应收款，后公司又将股东汇入的相应款项在会计处理上记载为补入资本款，至此，股东完成了对公司抽回资本的补足。未经增资验证程序不能否定股东补足增资的真实性与有效性。

［案情］

上诉人张某某与被上诉人董某某、一审第三人会波公司股东出资纠纷一案，一审法院查明：2000年9月18日，会波公司注册成立，注册资本为800万元(人民币，下同)，法定代表人为张某某。后经过股权转让、增资等程序，会波公司的注册资本增加为1400万元，股东为张某某、董某某，所认缴的出资分别为720万元、680万元。2002年3月28日，张某某、董某某召开股东会，再次对会波公司进行增资1400万元，张某某增资680万元，董某某增资720万元，两股东增资后各占会波

公司注册资本的50%。2002年4月12日会计师事务所出具了验资报告，确认两股东认缴的增资款已足额缴纳。同年4月12日、4月16日，会波公司将1400万元转出至上海中园房地产发展有限公司（以下简称中园公司）和上海中瓯实业有限公司，账面上形成其他应收款。2002年7月，会波公司的法定代表人变更为董某某。

一审另查明，2003年1月27日，董某某向会波公司汇款1000万元。2012年2月1日，董某某向会波公司出具说明，言明2003年1月27日的1000万元汇款中720万元作为偿还其于2002年4月向会波公司的借款。现张某某提起诉讼，请求判令董某某向会波公司补缴出资款720万元。

一审法院依照《公司法》第28条、《民事诉讼证据规定》第2条的规定，判决驳回张某某的诉讼请求。

张某某不服一审判决，向二审法院提出上诉，请求二审法院撤销原判，改判支持其一审诉讼请求。

张某某与董某某二审期间均未提供新的证据。

会波公司二审中提供以下证据材料：(1)2003年1月31日记账凭证一份；(2)2002年4月30日记账凭证两份；(3)2012年9月30日记账凭证两份。会波公司陈述，证据3的两份记账凭证实际形成于2013年1月底，为与2012年9月23日的审计报告衔接，将时间记载为2012年9月30日。会波公司以上述证据证明，会波公司已将董某某汇入的1000万元款项中的720万元在公司会计账目中调整为董某某对会波公司的增资款。

张某某质证称，对证据1、2真实性没有异议，对证据3的真实性不予认可，认为该两份记账凭证的记账时间存在虚假。同时认为，上述证据不能证明董某某汇入的1000万元款项一直在账上，亦不能作为董某某补缴增资的证据。

董某某质证表示确认上述证据的真实性及证明目的。

二审法院经审查认为，张某某对上述证据1、2的真实性无异议，故二审法院予以确认。对证据3，张某某对记账凭证落款日期提出异议，会波公司确认落款日期系倒签，故二审法院确认证据3中除落款日期之外的相关内容。因上述证据与认定董某某是否实际补足增资有关联性，故二审法院对该些证据予以采纳。

二审期间，张某某申请对本案延长审理期限，其理由为会波公司已进入清算程序并开始进行审计，审计结论更能反映相关事实，故申请本案等待审计结论后再作审理。

二审法院经审查后认为，本案相关事实的认定无须以会波公司清算程序中的审计报告为依据，故二审法院对张某某的申请不予准许。

二审法院经审理查明，2002年4月30日，会波公司划给上海中瓯实业有限公司1100万元，记账为其他应收款，同日，会波公司又划给中园公司300万元，记账为其他应收款;2003 年 1 月 31 日,董某某存入会波公司 1050 万元,记账为其他应付款;2013 年 1 月底,会波公司进行财务调账,并出具两份记账凭证,日期倒做为 2012 年 9 月 30 日。其中一张记账凭证记载“根据审计调整 2002 年 4 月 30 日凭证明细科目”,将对上海中瓯实业有限公司的其他应收款 1100 万元及对中园公司的其他应收款 300 万元,调整为对张某某的其他应收款 680 万元及对董某某的其他应收款 720 万元。另一张记账凭证记载,根据审计调整 2003 年 1 月 31 日凭证董某某补入资本款 720 万元。

[结论]

二审法院判决驳回上诉,维持原判,即判决驳回张某某的诉讼请求。

[法院认为]

本案中,张某某、董某某及会波公司均确认在增资过程中,董某某投入的增资款 720 万元予以了抽逃。本案的争议焦点为董某某是否已经补足增资款。董某某现确认其于 2003 年 1 月 27 日汇入会波公司的 1000 万元中的 720 万元即为补足抽逃的出资的款项。张某某认为董某某的 720 万元增资款并未补足。其理由主要有两点:一是董某某向会波公司汇款 1000 万元的证据不充分,且不能证明该笔款项一直在公司账上;二是董某某补足增资款未依法经过验资程序确认。对此,二审法院认为,根据董某某提供的银行进账单可以认定,董某某于 2003 年 1 月 27 日向会波公司汇入了 1000 万元款项。根据 2012 年 9 月 23 日审计报告可以认定,董某某未抽回其中的 720 万元款项。现董某某明确表示将 720 万元作为对会波公司的增资款,会波公司亦在财务账册记载中将该款项作为董某某补入资本款,据此,董某某主张其已补足增资款 720 万元有相应的证据予以证明,二审法院予以采信。关于该增资款是否需验证程序确认的问题,二审法院认为,本案中,会波公司在增资时经过了验资,后董某某将增资款 720 万元予以抽回,会波公司在会计处理上记载为对董某某的其他应收款 720 万元,现会波公司又将董某某汇入的 720 万元在会计处理上记载为补入资本款,至此,董某某完成了对会波公司抽回资本的补足。该补足行为虽未经过验证程序确认,但相关证据确实充分,法律并未禁止类似补足增资行为,因此,未经增资验证程序不能否定董某某补足增资的真实性与有效性,二审法院确认董某某已补足对会波公司的增资款 720 万元。综上,张某某的上诉理由缺乏事实与法律依据,二审法院难以采信。一审判决正确,二审法院予以维持。

[法律法规链接]

《公司法》第 28 条

029. 公司新增资本时，股东优先认缴出资权利的行使

【公报案例】

绵阳市红日实业有限公司、蒋某诉绵阳高新区科创实业有限公司股东会决议效力及公司增资纠纷案

［案号］

最高人民法院(2010)民提字第48号

［裁判要旨］

在民商事法律关系中，公司作为行为主体实施法律行为的过程可以划分为两个层次，一是公司内部的意思形成阶段，通常表现为股东会或董事会决议；二是公司对外作出意思表示的阶段，通常表现为公司对外签订的合同。出于保护善意第三人和维护交易安全的考虑，在公司内部意思形成过程存在瑕疵的情况下，只要对外的表示行为不存在无效的情形，公司就应受其表示行为的制约。

根据《公司法》[①]第35条的规定，公司新增资本时，股东有权优先按照实缴的出资比例认缴出资。从权利性质上来看，股东对于新增资本的优先认缴权应属形成权。现行法律并未明确规定该项权利的行使期限，但从维护交易安全和稳定经济秩序的角度出发，结合商事行为的规则和特点，人民法院在处理相关案件时应限定该项权利行使的合理期间，对于超出合理期间行使优先认缴权的主张不予支持。

［案情］

申请再审人绵阳高新区科创实业有限公司(以下简称科创公司)、福建省固生投资有限公司(以下简称固生公司)、陈某某与被申请人绵阳市红日实业有限公司(以下简称红日公司)股东会决议效力及公司增资纠纷一案，经审理查明：2001年7月，科创公司成立，注册资本156万元，股东20人，均为自然人，蒋某出资52万元，出资比例为33.33%，担任董事长。2003年1月20日，科创公司通过挂牌出让方式取得绵阳高新区石桥铺国际招商区325亩住宅项目用地，但没有支付土地出让金，没有取得土地使用权证。2003年3月31日，科创公司与林某某、陈某某、高新区管委会签订石桥铺项目合作协议书，约定由科创公司负责支付地价款，由陈某某负责项目开发资金及建设。同年9月，科创公司董事长变更为李某，新增注册资本319.37万元，注册资本变更为475.37万元，变更后股东为23位，增加了自然人股

---

① 此处指2005年修订的《公司法》，2013年修订的《公司法》在第34条有相应规定。

东2人和法人股东红日公司。蒋某出资从52万元变更为67.6万元,出资比例变为14.22%,红日公司新出资27.6万元,出资比例为5.81%。科创公司的章程规定:公司新增资本时,股东有优先认缴出资的权利;公司召开股东大会,于会议召开15日以前通知全体股东,通知以书面形式发送,并载明会议时间、地点、内容;股东大会对公司增加减少注册资本作出决议。同年12月16日,科创公司召开股东会,讨论了陈某某入股的《入股协议书》,通过了吸纳陈某某为新股东的提案,蒋某和红日公司投反对票。同月18日,科创公司和陈某某签订《入股协议书》,约定由陈某某出资800万元,以每股1.3元认购615.38万股。同月22日,陈某某以付地款名义向科创公司账户汇入购股款800万元,红日公司要求优先认缴新增资本。同月25日,科创公司变更法定代表人为陈某某,注册资本变为1090.75万元,陈某某占56.4%。2003年12月26日,科创公司缴纳土地款800万元。2004年3月5日,科创公司交清全部土地款13020175元,取得土地使用证。2005年2月1日,科创公司召开股东会形成决议,通过陈某某将1万股赠与固生公司的提案,红日公司和蒋某参加会议,投弃权票。同年3月1日,陈某某将614.38万股转让给固生公司,固生公司持有科创公司股份共计615.38万股。2005年2月至2006年11月,陈某某以每股1.2元的价格收购了其他自然人股东315.71万股。科创公司股东变更为:固生公司615.38万股,占56.42%;陈某某315.71万股,占28.94%;蒋某67.60万股,占6.20%;红日公司27.60万股,占2.53%;其他自然人股东11人,共64.46万股,占5.91%。目前,科创公司拟开发的石桥铺项目仅修了一条从城区公路通往项目所在地的200米左右的水泥路,整个项目因拆迁和规划等问题尚未破土动工。

2005年12月12日,蒋某和红日公司向一审法院提起诉讼,请求确认科创公司2003年12月16日股东会通过的吸纳陈某某为新股东的决议无效,确认科创公司和陈某某2003年12月18日签订的《入股协议书》无效,确认其对800万元新增资本优先认购,科创公司承担其相应损失。

一审法院判决:驳回红日公司、蒋某的诉讼请求。

红日公司和蒋某不服一审判决,提起上诉,请求二审法院撤销原判,依法改判。

二审法院判决如下:

一、撤销一审判决;

二、科创公司于2003年12月16日作出的股东会决议中关于吸收陈某某为股东的内容无效;

三、科创公司于2003年12月18日与陈某某签订的《入股协议书》无效;

四、蒋某和红日公司享有以800万元购买科创公司2003年12月16日股东会决定新增的615.38万股股份的优先权;

五、蒋某和红日公司于本判决生效之日起15日内将800万元购股款支付给科创公司;

六、在蒋某和红日公司履行上述第五项判决后15日内，由固生公司向科创公司返还其所持有的该司615.38万股股权，并同时由科创公司根据蒋某和红日公司的认购意愿和支付款项情况将该部分股权登记于蒋某和红日公司名下；

七、在固生公司履行上述第六项判决后3日内，由科创公司向陈某某返还800万元及利息（从2003年12月23日至付清之日止按中国人民银行流动资金同期贷款利率计算）；

八、驳回蒋某和红日公司的其他诉讼请求。

科创公司、固生公司、陈某某不服四川省高级人民法院二审民事判决，向最高人民法院申请再审，请求撤销二审判决，维持一审判决，中止对二审判决的执行。

[结论]

最高人民法院判决如下：

一、撤销一审和二审判决；

二、科创公司2003年12月16日作出的股东会决议中由陈某某出资800万元认购科创公司新增615.38万股股份的决议内容中，涉及新增股份20.03%的部分无效，涉及新增股份79.97%的部分及决议的其他内容有效；

三、驳回红日公司、蒋某的其他诉讼请求。

[法院认为]

一审法院认为，2003年12月16日股东会决议和《入股协议书》合法有效。红日公司和蒋某在2003年12月22日向科创公司主张优先权时，上述两协议已经生效并已在履行过程中，但红日公司和蒋某没有及时采取进一步的法律措施实现其优先权。本案起诉前，围绕科创公司和公司股权又发生了一系列新的民事、行政关系，形成了一系列新的交易关系，为保障交易安全，红日公司和蒋某在本案中的主张不能成立。

四川省高级人民法院二审认为：股东会议决议中关于吸收陈某某为股东的内容、《入股协议书》无效，蒋某和红日公司享有优先认缴科创公司800万元新增资本。

固生公司应当将其所持有的科创公司615.38万股股份返还给科创公司，由红日公司和蒋某优先认购；科创公司应当将800万元认股款及其资金占用利息返还给陈某某。原判认定事实不清，适用法律有误，应当予以纠正。

最高人民法院认为：本案再审程序中有以下两个争议焦点：(1)2003年12月16日科创公司作出的股东会决议和2003年12月18日科创公司与陈某某签订的《入股协议书》是否有效；(2)红日公司和蒋某是否能够行使对科创公司2003年新增的615.38万股股份的优先认缴权。

关于第一个争议焦点。2003年12月16日科创公司作出股东会决议时，现行公司法尚未实施，根据《公司法解释（一）》①第2条的规定，当时的法律和司法解释

① 此处指2006年施行的《公司法解释（一）》。

没有明确规定的,可参照适用现行公司法的规定。1999 年《公司法》第 33 条规定:“公司新增资本时,股东可以优先认缴出资。”根据 2005 年修订的《公司法》第 35 条的规定,公司新增资本时,股东的优先认缴权应限于其实缴的出资比例。2003 年 12 月 16 日科创公司作出的股东会决议,在其股东红日公司、蒋某明确表示反对的情况下,未给予红日公司和蒋某优先认缴出资的选择权,径行以股权多数决的方式通过了由股东以外的第三人陈某某出资 800 万元认购科创公司全部新增股份 615.38 万股的决议内容,侵犯了红日公司和蒋某按照各自的出资比例优先认缴新增资本的权利,违反了上述法律规定。2005 年修订的《公司法》第 22 条第 1 款规定:“公司股东会或者股东大会、董事会的决议内容违反法律、行政法规的无效。”根据上述规定,科创公司 2003 年 12 月 16 日股东会议通过的由陈某某出资 800 万元认购科创公司新增 615.38 万股股份的决议内容中,涉及新增股份中 14.22% 和 5.81% 的部分因分别侵犯了蒋某和红日公司的优先认缴权而归于无效,涉及新增股份中 79.97% 的部分因其他股东以同意或弃权的方式放弃行使优先认缴权而发生法律效力。一审判决认定决议全部有效不妥,应予纠正。该股东会将吸纳陈某某为新股东列为一项议题,但该议题中实际包含增资 800 万元和由陈某某认缴新增出资两方面的内容,其中由陈某某认缴新增出资的决议内容部分无效不影响增资决议的效力,科创公司认为上述两方面的内容不可分割缺乏依据,法院不予支持。

2003 年 12 月 18 日科创公司与陈某某签订的《入股协议书》系科创公司与该公司以外的第三人签订的合同,应适用合同法的一般原则及相关法律规定认定其效力。虽然科创公司 2003 年 12 月 16 日作出的股东会决议部分无效,导致科创公司达成上述协议的意思存在瑕疵,但作为合同相对方的陈某某并无审查科创公司意思形成过程的义务,科创公司对外达成协议应受其表示行为的制约。上述《入股协议书》是科创公司与陈某某作出的一致意思表示,不违反国家禁止性法律规范,且陈某某按照协议约定支付了相应对价,没有证据证明双方恶意串通损害他人利益,因此该协议不存在《合同法》第 52 条所规定的合同无效的情形,应属有效。《入股协议书》对科创公司新一届董事会的组成及董事长、总经理人选等公司内部事务作出了约定,但上述约定并未排除科创公司内部按照法律和章程规定的表决程序作出决定,不导致合同无效。二审法院根据《民法通则》第 58 条第 1 款第 5 项的规定认定该《入股协议书》无效属适用法律错误,法院予以纠正。

关于第二个争议焦点问题,虽然科创公司 2003 年 12 月 16 日股东会决议因侵犯了红日公司和蒋某按照各自的出资比例优先认缴新增资本的权利而部分无效,但红日公司和蒋某是否能够行使上述新增资本的优先认缴权还需要考虑其是否恰当地主张了权利。股东优先认缴公司新增资本的权利属形成权,虽然现行法律没有明确规定该项权利的行使期限,但为维护交易安全和稳定经济秩序,该权利应当在一定合理期间内行使,并且由于这一权利的行使属于典型的商事行为，对于合理期间的认定应当比通常的民事行为更加严格。本案红日公司和蒋某在科创公司2003年12月16日召开股东会时已经知道其优先认缴权受到侵害，且作出了要求行使优先认缴权的意思表示，但并未及时采取诉讼等方式积极主张权利。在此后科创公司召开股东会、决议通过陈某某将部分股权赠与固生公司提案时，红日公司和蒋某参加了会议，且未表示反对。红日公司和蒋某在股权变动近两年后又提起诉讼，争议的股权价值已经发生了较大变化，此时允许其行使优先认缴出资的权利将导致已趋稳定的法律关系遭到破坏，并极易产生显失公平的后果，故一审判决认定红日公司和蒋某主张优先认缴权的合理期间已过并无不妥。故法院对红日公司和蒋某行使对科创公司新增资本优先认缴权的请求不予支持。

红日公司和蒋某在一审诉讼请求中要求科创公司承担其相应损失，但未明确请求赔偿的损失数额，也未提交证据予以证明，最高人民法院对此不予审理。本案再审期间，红日公司一方主张基于新增股权对科创公司进行了投入，该主张不属于本案审理范围，其对此可以另行提起诉讼。

综上，红日公司、蒋某的诉讼请求部分成立，但二审判决认定红日公司和蒋某可以行使优先认缴科创公司2003年新增615.38万股股份的权利，事实根据不足，适用法律不当，应予撤销。

（案例选自《中华人民共和国最高人民法院公报》2011年卷）

［法律法规链接］

《公司法》（2005年修订）第22条、第35条

《公司法解释（一）》（2006年施行）第2条

030．设定质权的股权因公司增资扩股缩减的，质权人应以缩减后股权份额享有优先受偿的权利

【指导与参考案例】

深圳市汇润投资有限公司与隆鑫控股有限公司欠款担保合同纠纷案

［裁判要旨］

公司增资扩股后，因有新的出资注入公司，虽然原公司股东的持股比例发生变化，但其所对应的公司资产价值并不减少。因此，对于原以公司部分股权设定质权的权利人而言，公司增资扩股后其对相应缩减股权比例享有优先受偿权，与其当初

设定质权时对原出资对应的股权比例享有优先受偿权,实质权利并无变化,不存在因增资扩股损害质权人合法权利的可能。设定质权的股权因公司增资扩股缩减的,质权人应以缩减后股权份额享有优先受偿的权利。

[案情]

上诉人深圳市汇润投资有限公司(以下简称汇润公司)与被上诉人隆鑫控股有限公司(以下简称隆鑫公司)欠款、担保合同纠纷一案,一审法院查明:2005年6月19日,汇润公司(甲方)与隆鑫公司(乙方)签订《合作协议》一份,主要约定:乙方通过对甲方增资扩股的方式持有甲方40%的股权,从而享有深圳航空有限责任公司(以下简称深航公司)20%的股份;乙方于2005年6月22日之前向甲方提供资金2亿元作为第一期投资,由甲方向深航公司的原股东支付深航公司的股权转让款,该笔投资款由乙方自行筹集;甲乙双方应于2005年6月30日之前共同筹集资金4亿元,用于偿还甲方因支付深航公司的股权转让款向其他单位的融资借款;上述投资款到位后,乙方对于上述投资款的处理有绝对的选择权,如乙方放弃对甲方的增资扩股计划,则上述投资款应视为甲方对乙方的负债,由甲方负责偿还,并以甲方所持有的深航公司的股权提供质押,甲方应在接到乙方还款通知后一个月内归还乙方上述投资款,并按银行同期贷款利率支付利息;上述投资款到位后,如乙方选择对甲方增资扩股,则甲方必须配合乙方在15日内办理增资扩股手续,使乙方或乙方指定的第三方持有甲方40%的股权,并完全享有相应的股东权;乙方在投资款到位并决定对甲方增资扩股后,可以通过甲方完全享有和支配深航公司20%的股权的全部权益;甲方在收购亿阳集团持有的深航公司10%的股份和国际航空持有的深航公司25%的股份后,保证使乙方或乙方指定的第三方通过甲方享有深航公司39%的股权(包含原有的20%)的全部权益等内容。上述协议签订后,隆鑫公司先后两次分别于2005年6月22日、27日向汇润公司各支付2亿元。

2005年6月28日,汇润公司(甲方)与隆鑫公司(乙方)签订了《合作协议之补充协议》,主要约定:甲方同意乙方在每一期投资款到位后都有权随时终止增资扩股的合作,乙方可随时要求甲方返还乙方已支付的投资款;乙方在投资款到位并决定对甲方增资扩股后,可以直接持有或指定第三方持有甲方40%的股权,享有相应的股东权利;甲方在增资扩股后,重组董事会。董事会由七名董事组成,甲方原股东委派四名董事,乙方或乙方指定第三方委派三名董事,董事长由甲方原股东指定,总经理由乙方或乙方指定第三方指定;乙方对甲方增资扩股后,乙方或乙方指定的第三方持有甲方40%的股权,并完全享有对深航公司相对应的股份权等内容。

2005年9月10日,汇润公司(甲方)与隆鑫公司(乙方)签订了《合作协议之补充协议(之二)》,约定:甲方确认乙方已实际为甲方收购深航项目提供资金4.4亿元;应甲方要求,乙方同意继续为甲方收购深航项目提供资金10亿元;上述资金10

亿元应于2005年9月30日前付至甲方账户，用于支付深航公司股权转让款；甲方保证在10亿元到账后办理深航公司的股权过户手续；乙方确认在2005年10月15日前不行使对甲方的增资扩股权；甲方同意乙方在本补充协议签订之后，指派一名董事加入甲方的董事会，并指派一名财务人员在甲方工作，以了解甲方的经营状况；甲方同意并保证在深航公司股权过户到甲方名下后，乙方指派一名董事加入深航的董事会，并指派一名财务人员在深航公司工作，了解深航公司的经营状况；双方还约定了担保条款、违约责任及其他条款。

上述协议签订后，隆鑫公司先后向汇润公司支付款项，总计10.7亿元。

2005年10月12日，汇润公司（甲方）与隆鑫公司（乙方）签订了《终止合作协议书》，约定：双方同意于本协议签订之日终止双方在甲方收购深航公司股权项目基础达成的乙方对甲方增资扩股的合作关系；双方签订的《合作协议》、《合作协议之补充协议》及《合作协议之补充协议（之二）》于本协议签订之日全部终止；甲方应于2005年12月30日至2006年3月30日，通过甲方或甲方关联企业退还乙方上述全部投资款，并完善全部法律手续；甲方同意采取分期付款的方式通过甲方或甲方的关联企业向乙方支付3亿元作为终止合作关系给乙方造成经济损失的赔偿等；甲方同意继续用甲方持有的深航公司55%的股权提供质押，作为甲方退还上述投资款的担保等。上述协议签订后，汇润公司先后向隆鑫公司支付款项，共计1亿元。

2005年11月18日，隆鑫公司管理人员肖某经工商登记变更为深航公司的董事。2006年12月13日起，肖某经工商登记变更，不再担任深航公司的董事。

西北租赁公司代汇润公司于2006年6月15日至7月20日向隆鑫公司汇款6笔合计8.1亿元。对西北租赁公司的上述付款事实，隆鑫公司予以认可。

2007年3月18日，隆鑫公司（甲方）、汇润公司（乙方）、深航公司（丙方）、重庆隆鑫地产（集团）有限公司（丁方）签订《协议书》，约定：乙方保证本协议签订后15个工作日内支付所欠甲方债务中的3亿元欠款；若乙方未按约支付所欠甲方债务中的3亿元欠款，各方一致同意按以下方式处理：(1)甲方将对乙方债权中的3亿元债权等额转让给丁方，丁方愿意受让该债权，则丁方对乙方享有3亿元的债权；(2)丁方将对乙方的3亿元债权等额转让给丙方，用以抵扣丁方所欠丙方3亿元欠款，丙方愿意受让该债权；上述债权转让后，甲乙丙丁四方之间的新的债权债务关系如下：(1)甲方对丁方享有3亿元的债权，对乙方享有的债权减少3亿元；(2)丙方对乙方享有3亿元的债权，对丁方不再享有3亿元的债权；(3)甲方与丁方在本协议中的债权、债务与丙方与乙方在本协议中的债权、债务各自独立，自行清偿，互不影响等。上述协议签订后，汇润公司未按约在15个工作日内向隆鑫公司支付3亿元。

2008年6月16日，隆鑫集团有限公司（甲方）、深航公司（乙方）、汇润公司（丙方)与隆鑫公司(丁方)签订《协议书》一份,该协议主要约定:甲方将其负有向乙方基于解除甲乙双方于2006年11月29日签订的《股份转让协议》应承担的还款1亿元的义务转移给丙方,乙方同意丙方承接上述债务,并不再向甲方追索该债务;丙方基于本次债务承接而产生的对甲方的1亿元债权,丙方将该债权转让给丁方,用以抵销丙方对丁方的等额债务,各方同意受让该债权,并同意抵销丙方对丁方的等额债务等内容。

2008年6月16日,汇润公司(甲方)与隆鑫公司(乙方)签订《还款协议书》一份,约定:双方共同确认至本协议签订之日止,甲方尚欠乙方债务本金1.6亿元,赔偿款1.4亿元,上述欠款本金及赔偿款合计3亿元。甲方承诺于2008年12月31日前向乙方偿还全部债务3亿元;甲方同意将甲方持有的深航公司8%的股权质押给乙方,作为偿还乙方上述欠款本金及赔偿款的质押担保;上述款项还清后,甲乙双方全部债权债务结清。如甲方不能按照本协议约定向乙方履行清偿义务,甲方应向乙方支付每日千分之一的违约金;双方还就其他事项进行了约定。同日,甲乙双方还签订了《股权质押协议》,约定甲方(汇润公司)将其持有的深航公司8%的股权作为双方于2008年6月16日签订的《还款协议书》所约定的甲方对乙方(隆鑫公司)承担的归还债务本息的履约担保,双方按约在工商行政管理部门办理了质押登记。

2009年1月4日,隆鑫公司向汇润公司发出《催收函》,要求其按约履行还款义务。2009年2月9日,汇润公司向隆鑫公司发出《关于隆鑫控股有限公司催收函的回复》,明确其因受宏观经济环境的影响导致未能按约履行还款义务,并表示尽快还款。

2009年3月16日,隆鑫公司以汇润公司未偿付《还款协议书》所确认的尚欠投资款和赔偿款,严重侵害其合法权益为由,提起诉讼,请求判决:(1)汇润公司立即清偿所欠其增资投资款1.6亿元和赔偿款1.4亿元,共计3亿元;(2)汇润公司自2009年1月1日起对前述款项按每日千分之一的标准向隆鑫公司支付违约金,直至前述款项全部清偿之日止(违约金暂计至2009年3月3日为1860万元);(3)隆鑫公司对汇润公司持有的深航公司8%的股份的拍卖、变卖价款享有优先受偿权。

在一审法院审理期间,该院于2010年3月17日作出(2009)渝高法民初字第5-3号裁定,裁定该案中止诉讼。在该案中止诉讼期间,广东省深圳市中级人民法院于同年3月20日作出了(2010)深中法民七清算字第3号民事裁定,裁定立案受理申请人广东粤财投资控股有限公司申请被申请人汇润公司破产清算一案,并指定汇润公司清算组为汇润公司管理人。后该院作出(2009)渝高法民初字第5-4号裁定,裁定恢复该案诉讼并解除该院对汇润公司持有的深航公司8%的股份所采取的财产保全措施。该院依法通知该管理人参加诉讼后,该管理人委托律师参加了2010年7月12日该院对该案的第二次庭审。

一审法院依照《合同法》第60条第1款、第98条、第107条、第114条第2款,《物权法》第208条第1款、第226条第1款、第229条之规定,判决:一、汇润公司于判决生效之日起十日内向隆鑫公司清偿欠款3亿元;二、汇润公司于判决生效之日起十日内对前述款项3亿元按银行同期同类贷款利率4倍的标准向隆鑫公司支付违约金,从2009年1月1日起至付清之日止;三、汇润公司在上述期限内不履行上述义务时,隆鑫公司就汇润公司持有的深航公司8%的股权享有优先受偿权;四、驳回隆鑫公司的其他诉讼请求。

汇润公司不服重庆市高级人民法院上述民事判决,向最高人民法院提起上诉,请求二审法院依法撤销原审判决,驳回被上诉人的全部诉讼请求。

最高人民法院除认定一审法院查明的事实外,另查明,2010年3月20日广东省深圳市中级人民法院(2010)深中法民七清算字第3号民事裁定书裁定受理汇润公司破产清算一案。2005年10月12日汇润公司与隆鑫公司签订的《终止合作协议书》载明有"因甲方(汇润公司)原因,甲、乙双方决定终止增资扩股的合作"字样。

2010年11月24日汇润公司向最高人民法院提交《关于请求贵院对隆鑫公司持有原深航公司8%质押股权在深航公司增资后予以相应调整的意见》,提出汇润公司以其持有深航公司8%股权向隆鑫公司提供质押担保后,深航公司于2010年3月增资扩股,将原深航公司注册资本由3亿元增加至81250万元,原股东的持股比例亦发生相应变更,汇润公司对深航公司19500万元出资额对应增资扩股后公司的出资比例由原65%缩减为24%,请求最高人民法院对隆鑫公司享有的8%质押股权亦做相应调整。

[结论]

最高人民法院依照《合同法》第60条第1款、第107条、第114条第2款,《合同法解释(二)》第29条,《物权法》第226条第1款、第229条、第208条第1款,《企业破产法》第16条,《民事诉讼法》第153条第1款第2项、第158条的规定,判决:

一、维持一审判决第四项;

二、变更上述民事判决第一项为隆鑫控股有限公司对深圳市汇润投资有限公司享有欠款债权3亿元;

三、变更上述民事判决第二项为隆鑫控股有限公司对深圳市汇润投资有限公司享有前述欠款3亿元相应的违约金债权,按照银行同期贷款利率标准,从2009年1月1日起计至2010年3月20日止;

四、变更上述民事判决第三项为隆鑫控股有限公司有权对深圳市汇润投资有限公司持有的深圳航空有限公司原8%股权优先受偿;

五、撤销上述民事判决关于加倍支付迟延履行期间的债务利息的判决。

判决生效后，隆鑫控股有限公司应当根据《企业破产法》规定的程序申报债权并行使权利。

［法院认为］

一审法院认为，该案的争议焦点有二：一是双方签订的《还款协议书》、《股权质押协议》是否有效；二是《还款协议书》约定的违约金是否过高。

（1）关于《还款协议书》及《股权质押协议》的效力问题。该案隆鑫公司以欠款、担保合同纠纷起诉，其依据的是双方签订的《还款协议书》、《股权质押协议》。虽然前述两协议的缔约基础为《合作协议》及其补充协议以及《终止合作协议书》，但《合作协议》及其补充协议以及《终止合作协议书》的效力并不影响《还款协议书》、《股权质押协议》的效力，理由在于：《终止合作协议书》作为原、被告双方协议终止《合作协议》及其补充协议的协议，应当视为双方签订的结算和清理条款，该协议的效力独立于《合作协议》及其补充协议。隆鑫公司作为该案原告诉请依据的《还款协议书》、《股权质押协议》是双方在履行《终止合作协议书》过程中签订的进一步结算和清理双方债权债务的协议，故《合作协议》及其补充协议的效力不影响《还款协议书》、《股权质押协议》的效力。《还款协议书》、《股权质押协议》是双方当事人的真实意思表示，协议内容并未违反法律的禁止性规定，应当合法有效，汇润公司提出《还款协议书》、《股权质押协议》因《合作协议》及其补充协议系资金拆借协议应为无效的主张不能成立。《股权质押协议》作为《还款协议书》的从合同，经双方签章并依法办理登记手续，质权自工商行政管理部门办理出质登记时设立。故隆鑫公司在《还款协议书》约定的债务未受清偿时，有权以汇润公司持有的深航公司8%的股权折价或者拍卖、变卖的价款优先受偿。

（2）关于约定的违约金是否过高的问题。汇润公司提出《还款协议书》约定的逾期付款违约金每日千分之一过高，请求该院予以调整。该院认为，关于违约金的调整关键在于约定的违约金是否过分高于汇润公司逾期清偿欠款的行为给隆鑫公司造成的损失。在隆鑫公司未举证证明其因汇润公司的违约行为所遭受实际损失和可得利益损失数额的情况下，其损失只能是资金占用损失，因该案中双方约定的违约金日千分之一的计算方法过高，故该院酌定调整该违约金的计算方法为按照银行同期同类贷款利率的4倍计算。

最高人民法院认为，该案当事人争议的主要问题是双方签订的《合作协议》及其补充协议是否名为合作实为资金拆借，是否应为无效。从该案查明的事实看，一是汇润公司与隆鑫公司签订的《合作协议》、《合作协议之补充协议》以及《合作协议之补充协议（二）》中，约定的内容均为隆鑫公司通过对汇润公司增资扩股的方式享有和支配深航公司股权的合作内容；二是在实际履行中，隆鑫公司不仅按照上述协议向汇润公司支付了相应款项，而且为了解深航公司经营状况还按照协议约定向深航公司指派了一名董事；三是虽然双方签订的上述合同中约定有隆鑫公司有权随时决定终止增资扩股合作，可随时要求汇润公司返还已支付投资款等内容，但双方在签订的《终止合作协议书》中明确载明系因汇润公司原因双方决定终止增资扩股合作，并由汇润公司向隆鑫公司支付3亿元作为终止合作关系给其造成经济损失的赔偿，而非隆鑫公司行使选择权的原因终止的双方合作关系，汇润公司和隆鑫公司合作持有深航公司股权的意思表示是明确的，并不违反法律规定。汇润公司以增资主体不适格、隆鑫公司对资金未验资和监管、合作协议签订不久就终止了合作关系，以及合同约定了隆鑫公司的选择权等理由，主张其与隆鑫公司系以合作之名行非法借贷之实，缺乏事实和法律依据，该院不予支持。双方2008年6月16日签订的《还款协议书》中虽然载有汇润公司尚欠隆鑫公司“借款本金”字样，但该《还款协议书》系双方终止合作关系后为结算清理双方权利义务而签订，并不因此改变原双方签订的《合作协议》及其补充协议的性质，汇润公司以此主张双方系资金拆借关系的上诉理由，该院亦不予支持。因此，《合作协议》及其补充协议，以及在此基础上签订的《终止合作协议书》、《还款协议书》、《股权质押协议》等均为有效，汇润公司关于上述合同均为无效，隆鑫公司无权要求包括利息在内的损失赔偿等上诉理由，该院不予支持，汇润公司应当按照双方约定偿还欠款并承担违约责任，隆鑫公司有权根据《股权质押协议》对汇润公司持有的深航公司原8%股权优先受偿。

关于汇润公司庭审后提出的深航公司增资扩股的有关事实，鉴于该案审理的内容为汇润公司与隆鑫公司之间欠款及股权质押法律关系是否成立和有效，作为案外人的深航公司是否增资扩股并非该案应查明事实的范畴，因此，该院对此部分事实不予审查认定。但是，公司增资扩股后，因有新的出资注入公司，虽然原公司股东的持股比例发生变化，但其所对应的公司资产价值并不减少。因此，对于原以公司部分股权设定质权的权利人而言，公司增资扩股后其对相应缩减股权比例享有优先受偿权，与其当初设定质权时对原出资对应的股权比例享有优先受偿权，实质权利并无变化，不存在因增资扩股损害质权人合法权利的可能。该案所涉汇润公司设定质权的原8%股权，如确实存在因深航公司增资扩股而缩减事实的，隆鑫公司在实现其该案质权时，应当以增资扩股后原8%股权对应出资额相应的缩减后股权份额享有优先受偿的权利。因该案对于深航公司增资扩股的事实未做审查认定，因此，判决中仅对原质押事实及效力进行认定，但此认定，不影响将来质权实现时按照上述原则确定隆鑫公司的权利范畴。

对于双方约定的违约金，原审法院在隆鑫公司未举证证明其因汇润公司违约行为所遭受实际损失和可得利益损失数额的情况下，按银行同期同类贷款利率4倍标准计算资金占用损失数额，明显过高，对此，该院调整为按照同期同类银行贷款利率标准计算。同时，因2010年3月20日广东省深圳市中级人民法院(2010)

深中法民七清算字第3号民事裁定书已裁定受理汇润公司破产清算一案，根据《企业破产法》的相关规定，除法律特别规定的外，破产申请受理后新发生的债权不属于破产债权，因此，对于按日计付的违约金应参照《企业破产法》第46条第2款的规定，自破产申请受理时停止计算，即汇润公司向隆鑫公司支付的违约金按照同期同类银行贷款利息计算，期限为自2009年1月1日起至2010年3月20日止。

根据《企业破产法》第16条的规定，人民法院受理破产申请后，债务人不得再对个别债权人进行清偿，隆鑫公司对汇润公司享有的债权，均应在本判决生效后通过向汇润公司管理人申报债权的方式在破产清算程序中获得清偿，因此，该院对一审判决第一项、第二项、第三项中有关清偿期限的内容予以改判。

[法官分析]

1. 关于合同的效力问题

该案当事人二审争议的主要问题是双方签订的合作协议及其补充协议是否名为合作实为资金拆借，是否应为无效。第一，从当事人双方合同约定看，汇润公司和隆鑫公司签订的合作协议及其两份补充协议明确约定，"隆鑫公司通过对汇润公司增资扩股的方式持有其40%的股权，从而享有深航公司20%的股份"，"隆鑫公司于2005年6月22日之前向汇润公司提供资金2亿元作为第一期投资，由汇润公司向深航公司的原股东支付深航公司的股权转让款"，"隆鑫公司在投资款到位并决定对汇润公司增资扩股后，可以通过汇润公司完全享有和支配深航公司20%的股权的全部权益，隆鑫公司有权通过汇润公司委派三名董事（包括一名副董事长），并有权指定一名副总经理和财务总监"，"汇润公司同意并保证在深航公司股权过户到汇润公司名下后，隆鑫公司指派一名董事加入深航的董事会，并指派一名财务人员在深航公司工作"等，从上述合同内容看，双方通过增资扩股方式进行合作的意思表示是清楚的。第二，从当事人双方履行合同情况看，按照双方合同的约定，隆鑫公司不仅将有关款项支付给汇润公司，而且隆鑫公司管理人员肖某被派往深航公司担任董事。第三，从合作协议终止的原因看，并非隆鑫公司根据合作协议选择的结果，而是由于汇润公司的原因导致的，这在《终止合作协议书》中明确予以了载明（"因甲方即汇润公司的原因，甲乙双方决定终止增资扩股的合作"）。这些事实，足以说明双方当初的真实意图为合作，而非资金拆借。上诉人汇润公司主张双方系以合作之名行资金拆借之实，缺乏证据支持。上诉人关于合作协议及其补充协议应为无效，从而之后因此形成的《还款协议书》和《股权质押协议书》亦应无效的上诉理由，应不予支持。

另外，由于《终止合作协议书》是汇润公司和隆鑫公司协议终止《合作协议》及其补充协议的协议，应当视为双方签订的结算和清理条款，该协议的效力应当独立于《合作协议》及其补充协议。隆鑫公司作为该案原告诉请依据的《还款协议书》和《股权质押协议》，是双方在履行《终止合作协议书》过程中签订的进一步结算和清理双方债权债务的协议，故《合作协议》及其补充协议的效力并不影响《还款协议书》和《股权质押协议》的效力。《还款协议书》和《股权质押协议》是双方当事人的真实意思表示，协议内容并未违反法律的禁止性规定，应当合法有效，汇润公司提出《还款协议书》和《股权质押协议》因《合作协议》及其补充协议系资金拆借协议应为无效的主张亦不能成立。《股权质押协议》作为《还款协议书》的从合同，经双方签章并依法办理登记手续，质权自工商行政管理部门办理出质登记时设立。隆鑫公司在《还款协议书》约定的债务未受清偿时，有权以汇润公司持有的深航公司8%的股权折价或者拍卖、变卖的价款优先受偿。因此，原审法院从这个角度判决汇润公司偿还隆鑫公司3亿元欠款，隆鑫公司对相应股权享有优先受偿权并无不当，应予维持。

2. 关于违约金数额的调整问题

双方签订的《还款协议书》约定逾期支付违约金为每日千分之一，原审法院以隆鑫公司未举证证明其因汇润公司的违约行为所遭受实际损失和可得利益损失数额为由，适当降低违约金数额，符合法律规定。根据《合同法解释(二)》第29条的规定，当事人主张约定的违约金过高请求予以适当减少的，人民法院应当以实际损失为基础，兼顾合同的履行情况、当事人的过错程度以及预期利益等综合因素，根据公平原则和诚实信用原则予以衡量，并作出裁决。原审法院在隆鑫公司未举证证明其因汇润公司违约行为所遭受实际损失和可得利益损失数额的情况下，按银行同期同类贷款利率4倍标准计算资金占用损失数额，明显过高，对此，应当按照所涉款项资金的占用损失，即调整为按照同期同类银行贷款利率标准计算。

另外，由于目前汇润公司已经进入破产程序，对于占用资金的损失计算，因系按日计算，根据《企业破产法》的立法精神，除法律特别规定的外，破产申请受理后新发生的债权不属于破产债权，因此，对于按日计付的违约金应参照《企业破产法》第46条第2款的规定，自破产申请受理时停止计算，即汇润公司向隆鑫公司支付的违约金按照同期同类银行贷款利息计算，期限为自2009年1月1日起至2010年3月20日止。

3. 关于质权人享有优先受偿权的范围问题

本案审理中汇润公司向最高人民法院提交了《关于请求贵院对隆鑫公司持有原深航公司8%质押股权在深航公司增资后予以相应调整的意见》，提出汇润公司以其原持有的深航公司8%股权向隆鑫公司提供质押担保后，深航公司于2010年3月增资扩股，将原深航公司注册资本由3亿元增加至81250万元，原股东的持股比例亦发生相应变更，汇润公司对深航公司19500万元出资额对应增资扩股后公司的出资比例由原65%缩减为24%，请求最高人民法院对隆鑫公司享有的8%质押股权亦做相应调整，即应按照原8%股权缩减后的2.953846%股权确定隆鑫公司质押权的权利范畴。最高人民法院考虑到该案审理的内容为汇润公司与隆鑫公司之间欠款及股权质押法律关系是否成立和有效，作为案外人的深航公司是否增资扩股并非该案应查明事实的范畴，故对此部分事实没有在该案中予以审查认定。但是，为减少将来质权人实现质权时对此产生不必要的争端，最高人民法院明确表态，如果该案所涉汇润公司设定质权的原8%股权，确实存在因深航公司增资扩股而缩减事实的，隆鑫公司在实现其该案质权时，应当以增资扩股后原8%股权对应出资额相应的缩减后股权份额享有优先受偿的权利。这是因为，公司增资扩股后，因有新的出资注入公司，虽然原公司股东的持股比例发生了变化（相应缩减），但缩减后股权所对应的公司资产价值并不因增资扩股的事实发生而有所减少。因此，对于原以公司部分股权设定质权的权利人而言，公司增资扩股后其对相应缩减股权比例享有优先受偿权，与其当初设定质权时对原出资对应的股权比例享有优先受偿权，实质权利并无变化，不存在因增资扩股损害质权人合法权利的可能。

（《商事审判指导》2011年第2辑　最高人民法院民二庭　刘　敏）

[**法律法规链接**]

《合同法》第60条第1款、第107条、第114条第2款

《合同法解释（二）》第29条

《物权法》第226条第1款、第229条、第208条第1款

《企业破产法》第16条

031. 股东要求返还增资款及资产增值等款项的处理

【指导与参考案例】

深圳市朗钜实业集团有限公司与甘肃天昱置业有限公司股东出资及公司盈余分配纠纷案

[**案号**]

最高人民法院（2012）民二终字第28号

[**裁判要旨**]

股东要求返还其支付给公司的增资款，公司提供证据证明该股东已将其缴付的增资款抽走，股东应对其未抽逃公司资金承担举证责任，无法提出相关证据的应承担举证不能的法律后果；股东主张返还因公司资产增值而使其持有的股权比例所对应的资产价值增加的部分，需证明其持股期间公司实施过利润分配，但其未获得相应收益，或存在公司虽未进行分配，但确有相应的利润收入且符合规定的分配条件，应当进行分配的情形，否则不予支持。

[案情]

上诉人深圳市朗钜实业集团有限公司(以下简称朗钜公司)与被上诉人甘肃天昱置业有限公司(以下简称天昱公司)股东出资及公司盈余分配纠纷一案,一审法院查明:2008年12月22日,兰州市中级人民法院就原告陈某某诉被告北京中拍投资管理有限公司(以下简称中拍公司),第三人罗某某、牛某、朗钜公司股权转让侵权纠纷一案作出(2008)兰法民二初字第00128号民事判决书。该判决书认定如下事实:2007年1月1日,陈某某(甲方、转让方)与中拍公司(乙方、受让方)及天昱公司(丙方、目标公司)签订《股权转让合同书》约定,鉴于:丙方是2002年7月在甘肃省工商局注册成立的有限责任公司,注册资本为人民币1000万元;甲方是指包括甲方在内的及能够受甲方支配的丙方的所有股东,甲方对丙方的出资额为人民币1000万元,甲方合法持有丙方100%的股权;乙方是指包括与乙方在内的能够和乙方一致行动的受让甲方100%股权的受让人;该股权的转让已经过丙方股东会决议通过,丙方董事会也同意该股权转让;乙方、乙方的股东及与乙方一致行动的第三人一致同意受让甲方所持有的丙方100%的股权;丙方知悉上述股权转让及本合同书所做的安排。甲方同意将其持有丙方100%股权(出资)及其项下的一切权利、义务转让给乙方,乙方受让甲方股权的对价是人民币12100万元,确定该对价的前提条件包括丙方以合法的形式和途径取得了位于兰州市城关区九洲大道13块(约550亩)国有建设用地使用权(均为商业、住宅用地),土地使用证编号为:兰国用(2003)第J043号-第J048号以及兰国用(2005)第J114号-第J120号,丙方在上述土地合法拥有地热井一口,现场办公室房产一栋(建筑面积356平方米);丙方股权转让时上述财产均不发生减少,按现状进行交接。股权转让对价的支付及股权过户程序的安排为:自合同生效之日起10个工作日内,乙方向甲方支付1000万元,当甲方的该550亩土地上的房地产项目领取到开工许可证之日起10个工作日内支付1000万元,2007年8月31日前、12月31日前各支付1500万元,2008年4月31日前、12月31日前分别支付3000万元、4100万元。甲方于收到上述1000万元后30天内将80%的股权过户给乙方(以工商登记为准),并同时按乙方指定的人选变更法定代表人;当乙方支付的款项超过12100万元的80%时,甲方应当按照乙方支付的款项所占股权转让总价款的比例同步地向乙方过户股权,直到将100%的股权过户给乙方。乙方违约责任为:如乙方股权转让款未按时支付,拖延超过270天,则甲方有权宣布解除合同;合同一旦被甲方宣布解除,乙方应当赔偿甲方的经济损失;在宣布解除的5个工作日内,乙方将550亩土地使用证完整地交付给甲方;赔偿甲方的经济损失,其计算方法为股权转让金额的10%,如延期支付,乙方应当向甲方支付违约金,其计算方法为日万分之三。合同签订后,同年1月16日,中拍公司以电汇方式给天昱公司支付股权转让款1000万元。之后,中拍公司向天昱公司出具一份欠款证明称:中拍公司需支付陈某某股权转让总金额为12100万元,已支付1000万元,尚欠11100万元,将按《股权转让合同书》执行。1月30日,常某某作为交方代表、刘某某作为接方代表签订了一份《公司财产、营业证件、文件资料交接清单》:财产交接、营业证照、公章、政府文件、公司文件资料(土地使用证资料、地热井资料、财务资料),其中"兰国用(2003)第J043号"土地使用证在商业银行抵押,并对天昱公司的资产经甘肃通达会计师事务所有限公司作出"甘通会财神字〔2007〕第068号"审计报告。2月2日,分别由原告陈某某、受其支配的第三人罗某某、牛某同被告中拍公司、第三人朗钜公司签订了四份工商行政管理局的格式《股东出资转让协议》,分别由陈某某将其出资300万元、罗某某将其出资200万元、牛某将其出资10万元转让给朗钜公司,另由牛某将其出资290万元转让给中拍公司。此后,天昱公司的公司章程中显示各股东出资为:朗钜公司出资510万元占51%,中拍公司出资290万元占比例29%,陈某某出资200万元占比例20%。天昱公司据此进行了股东变更工商登记,同时法定代表人变更为李某某,公司经理由刘某某兼任等事项。6月29日,甘肃省工商局颁发了企业法人营业执照。9月13日,朗钜公司出具一份《担保函》:朗钜公司同意以所持有的天昱公司51%的股权作为中拍公司支付陈某某股权转让款的保证,担保标的为股权转让总对价的51%(由于中拍公司支付的股权转让款没有超过股权转让款总金额的80%,原告陈某某依照《股权转让合同书》的约定,代中拍公司持有天昱公司20%的股权)。之后,由于中拍公司未履行股权转让价款,双方酿成纠纷。陈某某向兰州市中级人民法院提起诉讼,请求判令:解除原告陈某某与被告中拍公司签订的《股权转让合同书》;解除陈某某与第三人朗钜公司、第三人罗某某、牛某与朗钜公司以及中拍公司与牛某签订的《股东出资转让协议》;朗钜公司返还陈某某、牛某、罗某某对天昱公司的股权30%、20%、1%;中拍公司返还牛某对天昱公司的股权29%;中拍公司赔偿陈某某经济损失1210万元。兰州市中级人民法院判决:一、解除原告陈某某与被告中拍公司以及天昱公司签订的《股权转让合同书》。二、解除原告陈某某、第三人罗某某、第三人牛某与朗钜公司签订的《股东出资转让协议》;解除第三人牛某与被告中拍公司签订的《股东出资转让协议》。三、对中拍公司、朗钜公司、陈某某在天昱公司的股权予以变更,恢复至原天昱公司股东原状。四、陈某某返还中拍公司股权转让款1000万元。五、中拍公司返还陈某某《国有土地使用证》12本。六、中拍公司赔偿陈某某违约损失款项人民币847万元。各方当事人对该判决均没有提出上诉,该判决已发生法律效力。一审法院对上述事实依法予以确认。

一审另查明:2007年5月31日,信箴会计事务所向天昱公司出具"甘信箴会验(2007)311号"验资报告称:天昱公司根据2007年5月8日股东会决议和修改后的章程规定,申请增加注册资本2000万元,其中股东朗钜公司认缴1020万元,股东中拍公司认缴580万元,股东陈某某认缴400万元,均已全部缴存天昱公司账户。2007年6月5日,信箴会计事务所向天昱公司出具"甘信箴会验(2007)325

号”验资报告称：天昱公司根据2007年6月5日股东会决议和修改后的章程规定，申请增加注册资本2000万元，股东朗钜公司、中拍公司、陈某某分别认缴1020万元、580万元、400万元，均已全部缴存天昱公司账户。2007年6月25日，金正会计公司向天昱公司出具“金正验字(0706)81号”验资报告称：天昱公司决议申请增加注册资本2000万元，股东朗钜公司、中拍公司、陈某某分别认缴1020万元、580万元、400万元，均已全部缴存天昱公司账户。该三份资信证明书均附有各股东出资银行进账凭证及银行资信证明书。上述天昱公司三次增加注册资本后，其注册资本变更为7000万元，均进行了工商变更登记，朗钜公司总计认缴并交付出资3060万元。在天昱公司三次增资前后及期间，天昱公司与朗钜公司、李某某、深圳市万安贸易有限责任公司(以下简称万安公司)存在多笔款项往来。其中2007年6月22日朗钜公司汇入天昱公司账户2000万元，同月25日，天昱公司从该账户汇付朗钜公司2000万元。朗钜公司离开天昱公司时，带走天昱公司部分财务账册。

一审还查明：朗钜公司因涉嫌抽逃注册资本犯罪，甘肃省公安厅已于2008年9月3日立案侦查，正在侦办中。

2010年2月26日，原告朗钜公司向一审法院提起诉讼，请求判令被告天昱公司：(1)返还其投资款人民币3060万元；(2)返还其经营管理天昱公司期间公司资产增值部分51%的权益相对应的价值9180万元(以最终评估结果为准)。

天昱公司在一审庭审后提交了一份甘肃中一会计师事务所接受其委托，就原股东朗钜公司在2007年度新增注册资本情况于2010年6月9日作出的“甘中一审字〔2010〕第066号”审计报告。审计结论为：2007年度，朗钜公司分三次累计向天昱公司新增投资3060万元，但天昱公司在收到投资款后，都以借款或往来款名义将投资款转入个人或其他单位账户，天昱公司与朗钜公司、万安公司存在多笔往来款项，需进一步查证。审计事项说明：2009年7月22日，该所接受兰州市公安局经济犯罪侦查支队委托，对天昱公司股东出资情况进行了审计，并出具了“甘中一会审字〔2009〕第021号”《审计报告》。本报告所依据的会计记录、凭证等均在上次审计时收集，本报告审计结论与“〔2009〕第021号”审计报告结论一致。因该证据系开庭之后提交，天昱公司亦未请求该院组织质证。

鉴于朗钜公司向天昱公司增资是否实际用于天昱公司经营是该案的基本事实，而朗钜公司因涉嫌抽逃注册资本犯罪，已被公安机关立案侦查，本案对朗钜公司是否实际增资事实的确认需等待公安机关的侦查结果。据此，该院作出(2010)甘民二初字第08－1号民事裁定：本案中止诉讼。

在本案一审中止诉讼期间，兰州市工商行政管理局于2011年1月18日作出“兰工商公处字〔2011〕第3号”行政处罚决定书，该决定书认定：当事人天昱公司第一次增加注册资本时，“甘信箴会验〔2007〕311号”验资报告的出具时间是2007年5月31日，该验资报告依据的银行资信证明书却是2007年6月5日出具的，验资报告的时间先于银行资信证明书的时间，判定为虚假验资报告；第二次增资时，“甘信箴会验〔2007〕325 号”验资报告出具时间是 2007 年 6 月 5 日，而该验资报告依据的银行资信证明书却是 2007 年 6 月 6 日，验资报告的时间先于银行资信证明书的时间，判定为虚假验资报告。经询问原“甘肃信箴会计师事务所（另案查处）”（该会计师事务所已于 2009 年 3 月注销）执行合伙企业事务的合伙人陈连桂，其承认上述两次增资的验资报告均为虚假报告。2009 年 12 月，朗钜公司离开天昱公司时将该公司 2007 年至 2009 年的财务账册带走，擅自隐匿财务账目，执法人员前往深圳进行调查时，因该公司拒不配合，执法人员未能见到当事人的财务账册。根据兰州市公安局经侦支队提供的天昱公司专项审计报告，在 2007 年 4 月至 2008 年 12 月，天昱公司股东朗钜公司存在占用天昱公司资金的情况，另外，天昱公司与朗钜公司及其关联企业的资金往来用途具体无法查明。兰州市工商局决定对天昱公司处以罚款 5 万元。该行政处罚决定书已发生法律效力。

一审又查明：2011 年 11 月 9 日甘肃省工商行政管理局致函天昱公司称：天昱公司 2007 年 6 月 11 日、6 月 20 日、6 月 29 日三次变更登记，第一次增资报告出具时间是 2007 年 5 月 31 日，而该验资报告依据的银行资信证明书却是 2007 年 6 月 5 日出具的；第二次增资报告出具时间是 2007 年 6 月 5 日，而该验资报告依据的银行资信证明书却是 2007 年 6 月 6 日出具的；第三次增资验资报告是 2007 年 6 月 25 日作出的，但在 6 月 29 日本局核准变更登记之前，于 6 月 25 日已将该笔增资款项汇回出资人账户。基于以上事实和证据，兰州市工商行政管理局拟按照《公司法》规定撤销公司三次变更登记，鉴于我局已于 2009 年 12 月撤销你公司 2007 年 6 月 11 日、6 月 20 日、6 月 29 日三次变更登记，将当事人的股权及股东恢复为股权转让前状态，故只作出罚款 5 万元的处罚决定。

该院经审查认为，现案件事实已发生了变化，中止情形已消失，该院遂决定恢复审理。

天昱公司在提交答辩状期间反诉请求朗钜公司返还隐匿的天昱公司会计账册。该院开庭审理后，天昱公司于 2011 年 11 月 17 日以朗钜公司的行为已涉嫌构成隐匿会计账册犯罪，其欲通过刑事程序维护权益为由，向该院提出撤诉申请。该院作出（2010）甘民二初字第 08 – 2 号裁定：准许天昱公司撤回反诉。

一审法院甘肃省高级人民法院依照《公司法》[①]第 36 条、《合同法》第 97 条、《民事诉讼法》第 128 条之规定，判决：驳回原告朗钜公司的诉讼请求。

朗钜公司不服一审法院上述民事判决，提起上诉，请求二审法院判令：撤销原判，天昱公司返还投资款 3060 万元，返还朗钜公司管理天昱公司期间公司资产增值中应属于朗钜公司的 9180 万元；或者发回重审，或者中止审理（等待刑侦结论）。

---

① 此处指 2005 年修订的《公司法》。

二审除确认原审查明的事实外，另查明：朗钜公司与陈某某、牛某、罗某某因返还股权转让款之争议，诉至原审法院。2010年9月21日，该院作出(2010)甘民二初字第09号民事判决，判令：一、陈某某、牛某、罗某某返还朗钜公司股权转让款34332026.86元；二、陈某某、牛某、罗某某支付朗钜公司34332026.86元股权转让款利息4406464.12元；三、驳回朗钜公司请求陈某某、牛某、罗某某支付违约金4114027.74元的诉讼请求。朗钜公司不服该民事判决，提出上诉。本院于2010年12月16日以(2010)民二终字第122号民事判决驳回其上诉，维持原判。

［结论］

二审法院判决驳回上诉，维持原判，即驳回原告朗钜公司的诉讼请求。

［法院认为］

依据朗钜公司的上诉请求，本案二审争议的焦点问题是：(1)朗钜公司请求天昱公司返还其增资款3060万元的主张是否应予支持；(2)朗钜公司主张返还其管理天昱公司期间该公司资产增值中应属于朗钜公司51%权益相对应的9180万元款项，是否应予支持。

1.关于朗钜公司请求天昱公司返还其增资款3060万元的主张是否应予支持的问题

本案争议的内容与陈某某、牛某、罗某某向中拍公司、朗钜公司转让天昱公司股权的事实相关联。2007年1月1日，陈某某与中拍公司及天昱公司签订一份《股权转让合同书》，约定中拍公司及与其一致行动的第三人受让天昱公司股东持有的100%股权。在履行该股权转让合同中，常某某、刘某某分别代表转让方、受让方签订了一份《公司财产、营业执照、文件资料交接清单》，证明受让方接收了转让方移交的天昱公司的营业执照、公章、公司文件资料(土地使用证资料、地热井资料、财务资料)等。此后，天昱公司章程显示的各股东出资为：朗钜公司出资510万元占51%，中拍公司出资290万元占29%，陈某某出资200万元占20%。天昱公司据此进行了股东变更工商登记，公司的法定代表人变更为李某某(朗钜公司的法定代表人)，刘某某兼任公司经理等。同年6月29日，甘肃省工商局颁发了企业法人营业执照。上述事实及证据表明，朗钜公司作为股权变动后天昱公司的控股股东，其已实际接收了天昱公司的相关财产、财务资料等，并负责天昱公司的经营及运行。

二审中，朗钜公司诉称，其在经营天昱公司期间，通过三次增资，将天昱公司的注册资本由1000万元增加到7000万元，其共计认缴出资3060万元，其请求天昱公司予以返还。而天昱公司则依据甘肃省工商行政管理局的信函、兰州市工商行政管理局兰工商公处字〔2011〕第3号行政处罚决定书、兰州市公安局经侦支队出具的天昱公司专项审计报告，以及朗钜公司退出天昱公司时该公司的五个银行账户剩余资金仅265.9元等证据和事实，证明朗钜公司的增资款已被其抽逃、将天昱公司2007年至2009年的财务账册带走等事实，其辩称朗钜公司请求返还3060万元出资无依据。此外,另据原审查明的事实,在天昱公司三次增资前后及期间,天昱公司与朗钜公司、李某某、深圳市万安贸易有限责任公司存在多笔款项往来,其中2007年6月22日朗钜公司汇入天昱公司账户2000万元,同月25日,又从该账户汇给朗钜公司2000万元。本院认为,天昱公司提出的上述证据,其目的在于证明朗钜公司在退出天昱公司时已将其缴付的3060万元增资款抽走,朗钜公司关于返还3060万元增资款的请求不能成立。在此基础上,依据民事诉讼证据规则的相关规定,朗钜公司应对其主张"未抽逃天昱公司的资金"的事实承担相应的举证责任。但朗钜公司未能提出相关的证据,证明天昱公司的上述抗辩理由不成立。因此,朗钜公司应承担其举证不能的法律后果,故本院确认天昱公司提出的关于"朗钜公司请求返还3060万元增资款的主张不能成立"的抗辩理由成立,应予支持。

此外,公安机关已对朗钜公司涉嫌隐匿财务账册案立案侦查,该案虽尚未有结论,但并不影响朗钜公司实施上述举证行为,也不影响人民法院对本民事纠纷案件的处理。因此,原审法院一审诉讼中恢复本案的民事案件审理程序亦无不当。

2. 关于朗钜公司主张返还其管理天昱公司期间该公司资产增值中应属于朗钜公司51%权益相对应的9180万元款项的诉讼请求是否应予支持的问题

当事人在履行本案《股权转让合同书》、《股东出资转让协议》的过程中,因受让方未能依约支付股权转让款,遂产生争议并诉至兰州市中级人民法院。该院作出(2008)兰法民二初字第00128号民事判决,解除了当事人之间的股权转让合同关系,且该判决已发生法律效力。之后,天昱公司的股权已恢复至为原股东持有的状态。原审法院一审作出的(2010)甘民二初字第09号民事判决,判令陈某某、牛某、罗某某返还朗钜公司股权转让款34332026.86元及其利息4406464.12元,并驳回朗钜公司请求三被告支付违约金4114027.74元的诉讼请求。朗钜公司不服该案一审判决,向本院提出上诉,本院已以(2010)民二终字第122号民事判决驳回其上诉,维持原判。至此,朗钜公司与陈某某、牛某、罗某某之间因返还股权转让款而形成的纠纷已解决完毕。

本案中,当事人之间通过签订《股权转让合同书》、《股东出资转让协议》,确立了股权转让法律关系,转让的标的为天昱公司的股权而非该公司的资产。在股权转让合同履行期间,天昱公司名下的资产仍属其法人财产,即使其土地等资产的价值因市场变化而产生了增值,如未依法定经营程序对其进行处置,未表现为公司经营利润的增加,则该"增值"对股东的收益分配便不具有实际意义。二审期间,朗钜公司未能提出相关的证据,证明在其经营天昱公司期间存在着"公司实施过利润分配,但其未获得相应收益"的事实;或者存在着"公司虽未进行分配,但确有相应的利润收入且符合规定的分配条件,应当进行分配"的情形。因此,本案中,上诉人朗钜公司主张天昱公司应返还其管理公司期间"该公司资产增值中其持有的51%股权对应的9180万元款项"的诉讼请求,没有法律和事实依据,本院不予支持。

综上，本案事实清楚，诉争明确，证据充分。朗钜公司提出的上诉请求，因证据不足，不予支持。原审判决认定事实清楚，适用法律正确，应予维持。

（案例选自《商事审判指导》2012 年第 4 辑）

［法律法规链接］

《公司法》（2005 年修订）第 36 条

《合同法》第 97 条

032. 在民间融资投资活动中，融资方和投资者设置估值调整机制的效力认定

【公报案例】

苏州工业园区海富投资有限公司与甘肃世恒有色资源再利用有限公司、香港迪亚有限公司、陆某增资纠纷案

［案号］

最高人民法院（2012）民提字第 11 号

［裁判要旨］

在民间融资投资活动中，融资方和投资者设置估值调整机制（即投资者与融资方根据企业将来的经营情况调整投资条件或给予投资者补偿）时要遵守公司法和合同法的规定。投资者与目标公司本身之间的补偿条款如果使投资者可以取得相对固定的收益，则该收益会脱离目标公司的经营业绩，直接或间接地损害公司利益和公司债权人利益，故应认定无效。但目标公司股东对投资者的补偿承诺不违反法律法规的禁止性规定，是有效的。在合同约定的补偿条件成立的情况下，根据合同当事人意思自治、诚实信用的原则，引资者应信守承诺，投资者应当得到约定的补偿。

［案情］

申请再审人甘肃世恒有色资源再利用有限公司（以下简称世恒公司）、香港迪亚有限公司（以下简称迪亚公司）与被申请人苏州工业园区海富投资有限公司（以下简称海富公司）、陆某增资纠纷一案，甘肃省兰州市中级人民法院一审查明：2007 年 11 月 1 日前，甘肃众星锌业有限公司（以下简称众星公司）、海富公司、迪亚公司、陆某共同签订一份《甘肃众星锌业有限公司增资协议书》（以下简称《增资协议书》），约定：众星公司注册资本为 384 万美元，迪亚公司占投资的 100%。各方同意海富公司以现金 2000 万元人民币对众星公司进行增资，占众星公司增资后注册

资本的3.85%，迪亚公司占96.15%。依据协议内容，迪亚公司与海富公司签订合营企业合同及修订公司章程，并于合营企业合同及修订后的章程批准之日起10日内一次性将认缴的增资款汇入众星公司指定的账户。合营企业合同及修订后的章程，在报经政府主管部门批准后生效。海富公司在履行出资义务时，陆某承诺于2007年12月31日之前将四川省峨边县五渡牛岗铅锌矿过户至众星公司名下。募集的资金主要用于以下项目：(1)收购甘肃省境内的一个年产能大于1.5万吨的锌冶炼厂；(2)开发四川省峨边县牛岗矿山；(3)投入500万元用于循环冶炼技术研究。第7条特别约定第1项：本协议签订后，众星公司应尽快成立"公司改制上市工作小组"，着手筹备安排公司改制上市的前期准备工作，工作小组成员由股东代表和主要经营管理人员组成。协议各方应在条件具备时将公司改组成规范的股份有限公司，并争取在境内证券交易所发行上市。第2项业绩目标约定：众星公司2008年净利润不低于3000万元人民币。如果众星公司2008年实际净利润完不成3000万元，海富公司有权要求众星公司予以补偿，如果众星公司未能履行补偿义务，海富公司有权要求迪亚公司履行补偿义务。补偿金额＝(1－2008年实际净利润/3000万元)×本次投资金额。第4项股权回购约定：如果至2010年10月20日，由于众星公司的原因造成无法完成上市，则海富公司有权在任一时刻要求迪亚公司回购届时海富公司持有之众星公司的全部股权，迪亚公司应自收到海富公司书面通知之日起180日内按以下约定回购金额向海富公司一次性支付全部价款。若自2008年1月1日起，众星公司的净资产年化收益率超过10%，则迪亚公司回购金额为海富公司所持众星公司股份对应的所有者权益账面价值；若自2008年1月1日起，众星公司的净资产年化收益率低于10%，则迪亚公司回购金额为(海富公司的原始投资金额－补偿金额)×(1＋10%×投资天数/360)。此外，还规定了信息披露约定、违约责任等，还约定该协议自各方授权代表签字并加盖了公章，于协议文首注明之签署日期生效。协议未作规定或约定不详之事宜，应参照经修改后的众星公司章程及股东间的投资合同(若有)办理。

2007年11月1日，海富公司、迪亚公司签订《中外合资经营甘肃众星锌业有限公司合同》(以下简称《合资经营合同》)，有关约定为：众星公司增资扩股将注册资本增加至399.38万美元，海富公司决定受让部分股权，将众星公司由外资企业变更为中外合资经营企业。在合资公司的设立部分约定，合资各方以其各自认缴的合资公司注册资本出资额或者提供的合资条件为限对合资公司承担责任。海富公司出资15.38万美元，占注册资本的3.85%；迪亚公司出资384万美元，占注册资本的96.15%。海富公司应于本合同生效后十日内一次性向合资公司缴付人民币2000万元，超过其认缴的合资公司注册资本的部分，计入合资公司资本公积金。在第68条、第69条关于合资公司利润分配部分约定：合资公司依法缴纳所得税和提取各项基金后的利润，按合资方各持股比例进行分配。合资公司上一个会计年度亏损未弥补前不得分配利润。上一个会计年度未分配的利润,可并入本会计年度利润分配。还规定了合资公司合资期限、解散和清算事宜。还特别约定:合资公司完成变更后,应尽快成立“公司改制上市工作小组”,着手筹备安排公司改制上市的前期准备工作,工作小组成员由股东代表和主要经营管理人员组成。合资公司应在条件具备时改组成立为股份有限公司,并争取在境内证券交易所发行上市。如果至2010年10月20日,由于合资公司自身的原因造成无法完成上市,则海富公司有权在任一时刻要求迪亚公司回购届时海富公司持有的合资公司的全部股权。合同于审批机关批准之日起生效。《中外合资经营甘肃众星锌业有限公司章程》(以下简称《公司章程》)第62条、第63条与《合资经营合同》第68条、第69条内容相同。之后,海富公司依约于2007年11月2日缴存众星公司银行账户人民币2000万元,其中新增注册资本114.7717万元,资本公积金1885.2283万元。2008年2月29日,甘肃省商务厅甘商外资字〔2008〕79号文件《关于甘肃众星锌业有限公司增资及股权变更的批复》同意增资及股权变更,并批准“投资双方于2007年11月1日签订的增资协议、合资企业合营合同和章程从即日起生效”。随后,众星公司依据该批复办理了相应的工商变更登记。2009年6月,众星公司依据该批复办理了相应的工商变更登记。2009年6月,众星公司经甘肃省商务厅批准,到工商部门办理了名称及经营范围变更登记手续,名称变更为甘肃世恒有色资源再利用有限公司。另据工商年检报告登记记载,众星公司2008年度生产经营利润总额26858.13元,净利润26858.13元。

2009年12月30日,海富公司诉至兰州市中级人民法院,请求判令世恒公司、迪亚公司和陆某向其支付协议补偿款1998.2095万元。

一审法院依照《合同法》第52条5项、《公司法》[①]第6条第2款、第20条第1款、《中外合资经营企业法》第2条第1款、第2款、第3条、《中外合资经营企业法实施条例》第10条第2款之规定,判决,驳回海富公司的全部诉讼请求。

海富公司不服一审判决,向甘肃省高级人民法院提起上诉。

二审法院判决:一、撤销一审判决;二、世恒公司、迪亚公司于判决生效后30日内共同返还海富公司1885.2283万元及利息(自2007年11月3日起至付清之日止按照中国人民银行同期银行定期存款利率计算)。

世恒公司、迪亚公司不服,向最高人民法院申请再审,请求裁定再审,撤销二审判决,维持一审判决。

[**结论**]

再审法院根据海富公司的诉讼请求及本案《增资协议书》中部分条款无效的事

① 本篇案例所涉及的《公司法》指2005年修订的《公司法》。

实，依照《合同法》第60条、《民事诉讼法》[1]第153条第1款第2项、第186条的规定，判决如下：

一、撤销二审判决；

二、本判决生效后三十日内，迪亚公司向海富公司支付协议补偿款19982095元。如未按本判决指定的期间履行给付义务，则按《民事诉讼法》第229条的规定，加倍支付延迟履行期间的债务利息；

三、驳回海富公司的其他诉讼请求。

［法院认为］

一审法院认为，案件的争议焦点为：(1)《增资协议书》第7条第2项内容是否具有法律效力；(2)如果有效，世恒公司、迪亚公司、陆某应否承担补偿责任。

经审查，《增资协议书》系双方真实意思表示，但第7条第2项内容即世恒公司2008年实际净利润完不成3000万元，海富公司有权要求世恒公司补偿的约定，不符合《中外合资经营企业法》第8条关于企业利润根据合营各方注册资本的比例进行分配的规定，同时，该条规定与《公司章程》的有关条款不一致，也损害公司利益及公司债权人的利益，不符合《公司法》第20条第1款的规定。因此，根据《合同法》第52条5项的规定，该条由世恒公司对海富公司承担补偿责任的约定违反了法律、行政法规的强制性规定，该约定无效，故海富公司依据该条款要求世恒公司承担补偿责任的诉请，依法不能支持。由于海富公司要求世恒公司承担补偿责任的约定无效，因此，海富公司要求世恒公司承担补偿责任失去了前提依据。同时，《增资协议书》第7条第2项内容与《合资经营合同》中相关约定内容不一致，依据《中外合资经营企业法实施条例》第10条第2款的规定，应以《合资经营合同》内容为准，故海富公司要求迪亚公司承担补偿责任的依据不足，依法不予支持。陆某虽是世恒公司的法定代表人，但其在世恒公司的行为代表的是公司行为利益，并且《增资协议书》第7条第2项内容中，并没有关于由陆某个人承担补偿义务的约定，故海富公司要求陆某个人承担补偿责任的诉请无合同及法律依据，依法应予驳回。至于陆某未按照承诺在2007年12月31日之前将四川省峨边县五渡牛岗铅锌矿过户至世恒公司名下，涉及对世恒公司及其股东的违约问题，不能成为本案陆某承担补偿责任的理由。综上，一审法院认为海富公司的诉请依法不能支持，世恒公司、迪亚公司、陆某不承担补偿责任的抗辩理由成立。

二审法院认为，当事人争议的焦点为《增资协议书》第7条第2项是否具有法律效力。本案中，海富公司与世恒公司、迪亚公司、陆某四方签订的协议书虽名为《增资协议书》，但纵观该协议书全部内容，海富公司支付2000万元的目的并非仅享有世恒公司3.85%的股权（计15.38万美元，折合人民币114.771万元），期望世

---

① 此处指2007年修订的《民事诉讼法》。

恒公司经股份制改造并成功上市后，获取增值的股权价值才是其缔结协议书并出资的核心目的。基于上述投资目的，海富公司等四方当事人在《增资协议书》第7条第2项就业绩目标进行了约定，即“世恒公司2008年净利润不低于3000万元，海富公司有权要求世恒公司予以补偿，如果世恒公司未能履行补偿义务，海富公司有权要求迪亚公司履行补偿义务。补偿金额=(1-2008年实际净利润/3000万元)×本次投资金额”。四方当事人就世恒公司2008年净利润不低于3000万元人民币的约定，仅是对目标企业盈利能力提出要求，并未涉及具体分配事宜；且约定利润如实现，世恒公司及其股东均能依据《公司法》、《合资经营合同》、《公司章程》等相关规定获得各自相应的收益，也有助于债权人利益的实现，故并不违反法律规定。而四方当事人就世恒公司2008年实际净利润完不成3000万元，海富公司有权要求世恒公司及迪亚公司以一定方式予以补偿的约定，则违反了投资领域风险共担的原则，使得海富公司作为投资者不论世恒公司经营业绩如何，均能取得约定收益而不承担任何风险。参照最高人民法院《关于审理联营合同纠纷案件若干问题的解答》第4条第2项关于“企业法人、事业法人作为联营一方向联营体投资，但不参加共同经营，也不承担联营的风险责任，不论盈亏均按期收回本息，或者按期收取固定利润的，是明为联营，实为借贷，违反了有关金融法规，应当确认合同无效”之规定，《增资协议书》第7条第2项部分该约定内容，因违反《合同法》第52条第5项之规定应认定无效。海富公司除已计入世恒公司注册资本的114.771万元外，其余1885.2283万元资金性质应属名为投资，实为借贷。虽然世恒公司与迪亚公司的补偿承诺亦归于无效，但海富公司基于对其承诺的合理依赖而缔约，故世恒公司、迪亚公司对无效的法律后果应负主要过错责任。根据《合同法》第58条之规定，世恒公司与迪亚公司应共同返还海富公司1885.2283万元及占用期间的利息，因海富公司对于无效的法律后果亦有一定过错，如按同期银行贷款利率支付利息不能体现其应承担的过错责任，故世恒公司与迪亚公司应按同期银行定期存款利率计付利息。因陆某个人并未就《增资协议书》第7条第2项所涉补偿问题向海富公司作出过承诺，且其是否于2007年12月31日之前将四川省峨边县五渡牛岗铅锌矿过户至世恒公司名下与本案不属同一法律关系，故海富公司要求陆某承担补偿责任的诉请无事实及法律依据，依法不予支持。

关于世恒公司、迪亚公司、陆某在答辩中称《增资协议书》已被之后由海富公司与迪亚公司签订的《合资经营合同》取代，《增资协议书》第7条第2项对各方已不具有法律约束力的主张。因《增资协议书》与《合资经营合同》缔约主体不同，各自约定的权利义务也不一致，且2008年2月29日，在甘肃省商务厅甘商外资字〔2008〕79号《关于甘肃众星锌业有限公司增资及股权变更的批复》中第2条中明确载明“投资双方2001年11月1日签订的增资协议、合资企业合营合同和章程从即日起生效”。故其抗辩主张不予支持。该院认为一审判决认定部分事实不清，导致部分适用法律不当，应予纠正。

再审法院认为，2009 年 12 月，海富公司向一审法院提起诉讼时的诉讼请求是请求判令世恒公司、迪亚公司、陆某向其支付协议补偿款 19982095 元，没有请求返还投资款。因此二审判决判令世恒公司、迪亚公司共同返还投资款及利息超出了海富公司的诉讼请求，是错误的。海富公司作为企业法人，向世恒公司投资后与迪亚公司合资经营，故世恒公司为合资企业。世恒公司、海富公司、迪亚公司、陆某在《增资协议书》中约定，如果世恒公司实际净利润低于 3000 万元，则海富公司有权从世恒公司处获得补偿，并约定了计算公式。这一约定使得海富公司的投资可以取得相对固定的收益，该收益脱离了世恒公司的经营业绩，损害了公司利益和公司债权人利益，一审法院、二审法院根据《公司法》第 20 条和《中外合资经营企业法》第 8 条的规定认定《增资协议书》中的这部分条款无效是正确的。但二审法院认定海富公司 18852283 元的投资名为联营实为借贷，并判决世恒公司和迪亚公司向海富公司返还该笔投资款，没有法律依据，本院予以纠正。

《增资协议书》中并无由陆某对海富公司进行补偿的约定，海富公司请求陆某进行补偿，没有合同依据。此外，海富公司称陆某涉嫌犯罪，没有证据证明，本院对该主张亦不予支持。

但是，在《增资协议书》中，迪亚公司对于海富公司的补偿承诺并不损害公司及公司债权人的利益，不违反法律法规的禁止性规定，是当事人的真实意思表示，是有效的。迪亚公司对海富公司承诺了众星公司 2008 年的净利润目标并约定了补偿金额的计算方法。在众星公司 2008 年的利润未达到约定目标的情况下，迪亚公司应当依约应海富公司的请求对其进行补偿。迪亚公司对海富公司请求的补偿金额及计算方法没有提出异议，本院予以确认。

（案例选自《中华人民共和国最高人民法院公报》2014 年卷）

[法律法规链接]

《合同法》第 60 条

033. 中外合资经营企业注册资本的减资事宜未经审批机关批准情况下，股东负有按原出资额出资的义务

上海恒伦顿某公司与 HELDON 公司股东出资纠纷案

[案号]

上海市第一中级人民法院（2010）沪一中民五（商）终字第 17 号

[裁判要旨]

中外合资经营企业的注册资本以及各方股东的认缴出资比例均应报审批机关

批准,并在工商部门进行登记,对外具有公示效力,依照我国公司法及中外合资经营企业法的相关规定,各方股东均对公司负有按认缴的出资额足额出资的义务,未经审批机构批准,外资企业不得减少注册资本。中外合资经营企业注册资本减资事宜未经审批,也未办理工商变更登记,股东仍应按照原出资额履行出资义务。

[案情]

上诉人上海恒伦顿某公司(以下简称恒伦顿公司)与被上诉人 HELDON 公司股东出资纠纷一案,一审法院查明:2006 年 2 月 1 日,HELDON 公司与上海叶迪菲经贸有限公司(以下简称叶迪菲公司)签署了共同投资设立恒伦顿公司的公司章程。该章程约定了公司的注册资本为 30 万美元,出资比例分别为 HELDON 公司出资 65%(即 19.5 万美元),叶迪菲公司出资 35%,各方以美元现汇出资。注册资本在获得营业执照后的 3 个月缴付 15% 资本金,余额在一年内缴清。公司设董事会,董事会是公司最高权力机构。董事会决定公司的一切重大事宜,其职权包括公司章程的修改和公司注册资本的调整或转让。董事会由三名董事组成,叶迪菲公司委派董事一名,并担任董事长;HELDON 公司委派董事二名。

2006 年 3 月,恒伦顿公司公司取得营业执照。根据上海申洲会计师事务所的验资报告,2006 年 5 月 29 日,HELDON 公司向恒伦顿公司的资本金账户缴存了 79975 美元,叶迪菲公司向恒伦顿公司的资本金账户缴存了人民币 329479.21 元,折合 41040 美元。后 HELDON 公司未向恒伦顿公司履行出资义务。

2008 年 3 月,恒伦顿公司的董事会会议形成决议如下:恒伦顿公司的注册资本变更为 154887 美元,HELDON 公司出资 100725 美元,叶迪菲公司出资 54162 美元。HELDON 公司原实际到位 79975 美元,减资后,HELDON 公司出资额不足部分 20750 美元,于新的批准证书颁发后一个月之内到位。叶迪菲公司原到位 51075 美元,减资后,出资额不足部分 3087 美元于新的批准证书颁发后一个月之内全部到位。HELDON 公司与叶迪菲公司签署了变更公司注册资本的章程修正案。章程第 10 条修改为,公司原注册资本已到位 13.105 万美元,注册资本未到位部分于新的批准证书颁发后一个月内全部到位。第 11 条修改为,经营期内,公司不减少注册资本数额。但因投资总额和生产经营规模发生变化需要减少的,须经原审批机关批准。

2008 年 3 月 28 日,恒伦顿公司向上海市外高桥保税区管理委员会递交一份申请报告。内容即为上述恒伦顿公司董事会会议决议有关的减资内容。2008 年 4 月 16 日,外高桥保税区管理委员会在该申请上签了“拟同意”并盖章。但恒伦顿公司没有继续办理减资的审批手续。

2008 年 7 月,HELDON 公司要求恒伦顿公司书面通报公司的经营状况,并派人查阅会计账簿以及相关凭证。恒伦顿公司未予回应。2008 年 10 月,HELDON 公司向一审法院提起了知情权诉讼,案号为(2008)浦民二(商)初字第 4365 号。

一审法院支持了HELDON公司的知情权诉讼,恒伦顿公司不服提起上诉,二审维持原判。在此期间,恒伦顿公司提起了本诉讼,要求HELDON公司缴纳出资额115025美元及赔偿利息损失。

一审法院依照《合同法》第6条、《公司法》[①]第11条、《中外合资经营企业法》第6条第1款、第2款之规定,作出如下判决:驳回恒伦顿公司的所有诉讼请求。

一审法院判决后,恒伦顿公司不服,向二审法院提起上诉,请求:撤销一审判决,依法改判被上诉人缴纳出资额115025美元及赔偿利息损失。

对于一审判决查明的事实,上诉人提出一审判决认定上诉人没有继续办理减资的审批手续一节有误,与事实不符。被上诉人对一审查明的事实无异议。

二审法院经审理查明,上诉人公司的减资手续客观上没有完成,上诉人的异议实质是针对减资手续没有完成的原因,故一审认定事实正确。二审法院依法予以确认。

二审法院另查明:2008年7月17日,上诉人代理人汤某某律师致函被上诉人,指出被上诉人不仅拖欠上诉人巨额款项,而且还存在注册资金不到位、侵占合资公司财产等行为,上诉人保留继续追究其法律责任的权利。2008年7月22日,被上诉人代理人仇某某律师致函上诉人,对上述7月17日的律师函答复如下:关于注册资金未到位事宜,在上诉人向被上诉人提供财务报告、会计账簿供审阅之前,被上诉人有理由相信上诉人的资金被挪用,在此情况下,被上诉人基于合理怀疑和自我保护,有合理理由暂缓资金的注入。

2010年4月期间,被上诉人曾致函上诉人,要求就上诉人公司注册资本减资问题召开董事会。

2010年5月31日,上海外高桥现代服务贸易发展有限公司经办人龚某出具《情况说明》,陈述:其单位于2008年3月收到本案上诉人相关减少注册资本的初步申请,并收到上诉人提供的董事会决议及章程修正案,其单位即办理了向外高桥管委会的初步申请,该申请于2008年4月16日经管委会审核下达"拟同意"的初步处理意见。根据相关流程此时需进行正式的报批申请,申请方另需提供由全体股东签字确认的投资合同修正案等其他文件。但据上诉人反映,该公司股东间发生争议,各方股东意见不一,一直未能达成投资合同修正案。在此后长达一年多的时间内,上诉人仍未能提供相关资料。考虑到如无投资合同修正案等手续,正式审批肯定将无法获得批准,且上诉人公司股东间矛盾已激化及手续办理已延期多日,故2009年7月相关申请文件全部退还上诉人。

2010年6月1日,上诉人公司中方股东叶迪菲公司作出《声明》,称鉴于被上诉人作为上诉人公司的股东,多次拒绝补足注册资金,且试图逃废合资企业合法债权,叶迪菲公司作为股东,不同意对上诉人公司原注册资金做任何调整。

---

① 本篇案例所涉及的《公司法》指2005年修订的《公司法》。

本案庭审中，上诉人主张当时办理减资手续时双方只签署了董事会决议和章程修正案，被上诉人则主张还签署过其他文件，但不能明确其签署过什么文件。

[结论]

二审法院依照《公司法》第28条第1款、《中外合资经营企业法实施条例》第19条、《民事诉讼法》第153条第1款第2项之规定，判决如下：

一、撤销一审判决；

二、被上诉人HELDON公司应于本判决生效之日起十日内向上诉人上海恒伦顿某公司支付出资款115025美元，并支付利息（自2007年3月15日起至本判决生效之日止，按同期金融机构美元贷款平均利率计算）。

[法院认为]

一审法院认为：本案系一起涉及中外合资企业的出资纠纷。我国合同法规定，在我国境内履行的中外合资经营企业合同适用我国法律。恒伦顿公司的注册资本和股东各方出资已经公司的董事会决议变更，股东各方形成了减资的章程修正案。该减资的董事会决议和章程修正案尚未经审批机关正式审批。恒伦顿公司认为，HELDON公司应按公司的原章程履行出资义务。而HELDON公司认为恒伦顿公司应办理相应的减资审批手续，并在新的批准证书后再履行出资义务。一审法院认为，有关外商投资企业注册资本、认缴的出资额的变更应当经外商投资企业审批机关批准后生效。本案HELDON公司与叶迪菲公司签署的章程修正案尚未生效。但是，我国的中外合资经营企业法和原告的公司章程均规定，董事会是合资企业的最高权力机构，有权决定公司的一切重大事宜。公司的董事会的决议对公司有约束力。恒伦顿公司应该依照董事会决议办理减资的审批手续。恒伦顿公司已向审批机关提交了减资的申请报告，审批机关预审后拟同意，说明在减资的审批问题上不存在政策障碍。从HELDON公司已起诉的知情权诉讼看，两方股东在恒伦顿公司的经营问题上发生了纠纷。恒伦顿公司没有继续办理审批手续，进而要求HELDON公司按照原章程的约定履行出资义务，表明控制恒伦顿公司的股东明显违背诚信、也违反了董事会的减资决议。综上，恒伦顿公司应继续办理减资的审批手续，在取得合资企业的新的批准证书后才能要求HELDON公司履行出资义务。在未取得新的批准证书之前，恒伦顿公司的诉讼请求一审法院不能支持。

二审法院认为，本案系公司股东出资纠纷，应适用公司注册地法，因上诉人公司注册于中国上海市，故本案纠纷适用中华人民共和国法律。

二审法院认为，本案的争议焦点在于：上诉人公司注册资本的减资事宜在未经审批机关批准的情况下，被上诉人是否负有按原出资额出资的义务？上诉人系中外合资经营企业，其注册资本的减资事宜应经审批机关批准后生效。上诉人公司董事会于2008年3月曾作出决议，决定对公司注册资本进行减资，并通过了章程修正案,然而现有证据表明除董事会决议及章程修正案以外,上诉人的双方股东尚未就公司减资事宜修改合资合同及签署其他减资审批必需的文件。被上诉人虽称除董事会决议和章程修正案以外,还签署过其他减资文件,但并未能明确其签署过什么文件,亦不能确认其是否签署过合资合同修正案。在此情况下,有关减资的审批手续客观上是不能完成的,这与当时代办报批手续的相关经办人的陈述内容也是相符的。中外合资经营企业的注册资本以及各方股东的认缴出资比例均应报审批机关批准,并在工商部门进行登记,对外具有公示效力,依照我国公司法及中外合资经营企业法的相关规定,各方股东均对公司负有按认缴的出资额足额出资的义务,未经审批机构批准,外资企业不得减少注册资本。本案上诉人的注册资本减资事宜未经审批,也未办理工商变更登记,因此,上诉人的注册资本仍为30万美元,被上诉人应出资额仍为19.5万美元,现上诉人起诉要求被上诉人履行出资义务,补足未出资的115025美元,并支付相关利息,符合法律规定,应予支持。一审法院以上诉人董事会的减资决议对上诉人有约束力为由,免除了被上诉人的法定出资义务,系适用法律有误,二审法院予以纠正。

[法律法规链接]

《公司法》(2005年修订)第28条第1款

《中外合资经营企业法实施条例》第19条

第三节 其他出资纠纷

034. 支付入股款后未实际享有股东身份,要求返还相应款项的,可以支持

冯B与A公司股东出资纠纷案

[案号]

上海市第一中级人民法院(2012)沪一中民四(商)终字第1538号

[裁判要旨]

当事人已经支付了入股款,公司收取款项后未通过适当形式将其登记为公司股东,当事人未能以股东身份享有、承担公司的权利、义务。当事人不再愿意成为股东要求公司返还相应款项以及承担利息损失的诉请可予支持。

[案情]

冯B与A公司股东出资纠纷一案,一审法院查明:入账日期为2011年3月30日的收据中载明:交款单位冯B,收款方式现金,金额为人民币10万元,收款事由为原浙江象山收据#25××03/5万元,现接盘冯B,共计投资10万元,占股5%。

收据下方加盖了“A公司发票专用章”。冯B曾于2012年2月1日提起对A公司的(2012)闵民二(商)初字第205号之诉,该案件中冯B申请A公司原法定代表人翁E出庭作证,证人出庭称:当初冯B合计投入现金6万元,后由财务退还了1万元。并明确冯B交付的6万元在A公司财务处,当初由于财务处没有收据章,故随便加盖了发票专用章,证明财务处已经收到了上述钱款。当初浙江象山的应某想做A公司的代理商,故出资了5万元作为代理押金。因为冯B与应某是朋友关系,之后应某不做代理商,所以将代理押金划到了冯B处,作为冯B的出资款,之后再由冯B还给应某5万元。另其明确于2011年8月将股份予以转让。

一审法院另查明,应某出具书面情况说明称:应某与A公司曾签订意向代理协议,并交纳5万元保证金,后于2011年3月转让给冯B,并已收到冯B的转让金5万元。

一审法院再查明,2011年2月、5月,A公司开具给案外人F公司增值税专用发票一组,经冯B申请调查令查询得知,上述发票均由A公司向上海市静安区国家税务局进行报税。由于A公司对上述发票中加盖的A公司发票专用章不予认可,故一审法院特至F公司处对该公司保存的上述发票进行核实,经一审法院工作人员实地核查,上述发票中加盖的A公司发票专用章与冯B提供的收据中加盖的发票专用章一致。

一审法院依照《公司法》[①]第25条、第32条、第33条的规定,作出如下判决:一、A公司应于判决生效之日起十日内返还冯B款项10万元;二、A公司应于判决生效之日起十日内赔偿冯B以10万元为本金,自2012年2月1日起算至判决生效之日止,按照中国人民银行同期贷款基准利率计算的利息损失。

一审法院判决后,A公司不服,提起上诉称:一审法院错误认定A公司收到冯B10万元投资款项的事实,即使属实,依法只能确认冯B的股东资格,而不能返还款项。综上,A公司请求二审法院撤销原判,改判驳回冯B的诉讼请求。

[结论]

二审法院判决驳回上诉,维持原判,即A公司应返还冯B款项10万元及相应利息。

[法院认为]

一审法院认为,本案的第一个争议焦点是A公司是否已经收到冯B的入股款。冯B提供的收据中载明了该笔入股款的构成为冯B自己实际投入的5万元,以及案外人投入的5万元代理押金。而上述款项的构成A公司原法定代表人翁E亦作出相应的确认,并明确上述款项已经实际投入A公司,且是由A公司当初的财务加盖发票专用章予以确认。虽然A公司抗辩上述发票专用章与A公司目前

---

① 此处指2005年修订的《公司法》。

使用的发票专用章不一致，针对A公司的这一辩称，冯B申请调查令以及申请法院依职权调查得知，冯B提供的收据中加盖的发票专用章在A公司同时期对外开具的增值税专用发票中亦有过使用，故虽然A公司目前使用的发票专用章与当初使用的发票专用章不符，但是并不能否定当初A公司所使用的发票专用章的真实性。更何况A公司当初的法定代表人翁E对于收取冯B款项的整个过程并无任何异议。虽然翁E之后将其所持股权予以转让，并且在转让之后不再是A公司的法定代表人，但是A公司原法定代表人在担任法定代表人期间对外收取的款项仍应由A公司承担相应的民事责任。虽然A公司一再抗辩有可能是翁E个人收取上述款项，并未将上述款项投入A公司，应由翁E个人承担相应的民事责任，但是A公司对此辩称并未提供相应的证据加以证明，故对A公司的该项辩称不予采信，据此认定A公司已经收到了冯B投入的入股款。

本案的第二个争议焦点是冯B是否有权主张要求A公司返还上述入股款，而该争议焦点确认的前提是能否确认冯B作为A公司的股东资格。股东资格是投资人取得和行使股东权利并承担股东义务的基础，依据我国公司法的相关规定，有限责任公司股东资格的确认，涉及实际出资数额、股权转让合同、公司章程、股东名册、工商登记等。确认股东资格应当综合考虑上述多种因素。结合本案查明的事实足以认定A公司已经收到冯B交付的10万元款项，从A公司出具的收据中亦载明收款事由为股金。而A公司系一家由自然人投资设立的有限责任公司，A公司之前法定代表人翁E仅曾经系股东之一。按照A公司的陈述，其确同意将公司5%的股份转给冯B。而作为冯B其有偿获得A公司股份的方式有：(1)由A公司增加注册资本，由冯B作为新增注册资本的投资人，从而冯B成为A公司的新股东；(2)在不改变注册资本的前提下，由A公司的股东转让其名下的股份给冯B，从而使得冯B成为A公司的新股东。但是冯B究竟以何种方式获得A公司股份，冯B与翁E在商谈之时并未确定。虽然翁E是A公司的法定代表人，但是究竟以何种方式吸纳冯B作为股东，仍应经过A公司权力机构的决议，翁E其仅是A公司曾经的股东之一，吸纳冯B作为股东仍应由股东会作出最终的决定。但从目前工商登记材料记载的公司章程及股东名册中可以得知，A公司的股东构成虽已发生变化，翁E持有的股份已经转让，但是受让股份的并非是冯B，另外公司的注册资本并未发生增减，股东名册中也未有针对冯B股份的变更登记。A公司也无证据证明冯B已经实际享有股东权力，参与了A公司的经营管理。另外对A公司出具给冯B的收据性质，一审法院认为该收据中仅是注明收到由冯B交付的10万元，虽然收款事由载明是股金，但该份收据仅能够证明A公司收到冯B交付的款项，该份收据无法认定为出资证明书的性质。即使该份收据足以认定为出资证明书，但出资证明书仅是一种物权性凭证，是证明股东所持股份或出资的凭证。仅可作为认定股东资格的初步证明，不能仅以出资证明书即认定持有人具有股东资格；

持有出资证明书不是认定股东资格的必要条件，没有持有出资证明书的也可能被认定为股东，故出资证明书在认定股东资格中无决定性的效力。综上所述，就双方目前提供的证据无法认定冯B具有A公司的股东资格。A公司理应将从冯B处收取的款项返还给冯B，对冯B主张的该项诉请予以支持。另对于冯B主张的返还款项的利息损失诉请，由于A公司目前仍未返还上述款项，且该行为给冯B造成相应的损失，冯B据此主张要求A公司赔偿相应的利息损失于法有据，予以支持，但冯B主张利息损失的起算点有所不妥，对此予以调整。

二审法院认为，一审法院对于本案诉辩双方之间焦点问题所作的归纳已经能够反映本案的主要争议内容，二审法院对此予以确认。在本案中，结合A公司出具的收据以及相关证人的证言和案外人应某出具的情况说明，可以认定A公司已经收妥冯B直接支付或通过转让取得的共计10万元款项。一审法院的表述已经十分详尽，对此不再赘述。基于冯B向A公司支付10万元款项的目的是成为A公司的股东，享有股东管理公司的权利，同时承担股东相应的义务。然而无论从A公司的工商登记公示情况抑或公司内部的文件记载等，均无法得出冯B在支付款项之后已然成为A公司的股东，A公司也未提供充分证据证明其已经把冯B登记为公司股东或冯B已经以股东的身份享有、承担着公司的权利、义务。A公司另称，即使冯B的出资属实，依法只能确认冯B是A公司的股东，而不能返还款项。对此，二审法院认为，是否为公司的股东，并非因任何主体的表态而决定，而取决于相关的事实。A公司收取冯B支付的款项后始终未通过适当的形式将冯B登记为公司的股东，况且冯B已经明确表示，现时其已经不愿再成为A公司的股东，故A公司的以上上诉理由没有依据，本院不予采信。基于冯B支付款项的目的未能实现，现其要求A公司返还相应款项以及承担利息损失的诉请可予支持。

综上所述，一审法院依据审理查明的事实，对本案所涉纠纷的定性及处理在一审判决文书中作了详尽的阐述，所做出的结论是正确的，二审法院对此予以认同。一审判决认定事实清楚，适用法律正确，应予维持。

[法律法规链接]

《公司法》(2005年修订)第25条、第32条、第33条

035. 当事人对投资的性质和目的有争议时投资方要求返还投资款的处理

A公司与王某股东出资纠纷案

[案号]

上海市第一中级人民法院(2012)沪一中民四(商)终字第S490号

［裁判要旨］

当事人对投资的性质和目的有争议，且投资方要求返还投资款时，可根据事实和证据分析认定。当出资对象为无独立法人资格的分支机构时，假设系争款项为出资款的情况下，因出资对象无独立法人资格，欲出资成为其股东的目的客观上无法实现，应予以返还；假设系争款项为投资款的情况下，投资方虽投资于该分支机构，但当事人之间并未就投资的具体事项达成一致意见，也未实际参与经营或享受投资人应有的权利，其要求返还其投资款的诉请与法无悖，应予支持。

［案情］

上诉人A公司与被上诉人王某股东出资纠纷一案，2005年9月23日，经审理查明：A公司召开董事会并形成如下决议：因公司拓展业务之需要，全体董事一致同意在浦东滨江大道北段A座设立A公司浦东滨江店，并决定委派吴某任该店负责人。2006年1月9日，上海市卢湾区对外经济委员会出具卢外经(2006)3号"关于A公司设立非独立核算分支机构的批复"，同意A公司在本市浦东滨江大道北段A座设立分支机构，该分支机构性质为非独立核算。同年1月19日，A公司办理分支机构登记手续，取得营业执照。该分支机构名称为A公司浦东滨江店，营业场所本市浦东新区滨江大道北段A座，企业类型为有限责任公司分公司（台港澳与境内合作），负责人吴某，经营范围为连锁经营快餐（含酒类、饮料）、小吃、咖啡、泡沫红茶系列饮品、冷饮、中西糕点（以上限分支机构经营），隶属企业A公司，无注册资本登记，营业期限自2006年1月19日至2014年5月18日。该店实际于2005年7月开始试经营。2006年5月，王某欲投资该滨江店交付A公司人民币130万元，A公司接受王某投资款，并于事后补出收据，记明收到王某投资A公司滨江店投资款人民币130万元。但是双方未就投资事宜签订书面合同，A公司始终未就滨江店接受新股东、改变企业性质等事宜召开股东会或者董事会形成决议。此后，A公司允许王某每月签单人民币3000元，王某也实际进行了消费签单。期间，经王某介绍，由A公司与李某签订用工合同，担任滨江店收银员，李某在滨江店工作若干月后离开。王某以要投资独立经营的滨江店，至今未享有股东权利为由要求A公司返还投资款未果，故涉讼。

王某诉至原审法院，要求判令：A公司返还王某投资款人民币130万元，A公司支付利息损失。

一审法院依照《民法通则》第106条第1款、《公司法》[①]第14条第1款、第26条、第29条、第32条第1款和《民事诉讼证据规定》第2条之规定，判决如下：一、A公司应于判决生效之日起十日内返还王某投资款人民币1300000元；二、A公司应于判决生效之日起十日内支付王某逾期付款利息；三、驳回王某的其他诉讼请求。

---

① 此处指2005年修订的《公司法》。

一审法院判决后,A公司不服,提起上诉,请求撤销原审判决,确认各投资人口头协议的效力,依法对滨江店的经营及资产状况进行清算,并根据清算所得资产余额与上诉人的投资比例所确定的金额予以返还;或直接将本案发回重审。

上诉人提出原审判决遗漏了口头协议的内容,口头协议当事人包括上诉人、被上诉人及案外人陈某某、刘某某,口头协议内容为:被上诉人对已成立的滨江店投资人民币130万元,投资比例为20%,根据滨江店的经营状况,在年底按照财务报表进行分红或承担亏损,所有投资人享有每月签单人民币3000元的权益;滨江店经营由上诉人负责,其他投资人发现问题时可以提出。被上诉人确认其向滨江店投资人民币130万元,并可以每月签单人民币3000元,但对上诉人陈述的其余协议内容不认可。经审查,上诉人所称口头协议的内容未获被上诉人确认,也未提供有效证据证明,二审法院不予确认。

被上诉人在二审时陈述:其投资滨江店时以为滨江店是独立法人,被上诉人可以登记为滨江店的股东,后在2011年其委托律师调查后才发现滨江店不是独立法人,故提起本案诉讼,要求返还投资款;被上诉人虽支付了投资款,但投资的具体事项一直没有确定,平时被上诉人长期在美国,并不参与滨江店的经营。

[结论]

二审法院判决驳回上诉,维持原判,即A公司应返还王某投资款及利息。

[法院认为]

本案的争议焦点在于:被上诉人要求上诉人返还投资款的诉请是否成立?

本案双方当事人均确认被上诉人的款项是投入上诉人下属的滨江店,但对投资的性质和目的有不同主张,被上诉人陈述其投资目的是为了成为滨江店的股东,其所投款项系出资款性质,而上诉人则陈述由于滨江店是分支机构,故不存在被上诉人要登记为滨江店股东的说法,被上诉人实际是对滨江店进行单店投资。

关于系争款项为出资款的情况下,被上诉人的诉请主张是否成立的问题,二审法院认为,滨江店系无独立法人资格的分支机构,被上诉人欲出资成为滨江店股东的目的客观上无法实现,其投入滨江店的款项亦不能成为滨江店的出资款,该款项应由上诉人予以返还,一审法院已经对此阐述了详尽的理由,并无不当,二审法院不再赘述。关于系争款项为上诉人主张的投资款时,被上诉人的诉请主张是否成立,二审法院分析如下。

二审法院认为,首先,双方当事人对于被上诉人的投资行为涉及的具体权利义务、盈亏分配负担及设立独立账目等事项并无书面约定,上诉人虽称双方有口头协议,但其内容并未获得被上诉人的确认,而另两名投资人曾在一审过程中出庭作证,对于投资人投资后如何分担亏损、分享盈利以及是否要设立新公司等均说法不一,在无有效证据佐证的情况下,二审法院对上诉人所称的口头协议无法确认。其次,本案的事实反映,被上诉人除支付投资款外,并未参与滨江店的经营活动,目前也无有效证据显示被上诉人享受过投资人应有的基本权利,如参加投资人会议、参与经营决策或分得红利等,被上诉人虽然享有在滨江店每月签单人民币3000元的权利,但在双方对投资具体事项无明确约定的情况下,仅凭此点尚不足以认定被上诉人实际享受了投资人的应有权利,且原审判决已将上述消费签单折抵了相应利息,被上诉人并未额外获利。最后,滨江店是上诉人下属的分支机构,既无独立法人地位,也无独立核算财产,在上诉人单方负责滨江店经营的情况下,滨江店设立后的财产投入情况及经营情况理应由上诉人举证证明,但上诉人出示的相关财务报表均由其单方制作,既无交投资人审阅的记录,也无投资人签字确认,故上诉人应承担举证不利的后果。据此,被上诉人虽投资于滨江店,但其与上诉人之间并未就投资的具体事项达成一致意见,也未实际参与经营或享受投资人应有的权利,被上诉人要求上诉人返还其投资款的诉请与法无悖,应予支持。

[法律法规链接]

《民法通则》第106条第1款

《公司法》(2005年修订)第14条第1款、第26条、第29条、第32条第1款

036. 股东是否缴足出资对红利分配和表决权认定的影响

朱某与上海邦辉公司股东出资纠纷案

[案号]

上海市第一中级人民法院(2010)沪一中民四(商)终字第2300号

[裁判要旨]

除公司股东约定不按照出资比例分取红利或者不按照出资比例优先认缴出资以外,股东的分红和认购新股均应按照实缴出资比例,股东未缴足出资,不享有未出资股份项下的红利分配权和新股认购权。对于股东表决权,公司法明确了表决权行使不以实缴出资为基本原则,除公司章程另有规定以外,股东不履行出资义务并不影响其表决权之行使。

[案情]

上诉人朱某与被上诉人上海邦辉公司股东出资纠纷一案,一审法院查明:2004年6月6日,案外人上海昌辉企业发展有限公司(以下简称昌辉公司)与朱某签订《组建公司协议书》,协议约定:由双方共同投资设立邦辉公司(筹)。双方共同出资人民币1000万元,其中昌辉公司出资900万元,占总投资额的90%;朱某出资

100 万元,占总投资额的 10%;投资方以货币方式一次性投入。2004 年 6 月 15 日,上海特盈投资咨询有限公司(以下简称特盈公司)以昌辉公司为收款人,向中国农业银行上海市金山支行申请开具本票一张,金额为 900 万元。昌辉公司将该本票背书进入邦辉公司开设在中国农业银行上海市金山支行的验资账户。同日,特盈公司以朱某为收款人,向中国农业银行上海市金山支行申请开具本票一张(号码 AC502455),金额为 100 万元。朱某将该本票背书进入邦辉公司开设在中国农业银行上海市金山支行的验资账户。2004 年 6 月 15 日,上海兆信会计师事务所有限公司向邦辉公司(筹)全体股东出具验资报告,明确:截至 2004 年 6 月 15 日,邦辉公司(筹)已收到全体股东缴纳的注册资本合计 1000 万元,其中各股东以货币出资 1000 万元;邦辉公司(筹)尚未对投入的注册资本进行会计处理。2004 年 6 月 15 日、6 月 16 日,邦辉公司以"转(账)"为由,先后从其上述验资账户中向特盈公司付款各 500 万元,合计 1000 万元。2004 年 6 月 17 日,邦辉公司依法登记成立,该公司章程载明:注册资本为 1000 万元,其中昌辉公司出资 900 万元,占总投资额的 90%;朱某出资 100 万元,占总投资额的 10%;股东应当在 2004 年 6 月 30 日之前缴纳各自认缴的出资额;股东按照出资比例分取红利,公司新增资本时,可以优先认缴出资;股东会会议由股东按照出资比例行使表决权。邦辉公司成立至今,其工商登记的股东一直是昌辉公司和朱某,未有变动。

一审法院又查明,2009 年 12 月 15 日,上海市工商行政管理局浦东新区分局向邦辉公司发出《责令整改通知书》一份,明确邦辉公司虚报注册资本 100 万元,并责令改正。一审审理中,邦辉公司、朱某双方一致确认,自邦辉公司成立至今从未分红,亦未发行过新股;仅召开过一次股东大会,即于 2006 年 12 月 14 日就"花木 4#、6#地块项目"形成股东会决议,并由昌辉公司、朱某一致表决通过。

邦辉公司起诉要求判令朱某履行出资义务,判令朱某因投资不实而对朱某所持邦辉公司股权不享有表决权、新股认购权,并对邦辉公司成立至今所产生红利不享有分配权。

一审法院依照《公司法》[①]第 4 条、第 35 条及第 43 条之规定,作出如下判决:一、朱某应于判决生效之日起十日内履行对邦辉公司 100 万元出资义务;二、朱某不享有自邦辉公司成立之日起至朱某缴足 100 万元出资前的对邦辉公司 10% 股权的红利分配权及新股认购权;三、驳回邦辉公司要求判令朱某因出资不实而不享有对邦辉公司 10% 股权的表决权的诉讼请求。

一审法院判决后,朱某不服,上诉请求撤销一审判决第一、二项,改判驳回邦辉公司在一审时提出的诉讼请求。

---

① 此处指 2005 年修订的《公司法》。

[结论]

二审法院判决驳回上诉,维持原判,即朱某应于判决生效之日起十日内履行对邦辉公司100万元出资义务;朱某不享有自邦辉公司成立之日起至朱某缴足100万元出资前的对邦辉公司10%股权的红利分配权及新股认购权;驳回邦辉公司要求判令朱某因出资不实而不享有对邦辉公司10%股权的表决权的诉讼请求。

[法院认为]

一审法院认为,根据法律规定,公司股东应依法向公司履行出资义务。按照昌辉公司与朱某共同签署的《组建公司协议书》及邦辉公司章程记载,朱某理应向邦辉公司履行出资义务。

关于朱某持有邦辉公司10%股权是否已实际向邦辉公司履行出资义务的问题。根据查明的事实,2004年6月15日,昌辉公司及朱某向邦辉公司缴纳的出资款1000万元,均源于特盈公司,并在邦辉公司验资完毕后,从邦辉公司验资账户将该1000万元划回特盈公司,应视为昌辉公司、朱某在邦辉公司设立时均未实际履行出资义务。朱某虽称其已出资到位,但未进一步举证已实际向邦辉公司出资,且在审理中又确认其在2004年6月15日之后未向邦辉公司支付过任何款项,故朱某实际未向邦辉公司履行过出资义务。朱某又称其系从昌辉公司处获赠而取得邦辉公司10%股权,故其无须实际履行出资义务。对此,邦辉公司不予认可,朱某应就该项抗辩主张承担相应举证责任。朱某提供2008年8月其与邦辉公司法定代表人的谈话录音,因邦辉公司对此录音内容无异议,故确认该份证据的真实性。从录音内容来看,也只反映出朱某持有邦辉公司10%股权的事实,未见邦辉公司法定代表人确认发生了昌辉公司赠与朱某股权的情况。朱某的该项抗辩也与昌辉公司、朱某共同出资设立邦辉公司的事实不符。因此,鉴于朱某未能提供充分证据证实由昌辉公司将邦辉公司10%股权赠与朱某并免除朱某出资义务,故对朱某该项辩称无法采信。综上,朱某未能提供其他有力证据证明自己无须履行出资义务,故认定朱某作为邦辉公司股东未实际出资,应向邦辉公司履行补足出资义务。

关于如朱某未出资,邦辉公司诉请判令朱某因投资不实而对朱某所持邦辉公司股权不享有表决权、新股认购权,并对邦辉公司成立至今所产生红利不享有分配权是否应予支持的问题。

第一,关于朱某作为邦辉公司股东,其红利分配权和新股认购权是否应予否定的问题。首先,根据《公司法解释(一)》第2条之规定,当时法律和司法解释没有明确规定的,参照适用新公司法。且虽然朱某未履行出资行为始于2004年,但其未出资状态延续至今,故对此情况应当适用新公司法①相关规定。根据该法第35

① 此篇案例中新公司法指2005年修订的版本,旧公司法指2004年修订的版本。

条之规定,分红和认购新股均按照实缴出资比例,而朱某至今未缴足出资,故其不应享有未出资股份项下的红利分配权及新股认购权。其次,虽然现行公司法规定了“公司股东约定不按照出资比例分取红利或者不按照出资比例优先认缴出资的除外”,但“章程约定除外”原则显然不限于此,除因与法相悖而须依照新法规定做解释外,否则法律并不禁止以比法律规定更为严格的方式自我约束。在邦辉公司章程中对于分红和认缴新股并未在字面上突出系实缴出资比例,但显然不能简单地根据邦辉公司章程的文字表述作文义解释。邦辉公司章程在新公司法施行后未作修改,以比现行公司法严格的法定资本原则约束股东并无不当。从邦辉公司章程来看,其基本系按照旧公司法的精神所作的规定,有较强的体系性,不得简单地截取某一条款适用“章程约定除外”原则,故而仍应认定系按照实缴出资比例享受分红和认购新股。最后,虽然旧公司法第 33 条未注明“出资比例”为“实缴出资比例”、“股东”为“实缴出资之股东”,但因实行的系最为严格的法定资本原则,按照体系解释,结合该法第 4 条之规定“公司股东作为出资者按投入公司的资本额享有所有者的资产受益、重大决策和选择管理者等权利”及第 23 条之规定“有限责任公司的注册资本为在公司登记机关登记的全体股东实缴的出资额”,股东的红利分配权及新股认购权等自益权均系基于实缴出资该前提,且显然邦辉公司章程的形成恰系基于该法律背景,其 15 条的“出资比例”及“股东”当然包含“实缴”之义。故而即使按照旧公司法的规定,基于未实际履行出资义务之事实,朱某同样不得享有上述权利。此外,双方均确认自成立至今,邦辉公司一直未有过分红或发行新股,故无须考虑是否需要退还分红或新股的问题。

第二,关于朱某表决权是否应予否定或限制的问题。从法律及章程规定角度而言,以出资不到位为由对朱某表决权加以限制或否定,甚是不当。较之于旧公司法,新公司法明确了表决权行使不以实缴出资为基本原则,并进一步采用了“章程约定除外”原则,而本案中邦辉公司章程规定“股东大会会议由股东按照出资比例行使表决权”,并未强调“实缴出资比例”,故而朱某不履行出资义务并不影响其表决权之行使。

二审法院认为,上诉人朱某作为邦辉公司的设立股东,理应按照法律的规定以及公司章程的约定足额缴纳其所认缴的出资额,然而在邦辉公司设立之初以及之后的经营过程中,作为邦辉公司股东之一的朱某均未履行相关的出资义务,该行为显然已经违反了相关法律规定和邦辉公司章程约定,故其理应向邦辉公司履行相关的出资义务。现朱某认为,根据相关的谈话录音证明,其享有的邦辉公司股权系另一名股东昌辉公司所赠与,故应由昌辉公司代其履行出资义务,其不应再对邦辉公司履行出资。对此,二审法院充分审核了相关的《组建公司协议书》和 2008 年 8 月朱某与邦辉公司法定代表人的谈话录音,并未发现上述材料中有关于朱某应对邦辉公司出资的 100 万元已由昌辉公司承担的约定或承诺,亦无法在上述材料中得出朱某已经无需承担其出资义务的结论。有关朱某作为邦辉公司股东的出资义务系法律和邦辉公司章程所规定的股东的基本义务,朱某在没有充分证据证明其已将出资义务转移的情形之下,仅凭谈话录音中的有关并不明确的内容,主张其出资义务已经免除的依据不足。朱某的该上诉理由缺乏事实依据,二审法院不予采信。

朱某另称,一审法院错误否定了朱某的分红权。对此,二审法院认同一审法院的认定,根据相关法律规定,股东的分红和认购新股均应按照实缴出资比例,朱某至今未缴足出资,故其不享有未出资股份项下的红利分配权和新股认购权。并鉴于朱某的该上诉理由在一审时已经提出,在二审法院审理中,朱某未能进一步就其主张提供相应的证据加以证明,故朱某的此上诉意见,二审法院亦不予采信。一审法院依据审理查明的事实,所作出的判决并无不当,二审法院予以认可。

综上所述,上诉人朱某的上诉请求不成立,一审判决认定事实清楚,适用法律正确,应予维持。

[法官分析]

本案系由公司股东未履行出资义务所导致的公司诉请股东出资并要求限制甚至剥夺其股东权利的新型公司法案件。其中重点反映了公司向未出资股东主张前述权利,尤其是限制甚至剥夺其股东权利的可行性、必要性、程序性及差异性。以下从四方面依次加以阐述。

1. 正视有限责任公司意思自治原则的"放"与"收"

有限责任公司作为一种拟制存在,无疑系意思自治原则的产物,且贯穿公司存废始终——公司因股东以契约方式构建、因股东之合力得以维系、又往往因股东之合意解散。司法内外,我们理应尊重有限责任公司的进退过程,尊重其(公司或股东)意思自治的每一种合理模式。此笔者所谓有限责任公司意思自治原则的"放"。

有限责任公司,很大程度上体现股东意志,但我们不可将股东意志绝对等同或替代公司意志。作为商事活动的重要参与主体,股东对于"意思自治"的渴求显而易见。在追求经济利益最大的驱使下,倘若没有必要的限制,难免成为脱缰之野马,有损市场秩序之维系。因此,我们不能过度迷信意思自治。此笔者所谓有限责任公司意思自治原则的"收"。

就本案而言,审理中有观点认为,无论是诉请股东出资还是限制股东权利,本质上均应当取决于股东意愿,原告作为公司不符合诉请之主体资格,且以有限责任公司在不断创收,资产增加,没有必要补足注册资本的理想假设加以补充说明。笔者认为,该种观点属于有限责任公司意思自治原则"放之过度、收之不足"的典型表现。诚然,股东作为诉讼主体有其法律依据,"设立协议"、"公司章程"、"公司法规定的违约责任"等,比比皆是。但完全寄希望于通过股东诉请实现全体出资到位是欠妥的,实践中,"意思自治"沦为组建虚假出资、抽逃出资联盟的牺牲品,并不鲜见。客观上需要我们以其他方式优化公司自治。笔者认为，不管公司客观上是否足够独立，其无疑系加强自治的不二“人选”，这也是有限责任公司强化内部管理、维系存在的意思自治的当然之义。原告作为有限公司，通过主张股东出资及限制股东权利有助于强化股东义务。

2. 反思有限责任公司人合性的“扬”与“弃”

实践中，我们时常通过倡导内部维系其人合性，外部尊重其人合性的综合手段促成有限责任公司的稳定、和谐自治。此乃笔者所谓的有限责任公司人合性的“扬”。

然而，公司的存在，不仅包含了股东的诸多利益，也必然须承担一定的社会责任。人合性应当建立在无损社会公共利益、他人合法利益的前提下；应当避免人合性异化为过度放纵股东权利的借口或放弃股东监督的挡箭牌。因此，对于公司（或股东）起诉未出资股东出资或限制其股东权利，司法上应不作反对。基于对股东通过人合性实现内部自治的必要怀疑，更应强调公司意志的独立性，对于公司作为起诉主体应作提倡。此笔者所谓有限责任公司人合性的“弃”。

就本案而言，被告虚假出资，之后又一直未补足，严重违反资本维持原则，损害了公司的利益及对外的责任能力，故无论出于自身利益还是社会责任，原告向被告主张前述权利有其必要性。在审理中，有观点提出质疑，即作为公司的原告起诉作为小股东的被告，是否存在大股东利用控制地位损害小股东利益的问题？笔者认为，就此类案件，除了审核公司章程和类似规定外，没有必要探知上述问题，因为从维系有限责任公司存续的要求来看，如果中小股东没有出资或出资不到位的，其本身即存在过错。倘若被告认为大股东亦未出资到位的，同样可以提起诉讼，不存在利益损害的问题。

3. 理清诉请股东出资与限制股东权利的“先”与“后”

诉请股东出资与限制股东权利的“先”与“后”，取决于两个问题的解决：（1）诉请股东出资之裁判结果对于限制股东权利诉请之启动先后是否具有决定性意义；（2）限制股东权利是否仅能体现为一种被动的抗辩权利。

针对第一个问题，笔者认为，除非公司章程约定或股东会决议决定不得以股东未出资为由限制股东权利，否则公司或股东完全可以就要求股东出资与限制股东权利一并提起诉讼。首先，从关联性看，股东出资与股东权利息息相关，出资人正是以出资作为对价换取股东身份并获得相应的权利。要求股东出资与限制股东权利具有相当的关联性，合并处理并无不当。其次，从诉讼成本看，若一并处理，案件事实的查明相较于单独审理并无多大的区别；若分开诉讼，对于当事人而言则无疑造成诉累，有所失当。

针对第二个问题，笔者认为，“进可攻、退可守”，应当是限制股东权利的全面诠释。若仅把股东权利作为一种被动的抗辩权利，无疑弱化了“限制股东权利”之应有地位。"限制股东权利"并非仅仅属于消极防守，应当倡导公司诉请的主动性，肯定其主动限制股东权利的必要性和可行性。这亦是前述有限责任公司意思自治之"收"及有限责任公司人合性之"弃"的应有之义，亦为新近出台的公司法解释三的相关规定所印证。

所以，本案中，原告以被告未履行出资义务为由，将主张被告履行出资义务与限制被告股东权利一并提起诉请，并无不当。

4. 考量限制股东自益权和共益权的"同"与"异"

自益权与共益权系按照股权内容和行使目的之差异而作的划分。不论何者，均属股权范畴。有权利，即有限制。不论是自益权还是共益权，均得通过法定或约定的方式对其行使的条件、方式、范畴等加以一定的限制。这既体现了立法综合驾驭股权的意图，也表达了对公司或股东意思自治的必要尊重。此笔者所谓限制股东自益权和共益权的"同"。

然而，两者毕竟有别，自益权系指股东为自身利益可单独主张的权利，包括红利分配权、新股认购权和剩余财产分配权等，更多地体现股东的个人利益，属于财产性诉求，"要有收益当有投入"，故有强调股东出资的必要。共益权系指股东参与公司管理事务的权利，包括参加或委托参加股东(大)会和就公司重大事务行使表决权、对经营活动的建议权、批评权及知情权等，具有人身性，而非直接财产性，更多地体现股东参与公司管理的要求，是否履行出资与其关系不甚密切。现行公司法"对于股东分红等自益权行使以实缴出资为原则，以章程约定为例外；对于表决权等共益权行使以出资比例为原则，以章程约定为例外"的立场，也从立法高度明确了两者得否行使、如何行使与股东是否出资关系上的应有之区别。此笔者所谓限制股东自益权和共益权的"异"。

本案有一定特殊性，原告公司成立于旧公司法施行时期，而公司章程也一直未作修改。从章程的表面文义上无法看出被告红利分配权、新股认购权的行使与实缴出资的关系。但章程的理解，不能断章取义，需结合立法作体系解释。无论旧公司法还是新公司法，都能得出被告行使上述自益权须以其实缴出资为前提的结论。而与之相反，公司章程未对表决权作特别限定，且从理论的角度，表决权紧密依附于股东身份，其存在的价值在于维系、促进公司的正常管理运作，而基于有限责任公司的特殊性，相对于股东出资，其自身资源积累、对市场的参与程度等在某种程度上于公司的维系和发展更重要。故不得任意加以限制或剥夺。法院的该判决充分考量了自益权与共益权合理限制的差异性。

(编写人：上海市浦东新区人民法院　张恋华　金　丹　张高峰)

[法律法规链接]

《公司法》(2005 年修订)第 4 条、第 28 条、第 35 条、第 43 条

《公司法解释(三)》第 16 条

【观点】

股东未尽出资义务时,公司可以通过公司章程的规定或者股东会决议限制股东权利。《公司法解释(三)》第16条列举了可以由公司予以限制的三项资产收益权,即利润分配请求权、新股认购权和剩余财产分配请求权。根据股东权的内容,可将股东权分为自益权和共益权,自益权就是股东获取财产利益的权利,共益权是股东对公司重大事务参与管理的权利。就出资瑕疵股东而言,股东自益权原则上应当限制,股东共益权原则上不应限制。[①]

037. 延迟出资股东资产收益权限制合理性的认定

戴某某与上海捷仁建设有限公司出资纠纷案

[案号]

一审:上海市虹口区人民法院(2013)虹民二(商)初字第531号

二审:上海市第二中级人民法院(2013)沪二中民四(商)终字第1009号

[裁判要旨]

股东在公司经营期间未缴清其全部认缴出资,而于公司预备解散清算阶段补足全部出资的,是延迟出资,属于《公司法解释(三)》第16条规定的未全面履行出资义务情形。判断公司对延迟出资股东资产收益权限制的合理性应遵循比例原则,即既要考虑延迟出资的效果,又要考虑补缴出资期间的公司利润产生情况。在股东于公司预备解散清算阶段补足全部出资的情形,公司按照股东补足前的实缴出资比例对股东剩余财产分配请求权进行限制具有合理性。

[案情]

戴某某与上海捷仁建设有限公司出资纠纷一案,经审理查明:上海捷仁建设有限公司(以下简称捷仁公司)原注册资金为500万元,2002年3月29日经公司股东会决议增资100万元。增资后,戴某某认购出资66.36万元,占捷仁公司11.06%的股权,实际出资15万元。捷仁公司章程第52条第3款约定,公司清偿债务后的剩余财产,按股东出资比例分配。捷仁公司在历年公司红利分配中,均以各股东实缴出资比例为分配基准。戴某某所享有的分配比例为15万元:470万元,即3.19%。2011年8月5日,捷仁公司作出股东会决议,审议通过关于上海捷

---

① 最高人民法院民事审判第二庭编著:《最高人民法院关于公司法解释(三)、清算纪要理解与适用》,人民法院出版社2011年版,第254~266页。

仁建设有限公司提前解散、终止经营的初步规划。同年 11 月 29 日，戴某某收到捷仁公司催缴出资款通知书，要求戴某某补缴未实际缴纳出资 51.36 万元。同年 12 月 2 日，戴某某将 51.36 万元汇入捷仁公司的账户，并通知了捷仁公司。同年 12 月 7 日，捷仁公司通知戴某某及其他股东参加公司股东会，并形成两份股东会决议，一份为提前解散并成立清算组对公司进行清算，另一份为《关于未足额缴纳出资的股东应补缴出资额的决议》，要求未足额缴纳出资的股东按照 2011 年 11 月底公司所有者权益总额履行足额补缴义务。戴某某未同意第二份决议，并于同年 12 月 26 日向虹口区法院提起诉讼，后经法院调解撤诉。2012 年 8 月 17 日，捷仁公司股东会作出决议："一、同意清算小组的清算报告；二、关于戴某某补缴的 51.36 万元。因其未按公司 2011 年 12 月 7 日股东会决议，即 2011 年 11 月底的所有者权益总额履行足额补缴义务，现决定其补缴的 51.36 万元，因未参与实际经营，故不参与清算利润的分配，51.36 万元退回；三、同意对清算后的可分配利润 3096990.15 元，按各股东的原实际出资(470 万元)比例进行分配；四、同意关闭注销公司登记。股东按出资额收回投资。"戴某某在表决时为不同意的股东，并载明："1. 同意关闭注销公司登记；2. 不同意上述分配方案。"

戴某某以其已足额补缴全部认缴出资，捷仁公司不应对其股东剩余财产分配请求权进行限制为由，诉至法院请求判令：确认捷仁公司股东会于 2012 年 8 月 17 日作出的《股东会决议》第 2 条及第 3 条中的"股东按出资额收回投资"部分无效。

一审法院判决：确认捷仁公司股东会于 2012 年 8 月 17 日作出的《股东会决议》第 3 条及第 4 条中"股东按出资额收回投资"部分无效。

捷仁公司不服，提起上诉。

[结论]

二审判令撤销原判，对被上诉人戴某某的原审诉讼请求不予支持。

[法院认为]

一审法院认为，戴某某于 2011 年 12 月 2 日按照捷仁公司通知补缴了其全部认缴出资，已履行了全部出资义务。依据《公司法》第 187 条第 2 款的规定，对公司剩余财产分配，有限责任公司按照股东的出资比例分配。捷仁公司 2012 年 8 月 17 日《股东会决议》第 3 条、第 4 条中涉及"股东按出资额收回投资"等内容系对公司剩余财产的分配，与《公司法》关于剩余财产分配的规定相违背，应为无效。关于捷仁公司辩称的《公司法解释(三)》①第 17 条规定，应为涉及股东权利行使纠纷的法律适用问题，并不适用于限制戴某某对捷仁公司剩余财产的分配。至于戴某某补缴的出资是否参与公司实际经营，是否为公司产生利润的问题与公司剩余财产分配也无关。据此，原审法院判决：确认捷仁公司股东会于 2012 年 8 月 17 日作出的

---

① 此为 2014 年修改前的旧法，修改后的新法在第 16 条做了相应规定。

《股东会决议》第3条及第4条中"股东按出资额收回投资"部分无效。

二审法院认为,《公司法》[①]第187条第2款规定,公司清算后的剩余财产由有限责任公司的股东按照各自的出资比例分配。捷仁公司章程第52条第3款亦约定,公司剩余财产按照股东的出资比例分配。"出资比例"应指实缴出资比例而非认缴出资比例。捷仁公司历年分配红利均以各股东实缴出资比例为分配基准,各方均无异议,故涉案《股东会决议》第3条、第4条中股东先行收回各自实际投资款项再按照实缴出资比例分配剩余财产的内容,并不违反《公司法》及捷仁公司章程的规定。同时,根据《公司法解释(三)》[②]第17条,股东未全面履行出资义务的,公司根据股东会决议对其剩余财产分配请求权等作出合理限制。至于戴某某抗辩,其在收到捷仁公司发给各股东要求补足认缴出资款的通知后及时予以了补足,故即便公司在几日后便予以清算等,其仍应享受以全额认缴出资比例的分配标准来分配公司剩余财产一节,二审认为,戴某某如在2002年3月认缴出资后的合理期限内便及时补足出资与其在公司已预备清算阶段的2011年12月再行补缴的性质差异及后果不言而喻。戴某某虽已按要求补足了认缴出资,但因其补缴的出资款项并未实际应用于公司的运作以及为公司产生利润,其仍无权获得以认缴出资比例分配公司剩余财产的权利。据此,二审判令撤销原判,对被上诉人戴某某的原审诉讼请求不予支持。

[法官分析]

本案虽是公司决议效力确认纠纷,但其核心争议焦点是延迟出资股东剩余财产分配请求权限制合理性的认定问题。《公司法》及《公司法解释(三)》明确规定公司可以对未全面履行出资义务股东资产收益权进行合理限制。延迟出资无疑是一种未全面履行出资义务情形,但由于法律对未全面履行出资义务股东权利进行限制是以未足额出资为模板的,导致审判实务对延迟出资股东权利如何进行合理限制认识不足,乃至对延迟出资是否为一种未全面履行出资情形都产生了疑问。

1. 延迟出资是一种未全面履行出资义务情形

(1)延迟出资的概念和特点。

根据《公司法解释(三)》第16条的规定,股东未尽出资义务包括未履行出资、未全面履行出资和抽逃出资三种类型。其中,根据最高院民二庭意见,未全面履行出资义务又可细分为未足额出资、延迟出资和瑕疵出资三种情形。"未足额出资是指股东只履行了部分出资义务,未按规定数额足额交付,包括货币出资不足、非货币财产出资的价值经评估显著低于公司章程所定价额等。延迟出资是指股东未按照规定的期限交付出资或办理出资财产之相关权利的转移手续。瑕疵出资是指股

---

① 此为2005年修订的《公司法》,2013年修订的《公司法》在第186条第2款做了相应规定。

② 此为2014年修改前的旧法,修改后的新法在第16条做了相应规定。

东交付的非货币出资的财产存在权利或物的瑕疵。”

延迟出资具有以下三个特点：

①延迟出资股东的认缴出资已经全部缴足。从认缴出资缴付数量上看，延迟出资与完全履行出资义务情形具有相似点。这一特点易使人误认为延迟出资不是一种未全面履行出资状态，如本案一审观点。

②延迟出资股东的缴足出资时间延迟。延迟出资一般是从未足额出资情形转化而来。在股东前期只缴付部分出资的情形下，股东补足出资行为即将未足额出资情形转化为延迟出资情形。由于出资时间延迟的不可逆性，无论股东补缴出资的原因是其自愿补缴还是公司通知其补缴，均不能使股东出资状态由延迟出资转化为完全履行出资。

③延迟出资是相对法定或章定股东履行出资时间而言。2005 年《公司法》允许有限责任公司股东在设立公司时实缴一定比例出资，普通有限责任公司股东在 2 年，投资公司股东在 5 年补缴其余出资即可。2013 年《公司法》取消了股东出资时间的硬性规定，允许公司章程自由规定股东缴纳出资的期限。股东出资只要逾越上述时间的迟于投资，就是延迟出资。

(2) 延迟出资的效果。

未全面履行出资义务三种情形中，未足额出资是基本情形。从 2013 年《公司法》第 34 条“股东按照实缴的出资比例分取红利；公司新增资本时，股东有权优先按照实缴的出资比例认缴出资。但是，全体股东约定不按照出资比例分取红利或者不按照出资比例优先认缴出资的除外”的规定看，现行公司法对未全面履行出资义务股东权利限制就是以未足额出资为标准情形进行规定的。

从公司实际使用股东出资的资产进行经营的角度考虑，延迟出资对公司资金使用效率不利影响的效果，与未足额出资并无本质区别，而与完全履行出资状态相距较远。在延迟出资状态下，股东各阶段出资可以根据该阶段出资时长占总认缴出资时长折算为公司实际利用的股东实缴出资额，也可称为“效果出资”。

具体公式为：

$$\text{第一次出资额}\times\frac{\text{该次出资期间}}{\text{认缴出资总期间}}+\text{第二次出资额}\times\frac{\text{该次出资期间}}{\text{认缴出资总期间}}+$$

$$\text{第 N 次出资额}\times\frac{\text{该次出资期间}}{\text{认缴出资总期间}}=\text{股东折算实缴出资额}$$

以本案为例，2002 年 3 月 29 日，戴某某认购出资 66.36 万元，共有两次出资行为：2002 年 3 月 29 日第一次出资 15 万元，2011 年 12 月 2 日第二次补缴出资 51.36 万。2011 年 12 月 7 日，公司决议清算。根据上述公式计算可得戴某某折算实缴出资额 $=15+51.36\times\left(\frac{\text{2011 年 12 月 7 日}\sim\text{2011 年 12 月 2 日}}{\text{2011 年 12 月 7 日}\sim\text{2002 年 3 月 29 日}}\right)=15+$

51.36×(5/3540)=15.07万元。由此可见,戴某某于公司决议清算前5日补缴全部出资的效果与不补缴的效果相差无几。因此,不能以股东在公司经营的最后阶段补足了全部出资而认定其已履行了全部出资义务。

综上,在本案中,股东在公司成立后9年内延迟投资,其延迟出资对公司的影响基本与未足额出资相同的情况下,应该属于需要限制股东权利的延迟出资情形。

2. 判断延迟出资权利限制合理性应符合比例原则

现代公司法理论认同"尊重商业判断审判规则,要求法官对公司案件审理以合法性审查为主,合理性审查为辅","纯粹公司自治范围内的事项司法权一般不能介入"。但根据《公司法解释(三)》第16条规定看,人民法院判断权利限制内容是否合法,必须对权利限制的合理性进行审查。判断延迟出资股东权利限制的合理性应符合比例原则。具体包括以下三个方面:

(1)延迟出资股东的效果出资应与其资产收益权成比例。

股东的实缴出资构成公司的法人财产,是公司营利的资产基础。公司的盈利能力、实际盈利数额,在一定程度上与公司实缴资本数额息息相关。大资本公司为此拥有资本优势,可以获得更多的商业机会。因此,公司在股东资产收益权分配中,一般会考虑商业价值规则,即股东出资多少即分配相应比例的收益。这就是公司法规定公司可以按照股东实缴出资比例分配红利或剩余财产(利润)的原因所在。

而延迟出资股东最终缴付出资是足额的,只是时间有所延迟,如何适用比例原则存在一定问题。笔者认为,既然延迟出资对公司的实际影响与未足额出资相同,因此,我们可以先行计算延迟出资的效果出资,然后再以比例原则计算按照延迟出资股东的效果出资的资产收益权。

(2)股东补缴出资与该补缴期间内公司利润成比例。

公司在成立、经营、终止的整个期间内利润流量并不呈现线性特征。在成立初期,公司主要工作集中在公司组织架构组建、人员招聘、经营模式确立、业务拓展等,短期内并不会产生大量的利润。同时,由于公司成立步骤的完成需要一定期间,因此公司可按设立进度允许股东一定程度的出资滞后,只要能满足公司资金需要即可。在公司经营的中期,公司各项经营活动顺畅开展,是公司盈利产生的高峰期。在公司经营的末期,即清算前后若干时间内,公司基本已停止经营,也基本不产生利润。同时,即使公司在同一生命周期内各年度利润产生量也不尽相同。因此,判断延迟出资股东权利限制的合理性,也要求股东补缴出资与补缴期间内公司利润成比例,也即股东补缴部分的出资应对该补缴期间的公司利润产生有相应的贡献度。

(3)股东权能受限适用比例原则的区别。

一般认为,未完全履行出资义务股东应受到限制的是其资产收益权部分。资产收益权一般包括股利分配请求权、剩余财产分配请求权、建设利息分配请求权、新股认购优先权、股份买取请求权、股票交付请求权、股份转让权等。但《公司法解释(三)》第16条将其限缩为利润分配请求权、新股认购权、剩余财产分配请求权三种。此三种可以限制的股东权利,在适用比例原则是有区别的。

股东行使利润分配请求权与剩余财产分配请求权,其所获分配的数量源于其过去缴付的出资,所以股东请求分配的数量有限定性,且不需要再行支付对价,所以可严格适用比例原则。

而新股认购权属于选择权范围。一是股东可以选择认购,也可以不选择认购;二是股东选择认购的数量可不与其认股比例相关;三是股东行使新股认购权须支付新股的对价,且认购成功与否取与其申报的价格有关。因此,股东新股认购权并不必然受其效果出资比例的限制。法官可综合股东效果出资比例与该次发行的数量、价格、申购情况等酌定新股认购的限制比例。

此外,有观点认为,股东补足出资后,被限制的资产收益权可以恢复,虽然自何时恢复以及恢复的后果仍可再议。笔者认为,此观点的错误在于未真正认清延迟出资的概念。股东补足出资后,其出资状态并未转化成完全履行出资义务,而是转化成延迟出资,其资产收益权仍然应受到合理限制,只是其补缴出资后公司新产生的利润分配不受限制而已,但不能以此认为其受限权利可以恢复。

综上,股东戴某某于公司决定解散清算前5天补缴全部出资66.36万元的效果出资仅为15.07万元,与未补缴前出资相差无几。同时,股东戴某某从其补缴全部出资到公司决议清算只有5天,可以认定其在在公司经营末期补缴出资,且公司基本不再经营不再产生利润,可以认为股东戴某某补缴的51.36万元出资对公司利润没有贡献度。法院以"其补缴的出资款项并未实际应用于公司的运作以及为公司产生利润"为由,判定捷仁公司股东会按照戴某某之前实缴出资比例分配公司剩余财产的决议体现了合理性,符合《公司法解释(三)》的规定。

(编写人:上海市第二中级人民法院 杨怡鸣 何 伟)

[法律法规链接]

《公司法》第186条第2款

《公司法解释(三)》第16条

038. 对未出资股东除名决议的表决权排除规则的适用

宋某某诉上海万禹国际贸易有限公司等
公司决议效力确认纠纷案

[案号]

一审:上海市黄浦区人民法院(2014)黄浦民二(商)初字第589号

二审：上海市第二中级人民法院(2014)沪二中民四(商)终字第1261号

［裁判要旨］

根据《公司法解释(三)》第17条规定，股东未按章程约定履行出资义务或抽逃全部出资，经催告后在合理期限内仍未缴纳或返还出资的，公司可以以股东会决议解除该股东的股东资格。对于该股东的除名决议，该未出资股东不具有表决权，即便该股东系控股股东。《公司法》修正后降低了股东投资门槛，但不代表减轻股东不履行出资义务的责任，只是股东的出资义务更多源于股东之间的意定，而非法定。当股东不履行约定的出资义务达到根本违约程度时，其他股东可以追究该未出资股东比较严苛的法律责任，直至解除其股东资格。

［案情］

宋某某诉上海万禹国际贸易有限公司等公司决议效力确认纠纷一案，经审理查明：上海万禹国际贸易有限公司(以下简称万禹公司)设立于2009年3月11日，设立时注册资本人民币100万元，股东为宋某某、高标，宋某某担任执行董事，高标担任监事。

2012年8月28日，万禹公司召开股东会会议，作出决议：(1)增加公司注册资本由100万元增至1亿元；(2)吸收新股东杭州豪旭贸易有限公司(以下简称豪旭公司)；(3)增资后的股东出资情况、股权比例为，宋某某60万元(0.6%)、高标40万元(0.4%)、豪旭公司9900万元(99%)；等等。同日，万禹公司通过新的公司章程，公司章程中关于公司注册资本、股东出资额及持股比例的内容与上述股东会决议一致。

2012年9月14日，两家案外公司汇入豪旭公司的银行账户共计9900万元。同日，豪旭公司将该9900万元汇入万禹公司的银行账户内。同日，上海大诚会计师事务所出具验资报告，载明："经审验，截至2012年9月14日，万禹公司已收到豪旭公司缴纳的新增注册资本(实收资本)9900万元，出资方式为货币出资。"2012年9月17日，豪旭公司即将增资验资款9900万元从万禹公司账户中转出，通过一系列账户流转，还给了两家案外公司。

2013年12月27日，万禹公司向豪旭公司邮寄"催告返还抽逃出资函"，称豪旭公司已抽逃其全部出资9900万元，望其尽快返还全部抽逃出资，否则，万禹公司将依法召开股东会会议解除豪旭公司股东资格。但豪旭公司未返还抽逃的出资。

2014年3月6日，万禹公司向豪旭公司邮寄《临时股东会会议通知》，通知其于同年3月25日召开股东会，审议关于解除豪旭公司股东资格的事项。2014年3月25日，万禹公司召开2014年度临时股东会，全体股东均出席股东会。股东会会议记录载明："……5.到会股东就解除豪旭公司作为万禹公司股东资格事项进行表决。6.表决情况：同意2票，占总股数1%，占出席会议有效表决权100%；反对1票，占总股数99%，占出席会议有效表决权的0%。表决结果：提案通过。"

各股东在会议记录尾部签字，但豪旭公司代理人在签字时注明不认可上述表决结果。同日，万禹公司出具股东会决议，载明："因股东豪旭公司抽逃全部出资，且经催告后仍未及时归还，故经其他所有股东协商一致，决议解除其作为万禹公司股东的资格。万禹公司于本决议作出后30日内向公司登记机关申请办理股东变更登记及减资手续。"宋某某、高标在该股东会决议上签字，豪旭公司代理人拒绝签字。

由于豪旭公司对上述股东会决议不认可，宋某某作为万禹公司股东，诉至法院，请求确认万禹公司2014年3月25日股东会的决议有效。

一审法院判决：驳回宋某某的诉讼请求。

宋某某和万禹公司不服，提起上诉，认为豪旭公司抽逃出资属实，对于豪旭公司抽逃出资而应被解除股东资格的股东会决议，豪旭公司应当回避，不具有表决权。故2014年3月25日作出的股东会决议应属有效。上诉请求改判支持原告的原审诉请。

[结论]

二审法院判决：一、撤销原判；二、确认万禹公司于2014年3月25日作出的股东会决议有效。

[法院认为]

一审法院认为，根据《公司法》第42条的规定，股东会会议由股东按照出资比例行使表决权，在无公司章程特别约定的情况下，该"出资比例"应为认缴的出资比例。本案即使豪旭公司存在抽逃出资行为，亦不影响其根据认缴出资比例对股东会议行使表决权。故对于万禹公司于2014年3月25日作出的股东会决议，拥有99%股权的豪旭公司对其中解除豪旭公司股东资格的事项已予以否决，该审议事项应属未被通过。

二审法院认为，本案的证据能够证明豪旭公司抽逃了其认缴的9900万元的全部出资款，且经万禹公司催告后在合理期限内仍不返还。根据《公司法解释(三)》第17条有关股东除名的规定，股东会对拒不出资股东予以除名的，该股东对该表决事项不具有表决权。本案对于豪旭公司抽逃全部出资的行为，万禹公司已给予了合理期限的催告，并在召开股东会时通知豪旭公司的代表参加给予其申辩的权利。最后表决时豪旭公司对其是否被解除股东资格不具有表决权。万禹公司另两名股东以100%表决权同意并通过了解除豪旭公司股东资格的决议，该决议有效。豪旭公司股东资格被解除后，万禹公司应当及时办理法定减资程序或者由其他股东或第三人缴纳相应的出资。

[法官分析]

本案是适用《公司法解释(三)》第17条关于对未出资股东予以除名的规定的典型案例，主要争议焦点在于公司适用该条规定作出对未出资股东予以除名的决议，被除名股东对该决议是否有表决权？这一问题涉及公司法理论和实践中的股东除名制度和表决权排除规则，而对这两个制度在我国现行《公司法》的规定中比较欠缺，当相关纠纷付诸法院时，需要司法实践给予回应。

1. 股东除名制度与表决权排除规则

(1)关于股东除名。

所谓股东除名，是指公司基于特定的事由，依据法律规定的程序，将违反义务的股东从股东名册中去除，强制其退出公司，终止其与公司和其他股东的关系，使其丧失在公司的股东资格的法律制度。[①] 我国《公司法》没有明确规定股东除名制度，但《公司法解释(三)》第 17 条对未出资或抽逃全部出资的股东确立了有限公司可以通过股东会给予除名的制度，第 17 条有两款，第一款规定："有限责任公司的股东未履行出资义务或者抽逃全部出资，经公司催告缴纳或者返还，其在合理期间内仍未缴纳或者返还出资，公司以股东会决议解除该股东的股东资格，该股东请求确认该解除行为无效的，人民法院不予支持。"第二款规定："在前款规定的情形下，人民法院在判决时应当释明，公司应当及时办理法定减资程序或者由其他股东或者第三人缴纳相应的出资。在办理法定减资程序或者其他股东或者第三人缴纳相应的出资之前，公司债权人依照本规定第 13 条或者第 14 条[②]请求相关当事人承担相应责任的，人民法院应予支持。"最高法院相关负责人认为，上述规定"总体上确认了股东资格解除规则"。[③]

由上述规定可见，我国目前通过司法解释确立的股东除名规则，仅适用于股东完全未履行出资义务或抽逃全部出资的情形。而对于其他情形，如股东有严重损害公司利益的行为、公司章程约定解除股东资格的情形等，是否可以通过公司章程及股东会决议的形式对股东予以除名？对此我国法律或司法解释未作规定，但司法实践中已有判例认为基于公司自治原则，对于章程或股东之间事先约定的股东除名情形，只要该约定内容不违反法律、不损害公共利益或他人利益，对股东会基于该约定情形作出的股东除名决定亦予以认可。[④] 笔者认为，对于非属于《公司法

---

① 刘炳荣："论有限责任公司股东除名"，载《厦门大学法律评论》第 8 辑，厦门出版社 2004 年版，第 426 页。

② 该两条系关于债权人要求公司未出资(含抽逃出资)股东或有责任的高管对债务承担补充赔偿责任，以及公司或其他股东要求未出资股东对出资承担连带责任的规定。

③ "规范审理公司设立、出资、股权确认等案件——最高人民法院民二庭负责人答本报记者问"，载《人民法院报》2011 年 2 月 16 日第 3 版。

④ 参见广东省佛山市中级人民法院(2006)佛中法民二终字第 456 号案，引自凤建军："公司股东的'除名'与'失权'：从概念到规范"，载《法律科学》2013 年第 2 期，第 154 页；上海市第一中级人民法院黄某某诉某工程咨询公司股东会决议撤销纠纷案，引自余秋玮主编：《公司案件法律适用关键词与典型案例指导》，法律出版社 2014 年 6 月版，第 127 ~ 128 页。该两则案例中，公司章程均约定内部职工股股东如果离职，则该股东的股东资格丧失，法院判决均认可了该章程约定的效力。

解释(三)》第17条所规定的股东除名情形,必须有基于事先的章程或全体股东的约定,否则司法对除名决议不予认可;即使司法认可基于事先章程约定情形的股东除名决议,也应就被除名股东所持股份予以合理的作价补偿(如其他股东、第三方认购或公司回购)。笔者对于事先约定的股东除名情形不作深入讨论,只结合前述案例和《公司法解释(三)》第17条的规定,对股东完全未出资(含抽逃全部出资)导致股东除名的情形以及除名程序中是否适用被除名股东的表决权排除规则,作进一步探讨。

(2)关于表决权排除。

公司法中的表决权排除,又称表决权回避,是指当某一股东与股东(大)会讨论的决议事项有特别的利害关系时,该股东不得就其持有的股份行使表决权的制度。[①]

设立表决权排除规则的意义,主要在于防止控股股东滥用资本多数决规则,损害公司利益和少数股东利益。

我国《公司法》对表决权例外的规定也很有限,一是在第16条中规定,公司为公司股东或者实际控制人提供担保的,必须经股东(大)会决议,该股东或该受实际控制人控制的股东不得参加表决。二是在第90条中规定,股份有限公司的创立大会对公司筹办情况和创立的审核和决议,应由出席会议的认股人所持表决权过半数通过,这实际排除了发起人股东的表决权。另外,在中国证监会制定的《上市公司章程指引》(2014年修订版)第79条中规定了股东大会审议关联交易时,关联股东不应当参与表决。

虽然我国《公司法》对股东表决权排除只作了很有限的规定,但并不表明法律法规未规定的情形就不能适用股东表决权排除。如果出现大股东滥用资本多数决规则通过或阻止通过与其有利害关系的股东会决议,侵害公司或小股东的利益,司法实践可以适用表决权排除规则。

2. 未履行出资义务的股东被除名可适用表决权排除

对于因股东未履行出资义务而被公司股东会除名的决议,可以适用表决权排除,被除名股东对该股东会决议没有表决权,这是基于如下理由:

第一,如果对此情形不适用表决权排除将直接导致《公司法解释(三)》第17条规定虚置。司法解释规定本身的适用范围被大大限缩在只能解除未出资小股东的股东资格领域,对未出资的控股股东无能为力,从而大大削弱了该法条的权威性和应有功能。

第二,未履行出资义务系违反股东基本义务,倘不适用表决权排除规则将使

---

① 刘桂清:"表决权排除制度与公司利益保护",载《社会科学研究》2003年第4期。另广义的表决权排除还包括董事的表决权排除,在此仅讨论股东表决权排除。

该规则的设计目的无法实现。股东表决权例外规则最主要的功能是防止大股东滥用资本多数决损害公司和小股东利益，而按法律规定和章程约定履行出资义务是股东最基本的义务，只有在出资的基础上才有股东权、资本多数决等公司治理规则的讨论意义，“没有出资就没有权利”是规范股东与公司关系所遵循的公司法基本游戏规则（名义股东也以背后有实际出资人为基础）。如果大股东名义上占有控股地位，实际根本未出资却能绝对控制公司表决权，该情形本身就是对公司、小股东利益的极大损害，是对公司法基本游戏规则的破坏。对这种情形允许公司在形成股东除名决议时适用表决权排除，完全符合股东表决权排除规则的设计功能。

第三，未履行出资义务属于根本违约，违约方对于是否解除其股东资格无选择权。按照公司契约理论，有限公司是股东之间达成契约的成果。股东履行出资义务也是履行契约义务，如果股东长时间未履行出资义务，则对其他股东构成根本违约。在合同法中，一方根本违约是另一方解除合同的要件。在公司法中，股东根本违约一般不轻易解散公司，但守约股东可以将违约股东除名，所以，股东根本违约是其被除名的构成要件。[①] 而不论合同还是设立公司，因对方根本违约而享有的“解除权”仅在守约方手中，违约方没有选择是否解除（合同或股东资格）的权利。所以，基于公司契约和根本违约的理论，在因股东未出资而形成的股东除名决议中，只有守约股东有表决权，违约股东没有表决权，即便该违约股东是控股股东。

回到前述案例，豪旭公司虽然在名义上系占有万禹公司99%股份的大股东，但其抽逃了该99%股份对应的全部出资，已经严重损害公司和其他小股东的利益，其不应再享有与出资额相对应的表决权。若在是否解除其股东资格的问题上，再赋予其99%的表决权，则该公司小股东几乎不可能“翻身”，该公司及小股东的权益也无法得到保障。

3. 对表决权排除规则适用的程序制约

虽然对于未履行出资义务的股东，公司对其作出股东除名的股东会决议时可排除该股东的表决权，但股东除名毕竟是对不履行义务股东最严厉的处罚，在司法适用时应当十分审慎。法院在适用《公司法解释（三）》第17条的规定认可排除利害股东表决权的股东除名决议效力时，应满足以下程序要件：

一是要先行催告出资并给予合理期间。当股东未履行出资义务或抽逃全部出资时，公司首先应催告该股东缴纳或返还出资，只有在经催告后在合理期限内该股东仍未缴纳或返还出资的，公司才可召开股东会审议股东除名事项。

二是要通知未出资股东参加股东会并允许其申辩。公司欲召开股东会审议股

---

① 张明昕：“有限责任公司股东除名标准研究”，载《法制与社会》2009年第11期，第132页。

东除名事项的，应当通知该未出资股东参加。虽然未出资股东对于其是否除名没有表决权，但其有参加股东会议并就其未出资理由进行申辩的权利。公司不能以某股东对股东会审议的事项有利害关系而不具有表决权为由，不通知其参加该股东会议的审议过程。

三是判决时要释明股东除名后的后续义务。根据《公司法解释(三)》第17条的规定，当法院判决认可公司因股东未出资而对该股东作出除名的股东会决议效力时，应当释明，公司应当及时办理法定减资程序或者由其他股东或第三人认缴相应的出资。该释明可以在判决书中写明，也可以在审理中向公司及其他股东说明。因为《公司法》第26条规定："有限责任公司的注册资本为在公司登记机关登记的全体股东认缴的出资额。"当未履行出资义务的股东被除名时，其认缴的出资额如果没有其他股东或第三人愿意认缴，则公司注册资本应相应减少，按规定应办理减资程序，以维护该公司对外部交易的安全。

前述案例中，股东豪旭公司于2012年9月抽逃全部出资，万禹公司于2013年12月27日函告豪旭公司返还出资，但豪旭公司未返还。万禹公司于2014年3月6日通知豪旭公司参加临时股东会议，同年3月25日股东会议召开，豪旭公司的代表参加了会议。最后该次股东会中另两名出资股东表决通过解除豪旭公司的股东资格。从整个过程可以看出，万禹公司已经行使了催告义务并给予了豪旭公司返还出资的合理期限，豪旭公司代表也出席了股东会得以行使申辩权。最后股东会在排除豪旭公司表决权的情况下通过解除豪旭公司的股东资格，合理合法。略有不同的是，按照《公司法解释(三)》的规定，股东会依法解除股东资格应属于形成权，①决议作出后被除名股东的股东资格即丧失，被除名股东起诉要求该股东会决议无效的，法院不予支持。而本案系出资股东主动起诉要求确认该股东会决议有效。这是因为实践中工商部门往往对于股东除名决议是否有效把握不准，在各方有争议的情况下不愿意办理工商变更登记手续，故而相关股东只能诉至法院要求司法确认股东会决议有效，工商部门才会认可。笔者认为，对于谁作为原告起诉并不重要，只要股东除名决议确实符合法律规定，司法可以正面确认其效力。

4. 降低投资门槛不代表减轻未履行出资义务的责任

我国《公司法》于2013年12月经过修正，降低了设立有限公司的投资门槛，例如，取消了法定最低注册资本制度，取消了股东货币出资最低限额的要求，设立公司时的出资额不一定非经过法定验资程序，等等。但是，降低投资门槛不代表减轻股东不履行出资义务的责任，只是股东的出资义务更多地源于股东之间的意定，而非法定。对于各方股东认缴出资总额、出资形式、实缴出资期限等，股东之间可

---

① 参见余秋玮主编：《公司案件法律适用关键词与典型案例指导》，法律出版社2014年版，第129页。

以通过章程或约定自行安排，但如果股东不履行彼此约定的出资义务，且这种不履行出资义务达到严重损害公司和其他股东利益的根本违约程度，其他股东仍然可以追究该未出资股东比较严苛的法律责任，对于这种责任，有约定的从约定，没有约定的可以根据公司法、合同法的相关规定和原理予以追究。对于持续未履行出资义务的股东，公司可以解除其股东资格并对其适用表决权排除规则。这也是维护公司正常运转和保护公司债权人利益、维系安全的市场交易环境的需要。

（编写人：上海市第二中级人民法院　徐子良　赵　炜）

[法律法规链接]

《公司法》第42条

《公司法解释（三）》第17条

039. 因未及时变更工商登记导致公司代表权争议的处理

【公报案例】

大拇指环保科技集团（福建）有限公司与中华环保科技集团有限公司股东出资纠纷案

[案号]

最高人民法院（2014）民四终字第20号

[裁判要旨]

按照《涉外民事关系法律适用法》第14条第1款的规定，我国外商投资企业与其外国投资者之间的出资义务等事项，应当适用中华人民共和国法律；外国投资者的司法管理人和清盘人的民事权利能力及民事行为能力等事项，应当适用该外国投资者登记地的法律。

《公司法》第13条规定，公司法定代表人变更应当办理变更登记。对法定代表人变更事项进行登记，其意义在于向社会公示公司意志代表权的基本状态。工商登记的法定代表人对外具有公示效力，如果涉及公司以外的第三人因公司代表权而产生的外部争议，应以工商登记为准。而对于公司与股东之间因法定代表人任免产生的内部争议，则应以有效的股东会任免决议为准，并在公司内部产生法定代表人变更的法律效果。

[案情]

上诉人中华环保科技集团有限公司（以下简称环保科技公司）与被上诉人大拇指环保科技集团（福建）有限公司（以下简称大拇指公司）股东出资纠纷一案，福建高院经审理查明:大拇指公司于2004年取得了《外商投资企业批准证书》,企业类型为外国法人独资的有限责任公司。该公司自成立始,公司的名称、住所、法定代表人、股东名称、投资总额与注册资本等进行了数次变更。2005年9月起至今,该公司股东为环保科技公司。2012年12月18日,大拇指公司的法定代表人变更登记为洪某。

2008年6月30日,福建省对外贸易经济合作厅作出闽外经贸资〔2008〕251号《关于大拇指环保科技集团(福建)有限公司增加投资的批复》,同意大拇指公司投资总额由2.3亿元增至5亿元,注册资本由1.3亿元增至3.8亿元,增资部分应按公司修订章程规定的期限到资,并核准了大拇指公司就上述变更事项签订的《补充章程》。《补充章程》就增资款及缴纳时间载明:增资部分全部由环保科技公司以等值外汇现金投入,首期缴付不低于20%的新增注册资本,余额在变更营业执照签发之日起两年内缴清。

2008年7月16日,环保科技公司向大拇指公司缴纳了首期增资款50560381元;2009年5月19日,环保科技公司向大拇指公司缴纳了第二期增资款4660940元,至此,大拇指公司实收注册资本为185221300元。2010年8月18日,大拇指公司向福州中院提起另案诉讼,请求判令环保科技公司先行支付增资款4900万元,福州中院判决支持了大拇指公司的诉讼请求,环保科技公司不服提起上诉后,二审法院驳回上诉,维持原判。环保科技公司于2011年10月31日按照生效判决支付了增资款49395110.4元。大拇指公司于2012年3月12日办理了营业执照变更登记,变更后,大拇指公司的注册资本为3.8亿元,实收资本234616431.4元。截至2013年7月25日,环保科技公司对大拇指公司尚有145383568.6元的出资款未到位。

2012年5月31日,福州中院根据大拇指公司的申请裁定对环保科技公司的银行存款4500万元进行了保全。2013年11月22日,福建高院应大拇指公司的请求,裁定继续保全环保科技公司名下总价值不超过4500万元的财产。

该院另查明:环保科技公司于2001年在新加坡注册成立,公司类别为有限股份上市公司。2010年6月4日,新加坡高等法院作出法庭命令,应环保科技公司的申请,裁定环保科技公司进入司法管理程序,[①]委任 Seshadri Rajogpalan 先生和余

---

① (1)新加坡公司法所规定的司法管理程序系有关人士向新加坡高等法院提出申请以将一家公司置于司法管理程序。设计司法管理制度的目的是为了使那些无法按时偿还到期债务的公司获得一定的喘息空间,以便其在该制度的监管下获得一定的机会以重新恢复其财务实力或者更好地实现其资产的价值,而不是直接被置于清盘情形。(2)如果新加坡高等法院认为公司确实已经或者将要无法偿还到期债务,且发布有关法庭命令将有机会使得如下三个目的中的一个或者多个得到实现,那么高等法院会针对有关公司发布司法管理命令,使公司存续,或者使公司的部分或全部业务持续经营;根据新加坡公司法而许可有关公司与其债权人达成妥协方案;或与清盘相比较,有关公司资产的价值能够得到更好地实现。(3)当法庭发布司法管理的命令且在该命令持续有效的期间,不得通过决议或者命令的方式使得公司进行清盘。

某女士为环保科技公司的共同及个别司法管理人,主管公司的日常事务、业务及财产,以便对公司进行整顿或者保留其全部或部分业务以便公司可持续经营,及(或)取得比解散企业更有利的企业资产变现等。

2012年3月1日,新加坡高等法院作出法庭命令,根据环保科技公司的司法管理人Ses-hadriRajogpalan和余某的申请,裁定将2010年6月4日作出的司法管理命令延期至2012年5月2日,批准Seshadri Rajogpalan和余某辞任环保科技公司的司法管理人之职,并委任Hamish Alexander Christie自本命令之日起担任环保科技公司的司法管理人,其中包含了继续进行由前司法管理人在原诉传票中提起的任何诉讼或法律程序等。

2012年5月16日,环保科技公司向福州中院起诉大拇指公司、田某、陈某和潘某与公司有关的纠纷,提出了确认环保科技公司任免大拇指公司董事、监事、法定代表人的决议合法有效等诉讼请求。福州中院就该案已于2013年9月17日作出(2012)榕民初字第268号(以下简称268号案)一审判决:一、确认环保科技公司于2012年3月30日作出的《书面决议》和《任免书》有效;二、大拇指公司应于判决生效之日起十日内办理法定代表人、董事长、董事的变更登记和备案手续,将大拇指公司的法定代表人、董事长变更为保某,董事变更为保某、徐某、宋某;三、驳回环保科技公司的其他诉讼请求。

2013年5月7日,环保科技公司向福州市鼓楼区法院起诉福建省工商行政管理局和大拇指公司,请求撤销大拇指公司法定代表人由田某变更为洪某的行为及相关行政登记,案号为(2013)鼓行初字第167号(以下简称167号案)。鼓楼区法院于2014年3月20日裁定中止诉讼,理由是该案需以(2012)榕民初字第268号案的审理结果为依据。

2013年6月26日,环保科技公司向福州中院起诉孙某、洪某,请求判令两人就擅自将大拇指公司法定代表人由田某变更为洪某等行为停止侵权、赔礼道歉、消除影响和赔偿损失,案号为(2013)榕民初字第753号(以下简称753号案)。

2012年11月28日和2013年7月10日,保某以环保科技公司法定代表人名义分别向福建省工商行政管理局、福州市鼓楼区对外贸易经济合作局递交《关于大拇指环保科技集团(福建)有限公司减资事宜的申请》。

2013年12月5日,环保科技公司向鼓楼区法院起诉福州市鼓楼区对外贸易经济合作局不履行行政批准法定职责,该案已由鼓楼区法院受理。

大拇指公司起诉请求判令环保科技公司履行股东出资义务,缴付增资款4500万元。

一审法院依照《公司法》第28条第1款、第179条第1款、第218条,《外资企业法》第4条第2款,《外资企业法实施细则》第22条及《公司法解释(三)》第13条第1款之规定,判决:环保科技公司应于判决生效之日起十日内向大拇指公司缴纳出资款4500万元。

环保科技公司不服原审判决，提起上诉，请求撤销原判，驳回大拇指公司的起诉或准许保某代表大拇指公司撤回起诉；如不能支持前述请求，则中止审理本案或驳回大拇指公司的全部诉讼请求。

二审法院另查明：2011年1月20日，环保科技公司的司法管理人作出书面决议，将大拇指公司的法定代表人田某变更为何某，将董事田某、潘某、陈某变更为Seshadri Rajagopalan、余某、何某。2012年3月30日，环保科技公司的司法管理人再次作出书面决议和任免书，免去何某大拇指公司董事长及法定代表人职务，委派保某为大拇指公司董事长和法定代表人，免去Seshadri Rajagopalan、余某、何某三人的大拇指公司董事职务，委派保某、徐某、宋某三人为大拇指公司董事，任期均为三年。

2013年1月11日，新加坡高等法院作出ORC336/2013清盘令，任命Hamish Alexander Christie等三人为环保科技公司的共同及个别清盘人。清盘令规定，清盘人被授权行使新加坡公司法272(1)(a)至272(1)(e)中规定的任何权力。

新加坡公司法227G(2)规定，在司法管理命令生效期间内，由本法或公司组织章程大纲或组织章程细则赋予董事的所有权力及赋予董事的所有职责，均由司法管理人而非董事行使及履行，但本款并未规定司法管理人须召开任何公司会议。

新加坡公司法272(2)(a)规定，清盘人可以公司名义代表公司提起或抗辩任何诉讼或其他法律程序。

二审法院还查明：Hamish Alexander Christie在担任环保科技公司司法管理人期间，于2012年7月19日签署授权委托书，委托律师丹某、邓某作为环保科技公司的委托代理人参加本案一审、二审、执行等所有程序。

二审庭审时，大拇指公司对环保科技公司的诉讼代表权及委托代理人资格提出了异议，认为清盘人权力仅限于法院清盘令授权范围，并不包括新加坡公司法272(2)(a)规定的权力，故清盘人无权代表环保科技公司参加本案诉讼。

[结论]

二审法院依照《民事诉讼法》第170条第1款第2项，《民事诉讼法意见》第186条之规定，裁定如下：

一、撤销一审判决；

二、驳回大拇指公司的起诉。

[法院认为]

一审法院认为，本案是股东出资纠纷，环保科技公司是在新加坡注册成立的外国法人，故本案为涉外民商事案件。本案纠纷发生地在福州市，根据最高人民法院《关于涉外民商事案件诉讼管辖若干问题的规定》第1条第5项、第3条第1项的规定及福建高院《关于全省法院涉外民商事案件诉讼管辖若干问题的规定》，该院对本案有管辖权。关于本案的法律适用，主要涉及两个方面，一是环保科技公司的民事权利能力及民事行为能力事项，环保科技公司系在新加坡登记的法人，根据《涉外民事关系法律适用法》第14条第1款“法人及其分支机构的民事权利能力、民事行为能力、组织机构、股东权利义务等事项，适用登记地法律”的规定，应适用新加坡法律；二是大拇指公司系在中国注册的外商独资企业，属于中国法人，环保科技公司作为大拇指公司的唯一股东，对大拇指公司行使包含出资在内的相关权利义务应适用中国法律。

(1)关于大拇指公司起诉的意思表示是否真实的问题。

大拇指公司系中国法人，其起诉状及其委托律师参加诉讼的授权委托书均加盖了该公司的公章，环保科技公司对大拇指公司公章的真实性没有提出异议，仅以环保科技公司作为唯一股东已经就大拇指公司包括法定代表人、董事在内的管理层进行更换，新任的大拇指公司“法定代表人”向法庭作出撤诉的意思表示，因大拇指公司实际控制人拒不交出公章，导致新“法定代表人”无法就撤诉申请盖章等为由，否定大拇指公司提起本案诉讼的意思表示。

该院认为，在适用中国法律的前提下，工商登记的信息具有公示公信的效力。认定大拇指公司的法定代表人仍应以工商登记为准，在无证据证明保某被登记为大拇指公司的法定代表人前，其代表大拇指公司作出撤诉的意思表示不具有法律效力，故不予认可。大拇指公司提起诉讼的目的在于请求其唯一股东履行增资所确定的出资义务，环保科技公司不予主动履行，反而向有关部门提出减资申请，以抵销大拇指公司的请求，环保科技公司与大拇指公司显然存在利益冲突。在此情况下，大拇指公司起诉主张权利，起诉状及授权委托书盖有公司公章，并不违反中国法律规定，亦不能就此否认大拇指公司提起本案诉讼系真实意思。因此，环保科技公司关于大拇指公司起诉没有法律效力的抗辩主张不成立，不予采纳。

(2)关于本案是否违反“一事不再理”原则的问题。

2008年6月30日福建省对外贸易经济合作厅闽外经贸资〔2008〕251号批复对大拇指公司增资的申请予以核准后，增资财产权利归属于大拇指公司。在没有证据显示大拇指公司未就增资款项全额、一次性提出请求将损害该公司及其债权人利益的情况下，大拇指公司作为独立法人，有独立的民事权利能力，有权在可增资范围内合法、善意地主张民事权利，自主决定诉讼金额。大拇指公司虽于2010年8月18日起诉提出4900万元的出资请求，且经生效的民事判决支持该诉讼请求，但其在本案另行提起的4500万元的出资请求，据以起诉的事实基础即未到位的增资款数额已经改变，并且4900万元的诉讼请求与本案4500万元的诉讼请求，分属于上述批复项下的增资款的不同组成部分，前者不能替代或涵盖后者。因此，本案大拇指公司的起诉不违反“一事不再理”原则。

(3)关于本案是否应中止审理的问题。

环保科技公司主张本案应中止诉讼，主要理由是本案的审理需要以前述268

号案、167号案、753号案的审理结果为依据，环保科技公司还主张本案审理应等待环保科技公司通过大拇指公司名义申请减资的结果。一审庭审后，环保科技公司补充提交了其起诉福州市鼓楼区对外贸易经济合作局不履行行政批准法定职责，请求行政机关立即履行大拇指公司减资行政初审法定职责的诉讼资料作为证据，坚持主张本案诉讼应中止。该院认为，环保科技公司在上述四个案件中的诉讼请求，前三案请求指向的是大拇指公司董事、监事、法定代表人委派、变更登记及是否有侵权行为等事项，与环保科技公司的减资请求无直接、实质的关联；第四个案件是环保科技公司起诉减资审批机关不作为的行政诉讼，请求是责令行政机关立即履行减资的行政初审法定职责，并非要求行政机关履行减资审批手续。即使环保科技公司的诉讼请求获得支持，行政机关履行的也只是初审的法定职责，并不必然引起大拇指公司减资申请得以核准的结果。换言之，大拇指公司的减资申请仍需行政机关依法审查后决定是否核准。目前，在没有证据显示行政机关已经就大拇指公司减资事项作出有效核准的情况下，福建省对外贸易经济合作厅于2008年6月30日作出的闽外经贸资〔2008〕251号批复仍具有法律效力，应以此作为定案的依据。因此，环保科技公司提出的四个诉讼案件，其结果如何并不当然影响本案环保科技公司的出资义务，亦不影响本案出资纠纷的审理。本案的审理也无须等待环保科技公司通过大拇指公司名义申请减资的结果。本案不具有《民事诉讼法》第150条规定的中止诉讼的情形，对环保科技公司中止本案诉讼的抗辩主张不予支持。

(4)关于本案的出资责任问题。

环保科技公司系新加坡法人，在中国境内设立外商独资企业大拇指公司，其作为股东对大拇指公司的出资应适用中国法律。大拇指公司于2008年经报外商投资企业审批机关福建省对外贸易经济合作厅批准增资，增资的程序合法有效，环保科技公司应遵守中国法律按时、足额履行对大拇指公司的出资义务。根据查明的事实，环保科技公司对大拇指公司尚有145383568.6元的出资款未到位。环保科技公司未履行股东足额缴纳出资的法定义务，侵害了大拇指公司的法人财产权，大拇指公司有权要求环保科技公司履行出资义务，补足出资。就环保科技公司出资不足金额，大拇指公司在本案中仅主张环保科技公司缴纳4500万元，并不违反法律规定，应予支持。

二审法院认为，本案为涉外股东出资纠纷。根据《涉外民事关系法律适用法》第14条第1款“法人及其分支机构的民事权利能力、民事行为能力、组织机构、股东权利义务等事项，适用登记地法律”的规定，环保科技公司的司法管理人和清盘人的民事权利能力及民事行为能力等事项，应当适用环保科技公司的登记地即新加坡法律；大拇指公司提起本案诉讼的意思表示是否真实以及股东出资义务等事项，应当适用中国法律。

据本案双方当事人的上诉及答辩意见并经双方当事人共同确认,本案二审审理的争议焦点为:(1)双方当事人的诉讼代表权以及代理人的代理资格是否有效;(2)本案是否应当中止审理;(3)大拇指公司提起本案诉讼的意思表示是否真实,即工商登记的法定代表人与股东任命的法定代表人谁能代表大拇指公司的意志;(4)本案是否违反"一事不再理"原则;(5)环保科技公司是否应当履行出资义务。

(1)关于本案双方当事人的诉讼代表权以及代理人的代理资格是否有效的问题。

《民事诉讼法》第48条第2款规定,"法人由其法定代表人进行诉讼"。环保科技公司系新加坡法人,其已经按照新加坡法律先后进入司法管理以及清盘程序,环保科技公司的司法管理人以及清盘人是否有权代表公司参加本案诉讼,应当按照新加坡法律的有关规定进行认定。根据新加坡公司法227G(2)以及272(2)(a)的规定,环保科技公司的司法管理人以及清盘人均有权代表公司进行相关诉讼,亦有权委托代理人参加诉讼。因此,大拇指公司就环保科技公司诉讼代表权及其代理人资格提出的异议不能成立。

大拇指公司系中国法人,其提供了中国工商行政管理机关登记的法定代表人的身份证明,并提供了加盖大拇指公司公章的授权委托书,符合中国民事诉讼法的有关规定,大拇指公司的代理人有权参加本案诉讼。环保科技公司就大拇指公司的代理人资格提出的异议亦不能成立。

(2)关于本案是否应当中止审理的问题。

环保科技公司在本案一审受理后另行提起了数个关联诉讼,虽然部分案件涉及大拇指公司法定代表人是否适格的问题,但本案的争议焦点之一就是工商登记的法定代表人与股东任命的法定代表人谁能代表大拇指公司意志的问题。鉴于环保科技公司在本案中已经就该问题提出了实质性抗辩,本案审理范围当然包括大拇指公司法定代表人是否适格的问题,本案应当对该问题作出认定,无须以其他案件的审理结果为依据。因此,本案不存在中国民事诉讼法规定的中止审理的情形,环保科技公司关于本案应中止审理的上诉理由不能成立,对其该项主张不予支持。

(3)关于大拇指公司提起本案诉讼的意思表示是否真实的问题。

大拇指公司是环保科技公司在中国境内设立的外商独资企业,按照2005年修订的《公司法》和《外资企业法》及其实施细则的有关规定,大拇指公司属于一人公司,其内部组织机构包括董事和法定代表人的任免权均由其唯一股东环保科技公司享有。环保科技公司进入司法管理程序后,司法管理人作出了变更大拇指公司董事及法定代表人的任免决议。根据新加坡公司法227G的相关规定,在司法管理期间,公司董事基于公司法及公司章程而获得的权力及职责均由司法管理人行使及履行。因此,本案中应当对环保科技公司的司法管理人作出的上述决议予以认可。

根据《公司法》第47条第2项的规定,公司董事会作为股东会的执行机关,有义务执行股东会或公司唯一股东的决议。大拇指公司董事会应当根据其唯一股东环保科技公司的决议,办理董事及法定代表人的变更登记。由于大拇指公司董事会未执行股东决议,造成了工商登记的法定代表人与股东任命的法定代表人不一致的情形,进而引发了争议。

《公司法》第13条规定,公司法定代表人变更应当办理变更登记。本院认为,法律规定对法定代表人变更事项进行登记,其意义在于向社会公示公司意志代表权的基本状态。工商登记的法定代表人对外具有公示效力,如果涉及公司以外的第三人因公司代表权而产生的外部争议,应以工商登记为准。而对于公司与股东之间因法定代表人任免产生的内部争议,则应以有效的股东会任免决议为准,并在公司内部产生法定代表人变更的法律效果。因此,环保科技公司作为大拇指公司的唯一股东,其作出的任命大拇指公司法定代表人的决议对大拇指公司具有拘束力。

本案起诉时,环保科技公司已经对大拇指公司的法定代表人进行了更换,其新任命的大拇指公司法定代表人明确表示反对大拇指公司提起本案诉讼。因此,本案起诉不能代表大拇指公司的真实意思,应予驳回。环保科技公司关于本案诉讼的提起并非大拇指公司真实意思的上诉理由成立。

鉴于大拇指公司的起诉应予驳回,对于保某代表大拇指公司申请撤诉是否应予准许、本案是否违反"一事不再理"原则以及环保科技公司是否应当履行出资义务等问题,均无须再行审理。

综上所述,对环保科技公司上诉请求本院予以支持。原审判决适用法律错误,应予撤销。

(案例选自《中华人民共和国最高人民法院公报》2014年卷)

[法律法规链接]

《公司法》第13条、第47条第2项

第三章

股东权利义务纠纷

第一节　股东知情权

040. 股东知情权行使之“不正当目的”的审查与认定

吕策控制系统(上海)有限公司与复利得利吕策国际有限责任公司股东知情权纠纷案

[案号]

一审:上海市闸北区人民法院(2012)闸民二(商)初字第S589号

二审:上海市第二中级人民法院(2014)沪二中民四(商)终字第S488号

[裁判要旨]

股东提出查阅公司会计账簿的请求应基于正当、善意的目的,并与其作为股东的身份或利益直接相关。否则,如果股东违反诚实信用、善意原则,为了开展同业竞争、获取商业秘密或存在其他阻碍公司正常经营行为的,公司有权拒绝其查阅请求。公司章程中有关股东查阅权的约定不能阻却法律赋予公司的对股东不正当目的的抗辩。

[案情]

吕策控制系统(上海)有限公司与复利得利吕策国际有限责任公司股东知情权纠纷一案,经审理查明:吕策控制系统(上海)有限公司(以下简称吕策上海公司)成立于2007年11月23日,系中外合资有限责任公司,股东为案外人上海中控贸易有限公司(以下简称中控公司)与复利得利吕策国际有限责任公司(以下简称吕策德国公司),分别持股45%、55%。董事会成员分别为吕策德国公司委派的伍德·吕策(Udo Lütze)、苏珊·格拉齐·吕策(Susan Gerlach Lütze)、格瑞戈·博海德·瓦尔特·松马(Gregor Bernhard Walter Sommer),及中控公司委派的陆甲、陆乙。公司章程载明的经营范围为“设计、生产自动化控制系统设备,销售自产产品并提供相关技术咨询和技术服务”,主营产品为“控制电缆及附件、LSC布线控制系统及附件”。章程还约定:“合资公司的财务审计和检查应由一位在中国注册的会计师进行,其结果报告应以中文和英文准备,并提交董事会和合资双方。任何一合资方有权任命全权授权的人员随时检查合资公司的账簿,费用由该方支付。”

吕策德国公司和中控公司在设立吕策上海公司时在合资合同中约定:“在中国市场销售的产品应直接由合资公司或通过合资公司指定的代理商进行销售。在合资公司的期限内,合资双方在这里同意,在中国市场销售的上述合同产品,应由合资公司独占性地销售或指定的代理商销售。”

2010年5月14日,德国吕策公司在上海设立了外商独资企业-吕铁贸易(上海)有限公司(以下简称吕铁公司)。该公司董事会成员为苏珊·格拉齐·吕策(Susan Gerlach Lütze)、格瑞戈·博海德·瓦尔特·松马(Gregor Bernhard Walter Sommer)、Olaf Gerberding 等,监事为伍德·吕策(Udo Lütze)。经营范围为“交通和自动化行业的电气、电子设备、机械零部件的批发、佣金代理(拍卖除外)及进出口,提供其他相关配套服务和咨询服务”。

2012年1月21日,吕策德国公司以了解增资情况为由致函吕策上海公司要求查阅合资公司完整的会计账簿和董事会决议。上海吕策公司多次以邮件形式对德国吕策公司的以下行为提出异议,拒绝其要求查阅、复制载有客户信息的会计账簿:(1)2009年10月提出了按合资企业净资产收购中方在合资企业的股份或关掉合资企业的提议,遭中方拒绝后,试图改变已经成立的合资企业,扶持独资的吕铁公司,独占在中国的利益;(2)2010年5月14日成立了吕铁公司,在吕策的官网上放上了吕铁公司称、地址、通讯信息及德国吕策所有产品的样本,取消了吕策上海合资企业的全部信息;(3)不准合资企业贷款,尽管合资企业成立时政府已批准20万美元的贷款额度;(4)关闭了合资企业网上销售的渠道和网上采购信息;(5)借口维修关闭了FEBA电脑系统,使合资企业无法查询德国库存和货期;(6)对合资企业又规定了小到仅10000欧元的进口限额,使合资企业的订货客户无货可供,自动转向了吕铁公司;(7)曾与吕策上海公司有业务往来的爱孚迪(上海)制造系统工程有限公司、不莱梅贝克史必驰(上海)自动化有限公司等,后与吕铁公司签订了订购合同。

2012年9月26日,吕策德国公司提起本案诉讼,请求判令:(1)吕策上海公司向吕策德国公司提供设立至今的包括原始凭证在内的全套完整财务账簿以供查阅;(2)吕策上海公司向吕策德国公司提供公司设立至今的全部董事会决议进行查阅、复制。

一审法院作出如下判决:一、吕策上海公司于判决生效之日起十五日内提供自公司成立以来的会计账簿供吕策德国公司查阅;二、吕策上海公司于判决生效之日起十五日内提供自公司成立以来的董事会决议供吕策德国公司查阅、复制;三、驳回吕策德国公司的其他诉讼请求。

一审判决后吕策上海公司不服,提起上诉,请求撤销原审判决第一项,改判驳回吕策德国公司要求查阅会计账簿的诉请。

［结论］

二审最终作出判决：一、维持一审判决第二项、第三项；二、撤销一审判决第一项；三、驳回吕策德国公司要求查阅吕策上海公司自成立以来的会计账簿的诉讼请求。

［法院认为］

一审法院经审理后认为，股东知情权是公司法赋予股东的权利，股东可以依法行使该权利。现吕策上海公司无法以现有证据充分证明吕策德国公司查阅会计账簿具有不正当目的，因此吕策德国公司关于查阅、复制吕策上海公司设立至今的董事会决议并查阅吕策上海公司设立至今的会计账簿的诉请，于法有据，予以支持。另外由于会计凭证与会计账簿具有相对独立性，公司法对股东查阅权行使对象的列举式规定中也未包括公司原始会计凭证，故对吕策德国公司要求查阅原始会计凭证的诉请不予支持。

二审法院经审理认为，本案的争议焦点为：吕策德国公司要求查阅公司会计账簿是否具有不正当目的。对此，二审法院认为，股东提出查阅会计账簿的请求应基于正当、善意的目的，并与其作为股东的身份或利益直接相关。否则，如果股东违反诚实信用、善意原则，为了开展同业竞争、获取商业秘密等损害公司经营的目的，则公司有权拒绝其查询要求。本案中，判断吕策德国公司是否存在不正当目的，应着重审查以下事实：(1)吕铁公司的设立、经营范围及产品；(2)吕铁公司与吕策上海公司之间的竞争关系和竞争事实；(3)吕策德国公司查阅的目的及实现股东权利与查阅会计账簿之间的必要性。结合上述事实的审查和认定，二审法院认为，在吕铁公司与吕策上海公司之间存在同业竞争关系和竞争事实，吕策上海公司有理由怀疑吕策德国公司查阅会计账簿存在不正当目的的情况下，吕策德国公司应当对其查阅的目的作出合理解释。而吕策德国公司已经查阅了公司审计报告、财务报表等信息，既未对其真实性提出异议，也未合理说明实现股东利益与查阅会计账簿之间的必要性。此外，股东行使权利也应尽可能选择对公司和其他股东影响最小的方式，其查阅的目的也应当与该权利的救济程度相适应。在吕策上海公司明确表示愿意通过第三方独立审计的方式确保股东权利实现时，吕策德国公司完全可以通过其他合适的途径了解公司真实的经营状况。因此，从本案呈现的具体情况来看，吕策上海公司以吕策德国公司存在不正当目的、可能损害公司合法利益为由拒绝其查阅会计账簿，具有事实和法律依据。公司章程中有关股东查阅权的约定不能阻却法律赋予公司的对股东不正当目的的抗辩。故对于上诉人吕策上海公司的上诉请求，依法予以支持。

［法官分析］

本案的主要争议焦点为股东知情权案件中对股东要求查阅公司会计账簿的目的正当性判断。根据公司法的规定，目的的正当性系股东行使权利的实质性前提，但由于正当目的这一概念本身具有的主观性和不确定性，我国《公司法》未对其内涵及范畴作具体界定。实践中，对于公司抗辩的股东存在“不正当目的”是否构成以及“不正当目的”具体表现行为的认定等则需要法官在个案中进行解释和判定。本案的意见可为同类案件处理提供有益参考。

1.“正当目的”判断的原则和标准

股东知情权是股东享有了解和掌握公司经营管理等重要信息的权利，是股东依法行使资产收益、参与重大决策和管理者等权利的重要基础。但是，股东知情权的行使，既涉及股东利益的实现，也影响公司利益的保护，因此有必要对股东权利和公司利益之间作出一个合理平衡。为此，我国《公司法》第33条规定，股东有权查阅、复制公司章程、股东会会议记录、董事会会议决议、监事会会议决议和财务会计报告。股东可以要求查阅公司会计账簿。股东要求查阅公司会计账簿的，应当向公司提出书面请求，说明目的。公司有合理根据认为股东查阅会计账簿有不正当目的，可能损害公司合法利益的，可以拒绝提供查阅。因此，我国公司法对股东行使会计账簿查阅权规定了正当目的的限制性原则。

在股东知情权纠纷案件中，认定股东行使查阅权是否具有正当目的可遵循以下思路：

(1)遵循诚实信用、善意原则加以判断。

股东要求行使知情权目的的正当性是确定股东是否有权查阅作为公司核心财务资料——会计账簿的前提要件。而目的正当性不论从立法原意及其本身内涵来看，均系诚信原则在商事领域中的延伸和演化。对目的正当性的检验不仅涉及特定情形下股东查阅的主观动机和原因，也涉及公司的实际状况。因此，立法难以具体界定和穷尽每种不同情形下股东要求查阅的目的正当与否的标准，需要法官凭借对“正当目的”法律概念的理解，运用诚实信用、善意原则，结合个案情况加以综合审查判断。

本案中，吕策德国公司不顾双方合资合同中有关吕策产品应由合资企业进行排他销售的约定，在合资企业成立后又另行设立吕铁公司销售吕策产品，其行为违反了合同约定的禁止义务，也有违诚实信用原则；其所呈现的一些阻碍公司正常经营的行为，也有违善意原则。该些情形在认定其要求查阅会计账簿是否具有不正当目的时应作为据以考量的重要因素之一。

(2)查阅的目的应与实现股东利益直接相关。

一般情况下，股东行使知情权的目的，必须是为了维护自己作为股东正当的权利或为了公司及其他股东的利益。如果股东查阅的目的与保护股东的利益具有直接关系，则应当视为股东具有正当目的，例如，股东希望了解公司不向其支付红利的原因，调查可能存在的公司管理不善情形，需要通过行使知情权对管理者的错误行为提起诉讼等。也有学者将可推定股东行使知情权具有正当目的的情形大致归类为：①为估量股权价值或确定公司的财务状况、经营状况而查阅公司账簿；②为确定公司董事、监事、经理及其他高级管理人员的履职情况而查阅公司账簿；③为获悉其他股东信息或与其他股东共商公司经营事务而查阅公司账簿等。[①] 不管具体以何种理由提出，衡量的标准即为该目的是否与作为公司股东的利益紧密相关，且查阅的行为与实现股东利益之间适切而必要。

本案中，吕策德国公司已经查阅了公司审计报告、财务报表等信息，既未对其真实性提出异议，也未合理说明实现股东利益与查阅会计账簿之间的必要性。而且，股东行使权利也应尽可能选择对公司和其他股东影响最小的方式，其查阅的目的也应当与该权利的救济程度相适应。在吕策上海公司明确表示愿意通过第三方独立审计的方式确保股东权利实现时，吕策德国公司完全可以通过其他合适的途径了解公司真实的经营状况。

2. “不正当目的”的具体表现形式

司法实践中，通常股东起诉公司要求查阅公司会计账簿时，公司常以股东存在“不正当目的”为由拒绝其查阅请求。在此情况下，根据我国公司法的规定，公司应当对股东的不正当目的承担举证责任，且举证必须充分和确实，不能仅仅是简单的臆测和怀疑。那么在公司进行的恰当举证的前提下，对于何种行为和情形可以构成不正当目的，有观点认为，如果股东不是为了行使股东权利而查阅的，或者损害公司经营或者股东共同利益，或者股东违反竞业禁止义务、窃取及泄露公司商业秘密的，公司可以拒绝股东的查阅请求。[②] 笔者同意该意见，并针对现实中常见的情形进一步概括归类为，如果股东存在以下情形，则可考虑认定其存在不正当目的：(1)股东是公司的竞业者或成为竞业公司的股东及高管人员或拥有竞业公司的股份，查阅是为了获得从事竞业活动的利益；(2)获得公司与商业秘密相关联的信息目的是把它提供给竞争对手或使公司陷入困境；(3)为了获得非与投资相关的个人利益等。

本案中，二审法院认为，如果股东违反诚实信用、善意原则，为了开展同业竞争、获取商业秘密等损害公司经营的目的，则公司有权拒绝其查询要求。因此，对于判断吕策德国公司是否存在不正当目的，本案着重审查了以下事实：

(1)吕铁公司的设立、经营范围及产品。

根据原审查明的事实及吕策德国公司自述，吕铁公司即为吕策德国公司在中国境内投资成立的独资公司，其三名高管成员与吕策上海公司的三名德方董事完全一致；吕铁公司章程载明的经营范围与吕策上海公司的经营范围基本一致，主要为“自动化行业设备”的销售及技术服务；吕铁公司主营的产品与吕策上海公司有较大重合，均包括“控制电缆设备、LSC 布线控制系统、接口技术”等大类产品。

---

① 参见宋从文：“股东知情权行使与限制之维”，载《法律适用》2009 年第 7 期。

② 金剑锋等：《公司诉讼的理论与实务问题研究》，人民法院出版社 2012 年版，第 257 页。

(2)吕铁公司与吕策上海公司之间的竞争关系。

根据查明的事实,吕策上海公司总经理陆甲于2012年5月18日发送给伍德·吕策及2012年8月31日发送格瑞戈·松马的电子邮件中均陈述了吕铁公司与吕策上海公司存在同业竞争、客户流失的情况,对方未提出异议;吕策上海公司提交的其工程师证词也直接陈述了具体客户流失的事实。该证词内容与上述邮件内容、吕策上海公司提供的其他证据及其原审一贯陈述相印证,可以证明两家公司相互竞争的事实。

(3)吕策德国公司查阅的目的。

根据双方确认的往来邮件内容及庭审陈述,吕策上海公司对吕策德国公司试图关闭合资公司、切断供货来源、取消优惠、关闭网上销售渠道等行为表达了不满,并多次对其为扶持吕铁公司、试图获取合资公司客户信息等商业秘密的目的表示了严重担忧。此外,吕策上海公司也称一直在向德方股东提供公司财务报表、资产负债表、损益表等财务信息。而吕策德国公司所称提起本案诉讼的主要理由系基于2011年10月9日合资公司提出的100万元增资要求,事实上,合资公司实际提出增资请求系在2009年10月,且已被吕策德国公司拒绝。

综合上述事实,基于吕铁公司与吕策上海公司之间存在的竞争关系以及吕策德国公司一系列阻碍公司正常经营的行为,吕策上海公司以吕策德国公司存在不正当目的、可能损害公司合法利益为由拒绝其查阅会计账簿,具有相应的事实和法律依据,可予以支持。

3. 章程约定与不正当目的抗辩

本案中,吕策上海公司设立时制定的章程对股东查阅权有相关约定:"合资公司的财务审计和检查应由一位在中国注册的会计师进行,其结果报告应以中文和英文准备,并提交董事会和合资双方。任何一合资方有权任命全权授权的人员随时检查合资公司的账簿,费用由该方支付。"对此,吕策德国公司认为根据该章程约定,其有权随时检查吕策上海公司账簿;吕策上海公司则认为,章程制定之初不可能考虑到后续发生之事,而且即使章程有如此约定也不能对抗法律赋予公司对股东不正当目的的抗辩。

公司章程系公司的自治规则,公司可以在公司法允许的范围内规定公司组织及活动的具体规则。而对于公司法规范与公司章程之间的关系而言,章程可以对公司法中的任意性规范作出补充或者替代性规定,但不能改变公司法的强制性规范。我国《公司法》对股东查阅会计账簿之所以设立"正当目的"要件系对股东权利与公司利益之间的合理平衡。一方面股东享有法定的了解公司经营状况的权利,另一方面如果权利被滥用,公司则会在正常经营秩序及商业秘密保护上遭受损害。毕竟,从公司的角度来讲,由于会计账簿本身的敏感性,其记载和反映着公司的重要商业信息和商业秘密,如果任由股东查阅,不仅会给公司正常经营带来极大不便,也会造成商业秘密的泄露,从而影响公司发展与存亡。因此,为了保护公司商业秘密和避免恶意干扰公司经营的行为,应对股东查阅公司会计账簿权利的行使应当给予一定法律限制。而对于"正当目的"这一限制原则来讲,是公司立法在股东知情权问题上的利益平衡与权利制约的最低限度,属强制性法律规范,公司不能以章程加以变更。本案公司章程中的相关约定,不能阻却法律赋予公司的对股东不正当目的的抗辩。

（编写人:上海市第二中级人民法院　林晓镍　何　云）

[法律法规链接]

《公司法》第 33 条

【公报案例】

李某某、吴某、孙某、王某某诉江苏佳德置业发展有限公司股东知情权纠纷案

[裁判要旨]

股东知情权是指股东享有了解和掌握公司经营管理等重要信息的权利,是股东依法行使资产收益、参与重大决策和选择管理者等权利的重要基础。账簿查阅权是股东知情权的重要内容。股东要求查阅公司会计账簿的,应当向公司提出书面请求,说明目的。公司有合理根据认为股东查阅会计账簿有不正当目的,可能损害公司合法利益的,可以拒绝提供查阅,并应当自股东提出书面请求之日起十五日内书面答复股东并说明理由。

股东要求查阅公司会计账簿,但公司怀疑股东查阅会计账簿的目的是为公司涉及的其他案件的对方当事人收集证据,并以此为由拒绝提供查阅的,不属于公司法规定的股东具有不正当目的、可能损害公司合法利益的情形。

[案情]

原告李某某、吴某、孙某、王某某与被告江苏佳德置业发展有限公司(以下简称佳德公司)股东知情权纠纷一案,江苏省宿迁市宿城区人民法院一审查明:被告佳德公司是成立于 2003 年 10 月 15 日的从事房地产开发的有限责任公司。截至 2004 年 8 月 7 日,该公司的股东持股情况为:施某某 460 万元、王某某 250 万元、张某某 160 万元、孙某 65 万元、吴某 65 万元。2007 年 9 月 7 日,张某某将其持有的全部股份转让给李某某。

2009 年 4 月 8 日,四原告向被告佳德公司递交申请书,称:"申请人李某某、吴某、孙某、王某某作为江苏佳德置业发展有限公司(以下简称佳德公司)股东,对公司经营现状一无所知。公司经营至今没有发过一次红利,并对外拖欠大量债务,使

四申请人的股东权益受到了严重侵害。四申请人为了解公司实际情况，维护自己合法权益，现依据《公司法》，依法行使股东对公司的知情权。现四申请人准备于2009年4月23日前，在公司住所地依据公司法的规定查阅或复制公司的所有资料（含公司所有会计账簿、原始凭证、契约、通信、传票、通知等），特对公司提出书面申请。望公司准备好所有资料，以书面形式答复四申请人的委托代理人江苏联创伟业律师事务所方某律师。申请人：王某某、孙某、吴某、张某某(代)”。

2009年4月20日，被告佳德公司函复四原告：“本公司已于2009年4月8日收到……《申请书》以及《授权委托书》。对于《申请书》以及《授权委托书》中所述事项，因涉及较多法律问题，我公司已授权委托江苏世纪同仁律师事务所王甲律师、万某律师，代表我公司依法予以处理。请你直接与王甲、万某律师联系。”

被告佳德公司复函之前，2009年4月14日，李某某、吴某、孙某、王某某四原告诉至法院，请求判令四人对佳德公司依法行使知情权，查阅、复制佳德公司的会计账簿、议事录、契约书、通信、纳税申报书等（含会计原始凭证、传票、电传、书信、电话记录、电文等）所有公司资料。同日，法院受理该案。2009年4月27日，法院向佳德公司送达应诉材料。

另查明：被告佳德公司和广厦建设集团有限责任公司（以下简称广厦公司）于2005年5月26日签订《宿迁市“颐景华庭”住宅工程建设工程施工合同》，广厦公司派驻管理工程的项目经理为张某某。2009年2月18日，广厦公司以佳德公司拖欠其19954940.05元工程款为由，向宿迁仲裁委员会提请裁决。

一审法院判决：驳回原告李某某、吴某、孙某、王某某的诉讼请求。李某某、吴某、孙某、王某某不服一审判决，上诉请求撤销一审判决，判令四上诉人依法查阅或复制被上诉人佳德公司的所有资料（含公司所有会计账簿、原始凭证、契约、通信、传票、通知等）。

[结论]

二审法院依照《公司法》①第34条、《民事诉讼法》②第153条第1款第3项之规定：

一、撤销一审判决。

二、被上诉人佳德公司于本判决生效之日起十日内提供自公司成立以来的公司会计账簿（含总账、明细账、日记账、其他辅助性账簿）和会计凭证（含记账凭证、相关原始凭证及作为原始凭证附件入账备查的有关资料）供上诉人李某某、吴某、孙某、王某某查阅。上述材料由四上诉人在佳德公司正常营业时间内查阅，查阅时间不得超过十个工作日。

---

① 本篇案例涉及的《公司法》指2005年修订的《公司法》，该条在2013年修订的《公司法》第33条中有相应规定。

② 此处指2007年修订的《民事诉讼法》。

三、驳回上诉人李某某、吴某、孙某、王某某的其他诉讼请求。

［法院认为］

本案二审的争议焦点是：(1)四上诉人提起知情权诉讼是否符合法律规定的前置条件。(2)四上诉人要求行使知情权是否具有不正当目的。(3)四上诉人主张行使知情权的范围是否符合法律规定。

关于四上诉人起诉要求行使知情权是否符合公司法规定的前置条件。股东知情权是指法律赋予股东通过查阅公司的财务会计报告、会计账簿等有关公司经营、管理、决策的相关资料，实现了解公司的经营状况和监督公司高管人员活动的权利。股东知情权分为查阅权、检查人选任请求权和质询权。本案中，四上诉人诉请的性质为查阅权。

《公司法》第34条第2款规定："股东可以要求查阅公司会计账簿。股东要求查阅公司会计账簿的，应当向公司提出书面请求，说明目的。公司有合理根据认为股东查阅会计账簿有不正当目的的，可能损害公司合法利益的，可以拒绝提供查阅，并应当自股东提出书面请求之日起十五日内书面答复股东并说明理由。公司拒绝提供查阅的，股东可以请求人民法院要求公司提供查阅。"依据上述法律规定，股东提起账簿查阅权诉讼的前置条件是股东向公司提出了查阅的书面请求且公司拒绝提供查阅。这一前置条件设定的目的在于既保障股东在其查阅权受侵犯时有相应的救济途径，也防止股东滥用诉权，维护公司正常的经营。本案中，四上诉人于2009年4月8日向佳德公司提出要求查阅或复制公司的所有资料(含公司会计账簿、原始凭证、契约、通信、传票、通知等)以了解公司实际财务状况的书面请求，虽然4月14日四上诉人至一审法院起诉时佳德公司尚未作出书面回复，但佳德公司在4月20日的复函中并未对四上诉人的申请事项予以准许，且在庭审答辩中亦明确表明拒绝四上诉人查阅、复制申请书及诉状中所列明的各项资料。至此，四上诉人有理由认为其查阅权受到侵犯进而寻求相应的法律救济途径，此时不宜再以四上诉人起诉时十五天答复期未满而裁定驳回其起诉，而应对本案做出实体处理，以免增加当事人不必要的讼累。

关于四上诉人要求行使知情权是否具有不正当目的。由于股东的知情权涉及股东和公司之间的利益冲突，在保护股东利益的同时也应适当照顾公司的利益，使双方利益衡平，故知情权的行使应当符合一定的条件并受有一定的限制。本案中，四上诉人向被上诉人佳德公司提出书面请求说明其行使知情权的目的是了解公司实际经营现状，显属其作为有限责任公司股东应享有的知情权。佳德公司以四上诉人具有不正当目的为由拒绝其查阅，则应对四上诉人是否具有不正当目的并可能损害其合法利益承担举证责任。

被上诉人佳德公司认为四上诉人查阅会计账簿的目的是为了收集并向广厦公司提供工程款纠纷仲裁一案中对佳德公司不利的证据，损害佳德公司及其他股东的合法利益,其主要证据是四上诉人提交的申请书、诉状及授权委托书中均有张某某代李某某签名,而张某某的身份系广厦公司派驻佳德公司工程的项目经理,且直接参与了广厦公司与佳德公司的仲裁一案。佳德公司所举证据不足以证明四上诉人查阅公司会计账簿具有不正当的目的,且可能损害佳德公司合法利益。理由如下:(1)因李某某的股份系受让自张某某,故其临时委托张某某代为签名也在情理之中。其后李某某本人在诉状及授权委托书上亲自签名,表明提起知情权诉讼系其真实意思表示。张某某之前受李某某委托在诉状及授权委托书中代为签名,其法律效力及法律后果应由李某某承担,张某某本身不是本案主张行使知情权的主体,并非如佳德公司所主张的系代替李某某行使知情权。最终能够实际行使知情权的也只能是佳德公司股东李某某,而非张某某。(2)四上诉人合计持有佳德公司54%的股权,其与佳德公司的利益从根本上是一致的。佳德公司如在与广厦公司仲裁一案中失利,客观上将对四上诉人的股东收益权造成不利影响。且提起本案诉讼的系上诉人李某某、吴某、孙某、王某某四名股东,而非李某某一名股东,佳德公司仅以张某某代李某某签名,而认为四上诉人提起本案诉讼的目的在于为其利益冲突方广厦公司收集仲裁一案的不利证据,显然依据不足。(3)佳德公司主张四上诉人在查阅公司会计账簿后可能会为广厦公司收集到直接导致佳德公司在仲裁一案中多支付工程款的相关证据,但未明确证据的具体指向。法院认为,《公司法》第34条规定的公司拒绝查阅权所保护的是公司的合法利益,而不是一切利益。基于诚实信用原则,案件当事人理应对法庭或仲裁庭如实陈述,并按法庭或仲裁庭要求提供自己掌握的真实证据,以拒不出示不利于己的证据为手段而获得不当利益为法律所禁止。如佳德公司持有在仲裁一案中应当提供而未提供相关证据,则不能认定股东查阅公司账簿可能损害其合法利益。综上,股东知情权是股东固有的、法定的基础性权利,无合理根据证明股东具有不正当目的,则不应限制其行使。佳德公司拒绝四上诉人对公司会计账簿行使查阅权的理由和依据不足,不予采信。

关于四上诉人主张行使知情权的范围是否符合法律规定。四上诉人请求查阅、复制被上诉人佳德公司的会计账簿、议事录、契约书、通信、纳税申报书等(含会计原始凭证、传票、电传、书信、电话记录、电文等)所有公司资料。被上诉人佳德公司辩称其已向四上诉人提交了自公司成立起的全部工商设立、变更、年检登记文件及审计报告等资料,履行了配合股东行使知情权的法定义务。对此,法院认为,股东知情权是股东享有对公司经营管理等重要情况或信息真实了解和掌握的权利,是股东依法行使资产收益、参与重大决策和选择管理者等权利的基础性权利。从立法价值取向上来看,其关键在于保护中小股东合法权益。《公司法》第34条第2款规定,“股东可以要求查阅公司会计账簿”。账簿查阅权是股东知情权的重要内容。股东对公司经营状况的知悉,最重要的内容之一就是通过查阅公司账簿了解公司财务状况。《会计法》第9条规定:“各单位必须根据实际发生的经济业务事项进行会计核算,填制会计凭证,登记会计账簿,编制财务会计报告。”第 14 条规定:“会计凭证包括原始凭证和记账凭证。办理本法第 10 条所列的各项经济业务事务,必须填制或者取得原始凭证并及时送交会计机构。……记账凭证应当根据经过审核的原始凭证及有关资料编制。”第 15 条第 1 款规定:“会计账簿登记,必须以经过审核的会计凭证为依据,并符合有关法律、行政法规和国家统一的会计制度的规定。”因此,公司的具体经营活动只有通过查阅原始凭证才能知晓,不查阅原始凭证,中小股东可能无法准确了解公司真正的经营状况。根据会计准则,相关契约等有关资料也是编制记账凭证的依据,应当作为原始凭证的附件入账备查。据此,四上诉人查阅权行使的范围应当包括会计账簿(含总账、明细账、日记账和其他辅助性账簿)和会计凭证(含记账凭证、相关原始凭证及作为原始凭证附件入账备查的有关资料)。对于四上诉人要求查阅其他公司资料的诉请,因超出了《公司法》第 34 条规定的股东行使知情权的查阅范围,不予支持。关于查阅时间和地点,公司法赋予股东知情权的目的和价值在于保障股东权利的充分行使,但这一权利的行使也应在权利平衡的机制下进行,即对于经营效率、经营秩序等公司权益未形成不利影响。因此,四上诉人查阅的应当是和其欲知情的事项相互关联的材料,而并非对公司财务的全面审计,故查阅应当在公司正常的业务时间内且不超过 10 个工作日,查阅的方便地点应在佳德公司。

关于四上诉人要求复制被上诉人佳德公司会计账簿及其他公司资料的诉讼请求,法院认为,公司法赋予了股东获知公司运营状况、经营信息的权利,但同时也规定了股东行使知情权的范围。《公司法》第 34 条第 1 款将股东有权复制的文件限定于公司章程、股东会会议记录、董事会会议决议、监事会会议决议和财务会计报告。第 2 款仅规定股东可以要求查阅公司财务会计账簿,但并未规定可以复制,而佳德公司章程亦无相关规定,因此,四上诉人要求复制佳德公司会计账簿及其他公司资料的诉讼请求既无法律上的规定,又超出了公司章程的约定,不予支持。

综上,一审判决认定四上诉人行使股东知情权具有不正当目的错误,导致实体处理不当,依法应予纠正。

(案例选自《中华人民共和国最高人民法院公报》2011 年卷)

[法律法规链接]

《公司法》(2005 年修订)第 34 条

【同类案例 1】

甲环保技术公司与乙环保投资公司股东知情权纠纷案

[案号]

上海市第一中级人民法院(2013)沪一中民四(商)终字第 10 号

[案情]

上诉人甲环保技术公司与被上诉人乙环保投资公司股东知情权纠纷一案，一审法院审理查明：上诉人注册成立于2008年2月20日。2010年1月，丙实业公司通过受让股权，成为持有上诉人40%股权的股东，并办理了股权工商变更登记手续。2010年6月，丙实业公司名称变更为乙环保投资公司，即本案被上诉人。2012年8月9日，被上诉人通过快递公司邮寄申请书给上诉人，声称因为对上诉人过去和现在的经营状况不清楚，故要求查阅、复制自上诉人成立以来的股东会会议记录、董事会会议决议、会计报告、会计账簿及相应的记账凭证。上诉人收到被上诉人的申请书后，未予答复。因被上诉人行使股东知情权受阻，故涉诉。

一审法院判决上诉人向被上诉人提供自2008年2月20日至实际交付之日止的股东会会议记录、董事会会议决议和财务会计报告以供查阅、复制；上诉人向被上诉人提供自2008年2月20日至实际交付之日止的会计账簿以供查阅。

上诉人甲环保技术公司不服一审法院上述民事判决，向二审法院提起上诉称，被上诉人法定代表人曾不当侵占上诉人钱款，被上诉人委派的公司财务在离职时私自带走上诉人财务印鉴，亦曾导致双方发生冲突，故上诉人有理由认为被上诉人要求查阅、复制相关公司文件存在不正当的目的。上诉人据此请求二审法院撤销原判，发回重审或改判驳回被上诉人一审全部诉讼请求。

二审法院认为，依照《公司法》相关规定，公司股东有权查阅、复制公司章程、股东会会议记录、董事会会议决议、监事会会议决议和财务会计报告，法律赋予公司股东的此种权利并不因股东对于公司有否其他不当行为而消灭，且被上诉人法定代表人及其他工作人员并不直接具有上诉人的股东身份，其行为不能直接导致被上诉人股东权利被否定的后果，上诉人以该法定代表人及其他工作人员有不当行为为由拒绝被上诉人履行股东权利缺乏事实和法律依据，二审法院对其相应主张不予采信。遂判决驳回上诉，维持原判，即甲环保技术公司应该向乙环保投资公司提供相应文件供查阅、复制。

【同类案例2】

施某某与上海甲国际货物运输代理有限公司股东知情权纠纷案

[案号]

上海市第一中级人民法院(2011)沪一中民四(商)终字第2080号

[案情]

上诉人施某某与被上诉人上海甲国际货物运输代理有限公司股东知情权纠纷

一案,一审法院查明如下事实:上海甲国际货物运输代理有限公司(以下简称甲公司)系经工商核准于2006年6月20日设立的有限责任公司,注册资本为人民币550万元(以下币种均为人民币),施某某系股东之一,出资额为269.50万元,占注册资本的49%。甲公司2006年6月1日公司章程第11条第1项规定,股东享有查阅股东会议记录和公司财务会计报告的权利。

施某某在甲公司任副总经理职务,于2008年2月辞职,并于同月开始在案外人上海乙国际货物运输代理有限公司(以下简称乙公司)从事进口货代业务、销售业务。施某某离开甲公司后曾电话告知原客户,希望有业务可以继续找他。因为其原来在甲公司时拥有大量的客户资源,施某某以乙公司的名义与客户签订协议。叶某某和成某某原来也系甲公司的员工,后随施某某相继离职后在乙公司工作。

2008年8月19日,甲公司向施某某致函,要求施某某在二个月内,即在2008年10月18日之前将其抽离的注册资本金269.50万元汇入甲公司。

2010年3月9日,甲公司向上海市普陀区人民法院起诉施某某,要求其补足出资。该院判决施某某应向甲公司补足注册资本269.50万元。施某某不服上述判决而向上海市第二中级人民法院提出上诉,后撤回上诉。

2011年9月6日,施某某向甲公司发出《要求查阅公司会计账簿的通知》,称其对甲公司向普陀区法院提供的财务报表有异议,故书面要求查阅股东会议记录和公司会计账簿、财务会计报表(自2006年成立起至2011年9月止),请甲公司在收到通知后15日内提供。9月12日,甲公司发出《复函》,认为施某某有违反对公司忠实义务的事实和损害公司利益的恶劣行为,施某某提出的查阅甲公司会计账簿显然有不正当目的,对甲公司财务报表的异议没有任何依据,故不同意施某某的请求。

施某某起诉要求查阅和复制甲公司自2006年6月20日至2011年9月的股东会会议记录、财务会计报告以及会计账簿。

一审法院依照《公司法》[①]第34条的规定,判决甲公司于判决生效之日起十日内向施某某提供自2006年6月20日至2011年9月的全部股东会会议记录和财务会计报告供查阅和复制,驳回施某某其余诉讼请求。

施某某不服一审判决,提出上诉,请求改判被上诉人甲公司提供2006年6月20日至2011年9月的会计账簿供其查阅、复制。

二审法院确认以下事实:被上诉人因虚报注册资本被上海市工商行政管理局浦东新区分局责令改正。施某某作为股东至今未履行出资义务。被上诉人2010年度经营状况为亏损。上诉人于2009年5月14日与乙公司解除劳动合同关系。

二审法院认为,我国公司法第34条第2款仅规定股东可以要求查阅公司会计账簿,故上诉人施某某要求复制被上诉人甲公司会计账簿缺乏法律依据,应不予支

① 此处指2005年修订的《公司法》。

持。对于上诉人施某某要求查阅被上诉人甲公司会计账簿？二审法院认为，首先，上诉人作为被上诉人股东，至今怠于履行其出资义务，其股东权利理应受到相应限制。其次，上诉人从被上诉人离职时曾带走客户资料。上诉人可能通过查阅、复制会计账簿掌握被上诉人客户信息。而上诉人在离开被上诉人甲公司后，以乙公司总经理名义，与原有客户开展业务，其业务与财务做账均与该公司完全分开。上诉人虽与乙公司签有劳动合同，以该公司名义缴纳四金，但所需款项均由上诉人经营款项支付。故上诉人与乙公司解除劳动合同，并不能充分证明其不会以上述模式继续从事同类行业。如其继续从事同类行业，不能排除其利用通过查阅甲公司会计账簿掌握到的客户信息开展业务的可能性。因上诉人曾实际实施过该种损害被上诉人利益的行为，故被上诉人拒绝提供其查询，理由充分，无可厚非。二审法院判决驳回上诉，维持原判。

041. 公司能否因股东向公司借款用作出资否认其享有股东知情权

山东西水塑料管业有限公司与高某股东知情权纠纷案

[案号]

山东省东营市中级人民法院(2012)东商终字第96号

[裁判要旨]

股东资格的确认主要依据工商行政管理部门的登记，因该登记具有对外公示效力。即使股东用于出资的款项是借款，但货币是典型的种类物，占有该借款后，其就是该款的合法所有人，股东用借款作为出资应视为其实际出资，故不能以股东的出资款是借款为由否认其股东权利。

[案情]

上诉人山东西水塑料管业有限公司(以下简称西水公司)与被上诉人高某股东知情权纠纷一案，经审理查明：西水公司2007年4月6日经广饶县工商行政管理局登记注册成立，股东为包括高某在内的3人。公司注册资本经两次变更后由公司成立时的300万元变更为3000万元。其中公司法定代表人及另1名股东持股比例为80%，高某持股比例为20%。高某于2011年12月27日通过东营市渤海公证处以邮寄送达的方式向西水公司提交了要求查阅、复制公司财务会计报告等相关资料的申请，请求西水公司向高某提供自2007年4月至2011年11月的会计账簿以供查阅；并请求西水公司向高某提供自西水公司成立以来至今的历次股东会会议记录及历年经过会计师事务所审计的财务会计报告以供查阅复制。西水公司法定代表人已于2011年12月28日签收该申请，但是并未提供有关材料供高某查阅、复制，亦未予书面答复说明理由。高某遂起诉至法院。

西水公司向一审法院提交了高某出具的借据，辩称高某所用来参股增资的资金系其向西水公司所借，高某并未实际履行出资义务，因此不具有股东资格，不享有股东权利。

一审法院认为，该证据仅能证实高某与西水公司之间可能存在借贷关系，与本案不属于同一法律关系，可另案处理。况且，在公司设立以后，与出资义务相对应的权利主要是资产受益权，未实际出资或者出资有瑕疵的股东在享有资产受益权时可能会受到影响，而与股东知情权相对应的义务是股东就其认缴的出资范围对外承担相应的民事责任。因此，根据权利义务相一致的原则，未实际出资或者出资有瑕疵的股东在对外承担相应民事责任的同时，也应享有知情权。一审法院依照《公司法》[①]第 34 条、《民事诉讼法》[②]第 64 条之规定，判决：一、西水公司于判决生效后十日内提供自 2007 年 4 月至 2011 年 11 月的会计账簿（包括总账、明细账、日记账及其他辅助性账簿）以供高某查阅。二、西水公司于判决生效后十日内提供自公司成立以来的历次股东会会议记录、财务会计报告及公司章程以供高某查阅、复制。

西水公司不服原判，上诉请求二审法院撤销原审判决，依法改判驳回高某的诉讼请求或发回重审。

[结论]

二审法院判决驳回上诉，维持原判，即西水公司应提供相关会计账簿供高某查阅，提供股东会会议记录等相关文件供高某查阅、复制。

[法院认为]

股东资格的确认，主要依据工商行政管理部门的登记，因该登记具有对外公示效力。根据被上诉人高某在一审时提交的广饶县工商行政管理局出具的《私营公司设立登记情况》、《股东名录》、《企业变更情况》，可以确认上诉人西水公司注册登记及后期增资时，全部资本均已实际到位，且上诉人西水公司认可被上诉人高某亦按照其认缴出资额实际出资，但辩称该出资的来源是被上诉人高某向上诉人西水公司的借款，故主张被上诉人高某未实际出资，不享有上诉人西水公司的股东权利。二审法院认为，即使被上诉人高某用于出资的款项是借款，但货币是典型的种类物，被上诉人高某占有该借款后，其就是该款的合法所有人，被上诉人高某用借款作为出资应视为其实际出资，故不能以被上诉人高某的出资款是借款就否认其股东权利。因此，上诉人西水公司的上诉理由证据不足，不能成立，对上诉人西水公司的上诉主张依法不予支持。

根据《公司法》第 34 条第 1 款"股东有权查阅、复制公司章程、股东会会议记

---

① 本篇案例涉及的《公司法》指 2005 年修订的《公司法》。

② 此处指 2007 年修订的《民事诉讼法》。

录、董事会会议决议、监事会会议决议和财务会计报告”及第2款“股东可以要求查阅公司会计账簿。股东要求查阅公司会计账簿的，应当向公司提出书面请求，说明目的。公司有合理根据认为股东查阅会计账簿有不正当目的，可能损害公司合法权益的，可以拒绝提供查阅，并应当自股东提出书面请求之日起十五日内书面答复股东并说明理由。公司拒绝提供查阅的，股东可以请求人民法院要求公司提供查阅”的规定，高某作为西水公司登记在册的股东，依法享有股东知情权，故对高某要求查阅、复制西水公司自成立以来的历次股东会会议记录、财务会计报告及公司章程的诉讼请求，予以支持。西水公司在高某向其提出查阅会计账簿的请求后，既未提供有关材料供原告查阅，亦未给予书面答复，且高某已说明查阅目的，西水公司也未能提出充分证据和合理根据认为其查阅会计账簿有不正当目的，可能损害公司合法权益，故对高某要求查阅西水公司2007年4月至2011年11月的会计账簿的诉讼请求，予以支持。

[法律法规链接]

《公司法》(2005年修订)第34条

042. 股东知情权的内容和保护范围如何界定

陈甲诉深圳市格兰德林科技有限公司股东知情权纠纷案

[案号]

一审：广东省深圳市南山区人民法院(2011)深南法民二初字第635号

二审：广东省深圳市中级人民法院(2011)深中法民二终字第1876号

[裁判要旨]

股东在行使知情权时不能超越法律和公司章程规定的范围。我国现行公司法以列举的方式对允许知情的事项作了明确的除外规定，财务原始凭证、银行对账单等内容并未在该法列举的范围内，而公司章程对此也未予明确，在未进一步举证存在必须查阅之正当理由的情况下，难以得到支持。

[案情]

陈甲诉深圳市格兰德林科技有限公司股东知情权纠纷一案，经审理查明：2007年11月18日，陈乙、米某某、陈甲、贾某某、庞某及石某六人签订《合伙协议》，约定上述六人共同出资设立格兰德林公司，陈乙及米某某各出资150万元，其余四人以“技术、全职投入和资金投入”持股。其中陈甲持股比例为19%。《深圳市格兰德林科技有限公司章程》记载，格兰德林公司注册资本为100万元，陈甲为格兰德林公司的股东，出资额为19万元，出资比例为19%。深圳市市场监督管理局注册登记信息查询单显示，格兰德林公司成立于2007年12月4日，注册资本100万元,股东为米某某、陈甲、陈乙及石某四人。陈甲出资额为19万元,出资比例为19%。

陈甲的诉讼请求为:(1)格兰德林公司提供会计账本、会计报表、整账、明细分类表、现金及银行日记账、会计凭证(包括原始凭证)、其他会计资料、公司章程、股东会会议记录、董事会会议决议、监事会会议决议,以供陈甲查阅及复制;(2)该案诉讼费由格兰德林公司承担。陈甲在庭审中说明其诉讼请求所称的会计账本系指会计账簿。

一审法院判决:一、格兰德林公司应于该判决生效之日起十日内将其自成立之日起的公司章程、股东会会议记录、董事会会议决议、监事会会议决议提供给陈甲查阅及复制;二、格兰德林公司应于该判决生效之日起十日内将其自成立之日起的会计账簿(包括总账、明细账、日记账和其他辅助性账簿)、会计凭证(包括原始凭证)提供给陈甲查阅;三、驳回陈甲其他的诉讼请求。

格兰德林公司不服一审判决,向深圳市中级人民法院提起上诉。

[结论]

二审法院判决:

一、维持一审判决第一项;

二、变更一审判决第二项为:上诉人深圳市格兰德林科技有限公司应于本判决生效之日起十日内将其自成立之日起的会计账簿(包括总账、明细账、日记账和其他辅助性账簿)提供给陈甲查阅;

三、撤销一审判决第三项;

四、驳回被上诉人陈甲的其他诉讼请求;

五、驳回上诉人深圳市格兰德林科技有限公司的其他上诉请求。

[法院认为]

一审法院经审理认为:该案为股东知情权纠纷。陈甲系格兰德林公司的股东,其依法享有股东知情权,即有权查阅、复制公司章程、股东会会议记录、董事会会议决议、监事会会议决议和财务会计报告,并可以要求查阅公司会计账簿。根据《公司法》①第34条第1款的规定,陈甲有权查阅及复制格兰德林公司自成立以来的公司章程、股东会会议记录、董事会会议决议、监事会会议决议和财务会计报告,格兰德林公司应将上述文件提供给陈甲查阅及复制,对陈甲的该部分诉讼请求,依法应予以支持。《公司法》第34条第2款规定:"股东要求查阅公司会计账簿的,应当向公司提出书面请求,说明目的。公司有合理根据认为股东查阅会计账簿有不正当目的,可能损害公司合法利益的,可以拒绝提供查阅,并应当自股东提出书面请求之日起十五日内书面答复股东并说明理由。公司拒绝提供查阅的,股东可以请求

---

① 此处指2005年修订的《公司法》,下同。

人民法院要求公司提供查阅。”虽然格兰德林公司否认其收到陈甲通过国内特快专递的方式向其发出《关于查阅公司账务的申请》，但陈甲以诉讼的方式提出也应视为陈甲提出了书面请求。在格兰德林公司无证据证明陈甲查阅会计账簿有不正当目的的情况下，格兰德林公司应将其会计账簿提供给陈甲查阅。根据《会计法》第14条、第15条的规定，会计账簿登记必须以经过审核的会计凭证为依据，会计账簿包括总账、明细账、日记账和其他辅助性账簿，会计凭证包括原始凭证和记账凭证。故陈甲要求查阅会计账簿（包括总账、明细账、日记账和其他辅助性账簿）的诉讼请求，该院予以支持。虽然《公司法》及公司章程未明确会计凭证（包括原始凭证）属股东可查阅的内容，但由于会计凭证（包括原始凭证）既是会计账簿形成的基础，又是验证会计账簿对公司财务状况的记录是否完整准确的依据，其最能真实反映公司的资金活动和经营状况，故对陈甲要求查阅会计凭证（包括原始凭证）的诉讼请求，该院亦予以支持。

二审法院审理认为：本案争议的焦点是陈甲是否有权查阅公司章程、股东会会议记录、董事会会议决议、监事会会议决议以及会计账簿（包括总账、明细账、日记账和其他辅助性账簿）、会计凭证（包括原始凭证）。格兰德林公司上诉称陈甲未全面履行出资义务，且双方的出资纠纷正在另案审理中，陈甲的股东资格待定，应限制陈甲的知情权。对此，二审法院认为，法律规定，如果股东出资不实，股东应对公司或公司债务人承担相应法律责任，但并不因此而丧失股东资格和股东权利。况且，深圳市南山区人民法院（2011）深南法执字第84号案件已经将陈乙持有的部分股权变更登记至陈甲名下，陈甲具有格兰德林公司股东资格，当然享有相应知情权。格兰德林公司认为陈甲的股东资格待定的上诉理由，依据不足，故不予采纳。陈甲已经向格兰德林公司提出查阅会计账簿的申请，格兰德林公司未在法定期限内书面答复并说明理由，虽其上诉称陈甲的查阅行为存在泄露商业秘密之嫌，将损害格兰德林公司的利益，但并未举证证明该主张，因此格兰德林公司无正当理由拒绝陈甲的查阅请求，该院不予支持。但是，公司法并未赋予股东对公司会计凭证及原始凭证的查阅权，陈甲要求查阅包括原始凭证在内的格兰德林公司会计凭证，缺乏法律依据，该院不予支持。综上，格兰德林公司的部分上诉请求成立，该院予以部分支持。原审判决认定事实清楚，适用法律正确，但判决结果部分有误，应予以纠正。

［法官分析］

我国公司法虽然确立了股东知情权制度，股东在知情权受到侵犯时可以提起知情权诉讼，但是，对于股东知情权的内容和保护范围却规定的较为笼统和概括，在司法适用中，主要有以下几个问题：

一是法律责任欠缺。我国《公司法》只规定了股东有查阅公司账簿的权利，而没有规定公司违反义务时应承担何种法律责任的规定。在公司实务中，中小股东尽管可以依法查阅公司财务账簿等有关资料,但股东的要求往往被种种理由拒绝,使股东此项要求被损害时有发生。由于公司并没有因拒绝履行义务而负担不利后果的惩罚性规定,所以公司法关于知情权的规定不能积极有效地促使公司及其控制者主动配合股东行使知情权,使得这一法律规定的效果不明显。

二是知情范围不明确具体。这两条法律条文仅规定了股东在提出书面请求,说明目的之后可以查阅公司的会计账簿,但是,并没有明确规定股东是否有权查阅公司的原始会计凭证,并且对于公司会计账簿虽然可以查阅但也不能进行复制。此外,股东能否委托他人代为查阅也没有做细化的规定。查阅公司账簿往往需要对相关财务信息进行定量、定性专业分析,继而决定采取进一步措施与否。然而并非所有的自然人股东都具备财会专业知识,能够胜任专业分析工作,事实上,多数自然人股东不具备独自查阅财务会计账簿的能力。实践中原告往往会申请将财务报告和会计账簿、会计凭证进行审计或者交由专业财会人员进行查看。在这个问题上,笔者认为,在现实中,虽然中小股东与大股东在法理上享有同等的股东权利,但是中小股东所持的股份比大股东要少,在公司的重大经营决策权上,中小股东似乎只有参与的权利并无最终的决定权。这就决定了小股东本身就享有比大股东更少更小的权利,他在公司治理中的发言权本身就弱,知情权保护只是对大小股东之间和股东与公司管理者之间进行了一些平衡,但终不能因此而动摇公司大股东对公司事务的决定权,也不能因行使知情权而过多的干扰公司的正常运作。这样说来,如果股东动辄以诉讼方式调取公司财务报告或者会计账簿必然会影响公司正常经营,并非知情权确立的初衷,因此公司法的规定应当理解为不能擅自进行财务审计,这也是为何大多数法院未支持股东关于对公司会计账簿进行审计的诉请的原因。

三是诉讼时效如何计算。对于这个问题有两种不同的观点,但是结论却是相同的。一种观点认为公司章程规定了公司向股东定期提供会计报告,故其告知股东公司信息的行为具有连续性,直接导致公司侵犯股东知情权的侵权行为具有连续性,股东在提起知情权诉讼之时,实际上仍然处于知情权受到侵害的状况中。此种情况下,股东提起知情权诉讼并未超过诉讼时效。将与知情权有关的侵权行为解释为持续性行为,以此延续知情权司法保护的时间,符合股东与公司之间信息不对称的实际状况,有利于在诉讼时效层面实现权利配置的公正。而第二种观点认为股东知情权诉讼是以公司法的规定为诉讼的法律依据的,根据法律规定知情权诉讼之前有一个前置程序,即股东因通过前置程序未能获得相关信息才能提起诉讼,因此,应视为股东此时被公司拒绝查阅复制有关资料作为权利才知道或者应当知道其知情权被侵犯,计算诉讼时效应当从此时开始计算。这个观点将潜藏在股东与公司之间的矛盾期进行了刻度,对无法进行衡量的抽象的股东被侵犯权益之时以法律规定作为了认定的依据，量化了股东知情权被侵犯的时间，比较准确地把握和体现了公司法的立法意图，因此笔者更同意后者的意见。

四是举证责任的分配有难度。股东的权利并非绝对，而是应当受到限制的。各国立法在对股东知情权加以限制的时候，其中最常见、最主要的限制即是正当目的限制。我国《公司法》第34条第2款规定了，股东行使查阅权应当具有“正当目的”。查阅公司相关账簿是股东行使知情权的体现，这本身就是股东的一项权利，公司在没有提供证据的前提下，不应当对其进行阻止，这是符合权利行使的一般逻辑的。股东有义务在行使知情权的时候提供证据证明自己具有正当的目的。但是，这种证明责任不应当过于严格，否则将成为阻碍股东行使权力的屏障。如果公司对股东的证据持有异议，则需自行提供证据来证明股东的目的不具有正当性。此时，根据“谁主张，谁举证”的原则要求，公司要承担举证责任。只不过相比之下，公司的举证责任要更为严格，公司只有提供了充分的证据证明股东不具有正当的目的，才能限制股东行使查阅权。

（编写人：深圳市中级人民法院商事庭　曹圆媛）

［法律法规链接］

《公司法》(2005年修订)第34条

《会计法》第14条、第15条

【同类案例】

上海珠蜂某公司与上海万源某公司股东知情权纠纷案

［案号］

上海市第一中级人民法院(2010)沪一中民四(商)终字第691号

［案情］

上诉人上海珠蜂某公司因股东知情权纠纷一案，一审法院经审理查明，上海万源某公司成立于1999年5月17日。上海珠蜂某公司为上海万源某公司股东之一，持有上海万源某公司10%股份。上海万源某公司章程第12条约定，股东有权查阅股东会会议记录和公司财务会计报告。

2009年7月20日，上海珠蜂某公司向上海万源某公司书面提出查阅会计账簿的请求，要求上海万源某公司提供自2002年10月起至2009年6月30日止的财务会计报告以及公司债权债务情况，并适时查阅有关会计账簿和凭证。同年7月24日，上海珠蜂某公司至上海万源某公司查阅了2006~2008年的财务报表。

双方就查阅、复制权利行使发生纠纷，上海珠蜂某公司诉至法院。

一审法院另查明,2007 年 8 月至 9 月,上海珠蜂某公司曾至上海万源某公司查阅了 2002～2006 年的年度审计报告及财务报表。

诉讼中,上海珠蜂某公司明确其查阅目的为了解公司经营状况和财务状况;上海万源某公司明确其均按章程规定正常召开董事会、股东会、监事会会议。

一审法院判决:一、上海万源某公司于本判决生效之日起十日内提供该公司 2002 年 1 月始至判决生效之日的财务会计报告、会计账簿、股东会会议记录供上海珠蜂某公司查阅;二、驳回上海珠蜂某公司要求查阅上海万源某公司的财务原始凭证、银行对账单、记账凭证、房产项目销售明细以及董事会会议记录、监事会会议记录的诉讼请求。

一审法院判决后,上海珠蜂某公司不服,上诉请求撤销一审法院的判决,依法予以改判。

二审法院认为,股东在行使知情权时不能超越法律和公司章程规定的范围。我国现行公司法以列举的方式对允许知情的事项作了明确的除外规定,上诉人诉请中要求查阅被上诉人的财务原始凭证、银行对账单等内容并未在该法列举的范围内,被上诉人的公司章程对此也未予明确,在未进一步举证存在必须查阅之正当理由的情况下,在本案中难以得到支持。当然,社会上不乏大股东或实际控制人制作虚假账册等侵害小股东权利的事例,因此上诉人若在依法查阅相关公司文件和资料或公司经营活动中发现被上诉人确有上述判决允许查阅的资料和文件中存在瑕疵或侵害上诉人权利的情形,需进一步核实相关原始凭证和文件资料的,可另行主张相关知情权以满足自己的诉求。二审法院判决驳回上诉,维持原判。

043. 股东知情权诉讼不适用诉讼时效的规定

A 公司与徐 B 股东知情权纠纷案

[案号]

上海市第一中级人民法院(2011)沪一中民四(商)终字第 1827 号

[裁判要旨]

股东知情权是基于股东的身份而享有的权利,不具有财产利益内容,故不适用诉讼时效的规定。

[案情]

上诉人 A 公司与被上诉人徐 B 股东知情权纠纷一案,一审法院查明:A 公司成立于 2003 年 9 月,徐 B 为持有 A 公司 10% 股权的股东。2003 年 9 月 15 日,A 公司通过股东会决议,选举徐 B 为监事。

2010 年 12 月 4 日，徐 B 向 A 公司发函，要求查阅公司自开业至今的报表及财务凭证。徐 B 将信函以挂号信方式邮寄至 A 公司注册地址上海市桂林路 2 × × 号，信件因收件人外出及无此单位等原因被退回。

徐 B 起诉要求查阅 A 公司成立至今的财务会计报告、会计账簿等资料。A 公司辩称，徐 B 起诉已经超过诉讼时效。

一审审理中，徐 B 于 2011 年 8 月 23 日当庭向 A 公司提交通知，要求 A 公司提供包括资产负债表、损益表、利润表在内的公司财务会计报告、会计账簿及原始凭证供徐 B 查阅。

一审法院依照《公司法》[①]第 34 条之规定，作出如下判决：A 公司应于判决生效之日起 10 日内，提供公司成立至今的财务会计报告、会计账簿，以供徐 B 查阅。

一审法院判决后，A 公司不服，提起上诉称，徐 B 出资未到位，不应享有股东权利；徐 B 将 A 公司的办公用品、财务账册及货物等搬走，并在 A 公司房屋拆迁时侵占了 A 公司的补偿款，徐 B 查阅公司财务会计报告等资料的目的正当性值得怀疑；徐 B 未提交书面请求，查阅程序违法；股东知情权的行使需受诉讼时效的限制，徐 B 只能查阅其提出申请之日起前两年的资料，即 2009 年至 2010 年的财务报告与账簿。故请求二审法院撤销一审判决，依法改判驳回徐 B 的一审诉讼请求。

[结论]

二审法院判决驳回上诉，维持原判，即 A 公司应于判决生效之日起 10 日内，提供公司成立至今的财务会计报告、会计账簿，以供徐 B 查阅。

[法院认为]

一审法院认为，我国公司法规定，股东有权查阅、复制公司财务会计报告，并可要求查阅公司会计账簿。虽然法律同时规定，股东要求查阅公司会计账簿的，应当向公司提出书面请求，说明目的。但徐 B 在向 A 公司工商登记地址邮寄书面请求被退回后，又当庭向 A 公司送达了书面请求，A 公司仍拒绝徐 B 的请求，可以认定 A 公司拒绝提供查阅。A 公司辩称，徐 B 起诉已经超过诉讼时效，并无法律依据，不予支持。

二审法院认为，股东权是公司权利体系的核心内容，而股东知情权是股东各项权利中的基础性权利。为保证公司股东正常行使权利，了解公司的经营情况和相关信息，我国现行公司法对股东知情权的范围已作了较广泛的规定，为防止股东滥用知情权，影响公司正常管理、干扰正常经营，损害公司和其他股东利益，又对股东知情权的范围给予一定限制。现 A 公司认为徐 B 出资未到位，不享有股东权

---

① 此处指 2005 年修订的《公司法》。

利，且查阅公司资料的正当性值得怀疑。对此，二审法院认为，A公司未能提供证据证明徐B出资未到位，且徐B出资是否到位，并不影响其股东身份，A公司主张徐B因此不享有知情权缺乏法律依据。至于查阅目的正当性问题，鉴于A公司未能提供充分证据证明该主张，二审法院不予采信。A公司还认为徐B未提交书面请求，直接要求查阅会计账簿等资料不符合公司法之规定。然而，二审法院注意到，徐B曾在一审法院审理过程中当庭向A公司提交了书面请求，A公司仍予以拒绝，可以认为A公司拒绝徐B查阅相关资料。故徐B查阅相关公司资料的请求符合法律规定。此外，A公司认为徐B起诉已经超过诉讼时效，二审法院认为，股东知情权是基于股东的身份而享有的权利，不具有财产利益内容，故不适用诉讼时效的规定。A公司关于诉讼时效的主张缺乏法律依据，二审法院不予采信。

综上所述，A公司的上诉请求和理由均缺乏相应的事实和法律依据。一审判决认定事实清楚，适用法律正确，应予维持。

[法律法规链接]

《公司法》(2005年修订)第34条

044. 股东行使查阅、复制权的方式及地点

董某某与甲公司股东知情权纠纷案

[案号]

上海市第一中级人民法院(2011)沪一中民四(商)终字第871号

[裁判要旨]

股东有权查阅、复制公司章程、股东会会议记录、董事会会议决议、监事会会议决议和财务会计报告；股东可以要求查阅公司会计账簿。复制公司会计账簿及原始单据的请求，并无法律依据。关于股东行使查阅、复制权利的地点，法律、法规未作明确规定。确定股东行使查阅、复制权的地点应考虑能够保障上诉人方便地行使其查阅、复制权利，同时可以避免资料在搬运过程中可能造成的遗失、毁损。

[案情]

上诉人董某某因与被上诉人甲公司股东知情权纠纷一案，经审理查明：董某某系甲公司(以下简称甲公司)股东。2011年1月4日，董某某委托上海市久欣律师事务所律师向甲公司发函，要求查阅2006年至2010年的会计报告、会计账簿和单据。但未收到反馈。董某某虽提起本案诉讼，请求判令甲公司提供自2006年1月1日至2011年1月3日的资产负债表、损益表、财务状况变动表、财

务状况说明表、利润分配表及附属明细表、会计账簿和财务会计报告、原始单据供其查阅和复制，查阅地点为甲公司注册地上海市长宁区北翟路1458号或长宁区人民法院。

一审法院依照《公司法》[①]第34条，《会计法》第20条，《企业财务会计报告条例》第6条、第7条、第12条第1款之规定，判决甲公司于本判决生效之日起十日内，将公司2006年1月1日至2011年1月3日的包括资产负债表、损益表、财务状况变动表、财务状况说明表、利润分配表及附属明细表等在内的财务会计报告提供给董某某查阅和复制，查阅、复制地点为甲公司实际经营地上海市长宁区中山西路8××弄5×号某大厦11B座；甲公司于判决生效之日起十日内，将公司2006年1月1日至2011年1月3日的会计账簿和原始单据提供给董某某查阅，查阅地点为甲公司实际经营地上海市长宁区中山西路8××弄5×号某大厦11B座；驳回董某某其余诉讼请求。

董某某不服一审判决，提出上诉认为，甲公司所称的公司目前实际经营地上海市长宁区中山西路8××弄5×号某大厦11B座的房屋性质是"住宅"，不是合法的经营场所，一审判决将该场所指定为查阅、复制账簿地点不当；法律没有明确规定股东是否有权复制"会计账簿、原始单据"，即不禁止股东可以行使该项权利，故请求撤销一审判决，改判支持其一审全部诉讼请求，其中查阅、复制地点确定为上海市长宁区人民法院。

[结论]

二审法院判决驳回上诉，维持原判，即甲公司将相应财务会计报告提供给董某某查阅和复制，查阅、复制地点为甲公司实际经营地上海市长宁区中山西路8××弄5×号某大厦11B座；甲公司将相应会计账簿和原始单据提供给董某某查阅，查阅地点同前。

[法院认为]

一审法院认为，董某某作为甲公司股东，请求查阅、复制公司财务会计报告、查阅公司会计账簿符合法律规定；且甲公司予以认可。同时甲公司认可董某某查阅原始单据的请求，并不违反法律规定。按照《会计法》及《企业财务会计报告条例》的相关规定，会计报告包括了资产负债表、损益表、财务状况变动表、财务状况说明表、利润分配表及附属明细表等。故董某某要求查阅、复制包括资产负债表、损益表、财务状况变动表、财务状况说明表、利润分配表及附属明细表等在内的财务会计报告，要求查阅会计账簿和原始单据的诉讼请求应予支持。本案主要争议焦点为：(1)董某某是否有权复制甲公司会计账簿和原始单据；(2)董某某行使股东知

---

① 本篇案例所涉及的《公司法》指2005年修订的《公司法》，相应规定在2013年修订的《公司法》中为第33条。

情权地点如何确定。

关于董某某要求复制甲公司会计账簿及原始单据的请求,并无法律依据,且甲公司章程也无相应规定;章程中“股东有权了解公司的经营状况和财务状况”的约定系对股东知情权的一般规定,并不能证明董某某有权复制公司会计账簿及原始单据。

关于董某某行使权利地点的确定,董某某要求在甲公司注册地查阅、复制,甲公司辩称注册地已经拆迁,公司会计资料目前在实际经营地本市长宁区中山西路8××弄5×号某大厦11B座。一审法院认为,查阅资料应以尽量不移动会计账簿、凭证等为宜,以保证公司会计资料的完整与安全,且在甲公司实际经营地行使股东知情权并不损害董某某的合法权益。故董某某查阅、复制资料的地点可确定为甲公司实际经营地本市长宁区中山西路8××弄5×号某大厦11B座。

二审法院认为,股东应遵循相关法律、法规的指引,在法律许可范围内行使其股东权利。根据《公司法》第34条的规定,股东有权查阅、复制公司章程、股东会会议记录、董事会会议决议、监事会会议决议和财务会计报告;股东可以要求查阅公司会计账簿。故上诉人董某某作为甲公司股东,要求复制公司会计账簿和原始单据并无法律依据,应不予支持。

关于股东行使查阅、复制权利的地点,法律、法规未作明确规定。现被上诉人甲公司提出,其注册地已被拆迁,会计资料现存放在其目前实际经营地址上海市长宁区中山西路8××弄5×号某大厦11B座,故请求在该地址提供会计资料供上诉人查阅、复制。对此二审法院认为,上诉人要求查阅、复制的是四个年度的会计资料,报表、单据数量应不在少数。被上诉人确定的地点在上海市长宁区行政区域内,能够保障上诉人方便地行使其查阅、复制权利,同时可以避免资料在搬运过程中可能造成的遗失、毁损。一审判决准许被上诉人的请求,确定在上述地址提供查阅、复制,合乎情理。上诉人坚持要求在上海市长宁区人民法院进行查阅、复制,既无法律依据,亦无更为合理的理由,故二审法院不予支持。

被上诉人现在实际经营地址的房地产用途可否作为企业法人经营地址并非民事纠纷案件应予审查处理的问题,上诉人可循其他合法途径另行提出。

综上,上诉人的上诉理由不能成立,其上诉请求应予驳回。

[法律法规链接]

《公司法》(2005年修订)第34条

《会计法》第20条

《企业财务会计报告条例》第6条、第7条、第12条第1款

045. 股东能够查阅及雇请相关人员查阅公司会计原始凭证

苏某诉佛山市三水意迪达五金制品有限公司股东知情权纠纷案

［案号］

佛山市三水区人民法院(2013)佛三法民二初字第397号

［裁判要旨］

股东行使知情权,查阅的资料应当包括会计账簿中的会计原始凭证,并应当允许其雇请会计师等具有资质的专业人员协助查阅。

［案情］

苏某诉佛山市三水意迪达五金制品有限公司股东知情权纠纷一案,法院经审理查明:2006年被告公司登记注册成立,股东为张某甲和张某乙(二人为兄妹关系)。2011年5月15日,原告与张某甲、张某乙签订《股东合作协议》,约定原告以货币形式出资入股被告公司,原告拥有被告公司15%的股权,并约定"先缴现金15万元,其余未缴足出资额在公司年终分红中扣减,直至缴足出资额"等,还对原告参与公司实际管理作出了约定,约定原告担任公司副总经理兼外贸销售经理等。协议签订后,原告按约定缴交了150000元。2012年8月7日,原告以公司分红向公司补缴出资100500元。原告曾以书面形式向被告申请查阅相关账目,遭拒绝。

原告苏某诉请法院判令:被告完整提供自原告入股被告公司至今的公司财务账簿(会计账目)、财务会计报告、会计凭证,供原告或原告委托的注册会计师查阅。

被告佛山市三水意迪达五金制品有限公司辩称:(1)按照公司法的规定,原告并没有足额出资,尚未拥有公司股东的身份;(2)按照《公司法》[①]第34条的规定,原告只是有权查阅公司的会计账目,并没有权利复制或者委托他人查阅或复制会计账目。

［结论］

佛山市三水区人民法院判决:被告佛山市三水意迪达五金制品有限公司须于本判决生效之日起十日内将其公司2011年5月15日至2013年5月6日的财务会计报告供原告苏某查阅、复制;并提供上述期间的会计账簿给原告苏某或其委托的注册会计师查阅。宣判后,双方当事人均未提出上诉,判决已发生法律效力。

［法院认为］

佛山市三水区人民法院认为:被告三水意迪达五金制品公司系有限责任公司,

---

① 此处指2005年修订的《公司法》,2013年修订的《公司法》为第33条。

原告苏某作为公司的合法股东，拥有公司15%的股权。据《公司法》的规定，原告有权按照公司法的相关规定查阅、复制被告的财务会计报告以及查阅被告的会计账簿，起始时间为原告入股之日即2011年5月15日。财务会计报告的范围，《会计法》第20条进行了规定，财务会计报告是根据经过审核的会计账簿记录和有关资料编制，由会计报表、会计报表附注和财务情况说明书组成；会计账簿的范围，《会计法》第14条规定，会计凭证包括原始凭证和记账凭证，第15条规定，会计账簿登记，必须以经过审核的会计凭证为依据，包括总账、明细账、日记账和其他辅助性账簿。因此，对于原告要求查阅上述账目，本院予以支持。至于原告提出的委托注册会计师查阅的问题，正如前所述，股东知情权设立的目的是为了让股东获得充分、真实、全面的公司信息，由于财务会计报告及会计账簿的专业性，会给股东了解信息带来障碍，故委托会计师进行查阅，并无不妥。

[法官分析]

《公司法》对股东知情权形成了比较完整的权利体系，包括查阅、复制公司章程、股东会会议记录、董事会会议决议和财务会计报告以及要求查阅公司会计账簿权。股东行使知情权，能否查阅公司会计原始凭证？公司法对此并没有作出规定，但依照《会计法》的规定，会计账簿是根据会计原始凭证制作的，如果只允许股东查阅会计账簿而不能查阅原始凭证，股东无法将会计账簿与最真实的原始凭证相对比，很难获得充分、真实、全面的公司各项信息，则股东难以实现其查阅公司会计账簿的目的，所以我们认为股东可以查阅公司会计原始凭证。其次就是股东能不能委托专业人员协同查阅账簿，同理，由于财务会计报告及会计账簿的专业性，会给股东了解信息带来障碍，故委托会计师进行查阅，并无不妥。

（编写人：佛山市三水区人民法院审判员　郭赤戈

审稿人：佛山市中级人民法院审管办　肖启明）

[法律法规链接]

《公司法》(2005年修订)第34条

《会计法》第14条、第15条、第20条

046. 公司章程涉股东知情权规定的效力

科朗公司诉上海和丰中林林业股份有限公司股东知情权纠纷案

[案号]

一审：上海市静安区人民法院(2013)静民二(商)初字第S1041号

二审：上海市第二中级人民法院(2013)沪二中民四(商)终字第S1264号

［裁判要旨］

公司章程中超越《公司法》规定范畴的股东知情权约定，如股东可以查阅会计资料之外的公司自身资料、子公司资料，以及对公司及子公司进行审计等，在原则上有效的前提下，应结合《公司法》立法目的及该公司个体情况进行综合考量和评判。审查原则是既要保证股东了解公司经营状况，又将知情权对公司正常经营的影响控制在合理范围内。

［案情］

科朗公司诉上海和丰中林林业股份有限公司股东知情权纠纷一案，经审理查明：上海和丰中林林业股份有限公司（以下简称和丰公司）是中外合资股份有限公司。CROWN CANOPY HOLDINGS SRL（以下简称科朗公司）系和丰公司股东之一。和丰公司章程规定：股东有权查阅公司章程、股东名册、公司债券存根、股东大会会议记录、董事会会议决议、监事会会议决议、财务会计报告。公司应向股东提供所有股东大会、董事会及其委员会会议的通知、会议记录、授权委托文件、同意、通信和其他向董事会提供的材料，董事会批准的管理报告、预测和估计，任何公司及/或其子公司向任何政府或监管机构提交的所有报备文件的复印件。公司应向股东提供公司及其各子公司合并年度经审计的财务报表，并附带公司及其各子公司审计师分别出具的审计报告。股东可检查各公司及其子公司制备的单独的账簿、记录和管理账目。股东有权在任何时间、经提前书面通知董事会后自费聘请审计师对公司（包括其子公司）全部或部分会计账簿或某个特定财务问题进行审计。

2012 年，和丰公司向证监会申请 IPO 过程中，其聘请的毕马威华振会计师事务所审计发现和丰公司 1.96 亿元银行存款和部分林权证的存在性和准确性有问题。和丰公司随即撤回 IPO 申报材料，并向股东出具现金自查报告，以及另行委托苏亚金城会计师事务所出具的审计报告。科朗公司对上述报告存有异议，要求和丰公司配合其聘请的安永（中国）企业咨询有限公司对农户补偿款及林权证等财务问题进行审计。和丰公司未予回复。

科朗公司遂诉至法院，请求判令：（1）和丰公司向科朗公司提供以下材料供查阅、复制：①和丰公司股东会、股东大会、董事会、监事会、董事会下设战略与发展、提名、薪酬与考核、审计委员会的所有会议材料（包括但不限于通知、会议记录、会议决议、授权委托文件、同意和通信等）；②和丰公司及其所有子公司/分公司的财务报表，财务账簿（总账、明细账、日记账明细、至最末级科目的试算平衡表、其他辅助性账簿等），会计凭证（记账凭证、相关原始凭证及作为原始凭证附件入账备查的有关资料等），银行账户对账单，持有和曾经持有的所有林权证及交易合同、收付款记录、登记及报备文件等；③与系争 1.96 亿元农户补偿款相关的所有材料（付款明细表、合同、通信、银行凭证、银行对账单、收据、发票等）；④和丰公司及其所有子公司/分公司的公司组织架构，销售和采购政策，伐木权及获取林业权等业务政策以及流程，现金、银行收支和银行借款的政策流程，员工名单；(2)判令和丰公司配合科朗公司聘请的会计师事务所对和丰公司以下财务问题进行审计并将审计结果交付科朗公司：自2008年8月30日至今，和丰公司及其所有子公司/分公司的银行收支情况和现金流动情况（包括系争1.96亿元农户补偿款的现金流出情况）、持有或曾经持有的所有林权证的情况和所有林权证的变动情况。

一审法院判决和丰公司应将公司及分公司的财务会计报告、股东大会会议记录、董事会会议决议、监事会会议决议交由科朗公司查阅，科朗公司其余诉讼请求不予支持。

判决后，科朗公司不服，向上海市第二中级人民法院提起上诉。

[结论]

二审判决如下：和丰公司应将该公司股东会、股东大会、董事会及战略与发展、提名、薪酬与考核、审计委员会召开会议的通知、会议记录、授权委托文件、同意和通信材料，监事会会议决议备妥，供科朗公司查阅；和丰公司应将该公司及分公司、子公司财务会计报告交由科朗公司查阅；将该公司及分公司、子公司的会计账簿，会计凭证，持有和曾经持有的所有林权证及交易合同、收付款记录、登记及报备文件，与系争1.96亿元农户补偿款相关付款明细、合同、通信、银行凭证、银行对账单、收据、发票等备妥，供科朗公司查阅；和丰公司应配合科朗公司聘请的会计师事务所对和丰公司及分公司、子公司自2008年8月30日至判决生效之日止银行收支情况和现金流动情况，包括系争1.96亿元农户补偿款的现金流出情况，持有或曾经持有的所有林权证及其变动情况等财务问题进行审计；驳回科朗公司其他诉讼请求。

[法院认为]

一审法院经审理认为，公司章程规定的股东有要求公司提供审计报告、检查账簿、记录和管理账目等资料以及就全部或部分会计账簿或特定财务问题审计的权利，不属于知情权处理范畴。因财务会计报告、会计账簿与会计凭证是不同的概念，故对查阅会计账簿与会计凭证不予支持。因分公司没有独立人格不独立承担民事责任，且子公司与母公司均具有法人资格，独立承担民事责任，故股东知情权的对象仅及于公司及分公司，子公司不能作为股东知情权义务主体。

二审法院经审理后认为，公司章程是公司宪章，在不违反法律禁止性规定的情况下，股东有权依据公司章程主张知情权利。但具体项目是否允许，应结合公司法立法目的及股份有限公司个体情况综合考量。关于查阅股东大会、董事会、委员会相关会议材料，因公司章程规定明确且该规定未违反法律法规禁止性规定、亦无违反公司法立法目的及价值取向，可予支持。关于子公司财务报表以及和丰公司及分公司、子公司会计账簿。公司章程载明公司应向股东提交子公司财务报表，股东享有检查公司及子公司的会计账簿、记录和管理账目的权利。考虑到和丰公司虽为股份有限公司,但股东仅有五名,股东合理行使知情权不会对公司经营造成重大影响。科朗公司系因和丰公司在上市审计中发现财务问题后主张行使知情权,理由正当。故应支持股东查阅子公司的会计报表以及公司及分公司、子公司的会计账簿。因公司章程未对子公司范围明确界定,当事人双方也未达成一致,为避免损害子公司其他股东权利,故将子公司界定为全资子公司,包括已经注销的全资子公司,但不包括全资子公司100%持股的孙公司。关于会计凭证,因章程中已规定股东有权检查会计账簿、记录和管理账目,而会计凭证系佐证会计账簿记录是否正确的重要凭证,结合公司章程赋予股东审计的权利,故支持股东查阅会计凭证。关于林权证相关资料,因上市审计会计师事务所认为需要进一步核查与林业证相关的资金用度情况,故股东请求查阅该部分资料具有合理理由,且有公司章程为依据,亦可支持。关于审计,因公司章程规定股东可进行审计,且审计亦系股东了解公司经营状况的方式之一,故可支持股东审计要求。股东其他诉讼请求,因缺乏法律及章程依据,且有部分与其他已获支持的诉讼请求存在重合,故不予支持。

[法官分析]

本案全体股东制定的公司章程突破了《公司法》关于股东知情权的规定,主要有三项内容:(1)股东可以对公司自身行使更广的股东知情权范围;(2)股东可以查阅子公司有关资料;(3)股东可以对公司和子公司进行审计。因股东要求行使公司章程规定的知情权,而公司以《公司法》未规定为由予以拒绝,从而引起本案纠纷。本案的核心问题在于公司章程关于股东知情权的规定是否有效,也即公司章程是否是股东知情权的依据。

1. 公司章程可以扩展法定股东知情权的范围

关于公司章程是否可以扩展法定股东知情权的范围,有两种不同观点。第一种观点持否定态度,理由是:(1)《公司法》第33条、第97条分别规定了有限责任公司、股份有限公司的股东知情权范围和方式,但上述条文并未列明公司章程可予例外规定,因此《公司法》规定是强制性规定;(2)公司具有独立人格,股东约定的超越法律规定的知情权范围,会影响公司正常经营秩序和公司利益。第二种观点持肯定态度,理由是:(1)《公司法》第11条规定了公司章程对公司、股东、董事、监事、高级管理人员具有约束力,因此公司章程规定的股东知情权应受到尊重;(2)全体股东一致同意即是公司同意,因此公司利益即使受损也是其同意的结果,法院裁判时不应再考虑公司利益。

笔者认为,上述两种意见分歧的本质是"自由公司法"与"管制公司法"的分歧。对公司法与公司章程关于股东知情权的关系的解读和处理,因每个法官内心倾向于"自由公司法"还是"管制公司法",以及倾向的程度不同而有所不同。关于本争议问题的解决思路,笔者是倾向于"自由公司法"的。理由有以下三点：

一是"自由公司法"是公司法前进的方向。"自由公司法"相较"管制公司法"具有更大的社会价值，"自由公司法"可以更有效地促进经济发展和创新。"只有在充分尊重公司自由意志的前提下，才能最大限度地发挥公司的积极性和主动性，也才能更好地满足公司的盈利要求。另外，公司的盈利活动又会反过来促进整体利益的实现和社会效力的提高，而有效力的经济组织正是经济增长的关键之所在。"①

二是从遵循商事交易理念角度看，公司章程关于股东知情权的约定也应予以支持。公司章程的作用包括两个方面，一个是公司设立和运作的指导文件，另一个是股东权利义务的约定。公司章程规定的某一个股东权利的整体构成一个权利束。一个股东的权利束与其他股东的权利束在整体上是对应的、成比例的，是股东出资交换所得。而股东知情权，既是股东权利束的一部分，又是保护股东权利的重要手段，是股东等价交换所得。因此，既然共识认为股东出资等约定应得到尊重，那么股东知情权的约定也应得到尊重。

三是从保护诚信角度讲，公司章程关于股东知情权的规定也应得到尊重。当事人签订合同后经常以不符合法律规定为借口否认合同的效力，是商事领域诚信不足的重要表现。笔者的意见是，若当事人之间的约定所违反的法律规定并不能明确为效力性强制性规定的，且违反该规定也不会造成他人损害的，法院应从保护诚信角度尽可能认定该约定的效力。就本案股东知情权章程规定而言，看不出该规定对公司、股东乃至公司债权人有何损害，因此法院应从保护社会诚信的角度肯定其效力。

有观点认为，可以肯定公司章程中关于查阅账簿、会计凭证等的股东知情权地位，但仅限于有限责任公司，不包括股份有限公司。理由是有限责任公司与股份有限公司是两种截然不同的公司形态，且有限责任公司人合性较强，可以允许股东自由约定，而股份有限公司资合性较强，人合性较差，一般不允许股东自由约定。这种理解有其片面性。公司人合性的强弱是与股东人数呈正相关的。因此，不能单纯认为股份有限公司的人合性就一定较差，而应根据公司人数进行具体分析。本案中和丰公司只有 5 个股东，在首次公开发行股票并上市前，人数较少且相对固定，其人合性与一般有限责任公司相比并无明显区别。因此，不宜简单以有限责任公司与股份有限公司的区别，而认定两类公司的公司章程关于股东知情权规定的效力不同。

2. 公司章程可以设定对子公司资料的查阅权

关于公司章程是否可以为股东设定查阅子公司资料的权利，实践中存在截然

---

① 赵万一："公司法修改的目标、理念及其实现路径"，载《人民司法·应用》2014 年第 5 期。

不同的两种观点。第一种持否定意见，理由是子公司具有独立法人地位，公司股东若查阅子公司资料，必将损害子公司的利益，也损害子公司其他股东利益。第二种持肯定意见，理由是子公司虽具有独立法人地位，但并不妨碍子公司的股东根据《公司法》的规定或子公司的公司章程行使股东知情权。笔者赞同第二种意见，具体分析如下：

母公司股东根据母公司章程规定查阅子公司资料，形式上有两个法理基础。一是母公司股东拥有对母公司本身的知情权；二是母公司拥有对子公司的知情权。将这两个法理基础相互串联，即可得出：只要母公司有权行使子公司的知情权，母公司的股东就可借助其对母公司的知情权进而要求母公司配合其行使母公司对子公司的知情权。由此可知，母公司股东查阅子公司资料法理基础的本质，与《公司法》规定的股东知情权并无二致。故若母公司股东要求查阅的子公司资料是在公司法规定的股东知情权范围内，即可以准许。

既然母公司股东行使的查阅子公司资料的权利实质是母公司行使的对子公司的知情权，那在子公司章程规定的股东知情权与《公司法》一致的情况下，母公司股东可否依母公司章程行使超越《公司法》规定范围的子公司知情权？这一问题的判断关键应该是看母公司拥有的子公司的股权比例。一般而言，一家公司称其下级公司为其子公司，是因为该公司拥有其下级公司股权控制权，具体有三种形式：相对控股（持股比例低于50%）、绝对控股（持股比例高于50%但低于100%），完全控股（100%持股）。在相对控股的情况下，母公司不一定在子公司股东会议上通过扩大子公司股东知情权范围的决议。而在绝对控股的情况下，母公司虽可能在子公司股东会议上通过扩大子公司股东知情权范围的决议，但该决议有可能损害子公司自身利益和其他股东利益。在完全控股的情况下，母公司既可以通过扩大子公司股东知情权范围的决议，又不会损害其他股东的利益。同时，在母公司完全控股的情况下，子公司利益与母公司利益具有高度一致性，不能以损害子公司利益为由否定母公司的知情权。因此，在母公司完全控股子公司的情况下，如本案中，即使子公司章程中没有规定超越公司法规定的股东知情权范围，但因母公司的持股比例既能扩大子公司的股东知情权范围，又不致损害其他股东与子公司自身的利益，因此法院可以允许母公司的股东以母公司章程查阅子公司的资料。

同时，需要注意的是，母公司股东查阅子公司资料的权利对象不能是子公司，而应该是母公司。若直接判决子公司向母公司股东提供有关资料，因子公司并未参加到诉讼中，则判决不仅违反《民事诉讼法》的规定，而且正如第一种意见所认为的违反了子公司的独立法人地位。因此，母公司股东查阅子公司资料的方式，应该是母公司查阅到子公司资料后，再提交给母公司股东，正如本案二审判决判令和丰公司将有关子公司有关资料备妥供科朗公司查阅。

关于母公司股东查阅子公司资料中子公司的范围,实践中也有争议。具体体现在两类公司。一类是孙公司,另一类是已注销的子公司。我国公司法未明确子公司的内涵,一般认为"子公司是指其一定数量的股份被其他公司所拥有或通过企业合同受其他公司控制的公司。"①虽然关于控制仍有争议,但一般认为子公司指的是一级子公司,即母公司直接持有股权的下级公司。而公司间接持有股份的公司,即公司下级公司的下级公司,一般认为是孙公司,不是法律意义上的子公司。这种思路正是本案判决的思路。但也有合同解释理论认为,解释合同(公司章程)的真意应根据合同当事人的意思确定,而不能根据法官或其他人的意思确定。股东在公司章程中约定知情权的目的是为了了解公司真实经营情况。而和丰公司的业务主要通过设立在全国各地的子公司和孙公司实际经营。孙公司是公司经营和资产的重要组成部分。若不掌握孙公司的经营和财务信息,股东就难以全面了解公司经营信息。因此,可以解释为孙公司也包含在公司章程规定的知情权的范围内,应该予以支持。同时,和丰公司属于拟上市公司,在拟上市公司向证监会申请首次公开发行股票并上市材料中,孙公司一般是作为子公司处理的。但笔者注意到将子公司限定为一级子公司是法院的共识,因此本文提出将子公司扩大解释为孙公司的思路仅供研究探讨。关于已注销的子公司,其虽已经注销,但因清算后的财产也归入母公司财产,了解注销子公司的信息也有助于了解现存的母公司资产情况,因此可以允许股东查阅注销子公司的资料。

3. 公司章程可以约定审计作为股东行使知情权方式

公司章程可否扩展股东知情权行使方式,如规定股东可以对公司及子公司进行审计,是否准许在实践中争议也比较大。第一种观点认为,审计不是公司法规定的知情权行使方式,因此不能允许股东对公司进行审计。第二种观点认为,审计虽不是股东知情权行使的方式,但公司章程规定股东可以对公司审计,因此可以尊重,但股东审计诉请不能在股东知情权纠纷案件中处理,股东应另案起诉。第三种观点认为,在公司章程有规定情况下,可以认可审计作为股东知情权的方式,为了解公司是否存在财务造假,在股东知情权案件中可予以准许。笔者赞同第三种观点,具体分析如下:

公司法规定的股东可以查阅包括公司章程、公司会议记录、公司会计报告等,但"这仅仅是知情权的部分形式载体,股东知情权的真正客体是公司的存续经营管理状况与财务状况,主要是财务状况……股东知情权的本质是股东重要财务状况与经营状况事实即司法会计事实的知情权。"②而股东仅通过查阅公司财务报告等

① 甘培忠:"论对母子公司关系的法律调控",载《中外法学》1997 年第 4 期。

② 范伟红:"司法会计视角下股东财务知情权制度的反思与重构",载《东岳论丛》2012 年 6 月(第 33 卷/第 6 期)。

信息是难以了解公司真实财务状况的。这也是众多股东知情权纠纷案件中，股东要求查阅公司会计账簿、会计凭证的根本原因。从会计师事务所对公司审计结论的准确性和客观性讲，第三方审计是股东行使知情权，了解公司真实财务信息的重要方式，尤其是公司存在财务造假嫌疑的情况下。实践中，公司高管、股东、银行、税务机关、社会公众都将第三方审计作为了解公司经营情况、财务信息的重要方式。

从立法目的上讲，股东知情权的行使，既要保证股东能够了解公司基本情况，又不致对公司经营造成不利影响。有学者总结了股东知情权行使的两种限制，即"股东查阅权的行使不应影响公司的运营效率"、"股东查阅权的行使不应泄露公司的商业秘密"①。而审计作为股东知情权的方式对公司的损害可能有两方面：一是对公司的审计，需要公司提供财务凭证等详细资料，并需要公司财务人员的密切配合，所以必然要损耗公司不少精力。二是由公司不信任的审计师事务所对公司进行审计，会产生商业秘密等信息外泄的风险，这是公司抵触第三方审计的核心理由。但第三方会计师事务所对公司的审计，一般不会产生上述问题。因为审计是公司的常规工作，有财务部门专门负责，所以审计虽会损耗公司精力，但也处在可容忍的范围内。同时，由于会计师事务所的专业性和自律性，其与股东与公司间均无利害关系，由第三方会计师事务所审计，公司担心商业秘密外泄的风险基本不会发生。因此，原则上公司章程规定的第三方审计可以作为股东知情权的方式。

虽然根据公司章程股东拥有对公司审计的权利，但股东不能随意行使审计权，在个案中股东行使审计权的具体方式，还要综合考虑案情予以判断。一是股东行使审计权必须要有正当且迫切的理由，即股东通过了解公司主动披露的信息，行使公司法规定的查阅复制权，以及通过其派往公司任职的董事监事高级管理人员仍无法获取公司信息，必须通过审计了解公司真实财务信息。如本案中股东怀疑公司财务造假，而且公司撤回上市申请也予以了初步证明，因此可以允许股东根据公司章程的规定对公司进行审计。二是股东行使审计权要限定审计范围，须将审计限定在股东要求查清的具体财务问题和具体时间段内，不能允许股东无限制地对公司进行全面审计。

（编写人：上海市第二中级人民法院　李　蔚　韩天岚　何　伟）

[法律法规链接]

《公司法》第11条、第33条、第97条

---

① 彭真明、方妙："股东知情权的限制与保障"，载《法商研究》2010年第3期，第94页。

第二节 股东其他权利

047. 公司未解散，股东不能直接请求法院进行清算

上海英讯科技有限公司诉上海龙都实业发展有限公司等股东权益纠纷案

[案号]

陕西省咸阳市中级人民法院(2009)咸民初字第00005号

[裁判要旨]

公司未解散，股东不能直接请求法院进行清算。当事人可在法院判决解散公司后，依公司法的规定自行组织清算或另行申请法院对公司进行清算。

[案情]

上海英讯科技有限公司诉上海龙都实业发展有限公司等股东权益纠纷一案，经审理查明：黄某某是上海英讯科技有限公司(以下简称英讯公司)的股东、法定代表人，同时也是上海龙都实业发展有限公司(以下简称龙都公司)的大股东。2001年6月1日英讯公司出资900万元，龙都公司出资2100万元成立了咸阳银泰实业投资有限公司(以下简称银泰公司)。黄某某是银泰公司的执行董事。2004年7月，黄某某将其所持有的英讯公司的股份转让给他人。在黄某某退出英讯公司的经营管理后，因无法参与对银泰公司的经营，英讯公司于2006年、2008年委托德恒上海律师事务所、上海莫高律师事务所向被告银泰公司及黄某某提出书面请求，要求查阅公司财务报表以行使股东知情权，银泰公司接函后未提供公司的财务报表。银泰公司章程第19条规定，公司执行董事是公司经营决策人，执行董事向股东会负责。对该条规定，银泰公司未做过变更。2004年6月1日，银泰公司曾发过一份人事令，上面盖有银泰公司董事会的章子，银泰公司承认该公章的出现是由于法律知识欠缺，公司并未设立董事会。2007年英讯公司以无法参与银泰公司经营及银泰公司已无财产为由向咸阳市中级人民法院提起诉讼，请求：(1)银泰公司提供公司设立至今经合法审计的财务账本；(2)银泰公司、龙都公司、黄某某交出所持有的设立银泰公司、咸阳盛世银泰商业管理公司(以下简称商业管理公司)时英讯公司的印章；(3)撤销银泰公司设立的董事会；(4)对银泰公司进行清算，并按照30%的股权比例进行分配。

[结论]

对英讯公司的诉讼请求，法院最终通过判决、裁定两种形式作出了处理。对实体部分以判决的形式判决：一、被告咸阳银泰实业投资有限公司于判决生效之日起

15日内在本公司为原告上海英讯科技有限公司备齐公司设立至今的公司会计账簿,原告于被告备齐上述资料次日起30日内查阅。二、被告咸阳银泰实业投资有限公司以咸阳银泰实业投资有限公司董事会名义行使的权利无效。三、驳回原告上海英讯科技有限公司要求交还公章的诉讼请求。对原告要求对银泰公司进行清算的请求则以裁定驳回起诉。

[法院认为]

法院经审理认为:英讯公司作为银泰公司的合法股东,与银泰公司存在合法的股权关系,拥有合法的股东权,原告于2006年、2008年多次委托律师事务所向被告提出书面请求,要求查阅公司财务账簿以行使股东知情权,银泰公司未向英讯公司提供财务账簿剥夺了原告知情权的行使。因而应向原告提供公司财务账簿供原告查阅。对英讯公司诉请由银泰公司、龙都公司、黄某某交出所持有的设立银泰公司、商业管理公司时英讯公司的印章,因英讯公司没有证据证明当年将印章交给了三被告以及具体是谁现在持有这枚公章,因而该项诉请不能成立,应予驳回。对英讯公司撤销银泰公司董事会的请求,因原、被告双方均认可该"董事会"实际并不存在,对银泰公司所有以该董事会名义行使的行为均应确认为无效。对英讯公司要求对银泰公司进行清算并按照30%的股权比例进行分配的请求,因银泰公司未被解散,英讯公司对银泰公司进行清算的请求不属法院受理范围,裁定予以驳回。

[法官分析]

本案属于新类型案件,反映出股东在进行投资后,因无法实际参与公司经营管理、无法行使股东权,在股东利益受损的情况下,如何通过公司解散及清算程序收回投资以及如何通过司法途径得到有效救济的问题。我国《公司法》[①]第181条、第183条、第184条以及《公司法解释(二)》专门就人民法院审理公司解散和清算案件适用法律问题进行了规定。明确了公司出现解散事由是进行清算的前提条件。并明确了清算程序独立于解散诉讼。其中法院启动清算程序的途径有两个:一是通过债权人的申请;二是通过股东的申请。本案中银泰公司虽然有两个股东,但在大股东控制公司的情况下,英讯公司、龙都公司、银泰公司实际均由黄某某控制,在这种情况下,英讯公司利益受到损害的现象还未显现。但在黄某某退出英讯公司的股份后,英讯公司虽仍是银泰公司的股东,却无法行使股东权。在这种情形之下,英讯公司只有提起解散公司之诉,但本案中英讯公司直接提出清算之诉,因银泰公司未解散,对该诉只有驳回。股东请求解散、清算公司之诉是修订后公司法的一项制度创新。在实践中当事人往往习惯将解散与清算一并提起诉讼或者直接起诉要求解散公司。但《公司法解释(二)》第2条明确规定,股东提起解散公司诉讼,同时又申请人民法院对公司进行清算的,人民法院对其提出的清算申请不予受

① 此处指2005年修订的《公司法》,2013年修订的《公司法》为第180条、第182条、第183条。

理。当事人可在法院判决解散公司后，依公司法的规定自行组织清算或另行申请人民法院对公司进行清算。其理论依据在于解散与清算这两个诉的种类不同，股东请求解散公司的诉讼属变更之诉，而公司清算是处理各项未了结的事务，对公司剩余的财产进行分配，并最终结束解散公司的所有法律关系，以消灭该公司的法人资格的法律行为，是非讼案件。两者适用的审判程序不同，因而无法合并审理。另外，公司清算程序的启动除生效判决确定公司解散外，还需满足股东提起清算之诉的其他条件，因而也不宜与解散之诉合并审理。

（编写、评析人：咸阳市中级人民法院　李春丽　编辑整理：赵学玲）

［法律法规链接］

《公司法解释（二）》第2条

048. 董事会决议召集程序、表决方式违反法律、行政法规或公司章程，股东有权要求撤销

淄博市临淄区公有资产经营公司与山东齐鲁乙烯化工股份有限公司等股东请求撤销董事会决议案

［案号］

山东省淄博市中级人民法院（2007）淄民四终字第33号

［裁判要旨］

董事会决议召集程序表决方式违反法律、行政法规或者公司章程的，股东可提起撤销之诉。董事会决议撤销之诉应当自董事会决议作出之日起60日内向法院提起，逾期不再享有通过诉讼撤销董事会决议的权利。

［案情］

淄博市临淄区公有资产经营公司（以下简称公有资产公司）诉山东齐鲁乙烯化工股份有限公司（以下简称齐鲁乙烯）等股东请求撤销董事会决议一案，经审理查明：原告系齐鲁乙烯的股东。齐鲁乙烯董事会成员为：马某、蒋甲、蒋乙、盛某、罗某、王某、杨某。2006年6月5日，蒋乙、罗某、盛某提议，因齐鲁乙烯经营管理混乱，近期召开董事会。同年6月9日，蒋乙、蒋甲、罗某、盛某以齐鲁乙烯经营管理混乱，董事长马某长期不能履行职责为由，推举盛某召集并主持临时董事会会议。同年6月12日，会议通知传真至杨某处，称：鉴于齐鲁乙烯目前管理混乱，2005年审计机构无法进场实施年度审计等现状，董事罗某、盛某、蒋乙提议于近期召开公司临时董事会。本次临时董事会会议通知列明会议召开时间：2006年6月14日。会议召开地点：重庆渝北区紫荆路佳华世纪新城D区6栋重庆国际实业投资股份有限公司会议室。会议议题为“规范公司管理，改善公司现状”。杨某于次日回函，称：因此次

临时董事会议通知上无董事长签字,也未说明三人召开董事会的权利来源、本人亦未接到董事长的任何通知或说明、公司经理于汉信也未接到与会通知、在公司所在地召开董事会更符合实际等原因,拒绝参加本次临时董事会。该函于当日传真至盛某处,并于当日寄出,后盛某收悉。同年6月13日,蒋甲、蒋乙委托盛某代为参加临时董事会决议,并行使表决权。同年6月14日,齐鲁乙烯临时董事会召开,由盛某主持,罗某参加,通过了临时董事会决议。内容为:(1)依据公司章程的相关规定,成立齐鲁乙烯清产核资工作小组,公司所有事务都在清产核资工作小组的领导下进行,清产核资工作小组应清查公司的资产状况,建立公司正常的管理秩序(包括公章的管理、公章的使用需经清产核资工作小组组长批准),日常工作由常务副组长主持。盛某担任组长、吴某担任常务副组长。(2)因原董事长马某长期不能胜任工作,依据公司章程的有关规定,董事会改选盛某为齐鲁乙烯董事长,马某不再担任公司董事长。后原告以该临时董事会召集程序违法为由,要求撤销该决议。

原告淄博市临淄区公有资产经营公司(以下简称公有资产公司)起诉请求撤销临时董事会决议。

一审法院依照《民事诉讼法》[①]第130条、《民法通则》第4条、《公司法》第22条第2款的规定,作出如下判决:撤销2006年6月14日齐鲁乙烯临时董事会决议。

上诉人罗某、盛某提起上诉称:齐鲁乙烯于2006年6月14日召开的临时董事会决议召集程序、表决方式及决议内容符合我国法律法规及公司章程的规定,合法有效,请求二审法院予以改判。

[结论]

二审法院判决驳回上诉,维持原判,即撤销2006年6月14日齐鲁乙烯临时董事会决议。

[法院认为]

齐鲁乙烯董事会共有七名董事:马某、蒋甲、蒋乙、盛某、罗某、王某、杨某。马某任董事长。2006年6月5日,蒋乙、盛某、罗某召开临时董事会的提议并没有提交给董事长马某,6月12日的临时董事会会议通知也没有通知到马某及董事王某参加,使董事长马某和董事王某不能行使表决权,显然违背了《公司法》及《山东齐鲁乙烯化工股份有限公司章程》的规定。而且根据公司章程的规定,董事会会议通知应当包括事由和议题。但此次会议通知中只注明会议议题是:规范公司管理,改善公司现状。对于董事会决议中拟作出的成立公司清产核资工作组及更换董事长等对公司有重大影响的事项均未涉及。杨某董事回函以此次会议无董事长签名、无明确议题,以及蒋乙、盛某、罗某三人无权召开董事会为由拒绝参加,对于杨某董事对这次会议的质问会议主持人盛某没有作出任何解释。而且杨某是2006年6

---

① 此处指2007年修订的《民事诉讼法》。

月12日在淄博收到会议通知,2006年6月14日会议就在重庆召开,完全没有给杨某准备的时间,再加上会议通知中丝毫没有涉及会议内容,这实际上是不正当地剥夺了杨某董事对这次会议的表决权。根据公司章程规定,公司总经理、财务总监、监事应列席董事会会议。此次董事会决议作出的内容对公司的发展生存都有着重大影响,却没有通知其总经理、监事参加显然与公司利益不符。而且此次临时董事会会议只有盛某、罗某出席,蒋甲、蒋乙授权委托盛某代为行使表决权,但蒋乙的授权委托书中未注明具体的授权范围,没有对董事会决议事项真实充分表达自己的意见,因此盛某代其行使的表决权存在重大瑕疵。

综上,二审法院认为,2006年6月14日齐鲁乙烯董事盛某、罗某作出的董事会决议在会议召集程序、表决方式等方面存在瑕疵,与《公司法》及《山东齐鲁乙烯化工股份有限公司章程》的规定及精神相违背,与公司利益不符,其所作出的决议不能体现公司的团体意志,属于对董事个人表决权的滥用,应予撤销。关于盛某、罗某的诉讼主体问题,因为在公司七名董事中,只有盛某、罗某在决议中签名,齐鲁乙烯并没有认可该决议的正当性,被上诉人公有资产公司作为齐鲁乙烯的股东,要求撤销盛某、罗某违反公司章程私自作出的决议,把他们作为诉讼主体并无不当。

[法律法规链接]

《民法通则》第4条

《公司法》第22条第2款

049. 有限公司自行清算的清算组未必包含所有股东

周某某诉上海新汇工程项目管理有限公司等公司决议效力确认纠纷案

[案号]

一审:上海市虹口区人民法院(2014)虹民二(商)初字第1738号

二审:上海市第二中级人民法院(2015)沪二中民四(商)终字第569号

[裁判要旨]

根据《公司法》183条的规定,有限公司自行解散的,其清算组由股东组成。这并不表明清算组必须吸收所有股东参加。股东参加清算组的权利属于股权中的共益权,应遵从资本多数决规则。清算组的职能也表明清算组是公司清算阶段的执行机构,而非议事决策机构,有限公司可以通过股东会确定由部分股东参加的清算组成员。未参加清算组的股东可以通过审议和表决清算报告及财产分配方案、对清算过程行使知情权等方式维护自身权益。

［案情］

原告周某某诉被告上海新汇工程项目管理有限公司（以下简称新汇公司）、第三人上海文汇工程咨询有限公司（以下简称文汇公司）、王某某公司决议效力确认纠纷一案，法院审理查明：新汇公司于2004年9月30日成立，股东为周某某（持股比例6%）、文汇公司（持股比例90%）及王某某（持股比例4%）。经营期限自2004年9月30日至2014年9月29日。2014年9月29日，新汇公司召开股东会，周某某、王某某、文汇公司代表到会，形成如下决议："一、新汇公司自章程规定的营业期限届满之日（2014年9月29日）解散，进入清算阶段；二、成立清算组，清算组成员为程某、李某（两人系文汇公司指派）和王某某，王某某担任清算组负责人；三、清算组在成立之日起10日内应当将清算组成员、清算组负责人名单向公司登记机关办理备案；四、清算组成立之日起10日内通知债权人，并于60日内在报纸上公告，在清理公司财产、编制资产负债表和财产清单后，及时制定清算方案，报股东会确认；五、清算结束后，清算小组应制作清算报告，报股东会确认。"对于上述第二项决议内容（清算组成员组成），表决结果为同意股东占总股数94%，不同意股东占总股数6%（周某某不同意）。周某某在该决议中表明该决议剥夺了其参加清算组的权利，违反公司法规定，表示反对。

周某某起诉至上海市虹口区人民法院，其认为，我国公司法规定"有限责任公司的清算组由股东组成"，表明清算组应由全体股东组成，股东参与清算组为股东的固有权利，除非股东自愿放弃。而本案上述股东会决议剥夺了其成为清算组成员的权利，应为无效。基于此，周某某请求判令：确认新汇公司于2014年9月29日作出的股东会决议第二项至第五项无效。

一审法院判决：驳回周某某的诉讼请求。周某某不服，上诉请求撤销原判，改判支持其原审诉请。

［结论］

二审法院判决驳回上诉，维持原判，即驳回周某某的诉讼请求。

［法院认为］

上海市虹口区人民法院一审认为：第一，我国《公司法》第183条的规定系对清算组的组成人员身份作出规定，而非对股东的权利作出规定，同时也并未规定必须全体股东参与；第二，根据法律规定，清算组须专门成立，且股东会职权范围包括对公司清算相关事宜作出决议，因此，股东会作为公司的权力机构在公司解散后有权对清算组的组成作出决议。

上海市第二中级人民法院二审认为：我国《公司法》第183条的规定只是对清算组组成人员的身份作出了规定，即公司股东有进行清算的义务，该条文并未规定全体股东均应当作为清算组成员。基于此，新汇公司股东会作为公司的最高权力机构，以作出股东会决议的方式确定清算组成员并无不当。

[评析]

《公司法》第183条规定:"公司因本法第一百八十条第(一)项、第(二)项、第(四)项、第(五)项规定[①]而解散的,应当在解散事由出现之日起十五日内成立清算组,开始清算。有限责任公司的清算组由股东组成,股份有限公司的清算组由董事或者股东大会确定的人员组成。逾期不成立清算组进行清算的,债权人可以申请人民法院指定有关人员组成清算组进行清算。人民法院应当受理该申请,并及时组织清算组进行清算。"可见,有限公司自行解散的,应由其股东组成清算组,但是否必须由全体股东都参加清算组,还是一部分股东参加清算组即可?从该条文义来看并不明确,这也是本案的争议焦点。本案裁判明确了有限公司在解散时可以通过股东会的形式组成清算组,而清算组成员并不必然包含全部股东。

一、股东参加清算组的权利属于股权中的共益权

股东会是否可以排除部分股东参加清算组?这要从股东参加清算组的权利系股权中的共益权还是自益权说起。

(一)股权中的共益权和自益权

股权是一种复合型权利,包括财产性权利和身份性权利,而从股权行使目的的角度来看,股权也可分为自益权与共益权。所谓自益权,是指股东以从公司获得经济利益为目的的权利。[②] 此种权利主要包括股利分配请求权、剩余财产分配请求权、新股认购优先权、一定条件下的退股权、股份转让权、股东名册变更请求权、股票交付请求权等。自益权的行使目的是为了获得与股东自身利益切实相关的财产利益,该财产利益也是多数小股东投资的直接目的指向(比较特别的是股东知情权虽没有直接指向财产利益,但一般认为知情权属于自益权)。因此,股东的自益权是不能被其他股东采取资本多数决方式剥夺的,除非该股东自己同意放弃。

所谓共益权,是指股东以参与公司决策经营为目的的权利,该种权利行使首先是为了公司的利益,股东则是间接受益。[③] 此种权利主要包括通过表决选任公司董事和高管的权利、表决公司重大经营决策方案的权利、临时股东大会召集请求权、确认董事会决议效力的权利、代表诉讼提起权、累计投票权、公司解散请求权等。股东行使共益权的目的是直接参与到公司的治理中,由于许多有限公司股东人数较多,需要一个相对公正且高效的表决机制。资本多数决是在股权平等的基础上引申出来的,其体现了同股同权、同股同利,同时又符合效率的要求。随着公司制度发展,对股权中共益权的行使采用资本多数决表决方式,已成为大多数公司治理

---

① 《公司法》第180条:"公司因下列原因解散:(一)公司章程规定的营业期限届满或者公司章程规定的其他解散事由出现;(二)股东会或者股东大会决议解散;(三)因公司合并或者分立需要解散;(四)依法被吊销营业执照、责令关闭或者被撤销;(五)人民法院依照本法第一百八十二条的规定予以解散。"

② 参见陈立斌主编:《股权转让纠纷》(第三版),法律出版社2015年版,第7页。

③ 参见陈立斌主编:《股权转让纠纷》(第三版),法律出版社2015年版,第7页。

的方式。

(二)股东参加清算组的权利属于共益权

根据我国《公司法》第184条之规定,[①]公司清算组的成立是为了了结公司存续期间的各种债权债务等法律关系,保护公司的合法权益。清算组是公司清算阶段的执行机构,不是议事决策机构。清算组权责的行使,是对公司最后阶段经营管理权的行使,是在为了公司利益的基础上间接使股东获益。故股东要求参加清算组的权利是其行使共益权的体现。

正如上文所说的,股东在行使共益权时,多是在通过资本多数决的表决方式下形成一个有效的股东会决议,小股东的意志未必得到满足。本案中,公司以绝大多数表决权同意通过的股东会决议,虽然排除了小股东成为公司清算组的成员,不符合该小股东的意志,但是该股东会决议是合法有效的,代表了占资本多数的股东的意志。

二、未参加清算组的股东权益之保护

对于未能参加清算组的股东,其如何维护在公司中的合法权益,如何防止清算组在清算过程中损害其利益呢? 一般有以下途径。

(一)清算报告、财产分配方案需经股东会通过

《公司法》第186条第1款规定:"清算组在清理公司财产、编制资产负债表和财产清单后,应当制定清算方案,并报股东会、股东大会或者人民法院确认。"第188条规定:"公司清算结束后,清算组应当制作清算报告,报股东会、股东大会或者人民法院确认,并报送公司登记机关,申请注销公司登记,公告公司终止。"可见,有限公司的清算方案以及之后的清算报告,都需要经公司股东会确认后,才可以进一步执行。因此,对于未参与清算组的小股东,可以通过参加股东会,审议财产分配方案和清算报告,来积极表达自己对公司清算事宜的意见,并行使表决权,以期维护自身利益。

(二)清算过程和财产分配方案不能侵害未参加清算组股东的自益权

股东的自益权在公司清算过程中,主要体现在对剩余财产的分配上。正如前文所述,股东的剩余财产分配请求权作为股东自益权的内容,无论是公司还是大股东都不能以任何方式予以剥夺或侵害。若清算组在清算过程中或在财产分配方案中剥夺或损害了小股东的剩余财产分配请求权,例如,清算组有隐匿、转移公司剩余财产,分配比例低于小股东持股比例等行为的,则这种行为或分配方案自始无

---

① 《公司法》第184条:"清算组在清算期间行使下列职权:(一)清理公司财产,分别编制资产负债表和财产清单;(二)通知、公告债权人;(三)处理与清算有关的公司未了结的业务;(四)清缴所欠税款以及清算过程中产生的税款;(五)清理债权、债务;(六)处理公司清偿债务后的剩余财产;(七)代表公司参与民事诉讼活动。"

效，小股东有权要求追回剩余财产并要求追加分配剩余财产，在不能追回的情况下，有权要求清算组成员予以赔偿。

（三）未参加清算组的股东可对清算过程行使知情权

未参加清算组的股东可以通过行使知情权的方式了解清算组是否有损害其利益的行为。根据《公司法》第33条的规定，股东有权查阅、复制公司章程、股东会会议记录、董事会会议决议、监事会会议决议和财务会计报告。股东可以要求查阅公司会计账簿。股东要求查阅公司会计账簿的，应当向公司提出书面请求，说明目的。股东行使知情权同样适用于公司清算阶段，未参与清算组的小股东如需了解清算过程，可以对清算过程行使知情权，例如要求查阅、复制清算过程中形成的清算组决议、财务会计报告等，只要具有正当目的，还可以要求查阅清算过程中形成的会计账簿、会计凭证等。若行使知情权遭遇公司清算组阻碍，未参加清算组的股东可以提起股东知情权之诉。

三、对于股东清算义务和清算责任的理解

小股东未能参加清算组，是否意味着该小股东未履行清算义务，或无须承担清算责任呢？对此，作如下分析。

（一）履行清算义务并非一定要参加清算组

公司自行解散时，股东具有对公司进行清算的义务，但股东履行清算义务不等于非要每一个股东都参加清算组不可。当公司通过股东会决议组成由部分股东参加的清算组，清算组适当行使了清算事务，而未参加清算组的股东参与了对清算组组成的表决，对财产分配方案、清算报告的审议和表决等事务，则可以认为未参加清算组的股东也已经履行了清算义务。

（二）未参加清算组的股东的对外责任及追偿权

《公司法解释（二）》第18条第1款规定："有限责任公司的股东、股份有限公司的董事和控股股东未在法定期限内成立清算组开始清算，导致公司财产贬值、流失、毁损或者灭失，债权人主张其在造成损失范围内对公司债务承担赔偿责任的，人民法院应依法予以支持。"第2款规定："有限责任公司的股东、股份有限公司的董事和控股股东因怠于履行义务，导致公司主要财产、账册、重要文件等灭失，无法进行清算，债权人主张其对公司债务承担连带清偿责任的，人民法院应依法予以支持。"那么，如果清算组成立后但未适当履行清算事务，例如，拖延、怠于履行清算事务导致公司账册灭失、财产减损，此时公司债权人要求公司全体股东（包括未参加清算组的股东）共同承担赔偿责任，未参加清算组的股东是否能以其被股东会排除在清算组之外而作出抗辩呢？

对此，笔者认为，确定清算组成员的股东会决议不能对抗外部的善意债权人，当清算组组成后却未适当履行清算事务造成债权人损失的，参加清算组和未参加清算组的股东都需对债权人承担连带赔偿责任。当然，如果未参加清算组的股东能够证明自己没有过错的，其承担了对外赔偿责任后，可以向参加清算组的股东要求追偿。

（作者：上海市第二中级人民法院 徐子良 杨怡鸣
华东政法大学 沈燕茹）

050. 资本多数决与中小股东保护的平衡

【指导与参考案例】

海南海钢集团有限公司与中国冶金矿业总公司、三亚渡假村有限公司损害股东利益责任纠纷案

［裁判要旨］

股东通过履行出资义务获取行使股东权利的资格，依法和依章程正当行使权利，是股东的基本义务。股东享有知情权、表决权、分红权等多项权利，其在行使权利时，既要遵守法律有关权利行使的规定，亦需依照法律规定的程序行使，不得损害公司和其他股东的利益。股东正当行使权利受法律保护，滥用权利将受到法律的制裁。

［案情］

上诉人海南海钢集团有限公司（以下简称海钢集团）与上诉人中国冶金矿业总公司（以下简称中冶公司）及原审第三人三亚渡假村有限公司（以下简称渡假村公司）损害股东利益责任纠纷一案，一审法院查明：海南钢铁公司（以下简称海钢集团）与中冶公司于1996年9月在海南省三亚市注册成立渡假村公司。2002年11月渡假村公司进行增资扩股，扩股后渡假村公司的总股本为16291.89万元，其中中冶公司出资8097.13万元，占总出资比例的49.70%；海钢集团出资5424.76万元，占总出资比例的33.30%；中海石油化学有限公司（以下简称石化公司）出资1500万元，占总出资比例的9.21%；中国人福新技术有限公司（以下简称人福公司）出资640万元，占总出资比例的3.93%；三亚市人口与计划生育局（以下简称三亚市计生局）出资250万元，占总出资比例的1.53%；三亚湾园林花木有限公司（以下简称园林公司）出资380万元，占总出资比例的2.33%。2006年2月，石化公司将其持有的9.21%的股权无偿划转给中海石油投资控股有限公司。

2006年11月9日，渡假村公司董事会向各股东致函，要求各股东针对渡假村公司与三亚海韵实业发展有限公司（以下简称海韵公司）的合作开发事项进行

表决。渡假村公司的六家股东除人福公司弃权未表决外，其余五家股东均向渡假村公司董事会送达了表决意见。其中中冶公司、石化公司、园林公司投赞成票，以上三家股东共持有61.24%的股份；海钢集团、三亚市计生局投反对票，以上两家股东共持有34.83%的股份。根据这一表决结果，形成了《三亚渡假村有限公司股东会决议》，通过了渡假村公司和海韵公司的合作开发方案。该决议落款为“三亚渡假村有限公司董事会，董事长邹某”，并加盖渡假村公司公章。

2006年11月28日，渡假村公司与海韵公司签订《三亚渡假村合作开发协议》及《备忘录》，双方又于2007年5月12日签订《补充协议（一）》、《补充协议（二）》及第二份《备忘录》。以上协议约定渡假村公司将其70亩土地及地上建筑物的所有权和开发权交给海韵公司，作价8033万元；海韵公司向渡假村公司支付7181万元用于渡假村公司在另一块23.9亩土地上建造约12000平方米的四星级酒店；海韵公司为渡假村公司职工解决2130平方米的职工宿舍，按每平方米4000元计算以及将1350万元用于职工房改安置补偿款一次性付给渡假村公司，由渡假村公司分别付给职工个人。海韵公司按此约定共计应向渡假村公司支付9383万元。双方还约定如有一方违约，除应赔偿给对方造成的损失外，还应向对方支付违约金1000万元。其后，渡假村公司和海韵公司前期合作相互配合，海韵公司将职工宿舍建成（但尚未交付使用）并支付渡假村公司职工补偿款1350万元，为渡假村公司兴建的四星级酒店支付工程款4111.926614万元。但从2008年3月开始，双方因渡假村公司应过户给海韵公司的70亩土地是否符合土地转让条件，能否办理项目变更手续等问题产生分歧，于2008年6月和8月分别提起诉讼。其后，对于渡假村公司提起的（2009）三亚民一（重）初字第3号案，三亚市中级人民法院裁定按撤诉处理。对于海韵公司提起的（2009）三亚民一（重）初字第2号案，三亚市中级人民法院于2010年7月13日作出民事判决，判令渡假村公司将位于三亚渡假村内的“三亚湾国际公馆”1号、2号楼项目及其占有的70.26亩土地使用权过户到海韵公司的名下，渡假村公司于判决生效之日起10日内向海韵公司支付违约金1000万元。渡假村公司不服该判决，提起上诉，二审法院维持原判。“三亚湾国际公馆”1号、2号楼项目及其占有的70.26亩土地使用权已于该案判决前先予执行过户到海韵公司名下，渡假村公司尚未向海韵公司支付违约金1000万元。

海钢集团曾于2009年4月28日向中冶公司发送《律师函》，要求中冶公司与其协商如何承担赔偿责任的问题。中冶公司分别于2010年4月2日和9月28日向海钢集团发（回）函称，就股东权益问题待渡假村公司与海韵公司的诉讼有了结论后双方再协商处理办法或通过法律途径解决。

海钢集团于2007年1月向三亚市城郊人民法院提起诉讼，请求确认渡假村公司2006年11月17日的股东会决议无效并撤销该决议。该院判令撤销2006年11

月 17 日的《三亚渡假村有限公司股东会决议》。渡假村公司不服提起上诉,二审法院撤销一审判决,发回三亚市城郊人民法院重审。海钢集团于 2011 年 12 月 26 日向三亚市城郊人民法院申请撤回起诉,该院于 2011 年 12 月 28 日裁定准许海钢集团撤回起诉。

海钢集团认为由于中冶公司不顾其他股东的反对意见,决定渡假村公司与海韵公司合作,导致渡假村公司数亿元的损失,其中海钢集团损失 2.344 亿元,遂提起本案诉讼。请求法院:(1)认定中冶公司在通过 2006 年 11 月 17 日的《三亚渡假村有限公司股东会决议》过程中滥用股东权利;(2)判令中冶公司赔偿海钢集团经济损失 2.344 亿元人民币或者赔偿海钢集团同类地段、同类价格、同等数量的土地使用权(21.3 亩);(3)判令中冶公司赔偿海钢集团因渡假村公司支付海韵公司 1000 万元人民币违约金产生的 333 万元人民币损失。

一审法院依据《公司法》[①]第 20 条第 1 款、第 2 款之规定,判决:(一)中冶公司在通过 2006 年 11 月 17 日《三亚渡假村有限公司股东会决议》的过程中滥用股东权利;(二)中冶公司于判决生效之日起 30 日内向海钢集团赔偿经济损失 458.139435 万元;(三)驳回海钢集团的其他诉讼请求。

海钢集团不服上述一审民事判决,向最高人民法院提起上诉,请求:维持原判第一项,撤销原判第二项、第三项,改判中冶公司赔偿海钢集团同类地段、同类价格、同等数量的土地使用权(23.4 亩)。

中冶公司同时提起上诉,请求二审法院判决:(1)撤销一审判决;(2)驳回海钢集团的起诉。

最高人民法院除对原审法院所查明的基本事实予以确认外,另查明:1999 年 7 月 28 日设立的渡假村公司《有限责任公司章程》中第 8 条第 6 项规定:"议事规则:股东会一般一年召开一次,股东会的决议,修改章程必须经三分之二以上的股东表决通过。"当时渡假村公司的两家股东为中冶公司和海钢集团,此后公司股东及股权结构发生变化,但公司章程未予修订。

2006 年 11 月 9 日,渡假村公司董事会向各股东单位发出《三亚渡假村有限公司董事会致各股东单位的函》,载明:"2006 年 10 月 22 日在三亚渡假村召开了股东会……会议决定:各家股东认真商讨,会后十五天内(即 2006 年 11 月 7 日之前)向董事会就合作开发事项表决意见。会议经过认真讨论,认为三亚渡假村必须保持全面、可持续发展。目前存在几个根本性问题:……针对三亚渡假村与三亚海韵实业有限公司的合作开发事项,请各股东单位表决(附表决表)。请于 2006 年 11 月 15 日之前将表决结果发送至……"落款为"三亚渡假村有限公司董事会,董事长邹某"。

---

① 本篇案例所涉及的《公司法》指 2005 年修订的《公司法》。

[结论]

最高人民法院判决如下:一、撤销一审判决;二、驳回海钢集团的诉讼请求。

[法院认为]

最高人民法院经审理认为,本案的主要争议焦点是:(1)案涉诉讼当事人是否适格;(2)中冶公司是否滥用了股东权利并由此给海钢集团造成损失。

1. 关于案涉诉讼当事人是否适格的问题

本案中,海钢集团以中冶公司滥用其在渡假村公司的控股股东地位、侵害海钢集团的股东利益为由,提起损害赔偿之诉,属于股东直接诉讼,诉讼利益归于海钢集团。其提出的法律依据是我国《公司法》第20条第1款和第2款关于"公司股东应当遵守法律、行政法规和公司章程,依法行使股东权利,不得滥用股东权利损害公司或者其他股东的利益"和"公司股东滥用股东权利给公司或者其他股东造成损失的,应当依法承担赔偿责任"的规定。

本案的原、被告双方均为渡假村公司的股东,且均为独立的公司法人,依法享有相应的民事权利并承担民事义务,具有参加民事诉讼的主体资格。原告海钢集团提起本案民事诉讼,主张被告中冶公司侵害了其权益,其诉讼请求和事实理由明确、具体,其涉案争议亦属于人民法院受理范围,符合我国《民事诉讼法》第119条规定,一审法院予以受理并无不当。中冶公司关于本案原、被告均不适格的上诉理由不成立,本院不予采纳。

2. 关于中冶公司是否滥用了股东权利并由此给海钢集团造成损失的问题

2006年10月22日,渡假村公司召开股东会,讨论了该公司与海韵公司合作开发事宜,并决定于同年11月7日之前全体股东就该事项进行书面表决。此后,公司的股东按照董事会要求进行了书面表决,其结果为:包括中冶公司在内的三家股东赞成,海钢集团等两家股东反对,另有一家股东(单位)弃权。同年11月17日,渡假村公司董事会作出《三亚渡假村有限公司股东会决议》,公布了表决结果,其称股东会以61.24%的赞成票通过了渡假村公司与海韵公司的合作开发方案。该文落款为"三亚渡假村有限公司董事会,董事长邹某",并加盖了渡假村公司的公章。其后,渡假村公司与海韵公司相继签订了《三亚渡假村合作开发协议》、《补充协议》等协议,并实施了合作开发事项。本院认为,在渡假村公司股东会进行上述表决过程中,中冶公司作为该公司的股东投了赞成票,系正当行使其依法享有表决权的行为,该表决行为并不构成对其他股东权利及利益的侵害。基于全体股东的表决结果,渡假村公司董事会制定了《三亚渡假村有限公司股东会决议》,其载明:"根据公司法规定:渡假村公司股东会通过渡假村公司与海韵公司合作开发方案。"此后,双方签订了合作开发协议,并将之付诸实施。这些行为及经营活动均是以"渡假村公司董事会、董事长"名义而实施,其对内为董事会行使职权,对外则代表了"渡假村公司"的法人行为,没有证据证明是中冶公司作为股东而实施的越权行为。尽管大股东中冶公司的法定代表人邹某同时担任渡假村公司董事会的董事长,但此"双重职务身份"并不为我国《公司法》及相关法律法规所禁止,且该董事长系由渡假村公司股东会依公司章程规定选举产生,符合我国《公司法》第45条第3款的规定。在此情形下,渡假村公司及其股东中冶公司均为人格独立的公司法人,不应仅以两公司的董事长为同一自然人,便认定两公司的人格合一,进而将渡假村公司董事会的行为认定为中冶公司的行为,这势必造成公司法人内部决策机制及与其法人单位股东在人格关系上的混乱。此外,两公司人格独立还表现为其财产状况的独立和明晰,在没有证据证明公司与其股东之间存在利益输送的情况下,此类"董事长同一"并不自然导致"法人人格否认原理"中的"人格混同"之情形,不能据此得出中冶公司的表决行为损害了渡假村公司及其股东海钢集团利益的结论。因此,原审判决依"中冶公司利用其董事长邹某同时为渡假村公司董事长的条件和掌管渡假村公司公章的权力自行制作《三亚渡假村有限公司股东会决议》",认定中冶公司"系滥用股东权利,并由此侵犯了海钢集团的合法权益",没有事实和法律依据。

关于本案中渡假村公司股东会的表决程序及结果的合法性与中冶公司是否滥用股东权利两者之间的关系问题。渡假村公司的《有限责任公司章程》第8条第6项"议事规则"规定"股东会一般一年召开一次,股东会的决议,修改章程必须经三分之二以上的股东表决通过"。二审期间,海钢集团、中冶公司对该条款规定的"三分之二以上的股东表决通过"是否适用本案的表决存有不同理解。即"股东会的决议"是指股东会的所有决议,还是仅指关于"修改章程"的决议。本院认为,该争议问题涉及股东会表决程序及结果是否符合《公司法》及公司章程的规定,无论其合法性如何认定,亦都是渡假村公司董事会行使职权的行为,其责任归于董事会,而不应作为判定中冶公司在表决中是否滥用了股东权利的依据。此外,本案"土地开发合作事宜"属于该公司一般性的经营活动,我国《公司法》第44条并未规定该决议必须经代表2/3以上表决权的股东通过,故原审认定股东会就土地开发合作事宜进行的表决未达到该条规定的表决权不当。

关于海钢集团所主张损失的性质问题。海钢集团诉称,渡假村公司与海韵公司合作开发项目中,其对土地价格的评估远低于当时的市场价,给渡假村公司造成了巨大的损失,按其持有的股权比例,请求中冶公司赔偿海钢集团同类地段、同类价格、同等数量(23.4亩)的土地使用权。二审法院认为,海钢集团诉称的"损失"产生于渡假村公司与海韵公司合作开发建设过程中,依双方约定,渡假村公司拿出部分土地给海韵公司开发建设,海韵公司则为渡假村公司建设一幢四星级酒店及职工宿舍等。海钢集团据此主张由中冶公司赔偿其相应的损失,没有事实和法律依据,理由是:(1)渡假村公司在该合作开发项目中的"损失"不属于本案审理的范围，本院在此不能作出判定；(2)即使该"损失"存在，请求该项"损失"救济的权利人应是渡假村公司，而非海钢集团；(3)如海钢集团代渡假村公司主张权利，则诉讼权利受益人仍是渡假村公司，这与本案不属于同一法律关系，亦不属于本案审理范围。

综上，上诉人海钢集团关于中冶公司滥用股东权利、侵害了其股东权益，应予赔偿的诉讼请求，缺乏事实和法律依据。一审判决认定事实及适用法律均有不当，应予以纠正。

[法官分析]

在民商事审判实践中，人民法院在处理股东权益纠纷时的审判指导思想是：对于股东因其固有的、非经股东自身同意不可剥夺的权利，遭受控股股东侵害请求救济的，应予以支持；对属于资本多数决处分范围的股东权，要尊重公司多数股东的意志；对虽属资本多数决原则处分范围的股东权，但被控股股东滥用权利予以侵害的，应依照《公司法》第20条关于不得滥用权利的规定，保护少数股东的正当权益。①

通常情况下，司法尊重公司意思自治，承认公司机关的分化及公司独立人格，但出于对控股股东诚信义务的必要规范及平衡资本多数决与中小股东权益保护之切实需要，在特殊情况下，司法亦可基于"禁止资本多数决的滥用"对公司内部运行机制予以合理审慎的介入审查。资本多数决的实质为由资本所转化的股东表决多数决，当多数股东为实现自身或第三人利益，行使其基于多数股东资格的表决权或影响力损害或限制其他股东或公司利益时，应考虑其是否构成资本多数决的滥用。同时亦应意识到，"禁止资本多数决的滥用"应具备严格的适用条件，并非多数股东实施的所有对小股东可能产生不利的行为都可被认为系权利的滥用，应结合相应事实依据审慎界定。

"公司利益"不能简单归结为"股东利益"。因公司权益受损而导致的股东权益间接受损，并非为股东权益直接受侵害所受损失。股东出资后，基于公司独立人格，股东不再享有对其出资金额的直接支配和收益，其对公司的权益即体现为股权，只能依法定程序通过行使股权来实现自身权益，公司的收益或损失并不能直接对应股东的股权价值。

（案例选自《商事审判指导》2013年第3辑　张　颖）

[法律法规链接]

《公司法》(2005年修订)第20条、第44条

---

① "充分发挥民商事审判职能作用　为构建社会主义和谐社会提供司法保障——在全国民商事审判工作会议上的讲话"，载《民商事审判指导》(2007年第1辑)，人民法院出版社2007年版。

051. 股东会在没有明确标准、幅度的情况下处罚股东的决议无效

【公报案例】

南京安盛财务顾问有限公司诉祝某股东会决议罚款纠纷案

［裁判要旨］

公司章程关于股东会对股东处以罚款的规定，系公司全体股东所预设的对违反公司章程股东的一种制裁措施，符合公司的整体利益，体现了有限公司的人合性特征，不违反公司法的禁止性规定，应合法有效。但公司章程在赋予股东会对股东处以罚款职权时，应明确规定罚款的标准、幅度，股东会在没有明确标准、幅度的情况下处罚股东，属法定依据不足，相应决议无效。

［案情］

南京安盛财务顾问有限公司（以下简称安盛公司）与祝某股东会决议罚款纠纷一案，江苏省南京市鼓楼区人民法院一审查明：原告安盛公司成立于2002年11月18日，注册资本180万元。2004年8月，被告祝某成为安盛公司员工，在审核岗位从事审核会计工作。2006年1月1日，祝某向安盛公司出资2万元，占注册资本的1.11%，安盛公司据此向祝某出具了股权证书。2007年1月1日，安盛公司对金司章程进行了修订，修订后的公司章程将祝某记载为股东。公司章程第14条载明："安盛股份实行'股东身份必须首先是员工身份'的原则"。第16条载明："新加入的股东若三年内离开公司，其股份由公司强行回购，回购价格按上年（自总经理批准离职之日起算）账面每股净资产扣除约定风险金比例后的余额确定，回购款项的支付时间为年度股东大会通过利润分配方案以后90日内。第36条载明："股东退出分为自愿退出和强制退出。任何股东有下列行为之一出现时，必须全部转让其在公司的股份，由股东会强制取消其股东身份：（一）主观故意侵占或损害公司利益者；（二）利用在公司的地位和职权为自己谋私利者……（六）违反公司同业禁止约定者……此种情况下转让股份的价值按当时公司账面净值折算后扣除给公司造成的损失及股东会决议的罚款后的余额计算。"祝某作为股东在上述公司章程上进行了签名，但该章程中未明确记载罚款的标准及幅度。安盛公司制作的《安盛员工手册》，包含《奖惩条例》和《安盛同业禁止规定》。《奖惩条例》第7条规定：员工处罚分五种：警告、记过、记大过、降级或辞退、开除或除名；降级或辞退的，罚款1500元，造成经济损失的，赔偿另计；开除或除名的，罚款2000元，造成经济损失的，赔

偿另计。《安盛同业禁止规定》载明："第1条，安盛全体人员不得利用工作时间兼职；不得兼职从事与本公司相同类型的业务；第2条，不得利用职务之便将公司业务转给其他公司或个人。第3条，安盛员工离开安盛以后，自离职之日起两年内不得接受本单位客户委托，也不得以任何形式服务于本公司客户。安盛人员若违反上述第1条规定，则没收兼职所得，并按本公司奖惩条例接受处罚；若违反上述第2条、第3条规定，致使该客户离开本公司、让本公司蒙受损失的，则按每个客户2万元的金额补偿本公司，并按本公司奖惩条例接受处罚。"祝某亦在上述《安盛员工手册》落款处进行了签名。

被告祝某在安盛公司工作期间，与原告安盛公司签订过两份劳动合同书，一份签订时间为2005年3月28日，劳动合同期限自2005年3月1日至2007年2月28日；一份签订时间为2007年2月23日，劳动合同期限自2007年3月1日至2009年2月28日。两份劳动合同书均约定：乙方（指祝某）在合同期间不得兼职从事与甲方（指安盛公司）相关类型的业务，更不得将甲方业务转出；无论任何原因，乙方从甲方离职后，自离职之日起两年内不得挖走甲方客户，也不得为甲方的客户提供与甲方相同类型的服务；乙方违反该约定，应当向甲方支付的违约金为乙方违约服务的客户数量×2万元。

2008年7月23日，被告祝某向原告安盛公司提交书面辞职报告，同月25日，安盛公司作出关于与祝某同志解除劳动合同的决定书，决定自2008年7月25日起与祝某解除劳动合同。

2008年12月31日，原告安盛公司的董事会以群发短信形式通知公司股东（含被告祝某），决定于2009年1月5日下午17:00在公司会议室召开临时股东会。2009年1月5日，安盛公司如期召开股东会，并形成关于对祝某股份处置和违反公司章程处理决定的股东会决议。决议载明：祝某股东身份在公司不满三年即离职，经调查发现，祝某在职期间以个人名义为曾与公司存有业务关系的南京瑞派尔机电工程有限公司（简称瑞派尔公司）、南京帝涛科技实业有限公司（简称帝涛公司）、南京茂研科技有限公司（简称茂研公司）提供私下服务，利用职务之便为与公司没有任何服务协议的南京乐安保险代理有限公司（简称乐安公司）等企业提供过相同类型的服务业务，根据公司章程第14条、第16条、第36条第1款第1项、第2项、第6项及第2款之规定，决定如下：(1)由公司强行回购祝某在公司的全部股份；(2)对祝某处以人民币50000元的罚款；公司应付回购股份的金额（股本和红利）24107元抵减罚款，不足25893元由祝某于2009年2月28日前将款项送达本公司财务；如果祝某在2009年2月28日前已认识到自己的问题，希望通过和谈解决，股东会授权董事会进行协商减轻处罚，但最低罚款不得低于24107元，否则公司将通过法律途径追诉；(3)公司保留对祝某给公司造成损失的追偿权利。出席会议的毛某某等13位股东在同意股东签字一栏进行了签名。嗣后，安盛公司将上述股东会决议以特快专递方式邮寄给了祝某。

2009年7月24日，原告安盛公司曾以被告祝某违反劳动合同为由将祝某作为被告诉至南京市鼓楼区人民法院，要求祝某支付违约金23万元、赔偿经济损失24.8万元。该案审理中，双方达成调解协议，江苏省南京市鼓楼区人民法院于2009年9月8日作出(2009)鼓民一初字第3182号民事调解书：一、祝某一次性支付安盛公司3000元；二、双方之间劳动争议一次性解决完毕，无其他纠葛。

本案原告安盛公司请求法院判令祝某立即给付安盛公司罚款人民币50000元。审理中，安盛公司将诉讼请求变更为要求祝某立即给付安盛公司人民币25893元。

被告祝某反诉要求确认安盛公司2009年1月5日所作股东会决议中关于罚款内容部分无效。

[结论]

江苏省南京市鼓楼区人民法院依照《公司法》[①]第20条第1款、《民事诉讼法》[②]第128条之规定判决：

一、确认原告安盛公司2009年1月5日临时股东会决议第二项“对被告祝某处以人民币50000元的罚款”内容无效；

二、驳回原告安盛公司要求被告祝某支付25893元的诉讼请求。

一审宣判后，双方当事人在法定期间内均未提出上诉，一审判决已经发生法律效力。

[法院认为]

本案一审的争议焦点是：2009年1月5日，原告安盛公司临时股东会对被告祝某罚款5万元的决议内容是否有效。

江苏省南京市鼓楼区人民法院一审认为：

(1)有限公司的股东会无权对股东处以罚款，除非公司章程另有约定。

《公司法》第37条规定，有限责任公司股东会由全体股东组成，股东会是公司的权力机构，依照本法行使职权。第38条规定，股东会行使下列职权：“(一)决定公司的经营方针和投资计划；(二)选举和更换非由职工代表担任的董事、监事，决定有关董事、监事的报酬事项……(十)修改公司章程；(十一)公司章程规定的其他职权”。由上可见，有限公司的股东会作为权力机构，其依法对公司事项所作出决议或决定是代表公司的行为，对公司具有法律约束力。股东履行出资义务后，其与公司之间是平等的民事主体，相互之间具有独立的人格，不存在管理与被管理的关系，公司的股东会原则上无权对股东施以任何处罚。这从《公司法》第38条第1项至第10项所规定的股东会职权中并不包含对股东处以罚款的内容中亦能得到体现。因

---

① 此处指2005年修订的《公司法》，下同。

② 此处指2007年修订的《民事诉讼法》。

此，在公司章程未作另行约定的情况下，有限公司的股东会并无对股东处以罚款的法定职权，如股东会据此对股东作出处以罚款的决议，则属超越法定职权，决议无效。

《公司法》第11条规定，设立公司必须依法制定公司章程。公司章程对公司、股东、董事、监事、高级管理人员具有约束力。第20条规定，公司股东应当遵守法律、行政法规和公司章程，依法行使股东权利。由此可见，公司章程是公司自治的载体，既赋予股东权利，亦使股东承担义务，是股东在公司的行为准则，股东必须遵守公司章程的规定。本案中，原告安盛公司章程第36条虽主要是关于取消股东身份的规定，但该条第2款明确记载有“股东会决议罚款”，根据章程本身所使用的文义进行解释，能够得出在出现该条第1款所列八种情形下，安盛公司的股东会可以对当事股东进行罚款。鉴于上述约定是支盛公司的全体股东所预设的对违反公司章程股东的一种制裁措施，符合公司的整体利益，体现了有限公司的人合性特征，不违反公司法的禁止性规定，被告祝某亦在章程上签字予以认可，故包括祝某在内的所有股东都应当遵守。据此，安盛公司的股东会依照《公司法》第38条第11项之规定，享有对违反公司章程的股东处以罚款的职权。

(2)有限公司的公司章程在赋予股东会对股东处以罚款职权的同时，应明确规定罚款的标准和幅度，股东会在没有明确标准和幅度的情况下处罚股东，属法定依据不足，相应决议无效。

被告祝某在原告安盛公司和瑞派尔公司委托记账合同关系停止后，仍作为瑞派尔公司的经办人向税务部门申请取消一般纳税人资格业务，该行为属于《安盛同业禁止规定》第1条及公司章程第36条第1款第6项的约定范畴，应认定祝某违反了公司章程，安盛公司股东会可以对祝某处以罚款。安盛公司章程第36条第2款所规定“罚款”是一种纯惩罚性的制裁措施，虽与行政法等公法意义上的罚款不能完全等同，但在罚款的预见性及防止权力滥用上具有可比性。而根据我国行政处罚法的规定，对违法行为给予行政处罚的规定必须公布；未经公布的，不得作为行政处罚的依据，否则该行政处罚元效。本案中，安盛公司在修订公司章程时，虽规定了股东在出现第36条第1款的八种情形时，股东会有权对股东处以罚款，但却未在公司章程中明确记载罚款的标准及幅度，使祝某对违反公司章程行为的后果无法作出事先预料，况且，安盛公司实行“股东身份必须首先是员工身份”的原则，而《安盛员工手册》的《奖惩条例》第7条所规定的五种处罚种类中，最高的罚款数额仅为2000元，而安盛公司股东会对祝某处以5万元的罚款已明显超出了祝某的可预见范围。故安盛公司临时股东会所作出对祝某罚款的决议明显属法定依据不足，应认定为无效。

(3)原告安盛公司提起本案诉讼不属重复诉讼。

原告安盛公司章程第36条第2款规定，此种情况下转让股份的价值按当时公司账面净值折算后扣除给公司造成的损失及股东会决议的罚款后的余额计算。这表明，当股东出现第1款所列的八种情形时，安盛公司既可要求当事股东承担赔偿损失的民事责任，又可对当事股东进行纯惩罚性制裁。安盛公司在此前提起劳动诉讼与本案的具体诉讼请求并不相同，且相互不能替代或涵盖，因此，安盛公司提起本案诉讼，并不违反一事不再理的民事诉讼原则。被告祝某关于本案属重复诉讼，应裁定驳回起诉的抗辩意见，无法律依据，不予采纳。

综上，被告祝某要求确认2009年1月5日安盛公司临时股东会罚款决议内容无效的反诉请求，予以支持。原告安盛公司基于上述无效决议内容要求祝某支付25893元的诉讼请求，没有法律依据，不予支持。

（案例选自《中华人民共和国最高人民法院公报》2012年卷）

［法律法规链接］

《公司法》（2005年修订）第11条、第20条、第37条、第38条

052. 资产评估公司股东退股的处理及职业风险金的分配

上海大成资产评估有限公司诉楼某某等其他与公司有关的纠纷案[①]

［案号］

上海市第二中级人民法院（2010）沪二中民四（商）终字第41号

［裁判要旨］

资产评估公司章程规定股东离职、退休时应退股的，应为有效。经股东会同意，特殊行业公司计提5年以上的职业风险金可以转为可分配利润向股东进行分配。

［案情］

上海大成资产评估有限公司诉楼某某等其他与公司有关的纠纷一案，经审理查明：上诉人上海大成资产评估有限公司（以下简称大成资产公司）经集体改制后于1996年3月成立，被上诉人楼某某自公司成立起一直系公司股东之一。1999年12月，顾某某（公司股东及董事长）、楼某某等5名股东签订一份章程，其中约定股东退休时必须退股；公司按有关规定将业务收入的10%提取为职业风险基金。

2004年10月，顾某某、楼某某等股东签署一份《关于代持股股份退出备忘录》（以下简称《备忘录》），其中确认楼某某出资份额为10%，并约定：若公司在5年内发生合并、歇业等清算事项（包括职业风险基金），或对职业风险基金的提取、处置上级有新规定，《备忘录》涉及出资人可按出资份额享受2004年6月30日前所得

① 本案被《中华人民共和国最高人民法院公报》2012年第5期刊载，本案还被《2011年上海法院案例精选》收录。

的权益,承担同样份额的风险。审理中各方确认,大成资产公司每年的职业风险基金均按业务额的10%提取,上述备忘录的内容系因当时相关部门规定职业风险基金不可分配才作出的。

2005年1月,顾某某、楼某某等股东又签订章程一份,其中确认楼某某出资份额为16.66%,并再次明确股东离职时必须退股。2006年9月,楼某某离开大成资产公司,但又先后与大成资产公司发生了劳动争议、确认股东决议无效的诉讼。2008年2月楼某某退休。

2008年8月,大成资产公司诉至闸北区法院,认为楼某某已不是大成资产公司股东,楼某某可按公司净资产16.66%的比例领取退股金,并认为根据原告的相关财务资料和计算方式,截至2008年5月31日,原告的净资产为69.1万余元。请求:(1)确认楼某某于2008年6月27日起不再是大成资产公司股东;(2)楼某某向大成资产公司领取退股金11.5万余元,并协助办理退股和工商变更登记手续。

一审法院审理中委托审计,审计结论为:大成资产公司2008年5月31日的净资产为91.2万余元;职业风险基金(其他长期负债)累计为216.2万余元,其中2004年6月30日前为123.1万余元。据此,楼某某提起反诉,以审计报告为据,诉请大成资产公司支付退股金15.2万余元及利息;退回2004年6月30日前的职业风险基金12.3万余元。其对该日以后积累的职业风险基金保留请求的权利。

对于反诉请求,大成资产公司除对审计的净资产金额有异议外,还认为,职业风险基金系为保护从事资产评估行业的公司正常经营所设,并不是股东权益,不能退回。

一审法院判决:楼某某从2008年6月27日起不再为大成资产公司股东;大成资产公司应支付楼某某退股金15.2万余元及利息,楼某某协助办理退股及工商登记变更手续;大成资产公司支付楼某某2004年6月30日前的职业风险基金12.3万余元。

判决后,大成资产公司不服,提起上诉。

[结论]

二审判决:驳回上诉,维持原判,即(1)楼某某从2008年6月27日起不再为大成资产公司股东;(2)大成资产公司应支付楼某某退股金15.2万余元及利息,楼某某协助办理退股及工商登记变更手续;(3)大成资产公司支付楼某某2004年6月30日前的职业风险基金12.3万余元。

[法院认为]

对于退股金额,大成资产公司应按照审计得出的退股时净资产和楼某某所占股份(16.66%),给予楼某某退股金及利息。2009年2月财政部发布的《资产评估机构职业风险基金管理办法》已规定,经股东会或合伙人决议,可将已计提5年以上结存的职业风险基金转作当年可供分配利润进行分配。本案原告各股东2004

年10月签署的《备忘录》已明确约定若国家规定允许，股东可以获得2004年6月30日之前计提超过5年的职业风险基金，当时楼某某占股10%，故楼某某的反诉请求应予支持。

［法官分析］

本案的争议焦点主要涉及两个问题：(1)股东按公司章程规定退股时，退股金如何计算。(2)资产评估机构职业风险基金应否退回。上述问题的认定涉及一个公司法上争论多年的问题，即公司章程能否"越权"对股东退股等问题作出强制性规定。资产评估等相关机构在这一问题的认定上，会不会因其行业的特殊性，与其他一般行业的公司有所不同？尽管本案中被上诉人并未对强制退股行为的正当性提出异议，但这类案件在司法实践中已具有一定的普遍意义，对该问题的探究有助于类似案件的处理。

1. 公司章程能否对股东退股作强制性规定

(1)不同学说对章程设定效力的不同影响。

长期以来，各国对公司章程的性质存在不同看法，在判例和学说中存在两种主流观点，即英美法系的"契约说"和大陆法系的"自治法说"。"契约说"认为，章程的约束力在于社员的自由意思，章程制定后，成为社员或机关认可的内容，与公司建立关系，但如果想脱离其约束，随时可以退出或转让出资份额(股份)，因此，章程具有契约性质，被视为"公司合同"，这意味着公司章程条款的制定是公司与股东或股东与股东等相互之间的合意。而"自治法说"则认为，章程不仅约束制定章程的设立者或者发起人，也当然约束公司机关及新加入公司组织者，因此，具有自治法规的性质，强调的是公司的"自主立法"①，站在公司的立场，认为公司制定的章程对包括公司在内的相关当事人具有约束力。两种学说的基本差别在于前者认为公司章程为公司与股东或股东与股东之间的意思表示，后者认为公司章程为社团的意思表示，其差别具体表现为两个方面：①对"契约说"而言，制定或者修改公司章程的主体是公司与股东或股东与股东；对"自治法说"而言，制订或修改公司章程的主体则是公司本身。②在"契约说"的场合，公司章程的具体条款是公司与股东或股东与股东之间相互合意的结果；而在"自治法说"的场合，公司章程的内容是在"资本多数决"原则下股东大会决议的结果。可见，两种学说虽然都承认公司章程所具有的规范意义，但对据以作出裁判的法理基础则大相径庭，从中表达了在判决理由上的不同逻辑。

笔者认为，因两种学说导致的两种裁判思路都有其法理基础和合理性，但由于公司章程各条款作用机制的分工以及审判实践中个案的千差万别，不能一概而论。就股东权的问题，其本质上属于股东的私权，而股东与公司又分属于两个不同的人

---

① ［韩］李哲松：《韩国公司法》，吴日焕译，中国政法大学出版社2000年版，第76页。

格,对公司章程中涉及处分股东私权的规定究竟属于契约还是自治性规范的认定应当慎之又慎。笔者认为,如果该规定平等地对待全体股东,且基于公司业务发展及组织管理的考量,对股东私权的限制确有必要,那么"资本多数决"就有适用的空间,这部分内容可被视为自治性规范;反之,如果公司章程的相关规定针对的是个别股东权,且与公司运营管理及良性发展无实质关系,那采取"资本多数决"原则对个别股权予以限制或剥夺缺乏正当的理由,因此,除非依法予以变动,否则"未经股东同意,不得以章程或股东大会多数决予以剥夺或限制"。[①] 在此情形下,相应的限制只能以合同的方式加以规定。

本案中,不论是1999年章程还是2005年章程,均平等地约束公司全体股东,且经由所有股东签字确认,即使相关条款认定为股东与公司间的契约,也属有效。但从章程的整体内容及资产评估行业的特殊性来看,公司章程规定股东离职、退休时应退股可以认为是基于公司业务发展及内部"人合性"的需要,应属合理。

(2)行业特殊性的司法考量。

结合上文的分析,本案中公司章程关于股东退股的内容被视为自治性规范,可从相关法律法规中找到合理性依据。由于资产评估行业的特殊性,国务院相关部门对其设立、管理都有专门的规定,例如,1999年财政部的《资产评估机构管理暂行办法》第13条要求资产评估机构的出资人须是执业满3年的注册资产评估师。2001年财政部修订的《资产评估机构审批管理办法》第13条规定,资产评估机构的合伙人或股东应当持有注册资产评估师证书,在资产评估机构从事资产评估业务3年以上且无不良执业记录;第15条对非注册资产评估师的自然人担任资产评估机构的合伙人或者股东的,从其学历、职业履历、出资比例等方面作出了非常严格的限制。从上述规定可知,资产评估公司的股东原则上应具有相应资质并在该机构执业。

因此,资产评估公司章程规定股东离职、退休后退股可理解为顺应国家管理部门的监管要求,也是本为私权的股东权因其所在行业的特殊性在一定程度上受到公权力干预的必然结果。既然公司章程的正当性得到了确认,那么其明确规定股东退休时必须退股,退还其在公司享有的净资产份额,股东与公司就必须按章履行。

2. 特殊行业机构的职业风险基金能否分配给股东

本案中,双方对退股金结算的争议主要集中于上诉人净资产份额的确定以及职业风险基金的分配。对于对公司的净资产份额的争议,可委托专业机构进行司法审计。而特殊行业机构的职业风险基金能否分配给股东的问题则是本案法律适

---

① 刘俊海:《股东权法律保护概论》,人民法院出版社1995年版,第24页。

用的主要难点。

职业风险基金是会计师事务所、资产评估机构等按规定提取的用于职业风险赔偿的准备金，它以执业机构的年度评估业务收入为基数计提，所以其本质上属于公司营利部分，股东本应有权对其分红。由于资产评估等行业风险系数较高，为保护社会公众利益，提高执业机构的风险防范能力，国家对其计提的方式和比例作出强制性规定。2009 年 2 月之前，资产评估公司在存续期间，其计提的职业风险基金不能作为利润进行分配。但是职业风险基金的过度计提，一方面占压了执业机构的资金，不利于资金运用；另一方面影响了股东的利益，削减了股东的分红，影响了股东的积极性。所以，2009 年 2 月，财政部发布了《资产评估机构职业风险基金管理办法》，该办法第 5 条第 1 款规定："资产评估机构持续经营期间，应当保证结余的职业风险基金不低于近 5 年评估业务收入总和的 5%。"第 6 条规定："资产评估机构在符合本办法第五条第一款规定的前提下，经股东会或合伙人决议，可将已计提 5 年以上（不含 5 年）结存的职业风险基金转作当年可供分配的利润进行分配，同时应当完善相关内部管理制度。"据此，计提 5 年以上的职业风险基金可以转为可分配利润，但前提是需经股东会同意。

本案中，大成资产公司各股东曾在 2004 年签署《备忘录》，因当时的相关规定不允许职业风险基金作为利润分配，但毕竟职业风险基金是公司营业收入形成的，并已经有了若干年的积累，故为股东利益着想，该《备忘录》约定若"对职业风险基金的提取、处置上级有新规定，本《备忘录》涉及出资人可按出资份额享受 2004 年 6 月 30 日前所得的权益，承担同样份额的风险"。该约定是当时各股东共同的真实意思表示，属于附生效条件的约定，条件就是待国家法律规定允许职业风险基金作为利润分配。及至 2009 年 2 月财政部的上述规定出台，该约定所附条件也就成立了。当股东之一楼某某退股时，公司应按照各股东曾经的约定将 2004 年 6 月 30 日前的职业风险基金分配给楼某某。

本案属于新类型的公司法案件，上海国有、集体企业改制后，员工持股问题较为普遍，妥善处理员工退股问题，有利于保护员工合法权益，保证企业正常经营，维护社会和谐稳定。该案为如何认定公司章程中有关强制退股规定的效力，妥善解决员工持股问题提供了新思路。同时确立了特殊行业公司的职业风险基金在满足了该行业规定的结存额度后，超出部分可以由股东约定分配的司法标准，该标准符合公司法原理和相关部门规定，在职业风险基金可分配的法律保障下，有助于鼓励公司多结存职业风险基金，对于防范职业风险、维护股东权利有着积极的意义。

（编写人：上海市第二中级人民法院　徐子良　陶　静　刘　晶）

053. 股东派生诉讼的责任承担形式以及实体要求和前置程序

健康解决方案(国际)有限公司诉程某某公司证照返还纠纷案

[案号]

一审:上海市杨浦区人民法院(2013)杨民二(商)初字第S641号

二审:上海市第二中级人民法院(2014)沪二中民四(商)终字第S543号

[裁判要旨]

股东派生诉讼解决的主要是股东的诉权问题,相对方对公司应承担的民事责任不应限于"损害赔偿",而应当根据公司实际遭受的具体损失的性质来确定责任种类。在确认股东享有代位请求权后,还应注意把握股东派生诉讼中公司合法权益受损的实体要求和股东用尽救济的前置程序要求。

[案情]

健康解决方案(国际)有限公司诉程某某公司证照返还纠纷一案,经审理查明:上海华源健康创业投资有限公司(以下简称华源公司)(截至二审判决之日的企业状态为"吊销未注销")于2004年8月2日设立,设立时的股东为健康解决方案(国际)有限公司(以下简称健康方案公司,持股比例为25%)及案外人无锡生命科技发展股份有限公司(以下简称无锡公司,持股比例为50%,于2012年1月18日经有关司法程序破产清算)、柏克布朗华源有限公司(以下简称柏克布朗公司,持股比例为25%,于2010年6月26日解散)。2007年7月31日,华源公司工商登记在簿的董事会成员有李某某、程某某等8人,任期5年。2007年10月1日,健康方案公司的股东案外人恒威集团有限公司(以下简称恒威公司)与程某某订立《聘用合同》,任命其为医疗部代表,暂管中国区域。嗣后,恒威公司通过正式书面通知及报纸公告等程序,于2013年2月26日终止了对程某某的聘用。2013年4月22日,华源公司向达成包装制品(苏州)有限公司(以下简称达成公司)发出《还款通知》,要求达成公司向华源公司归还欠款21万余元,并将款项全部转入由程某某担任法定代表人及股东的一家案外公司。2013年5月15日,华源公司向江苏省苏州市相城区人民法院提起诉讼,要求达成公司归还21万余元欠款及赔偿利息损失。

2013年7月15日,健康方案公司诉至一审法院,称恒威公司与程某某解除聘用关系后,即多次要求程某某交付华源公司的证照、印鉴、报表,均遭拒绝。2013年4月22日,程某某擅自使用华源公司公章,以第三人名义与达成公司达成还款协议,并要求达成公司将应支付华源公司的钱款转账至程某某控股的案外人公司。

健康方案公司认为程某某擅自使用华源公司公章，并以华源公司名义起诉达成公司，目的在于将达成公司正常保管的华源公司财产占为己有，严重侵犯了华源公司的利益。故诉请要求程某某向健康方案公司返还华源公司的批准证书、营业执照正副本、公章及2007年10月1日至2013年7月15日的财务报表、会计账簿和凭据。

一审法院未支持其诉讼请求。一审判决后，健康方案公司不服，提起上诉称：(1)原审法院案由错误，健康方案公司提起诉讼系基于物权法上的返还原物请求权，诉讼的目的是要求程某某向华源公司返还公司所有的证照和相关财务资料，故本案案由应当为返还原物纠纷。(2)健康方案公司作为华源公司的唯一现存股东，有权依法行使股东代位权要求程某某向华源公司返还证照及财务资料。(3)程某某实际控制和支配涉讼物品，属无权占有，且在占有期间，恶意操纵华源公司对达成公司提起借款返还之诉，其实质是非法侵吞华源公司财产。

[结论]

二审判决如下：

一、撤销一审判决；

二、程某某应于判决生效之日起10日内向原审第三人华源公司返还批准证书、营业执照正副本和公章；

三、程某某应于判决生效之日起10日内向华源公司返还其2007年10月1日至2013年7月15日的财务报表、会计账簿和会计凭证。

[法院认为]

一审法院认为：华源公司未到庭，其公司章程也未见设置监事会、监事机构，故健康方案公司直接提起本案诉讼并无不当；但股东代表公司诉讼应当出于维护公司利益的目的。健康方案公司认为程某某操纵华源公司向达成公司提起金钱给付之诉造成华源公司利益受损，但该起诉讼目的系为实现华源公司对外债权，未侵害华源公司之利益。鉴于庭审中健康方案公司自认，程某某获得授权处理华源公司的部分事务，且健康方案公司的现有证据也不足以证明程某某对华源公司负有过错且造成华源公司损失，故对其股东派生诉讼之诉讼请求不予支持。

二审法院认为本案争议焦点为：本案当事人之间法律关系的性质如何；健康方案公司的原告主体身份是否适格；程某某是否持有系争公司证照及财务资料。二审法院分析如下：

(1)健康方案公司提起本案诉讼系基于物权所有权的返还，其诉讼的目的是要求无权持有人向公司返还属于公司的经营性资料。因此，基于公司法上的特定物返还，根据我国《民事案件案由规定》的相关条文，本案的法律关系性质即案由应定性为公司证照返还之诉。

(2)本案系一起股东派生诉讼案件，根据我国《公司法》对股东代表派生诉讼的规定，股东提起派生诉讼应当具备两个前提条件：一是公司合法权益遭受损害，二是公司本身怠于行使诉权。本案中，华源公司在其享有排他性支配权的公章、经营证照及财务账册资料等公司合法财产之物权权利遭受侵害的前提下，依法有权主张无权占有人返还财产。根据股东派生诉讼的立法目的及原理，股东以自己的名义代表公司对侵害人提起的诉讼，一旦诉请得到支持，侵害人应当承担的法律责任的形式既包括赔偿损失，也包括停止侵害行为、利益返还等形式。就股东派生诉讼的前置程序条件而言，本案中华源公司未设监事会或监事机构，其工商登记的法定代表人李某某已离职，且表示不愿意代表公司提出诉讼；华源公司的另外两名股东无锡公司、柏克布朗公司已分别被破产清算及自动清盘，且华源公司本身也处于吊销未注销、停止营业的状态。在这种情况下，公司通过召开股东会变更法定代表人或者再次指定授权机关主张权利客观上存在障碍，也不利于及时、有效地维护公司合法权益。因此，健康方案公司作为华源公司持股25%且唯一现存的股东，在公司利益受损而公司又怠于行使诉权时，其作为原告提出本案诉讼，符合我国法律规定的股东派生诉讼中的原告主体资格，其要求无权占有人向公司返还财产亦于法无悖。

(3)对于程某某返还责任问题的分析涉及两个层面：一是程某某是否实际持有公司证照及财务账册，二是程某某继续持有上述物品是否具有正当理由。对于程某某是否实际持有公司证照及财务账册的认定，二审法院结合恒威公司与程某某订立的《聘用合同》、华源公司工商登记材料、程某某自述、健康方案公司的举证、程某某代理人在本案中的陈述等相关证据，认为程某某因其履职的特殊主体身份及职责权限，对公司的证照及财务资料理应具有实际控制的权力基础。程某某虽否认持有该些物品，但对其在华源公司诉达成公司一案中如何取得加盖华源公司公章等诉讼文件无法作出合理说明，也不能说明公司财务档案材料实际在何处。因此华源公司的证照及财务资料更可能由程某某持有。对于程某某是否有正当性继续持有上述财产的问题，二审法院认为恒威公司已通过通知函及报纸公告于2013年2月26日终止了对程某某的聘用，在程某某担任华源公司董事任期届满，且华源公司实际处于停业状态，改选缺乏实际必要性的情况下，程某某已丧失继续持有华源公司证照及财务资料的正当性基础，在健康方案公司代表华源公司提出返还主张的情况下，程某某依法应当将系争物品向华源公司予以返还。

[法官分析]

股东派生诉讼系我国《公司法》在2005年修订时首次作出的制度性安排。司法实践中，对该制度的实际适用在实体和程序方面均存有较多争议，如股东派生诉讼案件的性质或当事人之间法律关系如何定性、相对方对公司承担的民事责任是否仅限于损害赔偿以及股东可代位请求的适用条件等。本案具有一定的代表性和典型性，故特作分析探讨。

1. 股东派生诉讼案件中的法律关系性质

根据现行《公司法》第151条的规定，股东派生诉讼是指如果公司的合法权益受到董事、监事、高级管理人员的侵害，而公司怠于或者拒绝追究侵害人的责任时，股东可以为了公司的利益，以自己的名义提起诉讼，要求致害人对公司承担法律责任。一般认为，股东派生诉讼具有四个方面的特征：一是具有代位诉讼和代表诉讼的双重性格；二是股东原告主体资格有所限制；三是诉讼对象和范围由各国法律作出具体规定；四是诉讼后果归属比较复杂。[①] 实际上，股东派生诉讼的主要特征，即能够将其与股东直接诉讼或代表诉讼等直接区分开的特征，主要有两项：一是派生性，即股东以自己的名义行使公司的诉权，以避免因公司消极不行使诉权而遭受损失。这种派生性为公司自身诉权所派生，这也是股东派生诉讼最本质的特征。二是股东派生诉讼的判决效力直接及于公司，而非股东，其理由在于：在股东派生诉讼中，真正享有诉权的是公司，原告股东只是依法代位行使公司的诉权，因此公司是实质上的当事人。

基于上述对股东派生诉讼特征的分析，可以得出股东派生诉讼制度解决的主要问题是股东的诉权问题，即为适格的股东提供了一个以自己的名义依照法定程序维护公司和自身合法权益的手段，以制止董事、监事、高级管理人员或第三人对公司的侵害行为。至于股东因何事由提起诉讼，可以各有不同。鉴于在股东派生诉讼中真正享有诉权的是公司，因此股东依法代位行使公司的诉权时，其可以提起诉讼的事由范围，除非法律明文规定必须得有公司自己行使的，一般应当等同于公司本身作为诉讼主体时所适用的范围。因此，股东派生诉讼中所涉及的法律关系应视原告主张的具体案件事实及其提出的请求灵活确定，而不能笼统定为股东派生诉讼纠纷或侵权纠纷。[②]

本案中，健康方案公司作为华源公司的股东，起诉要求程某某返还公司相关证照公章等经营性资料。基于公司法上的特定物返还和我国民事案件案由的相关规定，本案法律关系性质应当定性为公司证照返还之诉。公司证照等经营性资料的所有权属于华源公司，华源公司享有直接诉权，现健康方案公司依据股东代位诉讼之制度代位行使华源公司之财产返还请求权，暂不论其实体和程序性要件是否得到满足，对于健康方案公司代位之该项诉权，应当予以支持。有一种观点认为，[③]公司财产返还之诉的诉权应当属于财产权利人公司，而非股东，股东对公司财产并无直接的权利，因此没有直接的诉权。且由于股东派生诉讼是侵权损害赔偿之诉，因

---

① 罗培新："股东派生诉讼若干问题探讨"，载《学术交流》1999年第3期。

② 陈朝阳："股东派生诉讼中的案由并不局限于损害赔偿纠纷"，载《人民司法案例》2011年第18期。

③ 金成："有限责任公司案件审理热点问题三议"，载《审判前沿观察》2009年第1辑。

此在公司高管、股东或第三人不当持有公司财产但未给公司造成损失的情况下，侵权人不应承担赔偿之责，因此公司财产返还之诉不属于股东派生诉讼的范围，对于返还公司财产的相应诉权只能由公司行使。笔者认为，上述观点忽视了股东派生诉讼的本质特征，割裂了公司直接享有的诉权与股东代位行使的诉权之间的关系，也过分严格地限制了股东派生诉讼制度的诉权范围，容易剥夺公司的实体权利获得司法救济的机会。

2. 股东派生诉讼中被告对公司的民事责任的承担方式

《公司法》第 151 条规定股东派生诉讼有“董事、高级管理人员有本法第一百四十九条规定的情形”或“他人侵犯公司合法权益，给公司造成损失的”两种情况，而《公司法》第 149 条规定：“董事、监事、高级管理人员执行公司职务时违反法律、行政法规或者公司章程的规定，给公司造成损失的，应当承担赔偿责任。”上述法律规定可以看出，股东派生诉讼中侵权人应当承担的责任形式是“相应赔偿责任”。但依据股东派生诉讼的立法目的和精神，笔者认为对侵权人应当承担的责任形式可以适当做扩展解释，而不将具体责任形式限定为“赔偿责任”。

除了损害赔偿以外，我国侵权责任法中也明确了其他承担侵权责任的方式主要有：停止侵害、排除妨碍、消除危险、返还财产、恢复原状、赔礼道歉、消除影响、恢复名誉。这些都已成为保护物权、知识产权、人身权等而不可缺少的责任形式。

股东因不同事由代为行使公司的诉权，代公司提起诉讼，应以公司实际受到的损害为准。现实中公司受到的损害形式表现可能多种多样，相应地，救济方式及侵权人所应承担的责任形式也不同。就公司的董事、监事及高级管理人员等实际指挥公司经营业务的人而言，其对公司的民事责任的承担方式除了损害赔偿以外，还应该包括停止侵害、利益归入及返还财产等。本案中，健康方案公司要求程某某返还公司证照等经营性资料作为其提起股东派生诉讼行使救济的方式，这是其通过选择相应的实体法规范对公司利益予以保护及选择要求程某某对公司的民事责任的承担方式的权利，应予准许。

3. 股东派生诉讼的实体要求和前置程序

(1)“合法权益受损”要求。

《公司法》第 149 条和第 151 条第 3 款规定了股东提起股东派生诉讼的实体要求：一是董事、监事、高级管理人员执行公司职务时违反法律、行政法规或者公司章程的规定或他人侵犯公司合法权益；二是前述行为给公司造成损失。可见，我国公司立法对可提起股东代表诉讼的行为的界定较为宽泛，应理解为所有损害公司利益的行为，如董事等高级管理人员违反忠实义务、注意义务、善管义务的行为，控制股东违反诚信义务的行为，第三人的侵害行为等。[①] 那么如何界定“合法权益受损”呢。笔者认为不应将这种“损失”限定于公司财产的客观损毁、资产价值的贬值减少。如就物权损害而言，任何侵害行为都会造成对物权所有者对物的支配状态的损害，却不一定使财产本身受到损失。如本案中，华源公司证照等经营性资料属于华源公司所有的物权财产，华源公司对其合法财产享有排他支配权，被告程某某在其董事任期已届满并未被改选续聘、继续任命或授权也缺乏实际必要性的情况下，已经丧失了继续持有华源公司证照及财务资料的正当性基础，侵害了华源公司对该些财产的所有权权益。

(2)股东派生诉讼的前置程序：用尽救济原则。

设立股东派生诉讼制度的国家一般都规定了股东派生诉讼的前置程序。这要求股东在提起股东派生诉讼之前，必须在公司内部寻求救济。只有在不能通过公司内部获得救济后，才能取得对公司利益的代位权，才具有提起派生诉讼的资格。这在美国也称为“用尽公司内部救济”原则(Exhaustion of Intra Corporate Remedies)。从审判实践角度而言，在审查这一程序性要求时，应当注意把握下面两个问题：

①审查公司本身是否怠于行使诉权。

在审查股东派生诉讼案件时，首先应当审查有资格提起该类诉讼的股东所代位之公司，其法定代表人主观上是否愿意代表公司以公司名义提起诉讼来维护公司合法权益。如本案中，华源公司工商登记的法定代表人李某某早已离职，且明确表示不愿意代表华源公司提出诉讼，公司也未设可代为履职的监事或监事会，且华源公司除健康方案公司以外的股东均已被破产清算及自动清盘，通过股东会变更法定代表人的条件客观上也已无法成就。该事实可以视为公司作为法律拟制人格“怠于”行使其诉权的表现形式。

②审查提起派生诉讼之股东是否“用尽公司内部救济”。

《公司法》第151条对股东派生诉讼中具有提起诉讼资格的股东在持股比例要求方面做了规定。对于“用尽公司内部救济”的审查，主要应当以现行公司法规定股东派生诉讼前置程序的两部分组成内容为主：“要求起诉”和“拒绝起诉”。[②] “要求起诉”是指符合法定持股比例要求的股东书面请求监事会或监事(不设监事会的有限责任公司中)向人民法院提起诉讼；监事侵害公司利益的，应向董事会或执行董事(有限责任公司不设董事会时)提出上述请求。“拒绝起诉”是指监事会或监事、董事会或执行董事决定拒绝起诉或在收到上述书面请求之日起30日内未

---

① 孟祥刚：“公司股东代表诉讼的审理”，载《法律适用》2007年第4期。

② 高旭军：“股东代表诉讼的应用探究——论《公司法》第150条和第152条”，载《东方法学》2008年第6期。

起诉。

本案中，华源公司的另两名股东已分别被破产清算及自动清盘，且华源公司本身也处于吊销未注销、停止营业的状态。在这种情况下，通过召开股东会再次指定授权机关主张权利客观上存在障碍，也不利于及时、有效地维护公司合法权益。综合审查上述问题后，健康方案公司作为华源公司持股25%且唯一现存的股东，在公司利益受损而公司又怠于行使诉权时，作为原告提出本案诉讼，可以认定为其具备了股东派生诉讼法定的实体条件和程序条件。

（编写人：上海市第二中级人民法院　李　蔚　何　云　朱　璠）

［法律法规链接］

《公司法》第149条、第151条

第三节　股东侵权

054. 清算义务人欺诈注销公司致债权人权益受损应承担连带清偿责任

陈A、张B、曹C等股东滥用股东权利赔偿纠纷案

［案号］

上海市第一中级人民法院(2010)沪一中民四(商)终字第2399号

［裁判要旨］

有限责任公司的股东是公司的清算义务人，其义务在于根据法律规定及时启动相应的清算程序以终止法人，清算义务人对公司未经合法清算即办理注销登记，应直接对公司债务承担清偿责任。

［案情］

上诉人陈A、张B、曹C、平D、沈E、王F、王G、江H、唐I(以下简称陈A等九人)股东滥用股东权利赔偿纠纷一案，经审理查明：1998年7月5日，上海海港实业总公司(以下简称海港公司)与中国建设银行上海市分行房地产信贷部(以下简称建行房贷部)签订借款合同，约定：借款人海港公司向贷款人建行房贷部借款人民币2000万元，借款期限自1998年7月6日至1999年7月5日；借款利率按月息9.3‰计算，按季结算。合同签订后，建行房贷部如约发放贷款，海港公司在合同期限内仅归还人民币100万元，余款人民币1900万元未还。2003年2月18日，海港公司进行改制，改制方案注明：海港公司经沪东洲政信会所财字(2003)第0012号审计净资产为人民币-3903682.62元，经沪东洲资评报字[03]第C 0120022号评估净资产为人民币704700元；海港公司的经营者上海商业投资(集团)有限公司

(以下简称上海商投)同意按评估基准日净资产人民币704700元有偿转让给自然人平D等20人;改制生效后,平D等20名股东应督促新公司与债权人重新签订还款协议,确认还款方案。改制方案、股东名册及出资额明细表、投资协议等文件均由全体股东签名确认。当月28日,海港公司向建行房贷部出具还款承诺书,承诺如在2004年6月30日前无法还清人民币2000万元借款债务,海港公司承诺以其所持上海锦海捷亚国际货运有限公司5%股权折价还贷或转让变现还贷方式处理解决。2003年5月20日,上海商投与平D等受让人签订了企业产权交易合同,合同对于债权债务的承继和清偿条款约定,受让人同意,目标公司的债权债务,包括或有债务,由受让人受让目标公司后的改制公司承继和清偿,目标公司的债务受让人愿承担连带责任。2003年5月22日,上海商投与平D等人签订上海市产权交易合同,约定:上海商投以评估确认的人民币704700元的8折人民币563700元的价格转让给平D等自然人,原公司债权债务由受让人享有和承担;自合同生效之日起,受让人应督促改制后的新公司与债权人重新签订还款协议,确认还款方案。2003年6月5日,平D等20名股东完成出资的验资,此后海港公司完成变更登记。2003年10月9日,上海市黄浦区人民法院应建行房贷部的申请签发支付令,要求海港公司自收到支付令之日起十五日内给付借款人民币1900万元及利息人民币7558751.86元。海港公司在法定期间没有提出异议。2003年12月19日,建行房贷部向黄浦法院提出执行申请。黄浦法院于当月24日立案受理。2003年12月30日和2004年1月2日,海港公司归还建行房贷部借款人民币200万元。2004年1月9日,海港公司向黄浦法院出具还款承诺书。当月17日,海港公司与建行房贷部签订和解协议书,约定海港公司在协议签订前已给付建行房贷部人民币200万元,计划在2004年1月底前再给付人民币50万元,2004年3月归还人民币50万元,2004年5月归还人民币200万元,2004年下半年归还人民币400万元,2005年上半年归还人民币500万元,2005年下半年归还人民币500万元,2006年上半年归还人民币7558700元;如果海港公司不能按时归还借款及利息,建行房贷部有权要求法院强制执行。此后,海港公司仅归还了人民币200万元,余款人民币1500万元和利息人民币7558700元均未归还。2004年6月28日,建行房贷部与中国信达资产管理有限公司上海办事处(以下简称信达上海办)签订债权转让协议,建行房贷部将其对海港公司的债权转让给信达上海办。2004年9月28日,信达上海办等联名在解放日报刊登债权转让暨催收公告,海港公司在黄浦法院的上述执行债务被列入公告范围。同年11月29日,信达上海办与东方上海办签订债权转让协议,约定信达上海办将其对海港公司的债权转让给东方上海办。2005年2月1日,信达上海办与东方上海办联名在文汇报刊登债权转让暨催收公告,海港公司在黄浦法院的上述执行债务被列入公告范围。2005年6月17日,海港公司将所持上海锦海捷亚国际货运有限公司的10%股权转让,获转让款美金900万元。

同年10月12日，平D将其持有的部分海港公司股权（计30%股权）转让给陈A。2006年4月12日，海港公司召开股东会，并形成如下股东会决议：(1)成立海港公司清算组，公司股东中的陈A、张B、曹C为清算组成员；(2)自清算组成立之日起十日内通知债权人，并于清算组成立之日六十日内在报纸公告。当月24日，工商管理部门向海港公司出具备案通知书，就海港公司提出的清算组备案事项予以备案。2006年6月26日，海港公司清算组制定注销清算报告，明确清算组已在成立之日起十日内通知了所有债权人，并于2006年5月6日在文汇报上刊登了海港公司注销公告；海港公司债务共计人民币160822元；海港公司财产在清偿清算费用、职工工资、欠税、公司债务后，剩余财产按股东出资比例分配；海港公司债务已全部清偿；财产已处置完毕。次日，海港公司全体股东（包括陈A等九人）通过股东会确认了该注销清算报告，海港公司全体股东承诺，海港公司债务已清偿完毕，若有未了事宜，股东愿意承担责任。2006年6月28日，海港公司向工商管理部门提出注销公司的申请。同年7月5日，工商管理部门核准注销了海港公司的法人登记。同年10月20日，东方上海办在金融时报刊登债权催收公告，海港公司在黄浦法院的上述执行债务被列入公告范围。2007年9月12日，东方上海办发函给海港公司股东，通知债权转让，并要求履行还款义务。2008年，东方上海办对张B等九名自然人提起诉讼，主张海港公司转制后的股东曾承诺连带承担海港公司债务，要求该九名自然人共同偿还海港公司在黄浦法院的执行债务。该案经上海市长宁区人民法院向东方上海办释明，东方上海办明确在该案中不就海港公司清算组或股东可能侵害海港公司或海港公司债权人利益的行为提出诉讼主张。2009年5月15日，该院驳回了东方上海办的诉讼请求。现该判决已生效。

一审法院另查明，陈A等九人均系决议成立海港公司清算组时海港公司的股东。东方上海办对海港公司当时的其余股东保留追索权利。

一审法院还查明，黄浦法院于2010年5月21日签发执行裁定书，以海港公司无财产可供执行且海港公司已注销为由，终结了建行房贷部与海港公司在支付令未清偿部分的执行。同时，该执行裁定书已经改列东方上海办为案件申请执行人。

一审法院依照《民法通则》第106条第2款、《侵权责任法》第6条第1款、《公司法》[①]第184条、《公司法解释（二）》[②]第19条之规定，作出如下判决：一、陈A等九人于判决生效之日起十日内赔偿东方上海办人民币22558700元；二、陈A等九人于判决生效之日起十日内按中国人民银行同期公布的1年期流动资金贷款利率赔偿东方上海办利息损失（以人民币1500元为计付基数，其中

---

① 此处指2005年修订的《公司法》。

② 此处指2008年施行的《公司法解释（二）》。

第一笔人民币500万元自2005年2月2日起计付至判决生效之日止,第二笔人民币500万元自2005年7月1日起计付至判决生效之日止,第三笔人民币500万元自2006年1月1日起计付至判决生效之日止);三、陈A等九人对上述两项判决互负连带清偿责任。

一审法院判决后,陈A等九人均不服,上诉于二审法院请求撤销一审判决,改判驳回东方上海办在一审时提出的诉讼请求。

[结论]

二审法院判决驳回上诉,维持原判,即陈A等九人于判决生效之日起十日内赔偿东方上海办人民币22558700元;陈A等九人于判决生效之日起十日内按中国人民银行同期公布的1年期流动资金贷款利率赔偿东方上海办利息损失;陈A等九人对上述两项判决互负连带清偿责任。

[法院认为]

本案中东方上海办认为海港公司的股东以虚假的清算报告,骗取海港公司法人注销登记,达到逃避债务的目的,致使其可以追索的债务人海港公司主体消灭、债权落空,故要求海港公司的股东对海港公司的债务承担责任。而陈A等九人则认为,东方上海办在本案中主张的人民币1500万元债权是特定的黄浦法院已经执行的债权,且在执行中签订了和解协议,后由于东方上海办自身原因未申请恢复执行,属主动放弃权利,故无权再提起本案的诉讼;海港公司的清算完全合法,没有任何违法的情况。结合上述双方的主张,本案的主要争议集中于:东方上海办是否有权就系争债权提起本案的诉讼,以及陈A等九人作为海港公司的股东,是否存在以虚假的清算报告骗取公司登记机关办理法人注销登记的情形。二审法院对此作如下分析:

本案系争债权经历两次转让,东方上海办于2004年11月29日通过签订债权转让协议受让该笔债权,并于2005年2月1日在相关报纸刊登了债权转让公告,由此东方上海办成为本案系争债权的权利人。陈A等九人认为,本案的债权已经黄浦法院强制执行,且其与债权人达成执行和解协议,后由于东方上海办自身原因未申请恢复执行,属主动放弃权利。对此,二审法院认为,东方上海办提起本案诉讼的请求权基础为,债权人因债务人公司股东未经依法清算注销债务人法人登记给债权人造成损失的赔偿纠纷,该诉讼请求系基于债务人公司股东违法清算的事实而产生,与债权人申请执行的案件非属同一的两个请求权基础,并不产生同一事实双重诉讼的情形。况且,二审法院充分注意到,海港公司与原债权人建行房贷部签订的执行和解协议之履行期限约定至2006年上半年,然而海港公司的股东于2006年6月28日即向有关工商管理部门申请注销海港公司法人登记,现鉴于没有充分证据可以证明海港公司的股东已就该情况向受让债权人东方上海办予以告知,海港公司的清算股东于主观上存在过错,故二审法院对陈A等九人的该上诉理由不予采信。

根据我国公司法相关司法解释的规定,"有限责任公司的股东……未经依法清算,以虚假的清算报告骗取公司登记机关办理法人注销登记,债权人主张其对公司债务承担相应赔偿责任的,人民法院应依法予以支持。"有限责任公司的股东是公司的清算义务人,其义务在于根据法律规定及时启动相应的清算程序以终止法人,清算义务人对公司未经合法清算即办理注销登记,应直接对公司债务承担清偿责任。

基于以上的分析,本案中陈A等九人即为债务人海港公司的清算义务人,其递交给工商管理部门的注销清算报告未对海港公司全部债务予以声明,在此的情况下,以不真实的清算报告注销海港公司法人登记,继而造成东方上海办的债权遭受损失,已然构成对东方上海办的侵权,理应对海港公司的债务向东方上海办承担赔偿责任。在此,需要另行指出的是,陈A等九人在对本案系争债务承担相互之间的连带责任后,海港公司内部原各股东可以根据过错大小予以分担。一审法院根据已经查明的事实,对本案所作的处理并无不妥,二审法院予以认可。

综上所述,上诉人陈A等九人的上诉请求不成立,一审判决并无不当,应予维持。

[法律法规链接]

《民法通则》第106条第2款

《侵权责任法》第6条第1款

《公司法》(2005年修订)第184条

《公司法解释(二)》(2008年施行)第19条

【同类案例】

江A、陆B与C公司股东损害公司债权人利益责任纠纷案

[案号]

上海市第一中级人民法院(2012)沪一中民四(商)终字第1969号

[案情]

两上诉人江A、陆B与被上诉人C公司股东损害公司债权人利益责任纠纷一案,一审法院查明:(1)依据生效的(2007)温民二初字第105号、(2008)浙民二终字第144号民事判决,本案被上诉人C公司对D公司享有170万元的债权;本案被上诉人C公司负担一审本诉案件受理费67894元、反诉案件受理费6953元以及二审本诉案件受理费13906元、反诉案件受理费20450元。之后被上诉人C公司于

2008年10月21日申请法院强制执行。执行过程中法院扣划D公司存款8.70万元。2009年5月22日，浙江省温州市中级人民法院出具(2008)温执字第617-1号民事裁定书，以目前D公司无其他可供执行财产为由终结(2008)温执字第617号案件的执行程序。

(2)两上诉人系D公司股东。2009年9月1日，两上诉人形成股东会决议：同意D公司解散。同年9月30日，D公司在《上海商报》上刊登了注销公告。同年12月23日，D公司形成注销清算报告，载明："一、清算过程。1. 因公司经营状况原因，经公司股东会议决定，解散公司。清算组织成员由陆B、单E、吕F组成，单E为清算组负责人。2. 清算组已在成立之日起10日内通知了所有债权人，并于2009年9月30日在《上海商报》上刊登了注销公告。二、清算结果。1. 已支付清算费用……5. 公司债务已全部清偿；6. 公司财务已处置完毕。"该报告由陆B、单E、吕F作为清算组成员签名，并有"股东会确认清算报告，股东承诺：公司债务已清偿完毕，若有未了事宜，股东愿意承担责任"。两上诉人作为股东亦在该报告上签名。

一审法院另查明，D公司在清算期间并未通知被上诉人C公司。

C公司起诉要求江A、陆B对D公司债务承担连带责任。

一审法院判决：上诉人江A、陆B共同赔偿被上诉人C公司1585597元及自2008年10月21日始至实际履行完毕之日止，按中国人民银行同期贷款基准利率双倍计算的延迟履行期间的债务利息。

一审判决后，江A、陆B不服提出上诉。二审法院判决驳回上诉，维持原判，即上诉人江A、陆B共同赔偿被上诉人C公司1585597元及迟延履行债务利息。

【观点】

清算义务人损害公司及债权人利益的行为，可以分为作为和不作为两种情形：不作为的行为包括未在法定期限内组成清算组开始清算给公司财产造成损失和怠于履行清算义务导致公司无法清算等情形；作为的行为包括恶意处置公司财产给债权人造成损失和未经清算以虚假清算报告骗取公司登记机关办理法人登记等情形。清算义务人以虚假清算报告骗取注销登记的，应当对公司债务承当相应的赔偿责任。清算义务人为多人时，多个清算义务人之间应当承担连带责任。如果是由公司实际控制人的原因造成的，实际控制人应当对公司债务承担相应的赔偿责任。①

---

① 最高人民法院民事审判第二庭编著：《最高人民法院关于公司法司法解释(一)、(二)理解与适用》，人民法院出版社2015年版，第420~422页。

055. 股东怠于履行清算义务导致无法清算应承担相应的连带赔偿责任

上海龙渤物流有限公司诉万某甲、万某乙、王某某、万某丙清算纠纷案

[裁判要旨]

法院依法启动清算程序后,因有限责任公司股东怠于履行义务导致清算组无法进行清算,裁定终结清算程序,股东依法应对公司债务承担相应的连带赔偿责任。股东以未参加实际经营主张免责的不予支持。

[案情]

上海龙渤物流有限公司诉万某甲、万某乙、王某某、万某丙清算纠纷一案,经审理查明:四名被告万某甲、万某乙、王某某、万某丙系上海华奇物流有限公司(以下简称华奇公司)的股东,该公司于2005年12月16日成立,于2007年4月5日吊销营业执照,但至今尚未注销。2008年12月,万某乙使用华奇公司名义,接受原告上海龙渤物流有限公司(下称龙渤公司)委托承担一批货物的运输,但运输途中,车辆发生火灾,导致龙渤公司委托运输的货物全部损毁。为此,龙渤公司于2009年4月10日,以华奇公司为被告起诉,法院判决被告于判决生效之日起10日内赔偿原告货物损失人民币228493.02元,案件受理费5407.01元由被告负担。判决生效后,原告向上海市普陀区法院申请强制执行,后又向该院申请对华奇公司进行清算。法院指定清算组对华奇公司进行清算,但由于法定代表人、股东、主要财产、账册、重要文件等下落不明,导致清算组无法清算,该院裁定终结华奇公司清算程序。龙渤公司至今没有收到货损赔偿款,遂以怠于履行义务致公司无法清算为由向浙江省义乌市法院起诉,请求判令四名被告承担全部债务。

[结论]

一审法院依照《公司法》①第181条、第184条、《公司法解释(二)》②第18条、《民事诉讼法》③第212条的规定,判决万某甲、万某乙、王某某、万某丙对华奇公司负有的全部债务、利息、案件受理费承担连带清偿责任。

一审宣判后,万某甲不服判决,以其未实际参与公司经营为由提起上诉。二审审理过程中,经法院释疑,万某甲表示服判,自愿撤回上诉。

---

① 本案例所涉及的《公司法》指2005年修订的《公司法》。

② 本案例所涉及的《公司法解释(二)》指2008年施行的《公司法解释(二)》。

③ 此处指2007年修订的《民事诉讼法》。

[法院认为]

一审法院经审理认为,生效的民事判决书确认华奇公司于判决生效之日起十日内赔偿原告龙渤公司货物损失人民币 228493.02 元以及案件受理费 5407.01 元等,华奇公司理应履行生效的民事判决。被告虽对该判决不服,也提起申诉,但无果,故本院理应尊重、支持已发生法律效力的裁判文书。上海市普陀区法院按照法律规定启动对华奇公司的清算程序,但由于法定代表人、股东、主要财产、账册、重要文件等下落不明,导致清算组无法进行清算,债权人无法得到清偿。被告万某甲、万某乙、王某某、万某丙作为股东,在公司吊销后没有积极进行清算,怠于履行义务,导致公司主要财产、账册、重要文件等灭失,无法进行清算,应当对公司的债务承担连带清偿责任。原告诉请合法有据,法院予以支持。各被告履行该义务后,可向有过错的一方进行追责。

[法官分析]

本案系有限责任公司股东因怠于履行义务致无法清算引起的典型案件,对于敦促出现解散事由的公司股东及时履行清算义务、理顺企业退出市场机制,具有示范意义。

1. 有限责任公司股东怠于履行义务致公司无法清算应承担责任的法理依据

关于有限责任公司股东怠于履行义务,需向公司债权人承担责任的法律依据《公司法》第 20 条关于公司人格否认制度的规定,理论基础是第三人侵害债权行为理论。清算义务人怠于履行清算义务,致使公司清算不能,造成债权人无法受偿的损害后果,系以不作为的方式侵害债权人的债权。相对公司与其债权人的债权债务关系而言,此时系股东作为第三方侵害债权的行为。

公司法对于股东怠于履行义务致公司无法清算的法律责任如何承担未作明确规定。《公司法解释(二)》第 18 条第 2 款对此予以明确,有限责任公司的股东、股份有限公司的董事和控股股东因怠于履行义务,导致公司主要财产、账册、重要文件等灭失,无法进行清算,债权人主张其对公司债务承担连带清偿责任的,人民法院应依法予以支持。按该规定,有限责任公司股东怠于履行义务,导致公司主要财产、账册、重要文件等灭失,无法进行清算的,所应承担的是连带清偿责任,即债权人既可向债务人主张债权,也可向债务人的清算义务人主张赔偿。

另外,需要注意的是与《公司法》第 18 条第 1 款规定的区别,其规定有限责任公司的股东、股份有限公司的董事和控股股东未在法定期限内成立清算组开始清算,导致公司财产贬值、流失、毁损或者灭失,债权人主张其在造成损失范围内对公司债务承担赔偿责任的,人民法院应依法予以支持。此种情况下,清算义务人承担的是补充赔偿责任,债权人应先要求债务人就其债务进行清偿,在经强制执行债务人财产不能获得相应清偿的部分,才可将其认定为债权人的损失,债权人可就此损失要求公司的清算义务人进行赔偿。

2. 股东是否怠于履行义务而致公司“无法清算”,债权人负有举证责任

如何认定股东怠于履行义务导致公司“无法清算”,实践中存在一些模糊认识。笔者认为,对于无法清算的认定,举证责任在于债权人。但清算程序的启动并非必经程序,只要债权人能举证证明由于公司股东怠于履行义务,导致公司主要财产、账册、重要文件等灭失,无法进行清算,法院就可以认定有限责任公司的股东承担连带责任。

实践中,对于债权人来讲,其并未涉及公司的管理经营,对公司财产、账册、重要文件是否灭失的情况无法掌握,很难证明债务人无法清算,举证上存在一定困难。此时,债权人可以通过申请法院对公司进行强制清算确定股东是否存在怠于履行义务的情形。如果最终因股东怠于履行义务,导致公司主要财产、账册、重要文件等灭失,法院以无法进行清算裁定终结清算程序的,该终结裁定具有当然的证据效力。债权人无需再行举证,可以直接请求判决有限责任公司的股东承担连带责任。

本案债权人龙渤公司经向法院申请执行,因该公司无可供执行的财产裁定终结执行后,以债权人身份申请法院进行清算。法院依法受理后,在指定清算过程中,因股东怠于履行义务无法进行清算,裁定终结清算程序。本案可明确认定龙渤公司股东怠于履行清算义务,依法应承担相应的连带赔偿责任。

3. 股东以未实际参与经营主张免责的抗辩不能成立

实践中,有的股东以未参加实际经营主张免责进行抗辩,各地对此认识不一,处理也不一致。笔者认为,有限责任公司股东承担的清算义务基于其股东身份产生,是否实际参与经营并不影响其怠于履行义务引起的清算责任。本案中万某甲提出其实际未参与经营的抗辩不能成立。

首先,从《公司法解释(二)》第 18 条的文义来看。该条规定立法价值在于强化清算义务人的清算义务,明确将有限责任公司的清算义务人确定为股东,责任主体没有进一步限缩。

其次,从有限责任公司的治理结构来看。通常情况下,有限责任公司股东人数较少,人合性较强。公司总体上是由股东控制和管理,根据权利与义务相一致原则,由股东承担清算义务合情合理。如果允许股东以未实际参与经营脱责,可能引起股东之间互相串通逃避债务,有偿付能力的一方股东通过恶意串通,以修改章程、内部文件等手段将责任推给无偿付能力的一方股东。

最后,从维护债权人利益及市场交易秩序的角度看。清算制度的目的之一是保护债权人的合法利益,目的之二是畅通公司退出渠道,维护市场秩序。债权人作为第三方,不可能审查公司的实际经营情况。只有连带责任才能最大限度地保护债权人,避免其讨债无门;只有连带责任才能给予公司股东以警醒,督促其依法及时清算。

当然,股东基于清算义务实际承担全部责任后有权向其他股东追偿。关于股东之间的内部责任如何分配,司法解释没有进一步规定。笔者认为,原则上股东对于债务的产生,有约定的按约定处理;无约定的,根据设立公司时的约定或持股比例分配责任。本案中,万某乙自认公司吊销后系其个人以公司名义实际经营。万某甲、王某某、万某丙三个股东有权在实际承担责任之后依法向万某乙主张相应的权利。

(编写人:浙江省金华市中级人民法院　黄玉强)

[法律法规链接]

《公司法》(2005年修订)第181条、第184条

《公司法解释(二)》(2008年施行)第18条

【同类案例】

上海银行股份有限公司白玉支行诉上海市第二食品商店有限责任公司股东损害公司债权人利益责任纠纷案①

[案号]

上海市高级人民法院(2012)沪高民五(商)终字第1号

[裁判要旨]

债权人要求负有清算义务的股东对公司债务承担连带责任需满足的构成要件包括股东负有清算义务、股东未履行义务、公司无法清算以及不履行义务与无法清算之间存在因果关系等法律要件。其中任一要件不成立的,股东则不对公司债务承担连带赔偿责任。

[案情]

上海银行股份有限公司白玉支行(以下简称白玉支行)诉上海市第二食品商店有限责任公司股东损害公司债权人利益责任纠纷一案,食品二店与百林发展有限公司(以下简称百林公司)于1993年签订《合作经营合同》,约定双方建立合作经营的上海霞飞大酒家有限公司(以下简称霞飞公司),食品二店提供商场三楼场地及提供水、电、气等设施,百林公司提供700万元港元注册资金;合作期限15年,期满或提前终止合作,依法成立清算小组返还食品二店场地及设施设备后,进行清算,固定资产、流动资金及商誉归百林公司。1994年霞飞公司成立。

上海幸福经济发展有限公司(以下简称幸福公司)于1997年8月因债务纠纷起诉霞飞公司,法院判决霞飞公司偿还幸福公司的债务。经对霞飞公司资产

① 邹碧华主编:《2013年上海法院案例精选》,上海人民出版社2013年版,第214~221页。

拍卖,上海万兴(集团)公司(以下简称万兴公司)以260万元拍得其资产,法院裁定霞飞公司财产归万兴公司所有,霞飞公司三楼及底层和四楼部分房屋由万兴公司使用。

2000年,上海银行淮海支行(以下简称淮海支行)起诉借款人上海富临皇宫大酒店有限公司(以下简称富临公司)及担保人霞飞公司。法院判决富临公司偿还债务,霞飞公司承担连带责任。执行中,因富临公司及霞飞公司法定代表人潘某某下落不明,且两公司均已停止经营,无可供执行财产,遂中止执行。

2000年12月19日,霞飞公司被吊销营业执照。食品二店原名上海市第二食品商店,2001年与万兴公司合并改制,更为现名。2006年12月14日,淮海支行并入白玉支行。

白玉支行起诉称,霞飞公司被吊销营业执照后,食品二店未履行法定清算义务,根据《公司法解释(二)》[①]第18条规定,食品二店作为股东应对霞飞公司债务承担连带责任。一审法院判决食品二店对霞飞公司债务向白玉支行承担连带清偿责任。一审宣判后,食品二店不服提起上诉。

二审法院认为,霞飞公司系依法设立的中外合作企业,应审查当时法律对外商投资企业有无特别规定。其被吊销营业执照时,《外商投资企业清算办法》尚属有效,其清算应适用该办法的规定。该办法规定了普通清算和特别清算两种制度。根据该办法第3条、第5条、第35条、第36条的规定,食品二店并不对霞飞公司负有清算义务。该办法2008年1月15日失效后,依据2005年修订的《公司法》的规定,食品二店作为股东对霞飞公司负有清算义务,其未组织清算,显属怠于履行清算义务。但霞飞公司于2000年时,便已无财产可供执行,因此,食品二店不履行义务与无法清算之间不存在因果关系,不应对霞飞公司债务承担连带责任。二审法院判决撤销一审判决,驳回白玉支行全部诉讼请求。判决后白玉支行向最高人民法院申请再审,后又撤回申请,二审判决已生效。

[法律法规链接]

《公司法》(1999年修订)第18条

《公司法》(2004年修订)第18条

《公司法》(2005年修订)第181条第1款第5项、第218条

《外商投资企业清算办法》第3条、第5条、第35条、第36条

《公司法解释(二)》(2008年施行)第18条第2款

---

① 此处指2008年施行的《公司法解释(二)》。

056. 股东未在法定期限内进行清算是否对债权人的债权造成损害的举证责任分配

A 公司与 B 公司股东损害公司债权人利益责任纠纷案

[案号]

上海市第一中级人民法院(2012)沪一中民四(商)终字第 496 号

[裁判要旨]

相对于公司公司股东而言,公司债权人离证据的距离要远,举证能力要弱,应当由清算义务人即公司股东对其未及时进行清算是否造成公司财产损失承担举证责任。

[案情]

上诉人 A 公司因与被上诉人 B 公司股东损害公司债权人利益责任纠纷一案,一审法院查明,C 公司于 2003 年 1 月 10 日经工商核准依法设立,注册资本为人民币 50 万元(以下币种均为人民币),工商登记的股东为 D 经营部,认缴出资额为 5 万元,A 公司认缴出资额 45 万元。C 公司于 2004 年向工商部门提交的资产负债表显示,其截至 2004 年 12 月 31 日的所有者权益合计 355858.83 元,负债及所有者权益合计 801632.18 元。之后,C 公司再未向工商局提交年检报告和相应的资产负债表等。2008 年 1 月 7 日,工商部门因 C 公司未按规定进行年检,向其发出《行政处罚决定书》,并于同年 3 月 7 日吊销了 C 公司的营业执照。至今,C 公司未组成清算组进行清算,也未办理注销登记。因 C 公司结欠其货款,B 公司曾向上海市虹口区人民法院以买卖合同纠纷对 C 公司提起诉讼,该院于 2005 年 12 月 1 日作出民事调解书,C 公司应于 2006 年 1 月前给付 B 公司货款 180546.35 元;如 C 公司违约,B 公司有权要求其偿付逾期付款违约金 25361.79 元;案件受理费 5598.62 元,由 B 公司和 C 公司各半负担。C 公司未履行上述民事调解协议,B 公司申请强制执行。因 C 公司无财产可供执行,法院决定根据 B 公司的申请向其发放债权申请执行凭证(C 公司尚欠 B 公司 208707 元),并裁定民事调解协议所产生的执行程序终结。

一审法院另查明,上海市虹口区人民法院曾于 2005 年 5 月 27 日,裁定冻结 C 公司银行存款 60000.08 元,或查封其相等价值的财产,并依法冻结了 C 公司的商品柜、空调等设备。

B 公司认为,A 公司作为 C 公司股东之一,未在 C 公司被吊销营业执照后及时进行清算,致使其债权无法实现,根据《公司法解释(二)》[①]第 18 条第 1 款的规定,

---

① 本篇案例所涉及的《公司法解释(二)》指 2008 年施行的《公司法解释(二)》。

应对其损失承担赔偿责任,故起诉请求判令A公司赔偿其损失208707.45元。

一审法院依照《公司法》①第181条第4项,《公司法解释(二)》第18条第1款的规定作出判决:A公司于判决生效之日起10日内赔偿B公司损失208707元。A公司如未能按判决指定的期间履行给付金钱义务,应当依照《民事诉讼法》②第229条之规定,加倍向B公司支付迟延履行期间的债务利息。

A公司不服一审判决,提出上诉认为,C公司资产已在2005年被上海市虹口区人民法院执行完毕,故该公司在2008年被吊销营业执照后未清算,未对被上诉人B公司的债权造成损害。C公司将其登记为股东,系案外人周某成未经其同意冒用其名义所为。其从未对C公司出资,也没有参与管理和分享利润,故请求撤销一审判决,改判驳回被上诉人B公司一审诉讼请求。

二审审理中,上诉人A公司表示其无法提供C公司账册、印章、证照,也无法对C公司进行清算。

[结论]

二审法院判决驳回上诉,维持原判,即A公司于判决生效之日起10日内赔偿B公司损失208707元。

[法院认为]

上诉人A公司是C公司登记股东,其应当承担相应股东责任。上诉人辩称其被登记为C公司股东系案外人周某成未经其同意冒用其名义所为,此系上诉人与周某成之间的争议。上诉人据此主张免除其作为C公司股东的法定义务,于法无据,应不予支持。

关于C公司未在法定期限内进行清算是否导致公司财产贬值、流失毁损或者灭失,是否因此对债权人的债权造成损害,及损失的范围,应由谁承担举证责任,对此二审法院认为,根据《民事诉讼证据规定》第7条之规定,在法律没有具体规定,依该规定及其他司法解释无法确定举证责任承担时,人民法院可以依据公平原则和诚实信用原则,综合当事人举证能力等因素确定举证责任。因相对于公司清算义务人即公司股东而言,公司债权人离证据的距离要远,举证能力要弱,故应当由清算义务人对其未及时进行清算是否造成公司财产损失承担举证责任。

C公司2004年资产负债表显示,C公司尚有大于被上诉人债权金额的资产。其后C公司再未向工商部门提交工商年检资料,直至2008年其被吊销营业执照。上诉人A公司作为C公司法定的清算义务人,基于前述举证责任,必须提交C公司财产构成和流向的证据,证明2008年C公司被吊销营业执照时,确无剩余财产可供偿债,未及时清算并未对公司债权人的债权造成侵害,方可免予承担赔偿责

① 此处指2005年修订的《公司法》。

② 此处指2007年修订的《民事诉讼法》。

任。现上诉人A公司表示对公司财产不知情,不能提供公司账册、印章证照等重要文件资料,也无法进行清算,致C公司财产是否贬值、流失、毁损或者灭失及由此造成的损失等关键事实均无法查明,故其对此应承担不利后果。被上诉人B公司主张上诉人A公司对系争债权承担赔偿责任,未超过现有证据载明的C公司资产价值范围,有事实和法律依据,应予支持。C公司2005年是否有财产可供执行,与该公司2008年被吊销营业执照时是否有资产可供偿债不具有法律上的因果关系。上诉人A公司辩称因C公司在2005年已无财产可供执行,故2008年C公司被吊销营业执照后未清算不会导致公司财产贬值、流失、毁损或灭失,不足采信。

综上,上诉人A公司的上诉理由缺乏事实和法律依据,不能成立,其上诉请求应予驳回。一审判决认定事实清楚,适用法律正确。

[法律法规链接]

《公司法》(2005年修订)第181条第4项

《公司法解释(二)》(2008年施行)第18条第1款

057.股东通过不符合法律和公司章程规定的利润分配行为所获得的股东红利应当予以返还

东营市西郊铁路货场有限责任公司与刘某某等股东侵害公司财产纠纷案

[案号]

山东省东营市中级人民法院(2009)东商终字32号

[裁判要旨]

公司利润的分配应由股东会审议批准,对于利润分配方案应当召开股东会审议后作出决议,股东以书面形式一致表示同意的,可以不召开股东会,直接作出决定,并由全体股东在决定文件上签名、盖章。新股东无权参与其成为公司股东之前公司所获得利润的分配。未按照公司法及公司章程规定召开股东会并提取法定公积金和公益金进行的利润分配,不予支持,应予以返还红利款。

[案情]

东营市西郊铁路货场有限责任公司与刘某某等股东侵害公司财产纠纷一案,一审法院经审理查明:原告东营市西郊铁路货场有限责任公司成立于2001年11月16日,注册资金50万元,原始股东为马某某、张丙、梅甲、梅乙、温某某,每人占20%的股份,马某某任执行董事及公司经理,张丙为公司监事。

2004年9月15日公司扩股,增加王某某、高某某、朱某某、徐某某、刘某某、魏某某、张甲、张乙为新股东。2007年7月26日增加东营区国有资产运营有限公司为新股东。根据变更后的工商登记情况显示,公司注册资本为1258万元,其中,马某某出资额为200万元、张丙出资额为15万元、梅甲出资额为10万元、梅乙出资额为15万元、温某某出资额为15万元、王某某出资额为180万元、高某某出资额为140万元、朱某某出资额为30.58万元、徐某某出资额为11万元、刘某某出资额为10万元、魏某某出资额为5万元、张甲出资额为10万元、张乙出资额为616.42万元。

2007年7月20日,公司召开第五次股东大会并作出决议,决定:"一、成立新的股东会,新股东会由东营区国有资产运营有限公司、马某某、温某某、梅乙、张丙、梅甲、王某某、高某某、朱某某、徐某某、刘某某、魏某某、张甲、张乙组成。二、选举马某某、王某某、徐某某、张乙、贾某某为公司董事会成员。三、选举周某某、温某某、聂某某为公司监事会成员……五、启用新的公司章程,原公司章程同时废止。"同日,召开第一届第一次董事会,并作出决议,决定:选举张乙为董事长并聘任其为公司总经理,同时免去马某某执行董事及公司经理职务。上述两项决议已于2007年7月26日经工商机关核准登记后生效。

2007年10月19日该公司再次变更工商登记,注明:马某某持股12.72%、梅甲持股0.64%、梅乙持股0.96%、温某某持股0.96%、王某某持股11.44%、高某某持股8.88%、朱某某持股1.92%、徐某某持股0.72%、刘某某持股0.64%、魏某某持股0.32%、张甲持股0.64%、张乙持股40.16%、东营区国有资产运营有限公司持股20%。张丙退出股东地位。

2005年2月5日,马某某、王某某、张甲、张丙、高某某、朱某某、温某某、梅乙、徐某某、梅甲、刘某某、魏某某分别自原告公司领取红利260000元、234000元、26000元、52000元、182000元、71500元、45500元、39000元、32500元、26000元、26000元、13000元,共计1007500元。

西郊铁路货场有限责任公司法定代表人就12名股东分红问题诉至法院。

一审另查明,原告2001年11月《公司章程》规定,股东应当遵守公司章程。由股东会审议批准公司的利润分配方案和弥补亏损方案。公司分配当年税后利润时,应当提取利润的10%列入公司法定公积金,并提取利润的5%至10%列入公司法定公益金。公司的法定公积金不足以弥补上一年度亏损的,应当先用当年利润弥补亏损。公司弥补亏损和提取公积金、法定公益金后所剩利润,公司按照股东的出资比例分配。原告公司2007年2月13日第四次股东会修订的《公司章程》(不设董事会)载明王某某、高某某、朱某某、徐某某、刘某某、魏某某、张甲、张乙出资时间均为2004年9月10日,并规定由股东会审议批准公司的利润分配方案和弥补亏损方案。股东以书面形式一致表示同意的,可以不召开股东会,直接作出决定,并由全体股东在决定文件上签名、盖章。原告公司2007年7月20日第五次股东会修订的《公司章程》(设董事会)属该公司现行生效的章程,在该章程之中未对法定代表人代表公司提起诉讼事先须经股东会或董事会同意作出规定。

一审又查明,12 名被告分红时事先没有召开股东大会,分红前未提取利润的 10% 列入公司法定公积金;亦未提取法定公益金。

原告起诉要求被告退还 2005 年 2 月 5 日所分红利。

一审法院根据《公司法》[①]第 12 条第 1 款、第 2 款之规定,判决:于本判决生效之日起十日内,被告马某某返还原告红利款 260000 元,被告王某某返还原告红利款 234000 元,被告张甲返还原告红利款 26000 元,被告张丙返还原告红利款 52000 元,被告高某某返还原告红利款 182000 元,被告朱某某返还原告红利款 71500 元,被告温某某返还原告红利款 45500 元,被告梅乙返还原告红利款 39000 元,被告徐某某返还原告红利款 32500 元,被告梅甲返还原告红利款 26000 元,被告刘某某返还原告红利款 26000 元,被告魏某某返还原告红利款 13000 元。

上诉人刘某某、魏某某、高某某、朱某某、徐某某不服一审判决上诉请求二审法院依法撤销一审判决,改判驳回被上诉人的全部诉讼请求。

二审查明,一审被告马某某、王某某的一审的共同委托代理人夏某某于 2008 年 11 月 28 日领取了一审判决书。

[结论]

二审法院判决驳回上诉,维持原判,即一审 12 名被告应将所得分红返还公司。

[法院认为]

一审法院认为,原告公司已经工商登记,具有合法的民事权利能力和民事行为能力,符合民事诉讼主体资格。综观本案的诉讼,应系原告公司对股东提起的财产侵权之诉,并非仅仅拘泥于股东分红问题,对于公司对股东提起的侵权之诉,并不在法律规定的禁止之列。另外,原告公司章程亦未规定法定代表人代表公司起诉股东须经股东会或董事会作出决议作为先决条件,故原告起诉并不违背民诉法规定的程序,被告马某某、王某某、张甲、高某某、朱某某、徐某某、刘某某、魏某某要求驳回原告的起诉的主张,不予支持。

根据我国公司法的规定,公司利润的分配应由股东会审议批准,对于利润分配方案应当召开股东会审议后作出决议,另外,股东以书面形式一致表示同意的,可以不召开股东会,直接作出决定,并由全体股东在决定文件上签名、盖章。对此,原告公司章程也作了类似规定。本案中,2005 年 2 月 5 日 12 名被告分红未曾召开股东会,仅有一份股东分红明细表。作为公司分红首先应具备股东书面一致同意并签名的决定文件,而后根据该决定文件分红,分红的决定文件中应明确对哪一经营期间的经营利润进行分红、分红的理由、分红的范围、分红的比例等基本要件,然后由股东逐一审查签名。而本案中股东分红明细表中未按股东出资比例确定分红数

---

① 此处指 2005 年修订的《公司法》。

额,而据以分红的股东股权额与2004年9月15日公司扩股时股东出资额差距较大,明显脱离实际;该次分红之前未按照公司章程规定扣除公益金、公积金等项目;被告马某某主张分红明细表所载系原始股东对2004年8月之前公司经营情况进行分红,而事实上原始股东仅有马某某、温某某、梅乙、梅甲、张丙五人,但本次分红股东除原始股东之外,还包括2004年9月15日公司扩股时股东,而且后增股东与原始股东按照同等比例进行了分红;另外,明细表存在代签股东姓名现象;被告张丙、温某某、梅乙、梅甲庭审中明确表示对该次分红的原因、标准及范围不知情等,因此该分红明细表只是为被告发放红利的表格,其既不具备有效分红决议文件的基本要件,更不能替代生效的分红决议文件。由此可以认定该次分红之前并无股东一致同意的分红决议,分红之后乃至本案开庭之时部分股东仍不了解内情并存在异议,故12名被告的分红行为明显违背我国公司法精神及原告公司章程的规定,已构成对公司股东权利的滥用,同时对原告财产权益造成了侵害。市场经济同时又是法制经济,公司作为市场竞争的主体,应当依法经营,依法管理,才能得到健康发展。对此,我国公司法明确规定,公司股东应当遵守法律、法规和公司章程,依法行使股东权利,不得滥用股东权利损害公司或者其他股东的利益。公司股东滥用股东权利给公司或者其他股东造成损失的,应当依法承担赔偿责任。因此,原告要求被告退还2005年2月5日所分红利,符合法律规定,依法予以支持。

二审法院根据五上诉人的上诉请求、被上诉人的答辩理由及一审被告的陈述,归纳双方当事人争议的焦点问题是:(1)十二个股东的分红行为是否符合公司章程及法律规定;(2)被上诉人的主体资格是否适格。

关于焦点问题一,二审法院认为,五名上诉人出资的时间是2004年9月,而涉案的分红行为是对2002年11月至2004年8月的经营利润进行分配,故五名上诉人在当时并不是股东,其也无权参与分配利润,而且一审已经查明,五名上诉人及一审被告在分红前并没有召开股东会,亦没有按照法律规定提取法定公积金和公益金,违反了《公司法》第167条的规定,故上诉人在2005年2月的分红行为,既无事实依据,又无法律依据,其关于分红是根据联营合同找平出资款的主张,依法不能成立,二审法院不予支持。

关于焦点问题二,二审法院认为,法定代表人是依照法律或者法人组织章程规定,代表法人行使职权的负责人,法定代表人依据职权直接代表着公司,法定代表人履行职务的行为就是公司行为。张乙作为被上诉人的法定代表人,代表被上诉人以公司的名义对损害公司利益的行为进行起诉,符合法律规定,也符合公司章程的规定,并无不当。况且法律没有规定、公司的章程也没有规定公司提起诉讼必须经过股东会或董事会决议批准。加之本案中上诉人的分红行为不但损害了公司的财产利益,而且没有经过股东会或董事会决议,故被上诉人作为当事人起诉五名上诉人,要求其将违反规定分配的利润退还公司,于法有据,二审法院依法予以支持。

综上，五名上诉人的上诉请求依法不能成立，二审法院不予支持。

[法律法规链接]

《公司法》(2005 年修订)第 12 条、第 167 条

058. 公司设立后股东投资协议的法律效力认定

陈某某诉上海宏胜物业有限公司公司决议纠纷案

[案号]

一审：上海市黄浦区人民法院(2011)黄民二(商)初字第 360 号

二审：上海市第二中级人民法院(2012)沪二中民四(商)终字第 65 号

[裁判要旨]

公司成立后，相关股东投资协议在没有被修改、变更、解除以及与公司章程内容相悖的情况下，其效力并不自然终止或被公司章程的效力所取代，其法律效力仍被确认。

[案情]

陈某某诉上海宏胜物业有限公司公司决议纠纷一案，经审理查明：上海宏胜物业有限公司(以下简称宏胜公司)原系上海宏泰房地产公司(以下简称宏泰公司)的子公司。2001 年 12 月 12 日，宏胜公司向宏泰公司申请进行企业民营化的改制。转制后的宏胜公司注册资本为 100 万元，由包括陈某某、吴某某在内的 23 名自然人出资 100 万元构成。2001 年 10 月 26 日，宏泰公司批复同意宏胜公司的改制方案。2001 年 12 月 14 日，陈某某等 23 名自然人股东订立宏胜公司《股东投资协议》一份，其中，第 18 条协议条款约定："股东有下列情形之一时，经股东会三分之二以上出资额的股东书面同意，可以决议取消其出资资格：1. 未实际履行股东义务和协议规定的其他义务；2. 所持公司股东权益份额的一部分被人民法院判决没收；3. 受到刑事、民事、行政处罚；4. 有意违背章程的规定或严重违反公司的规章制度，给公司带来严重后果；5. 因故意或重大过失给公司造成损失；6. 其他严重损害公司利益的情形；因上述原因丧失股东资格，由股东会决定并处分其股东利益，价款归原股东所有；若给公司造成损失的，公司可追究其经济赔偿责任。"宏胜公司改制后，公司总股本数为 100 万股(每股 1 元)，其中，陈某某认购的股本数为 5.5 万股，占公司注册资本 5.5%。2007 年 8 月 30 日，作为公司法定代表人的吴某某因犯偷税罪被处有期徒刑 2 年，并处罚金 2 万元；因犯职务侵占罪被处有期徒刑 2 年 6 个月；决定执行有期徒刑 3 年 6 个月并处罚金 2 万元。同时，作为公司财务经理的陈某某因犯偷税罪被处有期徒刑 2 年，缓刑 2 年，并处罚金 1 万元。2007 年 9 月 7 日，宏胜公司股东会作出如下决议：(1)鉴于吴某某、陈某某分别犯职务侵占罪和偷

税罪被处有期徒刑,根据公司《股东投资协议》第 18 条规定,决定从 2007 年 9 月 7 日起取消吴某某、陈某某投资人资格;(2)根据公司《股东投资协议》第 18 条规定,吴某某、陈某某丧失股东资格后其股东权益由股东会按上述规定的相关条款处理;(3)鉴于吴某某、陈某某的个人行为给公司造成了严重经济损失,公司将追究 2 人的经济赔偿责任等。以上事项表决结果,同意的股权数为 71.5 万股,占股本总数的 71.5%。

2011 年 9 月 29 日,陈某某诉至法院,请求判令:2007 年 9 月 7 日宏胜公司股东会决议的第 1 条、第 2 条内容即关于从 2007 年 9 月 7 日起取消其投资人资格和将其原股东权益交由股东会处理的决议内容无效。

一审法院依照《公司法》[①]第 22 条第 1 款之规定,判决:宏胜公司 2007 年 9 月 7 日股东会决议第 1 条、第 2 条中关于从 2007 年 9 月 7 日起取消陈某某投资人资格和由股东会处理陈某某股东权益的内容无效。

一审判决后,宏胜公司不服提起上诉。

[结论]

二审法院判决撤销原判,驳回陈某某的原审诉讼请求。

[法院认为]

一审法院经审理后认为:宏胜公司股东会决议中关于取消陈某某投资人资格和由股东会处理其股东权益的内容,实质是股东会罢免陈某某股东资格和处理其股权的内容。对股东会可强制罢免股东资格的事项,宏胜公司章程中并无约定,而其依据的《股东投资协议》,调整的仅是宏胜公司转制过程中的法律关系和法律行为,因而其效力期间是从转制行为开始到转制过程的终止,公司转制后即意味着该协议的终止。现仅凭已终止的《股东投资协议》作出的罢免陈某某股东资格的相关决议,显然是缺乏依据的。股东资格涉及的是股东和公司及第三人等多个利益主体的法律关系,故无论对股东资格的确定还是对股东资格的罢免,均应采取慎重的态度。对有限责任公司罢免股东资格的相关问题,我国《公司法》目前未有明确的规定,但基于股东资格取得的实质条件是股东的出资而并不涉及股东其他层面的行为和事项,故对有限责任公司股东资格予以强制罢免的事由,应严格限定在股东不履行出资义务或因违法而被依法没收出资或股权这一范围之内。本案陈某某尽管受过刑事处罚,但其在宏胜公司的股权并未被依法没收,宏胜公司在缺乏依据情况下所作出的罢免陈某某股东资格的相关股东会决议,是一种侵害陈某某合法权益的行为。故该股东会决议内容,应依法认定为无效。

二审法院经审理后认为:股东投资协议通常是指公司设立前,由全体投资人所

---

① 此处指 2005 年修订的《公司法》。

共同参与订立的协议,其主要作用在于表明发起人设立公司的目的、确定公司的基本性质和结构,以及分配和协调发起人之间的权利义务关系,其协议本质应属于合同,依法受我国《合同法》一般规则的规范和调整。至于在公司设立过程中,由认缴注册资本的股东签署的公司章程,则具有公司自治规范的性质,依法属于我国《公司法》所规制的范围,并对签署股东、公司以及公司董事、监事等人员具有规范和约束的效力。因此,股东投资协议与公司章程系由投资人形成的两种在本质上存在不同的协议安排,两者之间应为相互平行而非前后承接的法律关系。基于此,股东投资协议的效力存续与否,同公司章程的制定不存在效力上的关联性,依法只受限于该协议本身的约定条款内容以及我国《合同法》的相关调整规范。事实上,在投资人订立的股东投资协议中,既有调整公司设立完成之前的事项,同时又有调整公司成立后股东之间、公司与股东之间的权利义务关系,以及公司治理结构的内容。且基于各种原因,其中的许多内容并未被纳入之后所订立的公司章程之中。况且,有时股东投资协议中确实存在某些不便载入公司章程的约定内容。此外,往往还由于工商行政管理部门要求按照其统一制定的样本格式起草公司章程的原因,造成许多股东间特别约定的协议内容无法被载入公司章程之中。在此情形下,股东投资协议实际承担了公司章程之外的规则性协议的功能。因此,在公司完成工商登记设立后,由全体投资人所共同参与订立的股东投资协议仍具有法律效力,其中涉及以公司成立后的股东之间、股东与公司之间的权利义务关系为调整对象的协议内容,只要未违反法律的强制性规定或与公司章程的规定相冲突,对各缔约投资股东应依法具有规范和约束的效力。需要说明的是,在我国公司立法中已有体现此种效力认定的精神,我国《公司法》[①]第 84 条第 2 款规定:“发起人不依照前款规定缴纳出资的,应当按照发起人协议承担违约责任。”上述规定表明,在公司成立后发起人协议的法律效力仍被确认。上述分析意见表明,公司成立后,股东投资协议在没有被修改、变更、解除以及与公司章程的内容相悖的情况下,其效力并不自然终止或被公司章程的效力所取代,只是在具体个案的司法诉讼中,两者具有不同的证明和适用对象,不存在以两者中哪个为准的问题。

[法官分析]

本案为一起因取消股东资格而引发的股东会决议效力纠纷。案件审理的关键在于:(1)公司完成登记设立后,由投资人(发起股东)在设立公司时所订立的《股东投资协议》,对签署协议的投资人(发起股东)是否仍然具有约束和规范的效力;(2)持有公司 2/3 以上股权表决比例的股东能否在章程没有记载《股东投资协议》所约定处罚条款的情况下,按照《股东投资协议》的约定条款,对存在违反《股东投资协议》行为对公司利益造成损害的股东,以股东会决议的方式作出取消其股东资

---

① 此处指 2005 年修订的《公司法》,2013 年修订的《公司法》为第 83 条第 2 款。

格的处罚决定。司法实践中，在公司已完成登记设立和章程已然制定的情况下，对于发起人协议效力的认定并不统一，导致案件的裁判结果亦存在不同。对于股东投资协议与公司章程之间的关系，目前理论界和司法实务部门主要存在两种观点，即“替代说”和“并存说”。持“替代说”观点的认为：发起人协议调整的是公司设立过程中的法律关系和法律行为，因而它的效力期间是从设立行为开始到设立过程终止，公司成立即意味着发起人协议效力的终止。持“并存说”观点的认为：发起人协议的效力并不会因公司章程的制定而当然终止，发起人协议的效力可以与公司章程并存。通过本案的审理，以及对上述法律问题进行如下的探讨分析，对于今后类案的处理可能具有一定的借鉴意义。

1. 公司设立以及与设立相关的协议的性质

公司的设立是一个过程，其中一个重要的环节就是公司发起人订立公司设立协议（又称发起人协议）。在讨论设立协议之前，有必要对协议的签订主体即公司发起人予以界定。我国《公司法》采用了发起人的表述，但并未对发起人予以法律界定。但最高人民法院颁布的《公司法解释（三）》则对发起人作出了定义，因有限责任公司设立时的股东与股份有限公司的发起人的条件要求相同，所以将有限责任公司设立时的股东也纳入发起人的范畴。《公司法解释（三）》对于公司发起人的界定则相应规定为“设立公司而签署公司章程、向公司认购出资或者股份并履行公司设立职责的人，应当认定为公司的发起人，包括有限责任公司设立时的股东。”

设立协议是公司发起人在公司设立前订立的一份重要法律文件，体现了发起人设立公司的目的以及相互之间的权利义务关系，与公司是否能够成功设立息息相关。设立协议是指在公司设立过程中，由有限责任公司的设立股东或股份公司的发起人订立的关于公司设立事项的协议，性质上属于合伙协议，亦可以认定为因设立公司而订立的投资合同。

本案中，陈某某等 23 名自然人基于宏胜公司企业改制而签订的《股东投资协议》，即属于在有限责任公司设立过程中由发起人股东所订立的设立协议。

2. 公司设立之前的投资人协议与公司章程之间的关系

公司章程是指公司必须具备的、由设立公司的投资者制定、并对公司、股东、公司经营管理人员具有约束力的、调整公司内部组织关系和经营行为的自治规则。我国学术界和实务界通说认为，公司章程是公司自治性质的根本规则。

（1）设立协议与公司章程的联系。具体而言，设立协议与公司章程的联系主要体现在两个方面：①在内容方面。设立协议与公司章程有许多相同之处，可以这么说，设立协议往往就是公司章程的雏形。例如，公司名称、注册资本、经营范围、股东构成、出资形式等事项，不仅是公司章程的绝对必要记载事项，也是设立协议的主要内容，有的设立协议不仅通过约定上述内容调整各位发起人在设立公司的过程中的权利义务，甚至还约定拟设立公司的组织机构、股权转让条件、增资、减资、合并、分立、解散等事项，这些内容大多为公司章程所吸收。②在确定未来公司股东利益分配格局方面。在公司设立的过程中，为了保证公司的顺利设立，保护各位投资者的合法权益，有必要在设立公司活动进行前明确各位发起人之间的利益分配格局。尤其对中小投资者来说，设立协议明确了其合理的权利预期，有利于维护其合法权益。公司的设立过程同时也是将发起人未来享有股东权益的分配格局不断进行固化的过程。

(2)设立协议与公司章程的区别。设立协议与公司章程尽管目标一致，关系紧密，但两者毕竟在性质和功能方面存在差异：①设立协议是合同；而公司章程按照大陆法系学者的主流观点来看是一种公司的自治法规，甚至有的学者认为其为公司法的一种渊源。②在我国，除采取有限责任公司形态的外商投资企业之外，《公司法》并没有将公司设立协议规定为有限责任公司设立环节的必备文件，因此，对于通常的有限责任公司，公司设立协议是任意性文件；而公司章程则是每个公司必须制定的法律文件，任何公司成立都必须以提交章程为法定要件。③设立协议是不要式法律文件，而公司章程则是要式法律文件。④从效力的范围来看，根据合同的相对性，设立协议由全体发起人签订，调整的是发起人之间的关系，因而仅在发起人之间具有法律效力；而公司章程调整的则是所有股东之间、股东与公司之间、公司的管理机构与公司之间的法律关系，制定公司章程的原始股东和章程制定后加入公司的新股东，都应受章程的约束。

(3)关于公司登记设立后设立协议的效力问题。对此，理论界和司法实务界存在颇多争议，主要有替代说和并存说两种。①替代说。总的来说，持替代说的人认为，公司章程制定之日即是设立协议效力终止之时。②并存说。持并存说的学者和司法实务工作者认为，设立协议的效力并不会因公司章程的制定而当然终止，设立协议的效力可以与公司章程并存。

3. 关于本案的审理

基于上述分析，笔者认为，公司设立后设立协议如没有无效、可变更或撤销等情形，仍应具有法律约束力。当然，由于设立协议本质上是合同，根据合同相对性原则，应仅对签署过设立协议的公司发起人产生法律约束力。也就是说其效力并不及于公司设立后的其他人员，而仅仅是针对签署设立协议的公司发起人股东。即便是持替代说的学者和司法实务工作者也认为："公司成立时，设立协议可能已经全部履行，但也可能是部分履行；如果设立协议中有公司章程未涉及但又属公司存续或解散之后可能会遇到的事项，相应的条款可能继续有效，但效力只应限于签约的发起人。"由此可见，在公司完成登记设立后，对于公司章程未予记载而公司设立协议中有明确约定且涉及签约发起人股东利益的问题，由全体发起人股东订立的设立协议仍是处理相关争议的基本法律依据。只是争议所涉及的利益应是针对全体发起人股东的特定利益，而不是整个公司的利益。具体到本案中，陈某某等

23名发起股东在宏胜公司改制设立时所订立的《股东投资协议》第18条的内容，即关于发起人股东资格取消的规定，系全体发起股东意思自治的结果，只要不违反法律强制性规定、公序良俗以及与公司章程相违背，应认定为有效。况且，在人合性较强的有限责任公司，股东系基于彼此信赖而进行合作，故从维护股东利益出发而制定的上述条款，更应得到维护与尊重。公司发起人股东通过订立设立协议对自身提出较公司其他人员更为高标准的道德义务，有利于促进各发起人股东在公司营业过程中基于同样的道德理念、价值利益观念密切配合，进而增强公司的人合性。

基于此，二审法院认为：宏胜公司成立后，相关股东投资协议在没有被修改、变更、解除以及与公司章程内容相悖的情况下，其效力并不自然终止或被公司章程的效力所取代，只是在具体个案的司法诉讼中，两者具有不同的证明和适用对象，不存在以两者中哪个为准的问题。二审法院据此认定涉案《股东投资协议》第18条的条款对宏胜公司发起人仍具有法律的约束效力，进而改判驳回陈某某要求确认宏胜公司关于取消其股东资格并由股东会处理其股东权益的股东会决议内容为无效的诉讼请求，是适当和于法有据的。

（编写人：上海市第二中级人民法院　高增军　倪　春）

[法律法规链接]

《公司法》(2005年修订)第22条第1款、第84条第2款

第四章

股权转让纠纷

第一节　股权转让合同的订立与效力

059. 股权转让纠纷诉讼中诉讼主体是否适格的认定

张甲与仙居县蓝天水业有限公司股权转让合同纠纷案

[案号]

浙江省台州市中级人民法院(2008)台民二终字第130号

[裁判要旨]

合同关系只能发生在特定的主体之间,只有合同一方当事人能够向合同的另一方当事人基于合同提出请求或提起诉讼。股东之间签订协议转让股权,权利义务均归结于股东,不涉及公司利益的,公司不是适格的诉讼主体。

[案情]

上诉人张甲与被上诉人仙居县蓝天水业有限公司(以下简称蓝天水业公司)股权转让合同纠纷一案,一审法院审理查明:2004年3月2日,张乙、徐某某签订章程,成立蓝天水业公司。2005年8月3日,仙居中萃食品饮料有限公司(甲方,法定代表人张乙)、仙居沁泉饮品厂(乙方,法定代表人张丙)、仙居县广兴饮料厂(丙方,法定代表人张甲)、仙居安吉尔富氧纯水厂(丁方,法定代表人徐某某)4家企业签订《联营协议》一份,一致决定成立联合办厂,为蓝天水业公司,协议内载明:"一、蓝天水业公司共计10股,具体股份由上述四企业即中萃2.8股、沁泉2.1股、广兴2.3股、安吉尔2.8股组成。二、蓝天水业公司在2005年8月前所发生的债权、债务由仙居中萃食品饮料有限公司和仙居安吉尔富氧纯水厂负责,在2005年9月1日之后蓝天水业公司所发生的经营盈亏按股份享受和承担。三、截至2005年9月1日前各股东所卖出的水票,在2005年8月后,送水的每一个月结算一次,按每一大桶4元,一小桶3元计价,现金上交公司。如果股东在2005年9月1日后私自使用原水票出售或赠送的,经查属实,每一次罚款一万元。……"此后,张乙、张丙、张甲、徐某某4人于2005年10月25日签订《蓝天水业公司章程修正案》,载明根据新股东会决议对公司章程修正如下:"……四、公司章程第三章第10条修改为:公司各股东的出资方式和出资额为:(一)股东张乙以货币出资,为人民币14万元,占28%,(二)股东徐某某以货币出资,为人民币14万元,占28%,(三)股东张甲以货币出资,为人民币11.5万元,占23%,(四)股东张丙以货币出资,为人民币10.5万元,占21%。"。自2005年9月1日开始张乙、张丙、张甲、徐某某4人共同经营蓝天水业公司。2006年7月2日,张乙、张丙、张甲、徐某某4人签订《蓝天水业公司股东决议书》,载明:"1.蓝天水业公司自2005年9月1日由张乙、张丙、张甲、徐某某4人共同组建成立。由于种种原因股东4人一致同意决定将于2006年7月2日下午5时10分到18分以暗标形式投标。标底60万元以上为有效标,低于60万元者作废标,以最高中标者现场开标。当场签订中标者承诺书。2.中标者在2006年7月8日下午3时前把所投的标款存入张乙的存折账户上,不得以任何理由或于他人讲情拖欠部分欠款,违者中标者愿意罚款20万元,由其余3人平分(但同意扣除中标本人或应付公司款项额)。3.股东4人,1人中标后其余3人5年内不得在仙居县内做水行业生意,或把原3人的老厂房租于他人做水业生意,违者本人愿意将本次全部收入包括原投资退还中标者造成一切费用由违者承担……7.各股东水票中萃、安吉尔、白蓝天、仙泉、沁泉照样在蓝天公司通用。但今后任何股东不能再卖以上5种水票,如有发现,情况属实违者罚款5万元上交中标者。以上5种水票本人应每月1~8日到公司结算一次,大票上交4元,小票上交3元,如超出时间不来结算,按水票金额加收20%的滞纳金。所收水票归属白蓝天张乙、徐某某各50%,中萃归张乙,沁泉归张丙,仙泉归张甲,安吉尔归徐某某。红蓝天归中标者。8.分红:每个股东按原投资数额领回投资,余额4人平分……今后各老股东需要水票每桶按4元一张,不含税。如需开税票按票额10%上交中标者……"协议订立后,张丙中标。张乙、张丙、张甲、徐某某4人于当天结清蓝天水业公司全部应付应收款项。被告张甲收到的转让款项是144400元。此后,被告张甲又在仙居县以仙居县广兴饮料厂的名义做饮用水生意,并综合原安吉尔、白蓝天水票的一些主要特征印制水票,盖上仙居县广兴饮料厂的印章,进行销售。自2006年9月开始,被告张甲未与原告蓝天水业公司结算水票款,合计23386元。2006年10月25日,原告蓝天水业公司办理了股东变更登记,现该公司股东为张丙和张丁。

原告蓝天水业公司于2007年9月24日,以张甲违反约定,在仙居县内销售纯净水,并发售仙泉水票为由,向一审法院提起诉讼,请求判令:要求张甲支付投资款及违约金144400元,水票款23386元及滞纳金42840.4元、发售水票违约金50000元,合计260626.4元。

一审法院依照《合同法》第107条、第109条、第114条第1款的规定,判决:一、限被告张甲在判决生效之日起十日内,给付原告蓝天水业公司退股所得转让款144400元、违约金50000元、水票款23386元及滞纳金4677.2元,合计222463.2

元;二、驳回原告蓝天水业公司的其他诉讼请求。

上诉人张甲不服一审法院上述民事判决,向二审法院提起上诉,请求撤销原判决,改判被上诉人的诉讼请求或者发回重审。

除对一审认定的“此后,被告张甲又在仙居县以仙居县广兴饮料厂的名义做饮用水生意,并综合原安吉尔、白蓝天水票的一些主要特征印制水票,盖上仙居县广兴饮料厂的印章,进行销售”这一节事实无法核实外,二审法院二审查明的事实与一审法院认定的事实一致。

[结论]

二审法院依照《民事诉讼法》①第153条第1款第2项、《民法通则》第84条之规定,判决如下:

一、维持一审判决第二项,即维持驳回蓝天水业公司的其他诉讼请求;

二、撤销一审判决第一项,即撤销张甲须给付蓝天水业公司相关款项的判项;

三、限上诉人张甲在判决生效之日起10日内,给付被上诉人仙居县蓝天水业有限公司水票款23386元及滞纳金4677.2元。

[法院认为]

一审法院审理认为:2006年7月2日,张乙、张丙、张甲、徐某某4人签订的《蓝天水业公司股东决议书》,是一份蓝天水业公司股东之间以投标方式转让公司股权的合同,该合同当事人意思表示一致,不违反法律、法规的禁止性规定,应为有效。合同的第3条和第7条均约定了违约责任的承担方式,当事人违约应向中标者和原告蓝天水业公司承担违约责任。因中标者张丙是原告蓝天水业公司的经营者,且当事人违约损害的也是原告蓝天水业公司的利益,故原告蓝天水业公司的诉讼主体并无不当。被告张甲答辩认为原告的诉讼主体不适格,理由不能成立。被告张甲在合同订立后又经营饮用水并销售水票,其行为构成违约,应按约定承担违约责任,向原告支付其收取的转让款144400元及违约金50000元。被告张甲辩称,自己是为兄弟张丁打工,其行为不构成违约,理由不能成立。因为仙居县广兴饮料厂虽然工商登记的投资人为张丁,但在被告张甲入股蓝天水业公司前签订的《联营协议》中,被告张甲是以仙居县广兴饮料厂的投资人身份签名的。该《联营协议》是被告张甲入股蓝天水业公司的前提条件。被告张甲入股蓝天水业公司后,仙居县广兴饮料厂停止了经营活动,其所销售的水票已归并到蓝天水业公司。被告张甲从蓝天水业公司退股后又以仙居县广兴饮料厂的名义销售纯净水,并综合原安吉尔、白蓝天水票的一些主要特征印制水票,盖上仙居县广兴饮料厂的印章进行销售,应当认定其违约。另外,根据合同第7条约定,被告张甲在入股蓝天水业公司之前销售的仙居县广兴饮料厂“仙泉”水票,仍由原告蓝天水业公司供水,其应当在

---

① 此处指2007年修订的《民事诉讼法》。

每月1~8日到原告蓝天水业公司结算水票款。自2006年9月开始,被告张甲不及时结算,亦构成违约,应当给付拖欠原告的水票款23386元,并按合同约定支付20%的滞纳金4677.2元。被告张甲认为,原告用自己的水票调换了其原销售的部分"仙泉"水票,不是供水收取的水票,故结算的条件不成就。这一答辩主张亦不能成立。因为即使原告有调换水票的行为,但用户的水票款仍然是付给被告张甲的,调换水票并不损害其利益。且被告张甲又在从事销售纯净水的违约行为,原告为防止因被告违约行为导致的损失扩大,进行调换水票,是一种正当防范行为,故被告张甲的主张不成立。

二审法院认为:(1)按照合同相对性原则,合同关系只能发生于特定的债权人与债务人之间,债务人只应对债权人承担合同上的义务和责任,而不应对与其无合同关系的第三人承担义务和责任。同样,合同关系只能发生在特定的主体之间,只有合同当事人一方能够向合同的另一方当事人基于合同提出请求或提起诉讼。本案中,张乙、张丙、张甲、徐某某于2006年7月2日签订的《蓝天水业公司股东决议书》,是一份蓝天水业公司股东之间以投标方式转让公司股权的合同,对签约当事人均有约束力,基于该合同提出请求或提起诉讼的当事人只能是张乙、张丙、张甲、徐某某四人,而非蓝天水业公司。根据《股东决议书》第3条和第7条约定,违约金归结于中标者,同样不是蓝天水业公司。而且,张丙中标后,结清蓝天水业公司全部应付应收款项和股权转让款,并办理了股东变更登记手续。故蓝天水业公司的诉讼主体资格不适格,对张甲是否构成违约及双方提供的相关证据,本案中不作审查。至于该部分诉讼请求,作为中标者张丙,可基于四股东签订的《股东决议书》,另行主张权利。

(2)张甲对水票款23386元无异议,在一审时只是以计算滞纳金为由进行抗辩,宣判后也没有作为上诉理由提起上诉,一审法院依据合同约定,确定滞纳金的金额并无不当,二审法院予以认定。一审判决适用法律不当,应予纠正。

[法律法规链接]

《合同法》第107条、第109条、第114条第1款

《民法通则》第84条

060. 股权转让合同中显失公平的考量

上海沸点投资发展有限公司诉国泰君安投资管理股份有限公司股权转让纠纷案

[裁判要旨]

《合同法》上的显失公平构成要件应坚持主客观双要件。商业交易的公平问

题,不能以客观上的价格结果为唯一标准,还应以交易双方是否充分掌握了标的价值的信息和双方是否经过充分的谈判等作为主观考量因素。双方掌握标的价值信息基础上经过充分谈判的结果,即便客观上不公平,也不能轻易地适用《合同法》上的显失公平将合同予以撤销或价格变更。

[案情]

上海沸点投资发展有限公司诉国泰君安投资管理股份有限公司股权转让纠纷一案,经审理查明:原、被告均为华安基金公司的股东。2007 年 7 月 9 日,中国证监会向华安基金公司发出《关于限期处置沸点公司持有华安基金公司股权》的函件,指出原告涉嫌上海社保案件被司法机关查处,不再符合基金管理公司股东的资格条件,责令华安基金公司 2 个月内完成原告所持华安基金公司股权的处置工作。

2008 年 9 月 18 日,华安基金公司在其网站上发布了《关于华安国际配置基金相关保本责任的公告》称:近日雷曼兄弟控股集团公司(以下简称雷曼集团公司)、雷曼兄弟国际(欧洲)公司(以下简称雷曼欧洲公司)正在向所在地申请破产保护,导致华安国际配置基金的估值、赎回业务暂时无法正常进行。为最大限度地保护基金持有人的权益,承诺华安国际配置基金第一个投资周期届满之日,基金所持结构性保本票据本金的任何损失,华安基金公司承担到期保本责任。

华安基金公司 2008 年 12 月 31 日的资产负债表显示对华安国际配置基金承担保本责任计提人民币 3.50 亿元作为预计负债处理。2009 年 3 月 31 日,华安基金公司在其公司网站上披露了其起诉雷曼欧洲公司赔偿相关损失的公告。

2009 年 3 月,原告与被告就华安基金公司的股权转让进行洽谈。原告聘请上海万隆资产评估有限公司对华安基金公司的股权进行评估。评估报告载明:评估的基准日为 2008 年 12 月 31 日,采用收益法得出的股东全部权益价值为人民币 1849307600 元。特别事项说明:(1)原告由于涉及上海社保资金借款,其持有的华安基金 20% 的股权及相关权益已被上海市第一中级人民法院冻结,现此案正在调查之中;(2)2008 年 9 月,公司旗下华安国际配置基金所投资的结构性保本票据的设计人雷曼欧洲公司和最终保本责任承担人雷曼集团公司宣布进入破产保护。华安基金公司作出承诺对该结构性保本票据承担到期保本责任,预计为人民币 3.50 亿元。华安基金公司于 2008 年 9 月 24 日向上海市高级人民法院起诉雷曼欧洲公司,要求判令雷曼欧洲公司赔偿经济损失 9640 万美元及相应利息,并要求对其境内相应的等值资产进行保全。上海市高级人民法院受理华安基金公司的诉讼,并对雷曼欧洲公司在农行总行营业部人民币特殊账户下的资产实施冻结。

双方经磋商,于 2009 年 6 月 2 日签订了股权转协议,约定原告将其持有的 20% 的股权出让给被告,除第 2.2 条有特别约定之外,原告转让给被告的华安基金公司 20% 的股权的全部权益。第 2.2 条:2009 年 1 月 1 日起至本协议签署日前 20% 华安基金公司股权的收益归原告所有。上述归原告的收益的计算公式如下:

被告支付金额=华安基金公司2009年度经审计确认的净利润×20%÷365×天数(如华安基金公司2009年度财务报告继续计提了针对华安国际配置基金保本责任的损失准备,则上文所列公式中的净利润为华安基金公司在计提上述损失准备后的净利润加该计提金额)。自本协议签署日起,转让股权的全部收益均归被告全部享有。第3条约定,转让股权的总价款为人民币3.30亿元。

后被告支付了人民币3.30亿股权转让款和2009年1月1日至2009年6月1日的华安基金公司的股权收益人民币29079647.29元。2011年9月20日,华安基金公司公布了其与雷曼欧洲公司在上海市高级人民法院的主持下就金融衍生产品投资合作纠纷达成调解的内容:雷曼欧洲公司向华安基金公司支付44889933美元及利息。2011年11月7日,华安基金公司在公司网站上发布了华安国际配置基金清算报告。该清算报告载明:本基金收到雷曼欧洲公司的和解款及利息后投资收益合计94636630.22美元,低于本基金原投资的结构性保本票据的本金9640万美元。依照保本承诺,华安基金公司将1763369.78美元(折合人民币11161601.70元)划入本基金账户弥补差额。

原告诉称:2008年华安基金公司因承担华安国际配置基金保本责任预提的人民币3.50亿元预计负债,在华安国际配置基金清算并承担保本责任后应确认的利润及专项风险准备专户产生利息应确认的利润共计人民币38236964830元。上述利润产生的净利润增加了华安基金公司股东权益(净资产)人民币28677723623元。被告因此而获得的额外的股东权益(人民币57355447.25元)并没有包含在股权转让价格里,被告所获得的上述利益没有支付任何对价。股权转让价格并没有包含转回的专项风险准备及专项风险准备专户利息所对应的股东权益,被告获得的巨大收益建立在严重损害原告合法权益基础之上,对原告而言显失公平,请求法院判令:(1)变更双方股权转让协议的股权转让款的金额为人民币387355447.25元;(2)被告将差额人民币57355447.25元支付给原告。

[结论]

一审法院依照《合同法》第54条、第55条之规定,判决驳回原告上海沸点投资发展有限公司的诉讼请求。

一审判决后,原、被告均未提起上诉,判决已发生法律效力。

[法院认为]

一审法院经审理后认为:(1)可变更行为的除斥期间如何起算。《民通意见》第73条规定,可变更或可撤销的民事行为自行为成立时起超过一年当事人才请求变更或者撤销的,人民法院不予保护。而此后的《合同法》第55条规定,具有撤销权的当事人自知道或者应当知道撤销事由一年内行使撤销权。被告认为,原告行使的是变更权而不是撤销权,应适用《民通意见》第73条的规定。而原告认为,《合同法》第55条当事人具有的撤销权应包含了变更权。

首先,《合同法》作为法律的位阶效力优于作为司法解释的《民通意见》,且《合同法》颁布在《民通意见》之后,法理上应优先适用《合同法》。其次,学理上通常将当事人变更或者撤销合同的权利通称为撤销权,即撤销权包括了变更权。最后,《合同法》第 54 条规定当事人请求法院变更或撤销合同的事由是一致的,如果按照被告的说法《合同法》第 55 条规定的撤销权的除斥期间不包括变更权、可变更和可撤销的权利存在不同的除斥期间需适用不同的法律,并不符合通常的立法逻辑。因此,被告关于原告诉请超过除斥期间的意见本院不予采纳。

(2)本案的股权转让合同是否在订立时显失公平。所谓显失公平的合同,是指一方当事人在紧迫或者缺乏经验的情况下订立的当事人之间享有的权利和承担的义务严重不对等的合同。其构成要件需要符合客观上的利益严重失衡和主观上的缺乏经验或情况紧迫。

本案股权转让的价格是否存在严重失衡。股权转让合同最终的定价是以 2008 年年底的股权价格加上 2009 年 1 月 1 日至合同签字前一日(2009 年 6 月 1 日)的股权收益。华安基金公司 2008 年年底的股权定价为人民币 3.30 亿元,而评估报告采用收益法得出的股东 20% 权益价值约为人民币 3.69 亿元,此定价并不存在失衡。

原告所谓失衡之处系华安基金公司因承担华安国际配置基金的保本责任计提了人民币 3.50 亿元的损失。从原、被告股权转让合同的草稿看,原、被告对于人民币 3.50 亿元损失有过磋商,原告提出的方案是如华安基金公司在 2009 年度继续针对华安国际配置基金保本责任计提损失的,原告在 2009 年的收益中不承担继续计提相应的损失,同时要求被告在华安基金公司最终没有承担保本责任时向原告支付未承担保本责任部分的 20%。被告没有同意该方案。最终双方的股权转让合同文本改成:原告不承担 2009 年继续计提的损失,同时也不再约定 2008 年年底已计提损失的回转。但股权转让协议约定,自本协议签署日(2009 年 6 月 2 日)起,转让股权的全部收益均归被告全部享有,该 20% 的股权在 2011 年对已计提损失的回转得到的收益自然应归被告所有。

对于已计提的人民币 3.50 亿元是否可以回转、将来是否继续计提,需要基于签订合同时对将来市场情况和华安基金公司对雷曼欧洲公司的诉讼综合判断。这属于正常的商业风险。双方谈判的结果是原告不承担继续计提的风险,但也不享受已计提损失回转的利益。这样的安排在签订股权转让合同时总体是合理的。原告所谓的显失公平是基于签订股权转让合同 2 年后的市场情况和诉讼结果,而《合同法》要求根据订立合同时的情况来判断是否显失公平。

从原、被告谈判过程来看,原告已经意识到人民币 3.50 亿元计提可能回转,并要求被告在将来付给原告回转的利益,因此原告在主观上不缺乏经验。原、被告签订合同的时间早已超过证监会要求限期处理的时间,因此原告所谓情况紧迫也不存在。

综上，原告认为股权转让合同显失公平，要求变更合同价款，本院不予支持。

［法官分析］

本案系国内著名的华安基金管理公司股权转让纠纷。转让方系受到"社保案"影响的沸点公司，而转让的时间上遇到国际金融危机，华安基金管理公司旗下的一款基金产品深陷雷曼破产案。基于该时点转让股权，转让方事后认为转让价格没有体现股权价值。企业在危机时刻签订的合同是否可以在事后以显失公平予以变更或撤销？众所周知，并不是所有的商业交易都是在正常商业环境所达成。企业可能由于自身的原因处于财务危机，也可能外部整个市场发生危机（如2008年席卷全球的金融危机），需要处置自身的资产。在这种危机时刻，企业可能以不合理的价格出售资产。那么这些在危机时刻达成的交易是否可以认定为《合同法》上所谓显失公平的情形，值得探讨。

1. 显失公平构成要件

《民法通则意见（试行）》第72条规定，一方当事人利用优势或者利用对方没有经验，致使双方的权利与义务明显违反公平、等价有偿的原则，可以认定为显失公平。而《合同法》第54条的行文对显失公平构成要件中没有提到当事人的主观要件。与之对应在学术上有两派观点，一种观点认为显失公平的构成要件是单一的，即客观上当事人之间的利益不平衡。显失公平的认定就是对客观结果的认定。另一种观点认为显失公平尚需要主观要件，即一方利用优势地位或者利用对方轻率、无经验等而与对方订立了显失公平的合同。本案审判采纳了主客观结合的观点，但在考量主观要件时使用反向逻辑的方法。本案股权转让双方对股权标的价值信息是明知的，双方对股权估价中的不平衡点（即3.5亿元计提损失）有过针锋相对的谈判。从原、被告谈判过程来看，原告已经意识到人民币3.50亿元计提可能回转，并要求被告在将来付给原告回转的利益，因此原告在主观上不缺乏经验或轻率。无论是从自身原因还是市场环境，当时原告处于危机时刻需要出售股权还债，偏偏还遇上了金融危机、股权贬值，原告的议价空间和议价能力本来就处于劣势。最终谈判的结果是原告放弃已计提损失回转的利益，也不承担继续计提的风险。这是双方在掌握股权价值信息基础上谈判的结果，被告得到了这个谈判利益，如果法律允许原告事后反悔，那么就不需要商业谈判、一切以评估价值等价交换。这明显违反市场经济原则。公平交易的主观要件在于双方是否掌握交易相关信息以及双方是否经过充分谈判，具备这样的情况就不存在一方利用优势或利用对方无经验等，可以作为显失公平的反向主观要件。

2. 显失公平的判断时点

价值规律的表现形式是价格受供求关系影响围绕价值上下波动，在现实生活中，价格与价值经常不一致。人们习惯于以事后赚了或亏了来评价是否是一桩好买卖。而从法律上判断一桩公平交易，需要掌握时间节点。《合同法》第 54 条对构成显失公平限定在订立合同时。本案原告认为系争股权交易显失公平，是建立在签订合同 2 年后的市场情况和华安基金公司和雷曼公司的诉讼结果基础之上。在签订合同时的状况是华安基金公司计提 3.5 亿元的损失准备金，并且按照市场发展情况可能有继续计提损失的可能性。同时，华安基金公司也在追究雷曼公司的责任。原、被告签订合同时，存在两种极端的可能性：（1）除了已计提的 3.5 亿元损失外，市场情况恶化需在下一年度继续计提损失，华安基金公司的诉讼败诉；（2）市场环境好转，无须继续计提损失，同时华安基金公司胜诉，损失由雷曼公司承担，已计提 3.5 亿元损失回转。第一种情况对被告明显不利，第二种情况则对原告明显不利。而事态按第二种情况发展，原告认为股权转让对其显失公平。原告混淆了法律上的显失公平和正常的商业风险。交易定价是基于订立合同时的现状并对将来作出一定的预判，预判正确与否即是商业风险。而预判正确与否只能在事后验证和评价。如果法律允许为一方的错误预判而要求交易对方买单，反而显失公平。因此，法律不可能保护商业风险。

当卖方处于危机时刻，买卖双方不可能处于同一地位。买方在讨价还价中取得较好的价格，是自然的结果，体现了商业竞争的优胜劣汰。如果仅仅考虑客观上是否公平，必然会不适当的扩大显失公平的适用范围，破坏合同法有约必守的原则。本案的处理明确了二点：（1）显失公平的构成要件应坚持主客观双要件。商业交易的公平问题，不能以客观上的价格结果为唯一标准，还应以交易双方是否充分掌握了标的价值的信息和双方是否经过充分的谈判等作为主观考量因素。双方掌握标的价值信息基础上经过充分谈判的结果，即便客观上不公平，也不能轻易地适用《合同法》上的显失公平将合同予以撤销或价格变更。（2）显失公平的结果只能依照订立合同时点来判断。事后交易标的价值变化属于正常的商业风险、不能作为转让人要求撤销或变更合同的法律理由。

另外，对于价格偏离价值到什么程度可认为是显失公平，是价格超过价值 50%或者不到 50%，抑或超过 70%或者不到 30%，法律和司法解释都没有明确规定。这也是审理此类案件的难点。本案没有对计提 3.5 亿元这个数值对股权转让的交易价格影响程度作出评价。本案的审判从缺乏显失公平的主观要件和判断客观要件的时点两个方面认定不构成显失公平已经相当具有说服力。

（编写人：上海市浦东新区人民法院　孙　黎）

[法律法规链接]

《合同法》第 54 条、第 55 条

【同类案例】

嵇某某与管某某股权转让纠纷案

［案号］

上海市第一中级人民法院(2012)沪一中民四(商)终字第162号

［案情］

上诉人嵇某某与被上诉人管某某因股权转让纠纷一案，一审法院查明，2011年5月19日，上海甲餐饮管理有限公司成立，注册资本人民币(以下币种相同)100万元，实收资本20万元，法定代表人为嵇某某。公司登记的股东为管某某、嵇某某、沈某某、黄某某、生某，分别认缴出资额12.50万元、32.50万元、12.50万元、30万元、12.50万元，实缴出资额2.50万元、6.50万元、2.50万元、6万元、2.50万元。上海甲餐饮管理有限公司章程第19条规定：公司股东之间可以相互转让其全部或者部分股权。

2011年7月3日，管某某作为甲方与作为乙方的嵇某某签订一份"股权转让协议"。该协议在第1条股权转让价格与付款方式条款中约定："1.甲方同意将持有上海甲餐饮管理有限公司12.50%的股权共50万元出资额，以35万元转让给乙方，乙方同意按此价格及金额购买上述股权。2.乙方同意在本合同订立30日内以现金形式一次性支付甲方所转让的股权。"该协议在第2条保证条款中约定："1.甲方保证所转让给乙方的股权是甲方在上海甲餐饮管理有限公司的真实出资，是甲方合法拥有的股权，甲方拥有完全的处分权。甲方保证对所转让的股权，没有设置任何抵押、质押或担保，并免遭任何第三人的追索。否则，由此引起的所有责任，由甲方承担。2.甲方转让其股权后，其在上海甲餐饮管理有限公司原享有的权利和应承担的义务，随股权转让而转由乙方享有与承担。3.乙方承认上海甲餐饮管理有限公司章程，保证按章程规定履行义务和责任。"该协议在第7条合同生效的条件和日期条款中约定："本合同经各方签字后生效"。协议对盈亏负担、股权转让费用负担以及合同的变更与解除等均作了约定。之后，嵇某某未按约支付管某某股权转让款。管某某提起诉讼。

一审法院依照《公司法》①第72条第1款、《合同法》第109条、《民事诉讼证据规定》第2条的规定，作出如下判决：嵇某某于判决生效之日起十日内支付管某某股权转让款35万元。

一审法院判决后，嵇某某不服，向二审法院提起。

---

① 此处指2005年修订的《公司法》。

二审法院认为,本案争议焦点在于嵇某某以35万元受让管某某在工商机关登记的实缴出资额为2.5万元的股权是否显失公平。首先,合同一方当事人利用优势或者利用对方没有经验,致使双方的权利与义务明显违反公平、等价有偿原则的,可以认定为显失公平。本案中,嵇某某与管某某自愿签订《股权转让协议》,双方均具有完全民事行为能力,均为公司股东,对从事相关经济活动具有一定经验,应当对签订协议的法律后果有明确的认知。且在经济活动中,股权转让价款的确定应考虑到股价溢价情况、实际投入等多方面因素,股权转让价格往往与认缴金额并不等同,故本案股权转让协议不存在显失公平的情形。其次,股权转让协议写明了股权转让价格、付款方式和保证条款,对于双方的权利义务约定明确、条理清楚,双方应当按照协议约定履行义务。最后,根据我国《合同法》第54条之规定,嵇某某认为股权转让协议显失公平而享有的撤销权,应当以诉讼请求的方式向法院提出。故嵇某某要求撤销股权转让协议的上诉主张缺乏法律依据,不予支持。二审法院判决驳回上诉。

061. 股权出让人因受让人的欺诈行为而违背真实意思订立股权出让合同的,可申请撤销

王某某与陈某某股权转让纠纷案

[案号]

山东省青岛市中级人民法院(2012)青民二商终字第693号

[裁判要旨]

股权受让人明知出让方持有股权的价值,但其故意隐瞒股权真实价值并告知其虚假情况,致使作为出让方的原始股东对股权的价值做出错误判断,基于受让人的欺诈行为,出让人在违背真实意思的情况下签订了股权转让协议,其申请撤销,应予以支持。

[案情]

上诉人王某某因与被上诉人陈某某股权转让纠纷一案,一审法院查明和认定的基本事实是:青岛市海城机动车驾驶员培训队1994年经职工集体买断企业产权改制为由内部职工共同出资入股的股份合作制企业,王某某担任法定代表人,1996年9月18日青岛市市北区海城农工商公司给市北区体改委的请示文件中载明:海城培训队股本金总额为5927923元,每股面值1元,计5927923股。青岛市市北区人民政府办公室于1996年9月28日的批复中载明上述全部股份由入股职工个人所有。2001年5月海城培训队更名为青岛海城培训中心(以下简称海城培训中心),注册资本471万元。

2003年12月8日,陈某某出具申请一份:“我本人陈某某自愿将第一轮第二轮股权转让给王某某同志,请海城集团公司给予办理转让手续。”陈某某于同日向王某某出具收条一张:“王某某已付给陈某某的股权转让款人民币14172元整。”2003年12月26日,陈某某为甲方与王某某为乙方签订股权转让协议一份,内容为:“甲乙双方按照青岛海城集团的规定,本着平等、合理的原则,就转让股权事宜达成如下协议:一、甲方将其在青岛海城培训中心的52737.6股股权转让给乙方。其所有权随着转移。二、甲方将股权转让给乙方后,其在青岛海城培训中心的权利、义务,由乙方承担;乙方遵守和执行企业章程……”2004年1月8日经青岛市市北区经济体制改革办公室、青岛市市北区工业办公室审批,海城培训中心改制为青岛增志源房屋设备租赁有限公司(以下简称增志源公司)。2005年11月18日,增志源公司注销工商登记。陈某某曾因本案股权转让纠纷于2006年提起诉讼,后于2009年6月9日申请撤诉。

王某某因涉嫌职务侵占罪于2008年4月2日被刑事拘留,经青岛市中级人民法院终审审理,认定王某某利用担任增志源公司董事、总经理的职务便利,将增志源公司房产(价值1903万元)、拆迁搬家费220650元、拆迁补偿金3522647.40元(共计金额22776297.40元)非法占为已有,并意图将属于青岛增志源公司拆迁所得的10套房屋(价值3577400元)据为已有,数额巨大,应当以职务侵占罪定罪处罚,其中意图侵占10套拆迁所得房屋可按照犯罪未遂处理。王某某故意销毁依法应当保存15年以上的会计凭证、会计账簿,其行为构成故意销毁会计凭证、会计账簿、财务会计报告罪。青岛市中级人民法院于2011年5月18日作出判决:王某某犯职务侵占罪,判处有期徒刑12年6个月,并处没收财产人民币45万元;犯故意销毁会计凭证、会计账簿、财务会计报告罪,判处有期徒刑1年,并处罚金人民币5万元;数罪并罚,决定执行有期徒刑12年6个月,并处没收财产人民币45万元,并处罚金人民币5万元。王某某非法侵占的房产二处(一处位于青岛市南京路308-316双号、辽阳西路58号,建筑面积1627.67平方米,现登记在青岛海城志源租赁有限公司名下;另一处位于青岛市辽阳西路48号,建筑面积1143.82平方米,现登记在青岛海城志源租赁有限公司名下)、拆迁补偿金及利息共计人民币3549168.83元,拆迁所得10套房屋、拆迁搬家费人民币220650元均发还原青岛海城培训中心。

陈某某一审中诉称:2003年12月26日王某某谎称培训中心经营状况严重恶化,动员股东退股与其签订所谓转让协议。2011年5月王某某因职务侵占罪被判刑,陈某某才得知培训中心当时拥有巨额资产。请求依法判令:撤销双方所签股权转让协议,确认陈某某原股东身份。

陈某某诉讼中主张:王某某时任海城培训中心董事长,不召开股东会、不分配红利、不公开账目,股东对公司经营一无所知,其不如实告知公司巨额固定资产及租金收入的真实资产，虚假陈述公司经营亏损，使陈某某陷入错误认识，主观上具有欺诈故意；其胁迫股东在准备好的协议上签字，客观上实施了具体的欺诈、胁迫行为，故双方股权转让协议应予撤销。

一审法院依照《合同法》第54条、第55条、第58条之规定，判决：撤销陈某某与王某某于2003年12月26日签订的股权转让协议。

宣判后，王某某不服，上诉至二审法院。上诉人王某某，请求撤销一审判决，驳回被上诉人的诉讼请求。

二审经审理查明：在海城培训中心改制为增志源有限公司的过程中，青岛良友有限责任会计师事务所2004年2月16日出具了对海城培训中心资产核实的审计报告，载明："审计截止日为2003年12月31日，贵单位账面资产总额5556521.16元，负债总额544729.68元，所有者权益为5011791.48元。"2004年2月26日青岛金立信有限责任会计师事务所出具的资产评估报告书，结论为：截至2003年12月31日海城培训中心账面资产总值为5556521.16元，负债总值为544729.68元，净资产为5011791.48元；调整后评估后资产总值为7102028.68元，负债总值为2384729.68元，净资产为4717299.00元。"评估后净资产体调整后净资产增加了572194.82元，增值率为13.80%"。

另查明：青岛市中级人民法院刑事判决书认定：王某某侵占的南京路及辽阳西路两处共计2771.49平方米的房产，系1998年原海城培训队期间取得，2001年5月该企业变更名称为海城培训中心。

青岛海城培训中心财务资料显示：被上诉人陈某某个人认购股份为12772.8股，量化股份为44142.4股，共计56915.2股。

其他一审法院查明和认定的事实属实，二审法院予以确认。

[结论]

二审法院判决驳回上诉，维持原判，即撤销陈某某与王某某于2003年12月26日签订的股权转让协议。

[法院认为]

结合上诉人与被上诉人双方的诉辩主张及代理词陈述意见，本案争议焦点在于：(1)本案所涉股权转让是否存在欺诈导致显失公平；(2)被上诉人请求撤销股权转让协议是否超过了法律规定的1年的期间。

关于第一个争议焦点，二审法院2011年5月18日作出的刑事判决已经认定：王某某犯有职务侵占罪，其非法侵占的建筑面积分别为1627.67平方米、1143.82平方米的两处房产，以及拆迁补偿金和利息共计人民币3549168.83元，拆迁所得10套房屋、拆迁搬家费人民币220650元等，均发还原青岛海城培训中心。生效刑事判决也认定其侵占的房产属于海城培训中心，其他拆迁补偿等财产也来源于海城培训中心，王某某利用职务之便侵占海城培训中心的财产，显然在为股权转让行为时对被上诉人就以上财产故意进行了隐瞒。股权转让时上诉人王某某担任海城培训中心法定代表人，其应当知晓公司财产情况，亦明知被上诉人持有股权的价值，但其故意隐瞒股权真实价值并告知被上诉人虚假情况，致使作为海城培训中心原始股东的被上诉人对股权的价值做出错误判断，仅以等同认购股份的股本金价格将股权转让给上诉人，导致被上诉人在转让其股份时做出错误意思表示，结合海城培训中心一直未分红、王某某未公布公司财产情况、至2003年12月31日海城培训中心财产增值等事实，足以认定上诉人王某某在为股权转让行为中存在欺诈行为。上诉人王某某此后故意销毁相应的会计凭证、会计账簿、财务会计报告，也佐证了其故意隐瞒公司财产、实施欺诈行为的事实。基于上诉人的欺诈行为，被上诉人在违背真实意思的情况下签订了股权转让协议，现其申请撤销，一审予以支持，二审法院亦予以支持。从转让的价格与股份的真实价值之间进行衡量，双方的股权转让也显失公平，应予以撤销。至于上诉人委托代理人主张的撤销权不适用于已履行完毕的合同的问题，《合同法》第58条规定："合同无效或者被撤销后，因该合同取得的财产，应当予以返还；不能返还或者没有必要返还的，应当折价补偿。有过错的一方应当赔偿对方因此所受到的损失，双方都有过错的，应当各自承担相应的责任。"法律所做出的上述合同被撤销后应返还财产、折价补偿、赔偿损失等规定，足以认定被撤销的合同包括已经履行完毕的合同。故上诉人委托代理人的该代理意见二审法院不予采信。

关于第二个争议焦点，被上诉人本案的请求是否已过1年的期间的问题，《合同法》第55条规定："有下列情形之一的，撤销权消灭：(一)具有撤销权的当事人自知道或者应当知道撤销事由之日起一年内没有行使撤销权；(二)具有撤销权的当事人知道撤销事由后明确表示或者以自己的行为放弃撤销权。"据此，行使撤销权的起算时间应为享有撤销权的当事人"知道或者应当知道撤销事由之日"，本案上诉人王某某侵占海城培训中心巨额财产，这一事实直至2011年5月18日做出的(2011)青刑二终字第16号刑事判决方得以确认，自判决宣告生效之日，被上诉人陈某某作为海城培训中心的利害关系人，方"应当知道"撤销事由，故其本案主张撤销股权转让协议的请求并未超过法律规定的期间。本案所涉部分股权转让人2006年起诉王某某主张股权转让无效，此时并无证据确认王某某侵占海城培训中心巨额财产的事实，被上诉人此时并不知情，不应作为撤销权除斥期间的起算点。上诉人主张被上诉人本案请求已经超过法律规定的1年期间的上诉理由，无事实依据，二审法院不予采信。

关于上诉人委托代理人在代理词中提到的共同诉讼应推举代表人问题，《民事诉讼法》第53条第1款规定："当事人一方或者双方为二人以上，其诉讼标的是共同的，或者诉讼标的是同一种类、人民法院认为可以合并审理并经当事人同意的，为共同诉讼。”本案基于上诉人为同一人、诉讼标的是同一种类，故将所涉同类案件合并审理，庭审前已经经过各方当事人同意，案件并非是必要的共同诉讼，不需推选代表人进行诉讼。

综上，一审法院判决结果正确，二审法院依法予以维持。

［法律法规链接］

《合同法》第54条、第55条、第58条

062. 受让人知悉受让股权公司财产状况的，不构成重大误解

蔡某与吴某股权转让纠纷案

［案号］

广东省广州市中级人民法院（2010）穗中法民二终字第1900号

［裁判要旨］

股权受让人以对所受让股权的公司资产情况发生误认为由，主张因重大误解订立股份转让合同，请求退回部分股权转让款，而转让方有证据证明，合同签订之前，受让人对公司财产情况知情的，不成立重大误解。

［案情］

上诉人蔡某与被上诉人吴某股权转让纠纷一案，经审理查明：广州市兴鑫建材有限公司（以下简称兴鑫公司）原为花都市剑岭石矿，后转制改组设立为花都市华鑫建材有限公司，企业性质是有限责任公司。2001年3月26日，公司修改了章程，将公司更名为广州市兴鑫建材有限公司。蔡某、吴某、罗某、姚某、肖某、宋某是该公司股东。

2003年7月8日，蔡某与兴鑫公司签订《内部股东开采承包协议》，约定：蔡某以全承包制方式承包兴鑫公司。

2005年5月25日，兴鑫公司曾委托广州市安正达会计师事务所有限公司对兴鑫公司的资产作评估，该所作出了安会所评报字［2005］第027号《资产评估报告书》。该报告书对兴鑫公司的资产评估结果中，土地使用权的资产值是457000元，该评估价值没有对本案争议的6464.56平方米的土地计算在内。

2005年6月27日，兴鑫公司召开全体股东会议，作出《广州市兴鑫建材有限公司董事会议及股东会议纪要》（以下简称会议纪要）。会议纪要的内容为：“本次讨论的议题是关于兴鑫公司股东内部转让股份的问题，经讨论决定：全体与会人员一致同意将吴某、宋某、姚某、肖某、罗某所拥有的兴鑫公司的全部股份转让给蔡某。吴某25%的股份转让金额为1000000元；宋某2.3%的股份转让金额为92000

元;姚某 2.5%的股份转让金额为 100000 元;肖某 1.67%的股份转让金额为 66800 元;罗某 0.69%的股份转让金额为 27600 元。股权转让后,吴某、宋某、姚某、肖某、罗某完全退出兴鑫公司,原兴鑫公司的权利和责任转由蔡某承接。”

2001 年 9 月 18 日兴鑫公司与花都区国土资源和房屋管理局签订《国有土地使用权出让合同》,兴鑫公司取得位于花都区赤坭镇剑岭村,总用地面积为 8803.02 平方米的土地使用权及房产所有权,花都区国土资源和房屋管理局核发了粤房地产字第 C 2356813 号,房产证记录的房产和土地:建筑面积 5143.22 平方米,建基面积 2373.46 平方米,土地使用权面积:8838.02 平方米,即其中有空地面积:6464.56 平方米。

2009 年 5 月 10 日广州市花都区国土资源和房屋管理局向兴鑫公司发出穗花国房函(2009)101 号《关于更正广州市兴鑫建材有限公司〈房地产权证〉的函》,该函的主要内容为广州市兴都工业有限公司反映兴鑫公司提交的关于转制赎买资料不完整,未如实申报,隐瞒了转制过程中未赎买面积 6464.56 平方米土地使用权的事实,将该部分土地使用权连同已赎买的财产一并申请办理了房地产变更登记,获取登记机关核发的《房地产权证》,要求兴鑫公司于 2009 年 5 月 30 日前携带房地产转制赎买的有关文件、资料,办理更正登记或提出异议。如逾期不办理,将对房地产登记薄的错误记载予以更正,记载错误的房地产权利证书公告作废。兴鑫公司在收到函件的异议规定期限内没有提出异议,广州市花都区国土资源和房屋管理局对原登记于兴鑫公司的 6464.56 平方米的土地使用权,以花国用 2009 第 721751 号产权证,变更为广州市花都兴成工贸有限公司。

蔡某的诉讼请求为依法判令吴某退回股份转让款 410176.75 元,并从起诉之日起按银行同期逾期贷款利率支付延付金。

一审法院依照《民事诉讼法》第 64 条的规定,判决:驳回蔡某的全部诉讼请求。上诉人蔡某不服原审法院判决,提起上诉,蔡某以转让股权时不清楚兴鑫公司原有资产中不包括 6464.56 平方米土地使用权,主张因重大误解订立股份转让合同为由请求撤销一审判决,改判吴某退回股份转让款 410176.25 元给蔡某,并从起诉之日起按银行同期逾期贷款利率支付延付金。

二审法院另查明,该院作出的(2008)穗中法民二终字第 466 号民事判决,查明以下事实:二审期间,蔡某补充提供证据证明,从 2000 年开始华鑫公司五位股东均确认其是股东股份,并占主要股权。蔡某补充的证据有 2000 年 7 月 1 日全体股东会议决议,内容为:“经 2000 年 6 月 28 日及 7 月 1 日全体股东会议决议,同意将蔡某的两台装载车等作价伍拾万元,列作公司内部股份。”该判决认定:“该决议注明蔡某投入的固定资产作价 500000 元列为公司内部股份,吴某、宋某、姚某、肖某、罗某对此予以确认,该决议可证明蔡某在 2000 年对公司已有投入。”

[结论]

二审法院判决驳回上诉,维持原判,即驳回吴某退还股份转让款的请求。

[法院认为]

蔡某、吴某及兴鑫公司其他股东于2005年6月27日签订的会议纪要,是双方转让股权的合同,亦是双方真实意思表示,没有违反法律的规定,该合同有效,当事人应切实履行。上述会议纪要载明吴某所有的兴鑫公司25%股份转让给蔡某的转让金为1000000元。蔡某现主张吴某退还410176.75元,显然与上述会议纪要相悖,故原审法院驳回蔡某的诉讼请求并无不当,依法应予以维持。关于蔡某上诉称不知涉案的6464.56平方米土地不属于兴鑫公司的问题:根据二审法院(2008)穗中法民二终字第466号案查明的事实来看,蔡某在2000年就开始向兴鑫公司的前身华鑫公司进行投入。且在之后又实际承包经营了该公司,对于兴鑫公司的财产状况蔡某应是知情的。因此,蔡某以转让股权时不清楚兴鑫公司原有资产中不包括6464.56平方米土地使用权,违背常理。故二审法院对其主张因重大误解订立股份转让合同,因此要求吴某退还股份转让款410176.75元的上诉请求,不予支持。

[法律法规链接]

《合同法》第54条、第60条

063. 境外企业购买境内企业股份的股权转让协议未经批准不能生效

北京中汽联贸易有限公司与骏升投资国际有限公司股权转让合同纠纷案

[案号]

山东省高级人民法院(2010)鲁民四终字第7号

[裁判要旨]

股权转让协议是双方真实意思表示,依法成立,但并不意味着必然生效。受让方为境外企业,其并购境内企业必然导致企业性质的变更,其收购企业或购买企业股份属于设立外资企业的一种形式,其股权转让协议应当经有关部门批准,未经批准,股权转让协议不能生效。

[案情]

上诉人北京中汽联贸易有限公司(以下简称中汽联公司)与骏升投资国际有限公司(以下简称骏升公司)股权转让合同纠纷一案,一审法院查明:骏升公司(乙方)与中汽联公司(甲方)于2007年3月3日签订协议书,双方同意合作在山东金山港拆船厂内开展海产养殖业务。其中约定："六、工作进程:1. 双方同意甲方拆船厂全部股份总额为580万元人民币(税后净金额),乙方将按本协议约定分期支付到甲方的银行账号内。2. 乙方于2007年3月30日前支付购甲方股份的首期58万元款项。3. 甲方办妥房产证土地证及相关手续。4. 乙方于2007年4月30日前支付购买股份的中期390万元款项。5. 甲方办理法人代表变更手续。6. 乙方在法人代表手续变更后双方交接时向甲方支付132万元尾款。如甲方责任未能按双方协议办理法人代表变更手续,乙方可中止合作,甲方需退还乙方支付的全部费用及所产生的损失。如乙方未能按双方协议付款和提供相关手续,甲方可中止合作,所产生的损失由乙方承担。"

2008年3月3日,双方签订补充协议书,依据双方2007年3月3日和2007年12月20日签订的协议(无实际协议),到2008年3月1日甲方已实际收到乙方200万元人民币,双方同意继续合作在甲方金山港拆船厂内开展拆船和海产养殖等业务,双方同意将视每项具体业务情况另行签订合同。甲方同意根据已实际收到乙方款项保留乙方在甲方金山港拆船厂相应股份,乙方同意尽快依约付款,在乙方支付全部款项后再办理相关手续。乙方全部款项未支付前,甲方有权继续与第三方合作在甲方金山港拆船厂内开展拆船及合作相关业务。如乙方全部款项不能按双方约定时间支付,甲方有权将金山港拆船厂股份转让第三方。甲方同意如金山港拆船厂股份转让第三方,届时甲方将乙方实际已支付的全部款项退还乙方,双方互不追究责任。本补充协议未尽事宜由双方协商解决,所签补充协议与原协议具有同等法律效力。

中汽联公司提供2007年3月13日骏升公司法定代表人罗某某写的函,函中称"我方可能不能按协议要求时间付款,故现要求变更付款条款,在您确认可以的情况下我立即支付人民币贰拾萬圆正给您作为订金,其余款项和工作进程在2007年12月31日前我们双方履行完毕,如果我方不能按时履行,则订金归您方,其余协议条款不变化。"该函件是复印件,骏升公司对此不予认可。

中汽联公司称2008年5月24日其发给骏升公司的函,明确了2008年3月3日补充协议约定的付款时间为2008年6月2日付清全款,到期限内不能付清全款,甲方可中止合作,所产生的损失由乙方承担,到期原协议即终止。骏升公司称未收到此函。

2008年6月3日,中汽联公司发给骏升公司传真,说明因骏升公司拖延付款,故通知骏升公司,原协议及补充协议全部终止。

2008年6月6日骏升公司发给中汽联公司的函,称6月3日函件收悉,不同意中汽联公司观点,如终止合同,请立即清还其实际已付款。

2008年7月11日,中汽联公司与姜格庄镇人民政府签订协议书,其将烟台市牟平区金山港拆船厂90%的股份转让给姜格庄镇政府。

另查明,2007年3月3日到2008年3月3日中汽联公司已经收取了骏升公司200万元,骏升公司于2008年4月1日又付款2万元,共付款202万元。金山港拆船厂原属姜格庄镇政府所有,属集体所有制企业。1999年5月18日姜格庄镇政府与中汽联公司签订收购合同,姜格庄镇政府将金山港拆船厂转让给中汽联公司,并将金山港拆船厂法人代表变更为鞠某某,但工商登记企业性质未变更。1999年6月30日中汽联公司与烟台市牟平区东鹏工贸有限公司(以下简称东鹏工贸公司)签订金山港拆船厂股份转让合同,中汽联公司将金山港拆船厂10%的股份转让给东鹏工贸公司。审理中经调查东鹏工贸公司,东鹏工贸公司称其不知道中汽联公司将金山港拆船厂股份转让给骏升公司及他人,并表示不同意转让,如要转让其享有优先购买权,但暂时不主张优先购买权。骏升公司与中汽联公司签订股权转让协议,双方至今未申请也未经国务院经济贸易主管部门或者国务院授权的机关审查批准。

一审法院认定骏升公司与中汽联公司签订的股权转让协议未生效。因该股权转让协议未生效,骏升公司已付中汽联公司202万元,骏升公司请求中汽联公司返还并支付自起诉之日起至判决生效之日按照银行同期贷款利率计付的利息,理由正当,应予支持。依据《合同法》第44条第2款、《外资企业法》第6条之规定,判决:北京中汽联贸易有限公司于判决生效之日起十日内返还骏升投资国际有限公司人民币202万元,并偿付自2008年7月14日起至判决生效之日按照中国人民银行同期贷款利率计算的利息。

上诉人中汽联公司不服一审判决上诉请求撤销一审判决,驳回骏升公司的诉讼请求,订金20万元不予返还,并赔偿中汽联公司损失80万元。

[结论]

二审法院判决驳回上诉,维持原判,即北京中汽联贸易有限公司返还骏升投资国际有限公司人民币202万元及相关利息。

[法院认为]

一审法院认为,本案骏升公司为香港企业法人,根据《民法通则意见(试行)》第178条之规定,本案具有涉外因素,属涉港案件。根据《民事诉讼法》[①]第241条之规定,本案协议的签订地及履行地均在一审法院辖区内,该院对此案有管辖权。本案骏升公司依据转让协议向中汽联公司主张权利,中汽联公司也以此案由提出答辩理由,本案应认定为股权转让合同纠纷案件。对于实体处理中的准据法适用问题,因双方均同意选择适用中华人民共和国法律,故处理本案争议所适用的准据法为中华人民共和国法律。

骏升公司与中汽联公司于2007年3月3日签订协议书,中汽联公司将金山港

---

① 此处指2007年修订的《民事诉讼法》。

拆船厂股份转让给骏升公司，该协议是双方真实意思表示，中汽联公司转让该拆船厂股权虽未经另一股东东鹏工贸公司同意，东鹏工贸公司在诉讼中也明确表示不同意转让其股份，但暂不主张优先购买权，对此，根据《公司法》的有关规定，骏升公司与中汽联公司间的转让股权协议成立。2008 年 3 月 3 日，骏升公司与中汽联公司双方又签订协议，约定如骏升公司全部款项不能按双方约定时间支付，中汽联公司有权将金山港拆船厂股份转让给第三方。此协议是对 2007 年 3 月 3 日所签协议的补充，亦是双方真实意思表示，该协议亦成立。骏升公司是香港公司法人，在中国内地并购公司设立外资企业属外商投资企业，《外资企业法》第 6 条规定：设立外资企业的申请由国务院经济贸易主管部门或者国务院授权的机关审查批准。骏升公司与中汽联公司签订股权转让协议，双方至今未申请也未经国务院经济贸易主管部门或者国务院授权的机关审查批准，据此，一审法院认定骏升公司与中汽联公司签订的股权转让协议未生效。因该股权转让协议未生效，骏升公司已付中汽联公司 202 万元，骏升公司请求中汽联公司返还并支付自起诉之日起至判决生效之日按照银行同期贷款利率计付的利息，理由正当，应予支持。中汽联公司称由于骏升公司阻挠致拆船厂股份再转让没有成功，骏升公司请求返还转让款的条件尚未成就而不予返还及因骏升公司未按期付清全部款项，应当按骏升公司的承诺支付被告 20 万元订金，一审法院认为，中汽联公司的上述主张骏升公司不予认可，且其主张是基于双方所签协议有效的前提下进行的诉辩，因双方所签订的协议未生效，协议约定的权利义务对双方不具有法律的约束力，其该诉辩主张理由均不成立，不予支持。

二审法院认为，骏升公司系在香港注册成立的法人企业，本案为涉港股权转让纠纷，在诉讼程序方面应按照涉外民事诉讼的有关规定办理。本案协议签订地在烟台市中级人民法院管辖范围内，该院对本案有管辖权，双方均同意适用中华人民共和国法律作为处理本案争议所适用的准据法，一审法院以此处理并无不当。

本案争议的焦点是，双方签订的股权转让协议是否有效；中汽联公司是否应全额返还款项。

骏升公司与中汽联公司签订的股权转让协议是双方真实意思表示，股权转让协议依法成立，一审法院对此认定并无不当。虽然协议合法成立，但并不意味着必然生效，因骏升公司为香港法人，其并购国内企业必然导致企业性质的变更，其在内地收购企业或购买企业股份属于设立外资企业的一种形式，其股权转让协议应当经有关部门批准，而本案股权转让协议并没有经过相关部门的批准，因此一审认定该股权转让协议未生效并无不当。对于 2007 年 3 月 13 日的函，骏升公司不认可其真实性，中汽联公司也没有证据证明该函件系骏升公司向其发出，也没有证据证明骏升公司支付 20 万元作为订金的事实，因此其主张 20 万元订金不应予以返还的理由不能成立。因涉案股权转让协议未生效，且协议已无再继续履行的可能，中汽联公司收取骏升公司的202万元应予退还，并应承担自起诉之日起的相应利息。

综上，一审法院认定事实清楚，适用法律正确，判决结果并无不当。

［法律法规链接］

《合同法》第44条

《外资企业法》第6条

064. 伪造当事人签名的股权转让协议应为无效

田某与杨某某股权转让纠纷案

［案号］

北京市第二中级人民法院(2011)二中民终字第21805号

［裁判要旨］

意思表示真实系民事法律行为应具备的条件，股权转让协议当事人一方伪造另一方当事人签名的，该股权转让协议应为无效。

［案情］

上诉人田某与被上诉人杨某某股权转让纠纷一案，一审法院审理查明：半百公司成立于2008年1月24日，企业类型为有限责任公司(自然人独资)，注册资本10万元，半百公司设立时的法定代表人和唯一股东为杨某某。半百公司的工商登记材料中有一份签署于2008年3月21日，转让方为杨某某、受让方为田某的股权转让协议，约定：杨某某将其在半百公司所持有的全部股份10万元转让给田某，田某以其出资额为限对公司承担责任。同日，半百公司形成股东会决议，同意该股权转让。之后，半百公司进行了股权变更登记，原登记在杨某某名下的10万元出资变更至田某名下。

杨某某在一审中起诉称：2009年9月杨某某得知田某伪造杨某某的签名于2008年3月21日签署股权转让协议，将杨某某所持半百公司的10万元出资转让给田某，并在工商行政管理部门办理了变更登记。杨某某起诉请求确认2008年3月21日的股权转让协议无效。

一审诉讼中，一审法院依据杨某某申请，委托北京盛唐司法鉴定所对本案诉争的股权转让协议上杨某某的签名真伪进行笔迹鉴定，结论为该签名并非杨某某本人所签。

一审法院依照《民法通则》第55条第2项的规定，判决：签署于2008年3月21日转让方为杨某某、受让方为田某的北京半百商贸有限责任公司股权转让协议无效。

田某不服一审法院上述民事判决，向二审法院提起上诉，请求二审法院撤销一审法院判决，并改判驳回杨某某的诉讼请求。

[结论]

二审法院判决驳回上诉,维持原判,即涉案股权转让协议无效。

[法院认为]

意思表示真实是民事法律行为应当具备的条件。经北京盛唐司法鉴定所司法鉴定,诉争的股权转让协议上杨某某的签名并非其本人所签,故一审法院认定该股权转让协议不是杨某某的真实意思表示,应为无效,杨某某的诉讼请求应予支持。田某关于其是半百公司的实际出资人,杨某某是名义股东的主张,应另行解决。

[法律法规链接]

《民法通则》第55条第2项

065. 中外合作经营企业请求办理股权转让手续的诉讼可先行判决

谢某某诉张某某、上海金刚铸造有限公司股权纠纷案①

[案号]

上海市第二中级人民法院(2000)沪二中经初字第670号

[裁判要旨]

中外合作经营企业股权的变更,必须经审批机关批准和登记机关变更登记,由于相关当事人未办理变更手续,致转让行为未能生效,转让合同未能发生当事人预期的法律效果,法院应对办理股权转让手续的诉讼请求先行判决,至于其他有关支付股权转让款的事宜,在先行判决生效后再行处理。

[案情]

1997年6月10日,被告张某某与上海立新实业有限公司(以下简称立新公司)共同合作设立上海金刚铸造有限公司(以下简称金刚公司,系中外合作经营企业),注册资本为300万美元,由立新公司提供39.5亩土地,张某某拥有100%的股权。金刚公司成立后,张某某将其20%的股份转让给原告谢某某,原告共计向金刚公司汇款美元392908.64元。根据金刚公司2000年6月10日的营业执照,其实到注册资金为50万美元。1999年10月至2000年3月,原告与张某某多次商讨股权回购事宜。2000年3月13日,金刚公司董事会作出A、B两个决议案(以下简称"3.13"决议),具体规定了股权转让以及支付转让款的方案。

原告诉称,张某某并未按合同、章程的约定缴纳出资,并将原告的出资当作其个人出资进行验资。原告与两被告达成股权转让协议后,虽未到政府相关部门办

① 本案被《中华人民共和国最高人民法院公报》2003年第1期刊载。

理变更登记手续，但原告实际于决议签订后即离开公司，张某某也向员工宣布原告已退股的消息。由于两被告始终未向原告支付相应的股权转让款，故提起诉讼，要求判令两被告支付股权转让款。

被告张某某辩称，中外合作经营企业股权的变更，必须经审批机关批准和登记机关变更登记，光有董事会决议是无效的。并且，董事会决议本身也有违法之处，如将属于金刚公司的两处房产作价支付股权转让款，会造成合作公司注册资本减少。请求驳回原告的诉讼请求。被告金刚公司辩称：本案属股东之间的股权纠纷，与金刚公司并无关联。

审理中，原告以两被告故意不到政府部门办理股权变更手续，人为制造诉讼障碍为由，于2000年11月27日增加了一项诉讼请求，即请求判令两被告到政府有关部门办理因本案所涉股东、股权变化所引起的一切法律手续。

针对原告增加的诉讼请求，两被告辩称，未能办妥股权变更手续是由于原告自身原因所致，并非被告拖延不办。此外，金刚公司已于2000年12月5日召开董事会，在原告借故拒绝参加的情况下，董事会作出了“关于2000年3月13日之A、B决议终止执行”的决议案（以下简称“12.5”决议），因此原告退股的事实前提已不存在，请求法院驳回原告诉讼请求。

［结论］

法院判决如下：

一、被告张某某应予判决生效之日起十日内向原告谢某某支付股权转让款40万美元或人民币3311600元。

二、对于被告张某某在前款中的债务，被告金刚公司应以各方约定的特定财产（上海市金沙江路65弄7号404室、上海市金沙江路69号底层店面房）为限承担连带清偿责任。具体履行方式为：（1）由被告上海金刚铸造有限公司将上海市金沙江路65弄7号404室之房产过户给原告谢某某，该房屋作价人民币421145元；（2）由被告上海金刚铸造有限公司出售上海市金沙江路69号底层店面房，以所得款项偿付被告张某某在本判决第一款中的债务。

三、对原告谢某某的其余诉讼请求不予支持。

［法院认为］

法院认为：“3.13”决议具有董事会决议和股权转让合同双重属性，原告与被告张某某在“3.13”决议签字之时，双方的股权转让合同即已成立。由于原告并未参与“12.5”决议的议定过程，“12.5”决议对股权转让合同的效力并无实质影响。根据法律规定，这一股权转让行为应当报审查批准机关批准后方为生效，由于金刚公司未按决议去申报合作合同变更手续，致转让行为至今未能生效，转让合同未能发生当事人预期的法律效果，故应对原告要求被告办理股权转让手续的诉讼请求先行判决，至于其他有关支付股权转让款的事宜，在先行判决生效后再行处理。据此判决:被告张某某、被告上海金刚铸造有限公司应于判决生效之日起十日内就原告谢某某将其在上海金刚铸造有限公司的股权转让给被告张某某事宜至审批机关办理相关的股权变更手续。

判决后,当事人均未提起上诉,被告张某某、金刚公司于判决生效后至审批机关办理了股权变更手续,审批机关将被告金刚公司的投资者变更为案外人立新公司及被告张某某。

关于股权转让款的支付事宜,法院认为:“3.13”决议系被告金刚公司的董事会为原告股权转让事宜而达成之协议,各方当事人均应恪守。金刚公司愿以其特定财产为张某某支付股权转让款的行为,属于债的加入,但其对相关债务所负的责任,应为有限责任,即仅以约定的财产承担责任。

[法官分析]

本案主要涉及以下几个法律问题:

1. 关于未缴纳投资的合作方是否享有股权问题

有观点认为,本案被告张某某在实际缴纳出资之前并不享有合作企业的股权,也不享有将尚未支付对价的股权转让给他方的权利,所以被告张某某向原告转让股权的行为是无效民事行为。

按照公司法理论,股东所持有的股份既可以是以原始出资方式而实际缴纳的股款所折算出的股东在公司出资中所占的比例或数量,也可以是股东以协议方式认缴但未实际出资的承诺比例或数量。由于中外合作企业的出资责任不同于公司法所规定的实收资本制,合作方在设立中外合作企业的申请获得审批机关批准后,可以暂不缴纳出资,向工商行政管理部门申请登记,领取营业执照,即可成立企业。出资可以在营业执照签发以后缴清,也可采用分期缴付的方法,合作各方依照合作企业合同约定的期限履行缴足投资或提供合作者条件的义务。这种体制使中外合作企业的设立较为容易,成立后的资金运作也更为便捷、灵活,有利于吸引外资。但是相应的也产生了没有缴纳出资的合作方是否享有股权的问题。

虽然本案被告张某某在转让股权之前尚未缴付其认缴资本的对价,但法院并没有将张某某向原告转让股权的行为认定为无效民事行为。原因在于:(1)金刚公司依法设立后,有关合同、章程以及营业执照、批准证书等具有公示效力的登记文件中均有被告张某某作为公司合作方及股东的记载,被告张某某作为合法股东,享有由股份代表的股东资格及相应的权利。事实上,被告张某某也行使了包括表决权、收益权、知情权等在内的股东权利,其所从事的经营管理公司的行为均应视为代表被告金刚公司所做的行为。如果以被告张某某未出资为由认定其不享有股权,则被告张某某代表公司所做的一切行为均应认定为无效民事行为,这种认识所导致的社会经济秩序的混乱是可想而知的。(2)《中外合作经营企业法实施细则》第20条第1款规定“合作各方应当根据合作企业的生产经营需要,依照有关法律、行政法规的规定，在合作企业合同中约定合作各方向合作企业投资或者提供合作条件的期限”。对于在合同约定的投资期限届满前未缴纳投资的合作方对合作企业所享有的权利，法律、行政法规均未作任何限制性规定。因此，在合同约定的缴纳投资期限内，以被告张某某未出资为由认定其不享有股权显然缺乏法律依据。(3)被告张某某向原告转让股权的行为没有违反法律、行政法规的强制性规定，并且报经审批机关批准，换发了批准证书，工商登记资料亦作了相应的变更记载，符合转让股权的法定条件，应属有效。

2. 关于“3.13”协议的法律效力问题

“3.13”协议具有董事会决议和股权转让合同双重属性。如前所述，股权转让合同的生效应当符合下列条件：(1)合作他方的书面同意；(2)审批机关的批准。原告与被告张某某在“3.13”决议签字之时，双方的股权转让合同即已成立。被告金刚公司的其他合作方参加了“3.13”协议，可以视为同意股权转让合同。但本案直至原告起诉时，被告金刚公司仍未向审批机关报送有关申请文件，致使合同未能生效。在诉讼期间，原告与被告张某某对股权转让这一事实均无异议，对应根据“3.13”协议办理有关报批手续的事实亦无争议，从而可以认定原告与被告张某某在“3.13”协议中关于股权转让的意思表示真实。如果直接否定股权转让合同的法律效力，既不符合当事人的真实意思表示，也不利于市场交易的安全稳定。况且本案股权转让合同未能发生预期法律效果的原因是因为被告金刚公司未按“3.13”协议去申报合作合同变更的手续，在审批机关对股权转让事宜作出批准与否的决定之前，认定股权转让合同不具有法律效力并不符合合同法的立法精神。

从合同履行的角度来看，原告自“3.13”协议后，即退出金刚公司的经营管理，将其所享有的包括表决权、收益权、知情权在内的股东权利实际交付给被告张某某，可以说，原告方的合同义务已经履行完毕。股权转让合同本身不存在违反法律禁止性规定的情形，如正常报批，则合同可完全履行。如果仅仅以欠缺报批手续这一生效要件否定合同的法律效力，显然有违诚信、公平的法律原则，不利于维护社会经济秩序的发展。

3. 关于先行判决问题

《民事诉讼法》①第139条规定“人民法院审理案件，其中一部分事实已经清楚，可以就该部分先行判决”。本案关于股权转让合同一节事实查明后，法院考虑到股权转让款的支付需以股权转让行为生效为前提，所以对原告要求被告办理股权转让手续的诉讼请求作出先行判决。先行判决生效后，被告张某某、金刚公司至审批机关办理了股权变更手续，审批机关将被告金刚公司的投资者变更为案外人立新公司及被告张某某。根据《合同法解释(一)》第9条的规定，一审法庭辩论终

① 2012年《民事诉讼法》修订后为第153条，内容未改变。

结前当事人办理批准手续的，应当认定合同生效。股权转让合同生效后，法院再就股权转让款的支付事宜进行审理作出裁决。

以办理批准、登记手续为生效要件的合同，被债务人以不作为形式阻挠，无法生效，由此产生的利益严重失衡问题长期困扰着我国司法界。这种不作为行为与合同法的基本原则——诚实信用原则背道而驰，主观恶意非常明显，但长期以来，理论界对于这种行为的性质以及行为人应当承担的法律责任争议较大，往往以合同未生效为结论，对相对方的利益保护较弱，无法制裁违背诚信原则的当事人。本案采用先行判决的方式为解决上述问题进行了有益的探索，提供了宝贵的司法实践经验。

（作者：汪　毅　林　荔）

[法律法规链接]

《合同法解释(一)》第 9 条

066. 夫妻一方擅自转让婚姻关系存续期间取得股权行为的效力

梁甲与黄甲、梁乙、佛山市南海区里水勇盈木业有限公司、梁丙股权转让纠纷案

[案号]

广东省广州市中级人民法院(2012)穗中法民二终字第 1240 号

[裁判要旨]

婚姻存续期间所取得的股权属于夫妻共同财产，夫妻双方具有平等的处理权。夫妻一方擅自转让该股权，该转让行为一般无效。如果第三人对该财产构成善意取得，则由擅自处分的一方赔偿另一方的损失。

[案情]

上诉人梁甲与被上诉人黄甲、原审被告梁乙、原审第三人佛山市南海区里水勇盈木业有限公司(以下称勇盈木业公司)、梁丙股权转让纠纷一案，经审理查明：勇盈木业公司原名称为南海市里水勇盈木业有限公司，于 2002 年 4 月 8 日经佛山市南海区工商行政管理局核准成立。在该局留存的原审第三人勇盈木业公司企业档案中，附有原审第三人勇盈木业公司 2004 年 6 月 10 日的股东会决议和同年 6 月 14 日的公司章程修正案、《股份转让协议》。上述股东会决议表决内容为当时的股东陆某、梁甲退出公司并将股份分别转让给黄乙、梁乙；梁甲的执行董事、法定代表人职务改由梁乙担任。上述公司章程修正案载明，将原公司章程第三章第 7 条所列“梁甲出资 45 万元，占注册资本的 90%，陆某出资 5 万元，占注册资本的 10%”，修正为：“梁乙，现金出资 45 万元，占注册资本的 90%；黄乙，现金出资 5 万元，占注

册资本的10%”，股东签名栏处书写有梁乙、黄乙的姓名。上述《股权转让协议》第1条订明，梁甲将其持有的勇盈木业公司90%的股份即45万元人民币全部转让给梁乙；陆某将其持有的勇盈木业公司10%的股份即5万元人民币全部转让给黄乙。第2条订明全部股权转让款应于签订协议之日支付，协议转让方与受让方签名栏处书写有梁甲、梁乙、陆某、黄乙的姓名。现勇盈木业公司的股份由梁乙持有90%，梁丙持有10%。

另外，黄甲与梁甲于1979年9月23日登记结婚，于1980年6月28日生育儿子梁乙，1991年1月13日生育儿子梁志豪。梁乙2006年10月22日，黄甲和梁甲签署《确认书》，确认“勇盈木业公司所有固定资产、流动资金是属梁甲、黄甲两人拥有”。2008年8月26日，黄甲和梁甲签订《协议书》，约定对共同拥有的房产、商铺、酒庄、厂房进行分割处理，其中第5条规定：“南海市里水沙步工业区内的里水勇盈公司厂房的使用权、公司的股权、商号的商标、商号所有权由梁甲、黄甲各占50%。按面积由中间间开。费用共同承担”。后被黄甲与梁甲因离婚纠纷诉至法院，黄甲提出判令双方离婚、分割共有财产的诉讼请求。梁甲在该案答辩中提出勇盈木业公司的股权不属夫妻共同财产，公司股权属梁乙、梁甲。法院经审理后于2009年12月14日作出判决，其中查明“2008年8月26日，双方签订一份协议书，约定对夫妻共同财产进行分割”，因双方未预交夫妻共同财产分割的案件受理费，对双方该部分诉讼请求按自动撤诉处理，判决准予黄甲与梁甲离婚。该判决作出后双方均无上诉，现已发生法律效力。黄甲于2010年3月22日提起本案诉讼。

一审法院依照《婚姻法》第17条，《合同法》第52条第2项，《民法通则》第72条、第78条第1款和第2款，《民法通则意见（试行）》第89条的规定，判决：梁甲、梁乙2004年6月14日签署的《股权转让协议》第1条中“梁甲将其持有在佛山市南海区里水勇盈木业有限公司90%的股份即45万元人民币全部转让给梁乙”的约定无效。

梁甲不服原审判决，提起上诉请求撤销原审判决，判定上诉人于2004年6月以《股权转让协议》将勇盈木业公司90%的股权转让给梁乙的转让行为合法有效。

[结论]

二审法院判决驳回上诉，维持原判，即梁甲、梁乙2004年6月14日签署的《股权转让协议》第1条中“梁甲将其持有在佛山市南海区里水勇盈木业有限公司90%的股份即45万元人民币全部转让给梁乙”的约定无效。

[法院认为]

一审法院认为，涉案股权属于夫妻共同财产，梁甲并未举证证明其在处分持有的勇盈木业公司90%股权时具有独立处分的权利或经过黄甲的同意，该行为亦未得到黄甲的追认，故梁甲将原审第三人勇盈木业公司90%的股权转让给梁乙的行为属于无权处分行为。

二审双方争议的焦点是上诉人梁甲与原审被告梁乙于2004年6月14日签署的《股权转让协议》第1条中“梁甲将其持有在佛山市南海区里水勇盈木业有限公司90%的股份即45万元人民币全部转让给梁乙”的约定是否具有法律效力。

首先,《婚姻法》第17条规定:“夫妻在婚姻关系存续期间所得的下列财产,归夫妻共同所有:(一)工资、奖金;(二)生产、经营的收益;(三)知识产权的收益;(四)继承或赠与所得的财产,但本法第18条第三项规定的除外;(五)其他应当归共同所有的财产。夫妻对共同所有的财产,有平等的处理权”。原审第三人勇盈木业公司的设立、上诉人梁甲取得和转让该公司90%股权的变更情况均发生在被上诉人与上诉人梁甲夫妻关系存续期间。上诉人与案外人陆某在两人于2003年9月17日签署的文件中确认原审第三人勇盈木业公司的资金、财产属上诉人。被上诉人黄甲和上诉人梁甲亦于2008年8月26日签订《协议书》确认勇盈木业公司的股权由两人各占50%。故本院确认上诉人原持有的原审第三人勇盈木业公司90%股权在转让之前属上诉人与被上诉人的共同财产。

其次,夫妻共有属于共同共有,如果没有特别约定,对共同共有财产的处分须征得全体共同共有人的同意。根据《民法通则意见(试行)》第89条的规定,共同共有人对共有财产享有共同的权利,承担共同的义务。在共同共有关系存续期间,部分共有人擅自处分共有财产的,一般认定无效,但原审第三人善意、有偿取得该财产的,应当维护原审第三人的合法权益;对其他共有人的损失,由擅自处分共有财产的人赔偿。被上诉人称上诉人转让股权未经其同意,上诉人则认为其从他人处受让的原审第三人勇盈木业公司90%股权所支付的转让款是原审被告梁乙提供,与被上诉人无关,上诉人并未就其所主张的事实举证证明;另,上诉人和被上诉人分别于2006年10月22日和2008年8月26日签署的《确认书》和《协议书》亦均确认原审第三人勇盈木业公司所有固定资产、流动资金和股权属两人所有,却未提及勇盈木业公司股权发生转让的事实,故上诉人将其持有的勇盈木业公司股权出让存在主观恶意。此外,原审被告梁乙是上诉人与被上诉人的儿子,其对上诉人与被上诉人之间的财产及感情状况应当知晓,鉴于现无证据证明原审被告梁乙受让涉案股权已支付价款等构成善意取得,可认定上诉人和原审被告梁乙恶意串通,损害了被上诉人的权益,故上诉人和原审被告梁乙于2004年6月14日签署《股权转让协议》,作出“梁甲将其持有在佛山市南海区里水勇盈木业有限公司90%的股份即45万元人民币全部转让给梁乙”的约定应属无效。

[法律法规链接]

《婚姻法》第17条

《合同法》第52条第2项

《民法通则》第72条、第78条第1款和第2款

《民法通则意见(试行)》第89条

067. 转让人伪造签名处分他人股份，受让人构成善意取得的，权利人可要求转让人承担责任

戴某与潘某、金某股权转让纠纷案

[案号]

广东省广州市中级人民法院(2011)穗中法民二终字第2054号

[裁判要旨]

股权转让人伪造权利人签名转让其股份，权利人不认可的，转让合同不成立。股权受让人构成善意取得的，股权原权利人因丧失股权和股东身份，可以向相关侵权人主张承担民事责任。

[案情]

上诉人戴某与被上诉人潘某、原审第三人金某股权转让纠纷一案，经审理查明：2004年12月23日，广东健博医药有限公司通过股东会决议，决议同意公司增加注册资本，由人民币300万元增加到人民币400万元。追加投资的100万元分别由股东即戴某追加投入10万元，由新股东陈某投入90万元。增加注册资本后，股东金某出资120万元，占注册资本总额的30%；股东戴某出资100万元，占注册资本总额的25%；其余两股东各出资90万元，分别占注册资本总额的22.5%。同日，该公司制定章程修正案，确定公司股东共4人，分别是金某、戴某、楼某、陈某，并确定各股东的出资方式及出资额。

2008年3月25日，金某伪造广东健博医药有限公司股东会决议，内容为该公司自即日起转卖，转卖工作由股东金某(法定代表人、执行董事)负责接洽处理。同年8月22日，金某伪造戴某的签名，以其名义(转让方、甲方)与潘某(受让方、乙方)签订《广东健博医药有限公司股权转让合同》，约定甲方同意将持有广东健博医药有限公司5%的股权共20万元出资额，以20万元转让给乙方，乙方同意按此价格及金额购买上述股权。甲方转让其股权后，其在广东健博医药有限公司原享有的权利和应承担的义务，随股权转让而转由乙方享有与承担。本合同经各方签字后生效，双方还约定了保证等内容。同日，金某伪造其他股东签名制作广东健博医药有限公司"股东会决议"，决议同意公司名称变更为广东鑫宏源药业有限公司；免去戴某监事的职务，同意选举潘某为监事；同意戴某将占公司注册资本20%的股权，共80万元的出资以80万元转让给丁某；同意戴某将占公司注册资本5%的股权，共20万元的出资以20万元转让给潘某；同意楼某将占公司注册资本22.5%的股权，共90万元的出资以90万元转让给潘某；同意陈某将占公司注册资本22.5%的股权，共90万元的出资以90万元转让给潘某；股权转让后，各股东新的出

资额及出资比例为丁某、潘某分别出资200万元,各占公司注册资本总额的50%;同意公司住所迁至广州市白云区增槎路18号西华园大厦310房;同意公司启用新章程。同年8月25日,金某(甲方)与另案潘某丁某(乙方)签订《公司转让协议》,约定甲方将广东健博医药有限公司所有股权作价人民币20万元,转让予乙方;乙方接收前原广东健博医药有限公司的所有债权债务工作由甲方全权负责清偿解决,乙方接收后新公司产生的债权债务工作由乙方承担。次日,该公司就名称、住所、电话、法定代表人、股东及出资情况等办理变更登记申请。同年9月4日,经广东省工商行政管理局依法核准,作出粤核变通内字〔2008〕第0800038859号核准变更登记通知书。公司变更后,立即向广州市白云区国家税务局支付原公司拖欠的税款。

2010年10月15日,金某出具一份《关于广东健博医药有限公司股权转让情况说明》,称截至2008年3月,健博公司因经营不善已濒临倒闭,公司账面已无余款,并欠缴税款,仅剩余少量办公用品储存在白云区一民房内。由于各股东均不愿继续投资,为减少全体股东的损失,本人在告知全体股东公司实际情况并取得全体股东同意的情况下,与本案潘某达成股权转让协议。上述情况及公司股权转让的事实,本人均及时通知了本案戴某。同日,金某就20万元公司转让款使用情况进行说明。同年11月15日,金某就公司资产及负债出具一份情况说明,并列举了公司部分欠条、收账通知、判决书、往来款、分类账等。

戴某诉至法院,请求确认潘某与他人以戴某名义签订的股权转让合同无效;潘某协助戴某到工商行政部门办理股权变更手续。

一审法院认为涉案的《广东健博医药有限公司股权转让合同》以及相应的股东会决议因未经戴某认可,依法应当认定该转让合同及股东会决议不成立,无须确认其效力。但潘某购买股权是否构成善意取得。综上所述,依照《合同法》第49条、《物权法》第106条之规定,判决驳回戴某的诉讼请求。

判后,上诉人戴某不服原审判决,提起上诉称本案不能适用善意取得,请求撤销原审判决,改判确认金某伪造戴某签名与潘某签订的股权转让合同无效;潘某立即协助戴某到工商行政部门将潘某名下的广东鑫宏源药业有限公司20%的股权变更至戴某名下。

[结论]

二审法院判决驳回上诉,维持原判,即驳回戴某的诉讼请求。

[法院认为]

一审法院认为:本案双方当事人争议的焦点一为金某对本案争议的股权是否享有处分权。首先,本案争议的股权属于戴某所有,转让给潘某必须得到戴某书面同意。从本案金某陈述来看,虽戴某有出让股权意向,但其未对此作出任何答复,故不能据此推定戴某同意转让该股权。其次,金某承认该股权转让协议中戴某的签名不真实,证明该股权转让合同不是戴某的真实意思表示。因此,一审法院认为涉案的《广东健博医药有限公司股权转让合同》以及相应的股东会决议因未经戴某认可，依法应当认定该转让合同及股东会决议不成立，对当事人没有约束力。由于合同与股东会决议均不成立，故无须再确定其法律效力。

本案双方当事人争议的焦点二为潘某购买股权是否构成善意取得。首先，潘某在金某提出转让意向后即到工商行政管理部门查询，获知广东健博医药有限公司股东为金某、戴某等4人，金某为广东健博医药有限公司的执行董事（法定代表人）兼经理，其向潘某展示2008年3月25日作出的“股东会决议”中明确声明广东健博医药有限公司的转卖工作由股东金某负责接洽处理，故潘某已尽到谨慎注意义务。同时，公司股权转让变更经工商行政管理部门的登记具有公信力，公示性最强，因此从权利外观而言，潘某有理由相信本案金某有权处分本案争议股权。另外，处理公司内部纠纷时需按照实质约定来确定当事人的权利义务，对外则主要应当遵循公示主义原则和外观主义原则，侧重于保护交易安全以及善意第三人，公司内部纠纷不得对抗善意第三人。其次，潘某通过交易取得股权，且支付了合理对价。最后，潘某在工商行政管理部门办理了相关股权变更手续，此后又实际行使股东权利。综合上述因素，原审法院认为潘某受让戴某的股权是出于善意并且有偿取得，实际行使了股东权利义务并使公司资产质量发生重大变化，一审法院从保护善意第三人及维护交易安全、稳定性出发，应当依法保护新股东对受让股权的权利。现戴某要求确认该股权转让合同无效以及要求潘某协助戴某到工商行政部门办理股权变更手续的诉讼请求，因股份已经转让于善意第三人之手而不能得到支持。戴某所受损失应当另行向侵权人主张。

二审法院认为，第三人金某伪造广东健博医药有限公司股东会决议，决定该公司的转卖工作由金某负责接洽处理。金某又伪造上诉人戴某的签名与被上诉人潘某签订《广东健博医药有限公司股权转让合同》，潘某并不知道金某伪造签名之事实，并支付了股权转让款，到工商行政管理机关办理了股权变更登记。此后，该公司就名称、住所、电话、法定代表人、股东及出资情况等办理了变更登记，公司名称变更为广东鑫宏源药业有限公司。并且，公司变更后，新公司向广州市白云区国家税务局支付原公司拖欠的税款。根据本案现有证据，不能证明潘某在股权受让过程中存在恶意，以及协议约定的股权受让价格不合理等情况，可以认定潘某受让股权系善意。虽然潘某系从无权处分股权的金某处受让股权，但作为善意第三人的潘某在本案涉及的股权交易中没有过错，为维护社会经济秩序的稳定，应认定其取得广东健博医药有限公司的相应股权。

对于金某无权处分戴某股权的问题，因戴某对金某的处分行为不予追认，因此，《广东健博医药有限公司股权转让合同》及相关股东会决议不成立，戴某要求确认《广东健博医药有限公司股权转让合同》无效的上诉请求不能成立，二审法院予以驳回。

对于股权原权利人戴某而言,由于其原有权利因受让人的善意取得,使其对股权的所有权发生消灭,戴某主张变更广东鑫宏源药业有限公司股权至其名下不能得到支持。由于转让人对原权利人的标的物不享有处分权,而仍然将该标的物转让给他人,构成对原权利人财产所有权的侵害,故二审法院认为,在本判决生效后,本案争议的股权原权利人戴某因丧失股权和股东身份,可以向相关侵权人主张承担民事责任,如果发生争议,可以另行起诉。

[法律法规链接]

《合同法》第49条

《物权法》第106条

068. 有限责任公司股东之间签订阴阳合同转让股份的认定

司徒某某与梁某某股权转让纠纷案

[案号]

广东省广州市中级人民法院(2012)穗中法民二终字第2455号

[裁判要旨]

有限责任公司的股权持有人应为公司股东,公司不可能成为其自身股份的持有人;为了在工商行政管理部门办理变更登记手续,以签订阴阳合同进行股权转让的,应该由股份的实际受让人向股权转让人支付转让款。

[案情]

上诉人司徒某某与被上诉人梁某某股权转让纠纷一案,经审理查明:广州市同畅广告有限公司(以下简称同畅公司)成立于2010年2月8日。公司注册时的股东包括梁某某、邓某、司徒某某、谢某某、关某某。2010年7月23日,关某某退出了同畅公司股东身份并将其股份转让与梁某某、邓某、司徒某某、谢某某。2011年1月20日,谢某某亦退出了同畅公司股东身份并将其股份转让与梁某某、邓某、司徒某某,此时,梁某某、邓某、司徒某某各占同畅公司的股份比例为13.33%、40%、46.67%。2011年6月20日,邓某与梁某某、司徒某某分别签订了《退股协议书》和《股权转让协议》(注:该协议在广州市工商行政管理局番禺区分局办理了备案登记手续)各一份。其中,《退股协议书》约定:自2011年6月30日起,邓某、梁某某正式退出同畅,同畅一切事情均与邓某、梁某某无关。股东邓某40%股份退股金额总计人民币48000元;股东梁某某13.33%股份退股金额总计人民币16000元,签订合同日后即可办埋工商局等有关手续。办完工商局等有关手续后3个工作日内,即由同畅向原股东邓某支付第一期退股金额总计人民币24000元,由同畅向原股东梁某某支付第一期退股金额总计人民币8000元。于2011年11月1日前,由同畅向原股东邓某支付第二期退股金额总计人民币 14400 元,由同畅向原股东梁某某支付第二期退股金额总计人民币 4800 元。于 2012 年 6 月 30 日前,由同畅向原股东邓某支付剩余退股金额总计人民币 9600 元,由同畅向原股东梁某某支付剩余退股金额总计人民币 3200 元。本协议由司徒某某、邓某、梁某某共同签字后即日生效。其后,司徒某某、邓某、梁某某在股东签字确认上均签上了本人名字,同时,该协议亦加盖了“广州市同畅广告有限公司”的公章。至于司徒某某、邓某、梁某某于同日签订并在广州市工商行政管理局番禺区分局办理了备案登记手续的《股权转让协议》则约定:邓某股东将原出资 0.84 万元(占公司注册资本的 28%)的 0.84 万元转让给司徒某某,转让金 0.84 万元。梁某某股东将原出资 0.24 万元(占公司注册资本的 8%)的 0.24 万元转让给司徒某某,转让金 0.24 万元。2011 年 6 月 20 日前,受让方需将转让金全部付给转让方。截至 2011 年 6 月 20 日,本公司债权债务已核算清楚,无隐瞒,双方均已认可。邓某、梁某某股东自转让之日起,不再是公司股东,不得以公司的名义对外从事任何活动。转让方落款签名为梁某某、邓某。受让方落款签名为司徒某某。

2011 年 7 月 15 日,司徒某某将第一期转让款 8000 元支付给了梁某某。现因司徒某某没有继续向梁某某支付第二期、第三期转让款引起纠纷,梁某某向法院提起诉讼,请求判令司徒某某支付梁某某依《退股协议》约定的款项 8000 元及利息(2011 年 11 月 1 日至法院判决确定的履行日,按银行同期贷款利息计算)。

在审理过程中,司徒某某申请了谢某某作为证人出庭作证。在庭审过程中,谢某某确认其在 2011 年 1 月 20 日至 2011 年 8 月时已退出了同畅公司股东身份的事实。

另查明,同畅公司于 2012 年 2 月 7 日经广州市工商行政管理局番禺区分局核准登记的现股东为司徒某某(占股份 82%)、谢某某(占股份 18%)。

依照《民事诉讼》第 64 条第 1 款,《合同法》第 107 条、第 109 条的规定,原审法院作出判决:一、司徒某某应在判决发生法律效力后十天内支付梁某某第二期退股金额 4800 元及利息(利息以 4800 元为本金从 2011 年 11 月 2 日起按中国人民银行同期同类贷款利率计到款项全部清偿之日止)。二、驳回梁某某的其他诉讼请求。

上诉人司徒某某不服一审法院上述民事判决,提起上诉,请求二审法院撤销原审判决,改判驳回梁某某的诉讼请求。

二审法院除认定一审所查明的事实外,另查明:根据涉案《退股协议书》约定,同畅公司应在于 2012 年 6 月 30 日前,向原股东梁某某支付剩余退股金额总计人民币 3200 元,该笔款项在本案一审期间尚未到期,故一审法院驳回了梁某某对该笔款项的相关诉讼请求。现相关款项的支付期限已于本案二审期间届满。

[结论]

二审法院判决如下:

一、变更一审判决第一项为:上诉人司徒某某应在判决发生法律效力后十天内支付被上诉人梁某某退股金额 8000 元及利息(利息从 2011 年 11 月 2 日起以本金 4800 元、2012 年 7 月 1 日起以本金 8000 元按中国人民银行同期同类贷款利率计至本判决确定的还款期限届满之日止);

二、撤销一审判决第二项;

三、驳回被上诉人梁某某的其他诉讼请求。

[法院认为]

一审法院审理认为:本案的争议焦点有三个。第一,司徒某某的主体资格是否适格。第二,梁某某的股份究竟是转让给同畅公司抑或是转让给司徒某某。第三,司徒某某应否向梁某某支付第二期、第三期股权转让款。

针对第一个争议焦点,该院认为,司徒某某是本案的适格被告。理由:本案中,从梁某某提供的《退股协议书》和司徒某某提供的《股权转让协议》反映,双方之间于同一日签订了两份内容各异的合同,这明显地反映出其中《股权转让协议》为阳合同,目的是为了在工商行政管理部门办理变更登记手续。而《退股协议书》为阴合同,即属于双方之间真正履行的合同,且司徒某某实际上已按《退股协议书》上的约定向梁某某支付了第一期的股权转让款。因此,司徒某某作为本案被告并无不妥。综上,司徒某某的抗辩理由不成立,该院不予采纳。

针对第二个争议焦点,该院认为,梁某某的股份已直接转让给了司徒某某。理由:《公司法》第 72 条明确规定:"有限责任公司的股东之间可以相互转让其全部或者部分股权。"本案中,司徒某某受让了梁某某的股份后,已于 2011 年 6 月 20 日在广州市工商行政管理局番禺区分局办理了股东变更登记手续,这很明显地反映出,司徒某某已实际受让了梁某某的股份。至于司徒某某认为《退股协议书》是梁某某与同畅公司所签订,违反了《公司法》①第 143 条的规定,因此该《退股协议书》属于无效的抗辩,该院认为,从双方提供的证据反映,《退股协议书》应是梁某某与司徒某某及案外人邓某之间的真实意思表示,《退股协议书》中虽约定了由同畅公司向梁某某支付退股金额,但事实上,同畅公司并没有收购本公司股份,股份的实际受让人应为司徒某某,而司徒某某亦在实际履行过程中向梁某某支付了第一期的股权转让金,因此,《退股协议书》中约定"由广州市同畅广告有限公司向梁某某支付退股金额"的字眼不能成为该合同无效的依据。综上,司徒某某的抗辩理由不成立,该院不予采纳。

针对第三个争议焦点,该院认为,因《退股协议书》已中约定第二期的退股金额 4800 元应于 2011 年 11 月 1 日前支付,第三期的退股金额 3200 元应于 2012 年 6 月 30 日前支付,因此,司徒某某至今未向梁某某支付第二期退股金额 4800 元的行为已构成违约,司徒某某对此应承担违约责任,即司徒某某应向梁某某支付第二期

---

① 此处指 2005 年修订的《公司法》。

退股金额 4800 元及利息(利息以 14400 元为本金从 2011 年 11 月 2 日起按中国人民银行同期同类贷款利率计到款项全部清偿之日止)。至于第三期退股金额 3200 元,因协议约定该款项至今未到期,因此,梁某某要求司徒某某提前支付退股金额 3200 元的请求,该院不予采纳。

二审法院认为,本案二审的争议焦点是原审判决对于涉案的同畅公司股权转让相关事实认定是否有误及上诉人司徒某某应否承担向被上诉人邓某支付退股金的义务。根据《公司法》的相关规定,有限责任公司的股权持有人应为公司股东,公司不可能成为其自身股份的持有人。因此,司徒某某在上诉状中关于由同畅公司出资回购股东退出的股份再分配给公司其余股东的主张明显缺乏法律依据。一审法院根据本案双方当事人签订的《退股协议书》、《股权转让协议》等证据,结合同畅公司工商登记档案中相关股东登记事项变更及司徒某某已向梁某某实际支付了部分股权转让款的事实,认定上述梁某某所转让同畅公司股份的实际受让人为司徒某某合法有据,司徒某某应向梁某某支付《退股协议书》中所约定的全部股权转让金。据此,司徒某某关于原审判决认定事实不清,错误判决,严重侵犯其合法权益的主张缺乏充分的事实和法律依据,二审法院不予支持。另外,由于涉案《退股协议书》中所约定的第三期股权转让金的支付期限在本案一审判决作出时仍未到期,故原审判决驳回了梁某某对该部分款项的诉讼请求。现该部分股权转让金的支付期限已于本案二审期间届满,司徒某某依约应向梁某某支付该笔款项,故二审法院根据二审补充查明的事实依法对原审判决的相关判项作出变更。

综上所述,原审判决认定事实清楚,适用法律正确,但因本案二审发现新事实,故二审法院依法对原审判决的相关判项作出变更。

[法律法规链接]

《合同法》第 107 条、第 109 条

069. 国有法人股转让未进场交易的法律后果

巴菲特投资有限公司诉上海自来水投资建设有限公司股权转让纠纷案[①]

[案号]

上海市第二中级人民法院(2007)沪二中民三(商)初字第 81 号

[裁判要旨]

国有法人股属于企业国有资产。对于企业国有资产的转让程序和方式,国务

① 本案曾被《中华人民共和国最高人民法院公报(2010 年卷)》收录。

院、省级地方政府及国有资产监管机构均有相应的规定。企业国有产权转让应当在依法设立的产权交易机构中公开进行,企业国有产权转让可以采取拍卖、招投标、协议转让等方式进行。国有法人股转让未进场交易的,应为无效。

[案情]

巴菲特投资有限公司诉上海自来水投资建设有限公司股权转让纠纷一案,经审理查明:2006 年 12 月,上海自来水投资建设有限公司(以下简称自来水公司)召开董事会并形成董事会决议,决议内容为委托其股东之一的上海水务资产经营发展有限公司(以下简称水务公司)代为处置自来水公司持有的光大银行(系非上市股份公司)16985320 股国有法人股。2007 年 1 月,水务公司以委托人身份与上海金槌商品拍卖有限公司(以下简称金槌拍卖公司)签订委托拍卖合同,委托拍卖自来水公司名下的 16985320 股光大银行法人股。

2007 年 2 月 6 日,金槌拍卖公司对上述股权进行拍卖,巴菲特投资有限公司(以下简称巴菲特公司,系注册地在温州的外商独资企业)参加金槌拍卖公司主持的拍卖会,通过竞拍取得了上述股权。拍卖成交后,金槌拍卖公司出具拍卖成交确认书。巴菲特公司向金槌拍卖公司支付了全部股权转让款计人民币 52654492 元,并与水务公司签订了《光大银行法人股股权转让协议》。

但此后,自来水公司拒绝履行该协议,并于 2007 年 3 月 1 日向光大银行发送中止股权变更的函,致使巴菲特公司无法取得上述股权。巴菲特公司向自来水公司发函要求尽快办理股权变更申请,后无果,遂以自来水公司为被告提起诉讼,请求判令自来水公司履行《光大银行法人股股权转让协议》,将 16985320 股光大银行国有法人股予以转让。诉讼中巴菲特公司申请追加水务公司为第三人。

被告自来水公司辩称:第一,其未向水务公司出具拍卖光大银行股权的授权委托书,也未参与订立《光大银行法人股股权转让协议》,巴菲特公司依据该协议向其主张权利没有依据。第二,讼争的股份系国有资产,根据《企业国有产权转让管理暂行办法》等有关规定,转让国有产权应当履行审批、评估程序,并且按规定进入产权交易场所交易。本次股权转让的过程不符合上述规定,转让行为不合法。自来水公司另向巴菲特公司和水务公司提起反诉,请求判决确认巴菲特公司与水务公司签订的《光大银行法人股股权转让协议》无效,并在诉讼中申请追加金槌拍卖公司为第三人。

法院依法追加了水务公司和金槌拍卖公司为第三人。水务公司支持巴菲特公司的诉请和主张,而金槌拍卖公司则认为该项拍卖行为程序合法有效。

一审法院依照《合同法》第 52 条第 4 项、第 56 条的规定,判决:一、确认巴菲特公司与水务公司签订的《光大银行法人股股权转让协议》无效;二、对巴菲特公司的诉讼请求不予支持。

巴菲特公司不服一审判决,提起上诉。

[结论]

二审法院审理后判决驳回上诉,维持原判,即确认巴菲特公司与水务公司签订的《光大银行法人股股权转让协议》无效。

[法院认为]

自来水公司的董事会决议虽未标明为“授权委托书”,但其内容已体现出授权委托的意思表示,符合授权委托的基本要素,依法应认定自来水公司已全权委托水务公司办理光大银行法人股的转让事宜。水务公司以自己名义在自来水公司授权范围内与巴菲特公司签订的股权转让协议载明了水务公司与自来水公司之间有委托代理关系,根据《合同法》第402条、第403条第2款规定,该协议可以直接约束自来水公司,巴菲特公司有权选择自来水公司或者水务公司主张权利。

水务公司虽然取得自来水公司的授权,可以代理该公司转让讼争股权,但在实施转让行为时,应当按照国家法律和行政规章所规定的程序和方式进行。讼争股权的性质为国有法人股,属于企业国有资产。对于企业国有资产的转让程序和方式,国务院、省级地方政府及国有资产监管机构均有相应的规定。根据国务院国资委、财政部制定实施的《企业国有产权转让管理暂行办法》的规定,企业国有产权转让应当在依法设立的产权交易机构中公开进行,企业国有产权转让可以采取拍卖、招投标、协议转让等方式进行。根据上海市政府制定实施的《上海市产权交易市场管理办法》的规定,该市所辖国有产权的交易应当在产权交易市场进行,根据产权交易标的的具体情况采取拍卖、招标或竞价方式确定受让人和受让价格。上述两个规范性文件虽然不是行政法规,但均系依据国务院的授权对《企业国有资产监督管理暂行条例》的实施所制定的细则办法。而且,规定企业国有产权转让应当进场交易的目的,在于通过严格规范的程序保证交易的公开、公平、公正,最大限度地防止国有资产流失,避免国家利益、社会公共利益受损。因此,《企业国有产权转让管理暂行办法》、《上海市产权交易市场管理办法》的上述规定,符合上位法的精神,不违背上位法的具体规定,应当在企业国有资产转让过程中贯彻实施。本案中,水务公司在接受自来水公司委托转让讼争股权时,未依照上述规定处置,擅自委托拍卖公司拍卖,并在拍卖后与巴菲特公司订立股权转让协议,其行为不具合法性。水务公司依据拍卖结果与巴菲特公司订立的股权转让协议无效。

[法官分析]

本案是一起以非上市股份有限公司国有法人股为交易标的的股权转让纠纷,审理的难点在于企业国有股权(股份)转让行为的效力认定问题。这需要在梳理我国现行法律法规中相关规定的基础上,找寻司法裁判的法律依据及法理基础。

1. 有关企业国有股权(股份)转让的法律规定

择其最主要的条款,按发布时间的先后列举如下:

《国有资产评估管理办法》(1991年11月16日国务院令第91号)第3条规

定:国有资产占有单位有资产拍卖、转让情形的,应当进行资产评估。

《拍卖法》(1997 年 1 月 1 日起施行、2004 年 8 月 28 日修订)第 28 条规定:"拍卖国有资产,依照法律或者国务院规定需要评估的,应当经依法设立的评估机构评估,并保留评估结果确定保留价。"

《企业国有产权转让管理暂行办法》(2003 年 12 月 31 日国务院国资委、财政部令第 3 号)第 4 条规定:"企业国有产权转让应当在依法设立的产权交易机构中公开进行,不受地区、行业、出资或者隶属关系的限制。国家法律、行政法规另有规定的,从其规定。"第 5 条规定:"企业国有产权转让可以采取拍卖、招投标、协议转让以及国家法律、行政法规规定的其他方式进行。"

《企业国有资产法》(2008 年 10 月 28 日公布,自 2009 年 5 月 1 日起施行)第 53 条规定:"国有资产转让由履行出资人职责的机构决定。履行出资人职责的机构决定转让全部国有资产或者转让致使国家对该企业不再具有控股地位的,应当报请本级政府批准。"第 54 条规定:"除按照国家规定可以直接协议转让的以外,国有资产转让应当在依法设立的产权交易场所进行。""征集产生的受让方为两个以上的,应当采用公开竞价的交易方式。转让上市交易的股份依照《中华人民共和国证券法》的规定进行。"第 55 条规定:"国有资产转让应当以依法评估的、经履行出资人职责的机构认可或者报经本级政府核准的价格为依据,合理确定最低转让价格。"

《金融企业国有资产转让管理办法》(2009 年 3 月 17 日财政部令第 54 号)第 11 条规定:"非上市企业国有产权的转让应当在依法设立的省级以上(含省级)产权交易机构公开进行。"第 28 条规定:"转让上市金融企业国有股份和金融企业转让上市公司国有股份应当通过依法设立的证券交易系统进行。"

综合以上各项规定,我们将国有股权(股份)转让的基本规范归纳为以下三方面的程序:

(1)决策、审批程序。首先,由履行出资人职责的机构决定。根据我国现有的管理模式,履行出资人职责的机构分为三种形式:一是国务院国资委和地方人民政府国资委;二是国务院和地方人民政府授权的其他部门、机构;三是履行出资人职责的机构委派股东代表参加的股东(大)会。其次,如果转让致使国家对该企业不再具有控股地位的,应当报请本级政府批准。

(2)评估、定价程序。首先,转让方或者标的公司选择委托有相关资质的评估机构依法进行资产评估。其次,将评估报告交履行出资人职责的机构认可或者备案后,作为确定转让价格的依据,合理确定最低转让价格。最后,在交易过程中,当交易价格低于评估结果的 90% 时,应报国资委或者有关机构批准。

(3)进场交易、公开竞价程序。首先,非上市公司国有股权(股份)的转让应当在依法设立的省级以上(含省级)产权交易机构公开进行;上市公司国有股份的转让应当通过依法设立的证券交易系统进行，另外还须遵循国家有关国有股减持的规定。其次，公开披露转让信息，广泛征集受让方。征集产生两个以上受让方的，采用拍卖、招投标等公开竞价的交易方式。从严控制直接协议转让。

2. 司法确认企业国有股权(股份)转让行为效力的法律依据

(1)国有资产转让是兼具私法与公法的法律行为，在法律适用上公法与私法应该并重。

国企改革本身是为了解决我国国有企业长期以来存在的因所有者缺位而导致的效率低下问题，是计划经济向市场经济转轨的关键一步，带有很强的政策导向性和公共利益性。然而，在此过程中，存在一定范围内的企业改制失范现象，造成国有资产流失，受到公众质疑，亟待公权力的介入。因此，虽然以产权出售为主要形式的国有企业改革走了一条"国退民进"的变革之路，但就认定国有资产转让合同效力的法律适用而言，绝非是私法向公法的简单延伸与替代，而应当构建起以私法为横轴、以公法为纵轴的活动象限。基于国有资产及其流转关系具有私法和公法的双重属性，有关当事人在进行国有股权(股份)转让时，不仅要依照《合同法》、《公司法》、《证券法》等民商法的规定，而且要遵循以《企业国有资产法》为核心的一系列经济法的规定。这些规定是国有资产有序转让的保障，应当作为认定国有资产交易合同效力的法律依据。

(2)根据国务院授权制定的部门规章中的强制性规范，应视为具有行政法规的效力。

本案中，是否能以《企业国有产权转让管理暂行办法》等部门规章中对交易程序的规定来否认国有法人股交易合同的效力成为双方争执的焦点。根据我国《合同法》第52条第5项的规定，违反法律、行政法规中的强制性规定才能导致合同无效。那么对于部门规章中有关国有资产交易程序的规定，在实践中应如何把握其效力？我们认为，部门规章中有关国有资产交易程序的规定，具有强制性，属于根据国务院授权制定的部门规章中的强制性规范，并且应视为具有行政法规的效力。

(3)有关国有资产转让应当进场交易的强制性规范，既是管理性强制规范，又是效力性强制规范。

《合同法解释(二)》将《合同法》第52条第5项所称的"强制性规定"解释为"效力性强制性规定"，即只有在合同违反效力性强制性规定时才能导致合同无效。有学者提出了效力性强制规范的区分准则，认为法律法规虽没有规定违反该规定将导致合同无效，但若使该合同继续有效将损害国家利益和社会公共利益的，应属于效力性规定；若只是损害当事人利益的，则属于取缔性规定。[①] 有法官在上述观点的基础上进一步提出，强制性规定仅是为了行政管理或纪律管理需要的，一般都

---

① 参见王利明：《合同法新问题研究》，中国社会科学出版社2003年版，第320～322页。

不属于效力性规定。具体而言，首先，可以从立法目的进行判断，倘其是为了实现管理需要而设置，并非针对行为内容本身，则可认为并不属于效力性规定；其次，可以从调整对象来判断，管理性规定很多时候单纯限制的是主体的行为资格。当然，上述两个方面的判断不能以偏概全，还要结合合同无效的其他因素考虑。①

以本案为例，我们认为，涉及国有资产转让的强制性规范，它是管理性强制规范，但在一定程度上也是效力性强制规范，其中有关进场交易的规定应当属于效力性强制规范。理由如下：

第一，从调整对象上看，前述归纳的关于国有资产转让的三方面的程序性规定，其中的决策、审批程序和评估、定价程序，是转让行为正式实施之前的法定前置程序，它所规范的对象是国有资产转让方（履行出资人职责的机构），一般不会涉及其他当事人，体现了强制性规范的管理性目的。而进场交易、公开竞价程序则是直接针对转让行为本身，它所规范的对象包括国有资产转让方、受让方、产权交易机构等。相关当事人之间所构建的转让交易关系，是否履行了进场交易，是否实现了等价有偿，是否达到了公开公平公正，直接影响到转让行为的法律效力。因此，强制性规范的效力性，在这一程序环节显得比较突出。

第二，从法律解释学上看，通过体系解释、法意解释及目的解释等方法，可以得出有关进场交易的规定属于效力性强制规范的结论。《企业国有资产法》提到交易行为无效的仅有第 72 条，即"在涉及关联方交易、国有资产转让等交易活动中，当事人恶意串通，损害国有资产权益的，该交易行为无效。"该条规定与《合同法》第 52 条第 2 项的规定完全一致，无非是起到强调的作用。我们不能仅以此认为，只有被认定为恶意串通损害国有资产权益的才可确认转让行为无效。因为人大法工委对该条的释义是："当事人恶意违反程序进行的交易活动，自始不具有法律效力，已经进行的财产转让、转移等行为无效，财产状况应该恢复到行为发生前的状态。"②另根据《企业国有产权转让管理暂行办法》第 32 条的规定，未按照有关规定在产权交易机构中进行交易的，国资监管机构或者相关批准机构应当要求转让方终止产权转让活动，必要时应当向法院提起诉讼，确认转让行为无效。结合上述法条释义和相关的规定，我们运用体系解释和法意解释的方法，已经可以判断出其具有效力性强制规范的性质。若再基于经济法的公法属性，从国有资产法律法规的立法目的考量，无疑对这一问题的认识就会更为清晰。

第三，从近似的司法实践看，某些法律中被认为管理性强制规范的违法结果往

---

① 沈德咏等主编：《最高人民法院关于合同法司法解释（二）理解与适用》，人民法院出版社 2009 年版，第 112 页、第 113 页。

② 全国人大常委会法工委编：《中华人民共和国企业国有资产法释义》，法律出版社 2008 年版，第 143 页。

往是导致民事行为无效。例如,《公司法》第16条第2款规定,“公司为公司股东或者实际控制人提供担保的,必须经股东会或股东大会决议。”该款规定的内容,显然具有很强的管理性,但针对其法律责任的规定在《公司法》中阙如。最高人民法院和地方各级法院的司法实践,对于违反上述规定所形成的担保合同,基本上均确认为无效合同。同样的情况还出现在对《证券法》第144条的理解适用上。该条规定,“证券公司不得以任何方式对客户证券买卖的收益或者赔偿证券买卖的损失作出承诺”。目前的司法实践,对于违反该条规定所形成的含有保底条款的委托理财合同,基本上亦是确认保底条款无效。

(4)确认《企业国有资产法》实施以前违反国有资产转让强制性规范的行为无效,可以援用《合同法》关于损害社会公共利益的条款。

有关企业国有资产转让的强制性规范,旨在保护社会公共利益。行政规章规定了国有资产交易的特殊程序,这些程序的设置目的是通过公开、公平的交易使国有资产在保值增值的情况下顺利完成转化,防止国有资产流失。因此,维护社会公共利益的任务集中承担于相关规章中有关交易的强制性程序规定上,违反了特殊交易程序,就有侵害社会公共利益的可能。本案中的当事人正是违反了国有资产必须进场交易的规定。进场交易是国家加强企业国有资产转让监管的重要措施,其意图在于,让国有资产转让和重大资产处置在依法设立的产权交易机构中公开进行,凭借产权交易市场网络平台功能强大、信息覆盖面广、交易效率高的优势,充分发挥公开市场发现价值、决定价格的功能,使国有资产在公平竞争中实现价值最大化,防止暗箱操作导致的国有资产流失。因此,科学规范的交易程序是国有资产合理流动的必备要求,更是切实维护社会公共利益的前提条件。

由此,在涉及企业国有资产转让合同纠纷案件的审理中,将社会公共利益标准运用于审判过程中,以此进行价值判断,可以使国有资产交易合同的效力认定问题迎刃而解。具体地说,就是援用社会公共利益标准去衡量行政规章中的各类禁止性规定是否关系社会公共利益的维护;同时,审慎判断社会公共利益在具体案件中的存在与否。[①] 如果交易行为违反了规章或其他法律文件中有关交易程序的强制性规定,而这种交易程序恰恰是为了使社会公共利益不受侵害,那么法院可以考虑援用违反社会公共利益条款认定交易合同无效。

(作者:阮忠良　俞　巍　朱颖琦)

[法律法规链接]

《合同法》第52条、第56条

---

① 江苏省高级人民法院民二庭:“企事业单位国有产权转让合同的效力认定”,载《法律适用》2005年第12期。

070. 企业产权交易中挂牌信息公告变更的效力及规则

周某某诉上海联合产权交易所、华融国际信托有限责任公司股权转让纠纷案①

[案号]

上海市第二中级人民法院(2010)沪二中民四(商)终字第842号

[裁判要旨]

产权交易所发布的产权交易信息是向不特定主体发出的要约邀请。根据产权交易市场的交易管理办法和交易习惯,信息一经发布,公告期内一般不得变更,但在无举牌申请人举牌的情况下,可以按照产权出让人的意愿,根据产权交易所的有关规则进行信息变更。举牌申请人在信息变更之后签收载明新信息的相关法律文件并举牌参加交易,应视为清楚并认可产权交易信息的变更。举牌申请人知晓变更情况并参加交易,在交易结束之后,又请求确认该信息变更无效的,人民法院不予支持。

[案情]

周某某诉上海联合产权交易所、华融国际信托有限责任公司股权转让纠纷一案,经审理查明:被上诉人华融国际信托有限责任公司(以下简称华融公司)系银联数据服务有限公司(以下简称银联公司)股东。根据华融公司的委托,另一被上诉人上海联合产权交易所(以下简称联交所)于2009年8月28日在其网站及交易大厅发布了将华融公司所拥有的银联公司450万股股权挂牌转让项目的信息公告,挂牌期满日为2009年9月25日,交易方式为"网络竞价—多次报价"。2009年9月22日,联交所在其网站及交易大厅发布了上述股权交易信息的变更公告,其中将挂牌期限变更为2009年9月22日至2009年10月23日,交易方式则更改为"网络竞价——次报价"。

2009年9月25日,原审原告周某某委托联交所的执业会员上海泰地投资管理有限公司(以下简称泰地公司)向联交所递交了挂牌资料,并支付了保证金。2009年12月11日,联交所对华融公司挂牌出让的450万股银联公司的股权举行竞价交易,周某某亦参与了竞价过程,最终由案外人海通开元投资有限公司以最高价竞得上述股权。原告诉至法院,请求确认两被告变更挂牌转让信息公告内容的行为无效。

一审法院作出判决:驳回原告诉讼请求。

---

① 本案被《最高人民法院公报》2011年第6期刊载。

一审判决后,原告不服,提起上诉称:本案争议焦点应在于产权转让过程中信息公告是否可以变更、如何变更,应遵守何种规则。一审法院对以上争议焦点认定事实有误,适用法律不当。

[结论]

二审最终作出判决:驳回上诉,维持原判,即驳回原告诉请。

[法院认为]

一审法院经审理认为:被告联交所对于信息公告变更已尽到其合理的通知义务,并符合法定程序。而原告周某某作为系争产权的竞买人,产权信息的变更与其投资决策具有紧密联系,周某某对信息变更却未予以适当关注,有违常理。而从周某某通过泰地公司向联交所递交《举牌申请书》的时间明显晚于联交所公布信息变更公告的时间来看,周某某及泰地公司应当知晓系争产权信息变更情况。本案系争产权系经公告后,由各竞拍人提出举牌申请并实际参与竞拍后成交。整个竞拍过程经上海市产权管理办公室全程监督及公证处公证,符合法定程序,遂判决驳回原告诉请。

二审法院经审理认为,本案的主要争议焦点问题为:(1)被上诉人就之前发布的涉案股权转让信息公告进行变更的行为,是否有违我国相关法律、行政法规的规定或产权交易的行业规则;(2)2009 年 9 月 25 日周某某向联交所提交举牌申请书时,对于涉案股权转让信息已发生变更的事实是否知晓,周某某主张其举牌行为系针对联交所 2009 年 8 月 28 日所发布的股权转让信息,是否有合理依据。

对此,二审法院认为:

第一,涉案股权转让信息公告,实际是向不特定主体发出的以吸引或邀请相对方发出要约为目的的意思表示,依据我国《合同法》第 15 条的规定应认定为要约邀请。我国《合同法》对于要约邀请的变更或撤销情形未有明确的规定,依照一般要约邀请的法律性质,只要未给善意相对人造成信赖利益的损失,要约邀请人可以变更或撤回要约邀请。但是对于产权转让中的挂牌信息公告的变更,除受《合同法》的调整外,还应受相关产权交易市场的政府主管部门以及产权交易所制定的相应交易规则的约束和限制,这种限制是合法且必要的,有利于保证交易信息的稳定、保护信赖交易信息而履行了一定前期准备工作的相对人的经济利益。

第二,根据产权交易相关规则,产权转让公告中的受让条件,一经发布不得擅自变更,因特殊原因确需变更信息公告内容的,应当由产权出让批准机构出具文件,由联交所在原信息发布渠道进行公告。基于此,涉案股权转让的交易信息公告后,可以进行变更,但要有特殊原因且应当由产权出让机构批准。对于特殊原因的定义,上述有关规定中未给出明确限定,二审认为,应在不影响举牌申请人利益的情况下,适度保护产权转让人的交易自由,原则上可以尊重产权出让批准机构作出的合理解释。就本案而言,涉案股权转让的交易信息公告变更前并未有人递交举牌申请书,而且,权利人已就交易信息的变更作出决议并存在合理的理由。

第三,2009 年 9 月 25 日周某某向联交所提交举牌申请书时,对于涉案股权的转让信息已发生变更的事实应当知道,且事后实际也予以了确认,周某某认为其举牌系针对联交所 2009 年 8 月 28 日所发布的股权转让信息缺乏依据。一审判决应予以维持。

[法官分析]

本案涉及企业产权转让信息公告变更的效力及规则问题。目前的法律法规及相关行业规则未对此作出具体规定,实践中对产权转让挂牌信息公告在何种情况下可以变更、如何变更、变更的限制等问题引发了较多争议。本案的意见和处理可能对今后类似案件的裁判具有一定的指导意义。

1. 要约抑或要约邀请:企业产权转让挂牌信息公告的法律性质

对于挂牌信息公告是否可以变更,首先要明确挂牌信息公告的法律性质,这是一个法律行为接受法律评价的前提,也是判定当事人权责的基础。

要约邀请又称"要约引诱",是指特定的主体希望不特定的对象向自己发出要约的意思表示。根据《合同法》第 14 条规定,要约是希望和他人订立合同的意思表示,该意思表示应当符合下列规定:(1)内容具体确定;(2)表明经受要约人承诺,要约人即受该意思表示约束。

区分要约与要约邀请非常重要,因为如果某项允诺被认定是要约,则构成合同的内容而约束当事人,若系要约邀请则通常不具有要约的此种约束力。实践中,一般可以从以下几方面来区分:第一,依照法律的规定作出区分;第二,根据当事人的意愿作出区分;第三,依意思表示是否注重特定对象来区分;第四,根据交易习惯及当事人历来的交易做法来区分。[①] 关于企业产权转让信息公告的法律性质是要约邀请还是要约的问题,其区分的标准应首先依照法律的规定。我国《合同法》第 15 条规定:"要约邀请是希望他人向自己发出要约的意思表示。寄送的价目表、拍卖公告、招标公告、招股说明书、商业广告等为要约邀请。商业广告的内容符合要约规定的,视为要约。"本案挂牌转让企业股权信息公告与《合同法》规定的拍卖公告、招标公告一样均属于合同竞争订立的一种方式,法律性质相同,亦是通过发布公告的形式,对拟转让的标的物广为宣传,意在广泛地唤起有意购买者参与竞价,其实质是向不特定主体发出的以吸引或邀请相对方发出要约为目的的意思表示,这仅仅是一种缔约意向信息的传递,是缔约的准备,出让人并没有将成立合同的最终权利交给竞价人,故其性质应为要约邀请。竞价人随后所作举牌申请响应产权转让公告中的受让条件的,该意思表示对竞价人具有约束力,故竞买人的竞买报价即构成要约。出让人对符合公告要求的竞价行为进行确认后,交易达成,此即为

---

① 胡卫:《合同法论》,人民法院出版社 2010 年版,第 91 页。

承诺。

2. 随意变更抑或特殊限制：企业产权转让挂牌信息公告的法律拘束力

要约邀请只是引诱他人发出要约，属缔约合同的准备行为，因而我国《合同法》未对要约邀请的撤回和变更作条件限制，在发出要约邀请以后，要约邀请人撤回、变更其邀请，只要没有给善意相对人造成信赖利益的损失，要约邀请人一般不承担法律责任。然而，我国《合同法》又以举例的方式把“寄送的价目表、拍卖公告、招标公告、招股说明书、商业广告等”确认为要约邀请，之所以这样规定，原因就在于这些行为在合同成立中具有特殊性。这类要约邀请中通常包含了使合同成立的必要条款，且邀请人在要约邀请中明示了部分交易条件，同时表示愿意受这些交易条件的约束，因此该要约邀请就依邀请人的意思产生了拘束力。这种拘束力表现为形式拘束力和实质拘束力。

(1)形式拘束力。

形式拘束力，是指要约邀请人不得随意取消或更改要约邀请的意思表示。要约邀请一般包含了交易得已发生的一些重要条件，如转让标的、转让底价、价款支付、受让资格等一系列合同赖以成立的要件。对于这些内容邀请人不得随意更改。对于产权转让信息公告，《上海市产权交易市场管理办法实施细则》及《上海市产权转让信息公开发布活动管理规则》均明确规定，在产权转让公告中公布的受让条件，一经发布不得擅自变更。因特殊原因确需变更的，应当由产权转让批准机构出具文件，由联交所在原信息发布渠道进行公告，并重新计算公告期。

(2)实质拘束力。

从合同法理论上讲，要约邀请原则上不具有实质拘束力，但要约邀请中承诺交易条件或其他条件不变的，要约邀请就具有了实质拘束力。这种拘束力的内容是：要约人以要约邀请中的条件为要约的条件时，邀请人应当承认这个条件，邀请人不得以条件不符合自己的愿望为由而拒绝承诺。在一定意义上，要约邀请的实质拘束力，最终表现为邀请人的缔约义务。[①] 邀请人在转化为受要约人后，有义务按照要约邀请规定的交易条件进行承诺。正如拍卖人在拍卖公告中所承诺的拍卖标的、拍卖数量、拍卖底价、拍卖期限等对委托人和拍卖人都有约束力，而且具有法律效力，其通过竞买人的要约及后续的承诺，进入合同，构成合同的权利和义务。

根据我国《拍卖法》、《招标投标法》、《公司法》相关规定，拍卖公告、招标公告、招股说明书等这些要约邀请具有严格的规范性和法律强制性，其目的在于规范要约邀请人的行为，公平、公开、公正地吸引要约人向其发出要约。本案中的挂牌信息公告亦如此，这种通过产权交易所向不特定主体公开发布的特殊要约邀请，其内容的变更或撤销，除受《合同法》的调整外，还应受相关产权交易市场的政府主管部

---

① 隋彭生：《合同法要义》，中国政法大学出版社 2003 年版，第 51 页。

门以及产权交易所制定的相应交易规则的约束和限制。这种限制是合法且必要的，有利于保证交易信息的稳定、保护正常的交易秩序及维护交易市场的公信力。

3. 无效抑或赔偿：企业产权转让挂牌信息公告变更或撤回后的法律后果

企业产权交易挂牌信息公告一经发布，就会使意向受让人产生合理信赖，进而据此作出商业判断和决策。在此期间内，如发生原挂牌信息公告变更或撤回的情形，很有可能损害已经履行一定准备工作的意向受让人的利益，而且在标的额较大的产权交易市场，这种经济利益的损失不容忽视。因此，如何分配和承担由此引发的民事法律后果和责任，是产权交易制度必须解决的一个法律问题。

从合同法上讲，当事人撤回或调整要约邀请不产生合同上的责任，要约邀请只发生在合同缔结的准备过程中，只要不发生后续的要约和承诺，合同尚不能成立，故要约邀请的变更和撤回不会导致发生合同无效的法律后果。但是，如果要约邀请的内容足以使相对人产生一定的信赖，相对人为此发出了要约并支付了一定的费用，若因为邀请人的过失甚至恶意的行为致相对人损失，亦应承担缔约过失责任。[①] 应当注意的是，这种在缔约阶段所发生的信赖利益损失，必须通过独立的赔偿诉讼请求予以保护和实现。

具体在产权交易法律制度中，因挂牌信息公告的变更或撤回导致意向受让人遭受经济损失的，在认定出让人构成缔约过失责任时，必须明确缔约过失责任的构成要件、赔偿范围问题。对于此种情况下判定缔约过失责任的成立需要具备两个要件，即合理信赖和履行准备工作。所谓合理信赖，是指尽管挂牌信息公告并非不可撤销，但是意向受让人可以合理地认为该要约邀请不可撤销，这通常要结合交易习惯等具体因素进行判断；所谓履行准备工作，是指意向受让人对要约行为产生了合理的信赖，并且基于这种信赖从事了履约准备。履约准备的程度的认定应当坚持必要的标准，从常理上进行判断应当对合同的履行是必要的。对于缔约过错责任的赔偿范围问题，一般认为是受害方因信赖对方并相信合同能够有效成立而遭受的信赖利益损失，包括为订立合同或准备履行合同而实际发生的直接费用损失及丧失与第三人另订合同机会所产生的合理的间接利益损失。[②] 需要指出的是，受损方负有举证证明损失存在的责任，且间接损失应当限定在我国《合同法》第 113 条规定的合理预见的范围之内。

4. 尊重交易自由抑或维护交易安全：挂牌信息公告变更规则的设定

一个规范、有序的产权交易市场，必须有明晰、完善的产权转让规则。笔者认为，可以从以下几个方面细化和完善企业产权转让信息公告的变更规则。

---

① 相关案例参见："时间集团公司诉浙江省玉环县国土局土地使用权出让合同纠纷案"，载《最高人民法院公报》2005 年第 5 期。

② 刘凯湘：《合同法》，中国法制出版社 2010 年版，第 157 页。

(1)在未收到受让意向申请时,确需变更的,应履行相应程序。

产权出让人在编制出让文件时,应当尽可能考虑到转让标的项目的各项要求,并在信息公告中作出相应的规定,力求使所编制的出让文件内容准确、完整,含义明确。但有时也难以绝对避免出现文件内容疏漏或含义不清的地方;或者因情况变化需对已发出的转让信息公告作必要的修改、调整等情况。在这种情况下,如信息公告发出后,产权交易机构尚未收到正式受让意向申请之前,允许出让人对信息公告作必要的修改,应属对出让人权益的合理保护,也有利于保证出让标的投资的合理和有效使用,符合商事活动的特点和保障交易目的及效率的实现。

应当明确的是,这种允许出让人对已发出的信息公告加以变更的行为,应当在不损害意向受让人权益的前提下进行,且产权交易所,作为交易活动的中介机构,必须履行相应的法律义务:

①审核义务。在收到出让方重新编制的信息发布申请书时,产权交易所应履行更为严格的审核义务,包括对产权出让批准机构出具的对申请变更事由的合理解释、重新提交材料的真实性、完整性和有效性,以及变更行为的合法合规性审查等。

②告知义务。在交易信息公告变更之后,联交所收到举牌申请的,对于信息公告变更事项,应及时、直接、明确地予以告知,并将告知程序固定化、证据化。

③说明义务。对于出让方变更信息公告内容的行为,产权交易所在履行告知义务的同时,还应对变更事项所涉及的事实、正当理由以及通过审批的情况予以相应的披露和说明。

(2)在收到受让意向申请后,涉及实质要件变更的,应严格限制。

本案中,产权出让人变更挂牌信息公告时,联交所尚未收到意向受让人的举牌申请,故实际并不影响竞价人的权益。但如果当有意向受让人正式提出举牌申请后,因出让人变更或撤回挂牌信息公告而遭受实际损失的,如前文所述,意向受让人有权基于信赖利益的损失要求出让人及产权交易机构承担缔约过失责任。因此,对于在产权交易机构收到正式的受让意向申请之后,应严格控制挂牌信息公告的变更行为。但可对此项下的情况区别对待:

①涉及合同一般要件的变更。根据《上海市产权转让信息公开发布活动管理规则》中的相关条款规定,出让方应当在产权转让公告中披露产权标的涉及的基本情况、出让条件、受让方资格条件、延长信息发布的情形和期限、与产权标的相关的重要信息等内容。其中,对于出让产权涉及的基本情况,包括出让方、受托执业会员的名称、标的企业性质、注册地、注册资本、出资人及份额、总资产及负债等相关情况,这些一般性基础要件的变更通常不会影响交易对象的合法权益及交易的有效达成,故在产权出让批准机构出具正当、合理解释的情况下,通过产权交易机构充分履行审核、告知和说明义务等程序义务后,一般可予准许。

②涉及合同实质要件的变更。如前文所述，要约邀请的法律意义不仅在于邀请他人向自己发出要约，还在于提出交易条件及与交易密切相关的要件，而这些条件可以拘束要约邀请人，可以进入合同，构成合同义务。[①] 产权出让人在发出转让标的的要约邀请之后，受邀请人信赖了该要约邀请，并为缔约接触进行了准备，如此时变更要约邀请中的重大、实质性要件，则将改变合同的主要权利义务，直接损害要约人的合法权益，应当予以严格限制。具体来讲，参考《合同法》第30条中对要约实质性内容变更的界定，在产权交易信息公告中，凡涉及以下事项的，属实质性要件变更：a. 产权标的出让条件。包括转让价格、价款支付的方式和期限、交易方式等为达成交易而必须加以明确的出让条件。b. 受让方资格条件。包括在资信、资质、商业信誉、财务状况、资产规模等方面的基本条件和优势条件。c. 交易重要信息。主要指审计报告和评价报告的重要揭示、企业存在的重大债权债务等将对意向受让方构成重要的决策因素的相关信息。d. 信息发布期限。包括无人申请举牌的情况下，信息公告的顺延和终止等要件。对于这些将构成交易成败的决定性因素，在排除不可抗力、政府原因或者其他不能归责于双方的原因后，均应严格限制其变更或撤回。这一规则的设定对于促进产权交易的规范化，降低交易风险，增强交易安全，构建统一、开放、竞争、有序的产权交易市场，具有重要意义。

（作者：王信芳　林晓镍　何　云）

[法律法规链接]

《合同法》第14条、第15条、第30条

071. 矿山企业转让股权无须批准即生效，双方应依约履行合同

【指导与参考案例】

杜甲等诉青海汇吉实业集团有限责任公司、周甲等股权转让纠纷案

[案号]

最高人民法院(2012)民二终字第86号

[裁判要旨]

矿山企业股权转让协议涉及变动的是股权，并非采矿权等资产，法律对矿山企

① 隋彭生：《合同法要义》，中国政法大学出版社2003年版，第54页。

业股权变动并没有限制性规定,该协议无须批准即可生效,协议双方应依约履行合同。

[案情]

上诉人青海汇吉实业集团有限责任公司(以下简称汇吉公司)、周甲与被上诉人杜甲、李某某、高某某(以下简称杜甲三人),原审被告徐某某、袁某某、周乙股权转让纠纷一案,一审法院经审理查明:

2009年2月25日,冷湖开源钾肥有限责任公司(以下简称冷湖钾肥公司)股东杜甲三人形成《股东大会决议书》,授权杜甲办理与汇吉公司商谈股权转让及由杜甲收取转让款等事宜。

2009年3月16日,汇吉公司与冷湖钾肥公司签订《公司收购协议书》约定,就汇吉公司(或汇吉公司指定的法人或自然人)整体收购冷湖钾肥公司事宜以及就收购过程中办理相关股东所持股份的转让事宜,同时达成以下协议:"1.同意汇吉公司(或汇吉公司指定的法人或自然人)整体收购冷湖钾肥公司。收购内容包括:冷湖钾肥公司全体股东所持有全部股份;冷湖钾肥公司所属全部资产;冷湖钾肥公司应持有或已持有的全部法人工商、税务、银行和其他的法律文件和相关的合法印鉴;冷湖钾肥公司所持有的各级国土资源部门核发的采矿许可证以及所有相关的文件和批复。2.收购款为10400万元,由汇吉公司按以下时间和数额分别支付给冷湖钾肥公司(或冷湖钾肥公司指定的法人或自然人):(1)汇吉公司在2009年3月31日前支付8000万元;(2)汇吉公司必须在2009年12月30日前付清全部尾款2400万元。3.冷湖钾肥公司必须在2009年4月10日前完成冷湖钾肥公司所持有的全部股份的转让,并必须在2009年4月30日前按汇吉公司要求由冷湖钾肥公司全体股东签订全部股份的《股权转让合同书》;并将所属全部资产(含盐田、卤渠、建筑、设备、原料、半成品等与经营相关的所有资产)和所应有或持有的全部工商、税务、银行和其他的法律文件和相关的合法印鉴以及所持有的各级国土资源部门核发的采矿许可证和所有相关的文件和批复移交给汇吉公司。……7.违约责任:如果冷湖钾肥公司不能按本协议第3条、第5条所规定的条款履行义务,冷湖钾肥公司必须无条件退还汇吉公司已经支付的全部款项,并承担总收购款10%的违约金。同样,如果汇吉公司不能如期按本协议第2条履行义务,应承担总收购款10%的违约金。"该协议汇吉公司、冷湖钾肥公司的法定代表人周甲、杜甲签字,冷湖钾肥公司加盖公章。

2009年5月15日,冷湖钾肥公司与汇吉公司签订《补充协议》,双方认可2009年3月16日签订的《公司收购协议书》真实有效。同时约定:"关于付款:期限修定为2009年3月31日前支付5000万元,其中定金2000万元;2009年4月30日前支付2000万元;2009年5月20日前支付200万元。……关于股份:……2.2冷湖钾肥公司按汇吉公司提供的新股东名单及股份股权比例办理股权变动事项,即股东姓名及股权比例:周甲31%、周乙29%、张某某20%、聂某20%。冷湖钾肥公司在办理股东股权变更的同时,按汇吉公司提供的新的公司章程办理报备,并将法人代表变更为徐某某。……关于采矿证:冷湖钾肥公司负责为汇吉公司办理采矿许可证延期手续,确保该宗矿产资源的证书有效合法。……关于违约责任:7.3　本协议双方均应遵守本协议的约定,及时充分如约地履行本协议所规定的义务,任何一方违反本协议的约定而给其他方造成损失的,应向受损方承担赔偿责任。7.4　对于冷湖钾肥公司违反本协议所述其应当履行的各项义务而给汇吉公司造成损失的,则冷湖钾肥公司应就汇吉公司所受的该等损失承担连带赔偿责任并应当向汇吉公司支付相当于本协议第1条所述汇吉公司本次投资总额10400万元的损失及20%的违约金。本协议与《公司收购协议书》具有同等法律效力。”协议加盖有汇吉公司、冷湖钾肥公司的公章及法定代表人周甲、杜甲签字。

2009年5月15日,汇吉公司向杜甲出具《承诺与保证》称,你向我们共同委托的代理人徐某某,授予的冷湖钾肥公司的授权与委托事项,我们将依法从事经营活动,授权期间发生的一切债权债务以及法律责任由我们承担。该保证书中汇吉公司以保证人的身份加盖公章,周甲签字。同日,徐某某、周甲、袁某某、周乙四人亦向杜甲出具了相同内容的《承诺与保证》。

2009年5月15日,周甲、袁某某向杜甲出具一份《承诺书》称,冷湖钾肥公司截至2009年5月15日收到收购款累计2490万元,而非7000万元。并承诺于2009年5月22日继续支付收购款1500万元,2009年5月29日支付210万元。杜甲收到2009年5月款项后(即1710万元)开具收据,收据内容为收到汇吉公司收购冷湖钾肥公司款8000万元的收据,实际支付款项为4200万元。所作收据为承诺人之要求出具,由此产生的法律纠纷及责任均由承诺人承担。

2009年5月15日,周甲向杜甲出具一份《欠条》称,鉴于2009年3月16日和2009年5月15日分别签订的《收购协议书》、《补充协议》就收购冷湖钾肥公司总价款10400万元中的2009年底支付款3200万元,经杜甲要求先打欠条,待冷湖钾肥公司采矿权证的延续办妥移交至冷湖钾肥公司或新股东后,经审验无误后2个工作日将上述金额转入冷湖钾肥公司。如延误付款,欠款人赔偿2000万元(补充协议中的定金部分),并无条件承担由此产生的法律责任。冷湖钾肥公司收到该款项后,此欠条收回作废,一切责任终结。

2009年7月23日,杜甲向汇吉公司移交冷湖钾肥公司公章、安全生产许可证等。汇吉公司杜乙签字。7月29日,冷湖钾肥公司财务人员唐某某向汇吉公司财务人员石某某移交冷湖钾肥公司银行账本、财务章、杜甲私章、发货专用章、发票专用章、现金支票、银行预留印鉴卡等。

2010年1月5日,冷湖钾肥公司股东杜甲三人形成《股东大会决议书》,委托杜甲全权办理股权转让、资金收取等事宜,委托马某代为参加诉讼所得款项汇入杜甲账户后再分配。

2010年2月4日,杜甲等委托马某向汇吉公司移交:1.股权转让的股东大会决议书(2010年1月8日作出);2.关于冷湖钾肥公司就采矿权转让给汇吉公司的股权证明决议书;3.《冷湖钾肥公司章程修正案》、《授权委托书》、冷湖钾肥公司全体股东签字的《股东会议决议书》。该《文件交接清单》中汇吉公司盖章,周甲签字。

合同履行中,2009年3月31日前,汇吉公司向杜甲支付400万元;2009年4月1日至4月30日前支付2090万元;2009年5月20日至2011年11月11日支付3776万元。累计支付收购股权价款6266万元。截至诉讼,徐某某、周甲、袁某某、周乙四人及汇吉公司尚欠杜甲三人股权转让款4134万元。

另查明,冷湖钾肥公司于2002年12月10日注册成立,注册资本金为150万元,法定代表人为杜甲。股东为:杜甲出资85万元,占56.67%,高某某出资40万元,占26.67%,李某某出资25万元,占16.66%。经营范围:钾肥开采、销售。2010年9月6日,公司股东名册变更为:周甲出资46.5万元,占31%,周乙出资43.5万元,占29%,袁某某、徐某某各出资30万元,分别占20%。法定代表人变更为徐某某。股东变更行为在青海省国土资源厅备案。2011年4月1日,公司股东名册变更为:周丙出资106.5万元,占71%,周乙出资43.5万元,占29%。法定代表人变更为周乙。股东变更行为在青海省国土资源厅备案。工商登记档案中显示自2010年1月28日以前,所有年检报告、股东会决议、各类申请、证明等中均加盖"青海省冷湖开源钾肥有限责任公司"的印章,此后均加盖"冷湖开源钾肥有限责任公司"的印章。

还查明,2004年12月31日、2008年1月14日,青海省国土资源厅向冷湖钾肥公司颁发《采矿许可证》,有效期至2010年1月14日;2006年3月10日,青海省安全生产监督管理局向冷湖钾肥公司颁发《安全生产许可证》,上述证照上均加盖"青海省冷湖开源钾肥有限责任公司"的印章。2010年1月28日,青海省国土资源厅向冷湖钾肥公司颁发《采矿许可证》,有效期至2013年1月28日,该证照上加盖"冷湖开源钾肥有限责任公司"的印章。

为索要欠款,杜甲三人向原审法院提起诉讼,请求判令徐某某、周甲、袁某某、周乙四人及汇吉公司向杜甲三人支付收购款4140万元及赔付赔偿款2000万元。

一审法院根据《民事诉讼法》①第107条、第120条、第128条,《合同法》第44条、第60条、第107条、第114条的规定,该院判决如下:

徐某某、周甲、袁某某、周乙四人于本判决生效后三个月给付杜甲三人股权转让款4134万元及赔偿损失2000万元;汇吉公司对上述债务承担连带赔偿责任。

汇吉公司和周甲不服原审上述判决,提起上诉,请求撤销一审判决,依法改判

① 本案例所涉及的《民事诉讼法》指2007年修订的《民事诉讼法》。

或将本案件发回重审；或者对该涉嫌犯罪的案件移送至青海省海西州公安局予以处理，并对该案件终结审理。

［结论］

二审法院依照《民事诉讼法》第153条第1款第1项、第3项之规定，判决如下：

一、维持一审判决主文关于徐某某、周甲、袁某某、周乙四人于本判决生效后三个月给付杜甲、李某某、高某某股权转让款4134万元及青海汇吉实业集团有限责任公司对上述债务承担连带赔偿责任内容；

二、变更上述判决书主文其余内容为：徐某某、周甲、袁某某、周乙四人于本判决生效后三个月给付杜甲、李某某、高某某违约金1040万元，青海汇吉实业集团有限责任公司对上述债务承担连带赔偿责任。

［法院认为］

本案二审程序中的争议焦点涉及五个方面的问题：涉案法律关系的实质内容；本案所涉合同法律关系的效力；本案所涉收购冷湖钾肥公司股权的对价；关于已经支付款项及违约金的问题；关于收购冷湖钾肥公司股权的双方当事人。

1. 涉案法律关系的实质内容

2009年3月16日，汇吉公司与冷湖钾肥公司签订《公司收购协议书》，安排由汇吉公司整体收购冷湖钾肥公司，合同约定了汇吉公司保障支付价款及冷湖钾肥公司保障办理股权过户及移交冷湖钾肥公司所有的全部资产、采矿权许可证、法人所属的其他文件等。同年5月15日，双方又签订《补充协议》，具体约定了支付款项的时间、办理股权过户手续及移交公司的相关事宜。在上述合同的履行中，冷湖钾肥公司的股东杜甲三人将股权过户给汇吉公司安排的徐某某、周甲、袁某某、周乙四人；冷湖钾肥公司的公章、财务手续及其他公司文件等被移交给汇吉公司安排的人员接管；冷湖钾肥公司的《采矿权许可证》办理了续期手续，《采矿权许可证》仍办理在冷湖钾肥公司名下，冷湖钾肥公司法人资格未发生变动，其资产所有权未发生变动。鉴于上述事实，应认定涉案法律关系引起了冷湖钾肥公司的股东变更，实际发生了股权转让，冷湖钾肥公司仍保留其独立法人资格和财产权利。汇吉公司、周甲上诉称本案涉及买卖实物资产，存在8个不同的法律关系，一审判决把冷湖钾肥公司的实物财产、采矿权当成了3名自然人股东的个人财产等观点不成立，本院不予支持。汇吉公司及周甲上诉时提交青海省冷湖行政委员会国土资源和环境保护局（冷行国土环〔2010〕14号）文件、青海省海西州国土资源局（西国土资源矿〔2010〕155号）文件，拟依此文件证明本案涉及采矿权的转让。因该文件日期为2010年4月和5月，而根据本案查明的事实，杜甲三人在2009年7月已经将公司的公章等管理权限移交给汇吉公司，汇吉公司及周甲不能证明其管理公司期间的公司行为与杜甲三人有关，且涉案合同未约定《采矿权许可证》权利主体需要变动，目前《采矿权许可证》仍然在冷湖钾肥公司名下，汇吉公司和周甲提交的上述证据材料与本案事实缺乏关联性，不能作为证据使用，其主张本院不予支持。

2. 本案所涉合同法律关系的效力

汇吉公司与冷湖钾肥公司于2009年3月16日、5月15日签订《公司收购协议书》、《补充协议》，约定冷湖钾肥公司的全体股东杜甲三人将股权过户给由汇吉公司安排接收股权的人，并约定了收购对价、办理股权过户及公司资产移交等相关内容，该两份合同不违反国家法律法规规定，不损害他人合法权益，应认定合法有效。汇吉公司、周甲上诉主张按照《矿产资源法》、《探矿权采矿权转让管理办法》等规定，《公司收购协议书》及《补充协议》应为未生效。因本案法律关系涉及变动的是股权，并非采矿权等资产，上述法律对企业股权变动并没有限制性规定，汇吉公司、周甲上诉主张适用上述法律的观点不成立，本院不予支持。

3. 本案所涉收购冷湖钾肥公司股权的对价

一审判决认定汇吉公司与冷湖钾肥公司于2009年3月16日、5月15日签订的加盖"青海省冷湖开源钾肥有限责任公司"公章的《公司收购协议书》、《补充协议》，是各方当事人的真实意思表示，并依据该合同的约定确定收购冷湖钾肥公司的对价为10400万元。汇吉公司和周甲上诉称2009年3月29日的《公司收购协议书》是双方当事人最后签署的，该合同确定的收购价款为7400万元，应以此认定收购对价，同年5月15日周甲、袁某某出具的《承诺书》认可的也是该合同。因同年5月15日的《补充协议》、周甲向杜甲出具的《欠条》仍确认收购总价款为10400万元，其主张3月29日的合同是后签订的、修改了3月16日的合同依据不足。汇吉公司和周甲在二审质证时又提交加盖"冷湖开源钾肥有限责任公司"公章，载明签订日期为2009年3月16日的《公司收购协议书》和载明签订日期为5月15日的《补充协议》，该两份合同载明的收购总价款为7400万元，汇吉公司和周甲据此主张收购价款应为7400万元。根据本案查明的事实，杜甲三人管理公司期间使用的公章为"青海省冷湖开源钾肥有限责任公司"，杜甲三人于2009年7月23日将公司公章等移交给汇吉公司，汇吉公司和周甲上诉提交的两份合同加盖的公章均为"冷湖开源钾肥有限责任公司"，该枚公章并非杜甲三人管理公司期间使用的，因此，该合同应为2009年7月23日移交公司后形成，其签订日期并非合同上载明的日期。如果双方当事人有变更收购总价款的意愿，对后期制作的合同日期向前倒签不符合常理，且周甲在5月15日的《欠条》中仍明确收购总价款为10400万元，上述两份合同与该《欠条》载明的总价款也不一致。在汇吉公司与周甲不能提交关于双方当事人修改合同的其他证据的情况下，其主张二审提交的两份合同替代了原合同的观点不能成立。本案股权变动存在多份合同，其中一审判决采信的加盖"青海省冷湖开源钾肥有限责任公司"的合同，系各方当事人的真实意思表示，该合同载明收购价款为10400万元，在同年5月15日周甲向杜甲出具的《欠条》对此也予以印证。汇吉公司和周甲上诉提交的加盖“冷湖开源钾肥有限责任公司”公章的两份合同，为在冷湖行委国土资源环境保护和林业局调取，杜甲三人在诉讼中主张该两份合同的用途为提供给有关部门备案，并非当事人真实意思。汇吉公司和周甲依据该两份合同主张变更了收购总价款的观点，因证据不充分，本院不予采信，其关于对该两份合同上杜甲的签名进行鉴定的申请，因该两份合同并不代表当事人之间的真实交易，本院不予准许。一审判决认定收购价款为10400万元正确，本院予以维持。

4. 关于已经支付款项及违约金的问题

2009年5月15日，周甲向杜甲出具的《欠条》载明于2009年年底前支付合同总价款10400万元中的3200万元，如延期付款将赔偿2000万元，付款的前提是采矿权许可证延续办妥并移交给冷湖钾肥公司或者新股东。根据本案查明的案件事实，在双方当事人签订和履行本案合同期间，冷湖钾肥公司的《采矿权许可证》有效期至2010年1月14日，随后，冷湖钾肥《采矿权许可证》获得延期，自2010年1月28日至2013年1月28日。在2009年5月20日至2011年11月11日期间，汇吉公司累计支付3776万元。上述事实表明，冷湖钾肥公司《采矿权许可证》获得延期批准的时间，已经超过了《欠条》约定的汇吉公司需于2009年底付款的时间，在杜甲三人未在约定的付款日期到来前办完延期手续，要求周甲等人承担2000万元赔偿责任不符合《欠条》中的约定，且出具该《欠条》后汇吉公司陆续向杜甲三人支付了部分款项，因此，一审判决周甲等人支付该《欠条》中约定的2000万元赔偿款不妥，应予以纠正。杜甲三人起诉请求依据的《欠条》系履行《公司收购协议书》《补充协议》形成的，其约定的2000万元赔偿款系在该两份合同约定的违约金基础上的加倍惩罚措施，杜甲三人依据《欠条》主张2000万元赔偿金的请求不成立，但汇吉公司未按合同约定付款构成违约属实，应承担合同约定的违约责任，徐某某、周甲、袁某某、周乙四人及汇吉公司一方当事人应依据上述两份合同的约定支付违约金。2009年3月16日，汇吉公司与冷湖钾肥公司签订《公司收购协议书》第7条约定，如果汇吉公司不能如期付款，应承担收购款10%的违约金。根据本案查明的事实，《公司收购协议书》约定的收购款项尚有4134万元未支付，并且已经超过了约定的支付期限，依据合同约定应向杜甲三人支付违约金1040万元（10400万元×10% =1040万元）。

5. 关于收购冷湖钾肥公司股权的双方当事人

2009年3月16日、5月15日，冷湖钾肥公司与汇吉公司签订《公司收购协议书》和《补充协议》，约定收购冷湖钾肥公司股权事项。合同约定转让全体股东股权及汇吉公司安排接受股权的股东等内容。在合同履行中，杜甲三人收取转让费，并将股权进行了变更，应确认杜甲三人为股权转让方。汇吉公司在《补充协议》中安排接受股权的人为周甲、周乙、张某某、聂某，但在实际办理股权变更登记时又更换了其中的两人，涉案已经支付的款项均由汇吉公司付出，徐某某、周甲、袁某某、周乙四人及汇吉公司为支付本案涉及的款项曾经出具过《承诺与保证》，根据汇吉公司签订合同安排接受股权的股东及汇吉公司与徐某某、周甲、袁某某、周乙四人均积极参与合同履行的事实，应认定汇吉公司与徐某某、周甲、袁某某、周乙四人为股权收购一方，对支付本案股权收购款项应共同承担责任。一审判决徐某某、周甲、袁某某、周乙四人承担本案债务责任，汇吉公司承担连带责任不妥，但因杜甲三人未提出上诉且共同承担债务责任与连带承担债务责任对清偿债务没有影响，本院对此不予调整。汇吉公司与徐某某、周甲、袁某某、周乙四人谁是实际的股权受让方，应实际享有股权并支付股权转让款，属于汇吉公司与徐某某、周甲、袁某某、周乙四人之间的法律关系，其间如果发生争议可以另行起诉。汇吉公司、周甲上诉主张《补充协议》约定的受让股东为周甲、周乙、张某某、聂某，应认定该协议无效的观点不成立，本院不予支持。

综上，本案当事人之间建立和履行了关于冷湖钾肥公司股权转让法律关系，杜甲三人作为转让方已经履行了合同约定的义务，但受让方汇吉公司及徐某某、周甲、袁某某、周乙四人尚有 4134 万元转让款未按约定支付，应依据合同约定支付剩余款项及违约金。原审判决支付剩余款项 4134 正确，应予以维持，但判决支付 2000 万元赔偿金不符合当事人的约定，应按合同约定的违约责任变更为 1040 万元。

（案例选自《商事审判指导》2012 年第 3 辑）

［法律法规链接］

《合同法》第 44 条、第 60 条、第 107 条、第 114 条

072. 通过股权转让、股权回购等形式出于短期融资的需要产生的融资，其合法性应予承认

【指导与参考案例】

联大集团有限公司诉安徽省高速公路控股集团有限公司股权转让纠纷案

［案号］

最高人民法院（2013）民二终字第 33 号

［裁判要旨］

股权协议转让、股权回购等作为企业之间资本运作形式，已成为企业之间常见的融资方式。如果并非以长期牟利为目的，而是出于短期融资的需要产生的融资，

其合法性应予承认。

[**案情**]

上诉人联大集团有限公司(以下简称联大集团)与被上诉人安徽省高速公路控股集团有限公司(以下简称安徽高速)股权转让纠纷一案,一审查明:

1. 签订《股权转让协议书》的事实及协议相关内容

2003 年 4 月 30 日,联大集团与安徽高速于安徽省合肥市签订《股权转让协议书》,由安徽高速受让联大集团持有的安徽安联高速的 49% 股权。协议书载明以下内容:"……7. 本协议在下列条件成就之日起生效:……(5)如有规定,取得政府有关部门对本协议的批准。"(协议第 12 条)

当日,安徽安联高速的股权变更登记手续办理完毕。安徽高速事后支付了股权转让款。

2. 关于《股权转让协议书》效力的事实

(1)关于股权转让协议是否经过有关机关批准,如未经批准是否影响合同效力的事实。

股权转让协议第 12 条约定,协议在所列 5 项条件全部成就之日起生效,其中第 5 项为"如有规定,取得政府有关部门对本协议的批准"。但该协议未经有关机关批准。

1994 年 11 月 3 日国家国有资产管理局、国家经济体制改革委员会发布的《股份有限公司国有股权管理暂行办法》(国资企发〔1994〕81 号)第 29 条规定,国有股权可以依法转让。国家股权转让应符合以下规定:一、转让国家股权应以调整投资结构为主要目的。二、……三、转让国家股权的申请报国家国有资产管理局和省级人民政府国有资产管理部门审批;向境外转让国有股权的(包括配股权转让)报国家国有资产管理局审批;国家股转让数额较大,涉及绝对控股权及相对控股权变动的,须经国家国有资产管理局会同国家体改委及有关部门审批。该规范性文件为行政规章,已被 2008 年 1 月 31 日发布的《财政部关于公布废止和失效的财政规章和规范性文件目录(第十批)的决定》废止。

(2)关于案涉股权转让时是否经评估,以及如未经评估是否影响股权转让协议效力的事实。

1991 年 11 月 16 日,中华人民共和国国务院颁布第 91 号《国有资产评估管理办法》(以下简称《办法》),其中第 3 条规定:国有资产占有单位有下列情形的应当进行资产评估:(一)资产拍卖、转让;(二)企业兼并、出售、联营、股份经营;(三)与外国公司、企业和其他经济组织或者个人开办中外合资经营企业或者中外合作经营企业;(四)企业清算;(五)依照国家有关规定需要进行资产评估的其他情形。第 12 条规定:国有资产评估按照下列程序进行:(一)申请立项;(二)资产清查;(三)评定估算;(四)验证确认。第 38 条规定:本办法由国务院国有资产管理行政主管部门负责解释。本办法的施行细则由国务院国有资产管理行政主管部门制定。1992 年 7 月 18 日，国家国有资产管理局发布《施行细则》，其中第 10 条规定：对于应当进行资产评估的情形没有进行评估，或者没有按照《办法》及本细则的规定立项、确认，该经济行为无效。

在联大集团向安徽高速转让案涉股权时，该股权价值未经评估。

（3）关于案涉股权转让是否属于名为股权转让，实为企业之间借贷的事实。

联大集团认为案涉股权转让行为的性质是企业之间的质押借款，即联大集团将案涉股权作为质押物，向安徽高速借款。依据为：①2002 年 11 月关于江苏悦达集团收购安徽安联高速股权的新闻网页，证明第三方江苏悦达集团欲以 14 亿元收购联大集团持有的安徽安联高速 60% 的股权，但安徽高速希望与联大集团继续合作，为了解决联大集团的资金需求，安徽高速愿意提供借款，并由联大集团提供安徽安联高速 49% 的股权作为质押担保，由于企业之间不允许借贷，因此，双方签订股权转让协议，并约定了远低于市场价格的股权转让价格 4.5 亿元，且未经评估。②《安徽省高速公路总公司、联大集团有限公司关于安联高速公路有限公司股份回购的请示》稿件，载明：2002 年 10 月，联大集团因流动资金周转出现暂时困难，拟将所持安徽安联高速的股权转让给江苏悦达集团，安徽高速不希望联大集团退出安徽安联高速，愿意在联大集团将股权作为质押担保的前提下向联大集团提供借款。具体操作是联大集团将 49% 的股权先转让给安徽高速，同时约定联大集团在两年内可以回购，回购价格为股权转让价格加上按同期银行贷款利率上浮一个百分点的利息，并签订了股权转让协议。安徽高速与联大集团仅仅是通过签署股权转让协议的形式达到企业间资金融通的目的。③《股权转让协议书》的相关约定也证明其具有质押借款的特征，如约定安徽高速如不能按约向联大集团支付股权转让款，应立即按登记机关的要求申请将被转让的股权重新变更至联大集团名下，并承担违约责任；股权转让后的安徽安联高速法定代表人仍由联大集团推举的人员担任；股权转让后两年内，安徽高速不得转让该股权，联大集团享有回购权，回购款项为股权转让款及略高于银行利率计算的利息等。④2004 年 12 月 27 日，安徽高速在致联大集团的《关于股权回购协议书的回复意见》中也认可借款事实。该函件相关内容为："基于双方股权转让目的系配合贵司融资需要，故我公司坚持股权回购款全部到位后再办理股权变更登记手续，不接受贵司先办理变更登记及银行保函的要求。"

安徽高速认为，联大集团关于股权转让行为实为质押借款的主张没有事实依据。①新闻网页未经公证，对证据的真实性、合法性不能确认，且江苏悦达集团与联大集团的交易并未真实发生，联大集团也不能提供双方订立的合同等直接证据证明收购事实。②《安徽省高速公路总公司、联大集团有限公司关于安联高速公路有限公司股份回购的请示》仅为联大集团单方起草的稿件，并未得到安徽高速的确认,不能证明相关事实。③股权转让协议并无关于质押借贷的内容。④《关于股权回购协议书的回复意见》中的融资不应理解为借款,融资的方式有很多种,只要是解决企业资金问题的方式均为融资,转让股权也是融资的方式之一。⑤股权回购与借贷融资是两个不同的法律概念,回购股权存在或然性,而借贷合同中的还本付息具有必然性。

(4)关于股权转让价格是否明显低于市场价格,是否影响股权转让协议效力的事实。

联大集团认为案涉股权转让价格明显低于市场价格,其提供的证据除前述江苏悦达集团拟收购安徽安联高速股权的新闻网页外,还提供了2008年3月安徽安联高速的股东会议资料,证明安徽安联高速2007年度的净利润为2.5亿元。同时,其还主张安徽安联高速2011年7月4日向股东分配股权收益的总额是9.98亿元。

安徽高速认为,其对新闻网页的真实性不予认可。联大集团提供的上述股东会议资料为电脑打印件,没有任何单位、个人的签章,对其真实性、合法性不能确认,且该会议资料的内容为安徽安联高速2007年度的情况,并非2003年年初本案股权转让时安徽安联高速的情况,不能证明股权转让时安徽安联高速的资产状况和股权价值。2011年7月4日是安徽安联高速设立13年后第一次分红,资本年回报率不足10%,恰恰证明联大集团关于江苏悦达集团在2002年年底出资14亿元收购安徽安联高速股权的说法不具有合理性。

同时,安徽高速提供以下证据:(1)2003年3月3日,安徽华普会计师事务所接受安徽安联高速的委托作出的华普审字〔2003〕第0240号审计报告,证明截至2002年12月31日,安徽安联高速的未分配利润为-17361.125696万元,公司处于亏损状态。(2)2006年5月29日,云南亚太司法鉴定中心接受云南省昆明市中级人民法院的委托作出的云南亚太司法鉴字〔2006〕第2号资产评估报告,证明以2006年3月31日为基准日,安徽安联高速的股权每股价值为1.93元。(3)2006年5月10日,山东新联谊有限责任会计师事务所接受山东省济南市中级人民法院的委托作出的鲁新联谊评报字(2006)第2029号资产评估报告,证明以2006年3月31日为基准日,安徽安联高速11%的股权(7700万股)价值14919.87万元。因此,安徽安联高速在案涉股权转让时处于亏损状态,即使到2006年,其股权价值也仅为每股1.94元左右,而股权转让协议约定的转让价已达到每股1.31元,故该价格公平合理。联大集团对上述审计报告、评估报告的真实性无异议,但认为不能证明安徽高速的观点。

3. 关于联大集团主张回购股权的事实

2004年4月7日起,联大集团与安徽高速之间关于股权回购事宜发生多次函件往来。2004年11月26日,安徽省国资委出具《关于山东联大集团公司要求回购安联高速公路有限公司股权的批复》(皖国资产权函〔2004〕322号)。主要内容为:(1)安徽省国资委同意安徽高速与联大集团继续履行《股权转让协议书》,由联大集团按该协议的约定回购相关股权。(2)股权转让情况要及时报安徽省国资委备案并办理产权变更手续。

联大集团认为其已按约向安徽高速提示回购股权,但安徽高速设置种种障碍恶意阻挠联大集团回购股权。联大集团担心支付股权回购款后不能实现股权回购,即使实现回购也可能造成巨大损失,为了保障其合法权益,联大集团未付款,而是提出由其提供银行保函,然后按原股权转让时的操作顺序,先由安徽高速转让股权并办理工商变更登记,后由联大集团支付股权回购款。由于安徽高速人为设置障碍,导致联大集团未能按期回购股权,联大集团未丧失该股权回购权。安徽高速认为,因联大集团当时资产状况恶化,剩余资产已被多家法院查封,如先转让股权,可能造成安徽高速的利益受到严重损害,因此未同意联大集团先办理股权过户,后支付回购款项的要求。由于联大集团未按约支付股权回购款,其已丧失股权回购权。

4. 关于联大集团是否具有股权回购款的支付能力的事实

联大集团提供2004年4月至2005年3月的收付款凭证、借款凭证等,证明联大集团及其关联企业积极筹集回购资金,进账金额达7亿元,具有付款能力。安徽高速对上述凭证的真实性、合法性不认可,且认为联大集团未提供证据证明该款项与回购股权有关。

安徽高速为了证明联大集团不具备支付股权回购款的能力,提供了部分案件的民事判决书、《银监会开列慎贷名单　民营系集中名列黑榜》的新闻网页、安徽省工商行政管理局的《股权冻结通知书》、部分拍卖成交确认书等,证明联大集团因企业业务范围较广,对外过度投资和担保而被列入中国银行业监督管理委员会向各金融机构通报的慎贷黑名单。且联大集团因对外巨额负债,其所持安徽安联高速11%的股权在2005年3月、4月被青岛、济南、昆明等多家法院查封、拍卖。联大集团认为上述新闻网页证据形式不合法,不具有真实性,不能证明联大集团资产恶化。其他证据所涉案件标的较小,也不能证明联大集团没有付款能力。况且,安徽高速的代理人在与本案相关联的金安公司与联大集团、安徽高速借款合同纠纷一案的庭审中认可联大集团有资产,有付款能力。

5.《企业国有产权转让管理暂行办法》、《安徽省高速公路经营权转让管理暂行办法》的相关规定

2003年12月31日,国务院国有资产监督管理委员会公布《企业国有产权转让管理暂行办法》,并于2004年2月1日起施行。该办法第9条规定,所出资企业对企业国有产权转让履行下列职责:(一)按照国家有关规定,制定所属企业的国有产权转让管理办法,并报国有资产监督管理机构备案;……(四)向国有资产监督管理

机构报告有关国有产权转让情况。第25条规定,国有资产监督管理机构决定所出资企业的国有产权转让。其中,转让企业国有产权致使国家不再拥有控股地位的,应当报本级人民政府审批。第26条规定,所出资企业决定其子企业的国有产权转让。其中,重要子企业的重大国有产权转让事项,应当报同级国有资产监督管理机构会签财政部门后批准。

2004年5月8日,安徽省政府办公厅印发《安徽省高速公路经营权转让管理暂行办法》。该办法第2条第2款规定,本办法所称高速公路经营权,是指省人民政府特许的高速公路(含公路桥梁、隧道、渡口)收费权,以及高速公路沿线规定区域内服务设施的经营权。该条第3款规定,本办法所称高速公路经营权转让,是指由国有交通投资企业或者省人民政府授权的交通行政主管部门,在一定期限内将高速公路经营权转让给具备条件的境内外法人经营的一种特许行为。

2010年2月21日,江苏省高级人民法院受理该案,联大集团请求判令:(1)确认联大集团拥有安徽安联高速40%股权的回购权,安徽高速立即按照合同约定同意联大集团回购;(2)安徽高速向联大集团交付上述股权,并办理股权变更手续。

一审法院依照《民法通则》第140条,《合同法》第52条第5项、第60条第1款、第67条,《民事案件诉讼时效制度规定》第13条第9项,《合同法解释(二)》第14条、第19条第1款、第2款,判决:驳回联大集团有限公司的诉讼请求。

联大集团不服,提起上诉,请求:依法撤销原审判决,并依法改判支持上诉人的全部诉讼请求。

二审中,联大集团提交"安徽高速起草的股权回购协议书",证明目的包括:(1)安徽高速提出了回购股权要支付"迟延出资补偿、税费问题"等条件,完全否定了原《股权转让协议书》中所约定的回购条件;(2)安徽高速提出的迟延出资利息补偿合计3376万元以及关联企业的借款远远超出了股权回购价格,使股权回购价格无法确定;(3)安徽高速提出如果联大集团不满足提出的条件,联大集团将失去股权回购权;(4)安徽高速亦认为签订股权回购协议书是履行股权回购必经的程序和前提。

[结论]

二审法院判决驳回上诉,维持原判,即驳回联大集团有限公司的诉讼请求。

[法院认为]

本案双方争议的焦点是案涉《股权转让协议书》的效力及股权回购条件是否成就。

关于《股权转让协议书》是否名为股权转让,实为企业间借贷的协议。联大集团上诉提出《安徽省高速公路总公司、联大集团关于安联高速公路股份回购致安徽省国资委的请示函》第三段载明"2002 年 10 月联大因流动资金周转暂时困难,拟将所持有安联高速股份转让给江苏悦达集团,安高出于双方一贯合作良好且将继续合作、拓展业务的考虑,不希望联大离开安联,并愿意在联大将股权作为质押担保的前提下,借款给联大"。但依据原审法院查明的事实,该函件系联大集团单方起草的请示稿件,未经安徽高速确认,因此不能作为本案的定案依据。联大集团上诉称,在金安公司案件中,安徽高速主动提供了该份材料作为证据,但在本案审理中,安徽高速称该文件系按照法院的要求提供,并不因此当然代表其对前述联大集团拟稿文内容的真实性、合法性的认可。鉴于原审法院对其真实性不予认可,二审上诉人未提交新的证据充分证明其主张,故联大集团关于以此函件证明双方存在资金借贷关系的上诉主张不能得到支持。同时,安徽省政府关于股权转让的批复文件中已经明确记载,股权转让并非当事人所称借贷关系。

股权协议转让、股权回购等作为企业之间资本运作形式,已成为企业之间常见的融资方式。如果并非以长期牟利为目的,而是出于短期融资的需要产生的融资,其合法性应予承认。据此,本案上诉人关于双方股权转让实为融资借贷应认定无效的上诉理由不能成立,故其该点上诉主张,本院不予支持。

关于上诉人联大集团称被上诉人安徽高速违反诚信对股权回购恶意设置重重障碍。二审法院认为,在案涉股权回购条件成熟时,各方当事人可以直接按照双方达成的《股权转让协议书》之约定履行,至于双方在股权回购磋商中提出的种种条件,在未达成一致前,均为单方意思表示。该意思表示不构成对原《股权转让协议书》的变更,亦不影响各方按照该《协议》履行各自的义务。

《合同法》第 62 条第 5 项规定,履行方式不明确的,按照有利于实现合同目的的方式履行。本案股权回购过程中,联大集团在安徽高速陆续发出按照指定账户汇款下,其可以选择索要具体账户或提存等方式履行合同约定的付款义务。上诉人联大集团在本案审理中坚称其有足够的履约能力,但在安徽高速数次函告要求其按照指定账户履行《股权转让协议书》约定的付款义务时,却始终坚持先过户后付款。由于该履约方式违背《股权转让协议书》约定,变更了协议约定的履行方式,最终导致超过该协议约定的回购期限。《合同法》第 67 条规定:"当事人互负债务,有先后履行顺序,先履行一方未履行的,后履行一方有权拒绝其履行要求。先履行一方履行债务不符合约定的,后履行一方有权拒绝其相应的履行要求。"安徽高速依照法律规定及《股权转让协议书》约定,在联大集团违背约定,符合拒绝接受其履约条件下,拒绝其超出约定内容的关于先过户后付款的回购主张,事实及法律根据充分,应予支持。上诉人联大集团依据《合同法》第 68 条第 3 项关于应当先履行债务的当事人,有确切证据证明对方丧失商业信誉的,可以中止履行的规定,主张不安抗辩没有证据支持,二审法院不予采信。

关于上诉人联大集团认为《股权转让协议书》确定的股权转让价款明显低于市场价格,构成显失公平,原审法院认定事实不清导致错误判决的上诉主张。本院认为,在案事实表明,各方对案涉华普审字〔2003〕第0240号《审计报告》不持异议,该审计报告显示,截至2002年12月31日,安徽安联高速公路有限公司49%的股权由原始出资的3.43亿元贬值至2.6亿元,各方协商确定的股权转让金为4.5亿元,远远高出其当时的市值。联大集团上诉请求与事实不符,原审法院关于双方约定的转让价格基本符合市场行情的事实认定正确,应予确认。同时,根据《合同法》第54条第1款第2项之规定,当事人对合同订立时显失公平的,有权请求人民法院变更或撤销。据此,鉴于上诉人在诉讼期间始终未提出撤销诉请,故对其此点上诉主张二审法院不予支持。

关于案涉股权转让中资产评估对《股权转让协议书》效力的影响。上诉人联大集团主张案涉股权转让未经评估,违背了有关国有资产处置的强制性规定,一审认定有效,适用法律错误。综观本案,上诉人联大集团始终主张确认其股权回购的权利,但股权回购权的确认必须以《股权转让协议书》有效为前提。其一,联大集团上诉主张既要求确认《股权转让协议书》无效,又主张确认回购权,故其主张理由相互矛盾,难以自圆其说;其二,1992年国务院发布的《国有资产评估管理办法》性质虽为行政法规,但其第3条关于国有资产占有单位在资产拍卖、转让等五种情形下,应当进行评估的规定虽为强制性规定,但根据《合同法》第52条及《合同法解释(二)》第14条的规定,该内容并非效力性强制性规定。国家国有资产管理局于1992年经国务院授权制定的《国有资产评估管理办法实施细则》性质应属部门规章,原审法院关于该细则系行政法规的认定错误,应予纠正。该细则第10条规定:"对于应当进行资产评估的情形没有进行评估,或者没有按照《办法》及本实施细则的规定立项、确认,该经济行为无效。"鉴于该细则属于部门规章,不是法律、行政法规,根据《合同法》第52条规定,不能直接否认案涉《股权转让协议书》的效力。

综上,案涉《股权转让协议书》内容明确,是双方当事人的真实意思表示,合法有效,当事人应受该协议书的约束。

(案例选自《商事审判指导》2014年第1辑)

[法律法规链接]

《民法通则》第140条

《合同法》第52条第5项、第60条第1款、第67条

《民事案件诉讼时效制度规定》第13条第9项

《合同法解释(二)》第14条、第19条第1款、第2款

073.“股转债”决议因违反资本维持原则而属无效

王某某诉上海金力达机械科技有限公司其他与公司有关的纠纷案[①]

[案号]

上海市普陀区人民法院(2011)普民二(商)初字第1185号

[裁判要旨]

《公司法》规定股东可以请求公司按照合理价格收购其股权的三种情形分别是“公司连续五年不向股东分配利润,而公司该五年连续盈利,并且符合本法规定的分配利润条件的”;“公司合并、分立、转让主要财产的”;“公司章程规定的营业期限届满或者章程规定的其他解散事由出现,股东会会议通过决议修改章程使公司存续的”,对于有限责任公司其他情形的股权回购则未作出规定。“股转债”决议不符合《公司法》关于有限责任公司股权回购的立法精神及法律规定,违反公司资本维持原则,损及公司及债权人利益,应属无效。

[案情]

王某某诉上海金力达机械科技有限公司(以下简称金力达公司)其他与公司有关的纠纷一案,经审理查明:2002年4月28日,王某某向金力达公司现金出资205000元,2004年7月12日,又以红利转出资方式向金力达公司增资61500元。后,王某某向金力达公司申请退出公司经营。2009年9月15日,金力达公司董事会决议公司以“股转债”形式接收王某某所持股份,债权数额以其现金投入资本金的200%计,利息为年息8%,债期二年,每半年计息一次。决议执行之日起,王某某不再享有股东权益。但金力达公司并未向王某某实际支付债权本金和利息。截至2012年3月7日,王某某仍为金力达公司工商登记在册股东,金力达公司已于2011年3月12日经营期限届满。王某某起诉要求金力达公司偿还“股转债”债务及两年的利息。

[结论]

上海市普陀区人民法院于判决:驳回王某某的诉讼请求。宣判后,本案当事人未提起上诉,判决已发生法律效力。

[法院认为]

法院生效裁判认为:本案主要争议焦点在于对“股转债”董事会决议效力的

---

① 参见最高人民法院中国应用法学研究所编:《人民法院案例选(2013年第4辑)》,人民法院出版社2014年版,第227~230页。

认定。

1. 关于"股转债"决议的性质

首先,系争"股转债"并非股权转让。公司法所指股权转让分为股权内部转让和外部转让,分别对应股东将其股权转让给公司内部股东或股东以外第三人,适用《公司法》[①]第72条的规定。本案并无内部股东或外部第三人受让王某某股权,故并非股权转让;其次,系争"股转债"亦非公司法意义上的公司减资。公司减资是在公司资本过剩或亏损严重的情况下,公司根据其业务经营状况,依法减少注册资本金的行为。根据《公司法》第38条、第44条、第104条及第178条的相关规定,公司减资必须由股东会绝对多数表决通过决议,并履行通知、公告程序,以保护债权人利益。本案系王某某向公司提出退股,虽然退股的结果可能导致公司减资,但从起因和程序操作来看,均非前述公司法意义上的公司减资;最后,系争"股转债"决议体现的意思表示是王某某与金力达公司协商后达成的公司以特定价格收购股权,故本案中所谓"股转债"决议的实质应是公司股权(股份)回购。

2.《公司法》关于公司股权(股份)回购的相关规定

相比于《公司法》第134条规定股份有限公司在三类情形(减少公司注册资本、与持有公司股份的其他公司合并、将股份奖励给公司职工)下可以主动回购股份,《公司法》第75条仅涉及有限责任公司异议股东的股权回购请求权,并无公司主动回购股权的相关规定。《公司法》第75条规定,在公司连续五年不分配利润,合并、分立、转让主要财产,营业期限届满或其他解散事由出现但通过修改章程仍使公司存续这三类特定情形下,对该项股东会决议投反对票的股东可以请求公司按照合理的价格收购其股权。显然,本案中的"股转债"决议尽管具有公司股权回购的性质,但并不符合《公司法》第75条所规定的异议股东股权回购请求权之构成要件,缺乏相应的法律依据。

3. 关于"合意"回购股权的效力认定

《公司法》对于有限责任公司主动回购股权,或者股东与公司"合意"回购股权,并无明确规定。有种观点认为,法无明文禁止即自由。由于《公司法》没有对有限公司回购股权作出禁止性规定,则视为公司可自行回购股权,本案股东与公司合意下的股权回购当属有效。然上述观点仅考虑了私法的意思自治,忽略了《公司法》所包含的公法特质,即公司自治以外须遵守的强制性规范。

[法律法规链接]

《公司法》(2005年修订)第36条、第75条

---

① 此处指2005年修订的《公司法》,下同。

074. 执行裁定确认的以股抵债协议不具有民事可诉性

上海宏普实业投资有限公司诉西安宏盛科技发展股份有限公司等股权转让纠纷案

[裁判要旨]

系争股权转让协议在法院执行程序中达成并经生效裁定确认,且系争股权已经完成了过户登记时,如果其他股东认为该股权转让侵犯了其优先受让权,应该向做出该裁定的法院提出执行异议,而不应向其他法院提起诉讼确认该以股抵债协议无效。

[案情]

上海宏普实业投资有限公司(以下简称宏普公司)诉上海宏盛电子有限公司(以下简称宏盛电子公司)、西安宏盛科技发展股份有限公司(以下简称西安宏盛公司)、陕西永昌文化发展有限公司(以下简称陕西永昌公司)股权转让纠纷一案,经审理查明:原告宏普公司与被告西安宏盛公司系被告宏盛电子公司的股东,分别占8%和92%的股权。2011年3月,原告得知被告西安宏盛公司为履行其对被告永昌公司的债务,在西安市中级人民法院执行中,与被告陕西永昌公司达成股权抵债协议,将其持有的宏盛电子公司92%股权作价200万元抵偿被告陕西永昌公司的欠款,且双方在浦东工商行政管理局办理了股权过户登记。

原告诉称:被告西安宏盛公司在未征得原告同意的情况下,擅自将持有的股权作价抵债,违反了《公司法》及公司章程有关规定,侵犯了原告作为股东的股权优先购买权。故请求法院:(1)确认西安宏盛公司与陕西永昌公司之间的股权转让协议无效;(2)判令原告对涉案股权享有优先购买权,且优先购买权的行使条件与西安宏盛公司和陕西永昌公司订立的股权抵债协议约定的转让条件相同。

被告陕西永昌公司在答辩期内提起了管辖权异议,请求将本案裁定移送至西安市中级人民法院审理。理由如下:本案所涉股权转让变更登记的依据是已生效的(2010)西执证字第48-1号执行裁定书,原告若主张权利,应依据《民事诉讼法》第227条的规定,向涉案标的的执行法院即西安市中级人民法院提出异议,而非在上海市浦东新区人民法院另行起诉。

原告针对管辖异议认为,《民事诉讼法》第227条是指在执行过程中案外人向法院提出异议的程序。然而现在执行程序已经结束。原告按照正常的起诉程序向法院起诉,要求法院判决股权转让行为无效。本案系侵犯股东优先购买权的案件,被告宏盛电子公司注册地在上海,上海法院当然有管辖权。

一审法院依据《民事诉讼法》第119条第4项及第225条之规定,裁定如下:驳回原告上海宏普实业投资有限公司的起诉。

一审裁定后，原告不服，提起上诉。

［结论］

二审终审裁定：驳回上诉，维持原裁定，即驳回上海宏普实业投资有限公司的起诉。

［法院认为］

一审法院经审理后认为：原告向本院起诉要求确认被告西安宏盛公司与被告陕西永昌公司的股权转让协议因侵犯原告的优先购买权而无效。但该股权转让协议系在西安市中级人民法院(2010)西执证字第48号执行案件中，两被告达成的以股抵债协议。该法院依据《民事诉讼法意见》第301条和《最高人民法院关于人民法院民事执行中拍卖、变卖财产的规定》第29条之规定，裁定如下：一、将被执行人西安宏盛公司所持有的宏盛电子公司92%的股权和其他四家公司股权过户至申请执行人陕西永昌公司名下；二、申请执行人陕西永昌公司可持本裁定书到有关机关办理相关股权过户登记手续；本裁定送达后即发生法律效力。因此，系争的股权转让协议已经西安市中级人民法院裁定生效。原告认为系争股权转让协议侵犯其权利，应向做出生效裁定的法院提出异议，而不应向其他法院另行提出诉讼。否则，就可能会发生没有审级关系的另一家法院对一份已生效的裁定做出相反的认定。

关于本案是否应适用《民事诉讼法》第227条。《民事诉讼法》第227条指在执行过程中案外人提出异议。本案执行已经结束，执行标的已经过户，原告已不能按照该条提出执行异议。但《民事诉讼法》第225条规定：当事人、利害关系人认为执行行为违反法律规定的，可以向负责执行的人民法院提出书面异议。当事人、利害关系人提出书面异议的，人民法院应当自收到书面异议之日起十五日内审查，理由成立的，裁定撤销或者改正；理由不成立的，裁定驳回。原告可以按照该条规定向西安市中级人民法院提出异议。

对于被告陕西永昌公司提出要求将本案移送至西安市中级人民法院审理的管辖异议。由于原告的起诉不属于普通民事诉讼的范围，本院不能以普通民(商)事案件移送西安市中级人民法院审理。故本院不再对管辖异议做出裁定。

二审法院经审理后的意见与一审法院一致，认为：因涉案的股权转让协议已经西安市中级人民法院裁定生效，故上诉人对该转让协议有异议，应向做出生效裁定的法院提出。

［法官分析］

本案系一起因公司股权转让侵犯股东优先购买权而引起的纠纷，同时涉及了公司法和民事诉讼执行程序相关规定，类型较为新颖。本案的焦点在于：系争股权转让是在法院执行程序中达成并经该法院裁定生效的以股抵债协议，并且该股权转让协议已经执行完毕，如果该股权转让侵犯了其他股东的优先受让权，其他股东是否可以向另一家法院提起诉讼要求确认该以股抵债协议无效。

1. 不同观点简析

一种观点认为：该纠纷可以按民事侵权纠纷进行处理，理由为：第一，从实体权利上分析，《公司法》对法院强制执行的股权转让行为与其他股东优先购买权做出了必要的协调。与完全基于当事人意思自治的普通股权转让不同，法院执行过程中的股权转让行为以偿债为目的，带有一定的强制性。《公司法》第 73 条[①]规定“人民法院依照法律规定的强制执行程序转让股东的股权时，应当通知公司及全体股东，其他股东在同等条件下有优先购买权”。可见，在法院执行程序中的股权转让，其他股东虽然不享《公司法》[②]第 72 条规定的普通股权转让情形下的同意权，但其优先购买权仍须予以保障。如果执行程序损及优先购买权，应当允许相关股东主张权利救济。第二，从权利主张路径上分析，股东提出主张的时机不同，其可选择的方式也相应不同。有关执行异议，《民事诉讼法》中对执行异议的救济途径有较为详细的规定，一般应根据《民事诉讼法》第 225 条或者第 227 条向执行法院提出。该法第 225 条规定，对执行行为有异议的，可以提出书面异议；第 227 条规定，对执行标的有异议的，提出书面执行异议后对裁定不服的，还可以提出执行异议之诉。根据法条及相关司法解释，上述两个条文的适用均应在“执行过程中”，其适用目的在于阻却不当执行行为所产生的不当侵害。本案中，原告宏普公司以西安市中级人民法院执行过程中的股权转让抵债协议侵害了其优先购买权为由，另行起诉请求确认该协议无效，其实质是对执行中处分被告宏盛公司所持股权提出异议。如果提出时尚未执行完毕，其可以依据前述法律条文规定的相应程序提出执行异议。但本案系争股权转让抵债协议已经履行，相关执行已经完成，不存在适用上述程序阻却执行的问题，故不适用《民事诉讼法》第 225 条或者第 227 条规定的异议程序。对该股东就执行所提此种异议，可以按侵权赔偿的主张进行处理。

还有一种观点认为：当事人应当针对已生效的（2010）西执证字第 48－1 号执行裁定书提出再审。由于该协议系经生效裁定确认，当事人可以直接依据《民事诉讼法》第 199 条的规定，对已生效的裁定提出再审，而不必对执行行为提出异议。

2. 关于执行程序中股权转让纠纷的可诉性问题

我们认为，上述两种观点均有失偏颇。《公司法》[③]第 73 条规定人民法院依照法律规定的强制执行程序转让股东的股权时，应当通知公司及全体股东，其他股东在同等条件下有优先购买权。其他股东自人民法院通知之日起满二十日不行使优先购买权的，视为放弃优先购买权。公司法做如此规定既方便债权的执行也尽可

---

① 此处指 2005 年修订的《公司法》，2013 年修订的《公司法》为第 72 条。

② 此处指 2005 年修订的《公司法》，2013 年修订的《公司法》为第 71 条。

③ 此处指 2005 年修订的《公司法》，2013 年修订的《公司法》为第 72 条。

能维持公司的人合性。本案要讨论的问题是如果法院在强制执行程序中未通知其他股东,侵害了其他股东的优先受让权,其他股东是否可以提起诉讼,要求撤销股权转让。

我们认为,可以提出民事诉讼的前提是要确认这是一个民事纠纷。本案表面上是原告要求法院确认两被告之间的以股抵债协议无效,但实际上,这是一个在法院执行阶段达成的协议,该协议内容已经该法院裁定生效。在执行裁定确认该以股抵债协议效力时,法院应按照上述公司法的规定,首先审查两被告是否通知了其他股东。也就是说,该以股抵债协议实际上已经成为了生效裁定的一部分,因此,该协议不仅是一个民事行为,而是在经法院生效裁定确认后,演变成为一个被赋予具有强制执行力的执行行为。因此,如果该行为侵犯了其他股东的利益,所引起的纠纷应当属于执行纠纷,而不是普通的民事纠纷,不具有民事纠纷的可诉性。

当然,如果权利受到侵害,受侵害的当事人必须有救济的途径。在厘清本案的纠纷性质以后,对于经法院执行程序裁定生效的协议对案外人造成的侵害,案外人应该向做出该裁定的法院寻求救济途径,而不能在其他法院另外提起一个侵权诉讼,否则将有可能导致两家没有审级关系的法院对同一问题做出不同的甚至相反的裁判。为解决这个问题,法律已经给出了相应的救济途径,这个救济途径即是《民事诉讼法》中规定的执行异议程序。

3. 关于执行异议

《民事诉讼法》第 225 条和第 227 条两条条文都是对法院的执行提出异议,但是存在较大的区别。此前所述的认为本案可以按民事侵权纠纷处理的观点,恰恰是对于《民事诉讼法》第 225 条和第 227 条的适用时间的理解有失偏颇;而认为该案应当提出再审的观点则是放弃了法律赋予当事人提出执行异议的权利,并未穷尽一切合法有效的手段来维护自己的利益。

《民事诉讼法》第 225 条中规定:“当事人、利害关系人认为执行行为违反法律规定的,可以向负责执行的人民法院提出书面异议”。该规定系针对“执行行为”的违法性提出异议,并且在时间上不限于“执行过程中”,属于程序上的救济,提出异议的主体既包括执行当事人,也包括与执行行为有利害关系的人。所谓“执行行为”,是指法院强制实现执行依据中所确定的公法上的行为。违反法律规定的执行行为,指的是法律、司法解释有明确规定,执行人员违反该规定而实施的执行行为。

《民事诉讼法》第 227 条中规定:“执行过程中,案外人对执行标的提出书面异议的,人民法院应当自收到书面异议之日起十五日内审查,理由成立的,裁定中止对该标的的执行;理由不成立的,裁定驳回”。该规定系针对“执行标的”主张实体权利而提出的救济措施,提出异议的时间仅限于“执行过程中”,属于实体权利的救济,提出异议的主体必须是执行当事人以外的案外人。所谓“执行标的”一般是指所有权或其他实体权利。所谓“执行过程中”是指执行开始后至执行完毕前这段时间，案外人提出异议的目的在于阻止对特定财产的执行。

从本案来看，《公司法》第73条专门规定了强制执行程序中的股权转让问题。本案中，原告认为被告西安宏盛公司与被告永昌公司在西安市中级人民法院(2010)西执证字第48号执行案件中达成的以股抵债协议，法院未根据该条规定通知原告，侵犯了原告的优先购买权。实际上，原告是认为西安市中级人民法院的执行行为违反了法律规定，具有违法性。同时，本案执行标的已经过户，执行已经结束，不属于"执行过程中"，原告提出异议已经无法阻止对系争股权的执行。因此，原告应当按照《民事诉讼法》第225条的规定向西安市中级人民法院提出异议。

本案的意义在于正确适用了《民事诉讼法》的有关规定，充分理解并体现了《民事诉讼法》第225条和第227条之间在适用上的区别，确立了重要的程序价值。

（编写人：上海市浦东新区人民法院　孙　黎　张宏毅）

[法律法规链接]

《公司法》(2005年修订)第73条

《民事诉讼法》第225条、第227条

075. 公司股权转让与公司资产转让的区分认定

李某某诉童某某、厦门鑫辉橡胶制品有限公司股权转让纠纷案①

[案号]

福建省厦门市同安区人民法院(2010)同民初字第3103号

[裁判要旨]

股权转让与资产转让的主要区别在于转让的客体和交易的主体不同。股权转让所转让的是股权，股权享有者是股东；资产转让所让渡的是公司资产，其主体是公司。

[案情]

李某某诉童某某、厦门鑫辉橡胶制品有限公司股权转让纠纷一案，经审理查明：2008年10月14日，厦门坤晟电子有限公司(以下简称坤晟公司)将其两层厂房租赁给厦门鑫辉橡胶制品有限公司(以下简称鑫辉公司)，厦门锦顺橡胶有限公司(以下简称锦顺公司)提供保证。李某某在坤晟公司有65%的股权，其有意受让陈某某在公司35%的股份，并在其拥有坤晟公司100%股权后全部转让给童某某。2008年10月20日，坤晟公司、鑫辉公司、李某某、锦顺公司签订协议，约定鉴于坤晟公司已将主要资产厂房出租给鑫辉公司20年，并一次性收取了70万元租金，如

---

① 参见最高人民法院中国应用法学研究所编：《人民法院案例选(2012年第3辑)》，人民法院出版社2012年版，第253～258页。

果李某某能在2009年12月29日前受让陈某某35%股份,将100%股权以人民币236万元全部转让给童某某并办理变更与交接手续,则坤晟公司与鑫辉公司同意租赁合同提前解除,70万元租金抵作股权转让款,余款166万元由童某某支付给李某某,鑫辉公司与童某某之间的资金往来自行结算。协议签订后,李某某将坤晟公司65%股权转让给童某某。坤晟公司35%股权原为陈某某所有,2009年8月,陈某某转让给张某某,同年11月张某某又将该股权过户给童某某。童某某决定对坤晟公司进行了人事变动等并变更工商登记。童某某成为坤晟公司法定代表人。后童某某先后向李某某支付部分股权转让款。坤晟公司的厂房系从厦门市国土资源与房产管理局受让所得,鉴于厂房实际面积与约定面积有差额,2009年6月,坤晟公司收到土地使用权退款10329.91元,建设费退款80442.59元,该款项由李某某控制。截至起诉时,童某某尚欠李某某股权转让款91755.5元。

[**结论**]

一审法院依照《公司法》①第72条第1款之规定,判决:一、被告童某某应于本判决生效之日起10日内支付原告李某某股权转让款人民币91775.5元;二、驳回原告李某某的其他诉讼请求。

判决送达后,双方当事人均未上诉。

[**法院认为**]

本案各方当事人争议的焦点是:一是双方约定的附条件生效的股权转让协议书条件"受让陈某某在甲方35%的股份并拥有甲方100%股权"是否成就;二是童某某应否支付剩下的尚未支付的款项及该款项的性质究竟是股权转让款还是厂房转让款。厦门市同安区人民法院组织双方对此进行举证、质证,并作如下的认定:

1. 双方约定的附条件生效的股权转让协议书条件"受让陈某某在甲方35%的股份并拥有甲方100%股权"是否成就

原告李某某认为,股权转让已经成就并已经实际履行。李某某已经依照协议书的约定整合了坤晟公司的全部股权并将其转让给童某某,张某某、陈某某出具的声明明确写明陈某某先将股权转让给张某某,后张某某同意把股权转让给李某某,并与李某某协商直接将股份过户至童某某名下。股权转让后童某某也实际支付了200多万元款项并完成了工商变更登记,股权转让已经实际履行。

被告童某某、被告鑫辉公司认为,根据有工商备案登记的股权转让协议,坤晟公司35%的股权是由张某某转给童某某的,李某某并没有受让陈某某35%的股权整合公司的全部股权并转移给他们,协议所约定的条件没有成就。且该协议书与三份工商备案登记的股权转让协议存在矛盾。

一审法院认为,根据张某某、陈某某出具的声明及张某某的本人陈述,张某某

---

① 此处指2005年修订的《公司法》。

受让了陈某某在坤晟公司35%的股权后，又将该部分股权转让给李某某，并经与李某某协商直接将其持有的坤晟公司35%的股权过户到童某某名下。虽然李某某没有直接将35%的股权直接过户给童某某，但童某某与张某某的股权转让实际是李某某与张某某协商的结果，由张某某直接过户给童某某。对于李某某的这种行为可视为是双方在实际履行协议中的一种方式，双方均没有对此行为提出异议，并实际完成了股权转让部分转让款的支付及变更了工商登记。因此，可视为该协议书的条件已经成就，该协议书是有效的。被告童某某、被告鑫辉公司辩称该协议书与其他三份工商备案登记的股权转让协议存在矛盾，其他三份股权转让协议虽然在工商局备案，但具体股价的确定缺乏事实依据，而双方签订的协议书已经实际履行，应认定为是双方真实意思的表示。

2. 童某某应否支付剩下的尚未支付的款项及该款项的性质究竟是股权转让款还是厂房转让款

原告李某某认为，该协议书约定的是股权的整体转让，而不是厂房转让。股权转让已经实际履行，按协议书约定股权转让款为236万元，童某某应当支付剩余的款项。

被告童某某、被告鑫辉公司认为，坤晟公司的主要资产就是厂房，因此，该股权转让实际上是厂房转让。股权转让之前被告已经实际控制公司，且股权转让应是整体转让，被告作为权利义务的受让人应当享有整体的权利，当然应当包含享有土地退款的权利，因此，这笔退款应当归被告所有，既然原告已经取得了这笔钱，就应当折抵掉，被告并不需要另行支付股权转让款。

一审法院认为，股权转让与公司资产转让是两个不同的法律概念，其主要区别如下：(1)转让的客体不同，股权转让所转让的是股权。资产转让所让渡的是公司资产。就资产而言，是指公司拥有或控制的能以货币计量的经济资源，包括股东对公司的出资和公司运营过程中获得的财产。而股权则是一种股东基于股东资格而享有的权利，并不单纯等同于公司资产转让，不仅包括有形资产还包括无形资产，股权一旦转让，其属于股东的权利与义务概由受让人继受。(2)交易的主体不同。股权的享有者是股东，而非公司，股权转让的主体必然是股东，而公司资产属于公司所有，资产转让的主体必然是公司。就本案而言，双方签订的协议书也明确约定了是李某某和童某某之间的股权转让，而非公司资产的转让，李某某作为公司的股东只能转让公司的股权而无权转让公司的资产，否则就构成对公司权益的侵犯。因此，童某某、鑫辉公司辩称该协议书实际是厂房转让，缺乏事实和法律依据，本院不予支持。厂房的退款问题应依据其他法律关系另案主张。

综上所述，李某某与童某某之间的股权转让条件已经成就并已经实际履行，童某某尚欠李某某股权转让款91775.5元有双方签订的协议书为证，事实清楚，童某某应当返还。至于鑫辉公司，因其不是股权转让的受让方，而是作为厂房的租赁方在协议书上签字，依法不应当承担责任。

[法律法规链接]

《公司法》(2005年修订)第72条第1款

第二节　股权转让合同的履行

076. 股权转让协议中转让价款是否达成一致的认定

李A与杨B等股权转让纠纷案

[案号]

上海市第一中级人民法院(2012)沪一中民四(商)终字第1291号

[裁判要旨]

股权转让价款的确定与股东持股比例、法人财产状况、公司潜力及股东的理念与意志密切相关,而不存在市场价、政府指导价等合同法规定的可供参照的标准。作为股权转让协议的主要条款,如果股权转让价款确实不能协商确定,则股权转让协议不成立。当事人对转让价款是否达成一致须综合全案的事实与证据,合理认定。

[案情]

上诉人李A与杨B等股权转让纠纷一案,一审法院查明:李A与杨D系再婚夫妻关系。杨B系杨D与前夫之子,李C系李A与前妻之子。E公司于1992年4月13日成立,注册资本人民币1680万元,为有限责任公司。李A原持有E公司42.05%股权,杨D原持有E公司57.95%股权。公司现由杨B实际经营。

2009年3月5日,杨D(甲方)、李A(乙方)作为出让方与作为受让方的杨B(丙方)、李C(丁方)签订一份股权转让协议,约定:"一、甲方将所持有的E公司57.95%股权转让给丙方,乙方将所持有的E公司14.05%股权转让给丙方,乙方将所持有的E公司28%股权转让给丁方;二、附属于股权的其他权利随股权的转让而转让;三、受让方于本协议签订之日起30日内,向出让方付清全部股权转让价款……"随后,上述股权出让方与受让方在工商登记管理机关办理了股权变更登记手续。

E公司的公司章程第5条记载:股东杨B出资额1209.60万元,投资比例72%;股东李C出资额470.40万元,投资比例28%。E公司工商登记记载:公司法定代表人季某某;公司注册资本1680万元;股东李C出资额470.40万元,股东杨B出资额1209.60万元。

李A起诉要求确认股权转让协议不成立。

一审法院依照《公司法》[①]第72条第2款、《合同法》第61条、《合同法解释

---

① 此处指2005年修订的《公司法》。

(二)》第1条第1款的规定,作出驳回李A诉讼请求的判决。

一审法院判决后,李A不服,向二审法院提起上诉称:涉案股权转让协议内容不完整,缺乏相应的价款要件,而价款是涉案股权转让协议的必备条款,缺少该条款,合同无法履行,自然不能成立。综上,李A请求二审法院撤销原判,改判支持其一审诉讼请求。

[结论]

二审法院判决驳回上诉,维持原判,即驳回李A要求确认股权转让协议不成立的请求。

[法院认为]

一审法院认为,对于涉案股权转让协议是否成立的争议焦点,李A与杨B等各执一词。根据各方当事人的诉辩理由以及提供的证据,一审法院以为,首先,合同法总则以及分则并没有规定缺少价款条款合同就不成立,而合同法对于价款的补缺性规定,说明价款不是考量合同成立的必备条件。其次,从争议的股权转让协议的履行角度看,双方有意思表示一致的履行行为。李A、杨D具有出让股权行为,杨B、李C具有受让股权行为,双方的共同行为构成了股权的变更行为。因此,变更股权的事实行为印证了争议协议的成立。再次,E公司无论是公司外部记载(工商登记)还是公司内部记载(公司章程)均表明存在股权已经交付的法律事实,且受让人杨B参与公司经营。由此,李A要求确认股权转让协议不成立的请求权因无基础规范而不能得到支持。另外,由于争议焦点系合同成立与否,与E公司无涉,在本案中无须追加E公司为第三人。

二审法院认为,在本案中,李A主张其虽签订了涉案股权转让协议,但没有就具体的转让价款与受让方达成一致,协议签订后至本案诉讼前的2年多时间内,仍未商定价款,故请求确认涉案股权转让协议未成立。基于李A的诉请,二审法院充分审核了涉案股权转让协议以及其他相关证据,注意到股权转让协议就有关具体转让价款确未作约定,仅就支付时间约定为:"受让方应于本协议签订之日起30日内,向出让方付清全部股权转让价款。"就协议各方的书面约定而言,股权转让价款的确定应当是协议各方另行商定的。如此,本案的争议焦点便集中于,签订涉案股权转让协议的各方是否就股权转让价款已经达成一致。二审法院着重分析如下:

股权有别于一般商品,因为股权的特殊属性,股权价款的确定与普通商品价款的确定存在显著差异。股权转让价款的确定与股东持股比例、法人财产状况、公司潜力及股东的理念与意志密切相关,而不存在市场价、政府指导价等合同法规定的可供参照的标准。故二审法院认为,作为股权转让协议的主要条款,如果股权转让价款确实不能协商确定,则股权转让协议不成立。然而,二审法院在审理中注意到如此一节事实,各方在订立涉案股权转让协议之后不久,股权出让方李A、杨D与受让方杨B、李C即在工商登记管理机关办理了股权变更登记手续。而且作为出让股东之一的李A在股权变更登记之后、本案涉讼之前的很长一段时间内,甚至从未向受让方主张过股权转让价款。如此,二审法院有充分理由相信,涉案股权转让协议各方就股权转让价款具体的支付金额和方式已然达成合意,该合意无非为出让方李A、杨D已经免除了价款或协议各方已经以其他方式确定了价款。又鉴于签订涉案股权转让协议各方是父子或母子关系,故免除股权转让价款或以其他形式确定价款具有很大可能性。涉案股权转让协议实际已经履行完毕,现李A在股权变更登记手续已经完成多年之后主张涉案协议不成立,显然不符合一般常理,二审法院对其诉讼请求难以支持。此外,二审法院需要指出的是,如李A坚持认为其出让系争股权系有偿,则可以通过其他形式主张权利。

综上所述,一审法院依据审理查明的事实,对本案所涉纠纷的定性及处理在一审判决文书中作了详尽的阐述,所做出的结论是正确的,二审法院对此予以认同。一审判决认定事实清楚,适用法律正确,应予维持。

[法律法规链接]

《公司法》(2005年修订)第72条第2款

《合同法》第61条

《合同法解释(二)》第1条第1款

077. 股权转让金额的计算和履行

A公司与B公司、C公司、D公司股权转让纠纷案

[案号]

上海市第一中级人民法院(2012)沪一中民四(商)终字第1612号

[裁判要旨]

股权转让合同对转让金额的计算进行了详细约定时,应审慎考察股权转让合同的约定,并依约计算和履行。

[案情]

上诉人A公司与被上诉人B公司、一审第三人C公司、一审第三人D公司股权转让纠纷一案,一审法院查明:2006年5月11日,A公司同B公司签订股权转让协议1份,约定A公司将其持有的C公司65%的股权转让给B公司。协议第3条约定,股权转让价格约为人民币12089.5万元(以下币种均为人民币,最终以相关条款审计及实测结果进行按实结算),具体计算方式见附件。协议第4条约定,双方确认C公司的应付账款总额为12000万元(6000万元银行贷款,6000万元其他应付款),除此之外的其他应付账款则全部由A公司承担。上述12000万元应付账款按B公司65%、A公司35%的比例偿付,A公司应确保上述其他应付款中

优先支付与项目二期开发有重大影响的费用,特别是39亩土地的出让金。在合同附件“关于G公司股权转让价格的计算公式”(以下简称“计算公式”)中约定,A公司向B公司转让C公司65%股权的转让价格为12089.5万元。项目土地面积共计268.632亩,其中带征地16.032亩,可用地252.6亩,一期用地36亩,会所用地18亩,二期用地198.6亩,一、二期用地比例为0.153∶0.847,以上数据以政府主管部门最终实测为准,并按实结算。股权转让价格的具体计算公式为:(1)约198.6亩二期土地,每亩109万元,计21647.4万元;(2)一期尚未实现销售的13栋别墅5057.3万元;(3)二期分摊的带征地约13.57亩,以每亩54.5万元计算,计739.5万元;(4)二期分摊的会所面积约为15.24亩,以每亩109万元计,为1661.1万元;(5)应由二期分摊的公建费用(包括会所)暂估为1494万元(具体按照附件“支付费用分摊表”计算,其中关于会所的设计费、强电工程、绿化景观、园区道路和在建工程所涉及的费用均须审计最终确定);(6)双方通过审计并确认由本次股权转让后的股东承担的标的公司的债务12000万元。上述1~5项之和减去第6项后的65%作为股权转让价。同时,协议双方均确认上述所涉及的有关数据以最终实测和审计为准,但单价保持不变。

2006年11月28日,C公司委托上海市松江区测量队进行地块测量,同年11月30日,松江区测量队出具建设工程测量成果报告书,报告书中显示项目总面积为168384.5平方米,其中会所用地10472.3平方米,一期别墅用地27217.5平方米。

2002年4月,松江区人民政府向区房屋土地管理局发出通知2份,批准该局编制的C公司建造商品住宅的方案,通知中明确以征用方式供给C公司建设用地15982平方米、28686平方米,其中带征用地分别为3182平方米、6057平方米。

2006年6月,根据C公司的申请,J公司出具宝石别墅会所工程结算审核报告,确认宝石别墅会所工程总造价为561.5397万元。2007年4月,R公司出具佘山宝石别墅一期市政和临时围墙工程结算的审价报告,确认道路工程总造价为61.6492万元。2008年4月,R公司出具佘山宝石别墅一期绿化工程结算的审价报告,确认一期绿化工程总造价为120.0689万元。

B公司现已向A公司支付股权转让款12089.5万元(包括会所改建抵扣的100万元)。C公司的公章在2007年9月由A公司移交给B公司。

A公司与B公司就股权转让款的金额发生争议遂致成讼。

一审法院依据《合同法》第8条、《民事诉讼证据规定》第2条的规定,判决:A公司返还B公司股权转让款462.6619万元。

一审判决后,A公司不服,向二审法院提起上诉称:一审错误计算股权转让款。建设工程测量成果报告书以及绿化工程的审价报告均系B公司单方面委托形成,A公司并不知晓,故不应当作为计算的依据。同时,一审法院仅仅选取审价报告中关于园区道路费用11项费用中的2项计算道路费用，遗漏其他项目，该计算不正确。据此，A公司要求撤销原判，改判驳回B公司的一审诉讼请求。

［结论］

二审法院判决如下：

一、撤销一审判决。

二、上诉人A公司于本判决生效之日起十日内返还被上诉人B公司股权转让款人民币3451039元。

［法院认为］

一审法院认为，A公司同B公司签订的股权转让协议系双方真实意思的表示，合法有效，双方均应当按照合同的约定履行各自的义务。股权转让协议中约定，股权转让款最终以相关条款审计及实测结果进行按实结算，B公司现要求按照相关审计及实测结果对股权转让款进行结算，并无不当，现案件的争议焦点在于B公司应付的股权转让款的金额如何确定。在股权转让协议的附件“关于C公司股权转让价格的计算公式”中列明了股权转让款的具体构成。

对于项目面积，根据松江区测量队出具的建设工程测量成果报告书，项目可用面积为168384.5平方米(252.5766亩)，其中会所用地10472.3平方米(15.7084亩)，一期别墅用地27217.5平方米(40.8262亩)，现双方对于可用面积=会所面积+一期面积+二期面积的计算方法予以认可，故由此可确认二期别墅用地为130694.7平方米(196.042亩)。又根据松江区人民政府向区房屋土地管理局发出的通知，可以确认除了双方确认的1449平方米的带征用地外，还另有3182平方米、6057平方米的带征用地，也即项目的带征地共计10688平方米(16.032亩)。由此，可计算出一、二期用地比例为0.172∶0.828。

A公司认为B公司提供的上述建设工程测量成果报告书系B公司单方委托，不具有证明力。对此，一审法院认为，该成果报告书显示委托单位为C公司，日期为2006年11月，结合松江区规划土地测绘所出具的情况说明，可以确认该报告书是根据C公司的委托而形成的，且委托书上亦加盖有C公司的公章。而在当时，C公司的公章仍由A公司持有，C公司开发的一期项目也已完成，故有理由相信A公司对该份报告书是知晓的，且该份报告书反映了当时的用地状况，因此，对A公司的该项辩称意见，应不予采信。

B公司认为项目的带征地仅为1449平方米，对此，一审法院认为，根据法院调取的松江区人民政府向区房屋土地管理局发出的通知，除上述带征地外，还有9239平方米的带征地，B公司没有提供证据证明松江区人民政府曾对带征地的面积进行过调整，故对B公司的该项意见，不予采纳。

根据以上结论，一审法院对具体计算公式中的有关项目的金额进行调整：

(1)二期土地面积应为196.042亩，按照每亩109万元计算，该项金额应为

21368.578万元。

(2)该项为固定金额5057.3万元。

(3)项目带征地共计16.032亩,根据一、二期分摊比例,二期分摊的带征地为13.2745亩,按照每亩54.5万元计算,共计723.4603万元。

(4)会所面积应为15.7084亩,二期分摊的会所面积应为13.0066亩,以每亩109万元计算,共计1417.7194万元。

(5)该项中的设计费、强电工程、绿化景观、园区道路和在建工程所涉及的费用需审计最终确认,故对除上述5项外的费用仍按照支付费用分摊表中确定的金额计算。对于设计费和强电工程,A公司及B公司现均认可支付费用分摊表中的金额,故予以确认。对于在建工程的金额,B公司提供了审价报告,A公司对审价报告没有异议,但认为无法确认除了会所外是否还有其他在建工程,一审法院认为,根据支付费用分摊表,在建工程仅仅针对会所,B公司提供的审价报告的工程名称为宝石别墅会所工程,故一审法院确认在建工程即为会所工程,费用为561.5397万元。

对于绿化景观的金额,A公司对B公司提供的审价报告不予认可,一审法院认为,双方确认C公司在公章由A公司移交给B公司后,又启用了新的公章,现C公司对该审价报告上的公章予以认可,故予以确认。C公司作为项目公司对外以其名义委托审价部门对绿化景观工程进行审价并无不当,A公司没有提供相反的证据推翻该审价报告,故确认绿化景观工程费用为957.5万元,会所应分摊364.5486万元,28幢应分摊592.9514万元。

对于园区道路的金额,双方争议在于审价报告中所包含的项目,一审法院认为,审价报告中的工程审价汇总表明确列明了各项费用,其中涉及道路的仅为第1项和第8项,而其他项目如污水工程、给水工程等在支付费用分摊表中另有名目,结合审价单位出具的说明,故确认园区道路工程的费用为上述第1项和第8项的总和,共计61.6492万元,会所应分摊17.4467万元,28幢应分摊44.2025万元。

上述三项金额调整后,会所的费用共计1378.485万元,根据一、二期分摊比例,一期28幢应分摊237.0994万元,二期139幢应分摊1141.3856万元,再加上二期应承担的其他费用,可以确定,二期应分摊的项目公建费用(包括会所)应为1320.3856万元。

B公司认为分摊表中部分二期应分摊的费用其不应承担,一审法院认为,该分摊表是双方的真实意思表示,除须按照最终审价结果确定的项目外,其他项目均应当按照原约定执行,故对B公司的该项意见,不予采信。

以上1~5项相加为29887.4433万元,扣除计算公式第6项约定的12000万元,合计17887.4433万元,故股权转让款应为17887.4433×65%,即11626.8381

万元。B 公司已支付股权转让款 12089.5 万元，故 A 公司应当返还 B 公司 462.6619 万元。

B 公司认为，其还支付了二期土地的出让金 2660 万元，A 公司应当返还。一审法院认为，在双方签订的股权转让协议中明确约定，39 亩土地（即二期土地）的出让金包括在 6000 万元的其他应付款中，而对于该部分其他应付款以及 B 公司在庭审中提及的其他垫付款，根据生效判决的处理原则，B 公司可以 C 公司作为债务人进行追索，最后在 C 公司项目清盘时按照约定另行结算，故不作处理。

二审法院认为，关于一审对于股权转让款的结算是否正确，A 公司上诉提出，建设工程测量成果报告书及工程审价定价单不应当作为计算股权转让款的依据。二审法院经审查发现，建设工程测量成果报告书的委托单位为 C 公司，制作时间为 2006 年 11 月，而当时 C 公司的公章仍然为 A 公司持有，二审法院查明的双方在 2007 年 1 月才向上海市松江区人民法院提起关于公章移交诉讼的情况可说明这一点。同时，根据一审证据交换笔录，A 公司认可在签订协议时一期工程已经开发完毕，故该报告书出具时一期工程已经完成。因此，一审法院认为 A 公司对该报告书知晓，并且反映了当时的用地状况并无不当。对于工程审价定价单，C 公司作为建设单位，其对外以自己名义委托进行审价并无不当，A 公司对此并未能提供证据证明该审价报告存在足以推翻的瑕疵，因此一审法院对其加以认可为计算依据并无不当。A 公司的上诉理由缺乏事实依据和法律依据，二审法院不予采纳。

A 公司上诉还提出，一审对于审价报告项目取舍不当。二审法院经审查发现，根据计算公式第 5 条的约定，必须对于会所的设计费、强电工程、绿化景观、园区道路和在建工程所涉及的费用均进行计算，因此该约定是一个概括性的条款，还应当考虑所有工程的各种配套项目。故一审将在建工程仅仅确认为会所，并将审价报告中除第 1 项和第 8 项以外的费用排除在外存在不当，二审法院对此进行纠正。

经过计算，二审法院确认对于审价报告中其他九项的费用总价为 180.8584 万元，则应当在一审计算股权转让价格构成基础上加上 180.8584 万元，即 18068.3017 万元。由此调整后，股权转让款的计算应为 18068.3017 万元 × 65% = 11744.396105 万元，扣除 B 公司 A 公司已经支付的股权转让款 12089.5 万元，A 公司应当返还被上诉人 345.1039 万元。

［法律法规链接］

《合同法》第 8 条

078. 受让方以合同约定用公司利润支付为由拒不支付股权转让款的处理

李甲与李乙股权转让纠纷案

［案号］

山东省青岛市中级人民法院(2010)青民二商终字第84号

［裁判要旨］

根据《公司法》的规定,利润分配主体是公司,公司是否分配利润,取决于公司是否有利润以及公司股东会是否通过利润分配决议。从股权转让协议的约定来看,以公司利润支付股权转让价款只是双方约定支付股权转让款的一种付款方式,并不是支付股权转让款所附的条件。即使公司不分配利润也不能成为股权出让方不支付受让方股权转让款的正当抗辩理由。出让方长期不支付转让款构成根本违约,受让方可据此要求解除双方之间的股权转让合同。

［案情］

李甲与李乙股权转让纠纷一案,一审法院认定的事实:(1)青岛霄泰经贸有限公司系由李乙及案外人李丙共同出资,于2006年3月15日所设立。其中,李乙的投资额为人民币27万元,占注册资本的54%,李丙投资的投资额为人民币23万元,占注册资本的46%。(2)2007年3月27日,经青岛霄泰经贸有限公司股东会决议,李乙将所持公司股份的50%进行转让,其中45%转让给李甲,转让价格为人民币22.5万元,4%转让给案外人朱某某,转让价为人民币2万元,1%转让给李丙,转让价为人民币5000元。(3)2007年4月9日,李乙与李甲签订股权转让协议书,就转让青岛霄泰经贸有限公司股权之事宜达成协议,协议主要内容为:李乙将其拥有的青岛霄泰经贸有限公司股权中的45%转让给李甲,股权转让金为人民币22.5万元。转让后,李甲的股权占公司注册资本的45%,李乙的股权占公司注册资本由原来的54%降至4%。李甲暂无资金给付李乙,李乙同意李甲于2007年12月31日之前付清人民币22.5万元股权转让金,本合同签订之日,李甲向李乙出具欠条。如截至2007年12月31日之前,李甲的应得利润达不到人民币22.5万元的数额,李甲应当积极筹措其他资金支付上述股权转让金。转让协议签署之后,李乙负责向有关部门办理本次股权转让的审批及变更手续,其中包括公司章程的修改。李乙在足额收回此股权转让资金之后,将欠条交还给李甲,双方股权转让协议履行完毕。如李甲未在2007年12月31日之前付清人民币22.5万元的股权转让金,李乙有权选择依法申请撤销本协议。(4)2007年4月30日,李甲向李乙出具欠条一张,主要内容为,今欠李乙股权转让金人民币贰拾贰萬伍仟圓,可以从本人在青岛霄泰经贸有限公司的利润中支付给李乙。(5)2007年3月28日，经申请并办理相关手续后，青岛霄泰经贸有限公司股东由李乙、李丙变更为李乙、李甲、李丙、朱某某。(6)李乙在本案庭审过程中，已明确其行使的是解除权，要求解除与李甲之间的合同。

一审法院依照《合同法》第94条、第96条、第97条之规定，判决解除李乙与李甲签订的股权转让协议，李甲返还李乙青岛霄泰经贸有限公司45%的股权。

上诉人李甲不服原审判决，上诉请求二审法院查清事实，依法改判。

[结论]

二审法院判决驳回上诉，维持原判，即解除李乙与李甲签订的股权转让协议，李甲返还李乙青岛霄泰经贸有限公司45%的股权。

[法院认为]

一审法院认为，李乙与李甲之间所签订的股权转让协议书依法成立的，对双方具有法律约束力，双方应按照协议约定履行各自的义务。同时，李甲就股权转让金问题向李乙所出具的欠条，应视为对合同中如何给付股权转让金条款的具体补充约定，系李甲的真实意思表示，具有法律约束力。在李乙履行完相关股权审批及变更手续的合同义务后，李甲应履行给付股权转让金的合同义务。李乙与李甲之间关于李甲可以从青岛霄泰经贸有限公司利润中支付相应股权转让金的约定，仅系李甲履行合同义务的一种方式，但该给付方式并不具备唯一性，无论青岛霄泰经贸有限公司利润是否超过22.5万元股权转让金的数额，李甲均应按照约定在2007年12月31日履行完毕合同义务。李甲未按照合同约定，于约定给付期限前付清22.5万元股权转让金，构成根本性违约，在此情形下，李乙以诉讼方式通知李甲，请求解除与李甲之间的股权转让协议，符合法律相关规定。李乙诉讼请求合理，应予以支持。返还股权系解除李乙与李甲签订的股权转让协议之必然后果，一审法院对此诉讼请求亦予以支持。

二审法院认为，本案争议的焦点问题是上诉人与被上诉人签订的股权转让合同应否解除。

上诉人李甲与被上诉人李乙签订的股权转让合同系双方当事人真实意思表示，且未违背国家相关法律法规的强制性规定，合法有效，当事人均应恪守履行。双方协议签订后，被上诉人李乙根据股权转让协议约定，已将相应股权变更至李甲名下，但李甲至本案诉讼期间，仍没有且拒绝向被上诉人李乙支付股权转让款。上诉人李甲称，其不支付股权转让款的原因是合同约定付款条件不成就以及被上诉人李乙侵害其分配利润的权利，上诉人李甲是在行使正当的抗辩权。对此本院认为，双方在合同中以及2007年4月30日出具的欠条中，载明以李甲在公司中的利润支付股权转让款，不足部分由李甲另行筹措资金支付。从该约定看，这只是双方约定上诉人李甲向被上诉人李乙支付股权转让款的一种付款方式，并不是对上诉人李甲支付股权转让款所附的条件。根据《公司法》规定，利润分配主体是公司，公司是否分配利润，取决于公司是否有利润以及公司股东会是否通过利润分配决议。而被上诉人李乙与上诉人李甲签订股权转让协议，是被上诉人李乙对自己私权利的处分，即使公司不分配利润或如上诉人所言公司停止李甲在公司中的工作侵害上诉人李甲的权利，也不能成为上诉人李甲不支付被上诉人李乙个人股权转让款的正当抗辩理由。上诉人李甲在受让股权长达两年多的时间里，拒绝向被上诉人李乙支付股权转让款，违反了双方合同的约定以及法律的相关规定，构成根本违约，被上诉人据此要求解除双方之间的股权转让合同合法有据，本院予以支持。至于上诉人李甲在法院判令股权转让合同解除前，与公司之间存在的其他纠纷可另行寻求法律救济。

综上，上诉人的上诉理由与事实及法律规定不符，二审法院不予支持。原审认定事实清楚，适用法律正确，应予以维持。

[法律法规链接]

《合同法》第 94 条、第 96 条、第 97 条

079. 双方当事人先后签订两份股权转让协议时对股权转让相关事实的认定

何某与朱某某股权确认纠纷案

[案号]

一审：上海市长宁区人民法院(2010)长民二(商)初字第 1645 号

二审：上海市第一中级人民法院(2010)沪一中民四(商)终字第 2314 号

[裁判要旨]

有限责任公司的股东之间可以相互转让其全部或者部分股权以及股东向股东以外的人转让股权。在新老股东的股权转让过程中出现了两份股权转让协议，且就转让款的支付问题产生纠纷，鉴于所谓新股东在尚未支付股权转让款成为公司股东之前，并不具备向公司增资的主体资格，对于受让方多支付的转让款，出让方主张为增资款不能成立，出让方应该将受让方多支付的差额部分进行返还。

[案情]

上诉人何某与被上诉人朱某某股权确认纠纷一案，一审法院查明：何某与朱某某及案外人陈某某、郑某某、区某五人就上海桑正环保工程技术有限公司(以下简称桑正公司)股权转让事项签订过两份协议。第一份股权转让协议是于 2009 年 6 月 30 日签订的，协议约定朱某某所持桑正公司 20% 股份作价人民币 20 万元转让给陈某某(以下币种同)，10% 股份作价 10 万元转让给郑某某，区某所持桑正公司

20%股份作价20万元转让给何某等。第二份股权转让协议则是上述五人于2010年5月12日签订的,该协议约定朱某某28%的股份作价14万元转让给何某等。而何某于2009年8月26日向户名为朱某某的账户汇款10万元,何某妻子朱甲于2009年12月14日及2010年1月14日分别向户名为朱某某的同一账户汇款5万元及27534.50元,三次汇款总计177534.50元。何某认为根据2010年5月12日的股权转让协议,其只需支付14万元的股权转让款给朱某某,故多支付的37534.50元要求朱某某返还,遂提起本案诉讼。

关于何某所付款项是否属于双方2010年5月12日股权转让协议约定的转让款,且系何某多付一节事实。据现有证据看,何某的三次付款均在2010年5月12日股权转让协议签订之前,如果是事后追认,那么何某主张的多付款项为何不一并确认?对此何某虽主张朱某某系口头答应归还,但因缺乏其他证据相印证,故何某的该主张无法认定。而朱某某主张双方间此前另有股权转让协议,何某所出资金实则是桑正公司增资款,其个人银行账户归桑正公司所用,何某的出资均用于桑正公司运作等,因朱某某对此提供的证据可以形成较完整的证据锁链予以印证,故朱某某提供的证据较之何某提供的证据更具高度盖然性。在何某不能进一步补强其证据的情况下,何某主张的其所付款项系2010年5月12日股权转让协议的股权转让款,且多付的事实一审法院不能予以认定。

一审法院依照《民法通则》第84条的规定,判决:驳回何某的诉讼请求。

判决后,上诉人何某表示不服,向二审法院提起上诉称,被上诉人朱某某所称桑正公司增资事实并不存在,且未能提供相应的证据证明;上诉人及其妻子分三次向被上诉人支付的17万余元的款项,应当按照2010年5月12日股权转让协议认定为上诉人所支付的股权转让款,一审法院未考虑新老股东已按该协议约定的内容办理了工商变更登记,对于上诉人何某超出约定的实际出资款项之性质未予认定,属认定事实不清;一审法院对于被上诉人所提交的自行制作的证据材料认定形成证据链,明显有误。上诉人为此多支出的款项,理当由收款人即被上诉人予以退回。故请求二审撤销原判,依法改判支持上诉人何某的一审诉讼请求。

二审法院经审理查明,桑正公司系成立于2007年11月27日的有限责任公司(自然人投资或控股),注册资本为50万元,原股东被上诉人朱某某出资30万元、占60%股份,案外人区某出资20万元、占40%股份。涉案2009年6月30日股权转让协议及2010年5月12日股权转让协议对此均予以确认。此后,该公司依照2010年5月12日股权转让协议约定的内容办理了股东变更工商登记。目前该公司股东分别为案外人陈某某出资15万元、占30%股份,区某出资14万元、占28%股份,上诉人何某出资14万元、占28%股份,案外人郑某某出资7万元、占14%股份。

本案审理过程中,案外人区某以桑正公司新老股东的身份,向二审法院陈述了涉案股权转让的过程，称签订2009年6月30日股权转让协议时，其将所持公司20%股份作价20万元转让给上诉人何某，被上诉人朱某某承诺将收到的上诉人所付股权转让款交给区某，但区某并未收到该款。各方曾商谈公司增资事项未果，遂又签订了2010年5月12日股权转让协议，并确认各方最终是按2010年5月12日股权转让协议履行且已据此办理了工商变更登记手续的事实。

[结论]

二审法院依照《民事诉讼法》[①]第153条第1款第2项、第158条以及《公司法》[②]第72条之规定，判决如下：

一、撤销一审判决；

二、被上诉人朱某某应于本判决送达之日起十日内向上诉人何某返还人民币37534.50元。

[法院认为]

一审法院认为，债是按照合同的约定或者依照法律的规定，在当事人之间产生的特定的权利和义务关系。何某诉称根据其与朱某某于2010年5月12日签订的股权转让协议，朱某某应返还其多支付的股权转让款，此请求权是基于何某确已履行上述合同义务，故何某须对此提供充分证据予以证明。根据何某提供的支付凭证及朱某某提供的银行对账清单，可以认定何某自2009年8月26日至2010年1月14日间的汇款总额确实是177534.50元，但本案的争议焦点是此款项究竟能否作为2010年5月12日股权转让协议所约定的股权转让款？何某主张是，而朱某某予以否认。对此，何某有义务提供充分证据证明其汇款行为系对2010年5月12日协议的履约行为，而非朱某某所主张的增资款。然而，2010年5月12日股权转让协议中并未对该协议签订前何某已完成支付义务，包括多付款项加以明确。其次，双方之间前后出现两份股权转让协议，内容并不相同，也无法明确其内在联系，对此除作为合同当事人的何某及朱某某到庭外，其他股东均未到庭作证，无法判断双方签订合同的真实意思。为此，何某提供的现有证据无法构成完整的证据锁链用以证明其所付款项是对2010年5月12日股权转让协议的对价支付行为，故何某应对此事实承担举证不能的法律后果。何某主张朱某某返还多支付的股权转让款的诉讼请求因现有证据不足，一审法院未予支持。

二审法院认为，我国《公司法》第72条明确规定了有限责任公司的股东之间可以相互转让其全部或者部分股权以及股东向股东以外的人转让股权的情形。被上诉人朱某某及案外人区某作为桑正公司的股东，共同向包括上诉人何某在内的三名受让方按约定的股权比例转让各自在公司股权，并不违反法律的规定，出让方及

---

① 此处指2007年修订的《民事诉讼法》。

② 本案例所涉及的《公司法》指2005年修订的《公司法》。

受让方的意思表示真实有效，当受到法律的保护。然而，在新老股东的股权转让过程中出现了两份股权转让协议，上诉人何某、被上诉人朱某某及案外人陈某某、郑某某、区某五人于2009年6月30日曾签署了第一份股权转让协议，按照该协议的约定，上诉人何某当把从区某处受让的公司20%股权所对应的20万元股权转让款支付给区某，被上诉人朱某某所应收取的是案外人陈某某和郑某某当支付的股权对价。但被上诉人朱某某实际收取了上诉人何某于2009年8月至2010年1月期间分三次所转账的共计177534.50元款项，其于一审中辩称该款经协商改为新股东对桑正公司的增资款，未能提供充分的证据加以佐证，被上诉人的该项辩称缺乏事实依据，二审法院难以采信。所谓新股东在尚未支付股权转让款成为公司股东之前，并不具备向桑正公司增资的主体资格，该项辩称意见不符合法律的规定。被上诉人朱某某还辩称新增的三名股东分期将增资款汇入公司股东公用卡（即朱某某提供的个人银行卡），因此，上诉人何某所付的上述款项系其汇入公司公用账户的增资款项，作为公司的运作资金，同样缺乏证据证明，于法相悖，二审法院不予采信。被上诉人朱某某收取上诉人何某177534.50元款项，依据不足，且又未将该款转交股权出让方区某，直至涉案五名股东于2010年5月12日重新签署了第二份股权转让协议，并以此办理了工商变更登记，该协议当属合法有效。上诉人何某据此应当向被上诉人朱某某按约支付14万元股权转让款，与此前已实际支付的款项确有37534.50元差额，故被上诉人朱某某理当予以返还。

[法律法规链接]

《公司法》（2005年修订）第72条

【指导与参考案例】

梦幻侏罗纪探险时代（北京）投资管理有限责任公司与大庆市三环钻井工程有限公司等股权转让合同纠纷案

[案号]

最高人民法院（2014）民二终字第59号

[裁判要旨]

双方当事人针对同一笔股权共签订两份《股权转让合同》，对于实际履行的是哪份合同发生争议时，除审查当事人在合同中的约定外，应当结合实际履行情况，对股权转让的相关事实作出正确认定。

[案情]

上诉人梦幻侏罗纪探险时代（北京）投资管理有限责任公司（以下简称北京侏罗纪公司）与被上诉人大庆市三环钻井工程有限公司（以下简称三环公司）及原审

被告大庆万年房地产开发有限公司(以下简称万年公司)、原审第三人大庆市大正建筑安装有限公司(以下简称大正公司)股权转让合同纠纷一案,黑龙江省高级人民法院审理查明:

2008年5月6日,王甲代表北京侏罗纪公司与大庆市人民政府(以下简称大庆市政府)签订《大庆北国之春梦幻城项目合作开发框架协议书》,约定合作开发位于大庆市萨尔图区北湖地区的大庆北国之春梦幻城项目(以下简称梦幻城项目),合作方式为北京侏罗纪公司在大庆组建项目开发公司,大庆市政府指定一家国资性质的公司参股。

2009年6月18日,王甲又代表北京侏罗纪公司与大庆市政府签订了《梦幻城项目合作开发协议书》,约定项目运作方式为大庆市政府注册成立一个国有独资公司为其投资管理公司,北京侏罗纪公司也在大庆注册设立一个公司作为其投资公司,并以单体项目为单位,由两个投资管理公司共同出资组建若干个项目开发公司,具体实施项目的开发建设。大庆市政府所设投资管理公司的行为视同大庆市政府的行为,北京侏罗纪公司设立的投资管理公司的行为视同北京侏罗纪公司的行为。

2010年8月8日,王甲再次代表北京侏罗纪公司与大庆市政府签订《梦幻城项目合作开发协议书的补充协议》,约定调整项目运作模式,梦幻城项目的基础设施项目和公共服务设施项目全部纳入大庆庆北新城开发建设管理委员会建设规划,采取建设—回购模式,由北京侏罗纪公司投资设立的管理公司——大庆圣地置业有限公司(以下简称圣地置业公司)投资建设。同日,王甲代表圣地置业公司与大庆庆北新城开发建设管理委员会签订《梦幻城基础设施项目和公共服务设施项目建设—回购(BT)合同》。

为开发梦幻城项目,北京侏罗纪公司与美国侏罗纪国际投资集团公司(以下简称美国侏罗纪公司)在大庆共同投资注册成立圣地置业公司,注册资本3000万美元,法定代表人为王甲,北京侏罗纪公司占注册资本的62%,美国侏罗纪公司占注册资本的38%。

2012年1月1日,北京侏罗纪公司与三环公司签订《股权转让合同》,约定北京侏罗纪公司将其享有圣地置业公司62%股权中的24.5%转让给三环公司,转让价款人民币1.7333亿元,三环公司自合同生效之日起7日内将股权转让款支付到北京侏罗纪公司指定银行账户。合同签署之日起2日内,北京侏罗纪公司负责组织召开股东会、董事会,保证股东会批准本次股权转让,并就章程的修改签署有关协议或制定修正案。合同生效之日起5日内,双方共同完成股东会、董事会的改组。完成上述股权转让的全部法律文件之日起10日内,北京侏罗纪公司应协助三环公司按照国家法律、法规及时向有关机关办理变更登记。北京侏罗纪公司与三环公司各自完成应当在合同生效前完成的事项、股东会批准本次股权转让及三环公司按约定之日将转让价款转入北京侏罗纪公司账户等行为全部完成之日合同生效。

同日,北京侏罗纪公司与大正公司签订《股权转让合同》,北京侏罗纪公司将其享有的圣地置业公司 62% 股权中的 24.5% 转让给大正公司,转让价款为人民币 6000 万元和“中华建筑”未来上市后 30% 的原始股,大正公司自合同生效之日起 7 日内将股权转让款支付到北京侏罗纪公司指定银行账户。

2012 年 11 月 16 日,北京侏罗纪公司分别与三环公司、大正公司签订《股权转让合同》,合同载明转让价款 735 万美元,已于合同签订前支付到北京侏罗纪公司指定账户。同时约定,合同签署之日起 2 日内,北京侏罗纪公司负责组织召开股东会、董事会,保证股东会批准本次股权转让,并就章程的修改签署有关协议或制定修正案。合同生效之日起 5 日内,双方共同完成股东会、董事会的改组。完成上述股权转让的全部法律文件之日起 10 日内,北京侏罗纪公司应协助三环公司按照国家法律、法规及时向有关机关办理变更登记。双方盖章并报相关部门批准后合同生效。同日,圣地置业公司召开董事会,审议通过了北京侏罗纪公司将其享有圣地置业公司 62% 股权转让给三环公司 24.5%,转让给大正公司 24.5%,决定解散原董事会、废止原公司章程;美国侏罗纪公司声明放弃优先购买权;圣地置业公司召开新股东参加的董事会和监事会会议,委派大正公司的法定代表人赵某某为总经理、北京侏罗纪公司的法定代表人刘某为监事会主席、三环公司法定代表人王乙为副董事长;并据此修改了公司章程;还就股权转让事宜报请大庆市商务局,该局于 2012 年 12 月 4 日批准了该股权转让行为。圣地置业公司于同年 12 月 6 日在工商机关办理了股权、董事、监事、经理及章程的变更登记手续。

大正公司曾于 2011 年 4 月 27 日给付北京侏罗纪公司 4000 万元,5 月 10 日给付 1877 万元,共计 5877 万元,双方确认此款为大正公司支付的股权转让款。

2013 年 2 月 24 日,圣地置业公司召开 2013 年第一次股东会扩大会议。该公司股东美国侏罗纪公司、三环公司及大正公司的法定代表人王甲、王乙、赵某某到会,北京侏罗纪公司授权王甲代表其参会并代为行使股东权利。此次股东会的目的是对公司各股东的实际投入情况在账目清算、退股及增加注册资本事宜等方面进行充分交流与沟通,并达成如下决议:“三环公司对圣地置业公司及梦幻城项目出资有两部分,一是对圣地置业公司的股权投资,二是对大正公司的相关出资往来。股东王乙的退股款由王甲负责解决,其他投入款项由赵某某负责解决。还款期限为 30 日,利息暂按 10 日内返还按 20% 核计利息、20 日内返还按 25% 核计利息、30 日内返还按 30% 核计利息。”

2013 年 3 月 27 日,在大庆市高新技术产业开发区管委会副主任彭某、总工程师崔某某,梦幻城项目推进领导小组办公室主任王丙、财政局支付中心杨某某、规划项目主管刘甲的参与下,王甲代表北京侏罗纪公司及与其关联的圣地置业公司、大庆北航房地产开发有限公司、万年公司、大庆北国之春温泉投资管理有限公司与赵某某代表的大正公司、大庆大正房地产开发有限公司、大庆乳品厂有限责任公司、大庆市百信源商品混凝土有限公司、大庆阳光热力有限公司,就赵某某所代表的各公司在梦幻城项目上投入的款项进行核对,并形成了《对账确认单》,确认上述王甲代表的公司共收到上述赵某某代表的公司投入的各种款项总计60015.093831万元,其中,包括三环公司通过大正公司投入的1.7333亿元。对账过程中,王甲承认与三环公司是先有资金往来,后有入股。北京侏罗纪公司未能提供各方2013年3月27日签订的梦幻城项目区已确定的往来应付款确认单,亦未提供其对三环公司享有可供冲减债权的证据。

2013年4月24日,三环公司与北京侏罗纪公司签订《股权转让合同》,约定三环公司将其持有的圣地置业公司24.5%股权转让给北京侏罗纪公司,转让价款人民币1.771亿元,从双方2013年3月27日梦幻城项目区已确定的往来应付款项中扣减,不足部分从北京侏罗纪公司有权处置的万年公司开发建设的项目E区之房产进行抵减(抵款价格基价为高层住宅4100元/平方米),上述款项抵减在双方清算完成后60日内办理完毕。合同签订后,双方未进行清算。

另查明:北京侏罗纪公司为进行梦幻城项目施工,在大庆设立了大庆北航房地产开发有限公司和万年公司。

一审审理过程中,三环公司提交其给大正公司的13张汇款票据,用以证明其通过大正公司对梦幻城项目投资7.5亿元。大正公司予以认可。北京侏罗纪公司对票据真实性有异议,并申请对票据的形成时间、印鉴是否真实、票面内容记载与银行系统的记录是否相符等进行鉴定。该院对该部分证据的质证意见为:大正公司对已实际收到上述款项无异议,北京侏罗纪公司对该部分银行票据的真实性提出异议,但未能提供有效的证据予以证明,且银行汇款凭证是否真实尚不需要通过司法鉴定予以确定,对该部分证据予以采信。

大正公司提交2013年3月27日王甲代表北京侏罗纪公司、圣地置业公司与大正公司进行对账后形成的《对账确认单》及录音资料。北京侏罗纪公司对录音的真实性提出异议,并申请对录音光盘及记录进行鉴定。该院对该部分证据的质证意见为:录音资料中关于三环公司以投资款支付股权转让款的内容与《对账确认单》等证据内容能够相互印证,对该部分证据予以采信。

2013年5月30日,三环公司向黑龙江省高级人民法院提起诉讼,请求判令:(1)北京侏罗纪公司立即给付人民币1.771亿元股权转让款,或用北京侏罗纪公司在万年公司处分所得的房产抵顶,万年公司协助办理相关手续;(2)诉讼费用由北京侏罗纪公司承担。同年8月2日,北京侏罗纪公司提起反诉,请求判令:(1)三环公司支付股权转让款人民币1.7333亿元;(2)请求将上述款项金额与三环公司合理诉请进行抵销,剩余部分返还北京侏罗纪公司;(3)三环公司支付违约金1733.3

万元。同年8月15日,三环公司申请追加大正公司为本案第三人参加诉讼。

一审法院依照《合同法》第60条、第107条、第109条的规定,判决:一、北京侏罗纪公司于判决生效之日起三十日内按合同约定方式支付人民币1.771亿元股权转让款,即从双方2013年3月27日梦幻城项目区已确定的往来应付款项中扣减,不足部分从北京侏罗纪公司有权处置的万年公司开发建设的项目E区之房产进行抵减(抵款价格基价为高层住宅4100元/平方米);万年公司协助办理相关手续。如不能按时完成,未扣减或抵减部分由北京侏罗纪公司给付相应金钱;二、驳回北京侏罗纪公司的反诉请求。

北京侏罗纪公司不服原审法院上述民事判决,提起上诉,请求判令:(1)撤销一审判决;(2)支持北京侏罗纪公司的反诉请求,确认三环公司未向北京侏罗纪公司支付1.7333亿元股权转让款,三环公司向北京侏罗纪公司支付违约金1733.3万元;前述三环公司未支付的股权转让款及违约金应与北京侏罗纪公司应支付三环公司的1.771亿元股权转让款进行抵扣,多余部分返还北京侏罗纪公司。

二审另查明:2012年11月16日,北京侏罗纪公司与三环公司签订《股权转让合同》,约定:北京侏罗纪公司将其所持有的圣地置业公司24.5%的股权转让给三环公司,转让价款735万美元。

2013年4月24日,三环公司与北京侏罗纪公司签订《股权转让合同》,其中第八章第8.1条约定:本合同中的任何修改必须以书面形式由双方签署,并构成本合同中的组成部分。双方为办理股权转让工商变更登记而另签订的总额为735万美元对价的股权转让合同,仅为双方办理工商手续之用,该合同约定内容不得对抗本合同约定的内容。

[结论]

二审法院判决如下:

一、维持一审判决第二项;

二、变更一审判决第一项为:梦幻侏罗纪探险时代(北京)投资管理有限责任公司向大庆市三环钻井工程有限公司支付股权转让款1.771亿元。该给付义务,先以梦幻侏罗纪探险时代(北京)投资管理有限责任公司有权处置的大庆万年房地产开发有限公司开发建设的项目E区之房产进行充抵,不足部分由梦幻侏罗纪探险时代(北京)投资管理有限责任公司以金钱给付方式履行。

[法院认为]

黑龙江省高级人民法院审理认为,对于本案纠纷需要解决以下焦点问题:

(1)北京侏罗纪公司将案涉股权转让给三环公司时双方当事人实际履行的是哪份合同。

北京侏罗纪公司在将其持有的圣地置业公司24.5%股权转让给三环公司过程中,双方曾签订了两份《股权转让合同》,即2012年1月1日签订的《股权转让合同》和2012年11月16日签订的《股权转让合同》。现双方为实际履行哪一份合同而各执一词。北京侏罗纪公司主张双方履行的是2012年1月1日签订的合同，2012年11月16日所签合同只是为了工商机关办理备案登记。三环公司主张2012年11月16日签订的合同是对2012年1月1日所签合同的变更，双方履行的是后一份合同。从两份合同的主要内容看，第一份合同约定股权转让价款为人民币1.7333亿元，而且约定了三环公司按期将股权转让款支付到北京侏罗纪公司指定银行账户、股东会批准股权转让行为及各自履行完相关手续等合同生效的条件。而第二份合同约定转让价款为735万美元，同时合同中明确该转让款已于合同签订前支付到北京侏罗纪公司指定账户，双方盖章并报相关部门批准后合同生效。在股权转让价款、支付方式和生效条件上均与2012年1月1日合同内容不同。从两份合同的订立及履行过程看，2012年1月1日的合同签订后，三环公司未按约定时间付款，北京侏罗纪公司亦未按合同约定履行召开股东会、董事会，以及修改章程及改组股东会、董事会等股权转让的相应手续。前述合同约定的生效条件均未成就，故该合同尚未生效。而2012年11月16日的合同签订后，北京侏罗纪公司完全按合同约定组织召开董事会，审议通过了北京侏罗纪公司的股权转让行为，并决定解散原董事会、废止原公司章程。圣地置业公司的另一股东美国侏罗纪公司也于当日声明放弃优先购买权。圣地置业公司还如期实施了召开新股东参加的董事会和监事会会议；聘任新的总经理和监事会主席，委派三环公司法定代表人王乙为圣地置业公司副董事长；修改公司章程；就股权转让事宜报请大庆市商务局批准等股权转让所需的约定和法定行为。大庆市商务局2012年12月4日批准了股权转让行为，该合同从此时生效。圣地置业公司于2012年12月6日办理了股权、董事、监事、经理及章程的变更登记手续。而且，三环公司亦从此时开始行使圣地置业公司股东的权利。综上，从合同签订时间的先后、合同内容的变更、合同生效情况、具体履行情况及三环公司开始行使股东权利的时间看，可以确定双方实际履行的是2012年11月16日所签《股权转让合同》。北京侏罗纪公司认为该合同仅是用于工商备案登记缺乏事实依据，其亦难以解释，为什么履行2012年1月1日合同，三环公司未支付股权转让款导致合同未生效，其还允许三环公司行使股东权利。

(2)三环公司是否支付了案涉股权转让款。

尽管北京侏罗纪公司对2012年11月16日所签《股权转让合同》载有的“所涉股权转让款已于合同签订前支付到北京侏罗纪公司指定银行账户”有异议，但三环公司已提供了支付款项的证据，且王甲作为梦幻城项目的发起人及项目实施过程中北京侏罗纪公司、圣地置业公司等公司的代表人已确认收到该款，在对账过程中亦认可将往来资金转为股权转让款，其在圣地置业公司2013年2月24日第一次股东会上亦代表北京侏罗纪公司和圣地置业公司承诺负责偿还三环公司的退股款和利息。北京侏罗纪公司与三环公司2013年4月24日签订的《股权转让合同》还明确约定了该退股款的偿还方式。上述事实证据与2012年11月16日所签《股权转让合同》关于"所涉股权转让款已于合同签订前支付到北京侏罗纪公司指定银行账户"的约定内容能够相互印证。综合上述情况,可以确认三环公司与北京侏罗纪公司签订2012年11月16日《股权转让合同》系将债权转股权行为,该股权转让款应认定已经支付。北京侏罗纪公司依据2012年1月1日所签《股权转让合同》主张三环公司给付股权转让款并承担违约责任缺乏事实和法律依据。

(3)北京侏罗纪公司对案涉股权转让款应否及如何承担民事责任。

圣地置业公司2013年第一次股东会决议同意三环公司退股,王甲代表北京侏罗纪公司承诺负责解决退股款。为了履行三环公司退股的决议,北京侏罗纪公司于2013年4月24日与三环公司签订了《股权转让合同》,约定"转让价款人民币1.771亿元,从双方2013年3月27日梦幻城项目区已确定的往来应付款项中扣减,不足部分从北京侏罗纪公司有权处置的万年公司开发建设的项目E区之房产进行抵减(抵款价格基价为高层住宅4100元/平方米),上述款项抵减在双方清算完成后60日内办理完成",该合同系双方当事人真实意思表示,内容不违反法律、行政法规的强制性规定,又无导致合同无效的其他法定情形,应认定为合法有效。双方当事人均应严格按照合同约定履行各自的义务,北京侏罗纪公司未按合同约定的方式给付股权转让款,已构成违约。鉴于北京侏罗纪公司从2013年4月24日签订《股权转让合同》开始,八个月的时间内既未按约定用往来应付款扣减股权转让款,又未进行清算,导致以房抵减股权转让款的约定亦未能履行,故北京侏罗纪公司应承担继续履行合同的责任。其应在合理期间内尽快与三环公司进行往来应付款扣减及以合同约定的房产抵减股权转让款。考虑本案实际情况及避免案涉纠纷久拖不决,该院确定双方当事人用往来应付款扣减和进行清算的合理期间为三十日。如逾期未能完成,应以合同约定的房产按高层住宅4100元/平方米的价格抵减股权转让款,万年公司协助办理相关手续;未冲减或抵减部分由北京侏罗纪公司给付相应金钱。

最高人民法院二审认为,本案二审争议的焦点问题是:关于北京侏罗纪公司将案涉股权转让给三环公司的相关事实认定问题;北京侏罗纪公司是否应当向三环公司支付1.771亿元股权回购款。

(1)关于北京侏罗纪公司将案涉股权转让给三环公司的相关事实认定问题。

在北京侏罗纪公司将圣地置业公司24.5%的股权转让给三环公司时,双方先后签订了两份合同,一份签订于2012年1月1日,转让价款为人民币1.7333亿元,另一份签订于同年11月16日,转让价款为735万美元。原审判决认定前一份合同未生效,双方实际履行的是后一份合同。北京侏罗纪公司上诉称,双方履行的是2012年1月1日签订的《股权转让合同》,而后一份合同只是为了在工商部门变更登记备案所用,并未实际履行。本院认为,本案一审中,三环公司针对北京侏罗纪公司的反诉辩称，其已经将1.7333亿元股权转让款支付完毕。大正公司亦确认其已代三环公司向北京侏罗纪公司支付了1.7333亿元股权转让款。此外，三环公司将该部分股权再转回北京侏罗纪公司时，除约定了1.771亿元股权转让款外，还约定双方为办理股权转让工商变更登记而另行签订总额为735万美元对价的股权转让合同。由此可见，北京侏罗纪公司将案涉股权转让给三环公司时，双方实际履行的是2012年1月1日签订的合同，三环公司实际支付的转让款是1.7333亿元，而不是735万美元。并且针对该部分股权的转让，北京侏罗纪公司、圣地置业公司已经履行了相关程序，并已得到大庆市商务局的批准。原审认定双方实际履行的是2012年11月16日签订的《股权转让合同》，与本案事实不符，应予纠正。

关于三环公司是否已经向北京侏罗纪公司支付了1.7333亿元股权转让款的问题。2008年5月至2010年8月，王甲代表北京侏罗纪公司与大庆市政府签订梦幻城项目合作开发的系列协议。2012年1月1日，北京侏罗纪公司与三环公司签订《股权转让合同》，将其享有的圣地置业公司24.5%的股权转让给三环公司。同年12月6日，圣地置业公司办理了工商变更登记手续。2013年2月24日，王甲代表北京侏罗纪公司参加在圣地置业公司召开的股东会扩大会议，并对三环公司的退股事宜作出决议。同年3月27日，王甲代表北京侏罗纪公司与大正公司赵某某进行对账，对三环公司通过大正公司投入梦幻城项目的资金所形成的债权转为股权的数额作出了最终确认，并形成《对账确认单》。同年4月24日，三环公司与北京侏罗纪公司签订《股权转让合同》，将持有的圣地置业公司24.5%的股权又转给北京侏罗纪公司。上述事实证明，王甲作为梦幻城项目的发起人，其代表北京侏罗纪公司所实施的相关民事行为，属于北京侏罗纪公司履行涉案股权转让合同的法人行为，且在合同履行过程中，北京侏罗纪公司从未提出过异议。因此，王甲在《对账确认单》上的签字，以及对账过程中认可将三环公司的往来资金1.7333亿元转为股权转让款的行为，即是北京侏罗纪公司的民事行为，对其应产生法律约束力。2012年12月6日，圣地置业公司在工商机关办理了变更登记手续，将其24.5%的股权登记在三环公司名下，此后在北京侏罗纪公司从三环公司回购股权时，双方约定北京侏罗纪公司支付1.771亿元转让款，而对此前三环公司支付1.7333亿元的事实未提出任何异议。本案一审中，大正公司提交的录音资料，证明了其投入的资金中包括了三环公司支付的1.7333亿元股权款及王甲表示认可的事实，结合双方签订的《对账确认单》等书证记载的内容，认定三环公司已支付了1.7333亿元股权转让款，证据较充分，本院予以确认。北京侏罗纪公司虽提出异议，并称其签订《股权转让合同》、王甲代表其对账系受欺诈、胁迫所致，但因证据不足，不予采信。

（2）关于北京侏罗纪公司是否应当向三环公司支付1.771亿元股权回购款的问题。

三环公司与北京侏罗纪公司于2013年4月24日签订的《股权转让合同》，是双方当事人的真实意思表示,且不违反法律行政法规的强制性规定,应为有效合同。双方在合同中约定:股权转让价款为人民币1.771亿元,从双方2013年3月27日梦幻城项目区已确定的往来应付款项中扣减,不足部分从北京侏罗纪公司有权处置的万年公司开发建设的项目E区之房产进行抵减(抵款价格基价为高层住宅4100元/平方米)。本案一审已查明,北京侏罗纪公司未能提交证明其对三环公司享有可供冲减债权的证据。二审中,北京侏罗纪公司亦认可其与三环公司之间只存在1.7333亿元股权转让款的争议,除此之外没有任何款项往来。因此,原审判决在判项中关于"从双方已确定的往来应付款项中扣减"的表述已无实际意义,本院对该判项略予调整。北京侏罗纪公司应向三环公司支付股权转让款1.771亿元,该款项的支付,应先以北京侏罗纪公司有权处置的万年公司开发建设的项目E区之房产进行充抵,不足部分由北京侏罗纪公司以金钱方式给付。

综上,本案事实清楚,原审判决结果正确。北京侏罗纪公司与三环公司于2012年1月1日签订的《股权转让合同》已经生效,但不能改变其在本案中应当承担的民事责任。

(案例选自《商事审判指导》2014年第3辑)

[**法律法规链接**]

《合同法》第60条、第107条、第109条

080. 办理股权转让工商登记变更手续的条件

广州经纬国际货运代理有限公司、李甲与黄某等股权确认纠纷案

[**案号**]

广东省广州市中级人民法院(2011)穗中法民二终字第2372号

[**裁判要旨**]

当事人依法履行出资义务或者依法继受取得股权后,公司即应当根据《公司法》的相关规定签发出资证明书、记载于股东名册并办理公司登记机关登记。

[**案情**]

上诉人广州经纬国际货运代理有限公司(以下简称经纬货运公司)、李甲与被上诉人黄某、廖某、李乙、原审第三人袁某、李丙、刘某股权确认纠纷一案,经审理查明:经纬货运公司原股东为二人,李甲持股80%,刘某持股20%。2008年1月1日,李甲、刘某、黄某、廖某及袁某签订《协议书》,约定李甲将持有经纬货运公司60%的股份分别转让给黄某、廖某及袁某三人,每人各占20%,转让价款共计为18万元人民币。协议约定,股权转让后各股东持股比例均为20%,公司的法定代

表人为李甲。协议还约定协议签署后股东有权提出并办理工商注册的股权转让手续,股权转让因政策需要办理工商执照等手续涉及的股权转让等事项与协议不一致时,以协议为准。协议注明现有固定资产2158102.28元,其中所有者权益1597753.04元,由五个股东按股份比例共同投入6489210.01元,尚有948832.03元属于李甲、刘某所有,现暂时借给公司经营,在利润中还给上述二人。黄某、廖某、李乙称于2007年12月31日支付转让价款189784.2元给李甲,价款中包括60000元转让款,129784.2元的企业经营费用。黄某、廖某、李乙提交三份收据复印件,收据上显示经手人签名是李甲,经纬货运公司在上述数据复印件上加盖印鉴。刘某称其作为经纬货运公司的财务经理,确认黄某、廖某、李乙向李甲支付上述转让价款及运营费用。

2010年7月31日,李甲、刘某、黄某、廖某、袁某、李丙及李乙签订《广州经纬国际货运代理有限公司股东股权工商注册的补充协议》。当事人在该协议中重申李甲、刘某同意本案黄某、廖某、李乙要求对拥有的股权在工商部门注册登记的要求。协议还约定李甲将其持有的全部股权转让给李丙,并确定李丙为公司的法定代表人。同时当事人在协议中约定,公司的全体股东在实际拥有股权20%不变的前提下,在工商登记的出资人为刘某,持股比例按20%注册登记;黄某,持股比例按19%注册登记;廖某,持股比例按19%注册登记;李丙,持股比例按23%注册登记;李乙,持股比例按19%注册登记。

黄某、廖某、李乙起诉要求确认其各持有经纬货运公司20%股份;由经纬货运公司、李甲协助办理股权变更工商登记手续。

经纬货运公司、李甲确认黄某、廖某、李乙是公司的股东,各持有经纬货运公司20%的股份。黄某、廖某、李乙确认派遣人员参与经纬货运公司的经营并收到过经纬货运公司支付的股东红利。

一审法院依照《公司法》[①]第72条,第74条之规定,判决如下:一、原审法院确认黄某、廖某、李乙各持有经纬货运公司20%的股份;二、李甲及经纬货运公司在判决生效之日起三十日内协助黄某、廖某、李乙办理工商登记变更手续。

经纬货运公司不服一审判决,以股权转让并没有完成,各股东并没有召开股东会修改章程,经纬货运公司不具备配合黄某、廖某、李乙办理工商变更登记手续的条件和可能性为由提起上诉,请求驳回原告办理工商登记变更手续的诉讼请求。

李甲不服一审判决,提起上诉,请求驳回原告办理工商登记变更手续的诉讼请求。

经审查,二审法院对一审法院查明的事实予以确认。另查明,2010年7月31日,李甲、刘某、黄某、廖某、袁某、李丙及李乙签订《广州经纬国际货运代理有限公

---

① 此处指2005年修订的《公司法》。

司股东股权工商注册的补充协议》第 7 条约定:“……广州兴源物资回收有限公司(开发区注册)系经纬公司全额投资,因长期未发挥作用,全体股东同意于 2010 年 8 月 20 日前注销。”

［结论］

二审法院判决驳回上诉,维持原判,即确认黄某、廖某、李乙各持有经纬货运公司 20% 的股份并由李甲及经纬货运公司协助其办理工商登记变更手续。

［法院认为］

一审法院认为,黄某、廖某、李乙与李甲及袁某、李丙、刘某签订的协议书,依法有效。经纬货运公司等确认黄某、廖某、李乙的第一项诉讼请求,法院认定黄某、廖某、李乙各持有经纬公司 20% 的股份。现黄某、廖某、李乙主张经纬货运公司、李甲协助办理股权变更工商登记手续,有合同及法律依据,原审法院予以支持。

二审法院认为,李甲、刘某、黄某、廖某及袁某签订的《协议书》和李甲、刘某、黄某、廖某、袁某、李丙及李乙签订的《广州经纬国际货运代理有限公司股东股权工商注册的补充协议》均出自签约各方的真实意思表示,其内容无违反强行法规定,应为有效。

二审各方争议的焦点是经纬货运公司、李甲为黄某、廖某、李乙办理股权转让工商登记变更手续的条件是否已成就。李甲认为其从未收到股权转让款和企业经营费用,工商变更登记手续无法办理是黄某、廖某、李乙引起的,且黄某有义务注销案外人广州兴源物资回收有限公司而没有注销,其协助办理工商变更登记的条件未成就。对此,二审法院认为,首先,根据《协议书》“合同签署后股东有权提出并办理工商注册的股权转让手续”的约定,现各方已于 2008 年 1 月 1 日签订《协议书》,并于 2010 年 7 月 31 日签署《广州经纬国际货运代理有限公司股东股权工商注册的补充协议》对股权转让工商注册事宜进一步达成合意。其次,经纬货运公司、李甲已确认黄某、廖某、李乙作为公司股东的身份、各持有经纬货运公司 20% 的股份,还确认黄某、廖某、李乙已派遣人员参与经纬货运公司的经营并收到过经纬货运公司支付的股东红利。最后,李甲并未举证证明工商变更登记手续无法办理是黄某、廖某、李乙引起的,且从《广州经纬国际货运代理有限公司股东股权工商注册的补充协议》第 7 条的约定看,黄某是否注销案外人广州兴源物资回收有限公司并非协助办理股权转让工商登记变更手续的前提条件。综上,各方约定的办理工商变更登记的条件已成就,李甲的上诉意见均没有事实和合同的依据,二审法院不予采信。李甲若认为其从未收到股权转让款和企业经营费用、黄某有注销案外人广州兴源物资回收有限公司的义务等,可另循法律途径解决。

根据《公司法解释(三)》[①]第24条规定:"当事人依法履行出资义务或者依法继受取得股权后,公司未根据公司法第三十二条、第三十三条的规定签发出资证明书、记载于股东名册并办理公司登记机关登记,当事人请求公司履行上述义务的,人民法院应予支持。"黄某、廖某、李乙诉请经纬货运公司协助办理工商变更登记手续有据,二审法院予以支持。经纬货运公司上诉认为股权转让各方没有完成股权转让、各股东没有召开股东会修改章程,其不具备配合办理工商变更登记手续的条件和可能性无理,二审法院不予采纳。

综上所述,原审判决认定事实清楚,处理恰当,应予维持。经纬货运公司、李甲的上诉请求均缺乏事实和法律依据,二审法院不予采信。

[法律法规链接]

《公司法》(2005年修订)第72条、第74条

《公司法解释(三)》(2011年施行)第24条

081. 因股权转让产生的债权债务的抵销问题

谢某某诉杨某某、陈某某、广州市和泰物流有限公司股权转让纠纷案

[案号]

广东省广州市中级人民法院(2012)穗中法民二终字第1421号

[裁判要旨]

当事人确认双方因股权转让而产生的债权债务关系成立,应当自觉履行。股权受让人提出转让人尚欠其债务,但转让人不予认可,受让人主张进行债务抵销的,不予支持。受让人可对其所享债权以另案诉讼方式主张。

[案情]

上诉人杨某某、陈某某因与被上诉人谢某某、原审被告广州市和泰物流有限公司(以下简称和泰公司)股权转让纠纷一案,经审理查明:谢某某原为和泰公司的股东,2008年11月25日,谢某某与陈某某、杨某某、和泰公司签订《欠条》,约定谢某某将其在陈某某、杨某某、和泰公司的33.396股权转让给杨某某、陈某某,由陈某某、杨某某、和泰公司分两次支付股权转让款110万元,第一次于2008年12月5日前付款40万元,第二次在工商、税务、代码证等相关证照办妥完毕后十天内付款70万元。后陈某某、杨某某、和泰公司向谢某某支付了其中第一次的款项40万元,并与和泰公司办妥2009年年检工商登记核准手续后,于2009年6月和同年8月份分别支付了20万元和8万元,仍欠42万元至今未付。和泰公司于2009年6月

---

① 此为2011年施行的旧法,2014年施行的新法在第23条作了相应规定。

23日办理了2009年工商年检的核准登记。

谢某某的一审诉讼请求是：陈某某、杨某某、和泰公司连带向谢某某偿还欠款420000元及利息。

一审法院认为谢某某的请求合理合法，应予支持。杨某某、陈某某辩称陈某某曾借给谢某某借款20000元及代谢某某垫付了相关费用共计39600元，共计59600元，杨某某、陈某某要求将该59600元从上述欠款中予以扣减一审法院认为于法无据，不予支持。和泰公司经一审法院传票传唤，无正当理由不到庭参加诉讼，视为其自愿放弃抗辩权利，一审法院依法缺席判决。综上所述，依照《民法通则》第84条、第87条、第108条，《民事诉讼法》[①]第130条之规定，判决：一、判决生效之日起五日内，和泰公司给付谢某某420000元及利息（按中国人民银行同期同类贷款利率，从2009年7月4日计算至实际付清之日止，并以不超过420000元为限）。二、杨某某对上述第一项承担连带还款责任。三、陈某某对上述第一项承担连带还款责任。

判后，上诉人陈某某、杨某某不服原审判决，提起上诉称，根据《合同法》第99条规定："当事人互负到期债务，该债务的标的物种类、品质相同的，任何一方可以将自己的债务与对方的债务抵销。"陈某某、杨某某有权在本案中直接要求抵消债务，谢某某欠陈某某、杨某某共489600元，已超过陈某某、杨某某欠谢某某的420000元及利息总额，抵债债务后，陈某某、杨某某无须向谢某某支付款项。谢某某欠杨某某的430000元加陈某某曾借给谢某某借款20000元以及代陈某某、杨某某垫付了相关费用39600元，共489600元，已超过陈某某、杨某某欠谢某某的420000元及利息总额。故上诉请求：(1)撤销原审判决；(2)驳回谢某某诉讼请求。

［结论］

二审法院判决如下：

一、撤销一审判决第二、三项。

二、变更一审判决第一项为"判决生效之日起五日内，原审被告广州市和泰物流有限公司、上诉人杨某某、上诉人陈某某共同给付被上诉人谢某某420000元及利息（利息按中国人民银行同期同类贷款利率，从2009年7月4日计算至实际付清之日止，并以不超过420000元为限）"。

［法院认为］

一审法院认为：陈某某、杨某某、和泰公司向谢某某立下《欠条》，确认谢某某、陈某某、杨某某、和泰公司双方因谢某某股权转让而产生的债权债务关系成立，是双方当事人真实意思的表示，合法有效，双方应当自觉履行。现陈某某、杨某某、和泰公司拖欠谢某某相关到期应付款项共420000元，其行为已侵犯谢某某的合法权

---

① 此处指2007年修订的《民事诉讼法》。

益，现谢某某要求陈某某、杨某某、和泰公司共同支付420000元及按中国人民银行同期同类贷款利率，计算从2009年7月4日，即和泰公司2009年年检工商登记的核准日期2009年6月23日，再往后推10日起至陈某某、杨某某、和泰公司实际付清之日止的利息的请求合理合法，一审法院予以支持。至于杨某某、陈某某辩称陈某某曾借给谢某某借款20000元及代谢某某垫付了相关费用共计39600元，共计59600元，这些费用与本案并无直接关联且陈某某、杨某某、和泰公司在本案中也不提出相关的反诉诉讼请求，因此杨某某、陈某某要求将该59600元从上述欠款中予以扣减于法无据，一审法院不予支持。

二审法院认为：对于陈某某、杨某某尚欠谢某某股权转让款420000元的事实，双方均无异议，二审法院予以确认。

本案二审争议的主要焦点是陈某某、杨某某关于本案欠款应予抵消的主张能否成立。二审法院认为，陈某某、杨某某主张谢某某尚欠其489600元未予支付，该事实未经谢某某确认。陈某某、杨某某向谢某某提出主张应以诉讼的方式进行，现陈某某、杨某某未提起反诉，可以另案诉讼的方式进行。因此，二审法院对陈某某、杨某某关于债务抵消的主张不予审查。

因双方当事人均承认本案是因谢某某向陈某某、杨某某转让和泰公司股权，陈某某、杨某某未支付完股权转让款420000元而起，因此，陈某某、杨某某作为受让人应向转让人谢某某承担清偿责任。和泰公司在《欠条》中盖章确认，且未对谢某某要求其偿还欠款的行为进行抗辩，该行为应视为债务的加入，因此，和泰公司应与陈某某、杨某某一起共同向谢某某承担清偿420000元欠款本息的责任。原审判决和泰公司向谢某某偿还欠款，并由陈某某、杨某某承担连带责任，对各方当事人之间的法律关系认定错误，应予纠正。

综上所述，原审判决认定事实清楚，适用法律欠妥，二审法院予以纠正。上诉人陈某某、杨某某的上诉请求不能成立，二审法院予以驳回。

[法律法规链接]

《民法通则》第84条、第87条、第108条

082. 股份合作企业发生股权纠纷而章程对相关问题的法律适用无明确规定时的处理

司徒甲诉潘某某、广州市芳村驾驶技术培训中心等股权纠纷案

[案号]

广东省广州市中级人民法院(2010)穗中法民二终字第1262号

[裁判要旨]

解决股东间纠纷应适用有关法律及企业章程的规定。股份合作企业并非《公司法》的调整对象,不适用该法;当企业自身的章程对相关问题的法律适用亦无明确规定时,可适用地方性法规等的有关规定。

[案情]

上诉人司徒甲与被上诉人潘某某、李某某、林甲、刘某某、林乙、广州市芳村驾驶技术培训中心股权纠纷一案,一审法院经审理查明:广州市芳村驾驶技术培训中心成立于1991年1月,2000年改制为股份合作制企业,由本企业职工持股;其中司徒乙占股37%、潘某某占股42.5%、李某某2%、林甲9%、刘某某3.5%、伍某某3%、林乙3%。司徒乙于2009年8月4日去世,其子司徒甲公证继承了司徒乙的全部股权。2009年9月15日,广州市芳村驾驶技术培训中心向司徒甲发出列席股东会通知,通知司徒甲9月18日列席临时股东会,对司徒甲的继承股东资格问题进行讨论并表决。2009年9月18日,潘某某、李某某、林甲、刘某某出席了股东会,伍某某缺席,林乙委托潘某某出席,司徒甲列席股东会。股东会表决形成决议:根据《广东省股份合作企业条例》第19条、第22条的规定,(1)不同意司徒乙的继承人继承37%股权的普通股股东资格;(2)其继承的股东资格只能是优先股股东资格,没有选举权、被选举权、表决权,只有按约定获得股息和企业破产时优先获得清偿;(3)同意林甲辞去中心执行董事一职;(4)选举潘某某为中心新一任执行董事,担任法定代表人兼经理;(5)林甲、潘某某应在9月25日前办理交接手续;(6)股东林甲将出资额4万元占8%转让给股东潘某某;(7)股东刘某某将出资额1.25万元占2.5%转让给股东潘某某,以上股权转让后,股东林甲由原来的9%减少至1%、股东刘某某由原来的3.5%减少至1%、股东潘某某由原来的42.5%增加至53%;(8)同意中心经营范围增加物业管理项目。股东会还通过了章程修正案,第7条修改为法定代表人潘某某,普通股股东六人:潘某某、李某某、林甲、刘某某、伍某某、林乙,优先股股东一人:司徒甲,占股37%。随后,广州市芳村驾驶技术培训中心在工商部门办理了上述变更登记。

广州市芳村驾驶技术培训中心原章程为股份合作制企业章程,约定:依据《公司登记管理条例》及国家有关法律、行政法规制定本章程,股东参加股东会并根据其出资份额享有表决权、按照出资比例分取红利、优先购买其他股东转让的出资,股东会所作决议应由代表1/2以上表决权的股东表决通过,但对本章程第15条第8款(增加或减少注册资本)、第10款(对企业合并、分立、变更企业形式、解散、清算)、第11款(修改企业章程)事项所作决议须经代表2/3以上表决权的股东表决通过,企业按照公司法、会计法建立财务、会计制度,按照公司法进行清算等。

司徒甲起诉要求确认其继承的37%股权的全部股东权利(包括选举权、被选举权、表决权等)、判令潘某某、李某某、林甲、刘某某、林乙、广州市芳村驾驶技术培训中心协助其办理股权继承变更手续及股东变更工商手续。

一审法院判决驳回司徒甲的诉讼请求。

判后，司徒甲不服，向二审法院提起上诉，请求撤销原判，改判支持上诉人的一审诉讼请求，即确认上诉人继承的37%股权的全部股东权利(包括选举权、被选举权、表决权等)、判令被上诉人协助上诉人办理股权继承变更手续及股东变更工商手续。

[结论]

二审法院判决驳回上诉，维持原判，即驳回司徒甲的诉讼请求。

[法院认为]

解决股东间纠纷应适用有关法律及企业章程的规定。广州市芳村驾驶技术培训中心章程中对普通股、优先股、股权继承以及股东纠纷的法律适用方面没有明确规定，因其企业类型为股份合作企业，并非《公司法》的调整对象，不适用该法；且其为广东省内设立的企业，因此，对于章程没有明确规定的，应适用《广东省股份合作企业条例》的有关规定。

《广东省股份合作企业条例》第18条规定："股份可以分为普通股和优先股。在职职工所持股份为普通股，其他股东所持股份为优先股。"广州市芳村驾驶技术培训中心转制成立时全部股份均由在职职工持有，当时章程没有约定优先股符合当时实际。上诉人主张"章程对股权采用同股同权的原则，没有设立普通股和优先股"，缺乏充分依据。该条例第22条所规定的"股东不得退股。在职职工个人所持有的股份可以按照企业章程规定转让和继承，非本企业职工受让或者继承的普通股应当转为优先股。职工退休的，其股份可以转为优先股或者由企业购回。由于其他原因离开企业的，其股份的处理办法由企业章程规定。"进一步明确了非本企业职工受让或者继承的普通股应当转为优先股。结合该条例第19条"普通股股东享有选举权、被选举权和表决权。优先股股东按约定获得股息，企业破产时优先获得清偿，但没有选举权、被选举权和表决权"的规定，司徒乙死亡后，其所占企业37%的股权由司徒甲继承，由于司徒甲并非广州市芳村驾驶技术培训中心在职职工，其持有的股份应当转为优先股或者由企业购回，不再享有选举权、被选举权和表决权。广州市芳村驾驶技术培训中心股东会决议将司徒甲所持有的股份由普通股认定为优先股，符合《广东省股份合作企业条例》的规定，亦没有违反章程规定，并没有侵害到司徒甲的合法权益。

综上所述，司徒甲请求确认其继承的37%股权享有包括选举权、被选举权、表决权在内的全部股东权利，缺乏法律和事实依据。一审判决驳回其诉讼请求，并无不当。审查一审判决认定事实清楚，适用法律正确，二审法院予以维持。

[法律法规链接]

《公司法》第2条

《广东省股份合作企业条例》第18条、第19条、第22条

083. 股权受让方无权从转让款中代出让方扣缴税款

广州市奥新遮阳帘有限公司与游某某股权转让合同纠纷案

[案号]

广东省广州市中级人民法院(2012)穗中法民二终字第1453号

[裁判要旨]

当事人在股权转让合同中系处于平等地位的商事主体,双方的权利义务是对等的。股权转让系公司回购股东的股份时,因公司并非税务机关,无权代为扣缴税款。在商事法律关系中,公司在没有得到股东的授权的情况下,也无权代其办理纳税申报。

[案情]

上诉人广州市奥新遮阳帘有限公司(以下简称奥新公司)与被上诉人游某某股权转让合同纠纷一案,一审法院经审理查明:2008年2月20日,游某某与罗某某、夏某某、吴某某等七人签订《合伙协议》,约定:合伙出资成立经营广州市奥新遮阳帘有限公司。2010年2月9日,游某某与奥新公司签订《股权转让及支付协议》,约定:奥新公司按现在实际资产股价100000元回购游某某35000元原始股份;奥新公司于2010年2月10日前一次性向游某某支付50000元,剩余50000元款项奥新公司分六个月无息支付;还款期限为每月10日,从2010年3月10日起至2010年9月30日止,2010年6月1日前每月支付7000元,从2010年6月1日后每月支付8000元,9月份付清尾数。协议签订后,奥新公司仅向游某某支付50000元股权转让款,双方确认已办理退股手续。

奥新公司提交股东表决决议一份,奥新公司全体股东通过股东会决定确认游某某已办理退股手续,除去在奥新公司的股东身份。

奥新公司称其已代游某某缴纳股权转让所得的个人所得税,并提交:广州电子缴税系统回单及扣缴个人所得税汇总报告表,显示奥新公司于2010年4月1日向广州地税天河区征收分局代缴个人所得税38634.59元。奥新公司称38634.59元是奥新公司代缴的包括游某某在内的三名股东的股权转让收益个人所得税,其中涉及游某某的个人所得税为11161.14元。

经一审法院向天河区地方税务局查询,就本案股权转让收益无游某某申报或奥新公司代扣代缴个人所得税信息。奥新公司质证天河区地方税务局的复函时确认未代扣代缴游某某股权转让所得收益的个人所得税。

奥新公司以游某某犯职务侵占罪于2010年12月23日向一审法院提出控诉。

游某某在一审的诉讼请求是:(1)奥新公司支付游某某股权转让金 50000 元;(2)奥新公司支付游某某违约付款利息(从 2010 年 10 月 1 日至判决生效之日止,按中国人民银行同期贷款利率上浮 50% 的标准计付,以 7132 元为限)。

一审法院依照《合同法》第 60 条第 1 款、第 107 条、第 109 条,《民事诉讼法》第 64 条第 1 款的规定,判决奥新公司于判决发生法律效力之日起十日内,向游某某支付股权转让款 50000 元及违约金 7132 元。

判后,奥新公司不服一审判决,向二审法院提出上诉称,根据《个人所得税法》(2011 年 9 月 1 日开始实行)的相关规定,财产转让所得应纳个人所得税。在得知游某某没有按国家规定办理纳税申报时,要求纳税义务人游某某申报个人所得税款后奥新公司才继续按《股权转让及支付协议》支付,或者由奥新公司扣缴申报应纳税款 13000 元,经多次协商游某某拒不承认要缴纳个人所得税,称与其无关,在开庭审理时一审法院进行调解时游某某还拒不申报和不同意由我司扣缴申报,此行为故意避税,属于偷税漏税行为,我司作为扣缴义务人必须监督游某某申报此税款与因此造成的罚款及滞纳金。我司无故意不履行《股权转让及支付协议》,不存在违约金之说。故我司不按此协议支付属于合理合法。故请求:(1)同意支付《股权转让及支付协议》转让款 50000 元,但须扣缴游某某应缴个人所得税 13000 元或监督游某某去天河区地方税务局自行申报税款、罚款及滞纳金;(2)撤销违约金利息 7132 元;(3)代游某某扣缴申报须缴纳 2% 手续费,即 260 元。

[结论]

二审法院判决驳回上诉,维持原判,即奥新公司于判决发生法律效力之日起十日内,向游某某支付股权转让款 50000 元及违约金 7132 元。

[法院认为]

一审法院认为:《股权转让及支付协议》为游某某、奥新公司双方真实意思表示,合法有效,对双方均具有约束力。现游某某的退股手续已完成,奥新公司理应向游某某支付股权转让款 100000 元。奥新公司辩称应扣除股权转让收益的个人所得税税款,但是奥新公司现尚未代游某某缴纳股权转让收益的个人所得税,故奥新公司主张扣除相关税款无理,一审法院不予采纳。奥新公司辩称游某某在职期间存在过错给奥新公司造成损失,奥新公司的该项主张与本案审理的纠纷并非同一法律关系。双方约定 2010 年 9 月份付清股权转让款,奥新公司至今尚欠 50000 元股权转让款未付,显属无理。游某某有权要求奥新公司立即支付剩余股权转让款 50000 元并承担违约责任。游某某主张的违约金为从 2010 年 10 月 1 日至判决生效之日止,按中国人民银行同期贷款利率上浮 50% 的标准计付的利息损失(以 7132 元为限),符合法律规定,一审法院予以支持。

二审法院认为,本案是股权转让合同纠纷。奥新公司与游某某在股权转让合同中系处于平等地位的商事主体,双方的权利义务是对等的。奥新公司并非税务机关，并无权代为扣缴税款。在商事法律关系中，奥新公司在没有得到游某某的授权的情况下，也无权代游某某办理纳税申报。游某某在本案所主张的是股权转让的对价，而非从奥新公司处支取的劳动报酬。《个人所得税法》第8条的规定并不适用于平等商事主体之间的交易行为。奥新公司援引该规定对抗游某某系对法律规定的认知错误。因此，奥新公司的上诉理由并不成立，一审法院判令奥新公司向游某某支付剩余股权转让款50000元并承担违约责任并无不当，二审法院予以维持。

综上所述，一审判决认定事实清楚，适用法律正确，应予维持。奥新公司的上诉理由不成立，二审法院不予采纳。

［法律法规链接］

《合同法》第60条第1款、第107条、第109条

084．“对赌协议”中股东承诺回购股份的法律规制

【指导与参考案例】

蓝某某、宜都天峡特种渔业有限公司等与苏州周原九鼎投资中心投资合同纠纷案

［裁判要旨］

投资协议中约定在一定条件下被投资方股东回购股份的承诺等内容的回购股份条款属于“对赌协议”的一种，是投资人专门设置的在一定条件下自行退出该投资法律关系、恢复股权原有状态，并取得一定经济补偿的合同条款，又称退出条款。在评判该退出条款或者对赌协议的法律效力及回购股份责任承担时，需要综合考量多种因素。

［案情］

上诉人蓝某某、宜都天峡特种渔业有限公司（以下简称宜都天峡公司）、湖北天峡鲟业有限公司（以下简称湖北天峡公司）为与被上诉人苏州周原九鼎投资中心（有限合伙）（以下简称九鼎投资中心）投资合同纠纷一案，原审法院经审理查明：2008年12月1日，湖北天峡公司在湖北省宜都市工商行政管理局登记注册宜都天峡公司，注册资本200万元，湖北天峡公司作为独资法人股东持有宜都天峡公司100%的股份。

2010年10月19日，九鼎投资中心作为甲方、蓝某某作为乙方、宜都天峡公司作为丙方、湖北天峡公司作为丁方，共同签署了《苏州周原九鼎投资中心（有限合

伙)对宜都天峡特种渔业有限公司之投资协议书》(以下简称《投资协议书》),协议明确各方合作宗旨与目的为:资源共享,优势互补,规范管理,加快发展,产品经营与资本经营相结合,做强做大丙方主营业务,提升综合竞争力,致力于实现丙方在中国境内资本市场公开发行并上市。协议约定:乙方和丁方承诺将对丙方进行增资,本次增资后丁方占丙方增资后股份总数的51%;甲方向丙方投资7000万元取得丙方本次增资后股份总数34.3%的股份;第三方投资者向丙方投资3000万元取得丙方本次增资后股份总数14.7%的股份。在协议规定的前提条件全部满足后五个工作日内,甲方应以现金形式支付投资款7000万元至专用账户。丙方收到甲方投资款7000万元之日,为本次投资完成之日。投资完成后,甲方按照丙方章程的规定享有股东权利并承担股东义务。协议对投资完成后的其他事项作出了具体约定。其中第7条关于业绩承诺和股权奖励条款项下载明:乙方、丙方、丁方共同进行丙方的经营业绩承诺,保证丙方2010年度实现净利润不低于1500万元,2011年实现净利润不低于3000万元,2012年度实现净利润不低于5000万元。如丙方2010年、2011年与2012年实现的年度净利润均达到或超过本协议承诺的业绩指标,甲方和第三方投资者按照各自持有股权比例,将不少于本次增资后9%的丙方股权作为奖励赠予丁方,其中,甲方奖励丁方本次增资后6.3%的丙方股权,第三方投资者奖励丁方本次增资后2.7%的丙方股权。如丙方公开发行股票申请在2013年12月31日之前通过中国证券监督管理委员会审核,则不论丙方是否实现了本协议第7.1条中所承诺之业绩,甲方和第三方投资者按照各自持有股权比例,将本次增资后9%的丙方股权作为奖励赠予丁方,其中甲方奖励丁方本次增资后6.3%的丙方股权,第三方投资者奖励丁方本次增资后2.7%的丙方股权。如果丙方2013年12月31日之前公开发行股票申请尚未通过中国证券监督管理委员会审核,若丙方2010年、2011年与2012年实现的年度净利润均达到或超过本协议承诺的业绩指标,2013年度丙方实现净利润达到1亿元,且丙方鱼子酱产品产生的净利润不超过4000万元,甲方和第三方投资者将按照各自持有的股权比例再奖励丁方本次增资后2%的丙方股权,其中甲方奖励丁方本次增资后1.4%的丙方股权,第三方投资者奖励丁方本次增资后0.6%的丙方股权。如果丙方公开发行股票申请在2013年12月31日前通过中国证券监督管理委员会审核,则上列未通过审核情形下奖励条款自动失效。如果丙方公开发行股票申请通过中国证券监督管理委员会审核,且甲方持有的丙方股份实现上市变现后,甲方与第三方投资者按股权比例共同奖励乙方现金500万元。上述股权奖励约定的第三方投资者给予丁方的奖励,由乙方、丙方、丁方与第三方投资者所协商、确定和督促收取,最终其是否及怎样协商、确定和收取与甲方无关。

甲方在该协议书中承诺并保证:按照协议要求按时完成投资入股的相应流程,足额到位投资资金;采取具体行动积极协助丙方实现在国内A股市场公开上市;

投资后通过董事会、股东会参与丙方管理;协助丙方拓展客户领域,选择投资项目,物色并购对象,推进丙方做大做强。积极协助丙方获取1亿元的贷款融资额度。《投资协议书》还约定:本协议中未尽事宜或出现与本协议相关的其他事宜时,由各方协商解决并另行签订补充协议,补充协议与本协议具有同等的法律效力。《投资协议书》还对其他相关事项进行了约定。

同日,《投资协议书》四方主体即甲方九鼎投资中心、乙方蓝某某、丙方宜都天峡公司、丁方湖北天峡公司又共同签署一份《补充协议》,约定:除非甲方另以书面形式同意延长,否则丙方自本次投资完成之日起至2014年12月31日未完成公开发行股票和上市,则甲方可于2014年12月31日后随时要求丙方、乙方及丁方受让甲方持有的全部或部分丙方股份,乙方和丁方承诺予以受让。乙方及丁方受让价款计算公式如下:受让价款=甲方总投资额×$(1+8\%)^n$－甲方入股期间从丙方获得的业绩补偿－甲方届时因已转让部分丙方股份所取得的收入(含已分红的收入)。上述公式中,n代表甲方持有股份的时间,时间从甲方投资款汇到丙方验资账户之日起开始计算,到甲方收到所有受让价款之日结束(n精确到月,如两年三个月,则n=2.25);如果乙方、丁方对丙方发行上市申报不予以正常配合,或者丙方提交甲方的尽职调查材料以及本次投资后的材料中相关数据有重大虚假(差额10%以上),或者乙方实际控制的其他投资、经营任何与丙方主营业务相关的其他业务或企业且其资产规模超过丙方资产规模的5%;则甲方有权选择在上述任何一种情况出现后一个月内要求乙方受让甲方持有的全部或部分丙方股份,乙方承诺予以受让,受让价格具体按照以下公式确定:受让价款=甲方总投资额×$(1+8\%)^n$－甲方入股期间从丙方获得的业绩补偿－甲方届时因已转让部分丙方股份所取得的收入(含已分红的收入)。上述公式中,n代表甲方持有股份的时间,时间从甲方投资款汇到丙方验资账户之日起开始计算,到甲方收到所有受让价款之日结束(n精确到月,如两年三个月,则n=2.25)。

2010年10月21日,九鼎投资中心通过中信银行总行营业部向宜都天峡公司汇入7000万元。同年12月29日,湖北省宜都市工商行政管理局核准宜都天峡公司工商变更登记,宜都天峡公司投资人及股权比例由湖北天峡公司出资200万元占100%的股份变更为湖北天峡公司出资3570万元占51%,九鼎投资中心出资3430万元占49%。企业类型由法人独资有限责任公司变更为有限责任公司;注册资本由200万元变更为7000万元。变更后的宜都天峡公司章程载明:湖北天峡公司和九鼎投资中心为公司股东,湖北天峡公司出资占公司注册资本51%,九鼎投资中心出资占公司注册资本49%。

2011年11月16日,深圳市信诺泰创业投资企业(有限合伙)与蓝某某、宜都天峡公司及湖北天峡公司签订一份《投资协议书解除协议》,该协议明确载明四方同意解除原于2010年10月22日签订的《深圳市信诺泰创业投资企业(有限合伙)

对宜都天峡特种渔业有限公司之投资协议书》。由宜都天峡公司退回深圳市信诺泰创业投资企业(有限合伙)投资款1500万元。投资方已按约定完成了投资义务,但因蓝某某、宜都天峡公司及湖北天峡公司原因造成该协议无法继续履行,违约方同意按协议约定向投资方支付违约金500万元。同日,那曲元和投资有限公司与蓝某某、宜都天峡公司及湖北天峡公司签订一份《投资协议书解除协议》,该协议明确载明四方同意解除原于2010年10月签订的《那曲元和投资有限公司对宜都天峡特种渔业有限公司之投资协议书》。由宜都天峡公司退回那曲元和投资有限公司投资款1500万元。投资方已按约定完成了投资义务,但因蓝某某、宜都天峡公司及湖北天峡公司原因造成该协议无法继续履行,违约方同意按协议约定向投资方支付违约金500万元。上述两份协议所涉共计1000万元违约金已实际支付完毕。

2012年10月25日,亚太(集团)会计师事务所有限公司向宜都天峡公司出具的亚会审字(2012)148号《宜都天峡特种渔业有限公司审计报告》中所附企业利润表显示,宜都天峡公司2012年1月至6月营业总收入为3233.683467万元。2012年12月31日宜都天峡公司编制的《利润表》显示本年度该公司营业总收入为2332.313769万元,《利润表(合并)》显示本年度该公司营业总收入为2324.469105万元。《利润表》记载本年度净利润为-485.491382万元,《利润表(合并)》记载本年度净利润为-485.175892万元。

2014年3月,九鼎投资中心发现本单位印章被他人伪造用于为宜都天峡公司的商业银行贷款提供担保,于是向湖北省宜都市公安局报案。2014年3月18日,该局作出都公(经)刑立字(2014)第86号《立案决定书》,决定对宜都天峡公司蓝某某涉嫌伪造企业印章案立案侦查。

因各方当事人投资合作不畅,2013年10月28日,九鼎投资中心向湖北省高级人民法院提起本案诉讼,认为蓝某某、宜都天峡公司、湖北天峡公司分别或共同违反了《投资协议书》和《补充协议》约定的义务,侵犯了九鼎投资中心的合法权益。九鼎投资中心确定的最终诉讼请求为:(1)判令蓝某某、湖北天峡公司向九鼎投资中心支付9023万元受让九鼎投资中心所持有的宜都天峡公司49%的股份;(2)判令蓝某某和湖北天峡公司连带承担违约责任,赔偿九鼎投资中心损失4655万元。

一审庭审过程中,蓝某某、宜都天峡公司和湖北天峡公司自认如下事实:《投资协议书》签订后的宜都天峡公司工商变更登记由其主导完成,该协议中其作出的相关业绩承诺没有达到目标,且2014年12月31日前宜都天峡公司上市已无可能,《投资协议书》所涉第三方投资已经到位,其后被退回。

一审法院依照《合同法》第60条、第107条、第108条,《民事诉讼法》第142条之规定,该院判决:(1)蓝某某、湖北天峡公司于该判决生效之日起15日内向九鼎投资中心支付人民币8989.2869万元,用于受让九鼎投资中心持有的宜都天峡公司49%的股份;(2)驳回九鼎投资中心的其他诉讼请求。

蓝某某与湖北天峡公司均不服原审法院上述民事判决,提起上诉。

[结论]

二审法院判决驳回上诉,维持原判,即蓝某某、湖北天峡公司于该判决生效之日起15日内向九鼎投资中心支付人民币8989.2869万元,用于受让九鼎投资中心持有的宜都天峡公司49%的股份;驳回九鼎投资中心的其他诉讼请求。

[法院认为]

最高人民法院二审经审理认为,本案系投资合同纠纷。根据当事人的上诉与答辩意见,本案二审争议焦点为:(1)案涉《投资协议书》和《补充协议》中回购股份条款的法律效力。(2)蓝某某与湖北天峡公司是否应当承担回购股份的民事责任。九鼎投资中心是否存在违约行为,是否影响本案民事责任的承担结果。(3)九鼎投资中心主张权利的起始时间应如何认定。(4)原审判决对九鼎投资中心持有的宜都天峡公司股份份额的认定是否正确。

1. 关于案涉《投资协议书》和《补充协议》中回购条款的法律效力问题

首先,从诉争的两份协议书的内容看,立约各方为达到使宜都天峡公司增资、在中国境内资本市场公开发行股票并上市之目的,先签订了《投资协议书》,约定蓝某某、宜都天峡公司以资产及股权增资,九鼎投资中心则以资金注入方式对目标公司宜都天峡公司进行增资,协议包括业绩承诺与股权奖励等条款内容;同日,为保证投资方基本投资利益的实现,各方当事人又签订了《补充协议》,主要包括在一定条件下被投资方股东回购股份的承诺等内容。案涉两份协议系典型的商事合同,《补充协议》系对《投资协议书》的补充约定,二者系同一天达成,共同完整地构成了各方当事人的意思表示。《补充协议》中有关两种情形下被投资方股东应当回购股份的承诺清晰而明确,是当事人在《投资协议书》外特别设立的保护投资人利益的条款,属于缔约过程中当事人对投资合作商业风险的安排。该条款与《投资协议书》中的相关股权奖励条款相对应,系各方当事人的真实意思表示。其次,案涉协议关于在一定条件下被投资方股东回购股份的内容不违反国家法律、行政法规的禁止性规定,不存在《合同法》第52条所规定的有关合同无效的情形。诉争协议系各方当事人专为此次交易自愿达成的一致约定,并非单方预先拟定或者反复使用,不属于我国合同法所规定的格式合同或者格式条款,不存在显失公平的问题。蓝某某、湖北天峡公司提出回购股份的条款属于格式条款、有违公平原则的上诉理由缺乏事实与法律依据,不能成立。因此,原审判决认定案涉《补充协议书》与《补充协议》,包括在一定条件下被投资方股东回购股份的承诺等内容合法有效正确,本院予以维持。

2. 关于蓝某某与湖北天峡公司是否应当承担回购股份的民事责任问题

本案中,宜都天峡公司委托作出的评估报告与该公司自己编制的财务报表显示,宜都天峡公司存在财务虚假,且虚假程度已超过《补充协议》中约定的10%差额上限;宜都天峡公司在2012年出现亏损,湖北天峡公司在《投资协议书》中的相关业绩承诺并未实现,根据公司法、证券法等法律法规有关企业公开发行股票并上市的条件规定,宜都天峡公司在2014年12月31日前无法上市已呈事实状态,《补充协议》所约定的股份回购条件业已成就。蓝某某与湖北天峡公司应当依约履行自己的合同义务,向九鼎投资中心承担回购股份的民事责任。一审判决认定蓝某某与湖北天峡公司应当承担回购股份的民事责任,具有合同与法律依据。

关于九鼎投资中心在本案中是否存在违约行为,以及是否影响本案民事责任承担的问题。本案中,蓝某某与湖北天峡公司未提供充分证据证实九鼎投资中心存在为自身利益不正当地促成回购股份条件成就的情形,其提出九鼎投资中心不正当阻止公司上市的抗辩理由不能成立,本院不予支持。其一,关于高管人员离职问题。九鼎投资中心派出的部分高管人员离职后宜都天峡公司仍在生产经营,而公司财务造假属人为因素造成,高管人员离职的事实不应成为宜都天峡公司财务报表出现虚假的理由,更不是公司无法上市的直接原因。其二,关于宜都天峡公司部分银行贷款没有到位的问题。从《投资协议书》第8.4条九鼎投资中心承诺并保证的内容看,九鼎投资中心的合同义务是"协助宜都天峡公司获取1亿元贷款融资额度",该义务仅为协助义务,且该协助义务并无相应的细化约定,故认定九鼎投资中心违约缺乏事实依据。因此,蓝某某与湖北天峡公司有关因九鼎投资中心存在违约行为应免除其回购股权民事责任的上诉理由缺乏事实与法律依据,本院不予支持。

3.关于九鼎投资中心主张权利的起始时间问题

由于本案原审原告九鼎投资中心起诉时宜都天峡公司存在财务虚假、案涉《投资协议书》中的相关业绩承诺亦未实现,宜都天峡公司在2014年12月31日前无法上市已呈事实状态,案涉《补充协议》所约定的股份回购条件业已成就,蓝某某与湖北天峡公司的违约行为导致九鼎投资中心签订案涉协议的合同目的已无法实现,故九鼎投资中心提起诉讼具有合同与法律依据,原审判决的相关认定并无不妥,蓝某某与湖北天峡公司有关九鼎投资中心起诉时间不符合合同约定的上诉理由不能成立,本院不予支持。

4.关于原审判决对九鼎投资中心所持有的宜都天峡公司股份份额的认定问题

案涉协议的实际履行情况、宜都天峡公司工商登记中的股权信息、宜都天峡公司登记备案的公司章程以及上诉人在原审中自认的事实共同表明,《投资协议书》所涉第三方投资曾已到位,其后退出,相关退出协议中明确了撤资责任在于蓝某某与湖北天峡公司,与九鼎投资中心无关;宜都天峡公司工商变更登记由蓝某某与湖北天峡公司主导完成。故原审判决确认九鼎投资中心持有宜都天峡公司49%的股份,具有事实和法律依据,本院予以维持。

综上所述,原审判决认定事实清楚,适用法律正确,审判程序合法,依法应予以维持。

[法官分析]

1. 本案涉及的法律问题主要是"对赌协议"是否合法有效,亦是本案的特殊性所在

当前,在私募股权投资领域,私募基金对企业进行的权益性投资中,一般含有股权价格调整条款或估值调整机制,俗称"对赌协议",是私募股权投资行为中常见的一种融资契约形式。本案中,原审原告九鼎投资中心的诉请以及上诉人蓝某某与湖北天峡公司的上诉请求表明,二审争议焦点很多,而最关键的问题就是案涉《投资协议书》和《补充协议》中回购条款的法律效力问题,即"对赌协议"是否合法有效的问题。

案涉《投资协议书》和《补充协议》系当事人为达到使宜都天峡公司增资、在中国境内资本市场公开发行股票并上市之目的,而签订的系列协议。在《投资协议书》中,主要约定蓝某某、宜都天峡公司以资产及股权增资,九鼎投资中心则以资金注入方式对目标公司宜都天峡公司进行增资,协议条款包括业绩承诺与股权奖励等内容。《补充协议》中,则主要包括在一定条件下被投资方股东回购股份的承诺等内容,显然是为保证投资方基本投资利益的实现而作出的补充约定。该回购股份条款即属于"对赌协议"的一种,是投资人九鼎投资中心专门设置的在一定条件下自行退出该投资法律关系、恢复股权原有状态,并取得一定经济补偿的合同条款,又称退出条款。在评判该退出条款或者对赌协议的法律效力时,需要考量的理论要点很多,较为复杂,下面做翔实分析:

(1)案涉《补充协议》中的回购股份内容发生在投资方与被投资企业及被投资企业原股东合同法律关系中,涉及目标公司股东身份的前后变化。签订《投资协议书》和《补充协议》时,投资人九鼎投资中心在交易中的主体身份并非股东,其成为股东是该协议得到履行的结果。因此,在评判该交易环节合法性问题上,应当依据合同法律规范予以评判。九鼎投资中心事后因投资行为成为股东这一事实不应成为判断合同效力的考量因素,不应援引规范股东义务的法律条款作为评判合同效力的依据。

(2)案涉《投资协议书》和《补充协议》(包括股权回购条款)系典型的商事合同,应当基本尊重商人的理性选择和商业判断,包括公司、股东和其他利益相关者基于自由和理性的心态所作的各种商业判断。《补充协议》系对《投资协议书》的补充约定,系同一天达成,二者完整地构成了各方当事人的意思表示。当事人首先在《投资协议书》中设置相关股权奖励条款,与之相对应,当事人又在《补充协议》中设置两种情形下被投资方股东应当回购股权的约定,该约定承诺清晰而明确,属于当事人在缔约过程中对商业风险的安排,而且该两种情形的存在没有附设任何条件,如,某一方原因造成该情形出现则不予回购等。因此,案涉协议从正反两方面就投资与被投资双方可能遇到的合作后果已经作出了安排,类似一般合同的违

约条款或者保证条款，符合一般商业规律，应当推断认定协议系各方当事人的真实意思表示，包括在一定条件下被投资方股东回购股权的内容。

（3）案涉《投资协议书》和《补充协议》包括在一定条件下被投资方股东回购股权的内容并不违反我国法律、行政法规的禁止性规定，不存在《合同法》第52条有关合同无效的情形。至于三上诉人蓝某某、宜都天峡公司、湖北天峡鲟业有限公司提出在一定条件下被投资方股东回购股权的条款属于格式条款，有违公平原则的问题。应当说，案涉《投资协议书》及《补充协议》系各方当事人专为此次交易自愿达成的一致约定，并非单方预先拟定或者反复使用，不属于我国合同法所规定的格式合同或者格式条款，不存在显失公平的问题。

（4）案涉《补充协议》有关回购股权的约定系当事人在《投资协议书》外特地安排的保护投资人利益的条款，在考量其法律效力时，还应当进一步考虑的因素有是否损害被投资公司宜都天峡公司及其利益相关方的利益。《补充协议》约定的第一种回购股权情形中，负责回购股权的主体有被投资公司宜都天峡公司、蓝某某与湖北天峡公司；第二种回购股权情形中，负责回购股权的主体只有乙方湖北天峡公司。在第一种情形中，由于宜都天峡公司系有限责任公司性质，从《公司法》第71条有关有限责任公司股权转让的一般规定看，是允许有限责任公司购买本公司股份的，故上述回购约定并没有法律障碍；但如果宜都天峡公司属股份有限公司性质，一旦触发并履行该条款，则会出现公司回购本公司股份的情况，根据《公司法》第142条规定除例外情形"公司不得收购本公司股份"，上述合同约定将会产生违反公司法禁止性规定的情形，客观上将可能导致公司财产受损，并随之影响到公司股东及公司债权人的利益，因此，当宜都天峡公司作为股份有限公司存在的情况下，上述《补充协议》中有关在一定条件下由宜都天峡公司受让九鼎投资中心持有宜都天峡公司股份的约定就只能认定无效，其他内容仍应有效。巧的是，蓝某某起诉请求执行回购股份条款仅针对蓝某某与湖北天峡公司，并没有要求宜都天峡公司受让股份，一审判决也没有判宜都天峡公司承担回购责任。这就使案件变得相对简单一些。对此，承办法官愿意与读者共同讨论。

（5）作为股权价格调整条款或估值调整机制的"对赌协议"，往往给人感觉是对投资方旱涝保收的承诺，违背商事活动等价有偿、风险共担的基本原则，从而损害正常的经济秩序与公共利益。二审合议庭经过考量，本案并不存在这种情形。一审判决依照《补充协议》中当事人约定的回购（受让）股份的具体计算公式计算出应当支付的股份款项达8989.2869万元，比九鼎投资中心实际投入资金7000万元多出近2000万元。一审判决的判项是否存在案涉"对赌协议"条款非正义导致其无效呢？答案是否定的。因为投资者在这场交易中往往不仅投入资金成本，亦包括帮助清理产权关系、激励完善公司治理结构以及以公司上市为目标的资本运作，且投资人一旦以固定身份进入目标公司，依公司法的规定，对目标公司经营亏损等问题必须按照合同约定或者持股比例来承担相应损失。交易本身是一种商业博弈,有亏有盈,法律并不保证一项特定的交易中各方可以同等受益。换句话说,商事活动中的正义体现的是过程正义,而非结果正义。

综上,案涉《投资协议书》、《补充协议》包括其中的回购股份条款内容,是当事人在《投资协议书》外特别设立的保护投资人利益的条款,属于缔约过程中当事人对投资合作商业风险的安排,与《投资协议书》中的相关股权奖励条款相对应,均系各方当事人的真实意思表示。且不违反国家法律、行政法规的禁止性规定,不存在《合同法》第52条所规定的有关合同无效的情形,亦不属于我国合同法所规定的格式合同或者格式条款,不存在显失公平的问题。因此,最高人民法院合议庭一致认为,原审判决认定案涉《补充协议书》与《补充协议》,包括在一定条件下被投资方股东回购股份的承诺等内容合法有效正确,本院应予维持。

2. 在回购股份条款合法有效的前提下,蓝某某与湖北天峡公司是否应当承担回购股份的民事责任问题

从案涉回购条款的内容看,宜都天峡公司未上市或宜都天峡公司财务出现重大虚假事由是适用该条款的前提。而能否依约上市及准备上市期间公司利润能够实现多少依赖于商业风险等诸多不确定因素,回购股份的条款中所涉及的有关公司上市问题的约定应属于附条件生效的条款,而对于虚假事由的约定内容,则具有违约条款性质。就公司上市问题而言,由于上诉人在《投资协议书》中的相关业绩承诺没有实现,不符合我国公司法的相关规定要求,且2014年12月31日前宜都天峡公司不能上市已成事实状态,故协议约定的股权回购条件业已成就。就虚假事由问题而言,鉴于宜都天峡公司委托作出的评估报告显示,企业2012年1月至6月营业总收入为3233.683467万元。但2012年12月31日宜都天峡公司编制的《利润表》显示本年度该公司营业总收入为2332.313769万元,《利润表(合并)》显示本年度该公司营业总收入为2324.469105万元。上述财务报表中全年营业总收入低于半年营业总收入的记载,明显与基本财务常理相悖,一审判决认定存在财务虚假,具有事实依据。且两数额之间相差数额巨大,虚假已超过《补充协议》中约定的10%差额上限,符合协议约定的回购情形。因此,一审判决认定蓝某某与湖北天峡公司应当承担回购股份的民事责任,具有合同与法律依据。一审判决仅依据未实现利润保证及在合同约定的具体日期前公司无法上市的结果,判定案涉当事人存在违约进而认定该条款属于违约条款,理由不充分。但一审判决实体结论正确,故合议庭对此认定应予维持。

3. 九鼎投资中心在本案中是否存在违约行为及是否影响本案中民事责任承担问题

(1)高管人员离职问题。宜都天峡公司依照公司章程规定实行董事会领导下的总经理负责制,九鼎投资中心依照《投资协议书》约定派出了人员担任宜都天峡公司的总经理和财务总监,另外还有董事长秘书,这些人员到岗后一段时间,前后

离职，主要原因是与蓝某某合作不畅。后来公司一直由蓝某某一人领导。合议庭认为，公司财务总监缺失，不应成为公司财务报表出现虚假的原因与理由，高管人员部分离职可能会影响公司的运营状态，但很难说系财务造假的直接根本原因，毕竟公司财务造假系人为因素造成。

(2)宜都天峡公司有1亿元银行贷款没有到位问题。从《投资协议书》第8.4条九鼎投资中心承诺并保证的内容看，“协助丙方拓展客户领域，选择投资项目，物色并购对象，推进丙方做大做强。积极协助丙方获取1亿元的贷款融资额度”，该“协助”内容具体是什么，并不清楚。上诉人蓝某某与湖北天峡公司主张九鼎投资中心没有履行该合同义务，九鼎投资中心则抗辩自己已履行该义务，理由是其实际如约投资7000万元，其品牌效应已体现，已派出人员与香港银行行长接洽(但未提供证据)。应当说，该举证责任应当在于九鼎投资中心，贷款没有到位是事实，九鼎投资中心已履行该协助义务，证据不足，九鼎投资中心似存在违约行为。但是，即便该违约行为存在，是否影响本案回购民事责任的承担呢？答案仍是否定的。合同的协助义务相对于合同的主要义务，显然是次要的，当事人对协助义务的违反并不必然导致合同签订目的不能实现，亦不是公司无法上市的直接原因，因此，并不影响本案回购股份民事责任的承担。由于上诉人蓝某某与湖北天峡公司未在本案一审中就此提起反诉，且本案审理过程中已就此问题在湖北宜昌市中级人民法院提起诉讼，二审法院可不予处理。可见，本案中，上诉人蓝某某与湖北天峡公司并未提供充分证据证实九鼎投资中心存在为自己的利益不正当地促成回购股份条件成就的情形，其提出九鼎投资中心不正当阻止公司上市的抗辩理由应不予支持。

4. 关于九鼎投资中心主张权利的时效问题

根据案涉《补充协议》相关条文的表述，“如果丙方自本次投资完成之日起至2014年12月31日的期间内丙方未完成公开发行股票和上市，则甲方可于2014年12月31日后随时要求丙方、乙方及丁方受让甲方持有的全部或部分丙方股份，乙方和丁方承诺予以受让”“甲方有权选择在上述任何一种情况出现后一个月内要求乙方受让甲方持有的全部或部分丙方股份，乙方承诺予以受让”。上述条款实际是对甲方即九鼎投资中心相关主张自己权益的诉权的约定，而诉权是公法赋予民事诉讼主体的一种法定权利，不因当事人的约定而改变或者受限制。九鼎投资中心在知道自己权利受到侵害后，于2013年10月28日提起本案诉讼，并不违反民事法律的相关规定。况且《补充协议》约定的回购股份条件业已成就，蓝某某与湖北天峡公司的违约行为已经导致九鼎投资中心签订案涉协议的合同目的无法实现，九鼎投资中心提起本案诉讼具有合同与法律依据。故上诉人蓝某某与湖北天峡公司以原告九鼎投资中心起诉时间不符合合同约定的上诉理由不能成立。

5. 关于原审法院对九鼎投资中心所持有的宜都天峡公司股份份额的认定问题

上诉人蓝某某与湖北天峡公司认为原审法院认定九鼎投资中心持股49%与

事实不符。根据案涉《投资协议书》及《补充协议》，各方约定了在条件实现时，乙方和丁方受让甲方持有的丙方股份，受让价款具体的计算方式为：甲方总投资额×$(1+8\%)^n$－甲方入股期间从丙方获得的业绩补偿－甲方届时因已转让部分丙方股份所取得的收入（含已分红的收入）。根据该计算方式，在上诉人蓝某某与湖北天峡公司对九鼎投资中心投资到位资金7000万元没有异议，本案又不涉及股份份额红利分配的情况下，九鼎投资中心所持有股份份额并不影响具体价款计算，且上诉人蓝某某与湖北天峡公司并未对上述计算方式及金额提出异议，故股权份额的确认问题与本案回购股权的责任有无及责任大小并无关联。另外，该上诉意见主要是基于权利瑕疵提出的股权受让履行抗辩。上诉人蓝某某与湖北天峡公司认为超出《投资协议书》约定的34.3%部分的14.7%股份属于九鼎投资中心不当得利。但根据该协议的履行情况、工商登记信息及2010年12月28日宜都天峡特种渔业有限公司作出的股东会决议的内容，九鼎投资中心实际持有49%的股份并已进行工商登记，根据原审中上诉人自认的事实，《投资协议书》签订后的宜都天峡公司工商变更登记由上诉人主导完成，《投资协议书》所涉第三方投资已经到位，其后被退回，这些事实均能印证当事人以事实行为对《投资协议书》约定的各方股权份额进行了变更。原审判决相关认定（九鼎投资中心持有49%的股权比例）并无不当，应予维持。如果上诉人主张自己利益受损，认为九鼎投资中心未支付另外公司14.7%的股份对价，可在宜昌中院的案件中处理。

（《商事审判指导》2014年第3辑，最高人民法院民二庭　李京平）

[法律法规链接]

《合同法》第60条、第107条、第108条

085. 公司回购股权的条件是否成就的认定

上海建维工贸有限公司诉上海尊蓝山餐饮有限公司股份收购请求权纠纷案[①]

[案号]

一审：上海市静安区人民法院（2010）静民二（商）初字第728号

二审：上海市第二中级人民法院（2010）沪二中民四（商）终字第1406号

[裁判要旨]

在大股东和被告公司采取消极不合作方式，对请求回购的小股东权利救济带

---

① 参见最高人民法院中国应用法学研究所编：《人民法院案例选（2012年第4辑）》，人民法院出版社2013年版，第245～248页。

来困难的情况下，虽未实际召开股东会，但已经满足“连续五年不分配利润”和“连续五年盈利”的回购条件，人民法院可以认定股东要求被告公司收购其股权的条件已经成立。

[案情]

原告上海建维工贸有限公司（以下简称建维公司）诉上海尊蓝山餐饮有限公司（以下简称尊蓝山公司）、第三人张某乙股份收购请求权纠纷一案，经审理查明：尊蓝山公司于2001年11月23日设立，股东为上海邹嘉工贸有限公司（以下简称邹嘉公司）和建维公司，持股比例分别为60%和40%。后，邹嘉公司将该60%股权转让给刘某，刘某又将该60%股权转让给第三人张某某并办理变更登记。根据尊蓝山公司的财务信息显示，从2003年至2009年连续盈利，且未分配利润。2009年8月6日，建维公司就公司利润分配等事项，函请尊蓝山公司、张某某召开股东会，尊蓝山公司、张某某未召开。2009年11月，因尊蓝山公司经营地址改建，其与房屋出租方签订退租补偿协议，但拒绝向法院提供。审理中，尊蓝山公司、张某某明确表示不召开股东会，不与建维公司商量股权收购事宜。建维公司起诉要求尊蓝山公司收购其股权，按尊蓝山公司当前净资产1000万元计算股权转让款，张某某承担连带责任。

[结论]

一审法院依照《公司法》①第75条第1款第1项和《民事诉讼证据规定》第2条、第75条的规定，判决：一、建维公司上海建维工贸有限公司持有的被告上海尊蓝山餐饮有限公司的40%股权由被告上海尊蓝山餐饮有限公司收购；二、被告上海尊蓝山餐饮有限公司应在本判决生效之日起十日内支付建维公司上海建维工贸有限公司股权收购款人民币400万元；三、建维公司上海建维工贸有限公司其余诉讼请求，不予支持。

一审判决后，尊蓝山公司不服提起上诉，后撤回上诉。二审法院裁定准许上诉人撤回上诉，各方当事人按原审判决执行。

[法院认为]

本案审理焦点为：(1)建维公司的股东资格以及股权比例如何确定；(2)尊蓝山公司收购建维公司股权的条件是否成就；(3)建维公司股权收购的价格如何确定。

一审法院经审理后认为：(1)建维公司的股东资格和股权比例。尊蓝山公司主张的案外人王某某、张某某与建维公司的股权转让协议中，约定的股权转让的比例与建维公司实际持有的比例有所不同；且案外人王某某、张某某要求法院确认股东之诉，以撤诉告终，并未经法院确认。建维公司持有尊蓝山公司的40%股权，经工商登记，具有法律公示效力，故尊蓝山公司的辩称，缺乏事实与法律依据，不予采信。

(2)尊蓝山公司是否具备收购建维公司股权的条件。根据尊蓝山公司资产负

---

① 此处指2005年修订的《公司法》，2013年修订的《公司法》为第74条，下同。

债表显示,2003 年 12 月至 2009 年 12 月,每年均有未分配利润,具备分配利润的条件;此间,尊蓝山公司未召开股东会,也未分配利润。2009 年 8 月 6 日,建维公司要求召开股东会,讨论公司利润分配等重大事项,尊蓝山公司也未予召开。按照法律有关规定,公司连续五年不向股东分配利润,而公司该五年连续盈利,并且符合本法规定的分配利润条件的,对股东会该项决议投反对票的股东可以请求公司按照合理的价格收购其股权。但是本案尊蓝山公司只有两名股东,其中张某某作为公司控制股东,在本案审理中明确表示不同意召开股东会,不同意与建维公司协商利润分配和股权公司回购问题,使股东会是否召开已无实际意义,故本院认为建维公司已经具备要求尊蓝山公司收购建维公司股权的条件。

(3)建维公司的股权收购的价格。审理中,本院提请上海市高级人民法院指定上海众华沪银会计师事务所有限公司对尊蓝山公司的相关会计账簿等进行审计,尊蓝山公司有提供会计账簿和退租补偿协议的义务,经本院多次释明,尊蓝山公司无正当理由仍拒不提供完整的会计账簿和退租补偿协议,致使审计、评估尊蓝山公司资产的目的无法实现,尊蓝山公司应对此承担不利的后果;且建维公司主张的会计账簿和退租补偿协议等证据的内容不利于尊蓝山公司,可以推定建维公司主张的尊蓝山公司当前净资产 1000 万元的事实成立,即建维公司股权价值为 400 万元。

(4)其他事项。①张某某为尊蓝山公司的控制股东、法定代表人,并无收购建维公司股权的意思表示,法律上也无收购建维公司股权的规定,故建维公司要求张某某对尊蓝山公司的付款承担连带责任,缺乏事实与法律依据,不予采信。②尊蓝山公司在收购建维公司股权,应按法律规定,办理工商变更登记。

[法律法规链接]

《公司法》(2005 年修订)第 75 条

《民事诉讼证据规定》第 2 条、第 75 条

086. 有限责任公司股权转让中的股权变更与股权变更登记的界定

北京宝利达投资管理有限责任公司与上海浦之威投资有限公司等股权转让纠纷案[①]

[案号]

一审:北京市第二中级人民法院(2008)二中民初字第 11221 号

---

① 参见最高人民法院中国应用法学研究所编:《人民法院案例选(2011 年第 4 辑)》,人民法院出版社 2011 年版,第 187 ~ 197 页。

二审：北京市高级人民法院(2009)高民终字第1824号

[**裁判要旨**]

股权变更是指公司经审查股权转让符合《公司法》及公司章程的规定，同意将受让人登记到公司股东名册，成为公司认可的股东。股权变更登记是指公司将其确认的股东，依照《公司登记管理条例》的规定到工商行政管理部门办理公司股东变更登记，取得对抗第三人的法律效果。股权变更是公司内部的变更，是对内的宣示，是股权变更登记的前提；股权变更登记是公司对外的变更，是对外的宣示，是股权变更的必然结果。

[**案情**]

北京宝利达投资管理有限责任公司(以下简称宝利达公司)与上海浦之威投资有限公司(以下简称浦之威公司)等股权转让纠纷一案，经审理查明：2004年8月11日，原告宝利达公司与被告浦之威公司、北京荣丰工贸开发公司(以下简称荣丰公司)三方签订《股权转让合同》，约定宝利达公司和荣丰公司分别将其持有蓝霸公司60%和20%的股权以700万元和200万元转让给浦之威公司。荣丰公司确认由宝利达公司收取全部股权转让款。支付方式：合同生效当日支付50万元。工商部门受理股权转让变更登记时，支付200万元(含已付的50万元)，股权变更登记日满一年之日支付100万元，满两年之日支付600万元。上海东方汽配城有限公司(以下简称东方汽配城)对股权转让款的按期支付提供连带责任保证。2004年8月31日，浦之威公司支付了50万元，同年9月5日，宝利达公司与浦之威公司进行了证照、文件交接，并确认《股权转让合同》生效，后，浦之威公司支付了150万元并开始行使股东权利。2006年，浦之威公司又支付了100万元。2007年7月18日，荣丰公司将其持有的蓝霸公司30%股权变更登记至浦之威公司名下，至此，蓝霸公司全部股权由浦之威公司持有90%，宝利达公司持有10%。同年7月19日，蓝霸公司向工商部门申请工商变更登记并获准，于9月26日完成股权变更工商登记。宝利达公司起诉请求法院判令浦之威公司向其支付股权转让款600万元及利息(2006年9月5日至判决确定的支付之日止)，东方汽配城承担连带责任。

一审法院依照《合同法》第61条的规定，判决驳回宝利达公司的诉讼请求。

一审判决宣判后，宝利达公司向北京市高级人民法院提起上诉。

[**结论**]

二审判决维持原判，即驳回宝利达公司的诉讼请求。

[**法院认为**]

宝利达公司上诉提出本案所涉及的股权转让于2004年9月就已经完成，根据《股权转让合同》的约定，浦之威公司应于2006年9月向其支付股权转让款人民币600万元。但浦之威公司对此提出抗辩理由认为，应于股权变更登记满两年之日支付人民币600万元，因本案股权变更登记日为2007年9月26日，故其应于2009

年 9 月 26 日支付人民币 600 万元股权转让款。因此,浦之威公司支付股权转让款人民币 600 万元的履行期限问题是本案二审的争议焦点问题之一。

首先,股权变更与股权变更登记是两个不同的概念。根据《公司法》及《公司登记管理条例》的有关规定,受让人通过有效的股权转让合同取得股权后,有权要求公司进行股东变更登记,公司须根据《公司法》及公司章程的规定进行审查,经审查股权的转让符合《公司法》及章程的规定,同意将受让人登记股东名册后,受让人才取得公司股权,成为公司认可的股东,这就是股权变更。但股东名册是公司的内部资料,不具有对世性,不能产生对抗第三人的法律效果,只有在公司将其确认的股东依照《公司登记管理条例》的规定到工商管理部门办理完成股东变更登记后,才取得对抗第三人的法律效果,这就是股权变更登记。因此,股权变更与股权变更登记是两个不同的法定程序。

其次,公司股东的工商登记属于宣示性的登记,而不是设权性登记。因为公司将其确认的股东向工商管理部门办理登记,公司的确认已经实现,股东的身份已经确定,股东的权利也已经产生,股东的工商登记仅仅是一种宣示而已。因此,股东权利的获得与行使并不以工商登记程序的完成为条件。股东的工商登记来源于公司的登记,或者说股东的工商登记以公司股东名册为基础和根据。这不仅表现为程序上的时间顺序,更是由两种登记的不同性质决定的。公司股东名册的登记确定股权的归属,工商管理部门将其进行工商登记。公司股东名册的登记发生变动,工商登记的内容亦作相应的更改。两者之间的关系决定了在发生差异的时候,即工商登记的内容与公司股东名册登记内容不一致的时候,作为一般原则,公司股东名册的登记内容应作为确认股权归属的根据;在股权转让合同的当事人之间、股东之间、股东与公司之间因为股权归属问题发生纠纷时,当事人不得以工商登记的内容对抗公司股东名册的记录,除非有直接、明确的相反证明。

最后,结合本案双方当事人在《股权转让合同》中的约定,应认定第三期人民币 600 万元支付的时间应确定为股权变更登记之日满两年,而不是股权变更之日满两年。(1)虽然宝利达公司于 2006 年 4 月 28 日将其持有的蓝霸公司 60% 的股权转让给浦之威公司,但荣丰公司于 2007 年 9 月 26 日将其持有的蓝霸公司 30% 的股权转让给浦之威公司。因此,应认定截至 2007 年 9 月 26 日,浦之威公司才持有蓝霸公司 90% 的股权。(2)根据《股权转让合同》的约定,应认定第三期人民币 600 万元支付的时间应确定为股权变更登记之日满两年。因为浦之威公司通过受让股权成为蓝霸公司的股东,蓝霸公司于 2004 年 9 月就完成了相应的股权变更,浦之威公司就开始行使股东权利。此后,在受让了蓝霸公司另一股东荣丰公司持有的 30% 股权后,在享有蓝霸公司 90% 股权的情况下,蓝霸公司于 2007 年 9 月 26 日才向工商部门办理了股东变更登记手续。探求本案当事人签订《股权转让合同》的本意,浦之威公司向宝利达公司履行支付第三期人民币 600 万元股权转让款的时间应为2009年9月25日,宝利达公司在2009年9月25日之前还不能请求浦之威公司给付人民币600万元股权转让款。上诉人宝利达公司关于支付股权转让款人民币600万元的履行期限应为“股权变更登记”满两年之日,而不是“工商变更登记满两年之日”的上诉请求,本院不予支持。因《股权转让合同》关于“在股权变更满两年之日支付人民币600万元”的约定,是关于支付股权转让款整体性的约定,故上诉人宝利达公司关于浦之威公司应先支付人民币450万元股权转让款的上诉请求,该院亦不予支持。

[法律法规链接]

《合同法》第61条

087. 挂名股东的认定及其对股权转让的影响

沈某某与胡甲、胡乙股权转让纠纷案

[案号]

浙江省高级人民法院(2010)浙商提字第64号

[裁判要旨]

挂名股东的认定应结合全案事实与证据综合认定。他人与挂名股东之间签订股权转让协议,应由挂名股东背后的实际股东承担履行义务。

[案情]

申请再审人胡甲与被申请人沈某某、一审被告胡乙股权转让纠纷一案,一审法院审理查明:胡乙与胡甲系同胞兄弟。2006年4月21日,胡乙、胡甲投资设立台州市世和制冷设备销售有限公司(以下简称世和公司),胡甲系该公司法定代表人。2007年3月,沈某某增资20万元成为世和公司新股东,股权分别为胡甲64.85%、胡乙1.02%、沈某某34.13%,其中,2007年3月15日的世和公司股东会决议中“胡乙”的签名系他人代笔。2007年4月1日,沈某某与胡甲签订一份出资(股权)转让协议,约定沈某某将持有的世和公司14.15%的股权以8.88万元转让给胡甲。同日,胡乙由他人代笔与沈某某亦签订一份出资(股权)转让协议,约定沈某某将持有的世和公司18.98%的股权以11.12万元转让给胡乙。其中,2007年3月15日与2007年4月1日“胡乙”的签名代笔人为同一人。胡乙从未参与公司的经营管理,其在世和公司中属挂名股东,实际股东系其胞兄胡甲。协议签订后,2007年4月16日,沈某某办理了公司工商登记的股份变更手续。但胡乙、胡甲受让股份后未按约给付沈某某转让款。沈某某于2007年3月21日领走了世和公司所有的台州市商业银行现金支票上的20万元。

沈某某于2008年3月13日,以其持有的世和公司股份按出资20万元转让给

被告胡乙、胡甲,并办理了公司股份变更登记手续,但胡乙、胡甲并未支付股份转让款为由,向法院提起诉讼,请求判令:被告胡乙、胡甲分别偿付股份转让款111200元和88800元。重审中,原告沈某某变更诉讼请求:要求被告胡乙、胡甲分别偿付股份转让款111200元和88800元并赔偿利息损失。

一审法院依照《合同法》第107条,《公司法》①第72条第1款之规定,判决:一、胡乙支付沈某某股权转让款11.12万元,并赔偿利息损失;二、胡甲支付沈某某股权转让款8.88万元,并赔偿利息损失。

胡乙不服原审法院上述民事判决,提起上诉。

二审法院依照《民事诉讼法》②第153条第1款第2项,《公司法》第72条,《合同法》第107条的规定,判决如下:一、撤销一审判决;二、一审被告胡甲在本判决生效后十日内偿付给被上诉人沈某某股份转让款20万元及利息损失。

申请再审人胡甲申请再审,请求:撤销二审判决,驳回沈某某的诉讼请求。

再审中,胡甲、胡乙均无提供新证据。沈某某提供了(2008)路民一初字第817号路桥法院民事判决书,证明:沈某某到公司的时间。沈某某在公司成立后,于2006年5月受聘于该公司。结合2006年4月工商档案登记,当时的公司是胡甲、胡乙开办的。胡甲的笔迹和以后的笔迹均系同一人所签,证明档案中胡乙的签名都是委托一人所签的。申请人质证认为:真实性、合法性无异议,关联性有异议。该判决书证明沈某某抽逃出资20万元的事实。

再审法院认定:对沈某某提供的证据的真实性、合法性,予以认定。二审法院认定的事实当事人不持异议的,予以认定,其余事实再审法院将结合证据综合认定。

[结论]

再审法院判决维持二审判决,即撤销一审判决;胡甲偿付给沈某某股份转让款20万元及利息损失。

[法院认为]

一审法院黄岩法院审理认为:沈某某与胡甲之间的股权转让协议不违反国家法律、行政法规的强制性或禁止性规定,由胡甲本人签字确认,系其真实意思表示,应为有效,胡甲应按约支付原告股权转让款。原告与胡乙之间的股权转让协议虽非胡乙本人签字,但该协议中“胡乙”的代书人与胡乙认可的2007年3月15日的股东会决议中“胡乙”的代书人是同一人,由此可见,胡乙从未参与公司的经营管理,其在世和公司中属挂名股东,实际股东系其胞兄胡甲,鉴于沈某某将公司股权转让给胡乙已得到公司及胡甲的认可,沈某某也无异议,则沈某某与胡乙的股权转

---

① 此处指2005年修订的《公司法》,下同。

② 此处指2007年修订的《民事诉讼法》,下同。

让协议亦合法有效。尽管沈某某对胡乙的挂名股东身份有所知悉，但沈某某并未认可，其可以依据双方签订的股权转让协议要求胡乙承担给付股权转让款的义务。胡乙、胡甲受让沈某某的世和公司股份，并已办理了股份变更手续，应按约分别给付沈某某转让款 11.12 万元、8.88 万元。沈某某与胡乙、胡甲于 2007 年 4 月 1 日签订的股权转让协议中均约定协议自双方签字确认后即生效，现胡甲、胡乙未按约履行付款义务，应自逾期之日起按中国人民银行规定的同期贷款基准利率赔偿沈某某利息损失。胡甲关于沈某某抽逃出资 20 万元及股权转让协议不合法的辩称，因出资瑕疵股东相对其他守约股东而言承担的是违约责任，抽逃出资的情形成立与否，均不影响双方股权转让协议的效力，因此，胡甲的辩称不成立，不予采信。综上，沈某某的诉讼请求成立，予以支持。

二审法院台州中院认为：沈某某于 2007 年 4 月 1 日将其对世和公司的出资 20 万元分别转让给胡甲 88800 元、"胡乙"112000 元，双方之间因此分别签订了出资(股权)转让协议各一份，并办理了工商变更登记手续。本案二审争议的焦点在于：(1)胡乙是否世和公司的挂名股东。虽然世和公司注册登记为股东"胡乙"出资 6000 元，但胡乙没有提供出资依据，且从其在一审、二审中的陈述看，世和公司的工商登记档案中有关"胡乙"的签名均不是其本人所签，其也没有参与该公司的经营管理，因而当时其对世和公司申请注册及变更登记情况并不知晓，故原审法院据此认定"胡乙"是挂名股东并无不当。从世和公司的工商登记看，当初世和公司的股东为胡甲、"胡乙"二人，而有关工商登记手续均是胡甲作为法定代表人签字办理的，且胡甲又是胡乙的同胞兄弟，因此胡甲将胡乙挂名为世和公司的小股东也是完全合乎情理的。在"胡乙"是挂名股东的情形下，原审法院将负责办理工商登记手续的行为人胡甲认定为实际股东亦无不当。

(2)2007 年 4 月 1 日沈某某与"胡乙"签订的出资(股权)转让协议是否有效。虽然该份出资(股权)转让协议上"胡乙"的签名并非胡乙本人笔迹，但由于胡乙只是挂名股东，而世和公司申请注册及变更登记手续均是胡甲出面办理的，胡甲又是该公司的实际出资人，因此胡甲对于世和公司增资扩股及沈某某认购股份后又转让出资等事宜是知情的，而且这也是胡甲的真实意思表示。即使其中的"胡乙"签名并非胡甲本人所签，但由于该签名笔迹与 2007 年 3 月 15 日关于增资扩股的股东会决议中的"胡乙"签名字迹系同一人书写，因此沈某某完全有理由相信世和公司的工商登记中有关"胡乙"的签名是一致的，其签字行为当然具有法律效力。由于胡甲既是世和公司的实际出资人，又是胡乙的同胞兄弟，因此可以推定胡甲对工商登记中"胡乙"的签名是当然知晓的。综上，二审法院认为沈某某与"胡乙"于 2007 年 4 月 1 日签订的出资(股权)转让协议合法有效。因胡乙是挂名股东，而其实际股东是胡甲，因此该份出资(股权)转让协议依法应由胡甲承担履行义务。虽然沈某某起诉要求胡甲、胡乙分别承担付款义务，由于胡乙只是挂名股东，而沈某某对此认识有误，但沈某某要求胡甲、“胡乙”偿付股份转让款 20 万元的诉意是明确的，故一审法院应当据此作出相应的判决处理。一审法院认定事实清楚，但判决由挂名股东胡乙承担付款责任不当，予以纠正。上诉人胡乙以其没有签名为由认为出资（股权）转让协议无效的上诉主张不能成立，不予支持。

再审法院认为：(1)从一审、二审证据材料反映，胡乙也未能提供其出资 6000 元证据，世和公司的工商登记档案中有关“胡乙”的签名均不是其本人所签，其对世和公司申请注册及变更登记情况并不知晓，公司成立后也从没有参与经营管理。而从世和公司的工商登记看，世和公司成立之初的股东为胡甲、“胡乙”二人，有关工商登记手续均是胡甲作为法定代表人签字办理，胡甲是胡乙的同胞兄弟，胡甲将胡乙挂名为世和公司的小股东合乎情理。据此，可认定胡甲系该公司的实际出资人，胡乙是世和公司的挂名股东。

(2)2007 年 4 月 1 日沈某某与“胡乙”签订的出资（股权）转让协议上“胡乙”的签名非胡乙本人笔迹，但由于该签名笔迹与 2007 年 3 月 15 日关于增资扩股的股东会决议中的“胡乙”签名字迹系同一人书写，胡甲既是世和公司的实际出资人，又是胡乙的同胞兄弟，胡甲代签“胡乙”或者胡甲授意所签的可能性大于沈某某。由于胡乙只是挂名股东，胡乙在世和公司投资实为胡甲出资。2007 年 4 月 1 日沈某某与“胡乙”签订的出资（股权）转让协议实为胡甲所为，是其真实意思表示，胡甲为该协议真实的受让方，协议所发生的法律后果应由其承受。二审法院基于沈某某对胡乙只是挂名股东认识有误及要求胡甲、“胡乙”偿付股份转让款 20 万元的诉意明确的情况，作出将挂名股东胡乙承担付款责任改由胡甲承担，属于法院依职权予以调整，并非超出当事人的诉讼请求。

(3)根据《民事诉讼法》第 153 条第 1 款第 4 项规定：原判决违反法定程序，可能影响案件正确判决的，裁定撤销原判决，发回原审人民法院重审。本案的诉讼虽涉及两份合同，但标的基于同一个法律关系股权转让，申请人胡甲在一审、二审期间对此也未提起任何的异议。至于一审法院对本案的管辖权问题，申请人在答辩期间未提出管辖异议，根据《民事诉讼法》第 38 条，再审期间提出异议不予采信。据此，申请人称一审、二审程序存在违法的没有事实和法律依据，不予支持。

综上，胡甲的申诉理由没有事实和法律依据，不予支持。二审判决认定事实清楚，适用法律正确，实体处理得当。

[法律法规链接]

《合同法》第 107 条

《公司法》(2005 年修订)第 72 条

【公报案例】

申银万国证券股份有限公司诉上海国宏置业有限公司财产权属纠纷案

［裁判要旨］

股权的挂靠或代持行为，也就是通常意义上的法人股隐名持有。法人股隐名持有存在实际出资人和挂名持有人，双方应签订相应的协议以确定双方的关系，从而否定挂名股东的股东权利。对于一方原本就是法人股的所有人，对方则是通过有偿转让的方式取得法人股的所有权，双方所签订的是法人股转让协议，协议中确定了转让对价以及所有权的转移问题的，不属于股权的代持或挂靠，可以认定双方是通过出售方式转移法人股的所有权，即使受让方没有支付过任何对价，出让方也已丧失了对系争法人股的所有权，而只能根据转让协议主张相应的债权。

根据我国《公司法》和《证券法》的相关规定，公司股权转让应办理变更登记手续，以取得对外的公示效力，否则不得对抗第三人。同时，根据《证券法》公开、公平、公正的交易原则以及上市公司信息公开的有关规定，对上市公司信息披露的要求，关系到社会公众对上市公司的信赖以及证券市场的交易安全和秩序。因此，作为上市公司，其股东持有股权和变动的情况必须以具有公示效力的登记为据。

［案情］

原告申银万国证券股份有限公司（以下简称申银万国）因与被告上海国宏置业有限公司（以下简称国宏公司）发生财产权属纠纷，向上海市第二中级人民法院提起诉讼。审理中，上海银行股份有限公司福民支行（以下简称福民支行）向法院申请参加诉讼。2008 年 2 月 29 日，法院追加福民支行为本案第三人参加诉讼。

原告申银万国诉称：2000 年 10 月之前，原告是上海九百股份有限公司（以下简称上海九百）前五大股东，拥有上海九百法人股（证券代码 600838）4354560 股。1996 年 6 月颁布的《证券经营机构股票承销业务管理办法》第 15 条规定，证券经营机构持有企业 7% 以上股份，或者其前五位股东之一，不得成为该企业的主承销商或副主承销商。原告为了成为上海九百配股的主承销商，于 2000 年 10 月 13 日，将其所拥有的上海九百法人股中的 400 万股挂靠到被告国宏公司名下。挂靠期间经送股，国宏公司名下的 400 万股上海九百法人股增至 600 万股。2000 年 3 月 1 日起，原告成为上海九百 2000 年增资配股的承销商，并于 2001 年 3 月 15 日完成配股事宜。为了避嫌，原告让其他公司代持股票，一般在承销工作完成一年后将股票转回。2001 年 9 月 30 日，中国证监会发布了《关于加强对上市公司非流通股协议转让的通知》，规定对未按照证券交易所、证券登记结算公司有关业务规则进行的上市公司非流通股协议转让的,证券交易所、证券登记结算公司一律不得办理股份转让、过户登记手续。至此,由被告代持的上述法人股无法转回至原告名下。2006年9月22日,被告出具承诺书,承诺将其代持的上海九百法人股600万股及相应的孳息全部归还原告。上述法人股在2007年年初上市流通,但被告至今未将上述法人股转回给原告。故请求判令确认被告名下的600万股上海九百法人股归原告所有。

上海市第二中级人民法院一审查明:

原告申银万国于1994年购入上海九百法人股,截至1999年,原告共持有上海九百法人股4354560股。2000年10月10日,原告与被告国宏公司签订法人股转让协议书一份,约定原告同意将所持上海九百法人股400万股(每股面值人民币1元)按每股人民币1.60元的价格转让给被告,转让金额合计人民币640万元;双方同意上述股票及其所有股东权益自中登公司过户之日起归被告所有;被告在协议生效之日起15日内,将上述转让款项划入原告指定账户。上海市静安区公证处就上述转让协议出具(2000)沪静证经字第4331号公证书。同年10月13日,原告、被告双方至中登公司办理了相关过户手续,中登公司出具的投资者记名证券持有变动记录载明,被告B880149785账户下证券代码为600838的上海九百法人股数量为400万股,过户类型为非交易变动。后该400万股法人股经送股增至600万股。

2002年1月24日,原告申银万国与被告国宏公司签订还款质押协议一份,约定:鉴于被告并未履行划款义务,现被告确认对原告负有人民币640万元未履行的债务,并以其名下600万股上海九百法人股作为质押,如被告在本协议签署之日起一个月内仍未能履行其债务,则原告有权直接凭本协议书向法院起诉;本协议生效后,被告负责办理上述股权质押登记手续。上海市静安区公证处对该份协议书亦进行了公证。同年4月26日,原、被告双方至中登公司办理了相关的质押登记手续。

由于被告国宏公司未能履行还款义务,原告申银万国与被告于2005年7月又签订协议书一份,约定被告应在协议书签署之日起15日内将人民币640万元支付给原告,前述股权仍继续为上述债务提供质押担保。

2007年3月21日,系争法人股上市流通。

第三人福民支行原名上海银行京东支行,于2007年1月1日与其他支行合并为福民支行。2002年10月25日,上海市第二中级人民法院作出(2002)沪二中民三(商)初字第343号民事调解书,被告国宏公司对案外人上海宏远房地产经营有限公司所欠福民支行借款本金人民币810万元及相应利息承担连带还款责任。后该案被指定由上海市黄浦区人民法院执行。2002年11月4日,上海市黄浦区人民法院作出(2002)黄民二(商)初字第1655号民事判决,判决被告对案外人上海鑫久贸易有限公司所欠福民支行借款本金人民币120万元及相应利息承担连带清偿责任。上述两起案件执行中,上海市黄浦区人民法院将本案系争600万股上海九百法人股予以轮候冻结。

另查明:宝鼎公司系原告申银万国股东,同时宝鼎公司投资成立了万国公司,万国公司系被告国宏公司股东。

上海市第二中级人民法院依照《民法通则》第6条、第72条第2款之规定,于2008年9月22日判决:对于原告申银万国的诉讼请求不予支持。

申银万国不服一审判决,向上海市高级人民法院提起上诉,请求改判支持申银万国的一审诉讼请求。

二审另查明:上海九百1999年公开年报显示,当时上诉人申银万国排位上海九百第二大股东。排位第六大股东的持股数为280万股。

上诉人申银万国向法院提供的宝鼎公司于2002年4月15日出具给申银万国的《关于转让隧道股份和上海九百法人股事宜的报告》主要内容为:为配合申银万国证券承销工作,1998年9月和2000年10月,宝鼎公司所属一审被告国宏公司分别受让隧道股份和上海九百法人股。现配股工作已经结束,还是及时转回为妥。

一审被告国宏公司在上海市黄浦区人民法院执行前述有关被上诉人福民支行两案期间,曾于2006年9月向上诉人申银万国出具承诺书,称挂靠的系争股权全部予以归还。

再查明:一审被告国宏公司在二审庭审中确认,对被上诉人福民支行等债权人的负债金额超过亿元。

2009年3月6日二审开庭日的市场行情显示,上海九百的每股收盘价为5.08元,系争股权的市值为3000余万元。

[结论]

二审法院判决驳回上诉,维持原判,即对于原告申银万国的诉讼请求不予支持。

[法院认为]

本案二审的争议焦点是:上诉人申银万国与一审被告国宏公司之间对系争法人股是股权转让关系还是股权代持关系;系争股权应否归申银万国所有。

第一,上诉人申银万国与一审被告国宏公司所签订的系争法人股转让协议书,"转让"的意思表示明确并约定了转让对价,协议内容并没有"代持"的意思存在。而且,协议经过了公证,转让的真实意思也已经公证确认,之后,双方又办理了股权转让的登记手续。因此,系争股权转让协议清楚地反映了双方的股权转让关系。国宏公司没有依约履行支付股权对价的义务,仅说明其对申银万国负有债务,并不能证明实际存在代持关系。

第二,上诉人申银万国与一审被告国宏公司在股权转让后又于2002年和2005年两次签订了还款质押协议,协议明确国宏公司对申银万国负有640万元股权转让对价未履行的债务,且将国宏公司名下的系争法人股设定为质押,并办理了质押登记手续。该前后两份还款质押协议对双方债务关系的确认,说明了申银万国与国宏公司签订系争股权转让协议之时的真实意思应是"股权转让",而不是"股权代持"。

第三,按照上诉人申银万国陈述,其签订股权转让协议是为了规避前五大股东不能获得配股承销权的证监会规定。但是,上海九百 1999 年年报显示,当时排位第六大股东的持股数为 280 万股。申银万国若要合法获得承销权,减持股数只需满足相关规定即可,协议约定出让 400 万股股数不合常理。申银万国关于签订股权转让协议是为了取得配股承销权的陈述,法院难以采信。

第四,按照证监会关于前五大股东不能获得配股承销权的规定,上诉人申银万国作为前五大股东,要取得配股承销权,就必须减持股份,退出前五大股东之列。也就是说,申银万国在获取配股承销权与继续持有相应股权之间,必须作出选择,两者不可兼而得之。既然申银万国选择了获取配股承销权,就只能放弃继续持有相应股权。因此,从申银万国的选择行为来看,能够推断申银万国签订系争股权转让协议之时的意愿应是股权转让,而不应是股权代持。

第五,上诉人申银万国所提供的相关证据难以证明其有关代持的主张。宝鼎公司 2002 年 4 月 15 日出具的报告,其中"及时转回"的表述,并不能当然得出一审被告国宏公司为申银万国代持的结论。因为转回的方式包括了协议转让等依法转让方式,而不只是无对价的归还,即使当时证监会加强了非流通股管理,转回也可理解为国宏公司表达了依法转回的意愿,并不能证明股权转让协议和还款质押协议签订时双方存在代持的意思表示。至于申银万国职员出席上海九百股东会,也不能证明申银万国具有隐名持股的事实。国宏公司 2006 年 9 月向申银万国所出具承诺书中的挂靠说法,系在法院对其执行期间所作出,其在涉讼后认可申银万国的陈述也是事后说法,均不足以否定双方签约之时所表达的股权转让意思。

综上,上诉人申银万国与一审被告国宏公司之间所存在的应是股权转让关系,申银万国关于其与国宏公司实际是股权代持关系的主张,证据不足,不予采信。系争股权转让协议真实合法,应属有效,系争法人股已依法变更至国宏公司名下,则不能归属申银万国所有。国宏公司没有依约履行支付股权对价的义务,申银万国可向其主张要求支付股权转让对价的债权。

即使按上诉人申银万国所称其与一审被告国宏公司存在实际的代持股权关系,申银万国要求确认系争法人股归其所有的主张,依法亦不能予以支持。因为,申银万国与国宏公司签订股权转让协议后已在中登公司办理了股权转让的变更登记手续,故系争股权已移转于受让人国宏公司名下,即股权变动已发生法律效力。根据我国《公司法》和《证券法》的相关规定,公司股权转让应办理变更登记手续,以取得对外的公示效力,否则不得对抗第三人。该规定遵循的是商法的外观主义原则,立法目的在于维护商事交易安全。该种对抗性登记所具有的公示力对第三人而言,第三人有权信赖登记事项的真实性。同时,根据《证券法》公开、公平、公正的交易原则以及上市公司信息公开的有关规定,对上市公司信息披露的要求,关系到社会公众对上市公司的信赖以及证券市场的交易安全和秩序。因此,上海九百作为上市公司,其股东持有股权和变动的情况必须以具有公示效力的登记为据。申银万国称其为了规避证监会有关规定而通过关联企业国宏公司隐名持有股权,并要求确认已登记在国宏公司名下的股权实际为其所有,显然不符合上述相关法律规定,也有违《公司法》所规定的诚实信用原则。现国宏公司被法院执行的债务达亿元之多,而其名下系争股权市值仅3000余万元,远不足以支付对外债务。故国宏公司的债权人基于中登公司登记而申请法院查封执行国宏公司名下系争股权的信赖利益,应依法予以保护。因此,即使如申银万国所称有实际的代持股权关系存在,系争股权也不能归申银万国所有。

综上,上诉人申银万国的上诉主张缺乏事实和法律依据,不予支持。

(案例选自《中华人民共和国最高人民法院公报》2010年卷)

[法律法规链接]

《民法通则》第6条、第72条第2款

第三节 股权转让合同的解除及违约责任

088. 擅自解除股权转让合同致使案外人股权利益受损的应负赔偿责任

王甲、翁某某、王乙、徐某某与上海洗霸科技股份有限公司股权转让纠纷案

[案号]

上海市第二中级人民法院(2012)沪二中民四(商)再字第8号

[裁判要旨]

与案件的处理结果有利害关系的案外人申请法院再审,经审查为必要共同诉讼的当事人的,可追加其为第三人。在相关案外人不知情的情况下,股东之间擅自解除股权转让合同,致使案外人的股权利益受损的,构成共同侵权,应对其进行赔偿。

[案情]

王甲、翁某某、王乙、徐某某与上海洗霸科技股份有限公司股权转让纠纷一案,嘉定法院经重审查明:王甲、翁某某系夫妻关系,王乙与徐某某原系夫妻,王乙与王甲系兄弟关系。上海洗霸科技有限公司(以下简称洗霸公司)于1994年7月4日登记设立,2006年4月工商登记为注册资本人民币(以下币种均为人民币)1201万

元,公司股东为王甲(出资额1078.74万元,持股比例89.82%)、翁某某(出资额122.26万元,持股比例10.18%)。2006年4月30日,王甲、翁某某与王乙签订股权转让协议,约定王甲将其名下9.82%的洗霸公司股份作价117.94万元、翁某某将其名下10.18%股份作价122.26万元转让给王乙。签约后,洗霸公司办理了股权变更登记,变更后的股权结构为王甲持股80%、王乙持股20%,但王乙未按约支付股权转让款。王乙自2005年12月至2010年8月在洗霸公司工作。2011年1月,徐某某因离婚纠纷起诉王乙至杨浦法院,要求解除双方婚姻关系,杨浦法院立案受理后依徐某某申请裁定冻结了王乙在洗霸公司20%的出资股份,杨浦法院于2011年6月10日判决驳回徐某某的诉讼请求。徐某某不服,上诉,二审判决维持杨浦法院一审判决。王乙在一审、二审诉讼中均不同意离婚。2011年7月1日,在徐某某不知情的情况下,王甲、翁某某在嘉定法院向王乙提起诉讼,要求判决:(1)解除王甲、翁某某与王乙之间签订的股权转让协议;(2)由王乙协助洗霸公司办理工商变更登记,将王乙名下9.82%洗霸公司股份变更登记至王甲名下、将王乙名下10.18%洗霸公司股份变更登记至翁某某名下。嘉定法院于同年7月25日判决:一、解除王甲、翁某某与王乙于2006年4月30日签订的股权转让协议;二、王乙应于本判决生效之日起十日内协助洗霸公司办理工商变更登记手续,将王乙名下9.82%上海洗霸科技有限公司股份变更登记至王甲名下、将王乙名下10.18%上海洗霸科技有限公司股份变更登记至翁某某名下。双方当事人均未上诉,已发生法律效力。嘉定法院于2011年8月24日经强制执行将系争股权变更回王甲、翁某某名下。同年9月20日,王乙的妻子徐某某以案外人身份向上海市二中院申请再审,上海二中院提审本案,并裁定发回嘉定法院重审。对于上述离婚纠纷及系争股权查封情况,王甲、翁某某在上海二中院申诉审查庭听证时陈述均知情。后王乙于同年9月9日在杨浦法院起诉与徐某某离婚。

2011年9月,洗霸公司更名为上海洗霸科技股份有限公司,工商登记为:股东有王甲、翁某某以及案外人上海联创永津股权投资企业等4家单位构成。

王乙与徐某某于2012年3月30日经杨浦法院调解离婚,于2012年8月16日经杨浦法院作出民事调解书对双方在婚姻关系存续期间除本案系争股权所派生出的财产权益之外的夫妻共同财产分割达成了调解协议。

嘉定法院重审判决:一、解除王甲、翁某某与王乙于2006年4月30日签订的股权转让协议;二、王甲、翁某某与王乙应于本判决生效之日起十日内偿付给徐某某800万元。

重审判决后,王甲、翁某某、王乙、徐某某均提出上诉。

再审二审法院经审理查明,上海市工商行政管理局的《档案机读材料》载明:洗霸公司股东之一为王乙,实缴出资额240.2万元,出资时间2007年12月6日。原审法院查明的其他事实无误,本院予以确认。

另查明,徐某某曾向原审法院提交《公证书》一份,公证内容为平安证券投资银行一部的赵某发给徐某某的一份电子邮件,载明:“洗霸科技 IPO 会议纪要(2010 年 10 月 11 日)……二、股权结构 1、王乙现金增资,其他股东保持不变,王乙现金增资,增资后王乙股权比例为 35%,王甲总持有 65%。公司目前股本为 1201 万元,预计增资 2771538 元……”徐某某借此证明王乙已实际出资。王甲、翁某某、王乙对徐某某欲证明的事项不予认可。

审理中,王乙表示同意支付徐某某 800 万元赔偿款,但根据目前的经济状况,其无能力一次性支付,希望 800 万元分三年支付。王甲、翁某某表示本案系股权转让纠纷,徐某某与本案无关。王乙与徐某某夫妻之间纠纷,王甲、翁某某不应承担赔偿责任,所以原审法院判决赔付徐某某 800 万元与王甲和翁某某无关,对 800 万元的赔偿金额也没有异议。

[结论]

再审二审法院依照《最高人民法院关于适用〈中华人民共和国民事诉讼法〉审判监督程序若干问题的解释》第 42 条第 1 款、《民事诉讼法》第 170 条第 1 款第 1 项之规定,判决驳回上诉,维持原判,即解除王甲、翁某某与王乙于 2006 年 4 月 30 日签订的股权转让协议;王甲、翁某某与王乙应于本判决生效之日起十日内偿付给徐某某 800 万元。

[法院认为]

本案存在如下争议焦点:(1)徐某某的诉讼地位。因本案的处理结果与徐某某有利害关系,故根据《最高人民法院关于适用〈中华人民共和国民事诉讼法〉审判监督程序若干问题的解释》第 42 条规定,徐某某作为案外人申请法院再审,经审查为必要共同诉讼的当事人,追加其为第三人并无不妥。

(2)王乙是否支付过 240.2 万元股权转让款。首先,徐某某向原审法院提交了《档案机读材料》和《公证书》来证明王乙已支付股权转让款。王甲、翁某某与王乙自 2006 年 4 月 30 日签订《股权转让协议》至 2007 年 12 月 6 日,有一年零两个月的时间,并非签协议当天进行工商登记。根据《公司登记管理条例》第 35 条规定:有限责任公司股东转让股权的,应当自转让股权之日起三十日内申请变更登记,并应当提交新股东的主体资格证明或者自然人身某证明。从时间上看王乙支付股权转让款后,洗霸公司为王乙办理了工商变更登记,且工商部门的《档案机读材料》具有公示的效力,如无相反证据,可视为王乙已支付了 240.2 万元的股权转让款。其次,从《公证书》内容分析,如果王乙未付款,其所拥有的股权比例也不会直接从 20%增加到 35%。最后,王乙支付 240.2 万元股权转让款并非难事,王乙与徐某某名下有数套房屋,可以此资产变现的方式支付 20%的股权。当时,洗霸公司改制为股份公司并筹备上市,系争股权的价值亦随之上升,王乙明知资产会大幅度增值的情况下,不支付转让款,也有悖常理。综上,原审法院认定王乙没有支付 240.2

万元的股权转让款与事实不符。

(3)《股权转让协议》的解除问题。原审法院基于王乙未支付股权转让款而判决解除《股权转让协议》缺乏事实依据，但上海洗霸科技有限公司在双方签订《股权转让协议》时是有限责任公司，从 2011 年 9 月开始已变更为股份有限公司，后又增加了新的股东，使情况变得复杂，执行回转实际操作有困难，且王甲、翁某某与王乙作为合同当事人对解除《股权转让协议》均表示无异议，故对原审法院判决解除系争股权转让协议予以维持。

(4)原审法院判决王甲、翁某某与王乙偿付徐某某 800 万元的问题。王甲、翁某某明知王乙在与徐某某夫妻关系存续期间购买了洗霸公司 20% 的股权，徐某某享有 10% 的股权利益，在签约后长达五年的时间里不主张解除合同，而在王乙与徐某某产生离婚纠纷，徐某某不知情的情况下，至原审法院诉请解除《股权转让合同》，王乙亦表示未支付过股权转让款，王乙在未获得王甲、翁某某任何对价的情况下即将系争股权予以返还，实质是放弃了系争股权的增值部分，徐某某虽然不是股东，但解除合同必然使徐某某所享有的 10% 的股权利益受损，侵害了徐某某的合法利益，构成共同侵权，应当对徐某某进行赔偿。原审法院本着减少讼累、化解矛盾、案结事了的精神判决王甲、翁某某、王乙赔偿徐某某，本院予以认同。至于 800 万元的赔偿金额，本案审理中，王乙表示同意分期偿付徐某某 800 万元，王甲和翁某某表示不同意偿付徐某某，但对偿付的金额 800 万元没有异议。现原审法院根据现有证据，酌情判决王甲、翁某某、王乙赔偿徐某某 800 万元，保护了徐某某的合法权利，如徐某某认为赔偿金额偏低，可待以后有新的证据再另行起诉要求增加赔偿。

[法律法规链接]

《最高人民法院关于适用〈中华人民共和国民事诉讼法〉审判监督程序若干问题的解释》第 42 条第 1 款

089. 委托收购股权合同中任意解除权的行使与损害赔偿问题

【指导与参考案例】

东莞市恒锋实业有限公司与东莞市华源集团有限公司等委托收购股权合同赔偿纠纷案

[裁判要旨]

委托收购股权合同的委托人并不能当然取得委托收购的股权。在所收购股权的公司股东行使了优先购买权的情形下，委托人依法不能取得股权。此种情形下，委托人不能获得股权并非基于受托人的原因，受托人行使任意解除权解除委托合同，无须承担赔偿责任。

［案情］

上诉人东莞市恒锋实业有限公司（以下简称恒锋公司）与被上诉人东莞市华源集团有限公司（以下简称华源公司）、东莞市厚华贸易有限公司（以下简称厚华公司）、东莞市富成石材有限公司（以下简称富成公司）、中山市恒富物业投资实业有限公司（以下简称恒富公司）委托收购股权合同赔偿纠纷一案，一审法院查明：

2005 年 9 月 5 日，恒锋公司与华源公司签订一份《关于委托收购广东现代国际展览中心有限公司集体股权协议书》（以下简称《委托协议书》），恒锋公司委托华源公司代为收购广东现代国际展览中心有限公司（以下简称展览中心）集体持有的 76% 股权，具体约定：(1)华源公司同意以其名义于 2005 年 9 月 5 日中午 2 时前向东莞市厚街镇委、镇政府专责部门递交《关于受让广东现代国际展览中心有限公司集体股的申请》，该申请书上的一切条款的权利和义务均属于恒锋公司所有，恒锋公司同意并接受。(2)当厚街镇委、镇政府提出的具体条件与原《关于受让广东现代国际展览中心有限公司集体股的申请》有区别的情况下，双方需要就有区别的部分进行协商并签订补充协议。补充协议未签订之前，恒锋公司须承担一切责任。(3)华源公司在协助恒锋公司收购展览中心集体股的过程中，因收购而需支付的一切款项，均由恒锋公司支付，无须华源公司垫付。同时，华源公司承诺本次协助恒锋公司收购展览中心集体股的行为为无偿行为。(4)华源公司在协助恒锋公司收购展览中心集体股的过程中发生的一切法律问题均由恒锋公司负责，所牵涉的一切费用亦由恒锋公司支付。(5)双方同意在条件许可的情况下（没有收购竞争对手；有竞争对手，但收购条件已成熟），华源公司在协助恒锋公司收购过程中，当展览中心 76% 的集体股相关手续及文件已依法全部转到华源公司名下时，华源公司应以最快的时间将此部分的股份依法转到恒锋公司名下。(6)当收购成功后，恒锋公司以收购镇政府集体股的条件保证给华源公司补够持有展览中心 10% 股份（包含华源公司原有的股份）。华源公司增持的股份在双方协商同意后可在展览中心 76% 的集体股转让后直接留在华源公司名下。同日，恒锋公司在华源公司所书《关于受让广东现代国际展览中心有限公司集体股的申请》上签字、盖章予以确认。尔后，华源公司向东莞市厚街镇委、镇政府递交了《关于受让广东现代国际展览中心有限公司集体股的申请》。

2005 年 11 月 25 日，展览中心召开了股东会（出席股东共 28 名，代表 100% 股份，华源公司列席了会议），会议通过了《股东会决议》，批准展览中心 24 名原股东向华源公司转让股份，华源公司成为展览中心 6 个新股东之一，持股 69.05%。同日，华源公司分别与东莞市厚街资产经营管理有限公司等 24 家原股东签订 24 份

《展览中心股权转让合同书》、《展览中心债权转让合同书》，东莞市厚街资产经营管理有限公司等24家原股东将其股份转让给华源公司，华源公司共持股69.05%。后华源公司作为新股东，参与了对《广东现代国际展览中心有限公司章程》中变更股东等内容的修改。

2005年11月25日，恒锋公司与华源公司签订一份《关于收购广东现代国际展览中心有限公司股权补充协议》（以下简称《补充协议》），约定：(1)此次展览中心集体股转让的股权为66.11%，另外有10%为保本承包经营，年息5%。华源公司同意将其中的59%按原合同条件转让给恒锋公司。(2)恒锋公司同意以总价为人民币9994.6万元购入华源公司持有展览中心的59%股权。具体付款方式为：第一期款：在2005年12月6日前向华源公司支付合共人民币7854.6万元股权受让款（11月25日前付1000万元，12月6日前付6854.6万元）。第二期：余款2140万元，在2006年6月10日前向华源公司支付完。(3)恒锋公司向华源公司缴付完第一期款项（7854.6万元）后，20日内（即2005年12月26日前），华源公司将其持有展览中心的33%股权到工商行政管理局办理变更登记给恒锋公司，余下的26%股权在恒锋公司向华源公司全部支付完总款（合共9994.6万元）后，20日内（即2006年6月30日前）到工商行政管理局办理变更登记给恒锋公司。(4)恒锋公司必须按期向华源公司交付股权受让款项，否则，华源公司有权按欠付金额收取每天万分之三的违约金。(5)恒锋公司按前述时间，依时向华源公司交付股权受让金后，华源公司必须按前述时间到工商部门办理股权变更登记给恒锋公司的手续。当超期办理变更手续1个月（30天），恒锋公司有权向法院申请强制执行变更登记手续。其一切责任由华源公司负责。(6)此协议与2005年9月5日所签的协议有出入，以此《补充协议》为准。

此后，恒锋公司分别于2005年11月25日、2005年12月6日分三次汇付1000万元、5000万元、1854.6万元，合共7854.6万元给华源公司。

2006年5月30日，恒锋公司向华源公司发出一份《关于股权转让事宜的函》，催促华源公司尽快办理第一期股权的工商变更登记，并声明在第一期股权工商变更登记手续未办理之前，暂不支付第二期转让款。同日，华源公司向恒锋公司发出一份《解除合同通知书》，以“该公司在与恒锋公司签订股权转让协议前，未获得展览中心全体股东过半数同意，违反《公司法》的相关规定”为由，通知恒锋公司终止协议，并要求恒锋公司在收到通知后3日内提供银行账户以便退回恒锋公司已支付的7854.6万元及同期银行贷款利息。2006年6月10日，华源公司向恒锋公司发出《关于解除合同的第二次通知书》，重申终止协议及要求恒锋公司提供银行账户以便退款。

另查，展览中心于2000年12月29日注册成立，注册资金5000万元，原有28名股东。股权转让后展览中心的股权比例为：华源公司出资34521000元、占

69.04%;东莞市厚街资产经营管理有限公司出资5000000元、占10%;东莞市宝龙实业有限公司出资2994000元、占5.99%;东莞市华伟实业有限公司出资1497000元、占2.99%;东莞市金业实业发展有限公司出资1497000元、占2.99%;东莞市兴业集团有限公司出资4491000元、占8.98%。

展览中心《公司章程》第13条规定:股东之间可以相互转让其全部出资或部分出资。股东向股东以外的人转让其出资时,必须经股东会过半数以上股权同意;不同意转让的股东应当购买该转让的出资,如果不购买该转让的出资,视为同意转让。经股东会同意转让的出资,在同等的条件下,其他股东对该出资有优先购买权。

2006年1月23日,华源公司与东莞市厚街资产经营管理有限公司签订一份《承包经营合同》,约定东莞市厚街资产经营管理有限公司将其所持有的展览中心10%股权交由华源公司承包。

2006年7月8日,应恒锋公司请求,展览中心其他4名股东东莞市兴业集团有限公司、东莞市宝龙实业有限公司、东莞市华伟实业有限公司、东莞市金业实业发展有限公司出具《股权转让意见书》,同意华源公司以9994.6万元的价格向恒锋公司转让展览中心59%的股权。

恒锋公司2005年度公司年检报告书显示:年末资产总额为1984522元,年末负债总额为21750元,净资产为1962772元。

展览中心原股东东莞市金业实业发展有限公司、东莞市华伟实业有限公司、东莞市兴业集团有限公司和东莞市宝龙实业有限公司于2008年9月10日各出具一份《声明》,称其于2006年7月8日向恒锋公司出具的《股权转让意见书》,系在恒锋公司一再请求下,在不了解有关真实情况下作出,非公司真实意思表示,声明自即日起撤销该意见书及有关意思表示;不同意华源公司将所收购的展览中心59%股权转归恒锋公司名下。上列展览中心原四股东,于2008年10月前,将股份转让给厚华公司、东莞市奥天贸易有限公司,并已进行了公司登记机关的变更登记。厚华公司对华源公司拟转让给恒锋公司的59%股权表示行使优先购买权。2008年10月17日,厚华公司、富成公司分别购买了华源公司30%和27%股份,并办理了公司登记机关的股权变更登记手续。2008年12月,富成公司将其持有的27%股权转让给恒富公司,厚华公司将其持有的40%股权转让给恒富公司,并办理了相应的股权变更登记。展览中心现股东持股情况为:恒富公司持有67%股份,东莞市奥天贸易有限公司持有15.48%股份,东莞市厚街资产经营管理有限公司持有10%股份,厚华公司持有5.48%股份,华源公司持有2.04%股份。

2006年7月17日,恒锋公司将华源公司诉至广东省高级人民法院,请求:(1)判决继续履行双方签订的《委托协议书》、《补充协议》,即恒锋公司以9994.6万元的价格受让华源公司持有的展览中心59%的股权,华源公司依法办理相应股权的工商变更登记;(2)华源公司承担恒锋公司方支出的律师费8万元;(3)华源公司承担本案的全部诉讼费用。广东省高级人民法院于2007年11月26日作出(2006)粤高法民二初字第19号民事判决,判决:一、恒锋公司与华源公司签订的《关于委托收购广东现代国际展览中心有限公司集体股协议书》、《关于收购广东现代国际展览中心有限公司股权补充协议》无效。二、华源公司应在判决发生法律效力之日起十日内返还恒锋公司7854.6万元及利息(其中1000万元从2005年11月25日起、6854.6万元从2005年12月6日起算至判决给付之日,按中国人民银行同期同类贷款利率计算)。华源公司如未按指定的期间履行给付金钱义务,应当加倍支付迟延履行期间的债务利息。三、驳回恒锋公司的其他诉讼请求。案件受理费510140元、诉讼保全费500240元,合共1010380元,由恒锋公司、华源公司各负担505190元。因恒锋公司已向一审法院预交了1010380元,故华源公司应径付505190元给恒锋公司。恒锋公司不服该判决上诉至最高人民法院,最高人民法院于2009年6月12日作出(2008)民二终字第18号民事判决,判决:一、维持广东省高级人民法院(2006)粤高法民二初字第19号民事判决书主文第二项、第三项;二、变更上述民事判决书主文第一项为:华源公司与恒锋公司签订的《委托协议书》、《补充协议》有效。一审案件受理费和诉讼保全费的承担按一审判决执行,二审案件受理费541930元,由恒锋公司承担487737元,由华源公司承担54193元。

2009年8月4日,华源公司向恒锋公司划付款项97676569.12元。扣减华源公司应返还恒锋公司的7854.6万元及在最高人民法院审理的(2008)民二终字第18号案件中所应负担的一审、二审诉讼费用505190元、487737元,华源公司向恒锋公司支付的利息计18571186.12元。

2011年3月31日,恒锋公司向原审法院重新起诉,最终诉求为:(1)判令华源公司向恒锋公司赔偿因其单方解除合同且违法转让应过户给恒锋公司的股权,给恒锋公司造成的经济损失315838000元;(2)厚华公司、富成公司、恒富公司对上述恒锋公司第1项诉讼请求承担连带赔偿责任。2011年7月28日,恒锋公司在一审法院公开开庭审理该案法庭辩论阶段,口头追加展览中心为本案被告,请求展览中心与其他四被告承担连带赔偿责任。原审法院当庭告知恒锋公司应在庭后7个工作日内提交书面诉状,否则视为恒锋公司放弃该项追加申请。在原审法院限定的时间内,恒锋公司未再提交书面申请。

再查明:本案一审诉讼中,恒锋公司提交一份2005年11月25日其与东莞市雄锋物业投资有限公司(以下简称雄锋公司)签订的《转让广东现代国际展览中心有限公司股权协议》(以下简称《转让展览中心股权协议》),用以证明在2005年底,展览中心10%股权价值已达4800万元,恒锋公司已向雄锋公司支付违约金1600万元。一审法院依照《民事诉讼法》①第64条、第130条,《合同法》第410条

---

① 此处指2007年修订的《民事诉讼法》。

之规定,于2011年11月1日作出判决:驳回恒锋公司的诉讼请求。

恒锋公司不服原审法院上述民事判决,向最高人民法院提起上诉,请求撤销原审判决;改判支持上诉人的全部诉讼请求。

二审期间,恒锋公司向最高人民法院递交了《鉴定申请书》,请求对展览中心59%的股权现值进行评估鉴定。评估基准日为2008年10月17日。华源公司、恒富公司明确表示不同意恒锋公司的鉴定评估申请。

[结论]

二审法院判决驳回上诉,维持原判,即驳回恒锋公司的诉讼请求。

[法院认为]

最高人民法院二审认为,本案系在法院生效判决确认恒锋公司与华源公司签订的《委托协议书》、《补充协议》解除的情形下,因合同解除而引发的赔偿损失纠纷。本案二审争议的焦点是:恒锋公司关于华源公司应赔偿因其解除委托收购股权合同、转让股权而给恒锋公司造成的股权差价款损失及恒锋公司向案外人雄锋公司支付违约金的损失的诉讼请求,是否应予支持。主要从以下两个方面进行分析:

1.关于恒锋公司诉请的股权差价款损失应否支持问题

股权差价款损失为恒锋公司诉请的损失之一。《合同法》第410条规定:"委托人或者受托人可以随时解除委托合同。因解除合同给对方造成损失的,除不可归责于该当事人的事由以外,应当赔偿损失。"因此,本案所应认定的问题是,华源公司解除委托收购合同,是否因可归责于华源公司的事由导致恒锋公司的股权差价款损失。本院作出且已经生效的(2008)民二终字第18号民事判决书认为,在委托代理关系中,委托人和受托人均有权解除委托合同。因华源公司已经向恒锋公司发出《解除合同通知书》,表明解除其与恒锋公司之间合同,华源公司与恒锋公司之间的委托收购股权关系应予以解除。恒锋公司基于委托收购关系向华源公司请求将股权过户于其名下的主张,不予支持。简言之,华源公司行使任意解除权后,因委托收购协议终止,不具有继续履行性,故合同中约定的华源公司将本案所涉股权转让给恒锋公司的义务也不具有可履行性。2004年修订的《公司法》第35条规定:"股东向股东以外的人转让其出资时,必须经全体股东过半数同意;不同意转让的股东应当购买该转让的出资,如果不购买该转让的出资,视为同意转让。股东同意转让的出资,在同等条件下,其他股东对该出资有优先购买权。"恒锋公司拟受让股权的展览中心的《公司章程》第13条规定:"股东向股东以外的人转让其出资时,必须经股东会过半数以上股权同意,且在同等的条件下,其他股东对该出资有优先购买权。"上述规定系基于维护有限责任公司的人合性的目的,对有限责任公司股东向股东以外的人转让股权,规定了同意权制度和优先购买权制度予以限制。上述规定为强行性规定,对于拟受让有限责任公司股权的股东之外的第三人而言,其取得该公司股权,必须受上述规定的约束。应予明确的是,《公司法》第35条规定的认定有限责任公司同意转让的条件是“全体股东过半数同意”,而展览中心的《公司章程》第13条规定的是“股东会过半数以上股权同意”,两者内容并不相同。由于《公司法》的该条规定是强行法的规定,不允许公司在其章程中放宽同意的条件,股权的过半数并不一定能够达到其他股东的过半数同意,因此,在公司章程中的规定宽于《公司法》的规定时,应以《公司法》的规定为准。本案中,恒锋公司拟取得的股权是展览中心的股权,展览中心系有限责任公司,依据上述规定,如恒锋公司受让股权,必须经展览中心全体股东过半数以上股东同意,如果其他股东不同意,则应行使优先购买权,在其他股东行使优先购买权的情形下,恒锋公司并不能取得案涉股权。此外,本案中,恒锋公司委托华源公司购买的股权系集体股股权。2002年10月4日施行的《东莞市农村集体资产管理实施办法》第5条规定:“……镇区农村集体资产管理部门是……镇人民政府管理经联社、经济社两级农技集体资产的监督管理部门,负责指导和监督农村社区集体经济组织……产权交易。”由上述规定可见,对于村镇集体股权的转让,应受镇政府的监督管理。上述政府部门的意见对于集体股权的转让发挥着重要作用。正因为此,本案中,在拟收购本案所涉展览中心集体股权时,华源公司是向东莞市厚街镇委、镇政府专责部门先行递交《关于受让广东现代国际展览中心有限公司集体股的申请》,并且,华源公司与恒锋公司在《委托协议书》中约定,当厚街镇委、镇政府提出的具体条件与原《关于受让广东现代国际展览中心有限公司集体股的申请》有区别的情况下,双方需要就有区别的部分进行协商并签订补充协议。在2005年11月25日,东莞市厚街镇政府拟转让股权的集体股股东与华源公司签订《集体股权转让合同书》。该合同书载明,东莞市厚街资产经营管理公司是东莞市厚街镇政府下属企业,持有股份为35.93%,东莞市厚街镇政府同意转让股权给华源公司。22个村委会股东所占股份,东莞市厚街镇政府已征得他们同意……转让给华源公司。由上述规定和事实可见,在本案所涉有限责任公司中的集体股股权转让给股东之外第三人时,应受两种规定的限制:一是同意权和优先购买权的限制;二是相关政府管理部门意见的限制。简言之,恒锋公司能否根据《委托协议书》和《补充协议》的约定取得本案所涉股权,取决于上述两种规定的限制,本案所涉股权并非应当当然转让给恒锋公司。本案中,2006年5月30日,华源公司向恒锋公司发出《解除合同通知书》,要求解除委托收购协议,其理由为“该公司在与恒锋公司签订股权转让协议前,未获得展览中心全体股东过半数同意,违反《公司法》的相关规定”。在一审、二审答辩时,其称解除合同是由于厚街镇政府知道其替恒锋公司收购股权后对其进行了批评。从本案事实来看,尽管华源公司未提交厚街镇政府在其发出解除通知之时,明确表明不同意将本案所涉股权转让给恒锋公司的证据,但在得知该事实后,2006年9月11日,东莞市厚街镇委、镇政府给展览中心董事会发出一份《关于展览中心股权重组有关问题的意见》以及同年11月28日,恒锋公司提交的《关于恒锋公司秘密参与收购展览中心股份有关问题的会议纪要》载明，厚街镇委、镇政府在华源公司收购本案所涉股权时，并不知晓两者隐名收购事实，恒锋公司在已进入司法程序后的9月1日再单方面向各原股东发放了相关资料（包括私下签订的委托收购协议书和受让展览中心集体股申请，省高院受理通知书、有关收据等）等行为是不道德的。镇委、镇政府对华源公司是否有能力受让股份和能否经营好展览中心等进行了反复论证，最后认为华源公司的条件综合起来最为符合要求。简言之，在得知隐名收购事实后，厚街镇镇委、镇政府仍然认为华源公司最符合受让股东的条件，并无明确同意恒锋公司可以受让股权的意思表示。而且，尽管在华源公司发出解除通知后，展览中心的6个股东中的4名股东东莞市兴业集团有限公司、东莞市宝龙实业有限公司、东莞市华伟实业有限公司、东莞市金业实业发展有限公司曾应恒锋公司请求，出具《股权转让意见书》，同意华源公司以9994.6万元的价格向恒锋公司转让展览中心59%的股权，但事后上述四名股东也出具《声明》，称其出具的《股权转让意见书》，系在不了解有关真实情况下作出的，非公司真实意思表示，声明自即日起撤销该意见书及有关意思表示，不同意华源公司将所收购的展览中心59%股权转归恒锋公司名下，最终结果是展览中心的全体股东过半数不同意将股权过户给恒锋公司，且行使了优先购买权。综上，在本案所涉股权并非依法当然应当过户给恒锋公司的情形下，华源公司在解除合同后未将股权转让给恒锋公司具有客观理由，没有充分证据认定是因华源公司的过错导致恒锋公司的股权差价款损失，因此，对于恒锋公司据此诉请要求华源公司承担赔偿损失责任以及其他被上诉人承担连带责任的上诉请求，本院不予支持。此外，华源公司与恒锋公司基于《委托协议书》和《补充协议》建立的是委托收购股权关系，双方约定华源公司收购股权的目的是取得股权后将股权转给恒锋公司，而未明确约定在股权不能转让给恒锋公司的情形下，应由华源公司代为持股。华源公司在行使法定的任意解除权、发出解除合同通知之时，明确表示将股权转让款退还恒锋公司的行为表明，其在解除合同、不再将案涉股权过户给恒锋公司的情形下，并不同意代恒锋公司持股，而系其自己持有股权。因此，华源公司依法处分上述股权，将其转让给行使优先购买权的展览中心的股东，不能认定对恒锋公司构成侵权，对于恒锋公司基于该事实请求华源公司赔偿其损失以及其他被上诉人承担赔偿损失的连带责任的上诉请求，本院不予支持。由于恒锋公司诉请的股权差价款损失不能得到支持，故无须对股权进行鉴定，对于恒锋公司的股权鉴定申请，本院予以驳回。

2. 关于恒锋公司诉请的其向雄锋公司支付的违约金损失应否支持问题

本院认为，对于该损失，不应予以支持，综合全案证据，恒锋公司并无充分证据证明《转让展览中心股权协议》真实存在以及其确实向雄锋公司支付了违约金。即使上述损失真实存在，但由于恒锋公司无证据证明华源公司在发出解除通知之时，知道或者应当知道该《转让展览中心股权协议》的存在，故该损失属于华源公司不可预见的损失，不属于应予赔偿的范围。相应地，其他被上诉人也无须承担对该损失的连带赔偿责任。

综上，原审法院认定事实清楚，适用法律基本正确。

[法官分析]

1. 任意解除权的界定、法律规定与司法适用中应注意的问题

本案涉及任意解除权的行使问题。任意解除权，是指合同当事人一方可以依法随时解除合同的权利。其为法定解除权的一种，但与《合同法》第94条规定的法定解除权存在区别。关于任意解除权的适用范围，各国立法的规定虽有不同，但其相同点在于，均规定委托合同的当事人享有任意解除权。

为防止任意解除权的滥用，必须将其行使限制在必要的限度内，该限制的标准就是诚实信用的原则。我们认为，对任意解除权的限制可分为两类，一类是对任意解除权的行使范围进行限定；另一类则是对任意解除权的行使范围不进行限定，但规定在一定情形下，解除人应赔偿对方当事人损失。

我国《合同法》第410条对任意解除权的行使进行了规定，即"委托人或者受托人可以随时解除委托合同。因解除合同给对方造成损失的，除不可归责于该当事人的事由以外，应当赔偿损失。"由上述规定可见，我国《合同法》并未区分民事委托和商事委托对任意解除权的行使范围作出不同的规定，而是规定当事人享有任意解除权，但因解除合同给对方造成损失的，除不可归责于该当事人的事由以外，应当赔偿损失。关于该条规定，江平先生认为，其实质是基于民事委托合同的无偿性进行的规定。而委托合同有民事委托和商事委托之分，商事委托合同的常态是有偿合同、要式合同，其关于任意解除权的行使应进行必要的限制。学者们也多认为，基于商事委托合同的有偿性特征，在司法实务中，应结合任意解除权的立法目的以及个案的具体情形决定应否对当事人的任意解除权进行限制，以维护诚实信用原则，避免滥用权利。

关于行使任意解除权后的损失赔偿问题，主要涉及两个方面问题：一是在何种情形下，解除人应赔偿损失；二是赔偿损失的范围如何界定。关于应赔偿的情形，我国《合同法》第410条的规定是"因解除合同给对方造成损失的，除不可归责于该当事人的事由以外，应当赔偿损失"。关于损失赔偿的范围，由于我国《合同法》第410条没有明确规定，故引发了相关争议。争议主要集中在除赔偿直接损失外，应否赔偿可得利益损失问题。有观点认为，合同解除后赔偿范围不包括可得利益的损失，因为按《合同法》第97条之规定，合同解除后，尚未履行的，终止履行；已经履行的，根据履行情况和合同性质，当事人可以要求恢复原状、采取其他补救措施，并有权要求赔偿损失。[①] 既然解除人行使了解除权，合同应解除而终止履行，那

① 李国光：《合同法解释与适用》，新华出版社1999年版，第381页。

么，基于合同完全履行而获得的可得利益也不存在，故无须赔偿。另有观点认为，合同任意解除后损害赔偿范围的确定，应当与合同法定解除后的损害赔偿的范围予以区别。不仅如此，还要视合同的具体类型来确定。还有观点认为，在以相对人之间的信赖为基础的委托合同中，一方如无不得已的事由，而于相对人不利的时期解除合同，这属于权利的滥用，违反了委托合同所规定的义务，所以应负债的不履行的责任，此损害赔偿的性质为积极损害（履行利益）的赔偿。①

2. 本案受托人应否承担赔偿责任的相关问题

本案中，华源公司应否承担损害赔偿责任，关键问题是判定是否因可归责于受托人的原因解除合同并致委托人损失这一问题。

（1）本案所涉股权是否当然应该转让给恒锋公司。

本案所涉股权是有限责任公司股权。2005 年修订的《公司法》第 72 条规定："有限责任公司的股东之间可以相互转让其全部或者部分股权。股东向股东以外的人转让股权，应当经其他股东过半数同意。股东应就其股权转让事项书面通知其他股东征求同意，其他股东自接到书面通知之日起满三十日未答复的，视为同意转让。其他股东半数以上不同意转让的，不同意的股东应当购买该转让的股权；不购买的，视为同意转让。经股东同意转让的股权，在同等条件下，其他股东有优先购买权。两个以上股东主张行使优先购买权的，协商确定各自的购买比例；协商不成的，按照转让时各自的出资比例行使优先购买权。公司章程对股权转让另有规定的，从其规定。"

上述规定规定了有限责任公司股东将股权转让给股东之外第三人时，应受同意权制度和优先购买权制度的约束，在不符合同意权或优先购买权制度的要求时，受让人不能取得拟受让股权。

还应提及的一个问题是，在公司章程的规定与公司法的规定不一致时，如何认定公司章程规定的效力问题。本案中，关于同意权的规定，《公司法》的规定是经股东的过半数同意；而展览中心的《公司章程》第 13 条规定的是"必须经股东会过半数以上股权同意"。股东人数的过半数和股权的过半数含义是不同的。"股东人数过半数"的规定主要是基于维护有限责任公司的人合性的考虑，强调了对每个股东权利的尊重，而无论其持股比例多少。而股权的过半数，则不利于对中小股东的权利保护。由于《公司法》的该条规定是强行法的规定，故其不允许当事人自主约定排除或者作宽于《公司法》规定的规定。因此，在《公司章程》中的规定宽于《公司法》的规定时，应以《公司法》的规定为准。

基于上述制度性规定，经研究，倾向性意见认为，本案中，恒锋公司并不能当然取得委托收购的股权。在展览中心股东行使了优先购买权的情形下，恒锋公司依

---

① 史尚宽：《债法各论》，中国政法大学出版社 2000 年版，第 411 页。

法不能取得案涉股权。华源公司之所以不能将受托购买的股权转让给恒锋公司，并非基于其自身原因，因此，其无须承担赔偿责任。

(2)对《合同法》第404条规定的理解与适用。

本案中，恒锋公司认为，《合同法》第404条规定："受托人处理委托事务取得的财产，应当转交给委托人。"华源公司取得的展览中心59%的股权，正是基于与其签订的股权委托收购协议，作为受托人在处理委托收购事务中取得的财产，应当转交给恒锋公司，此义务系法定义务。华源公司即使解除了委托合同，也必须履行该项法定义务。在讨论中，倾向观点认为，《合同法》第404条是对受托人转移利益的规定。依据该条规定，受托人应当将自己因处理委托事务而取得的各种利益及时转交给委托人，此为受托人的义务。但在个案中，由于法律上和事实上的障碍，存在着受托人无法将委托合同所涉及的标的物转交给委托人的情形。本案受托取得的标的物——展览公司的股权，其转让受到相关法律规定的约束，该股权能否转让给委托人，处于不定状态，委托人并不能当然取得该委托收购的股权。本案中，正是因为不符合股权转让的法定条件，恒锋公司并不能取得案涉股权，因此，该股权不能当然转交给该公司。

(《商事审判指导》2014年第3辑，最高人民法院民二庭第一合议庭)

[法律法规链接]

《合同法》第404条、第410条

090. 委托持股关系是否解除的认定

宋某某与A公司、B公司股东资格确认纠纷案

[案号]

上海市第一中级人民法院(2012)沪一中民四(商)终字第1316号

[裁判要旨]

根据《民事诉讼证据规定》的相关规定，已为有效公证文书所证明的事实，当事人无须举证证明；公证的书证，其证明力一般大于其他书证、视听资料和证人证言。委托持股关系已通过签署《确认函》的方式予以解除，当事人提供的现有证据并不足以推翻其签署《确认函》的事实的，应认定委托持股关系解除。退股款的是否收悉并不能直接证明委托持股关系的解除与否。

[案情]

宋某某与A公司、B公司股东资格确认纠纷一案，一审法院经审理查明：2000年4月12日，C公司注册设立，公司注册资本为人民币750万元，其中B公司出资6750000元，占注册资本的90%，E公司出资750000元，占注册资本的10%。2008

年8月10日,C公司召开临时股东会,并作出决议:“……同意由各股东作为发起人,将公司变更为A公司;以截至2008年7月31日经审计的账面净资产95741302.55元中的82200000元按照1∶1比例折为股份有限公司的股本82200000股;股本82200000股,由各发起人按照其所持有的本公司股权比例相应持有股份有限公司的股份;其中B公司持有股份数为11220000股,持股比例13.65%;D公司持有股份数3997500股,持股比例4.863%……”

2009年2月19日,某公证处出具《公证书》,载明“申请人A公司,公证事项:文件盖章、签字现场公证。申请人为首次公开发行股票之目的需要对申请人整体变更股份有限公司的前身C公司的历史沿革与股本演变情况进行核查。为此申请人制作了文件《确认函》,《确认函》的签署页涉及四名法人股东、九名显名持股自然人及一百零二名委托持股人。兹证明与本公证书相粘连的《确认函》中的签署页(第7页至第13页)上的盖章、签字均属实……”

《确认函》的部分内容为:“……共同就C公司各显名持股人与委托持股人之间委托持股关系的形成及解除情况作出如下说明与确认:

1. C公司设立阶段委托持股关系的形成

B公司与E公司于2000年共同出资设立C公司,C公司成立时的注册资本为750万元,其中B公司出资675万元,占注册资本的90%,E公司出资75万元,占注册资本的10%。B公司出资额675万元实际最终由B公司和穆某某等110名实际出资人全额交付。工商登记显示的B公司名下的全部C公司股权,部分系由B公司实际出资而取得,部分系由穆某某等110名自然人实际出资并委托B公司代为持有相应的股权……(附表一　工商登记的股东B公司　实际出资的股东宋某某　出资额3万元　出资比例0.4%)

2. 2003年C公司增资及股权转让前后的委托持股关系

经C公司2003年7月4日股东会决议,C公司注册资本变更为1200万元,新增注册资本450万元由B公司以其对C公司的债权全额交付……C公司实际出资人穆某某和张某某随后向B公司偿还了其各自应付并由B公司先行支付的相应增资款项……(附表二　工商登记的股东B公司　实际出资的股东宋某某　变更前出资额3万元　出资比例0.4%　变更后出资3万元　出资比例0.25%)

3. 2004年4月股权转让后的委托持股关系

经C公司2004年3月3日股东会决议,原由B公司代为持有的相应股权变更为由苗某某、李某某等7名自然人代为持有……其他101名自然人实际出资受让并委托苗某某、李某某等7名自然人代为持有相应股权……(附表三　工商登记的股东苗某某　实际出资的股东宋某某　变更前出资额3万元　出资比例0.25%　变更后出资3万元　出资比例0.25%)

4. 岳某某股权转让后的委托持股关系情况

……除该项变更外，其余 100 名委托持股的自然人实际出资对应的财产权益均未发生任何变化……（附表四　工商登记的股东苗某某　实际出资的股东宋某某　变更前出资额 3 万元　出资比例 0.25%　变更后出资 3 万元　出资比例 0.25%）

5. 2007 年 E 公司股权转让后的委托持股关系

E 公司将其持有的 C 公司出资额 47 万元转让给穆某某。除该项变更外，其余 102 名委托持股的自然人实际出资对应的财产权益均未发生任何变化……（附表五　工商登记的股东苗某某　实际出资的股东宋某某　变更前出资额 3 万元　出资比例 0.25%　变更后出资 3 万元　出资比例 0.25%）

6. 委托持股关系的解除

经 C 公司 2008 年 6 月 21 日股东会决议，并经 C 公司全体工商登记的股东及 102 名委托持股的自然人一致同意，C 公司通过股权转让的方式解除 102 名委托持股人委托 7 名显名持股人代为持有 C 公司股权的委托持股关系。具体情况如下：……原委托持股的穆某某等 26 名自然人与 21 名新加入自然人于 2008 年 6 月 19 日共同出资组建 F 公司，F 公司注册资本为 82 万元……随后显名持股人将代隐名持股人转让出资额的相应价款分别支付给隐名持股人……上述股权转让完成后，C 公司股东委托持股关系已全部解除……（附表六　F 公司股权结构　F 公司股东宋某某　持股比例 2.20%　间接持有 C 公司出资额 1.3636 万元）、（附表九　转让人/工商登记股东苗某某　实际出资股东宋某某　受让人 F 公司　受让出资额 3 万元）

7. 2008 年 6 月增资

经 C 公司 2008 年 6 月 22 日股东会决议，某药厂以现金 1500 万元向 C 公司增资，其中 45.4545 万元作为注册资本……增资完成后，C 公司注册资本变更为 1245.4545 万元。

8. 股份制改制

经 C 公司 2008 年 8 月股东会决议，C 公司全体股东一致同意将 C 公司整体变更设立 A 公司。股份公司的股本总额为 82200000 元……"

包括宋某某在内的 102 名委托持股人均在公证员在场的情况下，在《确认函》的签署页上签名（公证书第 9 页上有宋某某本人亲笔签名）。

另查明，在 A 公司上市过程中制作的《招股说明书》中，对 A 公司委托持股关系的形成及解决过程作了详细披露。

2012 年 4 月 27 日，宋某某向一审法院提起本案诉讼，请求判令：（1）依法确认宋某某为 A 公司的股东，出资额为 198000 元；（2）A 公司、B 公司配合宋某某办理上述股权变更登记手续。

一审法院依照《民事诉讼证据规定》第 9 条第 1 款第 6 项、第 77 条第 2 项的规定，判决如下：驳回宋某某的诉讼请求。

一审判决后，宋某某不服，提起上诉称，其提供的证据可以证明，其在所谓的《确认函》上签字时根本不知道其具体内容，也没有任何人向其解释将要签署文件的法律意义。其仅善意地认为该次签字是因公司上市需要，办理一个上市的手续，仅在一张类似花名册的表格中签字。一审法院无视上述客观情况和生活常理，仅仅因为《确认函》经过公证就采信该函，属事实认定不清。同时，A公司提供的其名义的所谓汇款凭证上的银行账户系他人冒名开设的，汇入该账户的3万元款项也是被他人冒领支取的。该情节能直接证明《确认函》的内容虚假。故宋某某上诉请求撤销原判，依法改判支持其在一审中的全部诉讼请求。

[结论]

二审法院判决驳回上诉，维持原判，即驳回宋某某的诉讼请求。

[法院认为]

本案一审争议焦点是，宋某某与B公司之间的委托持股关系是否已经解除？对此争议焦点，宋某某、A公司及B公司当庭予以确认。

对此，一审法院认为，宋某某与B公司之间的委托持股关系已经解除。理由如下：根据A公司及B公司提供的经公证的《确认函》表明，A公司上市之前，已经就宋某某等"隐名股东"的委托持股关系予以重新安排，即通过股权转让的方式，将宋某某30000元出资转由F公司代为持有，至此，宋某某与B公司之间的委托持股关系已经解除。宋某某已经在《确认函》的签署页中签名确认该事实。且A公司制作的《招股说明书》对A公司委托持股关系的形成及解决过程作了详细披露。鉴于一审法院并未发现A公司解决委托持股关系的过程中存在任何虚假及损害宋某某合法权益的情况，故认定宋某某与B公司之间的委托持股关系已经解除。宋某某称，其签字时并不知晓《确认函》的内容，且其仅是在签署页上签字，并不是对《确认函》内容的认可。对此，一审法院认为，根据《民事诉讼证据规定》的相关规定，已为有效公证文书所证明的事实，当事人无须举证证明；公证的书证，其证明力一般大于其他书证、视听资料和证人证言。涉案公证书所欲证明的内容是"……与本公证书相粘连的《确认函》中的签署页（第7页至第13页）上的盖章、签字均属实"，因A公司及B公司提供的经公证的《确认函》具有较高的证明力，且宋某某已经在签署页上予以签字，即表明其已知晓《确认函》的内容，同时，宋某某亦未提供充分证据证明其签字时并不知晓确认函的内容，故一审法院对宋某某的诉称不予采纳。

综上，宋某某与B公司间的委托持股关系的解除是公开、透明的，且在委托持股关系解除过程中，A公司及B公司亦未损害宋某某的合法权益。至于宋某某所称的并未实际收到退股款的问题，一审法院认为，该款是否收到与委托持股关系的解除是两个法律关系，宋某某可另行主张。庭审过程中，宋某某申请法院调取宋某某开户的相关资料并申请法院对《收条》及《开立个人银行结算账户申请书》等材料中

"宋某某"的签字等进行司法鉴定。对此,一审法院认为,因宋某某是否收到退股款与本案系两个法律关系,是否收到退股款的问题本案不作处理,故对宋某某申请未予准许。据此,宋某某的诉讼请求没有事实及法律依据,一审法院不能支持。

本案二审的争议在于,宋某某与B公司间委托持股关系是否已通过签署《确认函》的方式予以解除。从现有证据来看,宋某某对于其在《确认函》的签署页中署名的真实性是予以确认的,但认为由于其在签字时对《确认函》具体内容并不知情,故而否认该函所确认的事实。对此,二审法院认为,《确认函》是经过公证法定程序签署的,而宋某某提供的现有证据并不足以推翻其签署《确认函》的事实,故对于该函所确认的事实应当依法作为法院认定事实的根据。至于宋某某称其未收到退股款的问题,二审法院认为,退股款的是否收悉并不能直接证明委托持股关系的解除与否,故宋某某对此的上诉理由,二审法院不予采信。宋某某的上诉请求及事实理由,缺乏事实和法律依据,二审法院不予支持。一审判决并无不当,二审法院依法予以维持。

[法律法规链接]

《民事诉讼证据规定》第9条第1款第6项、第77条第2项

091.股权转让合同之解除及解除后的责任承担

【公报案例】

广东达宝物业管理有限公司与广东中岱企业集团有限公司等股权转让合作纠纷案

[案号]

一审:广东省广州市中级人民法院(2006)穗中法民二初字第217号

二审:广东省高级人民法院(2007)粤高法民二终字第165号

再审:最高人民法院(2010)民提字第153号

[裁判要旨]

(1)股权转让合同中,即使双方约定转让的股权系合同外的第三人所有,但只要双方的约定只是使一方负有向对方转让股权的义务,而没有实际导致股权所有人的权利发生变化,就不能以出让人对股权无处分权为由认定股权转让合同系无权处分合同进而无效。

(2)当事人订立合同后,一方要解除合同应当向对方当事人提出。解除合同方未向对方提出而是在其他合同中与他人约定解除前述合同的,不发生合同解除的

效果。

(3)违约金是合同双方对合同义务不履行时违约方应付损害赔偿额的约定,所以违约金是针对特定的义务而存在。这种特定的义务有时是合同中的某一项义务,有时是合同约定的双方的任何一项义务,法院首先必须准确地认定违约金所针对的义务内容。在认定后,还要审查该义务是否实际发生,商事合同中双方常常对合同义务附加前提条件,在条件未成就时合同义务实际上并不存在,故也谈不上履行问题,此时,针对该义务约定的违约金条款就不能适用。

(4)合同外的第三人向合同中的债权人承诺承担债务人义务的,如果没有充分的证据证明债权人同意债务转移给该第三人或者债务人退出合同关系,不宜轻易认定构成债务转移,一般应认定为债务加入。第三人向债权人表明债务加入的意思后,即使债权人未明确表示同意,但只要其未明确表示反对或未以行为表示反对,仍应当认定为债务加入成立,债权人可以依照债务加入关系向该第三人主张权利。

[案情]

申诉人广东中岱企业集团有限公司(以下简称中岱集团公司)、广东中岱电讯产业有限公司(以下简称中岱电讯公司)、广州市中珊实业有限公司(以下简称中珊公司)与被申诉人广东达宝物业管理有限公司(以下简称达宝公司)股权转让合作纠纷一案,广州市中级人民法院一审查明:

2005年12月12日,达宝公司与中岱电讯公司、中珊公司签订《合作协议书》,约定:三方以重组后的中珊公司作为经营平台,共同对目标地块进行房地产开发;合作的前提和基础为中岱电讯公司承诺,中岱电讯公司有权处置中珊公司100%的股权,中岱电讯公司和中珊公司承诺,中珊公司对外没有任何债权债务。股东夏某某、苏某无条件将穗国地出让〔2005〕133号《广州市国有土地使用权出让合同》项下琶洲PZB1301地块(即目标地块)使用权转入中珊公司名下。中珊公司股权作价为49380万元(其中土地出让金46000万元,注册资本2000万元,契税1380万元)。中岱电讯公司将其持有的中珊公司100%股权中的10%股权转让给达宝公司。股权转让价款的支付方式为:2005年12月13日前,达宝公司支付首期受让款3000万元整,此款用于支付目标地块的土地出让金,余款在2005年12月30日付清。协议还约定,由于缴纳该地块土地出让金的需要,中岱电讯公司希望达宝公司能尽快投入资金,虽然已办妥达宝公司10%的股权登记手续,但不等于双方已就双方合作事宜及公司章程等达成一致,因此,如双方未能在该协议签订后三个月内就合作事宜达成一致(合作各方就该目标地块的合作事宜正式签订协议),达宝公司有权退出合作,中岱电讯公司同意以5285万元受让达宝公司持有中珊公司的10%股份,并即全额付清款给达宝公司,如中岱电讯公司未能如期履行,中岱电讯公司同意向达宝公司支付违约金,违约金额按未履行金额每天0.2%计算。任何一方未能全面履行该协议,违约方应承担违约责任。违约方除须赔偿中珊公司损失外,还需向其他股东支付违约金,违约金额按违约金额每天0.2%计算。中珊公司为中岱电讯公司在该协议中的责任和义务提供全面担保,如中岱电讯公司未能全面履行该协议,中珊公司同意为中岱电讯公司该协议项下的全部责任和义务承担连带责任。同日,中岱集团公司向达宝公司出具一份《承诺书》,内容为:由于急需在2005年12月13日缴纳该地块的土地出让金,中岱集团公司希望达宝公司在中岱集团公司、达宝公司双方未能谈妥有关合作事宜前,先行准备资金3000万元,以保证届时能按时向政府缴纳土地出让金。如双方未能就合作事宜达成一致,达宝公司在准备该资金过程中的损失由中岱集团公司承担。2005年12月13日,达宝公司支付给中珊公司3000万元,中珊公司随即将该款用于支付夏某某、苏某缴纳给政府的土地出让金。

之后,由于夏某某、苏某违反与广州市国土资源和房屋管理局(以下简称广州国土局)签订的合同没有按期支付土地出让金,广州国土局解除了与其签订的《广州市国有土地使用权出让合同》,收回出让给夏某某、苏某的琶洲PZB1301地块,并于2006年1月14日在广州市房地产交易登记中心重新公开挂牌转让。

2006年2月23日,达宝公司向中岱电讯公司、中珊公司发函称目标地块由于未按期交付土地出让金被政府收回,合作各方已无可能就合作事宜达成一致,故要求终止合作,并要求中岱电讯公司、中珊公司尽快退还达宝公司款项。

2006年6月9日,中岱集团公司向达宝公司出具一份《承诺函》,内容为:达宝公司原已交付国有土地出让金3000万元,由中岱集团公司负责偿还,包括原达宝公司与中岱电讯公司签订的资金费用。经多次交涉,中岱电讯公司、中岱集团公司、中珊公司未返还达宝公司款项,达宝公司遂提起诉讼,请求:(1)解除达宝公司与中岱电讯公司、中珊公司签订的《广州市中珊实业有限公司股权转让合作协议书》(以下简称《合作协议书》);(2)判令中岱电讯公司、中珊公司、中岱集团公司返还达宝公司3000万元,支付资金费用(损失赔偿)2285万元,支付逾期付款利息(按5285万元为本金,按逾期归还银行贷款利率计算,从2006年2月23日起计算至实际返还之日止,暂计至起诉之日止为2158000元),上述合计为55008000元。

一审法院于2007年6月1日判令:一、解除达宝公司与中岱电讯公司、中珊公司签订的《合作协议书》。二、中岱电讯公司在判决生效之日起十日内向达宝公司返还股权转让款3000万元、赔偿预期利益损失2285万元,并以5285万元为本金从2006年2月24日起至付清款项之日止按中国人民银行规定的同期同类逾期贷款利率计付逾期付款违约金。逾期履行,按照《民事诉讼法》第229条规定执行。三、中珊公司和中岱集团公司对中岱电讯公司在判决第二项中所应承担的债务负连带清偿责任。四、驳回达宝公司其他诉讼请求。

中岱集团公司不服一审判决,向广东省高级人民法院提起上诉。

广东省高级人民法院二审查明以下事实：达宝公司、中岱电讯公司、中珊公司在《合作协议书》中约定三方同意中岱电讯公司所转让的中珊公司的10%股权转让价为4931万元。股权转让后，中岱电讯公司持有中珊公司90%股权，达宝公司持有10%股权。股权转让价款的支付方式为：2005年12月13日前，达宝公司向中岱电讯公司支付股权首期受让款3000万元整，此款用于支付目标地块的土地出让金，余款2005年12月30日前向中岱电讯公司付清。2005年12月13日，中珊公司向达宝公司出具一张《收据》，载明：收到达宝公司投资款人民币3000万元整。同日，中珊公司将3000万元汇入广州市土地出让金财政专户。2006年2月23日，达宝公司向中岱电讯公司、中珊公司发函称：目标地块由于未按期交付土地出让金被政府收回，达宝公司与中岱电讯公司、中珊公司已无可能就合作事宜达成一致，因此，达宝公司通过该函正式通知其终止与中岱电讯公司、中珊公司的合作，并请中岱电讯公司、中珊公司按照协议书尽快退回达宝公司的款项。2006年6月9日，中岱集团公司向达宝公司出具的《承诺函》内容为：达宝公司与中岱集团公司下属企业中岱电讯公司合作经营中珊公司（开发位于琶洲广交会新馆南面PZB1301地块），由于该地块已被广州国土局收回，达宝公司原已交付国有土地出让金3000万元，由中岱集团公司负责偿还，包括原达宝公司与中岱电讯公司签订的资金费用。

另查明：2005年10月14日，作为出让方的广州国土局与作为受让方的夏某某、苏某签订了《广州市国有土地使用权出让合同》，通过挂牌方式将琶洲PZB1301地块以46000万元出让给夏某某、苏某。2005年10月25日，夏某某、苏某签订了《广州市中珊实业有限公司章程》，出资设立中珊公司。2005年12月5日，中珊公司经广州市工商行政管理局登记成立，公司注册资本人民币2000万元，法定代表人为张某某。

一审诉讼中，中珊公司提交一份《关于穗国房函〔2005〕1616号的复函》，主要内容为："广州市国土资源和房屋管理局，贵局于2005年12月29日邮递给我夏某某、苏某《关于解除琶洲PZB1301地块出让合同的函》（穗国房函〔2005〕1616号），我们不同意贵局单方解除琶洲PZB1301地块出让合同……我们在合同约定时间12月14日前已缴土地出让金：7380万元（一次性交清契税：1380万元）。在我们缴款不到12个小时内，贵局就在12月15日作出单方解除合同，12月20日贵局又开具出土地出让金缴款单让我们缴纳，贵局单方解除的公函我们却在15天后（12月29日）才收到。我们认为贵局对一个企业在12小时内所做出这么重大的决定有所欠妥……中珊公司、夏某某、苏某。2006年1月12日。"

广州国土局以夏某某、苏某违反合同约定，没有按期支付土地出让金为由，解除了与其签订的《广州市国有土地使用权出让合同》，收回出让给夏某某、苏某的琶洲PZB1301地块，并于2006年1月14日在广州市房地产交易登记中心重新公开挂牌出让。

除以上事实外,广东省高级人民法院二审查明的事实与一审判决查明的事实相同。

二审法院判决:驳回上诉,维持原判。

二审判决后,中岱集团公司不服该判决,向最高人民法院申请再审,最高人民法院于2008年3月4日将其申请材料批转广东省高级人民法院审查。中岱集团公司请求撤销二审判决,驳回达宝公司的诉讼请求。

广东省高级人民法院审查查明的事实与二审判决查明的事实一致。中岱集团公司在申诉期间,提供了夏某某、苏某与达宝公司于2005年12月13日签订的《合作合同书》,约定:

1. 股东股权转让及中珊公司重组。(1)股东夏某某在中珊公司持有股权85%,出资人民币1700万元整,其中将转让给达宝公司50%股权,即50%股权按原值转让金为人民币1000万元。(2)股东苏某在中珊公司持有股权15%,出资人民币300万元整,全部转让给达宝公司,即15%股权按原值转让金为人民币300万元。(3)转让后的中珊公司股权比例:达宝公司占65%,夏某某占35%。(4)重组后双方股东同意对中珊公司进行股权变更及管理,双方约定股权变更在目标地块(琶洲PZB1301地块)开发项目总建筑面积达到60%之时,即办理股权变更的工商登记手续,并对中珊公司的董事会进行调整,调整后中珊公司董事会由5名董事组成,其中达宝公司委派3人,夏某某委派2人。(5)该合同签订之日起,达宝公司与中岱电讯公司签订的《合作协议书》自动失效,已支付的款项作为《合作合同书》的股权转让金,余额作为支付土地出让金的部分款。

……

达宝公司否认与夏某某、苏某签订了上述《合作合同书》。

广东省高级人民法院裁定驳回中岱集团公司的再审申请。

中岱集团公司、中岱电讯公司、中珊公司不服一审判决、二审判决和广东省高级人民法院裁定书,向最高人民法院申诉,请求撤销广东高院裁定书,撤销一审、二审判决,并驳回达宝公司的诉讼请求。

[**结论**]

最高人民法院判决如下:

一、撤销二审判决;

二、变更一审判决主文第二项为:广东中岱电讯产业有限公司向广东达宝物业管理有限公司返还3000万元股权转让款,并向广东达宝物业管理有限公司支付该3000万元产生的利息(利息从2006年2月24日起按照中国人民银行同期贷款利率计算至实际付清之日);

三、维持一审判决主文第一项、第三项、第四项。

[法院认为]

最高人民法院再审认为:达宝公司与中岱电讯公司、中珊公司签订的《合作协议书》约定三方共同对目标地块进行房地产开发,中岱电讯公司将其持有的中珊公司100%股权中的10%股权转让给达宝公司。虽然在该协议签订时中珊公司的股东是夏某某、苏某,中岱电讯公司不持有中珊公司的股权,但该协议只是使得中岱电讯公司负有向达宝公司转让股权的义务,而没有使达宝公司实际获得股权从而导致中珊公司股权发生变化,该协议也没有为中珊公司的股东夏某某、苏某设定义务,没有侵害夏某某、苏某对中珊公司享有的股权,故《合作协议书》不因中岱电讯公司不是中珊公司股东这一事实而无效。因《合作协议书》没有导致夏某某、苏某持有的中珊公司的股权受到侵害,达宝公司也没有向夏某某、苏某主张权利,故夏某某、苏某与本案的处理没有法律上的利害关系。广州国土局解除其与夏某某、苏某签订的土地使用权出让合同属另外的法律关系,其并不影响达宝公司按照《合作协议书》向中岱电讯公司主张权利。故原审法院没有追加夏某某、苏某及广州国土局为案件当事人并无不当。《合作协议书》约定达宝公司向中岱电讯公司购买中珊公司的股权以共同对涉诉土地进行开发,并约定在不能就土地合作事宜正式签订协议时达宝公司有权退出合作。后来中珊公司没有取得涉诉土地的使用权,土地合作事宜无法达成协议,达宝公司要求退出合作,这足以表明签订《合作协议书》时达宝公司的目的是受让股权从而参与开发土地并获利,而不是向中岱电讯公司拆借资金。《合作协议书》第11条关于中岱电讯公司以5285万元买回股权的约定是协议各方为达宝公司退出合作时设定的利益安排,其不违反法律法规的强制性规定。《合作协议书》没有导致中珊公司股权实际发生变化,该协议并不违反《公司法》[①]第72条的规定。《合作协议书》的当事人有无房地产开发资质只是对该协议能否履行可能产生影响,并不影响该协议的效力。故申诉人以《合作协议书》属企业间拆借资金、《合作协议书》第11条属保底条款、《合作协议书》违反公司法的相关规定以及《合作协议书》签约各方无房地产开发资质而主张其无效,缺乏事实及法律依据,对其主张本院不予支持。《合作协议书》属各方当事人真实意思表示,不违反法律法规的强制性规定,该协议应为有效。

中岱集团公司、中岱电讯公司、中珊公司提供的《合作合同书》载明该《合作合同书》系《合作协议书》签订后达宝公司又与中珊公司股东夏某某、苏某所签订,且《合作合同书》中载明该合同签订之日《合作协议书》自动失效。因《合作合同书》中载明的当事人达宝公司否认该合同书的真实性,且主张该合同书系申诉人利用《合作协议书》的相关签约文件变造而成,故该《合作合同书》系真伪不明。达宝公司要使其签订的《合作协议书》失效或者解除《合作协议书》,应当向《合作协议书》

---

① 此处指2005年修订的《公司法》。

的当事人作出表示，但夏某某、苏某并不是《合作协议书》的当事人，所以即使《合作合同书》真实有效，该合同中有关《合作协议书》自动失效的约定也不能发生《合作协议书》解除的效果。申诉人主张《合作合同书》解除了《合作协议书》，不能成立，本院对其主张不予支持。达宝公司没有依据《合作合同书》向申诉人主张权利，该合同书是否真实及其是否实际履行也属另外的问题，与本案无关，本院对《合作合同书》不予审理。

《合作协议书》约定达宝公司向中岱电讯公司支付的股权首期受让款3000万元用于支付涉诉地块的土地出让金。中珊公司认可其实际收取了3000万元款项，并用于协议约定的用途。中岱集团公司于2006年6月9日作出的《承诺函》表明达宝公司与中岱电讯公司合作经营中珊公司，且达宝公司已交付土地出让金3000万元。中岱电讯公司也并未主张该3000万元用于缴纳土地出让金违反《合作协议书》约定的该笔款项的用途，故应当认定达宝公司已向中岱电讯公司支付了股权首期受让款3000万元。申诉人主张达宝公司没有向中岱电讯公司支付股权转让款，难以成立，本院不予支持。达宝公司主张其已支付《合作协议书》中约定的股权首期受让款3000万元，本院予以确认。

达宝公司与中岱电讯公司在《合作协议书》中约定如果双方未能在该协议签订后三个月内就涉诉土地的合作事宜正式签订协议，达宝公司有权退出合作。2005年12月广州国土局解除了与夏某某、苏某签订的土地使用权出让合同，之后中珊公司也未实际取得涉诉土地的使用权，达宝公司与中岱电讯公司也未就涉诉土地的合作事宜签订协议，故达宝公司退出合作符合双方约定。2006年2月23日达宝公司向中岱电讯公司、中珊公司发函要求终止与该两公司的合作，并无不当。《合作协议书》虽约定达宝公司退出合作后中岱电讯公司应以5285万元买回达宝公司持有的中珊公司10%的股权，但是该约定的前提是达宝公司之前应将其受让股权的4931万元款项向中岱电讯公司付清。本案中达宝公司并未将4931万元股权转让款向中岱电讯公司付清，而是仅支付了3000万元，所以达宝公司主张中岱电讯公司应以5285万元买回中岱电讯公司出让给达宝公司的股权，缺乏事实基础，本院不予采纳。二审判决以达宝公司已付3000万元所占应付款4931万元的比例认定中岱电讯公司在达宝公司退出合作后应返还其3215.3721万元，理由并不充分，本院予以纠正。《合作协议书》约定的每天按0.2%计算违约金的标准，是对中岱电讯公司应以5285万元向达宝公司买回涉诉股权这一义务而设定，因中岱电讯公司以5285万元买回该股权这一条件并未成就，故不能适用该每天0.2%的违约金标准来计算中岱电讯公司的违约责任。达宝公司将以该标准计算出的违约金数额作为其主张的参照标准，缺乏法律依据，本院亦不予采纳。二审判决以3215.3721万元为本金按照每天0.2%计算出的违约金作为达宝公司损失的参照，有失妥当，本院予以纠正。达宝公司主张其退出合作时损失为2285万元，缺乏事实依据，本院不予支持。2006 年 2 月 23 日达宝公司退出合作后,《合作协议书》无法继续履行,达宝公司也主张该协议解除,故本院对该协议已经解除予以确认。《合作协议书》解除后,中岱电讯公司应当返还达宝公司支付的 3000 万元股权转让款,中岱电讯公司至今未返还达宝公司支付的该笔款项,应当赔偿达宝公司因此受到的损失,该损失应自 2006 年 2 月 24 日起按照中国人民银行同期贷款利率计算。

达宝公司 2006 年 2 月 23 日向中岱集团公司发函要求退出合作后,中岱集团公司于 2006 年 6 月 9 日向达宝公司出具《承诺函》同意偿还达宝公司已交付的 3000 万元款项,该《承诺函》的效力与是否存在《合作合同书》无关。达宝公司接受该《承诺函》后未表示异议,中岱集团公司即应受该《承诺函》约束。中岱集团公司提出其不应向达宝公司承担清偿责任的主张与《承诺函》不符,对其主张本院不予支持,中岱集团公司应当为中岱电讯公司向达宝公司承担连带清偿责任。中珊公司在《合作协议书》中承诺为中岱电讯公司的义务和责任提供担保并承担连带责任,达宝公司退出合作后,中珊公司仍应为中岱电讯公司的返还义务承担连带责任。

综上,《合作协议书》有效,达宝公司履行了该协议中约定的 3000 万元的付款义务。达宝公司退出合作后该协议解除,中岱电讯公司应当返还达宝公司支付的 3000 万元款项。并应当支付未及时返还时给达宝公司造成的利息损失。达宝公司主张《合作协议书》解除,请求中岱电讯公司返还 3000 万元款项及相应利息,本院予以支持。达宝公司请求中岱电讯公司支付 2285 万元的损失赔偿及相应利息,难以成立,本院不予支持。中岱集团公司、中珊公司应为中岱电讯公司的返还义务承担连带清偿责任。一审、二审判决认定事实基本清楚,但适用法律错误,本院予以纠正。

(案例选自《中华人民共和国最高人民法院公报》2012 年卷)

[法律法规链接]

《合同法》第 51 条、第 52 条、第 93 条、第 107 条、第 114 条

092. 股权转让合同中根本违约的认定及处理

齐某、刘某某、A 公司与陈某某、张某等股权转让合同纠纷案

[案号]上海市第一中级人民法院(2012)沪一中民四(商)终字第 1380 号

[裁判要旨]

股权转让协议合法有效,双方均应全面、适当履行。出让方未履行合同约定的转让股权所包含的资产无瑕疵的义务,致使受让方的合同目的无法实现。由此,造成受让方利益受损,构成根本违约,应予以解除合同,并赔偿受让方的损失。

[案情]

上诉人齐某、刘某某、A 公司与被上诉人陈某某、张某、卢某某、应某某以及一

审被告B公司、C公司股权转让合同纠纷一案，一审法院查明：2008年7月16日，陈某某、张某、卢某某、应某某与齐某、刘某某签订《股权转让协议书》一份，约定：甲方（齐某、刘某某，下同）、乙方（陈某某、张某、卢某某、应某某，下同）经协商，D公司股份及其名下资产（位于天津市塘沽区河南路东侧编号××土地使用权）转让达成协议；该地块面积约4616平方米，现有容积率1.8－2，商业用地性质，可建商业地产项目；甲方同意将D公司的股份及其名下全部资产转让给乙方；转让与公司有关的一切原始文件，包括××土地的一切证件、合同等；当政府最终批准该地块容积率为1.8－5时，执行转让价格为人民币（以下币种同）900万元（转让价格包括公司名下所有资产），以截至2008年7月24日资产负债表列示总资产为准；当政府最终批准该地块容积率大于等于5时，执行转让价格为2900万元，（转让价格包括公司名下所有资产），以截至2008年7月24日资产负债表列示总资产为准；双方签订本协议，办理股权变更手续成立时，乙方支付甲方转让金900万元；该地块容积率调整到大于等于5后（以国家相关法律文件批准为准）7日内，乙方向甲方追加支付2000万元，每逾期一周按1%交纳违约金；甲方协助乙方办理该项目的规划手续，保证建设用地使用权上的商业地产项目的容积率至少为1.8－2，因增加容积率需向政府缴纳的土地出让金及其他费用由乙方承担……甲方须在规定时间内完成承诺的容积率调整事宜，期限为4个月，从甲方收到乙方900万元股权转让款之日起计算；在办理过户变更手续三天内甲方需完成与公司有关的一切原始文件的移交；等等。同年7月24日，双方又签订补充协议两份，分别约定：本协议签订并于双方办理工商登记变更手续之时，甲方将目标公司公章、土地使用权证……移交给乙方以及A公司为甲方履行协议的保证人等。A公司在补充协议上担保义务约定部分盖章确认。同日，B公司和C公司也向陈某某、张某、卢某某、应某某出具担保函，为齐某、刘某某的股权转让提供连带保证。同年8月初，陈某某、张某、卢某某、应某某依约向齐某、刘某某履行了900万元转让款付款义务。然同年9月5日，天津市塘沽区规划局向D公司发出《建设工程规划设计要求修改通知书》，告知：上述地块不具备开发建设的时机和条件等。为此，陈某某、张某、卢某某、应某某于同年11月26日函告齐某、刘某某，就上述地块容积率报批进行催促，然齐某、刘某某未予答复。2009年12月30日，天津市塘沽区规划局又发回复单给D公司，告知：上述地块不再适宜项目建设等。至此，齐某、刘某某在股权转让合同签订时承诺的上述地块已获批容积率1.8－2无证据证明，合同约定的齐某、刘某某转让的D公司所获地块未达合同约定的容积率要求，而A公司、B公司、C公司也未履行约定担保义务，陈某某、张某、卢某某、应某某遂以合同订立目的无法实现，致其损失为由起诉至法院。

另经2011年3月17日、11月21日查明，B公司于2010年12月27日被吊销，但未注销。D公司现股东为陈某某、张某、卢某某、应某某，公司注册资本50万元，经营服务范围：代办保税货物仓储服务、运输咨询服务。

关于陈某某、张某、卢某某、应某某主张的损失计算依据是否合理一节事实，陈某某、张某、卢某某、应某某以天津市塘沽区响螺湾商务区相关写字楼的市场价12500～13500元/平方米的均价13000元为参考价，并按该价的65.39%取销售单价，即8500元/平方米，又以本案所涉土地面积4616平方米，按容积率1.8计算，可得造房8308.8平方米，故得房屋销售收入7062万元；扣除建房总成本约3808万元（包括楼层单价900万元÷8308.8平方米＝1083元，土建成本2000元，水电煤及其他费用1000元，广告、财务、销售等费用500元，再乘以8308.8平方米），可得项目毛利润约3254.49万元；再扣除相应税费1308.01万元（包括企业所得税813.62万元、营业税423.76万元、土地增值税70.63万元等）；由此，可得净利润1946.48万元。该计算系陈某某、张某、卢某某、应某某依据合同的约定所作的可得利益的估算，无法精确计算。就陈某某、张某、卢某某、应某某计算内容和方法看，系采房地产评估之市场比较法和成本法之因素，其计算结果较为客观、合理。齐某、刘某某虽主张房地产不具有可比性，并不认可陈某某、张某、卢某某、应某某的计算结果，但齐某、刘某某亦未提供证据证明陈某某、张某、卢某某、应某某该损失计算的非正当性，即该计算结果过高，或不合理。故陈某某、张某、卢某某、应某某的损失计算结果予以认定。

陈某某、张某、卢某某、应某某一审请求判令：（1）齐某、刘某某赔偿经济损失1946.48万元；（2）A公司、B公司、C公司对齐某、刘某某的上述债务承担连带保证责任。一审审理中，陈某某、张某、卢某某、应某某增加诉讼请求，要求解除其与齐某、刘某某于2008年7月16日签订的《股权转让协议书》。

一审法院判决：一、解除陈某某、张某、卢某某、应某某与齐某、刘某某于2008年7月16日签订的《股权转让协议书》；二、齐某、刘某某应赔偿陈某某、张某、卢某某、应某某经济损失共计19464800元，于本判决生效之日起十日内履行完毕；三、A公司、B公司、C公司对上述齐某、刘某某的债务承担连带清偿责任。A公司、B公司、C公司承担保证责任后，有权向债务人齐某、刘某某追偿。

齐某、刘某某、A公司不服一审判决，共同提出上诉，请求依法撤销一审判决第二项、第三项，改判齐某、刘某某返还陈某某、张某、卢某某、应某某股权转让款900万元及相应利息，A公司仅对此项债务承担连带清偿责任。

[结论]

二审法院判决驳回上诉，维持原判，即解除2008年7月16日签订的《股权转让协议书》；齐某、刘某某应赔偿陈某某、张某、卢某某、应某某经济损失共计19464800元，于判决生效之日起十日内履行完毕；A公司、B公司、C公司对上述齐某、刘某某的债务承担连带清偿责任。A公司、B公司、C公司承担保证责任后，有权向债务人齐某、刘某某追偿。

[法院认为]

一审法院认为，陈某某、张某、卢某某、应某某与齐某、刘某某之间签订的股权转让协议系双方真实意思表示，亦不违反法律法规强制性规定，合法有效，双方均应全面、适当履行。A公司、B公司、C公司向陈某某、张某、卢某某、应某某作出担保，亦应按各自承诺承担担保责任。陈某某、张某、卢某某、应某某履行了转让款给付义务，但作为出让方的齐某、刘某某却未履行合同约定的，转让股权所包含的资产无瑕疵的义务，即股权转让所含目标公司的土地使用权之容积率承诺义务，致使陈某某、张某、卢某某、应某某的合同目的无法实现。由此，造成陈某某、张某、卢某某、应某某利益受损，包括直接投入的转让款损失和可得利益损失(估算)，构成严重违约，陈某某、张某、卢某某、应某某据此要求解除合同，合法有据，可予支持。鉴于齐某、刘某某对陈某某、张某、卢某某、应某某的损失计算及数额并无否定及否定依据，故陈某某、张某、卢某某、应某某据此要求齐某、刘某某承担该损失赔偿义务；并依据A公司、B公司和C公司的担保承诺，要求该三当事人承担保证义务，亦无不当，可予支持。齐某、刘某某和A公司辩称的，目标公司土地使用权容积率的审批系行政行为，意欲证明其无违约，因与法院查明事实不符，不予采信。B公司和C公司未依法出庭应诉，视为放弃诉讼权利。

二审法院认为，本案二审争议焦点在于《股权转让协议书》的合法性以及陈某某、张某、卢某某、应某某诉求违约赔偿的合理性。关于系争《股权转让协议书》，系陈某某、张某、卢某某、应某某与齐某、刘某某对于D公司股权的转让受让所作的意思表示，股东因此会发生变更，但土地使用权人D公司并未发生主体变更，因此尚不能以此认定本案为土地使用权的非法转让关系，故齐某、刘某某、A公司此项上诉事由，二审法院不予采信。关于违约赔偿，因齐某、刘某某作为出让人，确认并保证D公司拥有的土地使用权现有容积率为1.8－2，并可建商业地产项目，但签约后的一个半月，D公司就被政府规划部门告知该地块不具备开发建设的时机与条件。一年之后，D公司又被政府规划部门告知，该土地使用权已不再适宜项目建设，换言之，齐某、刘某某在协议中的承诺至此已无法实现，齐某、刘某某根本违约的事实因此可以确认。据此，陈某某、张某、卢某某、应某某要求齐某、刘某某承担违约赔偿责任，符合法律规定，二审法院予以采信。至于赔偿的数额，理应兼顾合理性、补偿性和惩罚性原则，对此一审法院已经充分衡量了陈某某、张某、卢某某、应某某提出的损失计算依据，并无明显不妥之处，二审法院亦予以确认。综上，一审判决认定事实清楚，适用法律正确，故二审法院依法应予维持。

[法律法规链接]

《合同法》第94条、第107条

093. 股权转让中是否违反竞业禁止义务的认定

林某某、马某某、陈某某与蔡某股权转让纠纷案

[案号]

上海市第一中级人民法院(2012)沪一中民四(商)终字第1408号

[裁判要旨]

双方当事人在股权转让协议中特别约定了出让方有竞业禁止义务的,出让方是否违反约定,受让方需提供充分证据证明。受让方在约定的一定时间内投资开办或参与的行业的经营活动不与受让方经营范围相同或相类似的,不构成违反竞业禁止义务。

[案情]

上诉人林某某、马某某、陈某某与被上诉人蔡某股权转让纠纷一案,一审法院经审理查明:2006年6月29日由蔡某作为股权转让方(甲方),由林某某、马某某、陈某某作为股权受让方(乙方)签订了股权转让协议书一份,协议书约定:(1)转让标的。甲方将其拥有的A公司的23%股权、B公司的60%股权(实际为23%股权)及刚在申报尚未注册的C公司、D公司中约定但未投入的股权,以总价人民币600000元的价格转让给乙方。……(6)竞业禁止。甲方保证在本合同签订生效后五年内不投资开办或参与与乙方经营范围相同或相类似的行业的经营活动,不在与乙方具有竞争性的单位担任任何职务或从事任何工作(以上行业特指认证、认证咨询、认证代理、管理咨询、产品检测、产品检测咨询、产品测试、产品测试咨询、实验室等相关联行业)。乙方作为补偿一次性支付给甲方250000元,即每年补偿甲方50000元。若甲方违反上述约定,每年向乙方支付违约金500000元。

另查明,A公司工商登记的经营范围为:许可经营项目:质量管理体系认证咨询、环境管理体系认证咨询、职业安全与健康管理体系认证咨询、其他认证咨询(家用及类似用途设备、电线电缆、低压电器、电器附件产品强制性认证咨询)(认证咨询机构批准书有效期至2014年12月25日);一般经营项目:企业管理咨询,企业形象策划,广告制作。C公司工商登记的经营范围为:产品检测技术开发、技术转让、技术咨询、试验设备技术开发、技术咨询、企业管理咨询、计算机软件开发、测试仪器、机械设备、压力设备的批发、零售。B公司工商登记的经营范围为:机电设备、消防器材、化工设备、机械设备、电器设备、食品机械产品技术开发、制造、销售与测试技术咨询,计算机软件开发,计算机网络工程施工,计算机系统集成,企业管理咨询,商务信息咨询,测试仪器、五金、电器批发、零售。E公司于2006年5月26日经工商登记设立,股东及发起人为肖某、张某某等,张某某为公司法定代表人。E

公司工商登记的经营范围为：从事设备检测技术领域内的技术开发、技术转让、技术服务、技术咨询、企业管理咨询、商务咨询(咨询类项目除经纪)(涉及行政许可的，凭许可证经营)。F公司于2007年6月22日经工商登记设立，股东及发起人为蔡某、张某某、肖某。F公司的经营范围为：办公设备、文体用品、日用百货、化妆品、家用电器、建材、机械设备、玩具、电子产品、皮革制品、工艺品、纺织品、箱包、电脑软硬件及耗材、橡塑制品的销售、商务咨询(除经纪)、从事货物及技术的进出口业务(涉及行政许可的，凭许可证经营)。该公司于2009年6月25日办理注销登记手续。

林某某、马某某和陈某某提供的外来务工人员的居住登记表，以证明蔡某在E公司任职。

林某某、马某某、陈某某起诉蔡某，认为蔡某曾在E公司任职，以其违反竞业禁止为由主张赔偿违约金。

一审法院依照《民事诉讼证据规定》第2条的规定，判决如下：驳回林某某、马某某、陈某某对蔡某的诉讼请求。

一审判决后上诉人林某某、马某某、陈某某不服，向二审法院提起上诉，请求二审法院撤销一审判决，改判支持三名上诉人一审诉讼请求。

[结论]

二审法院判决驳回上诉，维持原判，即驳回林某某、马某某、陈某某对蔡某的诉讼请求。

[法院认为]

一审法院认为，林某某、马某某和陈某某与蔡某之间所签订的股权转让协议系各方当事人真实意思表示，协议依法成立，且未违反法律、行政法规中的效力性的强制性规定，协议当属有效，对各方当事人均具有合同约束力。本案主要的争议焦点是蔡某在将标的公司的股权转让给林某某、马某某、陈某某之后，是否存在竞业禁止的违约行为。首先，双方在股权转让协议中特别约定了蔡某在股权转让协议签订生效后的五年内不投资开办或参与与林某某、马某某和陈某某经营范围相同或相类似的行业的经营活动。基于该条款，蔡某负有约定的竞业禁止义务，所谓约定竞业禁止义务是公司企业为了保护其商业秘密而采取的一种特殊手段，主要是通过在一定期限、一定区域限制或剥夺其雇员之自主择业权实现的，同时为了维持离职雇员的正常生活而应该给予其相应的经济补偿。但是约定竞业禁止义务与法定竞业禁止义务之间存在较大差别，法定竞业禁止义务，主要是指董事、高级管理人员在任职期间对其任职公司负有的忠实义务要求。本案是基于股权转让的基础合同关系产生了竞业禁止条款。从其条款的设定及约定的补偿金给付的内容更加接近于企业与离职雇员之间的竞业禁止的约定，故蔡某基于该协议的特别约定负有不得投资开办与参与与林某某等经营范围相同或相类似的行业的经营活动的合同义务。其次,蔡某是否违反了上述约定的竞业禁止义务是本案主要的争议焦点,为此林某某、马某某和陈某某提供了涉及E公司的相关证据。第一,需要明确的是E公司的工商登记设立时间是2006年5月26日,早于双方签订股权转让协议的时间;第二,蔡某并非E公司的股东;第三,不能仅凭林某某、马某某和陈某某提供的外来务工人员的居住登记表就足以证明蔡某在E公司任职,需要提供相应的劳动或劳务合同加以证明,但林某某、马某某和陈某某并未提供其他证据进一步加以举证;第四,即使可以认定蔡某确实是在E公司任职,结合E公司的企业营业执照登记的经营范围,初步以E公司营业执照所载明的经营范围为形式标准,显然E公司的经营范围与系争股权转让涉及的标的公司A公司、C公司、B公司的经营业务范围之间并不存在同类业务;第五,E公司从事的经营范围与上述标的公司之间并不存在冲突性利益,即E公司从事的经营范围对标的公司的营业并不具有替代性或者市场分割效果之营业,故一审法院从形式标准结合实质性审查难以得出蔡某存在违反约定竞业禁止义务的违约行为,由于无法认定蔡某存在上述违约行为,故一审法院对林某某、马某某、陈某某主张的违约金诉请难以支持。

二审法院认为,一、三名上诉人提供外来人员居住登记表证明蔡某开办了E公司,但工商登记显示E公司的股东中并无蔡某。三名上诉人还称E公司为蔡某缴纳个人所得税,因无证据证明,且也不能仅凭此认定蔡某在E公司工作,故二审法院对三名上诉人的主张不予采信。二、三名上诉人用以证明蔡某代理浙江永康市利博尔电器有限公司进行设备检测的证据系复印件,蔡某又不予认可,故二审法院对此亦无法采信。三、蔡某投资设立的F公司经营范围与A公司等三公司无关,F公司的股东与E公司的股东亦不一致,故三名上诉人认为蔡某存在隐性从事竞业限制业务的主张,不能成立。综上,三名上诉人林某某、马某某、陈某某的上诉请求缺乏事实和法律依据,二审法院不予支持。一审判决并无不当,二审法院依法予以维持。

094. 股权转让中受让方违约未完全履行转让款的处理

周某与郑某某股权转让纠纷案

[案号]

上海市第一中级人民法院(2012)沪一中民四(商)终字第1394号

[裁判要旨]

股权转让协议合法有效的,双方应自觉履行,股权出让方按约出让股权后,受让方主张在转让款中扣除退货款,构成违约,应承担相应的违约责任。违约金过高的,可结合违约行为及其过错程度以及由于其违约给出让方所造成的实际损失等因素,调整违约金的金额。

［案情］

上诉人周某与被上诉人郑某某股权转让纠纷一案,一审法院经审理查明:A公司于2005年5月24日依法登记设立,注册资本为人民币500000元,实收资本为500000元,其中一位发起人股东为郑某某,其出资为300000元,占A公司股份的60%;另一位发起人股东为黄某某,其出资为200000元,占A公司股份的40%。

2011年8月26日由郑某某及黄某某作为委托人,特委托郑某某全权办理A公司资产及股权转让事宜,授权范围:包括但不限于,签订相关的转让协议和办理股权登记变更手续以及收取转让款项等。2011年9月21日由A公司作为出让方(代表人郑某某)简称甲方,合伙人(周某、石某某、邓某)及受让后A公司(代表人周某)作为受让方简称乙方,签订A公司转让协议(以下简称"系争转让协议")一份,由甲方将A公司转让给乙方,由乙方受让后重新组建新的A公司来经营。"一、转让金额、交接时间、结算时间:1. 经双方核算,甲方将原A公司的进场费作为100000元转让给乙方;2. 2011年供应B公司台账图上的商品,甲方仓库在供货的库存及与此相关联的物件,乙方应按甲方采购成本全额全部收购,此库存及物件估算约有700000元(按双方实际清点,提供进货合同、凭证或工厂口头凭证估价为准),支付方式:与B公司签订合同当日,乙方支付甲方30%定金(200000元),30日内结清剩余货款……4. 截至双方结算日,B公司应支付给A公司原甲方的应收账款为900000元,具体金额按已开发票金额执行,至于B公司今后付款到账多少与甲方无关,全部由乙方分两次支付给甲方个人所有,甲方扣除2011年供货B公司交接前月折扣3%由甲方自行承担、年返折扣及其他相关扣款和费用由乙方全部承担。……三、甲方因B公司今年需要退货及增加月扣故才转让公司,乙方受让后必须接受B公司的诸如此类的各项要求,因此而产生的一切费用均与甲方无关,一切都由乙方自行承担负责。注:乙方受让后本年A公司与B公司的商品购销三方合同即由乙方代表签订(公司负责人变更产生其他费用),并享有相应的权利和承担相应的义务及费用。甲方女儿必须指导协助乙方员工能正常操作运营与B公司的供应工作后,辅导时间一个月工资按4000元计,工作交接完毕,方可离开或继续留职工作,其他原在职员工乙方有责任继续任用,但员工可以自愿。四、乙方在约定期内未付清款项则视为违约,乙方需向甲方支付违约金,为合同总金额的5%,另外支付的定金和已支付的转让款甲方均不退还……"

2011年10月13日,A公司作出股东会决议,同意股东郑某某、黄某某转让各自持有的A公司的股份。当日,郑某某、黄某某作为出让方,周某、马某某作为受让方签订股东转让协议,并完成了股权变更的工商登记手续。现A公司工商登记的股东为周某、马某某,其中周某的持股比例为60%,马某某的持股比例为40%。

2012年6月27日,郑某某向一审法院提起本案诉讼,请求判令:(1)周某支付股权转让款125492.40元;(2)周某支付违约金48162.60元。

庭审中,周某确认系争转让协议中总的股权转让款为1620420.50元,周某已经支付的股权转让款也无异议,另对于郑某某主张的周某尚未支付的股权转让款125492.40元亦无异议。然周某庭审称在2011年6月至9月B公司退还的货物价值为233487.99元,并认为该部分的款项应该在A公司的应收款中予以扣除。

一审法院依照《合同法》第60条第1款,第107条,第109条,第114条第1款、第2款之规定,判决如下:一、周某应于判决生效之日起10日内支付给郑某某股权转让款125492.40元;二、周某应于判决生效之日起10日内支付给郑某某逾期付款违约金以20000元计。

一审判决后,周某不服,向二审法院提起上诉,请求二审法院撤销原判,依法改判驳回郑某某的一审全部诉讼请求。

另查明,系争股权转让协议中所表述的“B公司应支付A公司原甲方的应收账款为90万元,具体金额按已开发票金额执行”中的“已开发票金额”为893670.28元。

[结论]

二审法院判决驳回上诉,维持原判,即周某应支付郑某某股权转让款125492.40元,逾期付款违约金20000元。

[法院认为]

一审法院认为,郑某某、周某之间所签订的股东转让协议及系争转让协议系各方当事人真实意思表示,协议依法成立,且未违反法律、行政法规中的效力性的强制性规定,协议当属有效,对双方当事人均具有合同约束力,郑某某、周某均应按照协议约定全面履行各自的合同义务。现郑某某已经按约将其持有的A公司股权交付予周某,周某业已通过工商变更登记的形式确立了其在A公司的股东身份并明确了其持有的股份比例,足以说明周某已经通过股权转让的方式成为A公司的合法股东。然周某仅支付了部分股权转让款给郑某某,尚有部分股权转让款未能按约支付给郑某某,且周某对于尚欠郑某某的股权转让款金额亦予以确认,故郑某某主张要求周某支付剩余的股权转让款的诉请于法有据,一审法院予以支持。另由于周某方未能按照系争转让协议的约定支付股权转让款,其行为显然构成违约,且系争转让协议中对于逾期支付股权转让款有明确的违约责任约定,周某理应承担相应的违约责任。然周某认为郑某某主张的违约金显然过高,应当按照未支付的股权转让款作为计算违约金的依据,并提出由法院对违约金作出调整的请求。对此一审法院认为周某确实未能按照协议约定如期支付相应的股权转让款,但结合周某的违约行为及其过错程度以及由于其违约给郑某某所造成的实际损失,兼顾到周某在实际履行合同中的情况,而且也考虑到违约金主要是补偿性的性质,双方当事人在约定违约金的时候也是注重违约金的补偿功能。根据公平原则和诚实信用原则予以衡量，一审法院认为郑某某目前所主张的违约金过分高于违约行为给其造成的损失，故一审法院对于违约金的金额予以调整，酌定将郑某某主张的违约金诉请调整为20000元。另对于周某所提出的关于B公司发出了2011年6月至9月退货的抗辩。首先，一审法院认为周某提供的证据仅是B公司单方发出的退货扣款申请书，至于上述扣款是否实际发生，从目前的证据中无法得出。其次，即使上述扣款确实已经发生，并且确实影响到了A公司的应收款金额，那根据A公司转让协议的约定，对于转让之前所产生的利润、应收应付款及债权债务由郑某某享受及负责承担，但应当明确这些退货即使确实发生影响到的权利主体是A公司，作为受让方的股东仅仅是间接受损，故有权主张权利的主体应该是A公司，并非是A公司的股东。故周某的上述抗辩，不能成为周某拒付相应拖欠股权转让款的合理理由。

二审法院认为，系争转让协议合法有效，双方当事人应按约履行。而本案的争议焦点在于股权转让款中是否应扣除233487.99元的问题。对此，二审法院认为，按照系争转让协议的约定，股权转让款总金额中应收款的组成是按当时已开发票金额执行的。从周某提供的现有证据来看，在双方签约前B公司确实尚未从应收款中扣除任何款项，故郑某某依此约定向周某主张股权转让款余款的诉请，于法有据。而周某主张的B公司退货中收受退货的主体是A公司，即使退货真实存在，应收账款减少的主体是A公司，与此同时，A公司的资产中应相应地增加B公司所退的货物，该些退货的去向可由A公司向相关责任人员去主张。因此，周某主张从股权转让款中扣除相应款项的上诉请求，二审法院不予支持。一审判决并无不当，二审法院依法予以维持。

[法律法规链接]

《合同法》第60条第1款，第107条，第109条，第114条第1款、第2款

095. 调整股权转让违约金应兼顾补偿性与惩罚性

朱某某与林某某股权转让合同纠纷案

[案号]

广东省广州市中级人民法院(2010)穗中法民二终字第2287号

[裁判要旨]

约定的违约金过分高于造成的损失，当事人可以请求人民法院或者仲裁机构予以适当减少。人民法院调整违约金数额时，应综合考虑违约金的补偿性与惩罚性。

[案情]

上诉人朱某某与被上诉人林某某股权转让合同纠纷一案，一审法院经审理查

明:广州展基电子有限公司是由上诉人朱某某投资并由广州市工商行政管理局天河区分局登记成立的个人独资有限责任公司,其企业法人营业执照载明:实收资本50万元,法定代表人为上诉人朱某某。

2009年10月26日,上诉人、被上诉人就上诉人转让广州展基电子有限公司部分股权给被上诉人的事宜共同签订《股东转让出资合同书》一份,约定:(1)上诉人将占广州展基电子有限公司注册资本的40%共20万元出资转让给被上诉人;(2)被上诉人在合同签订后的三天内将20万元转让款支付给上诉人;(3)被上诉人受让出资后占公司注册资本的40%,成为公司股东,承认修改后的公司章程并享有股东权益;(4)截至2009年10月20日本公司债权债务已经核算清楚,无隐瞒,转让双方均已认可,并明确按照《公司法》第3条规定承担责任;被上诉人未能按时付款,每天应向上诉人支付转让金额5%的违约金;上诉人未能按时办好转让手续,每天向被上诉人支付转让金额5%的违约金;合同自签字之日起生效等。合同签订后,上诉人、被上诉人至广州市工商行政管理局天河分局办理了广州展基电子有限公司的股东变更登记,将股东由上诉人一人,依法变更为上诉人及被上诉人两人。广州市工商行政管理局天河分局出具的《公司变更(备案)记录》载明:上诉人认缴出资30万元,持股比例为60%,被上诉人认缴出资20万元,持股比例为40%。被上诉人至今未向上诉人支付转让款20万元。

一审庭审中,上诉人明确其依据《股东转让出资合同书》关于“被上诉人未能按时付款,每天应向上诉人支付转让金额5%的违约金”的约定要求被上诉人支付违约金12万元。

2010年5月25日,上诉人提起本案诉讼,请求判令:(1)解除上诉人与被上诉人签订的《股东转让出资合同书》;(2)被上诉人向上诉人支付违约金12万元。

被上诉人反诉请求:撤销2009年10月26日签订的《股东转让出资合同书》。

一审法院依照《合同法》第107条、第114条,《民事诉讼法》[①]第64条第1款的规定,判决:一、解除上诉人朱某某与被上诉人林某某在2009年10月26日签订的《股东转让出资合同书》。二、被上诉人林某某于判决发生法律效力之日起十日内,向上诉人朱某某支付从2009年10月30日计至2010年5月24日止的逾期付款违约金(以20万元为本金,按照中国人民银行同期贷款利率上浮50%的标准计付)。三、驳回上诉人朱某某的其他诉讼请求。四、驳回被上诉人林某某的反诉请求。

判后,上诉人朱某某不服一审判决,向二审法院提起上诉,认为一审判决存在事实不清,法律适用不当,误将惩罚性违约金等同补偿性违约金,请求二审法院依法撤销一审判决第二项并直接改判被上诉人向上诉人支付违约金12万元。

---

① 此处指2007年修订的《民事诉讼法》。

［结论］

二审法院判决驳回上诉，维持原判，即解除朱某某与林某某签订的《股东转让出资合同书》；林某某于判决发生法律效力之日起十日内，向朱某某支付从2009年10月30日计至2010年5月24日止的逾期付款违约金等。

［法院认为］

一审法院认为：上诉人、被上诉人签订的《股东转让出资合同书》是双方当事人的真实意思表示，依法成立并发生法律效力，双方均应依约行使权利、履行义务。第一，从《股东转让出资合同书》约定来看，双方确认广州展基电子有限公司债权债务已经核算清楚，现被上诉人并未举证证明上诉人当时隐瞒重要债权、债务事实；第二，《股东转让出资合同书》并未就广州展基电子有限公司的代理权作出任何的约定；综上，被上诉人有关上诉人在签订合同工程中存在欺诈行为，《股东转让出资合同书》属于可撤销协议的抗辩理由，缺乏事实及法律依据，不予采信。被上诉人反诉要求撤销《股东转让出资合同书》缺乏事实及法律依据，不予支持，依法予以驳回。关于上诉人要求解除《股东转让出资合同书》的问题。根据转让合同的约定，被上诉人应当在合同签订后三日内支付转让款20万元，但上诉人已经依法履行合同办理了公司股东变更登记，而被上诉人至今未清付转让款，故被上诉人的行为构成根本违约，现上诉人要求解除《股东转让出资合同书》有理，依法予以支持。关于上诉人要求被上诉人支付违约金12万元的问题。根据合同的约定，被上诉人最迟应在2009年10月29日向上诉人支付转让款20万元，而上诉人在2010年5月25日起诉要求解除合同，合同解除之后，被上诉人并无支付转让款的义务，故被上诉人应向上诉人支付从2009年10月30日至2010年5月24日的逾期付款违约金。虽然《股东转让出资合同书》约定“被上诉人未能按时付款，每天应向上诉人支付转让金额5%的违约金”，但上诉人未举证证明其损失范围，故根据被上诉人的抗辩，依据《合同法》第114条关于“约定的违约金过分高于造成的损失的，当事人可以请求人民法院或者仲裁机构予以适当减少”的规定依法对违约金的标准作相应的调整。被上诉人应以20万元为本金，从2009年10月30日计至2010年5月24日止，按照中国人民银行同期贷款利率上浮50%的标准向上诉人支付逾期付款违约金，上诉人请求超出该部分金额的违约金缺乏法律依据，不予支持，依法予以驳回。

二审法院认为，本案为股权转让纠纷，双方争议焦点为违约金的计算标准问题。根据《合同法》第114条的规定，约定的违约金过分高于造成的损失，当事人可以请求人民法院或者仲裁机构予以适当减少。虽然，被上诉人林某某在一审中未直接抗辩要求调整违约金，但是，被上诉人林某某在一审答辩既不同意支付股权转让款，又不同意支付违约金，还提起反诉，这已经涵盖对违约金计付标准的异议，一审据此调整违约金的计付标准并无不当。根据上诉人朱某某与被上诉人林某某签订《股东转让出资合同书》的约定，被上诉人林某某未能按时付款，每天应向上诉人朱某某支付转让金额5%的违约金。审查双方约定的违约金高于银行利率几近百倍，约定违约金过高，一审据此予以调整为中国人民银行同期贷款利率上浮50%是可行的。上诉人朱某某上诉强调违约金的惩罚性，二审法院认为，违约金的性质以补偿性为主，惩罚性为次，上诉人朱某某未能主张其损失范围，一审调整的违约金计付标准在中国人民银行同期贷款利率之上略有浮动，已适当体现违约金的补偿性及惩罚性。上诉人朱某某上诉理由不充分，二审法院予以驳回。一审判决认定事实清楚，适用法律正确，二审法院予以维持。

[法律法规链接]

《合同法》第107条、第114条

096. 股权转让协议未约定履行时间时，诉讼时效和资金占用损失起算点的认定

渝庆旧城改造公司与金城企业(集团)公司股权转让纠纷案

[案号]

重庆市高级人民法院(2012)渝高法民终字第00062号

[裁判要旨]

股权转让协议未约定履行时间，依照法律规定，履行期限不明的，债务人可以随时履行，债权人也可以随时要求履行，故债权人起诉主张债权并未超过诉讼时效。因签订的股权转让协议并未就债务人迟延履行股权转让款约定违约金及资金占用损失，故对股权转让款资金占用损失的起算点应当从债权人主张权利时起算。

[案情]

上诉人渝庆旧城改造公司与上诉人金城企业(集团)公司股权转让纠纷一案，一审法院经审理查明：

1995年9月21日，重庆渝中会计师事务所出具的渝中会验字(1995)第820号《验资证明书》中载明：渝庆旧城改造公司因向金城建筑工程公司出资500万元而成为金城建筑工程公司的股东。1998年4月15日，金城建筑工程公司召开股东会并作成第六次股东会记录，该股东会记录中载明：同意渝庆旧城改造公司将在金城建筑工程公司的全部出资500万元转让给邓某，邓某应于1998年4月23日前将受让出资款500万元存入金城建筑工程公司账户，由金城建筑工程公司将此款转交给渝庆旧城改造公司。当天，渝庆旧城改造公司与邓某签订《出资转让协议书》，约定：渝庆旧城改造公司经金城建筑工程公司第六次股东会同意，将渝庆旧城改造公司在金城建筑工程公司的全部出资转让给邓某，邓某受让渝庆旧城改造公司的

出资后,应于1998年4月23日将受让出资500万元存入公司账户,由公司转付给渝庆旧城改造公司。后邓某将该500万元存入了金城建筑工程公司账户,但金城建筑工程公司未将此款转付给渝庆旧城改造公司。

另查明:因渝庆旧城改造公司和金城企业(集团)公司存在大量经济往来,金城企业(集团)公司将其对渝庆旧城改造公司享有的债权6000万元转让给中青旅公司。中青旅公司遂向重庆市第五中级人民法院起诉,向渝庆旧城改造公司主张债权,该院于2010年2月1日作出(2009)渝五中法民初字第00227号判决,渝庆旧城改造公司不服该判决向重庆市高级人民法院提起上诉。在该案二审中,金城企业(集团)公司认为涉及本案的500万元系股权投资款,不应作为渝庆旧城改造公司向金城企业(集团)公司的还款,应予扣除,重庆市高级人民法院2010年12月13日作出(2010)渝高法民终字第00202号终审判决,在该案中对此笔款项未作处理。在该案的审理中,重庆市高级人民法院还查明:重庆金城企业总公司、金城物业公司、南岸供销基金会、金城建筑工程公司、重庆金城五金交电化工公司、重庆金城企业装饰工程有限公司、重庆金城港湾娱乐公司等关联企业的债权、债务均由金城企业(集团)公司享有和承担。

渝庆旧城改造公司诉称:因该500万元本可在渝庆旧城改造公司与金城企业(集团)公司的资金结算中相互冲抵,但(2010)渝高法民终字第00202号判决未将该款纳入相互冲抵,故金城企业(集团)公司应当给付渝庆旧城改造公司500万元并承担资金占用利息损失。请求:判令金城企业(集团)公司支付渝庆旧城改造公司股权转让款500万元及资金占用利息损失389.9万元(资金占用利息损失以500万元为基数,从1998年4月24日起,按人民银行一年期贷款基准利息计算,暂计算至2011年4月30日,其后资金占用利息损失按前述标准应计算至500万元股权转让款付清时止)。

一审法院依照《合同法》第109条、第112条、《民事诉讼法》[①]第128条之规定,遂判决:一、金城企业(集团)公司于本判决生效后10日内支付渝庆旧城改造公司500万元及资金占用损失(该损失以500万元为基数,自2011年5月24日起按中国人民银行同期的一年期贷款基准利率计算至付清时止,资金占用损失随本清);二、驳回渝庆旧城改造公司的其他诉讼请求。

渝庆旧城改造公司、金城企业(集团)公司均不服一审判决,向二审法院提起上诉。

二审法院二审查明:1998年4月15日,金城建筑工程公司召开股东会并作成第六次股东会记录,该股东会记录中载明:同意渝庆旧城改造公司将在金城建筑工程公司的全部出资500万元转让给邓某,邓某于1998年4月23日前将受让出资款500万元存入金城建筑工程公司账户,由金城建筑工程公司将此款转交给渝庆

---

① 此处指2007年修订的《民事诉讼法》。

旧城改造公司。金城建筑工程公司的股东金城企业(集团)公司、渝庆旧城改造公司、重庆金城物业发展公司以及邓某、况某分别在股东会记录上签章。

[结论]

二审法院判决驳回上诉,维持原判,即金城企业(集团)公司于判决生效后10日内支付渝庆旧城改造公司500万元及资金占用损失;驳回渝庆旧城改造公司的其他诉讼请求。

[法院认为]

本案争议的焦点是:(1)渝庆旧城改造公司对金城企业(集团)公司是否享有债权,该债权是否超过诉讼时效;(2)如前述债权并未超过时效,如何确定渝庆旧城改造公司主张该债权资金占用损失的起算点。

1. 关于债权是否成立及诉讼时效的问题

本案中,金城建筑工程公司的股东会记录载明"邓某于1998年4月23日前将受让出资款500万元存入公司账户,由金城建筑工程公司将此款转交给渝庆旧城改造公司"。一般情况下,股东会记录系公司内部文件,对外无约束力,但本案中邓某、渝庆旧城改造公司及金城建筑工程公司的所有股东均在股东会记录上签章同意,故应当视为金城建筑工程公司、渝庆旧城改造公司、邓某三者就邓某受让的股份相应股权转让款的支付达成合意,三方就股权转让款的履行形成了新的协议,各方当事人均应受该协议的约束。故金城建筑工程公司在收到邓某支付的500万元股权转让款后应当负有向渝庆旧城改造公司转付股权转让款的义务,渝庆旧城改造公司对金城企业(集团)公司享有的债权应当成立。因该协议中并未约定金城建筑工程公司的履行时间,故渝庆旧城改造公司提起本案诉讼主张债权并未超过诉讼时效。金城企业(集团)公司关于渝庆旧城改造公司不享有诉争债权并已丧失时效利益的上诉理由不能成立。

2. 关于资金占用损失的起算点如何确定的问题

因邓某与渝庆旧城改造公司签订的股权转让协议并未就债务人迟延履行股权转让款约定违约金及资金占用损失,故对股权转让款资金占用损失的起算点应当从渝庆旧城改造公司主张权利时起算。渝庆旧城改造公司虽在另案中主张以本案讼争债权抵销对金城企业(集团)公司的债务,但人民法院在该案生效判决中对此未予支持,渝庆旧城改造公司在生效判决作出后才另行提起本案诉讼,故一审判决以渝庆旧城改造公司提起本案诉讼的时间作为资金占用损失的起算点并无不当,应予维持。

[法律法规链接]

《合同法》第109条、第112条

097. 合意解除股权转让协议未依约退款构成违约

朱某与刘某、吴某某股权转让纠纷案

[案号]

浙江省杭州市中级人民法院(2012)浙杭商终字第1247号

[裁判要旨]

当事人通过签订《退股协议》约定了双方自愿解除《股份转让协议》并由股权转让方退款给出让方,双方应按《退股协议》约定的金额和期限退款。转让方未按约退款构成违约,应承担相应的法律责任。

[案情]

上诉人刘某与被上诉人朱某,原审被告吴某某股权转让纠纷一案,一审法院审理查明:2009年7月1日,刘某以其所办的杭州悠咔广告有限公司需要增资为由,与朱某签订《股份转让协议》一份,约定:转让方刘某同意将其持有的杭州悠咔广告有限公司5股公司股转让给受让方朱某,占公司总股本的5%;出让股份的每股转让价格按3万元计算;朱某将于协议签署日后的3个工作日内,将10万元支付于刘某,在协议签署后的半年内,将剩余5万元支付于刘某,具体日期可经协商;刘某是出让股份的唯一合法拥有者,刘某已投入了足额的资产;刘某保证将公司于2009年9月之前增资为300万元注册资本;公司增资后更名为浙江悠咔文化传播有限公司(暂定)。《股份转让协议》签订后,朱某支付了全部款项15万元。后因刘某一直没有实现公司增资更名的目标,朱某与刘某双方于2011年8月19日签订《退股协议》一份,约定:双方自愿同意解除2009年7月1日签订的《股份转让协议》;刘某于2011年8月31日前退还朱某实际支付的金额16万元;《股份转让协议》自退股协议签订时无效;本协议与原股权转让协议具有同等效力,补充协议与原股权转让协议发生冲突的,以补充协议为准。此外,《退股协议》还对争议解决办法进行了约定。但刘某至今未按《退股协议》的约定退款。故朱某诉至法院,要求判如所请。工商登记信息显示,杭州悠咔广告有限公司法定代表人为刘某,核准及成立日期为2007年7月20日,注册资本50万元,自然人投资情况:刘某,投资额45万元,投资比例90%;王某,投资5万元,投资比例10%。

一审法院依照《合同法》第60条、第97条,《民事诉讼法》[①]第64条第1款之规定,判决:一、刘某于判决生效之日起10日内退还朱某股权转让款160000元。二、刘某赔偿朱某利息损失7390元(从2011年9月1日起按照中国人民银行规定

---

① 此处指2007年修订的《民事诉讼法》。

的同期贷款基准利率即年利率6.56%暂计算至2012年5月17日,此后至判决确定的给付之日止按此标准另计)。三、驳回朱某其他诉讼请求。

刘某不服原审法院上述民事判决,提起上诉,请求撤销原审判决第二项内容,改判上诉人不赔偿朱某的利息损失。

[结论]

二审法院判决驳回上诉,维持原判,即刘某于判决生效之日起10日内退还朱某股权转让款160000元;刘某赔偿朱某利息损失7390元。

[法院认为]

刘某和朱某应按合同约定享受权利及履行义务。鉴于《退股协议》约定了双方自愿解除《股份转让协议》并由刘某退款给朱某,故《股份转让协议》因双方合意解除而终止,刘某应按《退股协议》约定的金额和期限退款。刘某至今未按约退款构成违约,应承担相应的法律责任。朱某现要求刘某按约足额退款及承担自约定的最迟退款日次日起至全部款项付清之日止的相应利息损失合法有据,应予支持。综上,刘某的上诉请求缺乏事实和法律依据,二审法院不予支持。

[法律法规链接]

《合同法》第60条、第97条

098. 当事人约定由第三人支付股权转让款,第三人未履行,股权受让人应承担违约责任

任某某与谢某某股权转让纠纷案

[案号]

北京市第一中级人民法院(2013)一中民终字第5042号

[裁判要旨]

当事人约定由第三人向债权人履行债务的,第三人不履行债务或者履行债务不符合约定,债务人应当向债权人承担违约责任。

[案情]

上诉人任某某与被上诉人谢某某股权转让纠纷一案,经审理查明:2009年1月18日,谢某某(转让方)与任某某(受让方)签订《股权转让协议书》,载明转让方拥有恒华公司56%的股权,转让方同意将其持有的目标公司的股权全部转让给受让方,受让方愿意受让转让方转让的股权。协议2.1条约定:经转让方与受让方协商一致:为取得转让方所持有的目标公司的全部股权,受让方应向转让方支付人民币276万元作为股权转让款(税后)。2.2条约定:上述股权转让款的支付:上述股权转让款优先从目标公司的收益中支付。如在本协议生效后一年内目标公司收益未

能支付或不足以支付上述股权转让款中的230万元,则受让方在本协议生效后一年内支付或补足该款。其余款项在本协议生效后二年内由目标公司支付。因此次股权转让产生的税费,由受让方自行处理承担。5.4条约定:如受让方未能如约支付股权转让款,除转让方可要求受让方支付股权转让款外,受让方应按照应支付而未支付的款项的30%支付违约金。

恒华公司企业变更登记申请表显示:公司法定代表人由谢某某变更为任某某;公司投资人由谢某某、董某某、李某变更为任某某、商某某、李某。

2009年5月22日的恒华公司第三届第一次股东会决议载明:由任某某、商某某、李某组成新一届股东会,同意公司未缴付出资时间变更为2009年12月31日。同日,恒华公司董事会决议选举任某某为董事长,法定代表人,并聘任其担任公司经理。恒华公司投资者注册资本缴付情况表及公司章程载明:任某某认缴出资600万元;商某某认缴出资200万元;李某认缴出资200万元。

一审诉讼中,谢某某向一审法院提交了一份《出资转让协议书》,该协议书载明谢某某同意将在恒华公司的全部货币出资300万元(其中已缴付货币出资200万元;未缴付货币出资100万元);未缴付知识产权出资280万元全部转让给任某某,并于2009年5月22日正式转让。

2010年谢某某起诉任某某及北京紫光益天环境工程技术有限公司(以下简称紫光公司),诉请判令任某某及紫光公司支付股权转让款230万元,任某某提出反诉,要求解除双方之间的股权转让协议及补充协议。海淀区人民法院就此案作出判决,该判决查明如下事实:2009年5月31日,谢某某、董某某(甲方)与任某某(乙方)、李某(第三方)签订《股权转让协议(补充)》,协议约定甲方同意乙方顺延支付股权转让款的要求,付款期限最迟不超过2010年5月31日。并判令任某某支付谢某某股权转让款230万元,紫光公司承担连带清偿责任。此后任某某不服该判决,提出上诉,二审法院驳回其上诉,维持原判。该判决送达后,任某某及紫光公司提出再审申请,2012年再审法院对任某某向谢某某支付股权转让款230万元一项依然予以维持。

经一审法院询问,谢某某称《股权转让协议书》2.2条中约定的"其余款项在本协议生效后二年内由目标公司支付"因违反了我国《公司法》的规定,应属于无效,并确认恒华公司并未向谢某某支付过该笔股权转让款。

一审法院另查明,恒华公司现已吊销。

谢某某诉至法院,请求判令任某某立即支付谢某某股权转让款46万元及违约金13.8万元。

一审法院依照《合同法》第65条、第107条、第114条,《民事诉讼法》第144条之规定,判决:一、任某某支付谢某某股权转让款46万元;二、任某某支付谢某某违约金13.8万元。

任某某不服一审法院上述民事判决，提起上诉，请求改判，驳回谢某某的诉讼请求。

［结论］

二审法院判决驳回上诉，维持原判，即任某某支付谢某某股权转让款46万元；任某某支付谢某某违约金13.8万元。

［法院认为］

谢某某与任某某签订的《股权转让协议书》系双方当事人真实意思表示，该协议未违反法律、行政法规的强制性规定，应属合法有效，双方均应按照协议书的约定履行各自的义务。任某某上诉称，任某某与谢某某在《股权转让协议书》中约定股权转让价款余款46万元由恒华公司支付。因为任某某是恒华公司的法定代表人、董事长、控股股东，该约定实际上是恒华公司、任某某与谢某某三方之间的约定，应当视为合同义务的转让，而不应视为由第三方代为履行的行为。二审法院认为，任某某与谢某某在《股权转让协议书》中约定股权转让价款余款由恒华公司支付，但任某某在签订《股权转让协议书》时并非恒华公司的法定代表人，且双方就履行股权转让款一事并没有与恒华公司达成任何协议，故该约定应当视为由第三方代为履行，而不是债务的转让。根据《合同法》第65条，当事人约定由第三人向债权人履行债务的，第三人不履行债务或者履行债务不符合约定，债务人应当向债权人承担违约责任。本案中，谢某某称恒华公司并未向其支付该笔股权转让款，任某某未就此提交反证，在此情形下，谢某某有权要求任某某支付股权转让款，并支付违约金。故二审法院对任某某该上诉意见不予采信。

［法律法规链接］

《合同法》第65条、第107条、第114条

099. 受托人不对委托授权范围内收取的股权转让定金承担连带责任

广州市化通实业有限公司、广州凯欣贸易有限公司与北京中侨华兴投资顾问有限公司等股权转让纠纷案

［案号］

一审：广州市越秀区人民法院(2010)越法民二初字第199号

二审：广东省广州市中级人民法院(2011)穗中法民二终字第410号

［裁判要旨］

受托人收取股权受让人支付的股权转让定金系在委托人授权范围内履行相应的委托事务，且受让人对该委托代理关系是明知的，在此情况下，收取款项的法律

后果应当由委托人自行承担。

［案情］

上诉人北京中侨华兴投资顾问有限公司与被上诉人广州市化通实业有限公司（以下简称化通公司）、被上诉人广州凯欣贸易有限公司（以下简称凯欣公司）等股权转让纠纷一案，一审法院查明：2009年1月7日，两被上诉人（乙方）与一审被告广州市大宇行贸易发展有限公司（以下简称大宇行公司）、一审被告广州荣盛物业发展有限公司（以下简称荣盛公司）、一审被告广州市达尔兴建材装饰有限公司（以下简称达尔兴公司）、一审被告珠海经济特区华兴工贸发展公司（以下简称华兴工贸公司，四一审被告为甲方）签订《股权转让意向书》约定：为尽快盘活农林大厦项目，甲方同意将其各自所持有的广州华兴隆房地产开发公司（以下简称华兴隆公司）股权全部转让给乙方，乙方拟以2500万元受让华兴隆公司100%股份，乙方在意向书签订当日支付定金250万元给甲方，该笔定金到达甲方或甲方指定账户之日起两个月内，甲乙双方必须完成以下工作内容，并签订股权转让协议：(1)将华兴隆公司依法设立至今和农林大厦所有的公司经营资料和项目工程资料等真实完整的交给乙方指定的审计师事务所审计，并全面如实向审计师事务所披露华兴隆公司的资产和负债情况；(2)甲、乙方与华兴隆公司现有的及可能存在的全部债权人进行协商，免除华兴隆公司的任何违约责任，协助华兴隆公司与债权人达成和解协议；(3)在甲乙双方协商认可的时间内，登报公示股权转让信息，提示债权人登记债权；如未在两个月内完成上述工作，经双方协商，本协议可延期至完成之日，如协商不成，本意向书解除，退回乙方定金，双方不属违约；甲方与乙方签署正式的股权转让协议，股权转让金暂定为2500万元，具体支付数额和期限、股份转让的份额、方式及具体受让对象等按股权转让协议约定履行；本意向书自双方签字，乙方支付的定金到达甲方或甲方指定收款账户之日起生效，本意向书生效后，甲方不得再与其他方商谈本转让项目，否则视同违约；乙方必须在两个月内与甲方签订股权转让协议，否则视为乙方违约，甲方有权单方面解除该意向书。

2009年1月7日，一审被告中国华兴广东实业发展公司（以下简称华兴广东公司）与两被上诉人签订《协议书》，约定一审被告华兴广东公司对上述《股权转让意向书》中华兴隆公司全体股东的权利义务向两被上诉人承担担保责任。2009年1月7日，被上诉人化通公司将股权转让款250万元通过银行划入四一审被告指定的上诉人账户。上诉人收款后向被上诉人化通公司出具了收据，确认收到股权转让定金250万元。

2009年6月29日，华兴隆公司股东由四一审被告变更为一审被告荣盛公司（持股比例62.50%）、一审被告达尔兴公司（持股比例31.25%）、一审被告华兴工贸公司（持股比例6.25%）。至今为止，《股权转让意向书》中约定的工作事项仍未完成，两被上诉人和四一审被告亦未签订正式的股权转让协议，成讼。

两被上诉人一审起诉请求判令：(1)解除两被上诉人与四一审被告签订的《股权转让意向书》；(2)四一审被告共同向两被上诉人退还定金250万元，上诉人和一审被告华兴广东公司承担连带责任。

一审法院依照《合同法》第8条、第44条第1款、第93条、第97条，《担保法》第19条、第21条、第31条，《担保法解释》第42条第1款之规定，判决如下：一、被上诉人化通公司、被上诉人凯欣公司与一审被告大宇行公司、一审被告荣盛公司、一审被告达尔兴公司、一审被告华兴工贸公司于2009年1月7日签订的《股权转让意向书》予以解除。二、在判决发生法律效力之日起十日内，一审被告大宇行公司、一审被告荣盛公司、一审被告达尔兴公司、一审被告华兴工贸公司向被上诉人化通公司、被上诉人凯欣公司退还股权转让款定金2500000元。三、一审被告华兴广东公司、上诉人北京中侨华兴投资顾问有限公司对上述债务承担连带清偿责任。一审被告华兴广东公司承担保证责任后，有权按照《担保法》第31条的规定，向一审被告大宇行公司、一审被告荣盛公司、一审被告达尔兴公司、一审被告华兴工贸公司追偿。

上诉人不服上述判决，向二审法院提起上诉，请求变更一审判决第三项，驳回两被上诉人对上诉人的诉讼请求。

二审另查明：两被上诉人在一审期间曾提供2009年1月7日的《委托书》一份，内容为："根据甲方：达尔兴公司、大宇行公司、荣盛公司、华兴工贸公司与乙方：化通公司、凯欣公司，于2009年1月7日签订的《股权转让意向书》的有关内容，现甲方委托北京中侨华兴投资顾问有限公司收取股权(农林大厦)转让定金人民币250万元整。"该《委托书》加盖上述四一审被告以及华兴隆公司印章。

[结论]

二审法院依照《民事诉讼法》①第153条第1款第2项，《民法通则》第63条，《合同法》第8条、第44条第1款、第93条、第97条、第396条、第402条，《担保法》第19条、第21条、第31条，《担保法解释》第42条第1款之规定，判决如下：

一、维持一审判决的第一项、第二项。

二、变更一审判决的第三项为：一审被告华兴广东公司对上述债务承担连带清偿责任。一审被告华兴广东公司承担保证责任后，有权按照《担保法》第31条的规定，向一审被告大宇行公司、一审被告荣盛公司、一审被告达尔兴公司、一审被告华兴工贸公司追偿。

三、驳回被上诉人化通公司、被上诉人凯欣公司的其他诉讼请求。

[法院认为]

一审法院认为：两被上诉人与四一审被告签订的《股权转让意向书》，内容不违

---

① 此处指2007年修订的《民事诉讼法》。

反法律、行政法规的强制性规定,为合法有效。从意向书的内容看,华兴隆公司的股权转让金只是拟定金额,股权转让款的具体支付数额和期限、股份转让的份额、方式及具体受让对象等事项均需待股权转让协议确定,因此,在双方签署正式股权转让协议前,该意向书仅属一份意向性文件。现意向书中订明的工作事项未在约定的期限内完成,而双方当事人又未能重新达成协议延长意向书的履行期限,故按照意向书关于"如未在两个月内完成上述工作,经双方协商,本协议可延期至完成之日,如协商不成,本意向书解除,退回乙方定金,双方不属违约"的约定,两被上诉人要求解除《股权转让意向书》并要求四一审被告退还股权转让款定金 250 万元,合理合法,予以支持。一审被告华兴广东公司和上诉人分别作为四一审被告的担保人和股权转让款定金的实际收款人,应当对四一审被告的债务承担连带清偿责任。一审被告华兴广东公司承担保证责任后享有《担保法》第 31 条规定的追偿权。

《股权转让意向书》虽然订明"乙方必须在两个月内与甲方签订股权转让协议,否则视为乙方违约,甲方有权单方面解除该意向书"的内容,但两被上诉人与四一审被告签订股权转让协议应该是建立在前期工作完成的基础上,四一审被告未提供证明其已将华兴隆公司依法设立至今和农林大厦所有的公司经营资料和项目工程资料备好以供审计的证据,其辩称两被上诉人未将指定的审计师事务所告知转让方,认为两被上诉人怠于履行意向书的义务而不同意退还股权转让款定金,理由不成立,不予采纳。

二审法院认为,本案二审主要争议在于上诉人是否应对讼争的股权转让定金 250 万元承担连带清偿责任。对此,二审法院认为,虽上诉人向被上诉人化通公司开出收据确认收取其划付的股权转让定金 250 万元,但根据两被上诉人所提供的由四一审被告及华兴隆公司 2009 年 1 月 7 日共同出具的《委托书》,已充分证实上诉人的收款行为是在该四一审被告的授权范围内履行相应的委托事务,且被上诉人化通公司在付款时对上诉人与四一审被告之间的委托代理关系是明确知悉的,在此情况下,上诉人收取款项的法律后果应当由委托人即四一审被告自行承担。故两被上诉人要求上诉人对四一审被告的债务承担连带清偿责任,欠缺法律依据,不应予以支持。综上所述,一审判决对部分事实认定错误,适用法律不当,应予变更。上诉人的上诉意见,理据充分,二审法院予以采纳。

[法律法规链接]

《民法通则》第 63 条

《合同法》第 8 条、第 44 条第 1 款、第 93 条、第 97 条、第 396 条、第 402 条

《担保法》第 19 条、第 21 条、第 31 条

《担保法解释》第 42 条第 1 款

100. 违约金与赔偿金可同时并用，但具体赔偿范围应当以违约方可预见为前提

【指导与参考案例】

雷某某与鞠甲、鞠乙股权转让纠纷案

[案号]

一审：河北省石家庄市中级人民法院(2007)石民三初字第00029号

二审：河北省高级人民法院(2007)冀民二终字第496号

再审：最高人民法院(2008)民一监字第108－1号

[裁判要旨]

《合同法》第112条的规定表明，赔偿损失与其他违约责任方式可以并用，《合同法》第113条又规定了违约后赔偿的范围，“包括合同履行后可以获得的利益”，在确定“合同履行后可以获得的利益”时，必须遵从一个原则，即该损失系“不得超过违反合同一方订立合同时预见到或者应当预见到的因违反合同可能造成的损失”，换言之，应当是以违约方可预见为前提。

[案情]

雷某某与鞠甲、鞠乙股权转让纠纷一案，河北省石家庄市中级人民法院一审查明：2007年1月18日，雷某某与鞠甲、鞠乙签订股权转让《协议书》约定：“一、公司控股与项目投资。1. 南宫市锦绣花园项目仍由南宫市金马房地产开发公司(以下简称金马公司)承担，鞠甲、雷某某、鞠乙遵照本协议对南宫市锦绣花园项目进行合作经营，时间为自本协议签订之日起至锦绣花园项目完成。2. 金马公司股东由原来的鞠甲、鞠乙变更为鞠甲、雷某某二人(鞠乙将金马公司23.86%的股份转让给雷某某，股权转让金为240万元；鞠甲将金马公司36.14%的股份转让给雷某某，股权转让金为363.6万元)……二、公司管理模式……三、资产管理……五、股款支付方式及股权交付：1. 自本协议签字之日起3个工作日内雷某某将鞠乙股权转让金240万元打入金马公司账户计入雷某某入股股金，公司在10日内办理完毕23.6%股权变更登记手续后，由公司将该款退还给鞠乙。2. 雷某某于2007年2月7日前将股权转让金363.6万元打入金马公司账户。上述款项到账后，由雷某某担任金马公司法定代表人，公司在10日内办理完毕法定代表人和其他36.14%股权变更登记手续。3. 项目注入资金486.4万元，雷某某于2007年3月31日前打入公司账户(若未能支付该笔资金，双方协商解决)，雷某某用金马公司土地作抵押贷款但不

能超过600万元，雷某某用所购股权向鞠甲提供担保。六、鞠甲、鞠乙承诺雷某某将第二笔股权转让金363.6万元打入公司账户同日，向雷某某移交金马公司的所有营业资料和营业手续……八、违约责任：1.若雷某某不能按照本协议约定的时间支付股金，鞠甲有权解除本合同（鞠乙上诉主张，按照对等原则，鞠乙也有权），并有权要求雷某某支付违约金50万元。2.若鞠甲违反本协议约定或提供资料虚假，雷某某有权解除本合同、有权要求鞠甲退还已支付的股金和项目投资，并有权要求鞠甲支付违约金50万元。3.若鞠乙违反本协议约定或提供虚假资料，雷某某有权解除本合同、有权要求鞠甲退还已支付的股金和项目投资，并有权要求鞠甲支付违约金50万元……"

2007年1月25日，鞠甲、鞠乙收到雷某某所付第一笔款240万元（按协议应在1月21日前交付，减去2天节假日，实际晚付2天，公证处笔录上鞠甲认可虽然晚付但已谅解并已收此款），第二笔363.6万元约定的交款期为2007年2月7日，因鞠甲身体不适，双方以短信约好2月9日付款。

同年2月9日，雷某某夫妇（注：二审中雷某某主张妻子未去）、马甲（合同中介人）和丈夫马乙去鞠家，鞠甲以雷某某迟延交款为由拒绝雷某某第二次交款。

同年2月6日，山东夏津县华夏房地产开发有限公司董事长李某某与鞠甲、鞠乙就购买金马公司股权分别达成《协议书》。

同年2月8日，鞠甲、鞠乙与李某某签订《股权转让协议》。

同年2月12日，雷某某与鞠甲、鞠乙签订一份《协议书》，约定：同意中止于2007年1月18日由鞠甲、雷某某、鞠乙签订的合作协议书，鞠甲、鞠乙退回雷某某交来股金240万元，鞠甲、鞠乙付给雷某某补偿金10万元，三方签字之日起生效。鞠甲与鞠乙分别在协议书上签字。雷某某收到鞠甲、鞠乙退回的股金240万元后，在协议书上签字"不同意"。

同年3月18日，马甲出具一份书面《证明》："我是鞠甲和雷某某合作开发的中介人，在执行协议过程中，鞠甲提出了解除合同的意见，于2007年2月12日达成一致意见，随后由马乙打成文字材料，鞠甲、鞠乙在协议上签字同意后，雷某某要求到银行将240万元股金转入他账户后再签字，鞠甲、鞠乙表示同意。这时鞠甲拿出2万元现金交给雷某某，其爱人将钱收下。随后，鞠乙、王某某（金马公司的会计）、马乙、雷某某及其爱人到银行转账。结果鞠乙、王某某、马乙回来告诉我们，雷某某办完收款手续，在终止合同上签字'不同意'后就开车走了"。同年3月22日，马甲对该《证明》作出《声明》并经公证处公证："2007年3月18日在南宫市鞠甲家中，鞠甲与其公司职工王乙二人事先拟定好一份有关鞠甲、鞠乙要求解除与雷某某签订的股权转让协议的违约赔偿问题的证明材料，让我照抄并签字按手印后交给鞠甲，该证明材料内容与事实不符，特此声明。"

2007年3月7日，雷某某起诉至河北省石家庄市中级人民法院称，其与鞠甲、鞠乙双方之间的协议合法有效,要求鞠甲、鞠乙向其支付违约金100万元,同时应按《合同法》第114条之规定赔偿其损失(高于违约金部分的)200万元。一审法院依照《民事诉讼法》[①]第64条第1款、《合同法》第13条规定,该院判决:一、鞠甲自该判决生效15日内,赔偿雷某某违约金50万元;二、鞠乙自该判决生效15日内,赔偿雷某某违约金50万元,鞠甲对此承担连带责任;三、驳回雷某某其他诉讼请求。

雷某某与鞠甲、鞠乙对上述民事判决均不服,向河北省高级人民法院提起上诉。

河北省高级人民法院二审依照《合同法》第113条、《民事诉讼法》[②]第153条第1款第3项的规定,判决:一、撤销河一审判决;二、鞠甲、鞠乙自该判决生效10日内,各赔偿雷某某违约金50万元,鞠甲、鞠乙共同赔偿雷某某损失200万元。

鞠甲、鞠乙向最高人民法院申请再审,请求:通过审监程序撤销二审判决,驳回雷某某的诉请求。

[结论]

再审法院判决维持二审判决,即鞠甲、鞠乙自该判决生效10日内,各赔偿雷某某违约金50万元,鞠甲、鞠乙共同赔偿雷某某损失200万元。

[法院认为]

最高人民法院经再审认为,本案系当事人因履行股权转让协议而发生的纠纷,争议焦点为:(1)鞠甲、鞠乙将股权另行转让给案外人是否构成根本违约,鞠甲、鞠乙应否承担违约责任。(2)鞠甲、鞠乙是否应当赔偿雷某某所受损失及该损失大小如何确定。

关于违约责任问题。第一,从雷某某两次向鞠甲与鞠乙付款过程、相互往来短信以及当地公证处的证明来看,虽然第一笔款项交付时间迟于协议约定时间,但鞠甲、鞠乙业已谅解,与雷某某已实际将第一笔款项给付时间予以变更。该笔款项系雷某某以现金方式交给金马公司会计注入该公司账户,没有证据显示鞠甲、鞠乙已将公司账户告知雷某某。雷某某按约履行协议,但鞠甲以各种理由推托第二笔转让款的交接。鞠甲、鞠乙在雷某某付第一笔款项后的2月6日至2月9日三天内,召开股东会,与案外人李某某洽谈金马公司股权转让、签订转让协议、最终办理股权变更工商登记,这一系列行为与上述各方就其真实性无异议的系列短信相互印证可以证明,鞠甲、鞠乙为获取更高利润,故意制造雷某某给付第二笔款项迟延的假象,构成根本违约。原一审、二审判决认定该事实清楚,本院予以确认。第二,雷某某从第一时间得知鞠甲、鞠乙已经毁约之后,直到本案诉

---

① 此处指2007年修订前的《民事诉讼法》。

② 此处指2007年修订前的《民事诉讼法》。

讼的发生,由于丧失了金马公司股东权益,雷某某内心始终不满,为避免日后索要已付款困难遭受更大损失,雷某某最终实际接受了240万元退款,但同时,在该协议书上雷某某既签了自己的名字也明确签署了“不同意”三字。该事实综合表明,雷某某并不同意解除原股权转让协议,其与鞠甲、鞠乙就解除股权转让协议并未达成新的合意。鞠甲、鞠乙再审主张双方已达成解除原协议的新合同,缺乏事实和法律依据,本院不予支持。涉案股权转让协议系当事人真实意思表示,内容不违反法律、行政法规的禁止性规定,合法有效。鞠甲、鞠乙鞠根本违约,根据该协议约定,应分别承担向雷某某支付50万元违约金的民事责任。关于雷某某在本院再审过程中答辩主张鞠甲、鞠乙违约应互负连带责任问题,因雷某某并非申请再审人,根据本院《关于适用〈中华人民共和国民事诉讼法〉审判监督程序若干问题的解释》第33条“人民法院应当在具体的再审请求范围内或在抗诉支持当事人请求的范围内审理再审案件”之规定,本院对该主张不予审理。

关于鞠甲、鞠乙是否应当赔偿雷某某所受损失及该损失大小如何确定问题。《合同法》第112条规定:“当事人一方不履行合同义务或者履行合同义务不符合约定的,在履行义务或者采取补救措施后,对方还有其他损失的,应当赔偿损失。”即赔偿损失与其他违约责任方式可以并用。而该法第113条规定:“当事人一方不履行合同义务或者履行合同义务不符合约定,给对方造成损失的,包括合同履行后可以获得的利益,但不得超过违反合同一方订立合同时预见到或者应当预见到的因违反合同可能造成的损失。”这里的“合同履行后可以获得的利益”既包括直接损失,亦包括间接损失,且应当是以违约方可预见为前提。本案中,按照鞠甲、鞠乙与雷某某股权转让协议第1条第2款约定,雷某某若成为金马公司股东,持股比例应为60%。而鞠甲、鞠乙鞠向一审法院提交的2006年6月《关于锦绣花园项目申请报告》中载明,该项目预计利润总额为500.7万元,其60%为300.42万元。这是当事人双方而非单方在转让股权之前所预算到的、所追求的最低利润。鞠甲、鞠乙在签订该协议前应当预料到雷某某一旦受让股权不成,将可能损失300万元。另外,鞠甲、鞠乙原来约定将股权转让给雷某某,后又转让给案外人李某某,两次给付的对价之差达480余万元。鉴于上述因素,雷某某一审诉请200万元损失及违约金100万元,总数额均在上述预期利益与可得利益范围内,不违反我国合同法有关违约赔偿损失的立法精神,二审判决支持雷某某有关损失的诉请,具有事实和法律依据,应当予以维持。鞠甲、鞠乙再审主张二审判决对损失数额的计算有误,请求予以更改,缺乏法律和事实依据,本院不予采纳。

综上所述,二审判决认定事实清楚,适用法律正确。

[法官分析]

从再审争议的焦点看,当事人主要争执于本案究竟谁在违约以及赔偿损失的范围大小如何认定。

首先,本案究竟谁在违约?相关证据涉及双方的往来短信、第一笔股权转让款的交付。手机短信这种新形式的证据材料,合议庭一致认为,不应简单笼统地说,应当采纳或者不应当采纳,因为这种证据材料可以通过现代技术手段进行创造、编辑等处理,本案之所以最终采纳了鞠甲与雷某某等人之间的手机短信作为本案认定民事证据,前提是各方当事人对所涉手机短信的真实性没有异议。

其次,违约行为应承担的损失赔偿范围如何确定。本案当事人在《股权转让协议》中约定了违约金条款,除试用该条款外,是否追究违约方的赔偿责任,取决于如何看待违约金的性质(属于补偿性质还是惩罚性质)以及如何理解《合同法》第112条与第113条的规定。如果认定违约金系补偿性的合同补救措施,当事人违约后就不再追究其赔偿责任;如果认定违约金系惩罚性的合同补救措施,除追究违约责任外,还将要求违约方承担损失赔偿责任。在法理界与审判实务领域,争议不断。最高人民法院的再审判决则从合同法的立法角度,对违约金的性质以及本案裁判依据作出了回答。《合同法》第112条的规定表明,赔偿损失与其他违约责任方式可以并用,也就是说,我国法律实际采纳了违约金系惩罚性的合同补救措施一说。紧接着,《合同法》第113条又规定了违约后赔偿的范围,"包括合同履行后可以获得的利益",这里的"合同履行后可以获得的利益"既包括直接损失,亦包括间接损失。在确定"合同履行后可以获得的利益"时,必须遵从一个原则,即该损失系"不得超过违反合同一方订立合同时预见到或者应当预见到的因违反合同可能造成的损失",换言之,应当是以违约方可预见为前提。本案的损失范围的确认属于法官自由裁量的范畴,最高法院再审判决在时,考虑到三个数字,从三个方面进行了权衡:一是当事人双方而非单方在转让股权之前所预算到的、所追求的最低利润,证据就是申请再审人鞠甲、鞠乙向一审法院提交的2006年6月《关于锦绣花园项目申请报告》;二是鞠甲、鞠乙两次股权转让(原来约定的给雷某某,后又转让给案外人李某某)给付的对价之差;三是原审原告雷某某一审诉请总数额(200万元损失及违约金100万元)与上述预期利益与可得利益相比,诉请总数额并未超过预期利益与可得利益范围内。正是因为该诉请不违反我国合同法有关违约赔偿损失的立法精神,二审判决支持雷某某有关损失的诉请,具有事实和法律依据,有其自身合理的理由,案件已经历经省高级法院一审、二审,进入到最高法院再审阶段,本着民商案件自由裁量尺度问题上,能不变更的就不变更,尽量维护人民法院判决既判力之原则,最高法院再审最终判决维持了原高级法院的判决。该宗旨正是本案所要传导给各界读者的关键精髓。

(《商事审判指导》2010年第1辑,最高人民法院　李京平)

[法律法规链接]

《合同法》第113条

第四节 股东优先购买权

101. 股东优先购买权的行使应符合一定条件

金某某诉上海哲野印刷有限公司等股权确权纠纷案

[案号]

上海市第二中级人民法院(2012)沪二中民四(商)终字第585号

[裁判要旨]

有限责任公司的股东向股东以外的人转让股权,应当经其他股东过半数同意,股东应就其股权转让事项书面通知其他股东征求同意。能以文字的形式固定沟通痕迹的,可以界定为书面方式。股东的优先购买权须在合理期限内行使,否则即应当视为不购买而同意对外转让股权。

[案情]

金某某诉上海哲野印刷有限公司等股权确权纠纷一案,经审理查明:上海哲野印刷有限责任公司(以下简称哲野公司)成立于2003年,注册资本800万元。根据工商登记资料记载,公司目前的股东为杨甲(持股比例为56.25%)、杨乙(持股比例为31.25%)、杨丙(持股比例为6.25%)与杨丁(持股比例为6.25%),由杨甲担任法定代表人。在公司章程中载明的涉案条款有:(1)公司新增资本时,股东可以优先认缴出资。同等条件下,对他方转让出资享有优先购买权。(2)股东向股东以外的人转让其出资时,必须经全体股东过半数同意,不同意转让的股东应当购买该转让的出资,如果不购买转让的出资视为同意转让。(3)股东依法转让其出资后,由公司将受让人的姓名、住所以及受让人的出资额记载于股东名册等。2006年2月,杨甲与金某某达成口头协议,约定杨甲将其持有的哲野公司12.5%的股权作价190万元转让给金某某。嗣后,金某某分别于2006年4月、9月及2007年2月支付杨甲股权转让款95万元、40万元及55万元,合计190万元。2007年2月,金某某与杨甲补签了一份股权转让协议,约定杨甲将其拥有的哲野公司12.5%的股权作价190万元,在哲野公司全体股东会决议同意转让股权的情况下转让给金某某,金某某付清股权转让款后,杨甲签订所有工商变更登记手续移至金某某手中,并积极配合金某某办理股权转让工商变更手续等。但上述协议签订之前,杨甲并未就其向金某某转让股权事宜通过书面方式通知哲野公司的其他股东,哲野公司并未就此召开过股东会会议进行讨论并形成同意的决议,嗣后杨甲亦未配合金某某办理股权变更登记手续。金某某发现此情况后,于2011年7月11日致函杨甲及哲野公司,要求尽快办理相应手续,但因哲野公司的其他股东杨乙、杨丙、杨丁对此不同意而未果,金某某遂向原审法院提起本案诉讼,要求确认其系哲野公司的股东,持有哲野公司 12.5% 的股权,由哲野公司办理相应的股权变更登记手续。

案件审理中,杨甲表示,与金某某签订股权转让协议后曾向其他股东告知过股权转让协议一事,并征求其他股东意见,其他股东一致不同意,其就不再转让股权。杨丁、杨丙、杨乙向法院表示,2007 年杨甲确实告知了向金某某转让股权一事,当时就表示不同意,现愿意行使股东优先购买权,以同等条件购买杨甲拟出让的哲野公司 12.5% 的股权。

一审法院判决驳回金某某的诉讼请求。

原审判决后,金某某不服,提起上诉。

[**结论**]

二审法院判决撤销一审判决,依法改判确认金某某持有哲野公司 12.5% 股权,哲野公司向公司登记机关办理变更金某某为公司股东的登记手续。

[**法院认为**]

一审法院经审理后认为,我国《公司法》规定有限责任公司的股东向股东以外的人转让股权,应当经其他股东过半数同意,股东应就其股权转让事项书面通知其他股东征求同意,其他股东自接到书面通知之日起满 30 日未答复的,视为同意转让,其他股东半数以上不同意转让的,不同意的股东应当购买该转让的股权,不购买的,视为同意转让,经股东同意转让的股权,在同等条件下,其他股东有优先购买权。由此可见,有限责任公司的股东向股东以外的人转让股权不仅是一种要式行为,还应完成法律规定的程序,如果不符合程序上的规范性要求,虽然不至于影响股权转让合同本身的效力,但却影响该合同能否实际履行。本案中,杨甲在欲将其持有的哲野公司股权转让给金某某时,并未以书面方式将此事项通知哲野公司的其他股东征求同意,同时哲野公司也未就此事项在事先召开股东会会议进行讨论并形成同意的决议,故金某某与杨甲之间的股权转让行为在程序上存在明显的瑕疵,侵犯了哲野公司其他股东的优先购买权。现其他股东要求行使优先购买权(我国《公司法》目前对股东优先购买权的行使期间并未作出限制性的规定,所以不存在逾期行使权利或权利消灭的问题),由于股东优先购买权为法定的形成权,故将导致金某某与杨甲签订的股权转让协议履行不能。在此情况下,金某某虽可依据已生效的股权转让协议向杨甲主张违约责任,要求损害赔偿,但却不能取得预期的股权。哲野公司拒绝承认金某某的股东资格具有法律依据。

二审法院认为,杨甲与金某某签订的股权转让协议系合同双方的真实意思表示。哲野公司、杨甲及其他原审第三人均确认在股权转让协议签订后,杨甲已将拟对外转让股权事宜通知了其他股东,可见,就形式要件的角度而言,虽没有证据表明杨甲以书面方式通知了其他股东,但就结果意义而言,其他股东已经了解到股权转让事宜,并给出了答复。因此,不能仅以杨甲未能完成要式行为来否定股权转让协议的法律效果。事实上，自杨甲与金某某签订股权转让协议以来，公司其他股东始终未行使优先购买权，购买杨甲转让给金某某的12.5%股权。根据哲野公司章程约定及《公司法》规定，不同意对外转让股权的股东应当购买该股权，不购买的，视为同意转让。虽然章程和法律均未明确规定股东行使优先购买权的期限，但法院认为，其他股东应当在合理期限内行使优先购买权，而并非可以无限期拖延不办，否则即应当视为不购买而同意对外转让股权。关于杨甲表示由于其他股东一致不同意转让，其就不再转让股权一节，由于杨甲未能提供证据证明曾将这一意见及时告知过金某某，并且直至本案诉讼，杨甲也未与金某某就已经收取的190万元股权转让款作出结算，因此，对杨甲的这一说法不予认可。即便杨甲确曾表示过这一主张，法院认为，该主张亦不符合法律规定。除非其他股东购买了该股权，否则杨甲与金某某签订的股权转让协议并不具备不再履行的依据。若具备股权转让条件，即在合同目的并非无法实现的情况下，金某某有权要求对方继续履行股权转让合同。杨甲无权主动采取违约的方式解除合同，否则将不利于平等保护股权受让人的合法利益。综上，二审法院认为，系争股权转让协议有效，应当依法履行。金某某主张确认其股东资格的请求应予支持。

[法官分析]

我国2005年修订的《公司法》通过《公司法》第72条第2款和第3款规定了有限责任公司股权对外转让的相关内容，其中，第2款规定了征求同意和强制购买制度，第3款规定了优先购买权制度。相应地，可以从逻辑上将对外转让股权区分为两个阶段，第一阶段为征求同意和强制购买阶段，第二阶段为优先购买权阶段。本案即围绕出让股东是否履行了征求同意义务、其他股东在诉讼中能否主张行使优先购买权等问题存在争议。

1. 公司法关于出让股东“书面通知征求同意”之规定的功能解读

“书面通知征求同意”属《公司法》第72条第2款①的规定。该规定的首要功能在于，要求出让股东就对外转让股权向其他股东履行通知及征求同意的义务。根据法律规定，如果其他股东不同意转让，则应当购买拟转让股权，如果不购买的，视为同意。笔者认为，在这个阶段，如果其他股东不同意转让股权，为阻止其他人员加入成为股东而购买股权的，则股权对外转让转化为股东之间的转让，相应的法律规则应当适用《公司法》第72条第1款②。此时的问题在于，转化为股东之间的转让后，转让股东与股东以外的人达成的股权转让条件，是否应当继续适用于股东之间。

但“书面通知征求同意”的功能应不仅限于此。一旦股权转让第一阶段结束，

---

① 此为2005年修订的《公司法》规定，2013年修正的《公司法》更改为第71条第2款。

② 此为2005年修订的《公司法》规定，2013年修正的《公司法》更改为第71条第1款。

进入第二阶段，即股东可以行使优先购买权阶段，笔者认为，从周密性考虑，《公司法》可规定转让股东应再次履行书面通知义务，告知其他股东可行使优先购买权。但是，《公司法》仅规定了出让股东的一次“书面通知征求同意”义务，因此，这一义务的履行还应具有宣召其他股东行使优先购买权的法律意义。尽管这样的理解，在逻辑上可能发生强制购买与优先购买权之间的冲突。因为出让股东进行书面通知征求同意后，如果某股东因不同意对外转让而根据强制购买规定主张购买，可能与主张行使优先购买权在实际上产生相同的后果，发生混同。

2. 本案出让股东是否违反“书面通知征求同意”义务

正是因为“书面通知征求同意”义务具有通知征求同意和宣召其他股东行使优先购买权的双重功能，因此，如果出让股东未履行上述义务，将导致两个法律后果：一为股权转让未获法定人数股东同意，导致转让不能，已经对外签订的股权转让协议将无法履行；二为侵害了股东的优先购买权，其他股东得依法主张行使，已经对外签订的股权转让协议同样无法履行。

本案争议的一个焦点就是，出让股东杨甲是否履行了“书面通知征求同意”义务。一审、二审法院在此问题上即存在分歧。笔者认为，《公司法》关于股东对外转让股权应“书面通知征求同意”的规定从法律性质上看并非效力性强制规范。从文义解释的角度来看，随着经济社会和信息沟通技术的迅猛发展，对“书面”的理解不应过于狭窄，能以文字的形式固定沟通痕迹的，可以界定为书面方式。股东优先购买权受到侵害的前提是其他股东未能从出让股东处及时获取股权转让的相关情况。一般情况下，如可认定转让股东向其他股东确切地传递了股权转让的主要条件等相关情况并征求意见的，应视为转让股东已经履行了相应通知征求同意义务，不宜认定为侵害了其他股东的优先购买权。

本案中，由于股东均认可杨甲告知了股权转让协议的具体情况，因此，其他股东主张优先购买权受到侵害缺乏依据。况且，在其他股东均认可杨甲已经告知股权转让协议具体内容的情况下，如仍根据杨甲未进行书面通知而认定其他股东未从杨甲处获得股权转让的相关情况，准予行使优先购买权，未免过于机械，亦不符合常理判断。

3. 股东行使优先购买权是否应有合理期限

我国《公司法》没有明确规定股东优先购买权的期限。从诚信、效率原则考虑，理论界和实务界均有观点主张股东优先购买权的行使应在合理期限内，笔者表示赞同。从内涵分析，期限至少包含期限起点、期间长短和期限性质（一般期间还是除斥期间）三个问题。

关于起点问题，如前所述，根据《公司法》关于股权对外转让的规定，股权对外转让在程序上可以区分为两个阶段，第一阶段为征求同意阶段，第二阶段为优先购买权阶段。第二阶段中股东优先购买权的行使，应以第一阶段的结束为起点，即以半数以上其他股东同意转让股权这一法律事实成立为起点。关于期间的性质问题。有观点主张应规定为除斥期间,笔者赞同。规定为除斥期间,有利于维护交易秩序、保障交易安全,保护有关利益主体合法权益。正如法谚所云,“法律不保护躺在权利上睡觉的人”。如果不规定为除斥期间,其他股东怠于行使优先购买权,出让股东可能迟迟无法将股权变现,拟受让股权的第三人也会因此遭受损失。关于期间问题,可鼓励股东自行约定,此外应当结合个案的具体情况作出判断。因为有限责任公司已经成为我国经济发展中大量存在的一种经济组织形态,遍布各行各业,公司资产规模大小不同,股权转让金额也有悬殊。在此种情况下,如果简单规定一个统一的期间,恐难以适应不同情况下不同股东的合理要求。从司法实践的情况来看,有观点主张可参考公司法关于其他股东在30日内对转让股东发出的股权转让书面通知作出答复的规定,或参考人民法院强制执行股权时其他股东在20日内行使优先购买权的规定,以此作为股东行使优先购买权的合理期间。总的来看,关于股东优先购买权的行使期间不宜过长。

本案中,其他股东在明知杨甲已经对外签订股权转让协议的情况下,表态不同意的又未进行购买,法律上可拟制推定杨甲转让股权已经过半数以上股东同意。这一拟制的法律事实早在2007年即已成立,其他股东在2011年诉讼中提出行使优先购买权,显已不在合理期间,且无法说明迟延理由的,应不予支持。

4. 出让股东是否有权主张不再履行股权转让协议

在股东优先购买权纠纷中,可能存在两份股权转让协议,一份为出让股东与股东以外的第三人签订的股权转让协议,另一份为股东主张优先购买权后,出让股东与主张股东之间形成的股权转让协议。由于大多数情况下,出让股东与股东以外的第三人签订的股权转让协议,系出让股东自愿达成,因此出让股东愿意予以履行。在一些纠纷中,往往因为出让股东不愿意履行被动与主张优先购买权的股东达成的股权转让协议而发生争议。学界和实务界对这个问题亦较关注,并多从股东优先购买权性质的角度,对这个问题提出不同的观点。如有观点认为,股东优先购买权属形成权,且具有物权效力,一旦股东主张行使优先购买权,不仅在主张股东与出让股东之间形成股权转让协议,且主张股东成为出让股权的所有者,可要求办理相应的股东变更登记手续。依此观点,出让股东自然不能向主张股东拒绝履行。

本案的情况则是,股东优先购买权的主张并未得到支持,整个争议事实中只存在杨甲(股东)与金某某(股东以外的第三人)签订的股权转让协议。诉讼中,杨甲主张,2007年时由于其他股东不同意其转让股权,其便不再转让股权。杨甲的这一观点从表面上看似乎合理解释了为什么杨甲没有继续履行与金某某的股权转让协议,也解释了为什么其他股东没有主张行使优先购买权。因此,本案所提出的争议问题亦属较为新颖,即出让股东能否向第三人主张不再履行股权转让协议。

笔者认为,这个问题应当结合不同案件的具体情况作出分析。在本案中,杨甲提出的主张应不予支持。理由在于：股权转让协议是以股权为标的的买卖合同。根据我国《合同法》关于合同效力的规定，杨甲与金某某达成的股权转让协议主体适格、双方意思表示真实合法，应为有效。对有效合同，当事人应当按照约定全面履行自己的义务。当事人一方不履行非金钱债务或者履行非金钱债务不符合约定的，除法律上或者事实上不能履行、债务的标的不适于强制履行或者履行费用过高、债权人在合理期限内未要求履行等法定情形外，对方可以要求履行。杨甲履行相关手续配合将股权转让与金某某，即属于非金钱债务类型。该债务并不属法律上或者事实上不能履行，也不属债务标的不适于强制履行或履行费用过高的情形，金某某虽然迟至2011年才提出要求履行，但系始终不知情所致，因此，金某某要求杨甲继续履行股权转让协议具有法律依据。对杨甲而言，如果愿意以承担违约责任为代价，不再与金某某履行股权转让协议，应当在股权转让协议履行过程中及时提出。由于杨甲无法证明在2007年其他股东不同意转让后曾向金某某提出不再履行协议，迟至诉讼发生，亦从未与金某某就收受的股权转让款进行结算，如支持杨甲迟迟才提出的不再履行主张，显然不符合诚信原则。

（作者：李江英　赵　炜）

102. 股东对外转让公司股权是否侵犯其他股东优先购买权的认定

谢一与上海甲餐饮有限公司、庞二股东资格确认纠纷案

［案号］

上海市第一中级人民法院（2012）沪一中民四（商）终字第170号

［裁判要旨］

公司章程规定股东向股东以外的人转让股权，应当经其他股东过半数同意。股东应就其股权转让事项书面通知其他股东征求同意。未按照章程规定取得其他股东书面同意即行转让的，侵犯其他股东优先购买权，受让方要求确认其股权份额并办理登记的，不予支持。

［案情］

上诉人谢一与被上诉人上海甲餐饮有限公司（以下简称甲公司）、庞二股东资格确认纠纷一案，一审法院经审理查明：甲公司系经工商核准依法于2009年设立的有限责任公司，注册资本为人民币（以下币种相同）20万元，股东为庞二和黄三，庞二、黄三分别认缴出资额为12万元和8万元。甲公司于2009年10月16日的《章程》第25条规定，股东之间可以相互转让其全部或者部分股权。股东向股东以外的人转让股权，应当经其他股东过半数同意。股东应就其股权转让事项书面通

知其他股东征求同意,其他股东自接到书面通知之日起满三十日未答复的,视为同意转让。其他股东半数以上不同意转让的,不同意的股东应当购买该转让的股权;不购买的,视为同意转让。

2011 年 1 月 1 日,谢一和庞二签订《合作协议》,约定双方就甲公司合作一事达成如下协议:一、谢一出资 10 万元作为装修及固定物品的投资;25000 元作为房租押金;55000 元作为前三个月的投入费用;二、从签订协议之日起,谢一享有甲公司 50% 的股权及参与公司一切事的打理。同日,谢一向庞二的丈夫杜四账户上汇款 20 万元(谢一认为其中 18 万元就是股权转让款,其余 2 万元用于公司的经营)。同年 2 月 17 日开始,谢一至甲公司处进行收取营业款、代为支付甲公司的水电费等工作。

2011 年 10 月 19 日,谢一向黄三发出函件,称已经和黄三电话联系,告知谢一从庞二处以 18 万元价格受让甲公司 50% 的股权一事以及谢一已经参与了甲公司的管理事宜,黄三表示放弃优先购买权,因甲公司和庞二至今仍未将谢一登记为股东,故谢一已向法院提起诉讼,如法院需询问黄三意见,请黄三如实告知等。该函件寄给了黄三的丈夫游五在上海市青浦区某处 188 号的地址。审理中,谢一、甲公司和庞二确认黄三居住在新加坡。

2011 年 7 月 21 日,谢一曾因和庞二之间的纠纷向公安机关 110 报警。8 月 28 日,谢一和庞二再次因甲公司收银员“飞单”事宜发生纠纷,并由庞二向上海市公安局浦东分局花木派出所报警。当日公安局对庞二的询问笔录中,庞二称:今年年初,谢一出了 10 万元加入其经营的饺子楼,谢一和庞二各占 50% 的股份。……谢一总共出了 15.5 万元等。

2011 年 9 月 1 日,谢一和庞二在甲公司处的谈话记录中,谢一说:“……我只要我的 50%,而是你应该给我的。”庞二回答:“你去大厅查查,我带你去过,我亲自带你去过……”谢一说:“是你带我去的,但是呢,这是你应转给我的。可以想别的办法,你可以去找黄三。这是你的事情,不是我的事情。”庞二回答:“我找过黄三了,她答应这个月回来,但她突然摆我一刀(道),派一个委托人。”

此后,谢一诉至法院,要求确认其在甲公司 50% 的股权份额,并要求办理工商变更登记手续。

一审法院判决驳回谢一的全部诉讼请求。

一审判决后,谢一不服一审判决,向二审法院提起上诉,认为根据证据可以认定黄三对《合作协议》知情并已放弃优先购买权,且对黄三是否放弃优先购买权的举证责任不应分配给上诉人。综上,请求二审法院撤销原判,改判支持上诉人的一审诉讼请求。

[结论]

二审法院判决驳回上诉,维持原判,即驳回谢一的诉讼请求。

[法院认为]

本案存在两项争议焦点：(1)涉案《合作协议》是否为股权转让协议；(2)谢一要求确认其为甲公司股东等诉请是否应予支持。

关于第一项争议焦点，从《合作协议》签订的主体来看，系谢一与庞二两人签订的；从协议的内容来看，约定了谢一支付相应的对价，从而享有甲公司50%的股权；从合同的履行情况来看，在协议签订当日，谢一即向庞二丈夫杜四的银行账户上汇入20万元，谢一明确该款包含协议约定的18万元以及用于甲公司经营的2万元，虽然庞二称该20万元系谢一归还之前向庞二的借款，但其对借款一事并未提供证据加以证明，故二审法院对庞二的陈述不予采信，二审法院认为谢一已经向庞二履行了股权转让的付款义务。另外，涉案协议签订后，双方曾到工商部门欲办理股权变更手续。在公安机关的询问笔录中，庞二也表示谢一确实通过出资购买甲公司股权的方式从而参与到甲公司的经营中，二审法院注意到，庞二确实在甲公司拥有60%的股权，有条件转让其中50%的股权，故二审法院认为，双方对转让庞二在甲公司50%股权的意思达成一致，谢一和庞二签订的涉案协议名为合作协议，实为股权转让协议。

关于第二项争议焦点，二审法院认为，涉案《合作协议》是双方在协商一致的情况下就庞二向谢一转让甲公司50%股权而签订的，该合同已经成立。根据公司法规定和甲公司的章程约定，股东向股东以外的人转让股权时，应当经其他股东过半数同意。经股东同意转让的股权，在同等条件下，其他股东有优先购买权。本案中庞二作为甲公司的股东，向公司股东以外的人员谢一转让股权时，应由庞二在股权转让前正式书面通知甲公司的另一股东黄三，征询黄三的意见，以保障黄三行使优先购买权，现庞二明确其并未正式通知已居住在新加坡的黄三，谢一提供的证据亦无法认定黄三已经明确放弃对涉案转让股权的优先购买权。虽然谢一与庞二签订了涉案股权转让协议，但鉴于黄三未放弃优先购买权，且征询黄三对涉案股权转让意见的法定义务应由庞二承担，故谢一的诉请无事实及法律依据，二审法院难以采信。谢一若认为其权益受到侵害，应与对方协商解决，协商不成的，可依法通过诉讼途径解决。综上，二审法院认为一审判决并无不当，依法予以维持。

[法律法规链接]

《公司法》第71条

附　录

一、法律

中华人民共和国公司法

1. 1993年12月29日第八届全国人民代表大会常务委员会第五次会议通过

2. 根据1999年12月25日第九届全国人民代表大会常务委员会第十三次会议《关于修改〈中华人民共和国公司法〉的决定》第一次修正

3. 根据2004年8月28日第十届全国人民代表大会常务委员会第十一次会议《关于修改〈中华人民共和国公司法〉的决定》第二次修正

4. 2005年10月27日第十届全国人民代表大会常务委员会第十八次会议修订

5. 根据2013年12月28日第十二届全国人民代表大会常务委员会第六次会议《关于修改〈中华人民共和国海洋环境保护法〉等七部法律的决定》第三次修正

第一章　总　　则

第一条　【立法目的】①为了规范公司的组织和行为，保护公司、股东和债权人的合法权益，维护社会经济秩序，促进社会主义市场经济的发展，制定本法。

第二条　【调整对象】本法所称公司是指依照本法在中国境内设立的有限责任公司和股份有限公司。

第三条　【公司的界定】公司是企业法人，有独立的法人财产，享有法人财产权。公司以其全部财产对公司的债务承担责任。

有限责任公司的股东以其认缴的出资额为限对公司承担责任；股份有限公司的股东以其认购的股份为限对公司承担责任。

第四条　【股东权利】公司股东依法享有资产收益、参与重大决策和选择管理者等权利。

第五条　【合法经营和合法权益受保护】公司从事经营活动，必须遵守法律、行政法规，遵守

---

①　条文主旨为编者所加，下同。

社会公德、商业道德,诚实守信,接受政府和社会公众的监督,承担社会责任。

公司的合法权益受法律保护,不受侵犯。

第六条 【公司设立的准则主义】设立公司,应当依法向公司登记机关申请设立登记。符合本法规定的设立条件的,由公司登记机关分别登记为有限责任公司或者股份有限公司;不符合本法规定的设立条件的,不得登记为有限责任公司或者股份有限公司。

法律、行政法规规定设立公司必须报经批准的,应当在公司登记前依法办理批准手续。

公众可以向公司登记机关申请查询公司登记事项,公司登记机关应当提供查询服务。

第七条 【公司营业执照】依法设立的公司,由公司登记机关发给公司营业执照。公司营业执照签发日期为公司成立日期。

公司营业执照应当载明公司的名称、住所、注册资本、经营范围、法定代表人姓名等事项。

公司营业执照记载的事项发生变更的,公司应当依法办理变更登记,由公司登记机关换发营业执照。

第八条 【公司的名称】依照本法设立的有限责任公司,必须在公司名称中标明有限责任公司或者有限公司字样。

依照本法设立的股份有限公司,必须在公司名称中标明股份有限公司或者股份公司字样。

第九条 【公司形式变更的准则主义与债权债务承继】有限责任公司变更为股份有限公司,应当符合本法规定的股份有限公司的条件。股份有限公司变更为有限责任公司,应当符合本法规定的有限责任公司的条件。

有限责任公司变更为股份有限公司的,或者股份有限公司变更为有限责任公司的,公司变更前的债权、债务由变更后的公司承继。

第十条 【公司的住所】公司以其主要办事机构所在地为住所。

第十一条 【公司的章程】设立公司必须依法制定公司章程。公司章程对公司、股东、董事、监事、高级管理人员具有约束力。

第十二条 【公司的经营范围】公司的经营范围由公司章程规定,并依法登记。公司可以修改公司章程,改变经营范围,但是应当办理变更登记。

公司的经营范围中属于法律、行政法规规定须经批准的项目,应当依法经过批准。

第十三条 【公司法定代表人】公司法定代表人依照公司章程的规定,由董事长、执行董事或者经理担任,并依法登记。公司法定代表人变更,应当办理变更登记。

第十四条 【分公司与子公司】公司可以设立分公司。设立分公司,应当向公司登记机关申请登记,领取营业执照。分公司不具有法人资格,其民事责任由公司承担。

公司可以设立子公司,子公司具有法人资格,依法独立承担民事责任。

第十五条 【公司的转投资及其限制】公司可以向其他企业投资;但是,除法律另有规定外,不得成为对所投资企业的债务承担连带责任的出资人。

第十六条 【公司转投资及提供担保的程序规定】公司向其他企业投资或者为他人提供担保,依照公司章程的规定,由董事会或者股东会、股东大会决议;公司章程对投资或者担保的总额及单项投资或者担保的数额有限额规定的,不得超过规定的限额。

公司为公司股东或者实际控制人提供担保的,必须经股东会或者股东大会决议。

前款规定的股东或者受前款规定的实际控制人支配的股东,不得参加前款规定事项的表决。该项表决由出席会议的其他股东所持表决权的过半数通过。

第十七条 【公司的劳动保护等义务】公司必须保护职工的合法权益,依法与职工签订劳动合同,参加社会保险,加强劳动保护,实现安全生产。

公司应当采用多种形式,加强公司职工的职业教育和岗位培训,提高职工素质。

第十八条 【公司的工会及民主管理】公司职工依照《中华人民共和国工会法》组织工会,开展工会活动,维护职工合法权益。公司应当为本公司工会提供必要的活动条件。公司工会代表职工就职工的劳动报酬、工作时间、福利、保险和劳动安全卫生等事项依法与公司签订集体合同。

公司依照宪法和有关法律的规定,通过职工代表大会或者其他形式,实行民主管理。

公司研究决定改制以及经营方面的重大问题、制定重要的规章制度时,应当听取公司工会的意见,并通过职工代表大会或者其他形式听取职工的意见和建议。

第十九条 【公司中的中国共产党组织】在公司中,根据中国共产党章程的规定,设立中国共产党的组织,开展党的活动。公司应当为党组织的活动提供必要条件。

第二十条 【股东滥用权利的责任】公司股东应当遵守法律、行政法规和公司章程,依法行使股东权利,不得滥用股东权利损害公司或者其他股东的利益;不得滥用公司法人独立地位和股东有限责任损害公司债权人的利益。

公司股东滥用股东权利给公司或者其他股东造成损失的,应当依法承担赔偿责任。

公司股东滥用公司法人独立地位和股东有限责任,逃避债务,严重损害公司债权人利益的,应当对公司债务承担连带责任。

第二十一条 【禁止关联行为】公司的控股股东、实际控制人、董事、监事、高级管理人员不得利用其关联关系损害公司利益。

违反前款规定,给公司造成损失的,应当承担赔偿责任。

第二十二条 【无效决议及其法律后果】公司股东会或者股东大会、董事会的决议内容违反法律、行政法规的无效。

股东会或者股东大会、董事会的会议召集程序、表决方式违反法律、行政法规或者公司章程,或者决议内容违反公司章程的,股东可以自决议作出之日起六十日内,请求人民法院撤销。

股东依照前款规定提起诉讼的,人民法院可以应公司的请求,要求股东提供相应担保。

公司根据股东会或者股东大会、董事会决议已办理变更登记的,人民法院宣告该决议无效或者撤销该决议后,公司应当向公司登记机关申请撤销变更登记。

第二章 有限责任公司的设立和组织机构

第一节 设 立

第二十三条 【有限责任公司的设立条件】设立有限责任公司,应当具备下列条件:

(一)股东符合法定人数;

(二)有符合公司章程规定的全体股东认缴的出资额;

(三)股东共同制定公司章程;

(四)有公司名称,建立符合有限责任公司要求的组织机构;

(五)有公司住所。

第二十四条 【有限责任公司的股东人数限制】有限责任公司由五十个以下股东出资设立。

第二十五条 【有限责任公司章程的法定事项】有限责任公司章程应当载明下列事项：

(一)公司名称和住所；

(二)公司经营范围；

(三)公司注册资本；

(四)股东的姓名或者名称；

(五)股东的出资方式、出资额和出资时间；

(六)公司的机构及其产生办法、职权、议事规则；

(七)公司法定代表人；

(八)股东会会议认为需要规定的其他事项。

股东应当在公司章程上签名、盖章。

第二十六条 【有限责任公司的注册资本】有限责任公司的注册资本为在公司登记机关登记的全体股东认缴的出资额。

法律、行政法规以及国务院决定对有限责任公司注册资本实缴、注册资本最低限额另有规定的，从其规定。

第二十七条 【股东出资方式、出资评估】股东可以用货币出资，也可以用实物、知识产权、土地使用权等可以用货币估价并可以依法转让的非货币财产作价出资；但是，法律、行政法规规定不得作为出资的财产除外。

对作为出资的非货币财产应当评估作价，核实财产，不得高估或者低估作价。法律、行政法规对评估作价有规定的，从其规定。

第二十八条 【股东出资义务的履行和出资违约】股东应当按期足额缴纳公司章程中规定的各自所认缴的出资额。股东以货币出资的，应当将货币出资足额存入有限责任公司在银行开设的账户；以非货币财产出资的，应当依法办理其财产权的转移手续。

股东不按照前款规定缴纳出资的，除应当向公司足额缴纳外，还应当向已按期足额缴纳出资的股东承担违约责任。

第二十九条 【有限责任公司的设立登记】股东认足公司章程规定的出资后，由全体股东指定的代表或者共同委托的代理人向公司登记机关报送公司登记申请书、公司章程等文件，申请设立登记。

第三十条 【非货币财产出资违约责任】有限责任公司成立后，发现作为设立公司出资的非货币财产的实际价额显著低于公司章程所定价额的，应当由交付该出资的股东补足其差额；公司设立时的其他股东承担连带责任。

第三十一条 【股东出资证明书】有限责任公司成立后，应当向股东签发出资证明书。

出资证明书应当载明下列事项：

(一)公司名称；

(二)公司成立日期；

(三)公司注册资本；

(四)股东的姓名或者名称、缴纳的出资额和出资日期；

(五)出资证明书的编号和核发日期。

出资证明书由公司盖章。

第三十二条 【股东名册】有限责任公司应当置备股东名册,记载下列事项:

(一)股东的姓名或者名称及住所;

(二)股东的出资额;

(三)出资证明书编号。

记载于股东名册的股东,可以依股东名册主张行使股东权利。

公司应当将股东的姓名或者名称向公司登记机关登记;登记事项发生变更的,应当办理变更登记。未经登记或者变更登记的,不得对抗第三人。

第三十三条 【股东的查阅权】股东有权查阅、复制公司章程、股东会会议记录、董事会会议决议、监事会会议决议和财务会计报告。

股东可以要求查阅公司会计账簿。股东要求查阅公司会计账簿的,应当向公司提出书面请求,说明目的。公司有合理根据认为股东查阅会计账簿有不正当目的,可能损害公司合法利益的,可以拒绝提供查阅,并应当自股东提出书面请求之日起十五日内书面答复股东并说明理由。公司拒绝提供查阅的,股东可以请求人民法院要求公司提供查阅。

第三十四条 【股东分红权和优先认购权】股东按照实缴的出资比例分取红利;公司新增资本时,股东有权优先按照实缴的出资比例认缴出资。但是,全体股东约定不按照出资比例分取红利或者不按照出资比例优先认缴出资的除外。

第三十五条 【股东不得抽回出资】公司成立后,股东不得抽逃出资。

第二节 组 织 机 构

第三十六条 【股东会】有限责任公司股东会由全体股东组成。股东会是公司的权力机构,依照本法行使职权。

第三十七条 【股东会的职权】股东会行使下列职权:

(一)决定公司的经营方针和投资计划;

(二)选举和更换非由职工代表担任的董事、监事,决定有关董事、监事的报酬事项;

(三)审议批准董事会的报告;

(四)审议批准监事会或者监事的报告;

(五)审议批准公司的年度财务预算方案、决算方案;

(六)审议批准公司的利润分配方案和弥补亏损方案;

(七)对公司增加或者减少注册资本作出决议;

(八)对发行公司债券作出决议;

(九)对公司合并、分立、解散、清算或者变更公司形式作出决议;

(十)修改公司章程;

(十一)公司章程规定的其他职权。

对前款所列事项股东以书面形式一致表示同意的,可以不召开股东会会议,直接作出决定,并由全体股东在决定文件上签名、盖章。

第三十八条 【股东会的首次会议】首次股东会会议由出资最多的股东召集和主持,依照本法规定行使职权。

第三十九条 【股东会的会议制度】股东会会议分为定期会议和临时会议。

定期会议应当依照公司章程的规定按时召开。代表十分之一以上表决权的股东，三分之一以上的董事，监事会或者不设监事会的公司的监事提议召开临时会议的，应当召开临时会议。

第四十条 【股东会会议的召集与组织】有限责任公司设立董事会的，股东会会议由董事会召集，董事长主持；董事长不能履行职务或者不履行职务的，由副董事长主持；副董事长不能履行职务或者不履行职务的，由半数以上董事共同推举一名董事主持。

有限责任公司不设董事会的，股东会会议由执行董事召集和主持。

董事会或者执行董事不能履行或者不履行召集股东会会议职责的，由监事会或者不设监事会的公司的监事召集和主持；监事会或者监事不召集和主持的，代表十分之一以上表决权的股东可以自行召集和主持。

第四十一条 【股东会会议的通知期限和会议记录】召开股东会会议，应当于会议召开十五日前通知全体股东；但是，公司章程另有规定或者全体股东另有约定的除外。

股东会应当对所议事项的决定作成会议记录，出席会议的股东应当在会议记录上签名。

第四十二条 【股东的表决权】股东会会议由股东按照出资比例行使表决权；但是，公司章程另有规定的除外。

第四十三条 【股东会的议事方式和表决程序】股东会的议事方式和表决程序，除本法有规定的外，由公司章程规定。

股东会会议作出修改公司章程、增加或者减少注册资本的决议，以及公司合并、分立、解散或者变更公司形式的决议，必须经代表三分之二以上表决权的股东通过。

第四十四条 【董事会及其成员构成及董事长法律地位】有限责任公司设董事会，其成员为三人至十三人；但是，本法第五十条另有规定的除外。

两个以上的国有企业或者两个以上的其他国有投资主体投资设立的有限责任公司，其董事会成员中应当有公司职工代表；其他有限责任公司董事会成员中可以有公司职工代表。董事会中的职工代表由公司职工通过职工代表大会、职工大会或者其他形式民主选举产生。

董事会设董事长一人，可以设副董事长。董事长、副董事长的产生办法由公司章程规定。

第四十五条 【董事的任职期限】董事任期由公司章程规定，但每届任期不得超过三年。董事任期届满，连选可以连任。

董事任期届满未及时改选，或者董事在任期内辞职导致董事会成员低于法定人数的，在改选出的董事就任前，原董事仍应当依照法律、行政法规和公司章程的规定，履行董事职务。

第四十六条 【董事会的职权】董事会对股东会负责，行使下列职权：

(一)召集股东会会议，并向股东会报告工作；

(二)执行股东会的决议；

(三)决定公司的经营计划和投资方案；

(四)制订公司的年度财务预算方案、决算方案；

(五)制订公司的利润分配方案和弥补亏损方案；

(六)制订公司增加或者减少注册资本以及发行公司债券的方案；

(七)制订公司合并、分立、解散或者变更公司形式的方案；

(八)决定公司内部管理机构的设置；

（九）决定聘任或者解聘公司经理及其报酬事项，并根据经理的提名决定聘任或者解聘公司副经理、财务负责人及其报酬事项；

（十）制定公司的基本管理制度；

（十一）公司章程规定的其他职权。

第四十七条 【董事会会议的召集和主持】董事会会议由董事长召集和主持；董事长不能履行职务或者不履行职务的，由副董事长召集和主持；副董事长不能履行职务或者不履行职务的，由半数以上董事共同推举一名董事召集和主持。

第四十八条 【董事会的议事方式和表决程序】董事会的议事方式和表决程序，除本法有规定的外，由公司章程规定。

董事会应当对所议事项的决定作成会议记录，出席会议的董事应当在会议记录上签名。

董事会决议的表决，实行一人一票。

第四十九条 【经理的职权】有限责任公司可以设经理，由董事会决定聘任或者解聘。经理对董事会负责，行使下列职权：

（一）主持公司的生产经营管理工作，组织实施董事会决议；

（二）组织实施公司年度经营计划和投资方案；

（三）拟订公司内部管理机构设置方案；

（四）拟订公司的基本管理制度；

（五）制定公司的具体规章；

（六）提请聘任或者解聘公司副经理、财务负责人；

（七）决定聘任或者解聘除应由董事会决定聘任或者解聘以外的负责管理人员；

（八）董事会授予的其他职权。

公司章程对经理职权另有规定的，从其规定。

经理列席董事会会议。

第五十条 【执行董事】股东人数较少或者规模较小的有限责任公司，可以设一名执行董事，不设董事会。执行董事可以兼任公司经理。

执行董事的职权由公司章程规定。

第五十一条 【监事会和监事】有限责任公司设监事会，其成员不得少于三人。股东人数较少或者规模较小的有限责任公司，可以设一至二名监事，不设监事会。

监事会应当包括股东代表和适当比例的公司职工代表，其中职工代表的比例不得低于三分之一，具体比例由公司章程规定。监事会中的职工代表由公司职工通过职工代表大会、职工大会或者其他形式民主选举产生。

监事会设主席一人，由全体监事过半数选举产生。监事会主席召集和主持监事会会议；监事会主席不能履行职务或者不履行职务的，由半数以上监事共同推举一名监事召集和主持监事会会议。

董事、高级管理人员不得兼任监事。

第五十二条 【监事的任职期限】监事的任期每届为三年。监事任期届满，连选可以连任。

监事任期届满未及时改选，或者监事在任期内辞职导致监事会成员低于法定人数的，在改选出的监事就任前，原监事仍应当依照法律、行政法规和公司章程的规定，履行监事职务。

第五十三条 【监事会或监事的一般职权】监事会、不设监事会的公司的监事行使下列职权：

（一）检查公司财务；

（二）对董事、高级管理人员执行公司职务的行为进行监督，对违反法律、行政法规、公司章程或者股东会决议的董事、高级管理人员提出罢免的建议；

（三）当董事、高级管理人员的行为损害公司的利益时，要求董事、高级管理人员予以纠正；

（四）提议召开临时股东会会议，在董事会不履行本法规定的召集和主持股东会会议职责时召集和主持股东会会议；

（五）向股东会会议提出提案；

（六）依照本法第一百五十一条的规定，对董事、高级管理人员提起诉讼；

（七）公司章程规定的其他职权。

第五十四条 【监事的质询建议权与调查权】监事可以列席董事会会议，并对董事会决议事项提出质询或者建议。

监事会、不设监事会的公司的监事发现公司经营情况异常，可以进行调查；必要时，可以聘请会计师事务所等协助其工作，费用由公司承担。

第五十五条 【监事会会议】监事会每年度至少召开一次会议，监事可以提议召开临时监事会会议。

监事会的议事方式和表决程序，除本法有规定的外，由公司章程规定。

监事会决议应当经半数以上监事通过。

监事会应当对所议事项的决定作成会议记录，出席会议的监事应当在会议记录上签名。

第五十六条 【监事行使职权的费用承担】监事会、不设监事会的公司的监事行使职权所必需的费用，由公司承担。

第三节 一人有限责任公司的特别规定

第五十七条 【一人有限责任公司的定义、设立、组织机构】一人有限责任公司的设立和组织机构，适用本节规定；本节没有规定的，适用本章第一节、第二节的规定。

本法所称一人有限责任公司，是指只有一个自然人股东或者一个法人股东的有限责任公司。

第五十八条 【一人有限责任公司的投资限制】一个自然人只能投资设立一个一人有限责任公司。该一人有限责任公司不能投资设立新的一人有限责任公司。

第五十九条 【公司登记与营业执照中的投资者身份注明】一人有限责任公司应当在公司登记中注明自然人独资或者法人独资，并在公司营业执照中载明。

第六十条 【一人有限责任公司的章程】一人有限责任公司章程由股东制定。

第六十一条 【股东决定重大事项的书面形式要求】一人有限责任公司不设股东会。股东作出本法第三十七条第一款所列决定时，应当采用书面形式，并由股东签名后置备于公司。

第六十二条 【年度审计】一人有限责任公司应当在每一会计年度终了时编制财务会计报告，并经会计师事务所审计。

第六十三条 【股东对公司债务的连带责任】一人有限责任公司的股东不能证明公司财产

独立于股东自己的财产的，应当对公司债务承担连带责任。

第四节　国有独资公司的特别规定

第六十四条　【国有独资公司的定义】国有独资公司的设立和组织机构，适用本节规定；本节没有规定的，适用本章第一节、第二节的规定。

本法所称国有独资公司，是指国家单独出资、由国务院或者地方人民政府授权本级人民政府国有资产监督管理机构履行出资人职责的有限责任公司。

第六十五条　【国有独资公司章程的制定或批准】国有独资公司章程由国有资产监督管理机构制定，或者由董事会制订报国有资产监督管理机构批准。

第六十六条　【国有独资公司重大事项的决定】国有独资公司不设股东会，由国有资产监督管理机构行使股东会职权。国有资产监督管理机构可以授权公司董事会行使股东会的部分职权，决定公司的重大事项，但公司的合并、分立、解散、增加或者减少注册资本和发行公司债券，必须由国有资产监督管理机构决定；其中，重要的国有独资公司合并、分立、解散、申请破产的，应当由国有资产监督管理机构审核后，报本级人民政府批准。

前款所称重要的国有独资公司，按照国务院的规定确定。

第六十七条　【国有独资公司的董事会】国有独资公司设董事会，依照本法第四十六条、第六十六条的规定行使职权。董事每届任期不得超过三年。董事会成员中应当有公司职工代表。

董事会成员由国有资产监督管理机构委派；但是，董事会成员中的职工代表由公司职工代表大会选举产生。

董事会设董事长一人，可以设副董事长。董事长、副董事长由国有资产监督管理机构从董事会成员中指定。

第六十八条　【国有独资公司经理】国有独资公司设经理，由董事会聘任或者解聘。经理依照本法第四十九条规定行使职权。

经国有资产监督管理机构同意，董事会成员可以兼任经理。

第六十九条　【高级职员的兼职禁止】国有独资公司的董事长、副董事长、董事、高级管理人员，未经国有资产监督管理机构同意，不得在其他有限责任公司、股份有限公司或者其他经济组织兼职。

第七十条　【国有独资公司的监事会】国有独资公司监事会成员不得少于五人，其中职工代表的比例不得低于三分之一，具体比例由公司章程规定。

监事会成员由国有资产监督管理机构委派；但是，监事会成员中的职工代表由公司职工代表大会选举产生。监事会主席由国有资产监督管理机构从监事会成员中指定。

监事会行使本法第五十三条第(一)项至第(三)项规定的职权和国务院规定的其他职权。

第三章　有限责任公司的股权转让

第七十一条　【股权转让的一般规定】有限责任公司的股东之间可以相互转让其全部或者部分股权。

股东向股东以外的人转让股权，应当经其他股东过半数同意。股东应就其股权转让事项书面通知其他股东征求同意，其他股东自接到书面通知之日起满三十日未答复的，视为同意转让。

其他股东半数以上不同意转让的，不同意的股东应当购买该转让的股权；不购买的，视为同意转让。

经股东同意转让的股权，在同等条件下，其他股东有优先购买权。两个以上股东主张行使优先购买权的，协商确定各自的购买比例；协商不成的，按照转让时各自的出资比例行使优先购买权。

公司章程对股权转让另有规定的，从其规定。

第七十二条 【强制执行程序下的股权转让】人民法院依照法律规定的强制执行程序转让股东的股权时，应当通知公司及全体股东，其他股东在同等条件下有优先购买权。其他股东自人民法院通知之日起满二十日不行使优先购买权的，视为放弃优先购买权。

第七十三条 【股权转让对出资证明书、公司章程和股东名册的影响】依照本法第七十一条、第七十二条转让股权后，公司应当注销原股东的出资证明书，向新股东签发出资证明书，并相应修改公司章程和股东名册中有关股东及其出资额的记载。对公司章程的该项修改不需再由股东会表决。

第七十四条 【异议股东请求公司收购股权的情形】有下列情形之一的，对股东会该项决议投反对票的股东可以请求公司按照合理的价格收购其股权：

（一）公司连续五年不向股东分配利润，而公司该五年连续盈利，并且符合本法规定的分配利润条件的；

（二）公司合并、分立、转让主要财产的；

（三）公司章程规定的营业期限届满或者章程规定的其他解散事由出现，股东会会议通过决议修改章程使公司存续的。

自股东会会议决议通过之日起六十日内，股东与公司不能达成股权收购协议的，股东可以自股东会会议决议通过之日起九十日内向人民法院提起诉讼。

第七十五条 【股东资格的继承】自然人股东死亡后，其合法继承人可以继承股东资格；但是，公司章程另有规定的除外。

第四章 股份有限公司的设立和组织机构

第一节 设 立

第七十六条 【设立条件】设立股份有限公司，应当具备下列条件：

（一）发起人符合法定人数；

（二）有符合公司章程规定的全体发起人认购的股本总额或者募集的实收股本总额；

（三）股份发行、筹办事项符合法律规定；

（四）发起人制订公司章程，采用募集方式设立的经创立大会通过；

（五）有公司名称，建立符合股份有限公司要求的组织机构；

（六）有公司住所。

第七十七条 【设立方式】股份有限公司的设立，可以采取发起设立或者募集设立的方式。

发起设立，是指由发起人认购公司应发行的全部股份而设立公司。

募集设立，是指由发起人认购公司应发行股份的一部分，其余股份向社会公开募集或者向特定对象募集而设立公司。

第七十八条 【设立发起人的限制】设立股份有限公司,应当有二人以上二百人以下为发起人,其中须有半数以上的发起人在中国境内有住所。

第七十九条 【发起人筹办公司的义务】股份有限公司发起人承担公司筹办事务。

发起人应当签订发起人协议,明确各自在公司设立过程中的权利和义务。

第八十条 【注册资本的限定】股份有限公司采取发起设立方式设立的,注册资本为在公司登记机关登记的全体发起人认购的股本总额。在发起人认购的股份缴足前,不得向他人募集股份。

股份有限公司采取募集方式设立的,注册资本为在公司登记机关登记的实收股本总额。

法律、行政法规以及国务院决定对股份有限公司注册资本实缴、注册资本最低限额另有规定的,从其规定。

第八十一条 【股份有限公司章程的法定事项】股份有限公司章程应当载明下列事项:

(一)公司名称和住所;

(二)公司经营范围;

(三)公司设立方式;

(四)公司股份总数、每股金额和注册资本;

(五)发起人的姓名或者名称、认购的股份数、出资方式和出资时间;

(六)董事会的组成、职权和议事规则;

(七)公司法定代表人;

(八)监事会的组成、职权和议事规则;

(九)公司利润分配办法;

(十)公司的解散事由与清算办法;

(十一)公司的通知和公告办法;

(十二)股东大会会议认为需要规定的其他事项。

第八十二条 【发起人的出资方式要求】发起人的出资方式,适用本法第二十七条的规定。

第八十三条 【发起人出资义务的履行、出资违约及设立登记申请】以发起设立方式设立股份有限公司的,发起人应当书面认足公司章程规定其认购的股份,并按照公司章程规定缴纳出资。以非货币财产出资的,应当依法办理其财产权的转移手续。

发起人不依照前款规定缴纳出资的,应当按照发起人协议承担违约责任。

发起人认足公司章程规定的出资后,应当选举董事会和监事会,由董事会向公司登记机关报送公司章程以及法律、行政法规规定的其他文件,申请设立登记。

第八十四条 【对募集设立发起人认购股份的要求】以募集设立方式设立股份有限公司的,发起人认购的股份不得少于公司股份总数的百分之三十五;但是,法律、行政法规另有规定的,从其规定。

第八十五条 【募集股份公告和认股书内容】发起人向社会公开募集股份,必须公告招股说明书,并制作认股书。认股书应当载明本法第八十六条所列事项,由认股人填写认购股数、金额、住所,并签名、盖章。认股人按照所认购股数缴纳股款。

第八十六条 【招股说明书的主要内容】招股说明书应当附有发起人制订的公司章程,并载明下列事项:

（一）发起人认购的股份数；

（二）每股的票面金额和发行价格；

（三）无记名股票的发行总数；

（四）募集资金的用途；

（五）认股人的权利、义务；

（六）本次募股的起止期限及逾期未募足时认股人可以撤回所认股份的说明。

第八十七条 【发起人向社会募集股份的方式】发起人向社会公开募集股份，应当由依法设立的证券公司承销，签订承销协议。

第八十八条 【缴纳股款方式】发起人向社会公开募集股份，应当同银行签订代收股款协议。

代收股款的银行应当按照协议代收和保存股款，向缴纳股款的认股人出具收款单据，并负有向有关部门出具收款证明的义务。

第八十九条 【发起人召开公司创立大会的义务】发行股份的股款缴足后，必须经依法设立的验资机构验资并出具证明。发起人应当自股款缴足之日起三十日内主持召开公司创立大会。创立大会由发起人、认股人组成。

发行的股份超过招股说明书规定的截止期限尚未募足的，或者发行股份的股款缴足后，发起人在三十日内未召开创立大会的，认股人可以按照所缴股款并加算银行同期存款利息，要求发起人返还。

第九十条 【创立大会的召集职权和表决程序】发起人应当在创立大会召开十五日前将会议日期通知各认股人或者予以公告。创立大会应有代表股份总数过半数的发起人、认股人出席，方可举行。

创立大会行使下列职权：

（一）审议发起人关于公司筹办情况的报告；

（二）通过公司章程；

（三）选举董事会成员；

（四）选举监事会成员；

（五）对公司的设立费用进行审核；

（六）对发起人用于抵作股款的财产的作价进行审核；

（七）发生不可抗力或者经营条件发生重大变化直接影响公司设立的，可以作出不设立公司的决议。

创立大会对前款所列事项作出决议，必须经出席会议的认股人所持表决权过半数通过。

第九十一条 【股本抽回的限制】发起人、认股人缴纳股款或者交付抵作股款的出资后，除未按期募足股份、发起人未按期召开创立大会或者创立大会决议不设立公司的情形外，不得抽回其股本。

第九十二条 【申请设立登记文件】董事会应于创立大会结束后三十日内，向公司登记机关报送下列文件，申请设立登记：

（一）公司登记申请书；

（二）创立大会的会议记录；

（三）公司章程；

（四）验资证明；

（五）法定代表人、董事、监事的任职文件及其身份证明；

（六）发起人的法人资格证明或者自然人身份证明；

（七）公司住所证明。

以募集方式设立股份有限公司公开发行股票的，还应当向公司登记机关报送国务院证券监督管理机构的核准文件。

第九十三条 【发起人的出资补缴责任】股份有限公司成立后，发起人未按照公司章程的规定缴足出资的，应当补缴；其他发起人承担连带责任。

股份有限公司成立后，发现作为设立公司出资的非货币财产的实际价额显著低于公司章程所定价额的，应当由交付该出资的发起人补足其差额；其他发起人承担连带责任。

第九十四条 【公司设立过程中的发起人责任】股份有限公司的发起人应当承担下列责任：

（一）公司不能成立时，对设立行为所产生的债务和费用负连带责任；

（二）公司不能成立时，对认股人已缴纳的股款，负返还股款并加算银行同期存款利息的连带责任；

（三）在公司设立过程中，由于发起人的过失致使公司利益受到损害的，应当对公司承担赔偿责任。

第九十五条 【有限责任公司变更为股份有限公司的资产额要求及募股要求】有限责任公司变更为股份有限公司时，折合的实收股本总额不得高于公司净资产额。有限责任公司变更为股份有限公司，为增加资本公开发行股份时，应当依法办理。

第九十六条 【重要资料的置备】股份有限公司应当将公司章程、股东名册、公司债券存根、股东大会会议记录、董事会会议记录、监事会会议记录、财务会计报告置备于本公司。

第九十七条 【股东的查阅权与建议质询权】股东有权查阅公司章程、股东名册、公司债券存根、股东大会会议记录、董事会会议决议、监事会会议决议、财务会计报告，对公司的经营提出建议或者质询。

第二节 股 东 大 会

第九十八条 【股东大会的地位与组成】股份有限公司股东大会由全体股东组成。股东大会是公司的权力机构，依照本法行使职权。

第九十九条 【股东大会的职权】本法第三十七条第一款关于有限责任公司股东会职权的规定，适用于股份有限公司股东大会。

第一百条 【股东大会及临时股东大会的召开】股东大会应当每年召开一次年会。有下列情形之一的，应当在两个月内召开临时股东大会：

（一）董事人数不足本法规定人数或者公司章程所定人数的三分之二时；

（二）公司未弥补的亏损达实收股本总额三分之一时；

（三）单独或者合计持有公司百分之十以上股份的股东请求时；

（四）董事会认为必要时；

（五）监事会提议召开时；

(六)公司章程规定的其他情形。

第一百零一条 【股东大会的召集】股东大会会议由董事会召集,董事长主持;董事长不能履行职务或者不履行职务的,由副董事长主持;副董事长不能履行职务或者不履行职务的,由半数以上董事共同推举一名董事主持。

董事会不能履行或者不履行召集股东大会会议职责的,监事会应当及时召集和主持;监事会不召集和主持的,连续九十日以上单独或者合计持有公司百分之十以上股份的股东可以自行召集和主持。

第一百零二条 【股东大会的通知期限、临时议案和股票交存制度】召开股东大会会议,应当将会议召开的时间、地点和审议的事项于会议召开二十日前通知各股东;临时股东大会应当于会议召开十五日前通知各股东;发行无记名股票的,应当于会议召开三十日前公告会议召开的时间、地点和审议事项。

单独或者合计持有公司百分之三以上股份的股东,可以在股东大会召开十日前提出临时提案并书面提交董事会;董事会应当在收到提案后二日内通知其他股东,并将该临时提案提交股东大会审议。临时提案的内容应当属于股东大会职权范围,并有明确议题和具体决议事项。

股东大会不得对前两款通知中未列明的事项作出决议。

无记名股票持有人出席股东大会会议的,应当于会议召开五日前至股东大会闭会时将股票交存于公司。

第一百零三条 【表决权与股东大会议事规则】股东出席股东大会会议,所持每一股份有一表决权。但是,公司持有的本公司股份没有表决权。

股东大会作出决议,必须经出席会议的股东所持表决权过半数通过。但是,股东大会作出修改公司章程、增加或者减少注册资本的决议,以及公司合并、分立、解散或者变更公司形式的决议,必须经出席会议的股东所持表决权的三分之二以上通过。

第一百零四条 【股东大会的法定召集及表决事项】本法和公司章程规定公司转让、受让重大资产或者对外提供担保等事项必须经股东大会作出决议的,董事会应当及时召集股东大会会议,由股东大会就上述事项进行表决。

第一百零五条 【累积投票制】股东大会选举董事、监事,可以依照公司章程的规定或者股东大会的决议,实行累积投票制。

本法所称累积投票制,是指股东大会选举董事或者监事时,每一股份拥有与应选董事或者监事人数相同的表决权,股东拥有的表决权可以集中使用。

第一百零六条 【表决权的代理行使】股东可以委托代理人出席股东大会会议,代理人应当向公司提交股东授权委托书,并在授权范围内行使表决权。

第一百零七条 【股东大会的会议记录】股东大会应当对所议事项的决定作成会议记录,主持人、出席会议的董事应当在会议记录上签名。会议记录应当与出席股东的签名册及代理出席的委托书一并保存。

第三节 董事会、经理

第一百零八条 【董事会设立及其职权】股份有限公司设董事会,其成员为五人至十九人。

董事会成员中可以有公司职工代表。董事会中的职工代表由公司职工通过职工代表大会、职工大会或者其他形式民主选举产生。

本法第四十五条关于有限责任公司董事任期的规定,适用于股份有限公司董事。

本法第四十六条关于有限责任公司董事会职权的规定,适用于股份有限公司董事会。

第一百零九条 【董事会的组成】董事会设董事长一人,可以设副董事长。董事长和副董事长由董事会以全体董事的过半数选举产生。

董事长召集和主持董事会会议,检查董事会决议的实施情况。副董事长协助董事长工作,董事长不能履行职务或者不履行职务的,由副董事长履行职务;副董事长不能履行职务或者不履行职务的,由半数以上董事共同推举一名董事履行职务。

第一百一十条 【董事会的召开】董事会每年度至少召开两次会议,每次会议应当于会议召开十日前通知全体董事和监事。

代表十分之一以上表决权的股东、三分之一以上董事或者监事会,可以提议召开董事会临时会议。董事长应当自接到提议后十日内,召集和主持董事会会议。

董事会召开临时会议,可以另定召集董事会的通知方式和通知时限。

第一百一十一条 【董事会的议事规则】董事会会议应有过半数的董事出席方可举行。董事会作出决议,必须经全体董事的过半数通过。

董事会决议的表决,实行一人一票。

第一百一十二条 【董事会的出席与代理出席、会议记录与责任承担】董事会会议,应由董事本人出席;董事因故不能出席,可以书面委托其他董事代为出席,委托书中应载明授权范围。

董事会应当对会议所议事项的决定作成会议记录,出席会议的董事应当在会议记录上签名。

董事应当对董事会的决议承担责任。董事会的决议违反法律、行政法规或者公司章程、股东大会决议,致使公司遭受严重损失的,参与决议的董事对公司负赔偿责任。但经证明在表决时曾表明异议并记载于会议记录的,该董事可以免除责任。

第一百一十三条 【经理及其职权】股份有限公司设经理,由董事会决定聘任或者解聘。

本法第四十九条关于有限责任公司经理职权的规定,适用于股份有限公司经理。

第一百一十四条 【董事会成员兼任经理】公司董事会可以决定由董事会成员兼任经理。

第一百一十五条 【禁止向高级职员提供借款】公司不得直接或者通过子公司向董事、监事、高级管理人员提供借款。

第一百一十六条 【定期披露高级职员报酬】公司应当定期向股东披露董事、监事、高级管理人员从公司获得报酬的情况。

第四节 监 事 会

第一百一十七条 【监事会的设立与组成】股份有限公司设监事会,其成员不得少于三人。

监事会应当包括股东代表和适当比例的公司职工代表,其中职工代表的比例不得低于三分之一,具体比例由公司章程规定。监事会中的职工代表由公司职工通过职工代表大会、职工大会或者其他形式民主选举产生。

监事会设主席一人,可以设副主席。监事会主席和副主席由全体监事过半数选举产生。监事会主席召集和主持监事会会议;监事会主席不能履行职务或者不履行职务的,由监事会副主席召集和主持监事会会议；监事会副主席不能履行职务或者不履行职务的，由半数以上监事共同推举一名监事召集和主持监事会会议。

董事、高级管理人员不得兼任监事。

本法第五十二条关于有限责任公司监事任期的规定，适用于股份有限公司监事。

第一百一十八条 【监事会的职权】本法第五十三条、第五十四条关于有限责任公司监事会职权的规定，适用于股份有限公司监事会。

监事会行使职权所必需的费用，由公司承担。

第一百一十九条 【监事会的会议制度】监事会每六个月至少召开一次会议。监事可以提议召开临时监事会会议。

监事会的议事方式和表决程序，除本法有规定的外，由公司章程规定。

监事会决议应当经半数以上监事通过。

监事会应当对所议事项的决定作成会议记录，出席会议的监事应当在会议记录上签名。

第五节 上市公司组织机构的特别规定

第一百二十条 【上市公司的定义】本法所称上市公司，是指其股票在证券交易所上市交易的股份有限公司。

第一百二十一条 【重大资产买卖与重要担保的议事规则】上市公司在一年内购买、出售重大资产或者担保金额超过公司资产总额百分之三十的，应当由股东大会作出决议，并经出席会议的股东所持表决权的三分之二以上通过。

第一百二十二条 【独立董事的设立】上市公司设独立董事，具体办法由国务院规定。

第一百二十三条 【董事会秘书的设立及其职权】上市公司设董事会秘书，负责公司股东大会和董事会会议的筹备、文件保管以及公司股东资料的管理，办理信息披露事务等事宜。

第一百二十四条 【关联关系董事回避与相关事项议事规则】上市公司董事与董事会会议决议事项所涉及的企业有关联关系的，不得对该项决议行使表决权，也不得代理其他董事行使表决权。该董事会会议由过半数的无关联关系董事出席即可举行，董事会会议所作决议须经无关联关系董事过半数通过。出席董事会的无关联关系董事人数不足三人的，应将该事项提交上市公司股东大会审议。

第五章 股份有限公司的股份发行和转让

第一节 股 份 发 行

第一百二十五条 【股份有限公司的股份及其形式】股份有限公司的资本划分为股份，每一股的金额相等。

公司的股份采取股票的形式。股票是公司签发的证明股东所持股份的凭证。

第一百二十六条 【股份有限公司股份发行的原则】股份的发行，实行公平、公正的原则，同种类的每一股份应当具有同等权利。

同次发行的同种类股票，每股的发行条件和价格应当相同；任何单位或者个人所认购的股份，每股应当支付相同价额。

第一百二十七条 【股票发行的价格】股票发行价格可以按票面金额，也可以超过票面金额,但不得低于票面金额。

第一百二十八条 【股票形式与应载明的事项】股票采用纸面形式或者国务院证券监督管理机构规定的其他形式。

股票应当载明下列主要事项:

(一)公司名称;

(二)公司成立日期;

(三)股票种类、票面金额及代表的股份数;

(四)股票的编号。

股票由法定代表人签名,公司盖章。

发起人的股票,应当标明发起人股票字样。

第一百二十九条 【股票种类】公司发行的股票,可以为记名股票,也可以为无记名股票。

公司向发起人、法人发行的股票,应当为记名股票,并应当记载该发起人、法人的名称或者姓名,不得另立户名或者以代表人姓名记名。

第一百三十条 【股东名册的置备及内容】公司发行记名股票的,应当置备股东名册,记载下列事项:

(一)股东的姓名或者名称及住所;

(二)各股东所持股份数;

(三)各股东所持股票的编号;

(四)各股东取得股份的日期。

发行无记名股票的,公司应当记载其股票数量、编号及发行日期。

第一百三十一条 【其他种类股票】国务院可以对公司发行本法规定以外的其他种类的股份,另行作出规定。

第一百三十二条 【向股东交付股票的时间】股份有限公司成立后,即向股东正式交付股票。公司成立前不得向股东交付股票。

第一百三十三条 【发行新股的决议事项】公司发行新股,股东大会应当对下列事项作出决议:

(一)新股种类及数额;

(二)新股发行价格;

(三)新股发行的起止日期;

(四)向原有股东发行新股的种类及数额。

第一百三十四条 【新股发行公告、募股方式及缴纳股款方式】公司经国务院证券监督管理机构核准公开发行新股时,必须公告新股招股说明书和财务会计报告,并制作认股书。

本法第八十七条、第八十八条的规定适用于公司公开发行新股。

第一百三十五条 【新股作价方案的确定】公司发行新股,可以根据公司经营情况和财务状况,确定其作价方案。

第一百三十六条 【新股募足后的变更登记及公告】公司发行新股募足股款后,必须向公司登记机关办理变更登记,并公告。

第二节　股份转让

第一百三十七条　【股份可依法转让】股东持有的股份可以依法转让。

第一百三十八条　【转让股份的场所】股东转让其股份，应当在依法设立的证券交易场所进行或者按照国务院规定的其他方式进行。

第一百三十九条　【记名股票的转让】记名股票，由股东以背书方式或者法律、行政法规规定的其他方式转让；转让后由公司将受让人的姓名或者名称及住所记载于股东名册。

股东大会召开前二十日内或者公司决定分配股利的基准日前五日内，不得进行前款规定的股东名册的变更登记。但是，法律对上市公司股东名册变更登记另有规定的，从其规定。

第一百四十条　【无记名股票的转让】无记名股票的转让，由股东将该股票交付给受让人后即发生转让的效力。

第一百四十一条　【转让本公司股份的限制】发起人持有的本公司股份，自公司成立之日起一年内不得转让。公司公开发行股份前已发行的股份，自公司股票在证券交易所上市交易之日起一年内不得转让。

公司董事、监事、高级管理人员应当向公司申报所持有的本公司的股份及其变动情况，在任职期间每年转让的股份不得超过其所持有本公司股份总数的百分之二十五；所持本公司股份自公司股票上市交易之日起一年内不得转让。上述人员离职后半年内，不得转让其所持有的本公司股份。公司章程可以对公司董事、监事、高级管理人员转让其所持有的本公司股份作出其他限制性规定。

第一百四十二条　【禁止收购本公司股份及其例外】公司不得收购本公司股份。但是，有下列情形之一的除外：

（一）减少公司注册资本；

（二）与持有本公司股份的其他公司合并；

（三）将股份奖励给本公司职工；

（四）股东因对股东大会作出的公司合并、分立决议持异议，要求公司收购其股份的。

公司因前款第（一）项至第（三）项的原因收购本公司股份的，应当经股东大会决议。公司依照前款规定收购本公司股份后，属于第（一）项情形的，应当自收购之日起十日内注销；属于第（二）项、第（四）项情形的，应当在六个月内转让或者注销。

公司依照第一款第（三）项规定收购的本公司股份，不得超过本公司已发行股份总额的百分之五；用于收购的资金应当从公司的税后利润中支出；所收购的股份应当在一年内转让给职工。

公司不得接受本公司的股票作为质押权的标的。

第一百四十三条　【公示催告程序】记名股票被盗、遗失或者灭失，股东可以依照《中华人民共和国民事诉讼法》规定的公示催告程序，请求人民法院宣告该股票失效。人民法院宣告该股票失效后，股东可以向公司申请补发股票。

第一百四十四条　【上市公司的股票交易】上市公司的股票，依照有关法律、行政法规及证券交易所交易规则上市交易。

第一百四十五条　【上市公司的信息披露公开制度】上市公司必须依照法律、行政法规的规定，公开其财务状况、经营情况及重大诉讼，在每会计年度内半年公布一次财务会计报告。

第六章　公司董事、监事、高级管理人员的资格和义务

第一百四十六条　【不得担任高级职员的情形】有下列情形之一的，不得担任公司的董事、监事、高级管理人员：

（一）无民事行为能力或者限制民事行为能力；

（二）因贪污、贿赂、侵占财产、挪用财产或者破坏社会主义市场经济秩序，被判处刑罚，执行期满未逾五年，或者因犯罪被剥夺政治权利，执行期满未逾五年；

（三）担任破产清算的公司、企业的董事或者厂长、经理，对该公司、企业的破产负有个人责任的，自该公司、企业破产清算完结之日起未逾三年；

（四）担任因违法被吊销营业执照、责令关闭的公司、企业的法定代表人，并负有个人责任的，自该公司、企业被吊销营业执照之日起未逾三年；

（五）个人所负数额较大的债务到期未清偿。

公司违反前款规定选举、委派董事、监事或者聘任高级管理人员的，该选举、委派或者聘任无效。

董事、监事、高级管理人员在任职期间出现本条第一款所列情形的，公司应当解除其职务。

第一百四十七条　【高级职员的一般义务】董事、监事、高级管理人员应当遵守法律、行政法规和公司章程，对公司负有忠实义务和勤勉义务。

董事、监事、高级管理人员不得利用职权收受贿赂或者其他非法收入，不得侵占公司的财产。

第一百四十八条　【高级职员的禁止行为】董事、高级管理人员不得有下列行为：

（一）挪用公司资金；

（二）将公司资金以其个人名义或者以其他个人名义开立账户存储；

（三）违反公司章程的规定，未经股东会、股东大会或者董事会同意，将公司资金借贷给他人或者以公司财产为他人提供担保；

（四）违反公司章程的规定或者未经股东会、股东大会同意，与本公司订立合同或者进行交易；

（五）未经股东会或者股东大会同意，利用职务便利为自己或者他人谋取属于公司的商业机会，自营或者为他人经营与所任职公司同类的业务；

（六）接受他人与公司交易的佣金归为己有；

（七）擅自披露公司秘密；

（八）违反对公司忠实义务的其他行为。

董事、高级管理人员违反前款规定所得的收入应当归公司所有。

第一百四十九条　【高级职员对公司的赔偿责任】董事、监事、高级管理人员执行公司职务时违反法律、行政法规或者公司章程的规定，给公司造成损失的，应当承担赔偿责任。

第一百五十条　【高级职员对股东会及监事会行使知情权的配合】股东会或者股东大会要求董事、监事、高级管理人员列席会议的，董事、监事、高级管理人员应当列席并接受股东的质询。

董事、高级管理人员应当如实向监事会或者不设监事会的有限责任公司的监事提供有关情

况和资料，不得妨碍监事会或者监事行使职权。

第一百五十一条 【股东维护公司利益的起诉权】董事、高级管理人员有本法第一百四十九条规定的情形的，有限责任公司的股东、股份有限公司连续一百八十日以上单独或者合计持有公司百分之一以上股份的股东，可以书面请求监事会或者不设监事会的有限责任公司的监事向人民法院提起诉讼；监事有本法第一百四十九条规定的情形的，前述股东可以书面请求董事会或者不设董事会的有限责任公司的执行董事向人民法院提起诉讼。

监事会、不设监事会的有限责任公司的监事，或者董事会、执行董事收到前款规定的股东书面请求后拒绝提起诉讼，或者自收到请求之日起三十日内未提起诉讼，或者情况紧急、不立即提起诉讼将会使公司利益受到难以弥补的损害的，前款规定的股东有权为了公司的利益以自己的名义直接向人民法院提起诉讼。

他人侵犯公司合法权益，给公司造成损失的，本条第一款规定的股东可以依照前两款的规定向人民法院提起诉讼。

第一百五十二条 【股东与监事维护个人利益的起诉权】董事、高级管理人员违反法律、行政法规或者公司章程的规定，损害股东利益的，股东可以向人民法院提起诉讼。

第七章 公司债券

第一百五十三条 【公司债券的定义及发行条件】本法所称公司债券，是指公司依照法定程序发行、约定在一定期限还本付息的有价证券。

公司发行公司债券应当符合《中华人民共和国证券法》规定的发行条件。

第一百五十四条 【公司债券募集的核准和公告】发行公司债券的申请经国务院授权的部门核准后，应当公告公司债券募集办法。

公司债券募集办法中应当载明下列主要事项：

（一）公司名称；

（二）债券募集资金的用途；

（三）债券总额和债券的票面金额；

（四）债券利率的确定方式；

（五）还本付息的期限和方式；

（六）债券担保情况；

（七）债券的发行价格、发行的起止日期；

（八）公司净资产额；

（九）已发行的尚未到期的公司债券总额；

（十）公司债券的承销机构。

第一百五十五条 【公司债券票面必须载明的事项】公司以实物券方式发行公司债券的，必须在债券上载明公司名称、债券票面金额、利率、偿还期限等事项，并由法定代表人签名，公司盖章。

第一百五十六条 【债券的种类】公司债券，可以为记名债券，也可以为无记名债券。

第一百五十七条 【债券存根簿的置备及其应载明的事项】公司发行公司债券应当置备公司债券存根簿。

发行记名公司债券的,应当在公司债券存根簿上载明下列事项:

(一)债券持有人的姓名或者名称及住所;

(二)债券持有人取得债券的日期及债券的编号;

(三)债券总额,债券的票面金额、利率、还本付息的期限和方式;

(四)债券的发行日期。

发行无记名公司债券的,应当在公司债券存根簿上载明债券总额、利率、偿还期限和方式、发行日期及债券的编号。

第一百五十八条 【债券登记结算机构的制度要求】记名公司债券的登记结算机构应当建立债券登记、存管、付息、兑付等相关制度。

第一百五十九条 【公司债券的转让场所与转让价格】公司债券可以转让,转让价格由转让人与受让人约定。

公司债券在证券交易所上市交易的,按照证券交易所的交易规则转让。

第一百六十条 【公司债券的转让方式】记名公司债券,由债券持有人以背书方式或者法律、行政法规规定的其他方式转让;转让后由公司将受让人的姓名或者名称及住所记载于公司债券存根簿。

无记名公司债券的转让,由债券持有人将该债券交付给受让人后即发生转让的效力。

第一百六十一条 【可转换债券的发行及载明事项】上市公司经股东大会决议可以发行可转换为股票的公司债券,并在公司债券募集办法中规定具体的转换办法。上市公司发行可转换为股票的公司债券,应当报国务院证券监督管理机构核准。

发行可转换为股票的公司债券,应当在债券上标明可转换公司债券字样,并在公司债券存根簿上载明可转换公司债券的数额。

第一百六十二条 【可转换债券的转换】发行可转换为股票的公司债券的,公司应当按照其转换办法向债券持有人换发股票,但债券持有人对转换股票或者不转换股票有选择权。

第八章 公司财务、会计

第一百六十三条 【公司财务、会计制度的建立】公司应当依照法律、行政法规和国务院财政部门的规定建立本公司的财务、会计制度。

第一百六十四条 【财务会计报告的制作和年审制】公司应当在每一会计年度终了时编制财务会计报告,并依法经会计师事务所审计。

财务会计报告应当依照法律、行政法规和国务院财政部门的规定制作。

第一百六十五条 【财务会计报告送交股东及公告】有限责任公司应当依照公司章程规定的期限将财务会计报告送交各股东。

股份有限公司的财务会计报告应当在召开股东大会年会的二十日前置备于本公司,供股东查阅;公开发行股票的股份有限公司必须公告其财务会计报告。

第一百六十六条 【公司税后利润的分配】公司分配当年税后利润时,应当提取利润的百分之十列入公司法定公积金。公司法定公积金累计额为公司注册资本的百分之五十以上的,可以不再提取。

公司的法定公积金不足以弥补以前年度亏损的,在依照前款规定提取法定公积金之前,应当先用当年利润弥补亏损。

公司从税后利润中提取法定公积金后，经股东会或者股东大会决议，还可以从税后利润中提取任意公积金。

公司弥补亏损和提取公积金后所余税后利润，有限责任公司依照本法第三十四条的规定分配；股份有限公司按照股东持有的股份比例分配，但股份有限公司章程规定不按持股比例分配的除外。

股东会、股东大会或者董事会违反前款规定，在公司弥补亏损和提取法定公积金之前向股东分配利润的，股东必须将违反规定分配的利润退还公司。

公司持有的本公司股份不得分配利润。

第一百六十七条 【资本公积金】股份有限公司以超过股票票面金额的发行价格发行股份所得的溢价款以及国务院财政部门规定列入资本公积金的其他收入，应当列为公司资本公积金。

第一百六十八条 【公积金的用途及限制】公司的公积金用于弥补公司的亏损、扩大公司生产经营或者转为增加公司资本。但是，资本公积金不得用于弥补公司的亏损。

法定公积金转为资本时，所留存的该项公积金不得少于转增前公司注册资本的百分之二十五。

第一百六十九条 【公司对会计师事务所的聘用及解聘】公司聘用、解聘承办公司审计业务的会计师事务所，依照公司章程的规定，由股东会、股东大会或者董事会决定。

公司股东会、股东大会或者董事会就解聘会计师事务所进行表决时，应当允许会计师事务所陈述意见。

第一百七十条 【公司对会计师事务所的诚实义务】公司应当向聘用的会计师事务所提供真实、完整的会计凭证、会计账簿、财务会计报告及其他会计资料，不得拒绝、隐匿、谎报。

第一百七十一条 【禁止另立账簿及开立个人账户】公司除法定的会计账簿外，不得另立会计账簿。

对公司资产，不得以任何个人名义开立账户存储。

第九章 公司合并、分立、增资、减资

第一百七十二条 【公司合并的种类】公司合并可以采取吸收合并或者新设合并。

一个公司吸收其他公司为吸收合并，被吸收的公司解散。两个以上公司合并设立一个新的公司为新设合并，合并各方解散。

第一百七十三条 【公司合并程序和债权人异议权】公司合并，应当由合并各方签订合并协议，并编制资产负债表及财产清单。公司应当自作出合并决议之日起十日内通知债权人，并于三十日内在报纸上公告。债权人自接到通知书之日起三十日内，未接到通知书的自公告之日起四十五日内，可以要求公司清偿债务或者提供相应的担保。

第一百七十四条 【公司合并的债权债务承继】公司合并时，合并各方的债权、债务，应当由合并后存续的公司或者新设的公司承继。

第一百七十五条 【公司分立的通知义务】公司分立，其财产作相应的分割。

公司分立，应当编制资产负债表及财产清单。公司应当自作出分立决议之日起十日内通知

债权人,并于三十日内在报纸上公告。

第一百七十六条 【公司分立的债务承继】公司分立前的债务由分立后的公司承担连带责任。但是,公司在分立前与债权人就债务清偿达成的书面协议另有约定的除外。

第一百七十七条 【减少注册资本的程序要求】公司需要减少注册资本时,必须编制资产负债表及财产清单。

公司应当自作出减少注册资本决议之日起十日内通知债权人,并于三十日内在报纸上公告。债权人自接到通知书之日起三十日内,未接到通知书的自公告之日起四十五日内,有权要求公司清偿债务或者提供相应的担保。

第一百七十八条 【增加注册资本的规定】有限责任公司增加注册资本时,股东认缴新增资本的出资,依照本法设立有限责任公司缴纳出资的有关规定执行。

股份有限公司为增加注册资本发行新股时,股东认购新股,依照本法设立股份有限公司缴纳股款的有关规定执行。

第一百七十九条 【公司合并、分立、增资、减资的登记要求】公司合并或者分立,登记事项发生变更的,应当依法向公司登记机关办理变更登记;公司解散的,应当依法办理公司注销登记;设立新公司的,应当依法办理公司设立登记。

公司增加或者减少注册资本,应当依法向公司登记机关办理变更登记。

第十章 公司解散和清算

第一百八十条 【公司解散的原因】公司因下列原因解散:

(一)公司章程规定的营业期限届满或者公司章程规定的其他解散事由出现;

(二)股东会或者股东大会决议解散;

(三)因公司合并或者分立需要解散;

(四)依法被吊销营业执照、责令关闭或者被撤销;

(五)人民法院依照本法第一百八十二条的规定予以解散。

第一百八十一条 【为使公司存续而修改章程的议事规则】公司有本法第一百八十条第(一)项情形的,可以通过修改公司章程而存续。

依照前款规定修改公司章程,有限责任公司须经持有三分之二以上表决权的股东通过,股份有限公司须经出席股东大会会议的股东所持表决权的三分之二以上通过。

第一百八十二条 【股东请求法院解散公司的情形】公司经营管理发生严重困难,继续存续会使股东利益受到重大损失,通过其他途径不能解决的,持有公司全部股东表决权百分之十以上的股东,可以请求人民法院解散公司。

第一百八十三条 【清算组的成立与组成】公司因本法第一百八十条第(一)项、第(二)项、第(四)项、第(五)项规定而解散的,应当在解散事由出现之日起十五日内成立清算组,开始清算。有限责任公司的清算组由股东组成,股份有限公司的清算组由董事或者股东大会确定的人员组成。逾期不成立清算组进行清算的,债权人可以申请人民法院指定有关人员组成清算组进行清算。人民法院应当受理该申请,并及时组织清算组进行清算。

第一百八十四条 【清算组的职权】清算组在清算期间行使下列职权:

(一)清理公司财产,分别编制资产负债表和财产清单;

(二)通知、公告债权人;

(三)处理与清算有关的公司未了结的业务;

(四)清缴所欠税款以及清算过程中产生的税款;

(五)清理债权、债务;

(六)处理公司清偿债务后的剩余财产;

(七)代表公司参与民事诉讼活动。

第一百八十五条 【清算期间的债权申报】清算组应当自成立之日起十日内通知债权人,并于六十日内在报纸上公告。债权人应当自接到通知书之日起三十日内,未接到通知书的自公告之日起四十五日内,向清算组申报其债权。

债权人申报债权,应当说明债权的有关事项,并提供证明材料。清算组应当对债权进行登记。

在申报债权期间,清算组不得对债权人进行清偿。

第一百八十六条 【清算方案的制定与公司财产的处理】清算组在清理公司财产、编制资产负债表和财产清单后,应当制定清算方案,并报股东会、股东大会或者人民法院确认。

公司财产在分别支付清算费用、职工的工资、社会保险费用和法定补偿金,缴纳所欠税款,清偿公司债务后的剩余财产,有限责任公司按照股东的出资比例分配,股份有限公司按照股东持有的股份比例分配。

清算期间,公司存续,但不得开展与清算无关的经营活动。公司财产在未依照前款规定清偿前,不得分配给股东。

第一百八十七条 【宣告破产】清算组在清理公司财产、编制资产负债表和财产清单后,发现公司财产不足清偿债务的,应当依法向人民法院申请宣告破产。

公司经人民法院裁定宣告破产后,清算组应当将清算事务移交给人民法院。

第一百八十八条 【清算报告的报送及公司注销登记】公司清算结束后,清算组应当制作清算报告,报股东会、股东大会或者人民法院确认,并报送公司登记机关,申请注销公司登记,公告公司终止。

第一百八十九条 【清算组成员的义务】清算组成员应当忠于职守,依法履行清算义务。

清算组成员不得利用职权收受贿赂或者其他非法收入,不得侵占公司财产。

清算组成员因故意或者重大过失给公司或者债权人造成损失的,应当承担赔偿责任。

第一百九十条 【破产清算的法律依据】公司被依法宣告破产的,依照有关企业破产的法律实施破产清算。

第十一章 外国公司的分支机构

第一百九十一条 【外国公司的定义】本法所称外国公司是指依照外国法律在中国境外设立的公司。

第一百九十二条 【外国公司分支机构的设立申请及审批】外国公司在中国境内设立分支机构,必须向中国主管机关提出申请,并提交其公司章程、所属国的公司登记证书等有关文件,经批准后,向公司登记机关依法办理登记,领取营业执照。

外国公司分支机构的审批办法由国务院另行规定。

第一百九十三条 【外国公司分支机构的设立及资金要求】外国公司在中国境内设立分支机构,必须在中国境内指定负责该分支机构的代表人或者代理人,并向该分支机构拨付与其所从事的经营活动相适应的资金。

对外国公司分支机构的经营资金需要规定最低限额的,由国务院另行规定。

第一百九十四条 【外国公司分支机构的名称要求及章程置备】外国公司的分支机构应当在其名称中标明该外国公司的国籍及责任形式。

外国公司的分支机构应当在本机构中置备该外国公司章程。

第一百九十五条 【外国公司分支机构不具有中国法人资格】外国公司在中国境内设立的分支机构不具有中国法人资格。

外国公司对其分支机构在中国境内进行经营活动承担民事责任。

第一百九十六条 【外国公司分支机构的合法经营义务及合法权益的保护】经批准设立的外国公司分支机构,在中国境内从事业务活动,必须遵守中国的法律,不得损害中国的社会公共利益,其合法权益受中国法律保护。

第一百九十七条 【外国公司撤销分支机构的条件】外国公司撤销其在中国境内的分支机构时,必须依法清偿债务,依照本法有关公司清算程序的规定进行清算。未清偿债务之前,不得将其分支机构的财产移至中国境外。

第十二章 法 律 责 任

第一百九十八条 【公司登记违法的法律责任】违反本法规定,虚报注册资本、提交虚假材料或者采取其他欺诈手段隐瞒重要事实取得公司登记的,由公司登记机关责令改正,对虚报注册资本的公司,处以虚报注册资本金额百分之五以上百分之十五以下的罚款;对提交虚假材料或者采取其他欺诈手段隐瞒重要事实的公司,处以五万元以上五十万元以下的罚款;情节严重的,撤销公司登记或者吊销营业执照。

第一百九十九条 【公司的发起人、股东出资违法的法律责任】公司的发起人、股东虚假出资,未交付或者未按期交付作为出资的货币或者非货币财产的,由公司登记机关责令改正,处以虚假出资金额百分之五以上百分之十五以下的罚款。

第二百条 【公司的发起人、股东抽逃出资的法律责任】公司的发起人、股东在公司成立后,抽逃其出资的,由公司登记机关责令改正,处以所抽逃出资金额百分之五以上百分之十五以下的罚款。

第二百零一条 【公司另立会计账簿的法律责任】公司违反本法规定,在法定的会计账簿以外另立会计账簿的,由县级以上人民政府财政部门责令改正,处以五万元以上五十万元以下的罚款。

第二百零二条 【提交财务会计报告违法的法律责任】公司在依法向有关主管部门提供的财务会计报告等材料上作虚假记载或者隐瞒重要事实的,由有关主管部门对直接负责的主管人员和其他直接责任人员处以三万元以上三十万元以下的罚款。

第二百零三条 【违法提取法定公积金的法律责任】公司不依照本法规定提取法定公积金的,由县级以上人民政府财政部门责令如数补足应当提取的金额,可以对公司处以二十万元以下的罚款。

第二百零四条　【公司在合并、分立、减少注册资本和清算中的违法行为及其法律责任】公司在合并、分立、减少注册资本或者进行清算时，不依照本法规定通知或者公告债权人的，由公司登记机关责令改正，对公司处以一万元以上十万元以下的罚款。

公司在进行清算时，隐匿财产，对资产负债表或者财产清单作虚假记载或者在未清偿债务前分配公司财产的，由公司登记机关责令改正，对公司处以隐匿财产或者未清偿债务前分配公司财产金额百分之五以上百分之十以下的罚款；对直接负责的主管人员和其他直接责任人员处以一万元以上十万元以下的罚款。

第二百零五条　【公司在清算期间违法经营的法律责任】公司在清算期间开展与清算无关的经营活动的，由公司登记机关予以警告，没收违法所得。

第二百零六条　【清算组及其成立对其违法行为的法律责任】清算组不依照本法规定向公司登记机关报送清算报告，或者报送清算报告隐瞒重要事实或者有重大遗漏的，由公司登记机关责令改正。

清算组成员利用职权徇私舞弊、谋取非法收入或者侵占公司财产的，由公司登记机关责令退还公司财产，没收违法所得，并可以处以违法所得一倍以上五倍以下的罚款。

第二百零七条　【资产评估、验资或验证机构对其违法行为的法律责任】承担资产评估、验资或者验证的机构提供虚假材料的，由公司登记机关没收违法所得，处以违法所得一倍以上五倍以下的罚款，并可以由有关主管部门依法责令该机构停业、吊销直接责任人员的资格证书，吊销营业执照。

承担资产评估、验资或者验证的机构因过失提供有重大遗漏的报告的，由公司登记机关责令改正，情节较重的，处以所得收入一倍以上五倍以下的罚款，并可以由有关主管部门依法责令该机构停业、吊销直接责任人员的资格证书，吊销营业执照。

承担资产评估、验资或者验证的机构因其出具的评估结果、验资或者验证证明不实，给公司债权人造成损失的，除能够证明自己没有过错的外，在其评估或者证明不实的金额范围内承担赔偿责任。

第二百零八条　【登记机关违法行为的法律责任】公司登记机关对不符合本法规定条件的登记申请予以登记，或者对符合本法规定条件的登记申请不予登记的，对直接负责的主管人员和其他直接责任人员，依法给予行政处分。

第二百零九条　【登记机关上级部门违法行为的法律责任】公司登记机关的上级部门强令公司登记机关对不符合本法规定条件的登记申请予以登记，或者对符合本法规定条件的登记申请不予登记的，或者对违法登记进行包庇的，对直接负责的主管人员和其他直接责任人员依法给予行政处分。

第二百一十条　【假冒公司的违法行为及其法律责任】未依法登记为有限责任公司或者股份有限公司，而冒用有限责任公司或者股份有限公司名义的，或者未依法登记为有限责任公司或者股份有限公司的分公司，而冒用有限责任公司或者股份有限公司的分公司名义的，由公司登记机关责令改正或者予以取缔，可以并处十万元以下的罚款。

第二百一十一条　【不当停业及不依法办理变更登记的法律责任】公司成立后无正当理由超过六个月未开业的，或者开业后自行停业连续六个月以上的，可以由公司登记机关吊销营业执照。

公司登记事项发生变更时，未依照本法规定办理有关变更登记的，由公司登记机关责令限期登记;逾期不登记的,处以一万元以上十万元以下的罚款。

第二百一十二条 【外国公司擅自在中国境内设立分支机构的法律责任】外国公司违反本法规定,擅自在中国境内设立分支机构的,由公司登记机关责令改正或者关闭,可以并处五万元以上二十万元以下的罚款。

第二百一十三条 【危害国家安全与社会公共利益的法律责任】利用公司名义从事危害国家安全、社会公共利益的严重违法行为的,吊销营业执照。

第二百一十四条 【民事赔偿优先原则】公司违反本法规定,应当承担民事赔偿责任和缴纳罚款、罚金的,其财产不足以支付时,先承担民事赔偿责任。

第二百一十五条 【刑事责任的追究】违反本法规定,构成犯罪的,依法追究刑事责任。

第十三章 附 则

第二百一十六条 【本法所涉相关用语的含义】本法下列用语的含义:

(一)高级管理人员,是指公司的经理、副经理、财务负责人,上市公司董事会秘书和公司章程规定的其他人员。

(二)控股股东,是指其出资额占有限责任公司资本总额百分之五十以上或者其持有的股份占股份有限公司股本总额百分之五十以上的股东;出资额或者持有股份的比例虽然不足百分之五十,但依其出资额或者持有的股份所享有的表决权已足以对股东会、股东大会的决议产生重大影响的股东。

(三)实际控制人,是指虽不是公司的股东,但通过投资关系、协议或者其他安排,能够实际支配公司行为的人。

(四)关联关系,是指公司控股股东、实际控制人、董事、监事、高级管理人员与其直接或者间接控制的企业之间的关系,以及可能导致公司利益转移的其他关系。但是,国家控股的企业之间不仅因为同受国家控股而具有关联关系。

第二百一十七条 【本法在外商投资领域的适用及例外】外商投资的有限责任公司和股份有限公司适用本法;有关外商投资的法律另有规定的,适用其规定。

第二百一十八条 【生效施行日期】本法自 2006 年 1 月 1 日起施行。

中华人民共和国民法通则(节录)

1. 1986 年 4 月 12 日第六届全国人民代表大会第四次会议通过

2. 根据 2009 年 8 月 27 日第十一届全国人民代表大会常务委员会第十次会议《关于修改部分法律的决定》修正

第一章 基 本 原 则

第一条 【立法目的】①为了保障公民、法人的合法的民事权益,正确调整民事关系,适应社

① 条文主旨为编者所加,下同。

会主义现代化建设事业发展的需要，根据宪法和我国实际情况，总结民事活动的实践经验，制定本法。

第二条 【调整范围】中华人民共和国民法调整平等主体的公民之间、法人之间、公民和法人之间的财产关系和人身关系。

第三条 【平等原则】当事人在民事活动中的地位平等。

第四条 【自愿、公平、等价有偿、诚实信用原则】民事活动应当遵循自愿、公平、等价有偿、诚实信用的原则。

第五条 【民事权益受法律保护原则】公民、法人的合法的民事权益受法律保护，任何组织和个人不得侵犯。

第六条 【遵守法律和政策原则】民事活动必须遵守法律，法律没有规定的，应当遵守国家政策。

第七条 【禁止权利滥用原则】民事活动应当尊重社会公德，不得损害社会公共利益，扰乱社会经济秩序。

第八条 【适用范围】在中华人民共和国领域内的民事活动，适用中华人民共和国法律，法律另有规定的除外。

本法关于公民的规定，适用于在中华人民共和国领域内的外国人、无国籍人，法律另有规定的除外。

第四章 民事法律行为和代理

第一节 民事法律行为

第五十四条 【民事法律行为】民事法律行为是公民或者法人设立、变更、终止民事权利和民事义务的合法行为。

第五十五条 【实质要件】民事法律行为应当具备下列条件：

(一)行为人具有相应的民事行为能力；

(二)意思表示真实；

(三)不违反法律或者社会公共利益。

第五十六条 【形式要件】民事法律行为可以采取书面形式、口头形式或者其他形式。法律规定用特定形式的，应当依照法律规定。

第五十七条 【法律效力】民事法律行为从成立时起具有法律约束力。行为人非依法律规定或者取得对方同意，不得擅自变更或者解除。

第五十八条 【无效民事行为】下列民事行为无效：

(一)无民事行为能力人实施的；

(二)限制民事行为能力人依法不能独立实施的；

(三)一方以欺诈、胁迫的手段或者乘人之危，使对方在违背真实意思的情况下所为的；

(四)恶意串通，损害国家、集体或者第三人利益的；

(五)违反法律或者社会公共利益的；

~~(六)经济合同违反国家指令性计划的~~；(2009年8月27日删除)

(七)以合法形式掩盖非法目的的。

无效的民事行为,从行为开始起就没有法律约束力。

第五十九条 【可变更、可撤销的民事行为】下列民事行为,一方有权请求人民法院或者仲裁机关予以变更或者撤销:

(一)行为人对行为内容有重大误解的;

(二)显失公平的。

被撤销的民事行为从行为开始起无效。

第六十条 【部分无效】民事行为部分无效,不影响其他部分的效力的,其他部分仍然有效。

第六十一条 【无效、撤销的法律后果】民事行为被确认为无效或者被撤销后,当事人因该行为取得的财产,应当返还给受损失的一方。有过错的一方应当赔偿对方因此所受的损失,双方都有过错的,应当各自承担相应的责任。

双方恶意串通,实施民事行为损害国家的、集体的或者第三人的利益的,应当追缴双方取得的财产,收归国家、集体所有或者返还第三人。

第六十二条 【附条件的民事行为】民事法律行为可以附条件,附条件的民事法律行为在符合所附条件时生效。

第二节 代 理

第六十三条 【代理及其适用范围】公民、法人可以通过代理人实施民事法律行为。

代理人在代理权限内,以被代理人的名义实施民事法律行为。被代理人对代理人的代理行为,承担民事责任。

依照法律规定或者按照双方当事人约定,应当由本人实施的民事法律行为,不得代理。

第六十四条 【代理的种类】代理包括委托代理、法定代理和指定代理。

委托代理人按照被代理人的委托行使代理权,法定代理人依照法律的规定行使代理权,指定代理人按照人民法院或者指定单位的指定行使代理权。

第六十五条 【委托代理的形式】民事法律行为的委托代理,可以用书面形式,也可以用口头形式。法律规定用书面形式的,应当用书面形式。

书面委托代理的授权委托书应当载明代理人的姓名或者名称、代理事项、权限和期间,并由委托人签名或者盖章。

委托书授权不明的,被代理人应当向第三人承担民事责任,代理人负连带责任。

第六十六条 【无权代理及其法律后果】没有代理权、超越代理权或者代理权终止后的行为,只有经过被代理人的追认,被代理人才承担民事责任。未经追认的行为,由行为人承担民事责任。本人知道他人以本人名义实施民事行为而不作否认表示的,视为同意。

代理人不履行职责而给被代理人造成损害的,应当承担民事责任。

代理人和第三人串通,损害被代理人的利益的,由代理人和第三人负连带责任。

第三人知道行为人没有代理权、超越代理权或者代理权已终止还与行为人实施民事行为给他人造成损害的,由第三人和行为人负连带责任。

第六十七条 【违法代理及法律后果】代理人知道被委托代理的事项违法仍然进行代理活动的,或者被代理人知道代理人的代理行为违法不表示反对的,由被代理人和代理人负连带责任。

第六十八条 【转委托】委托代理人为被代理人的利益需要转托他人代理的，应当事先取得被代理人的同意。事先没有取得被代理人同意的，应当在事后及时告诉被代理人，如果被代理人不同意，由代理人对自己所转托的人的行为负民事责任，但在紧急情况下，为了保护被代理人的利益而转托他人代理的除外。

第六十九条 【委托代理的终止】有下列情形之一的，委托代理终止：

（一）代理期间届满或者代理事务完成；

（二）被代理人取消委托或者代理人辞去委托；

（三）代理人死亡；

（四）代理人丧失民事行为能力；

（五）作为被代理人或者代理人的法人终止。

第七十条 【法定代理或指定代理的终止】有下列情形之一的，法定代理或者指定代理终止：

（一）被代理人取得或者恢复民事行为能力；

（二）被代理人或者代理人死亡；

（三）代理人丧失民事行为能力；

（四）指定代理的人民法院或者指定单位取消指定；

（五）由其他原因引起的被代理人和代理人之间的监护关系消灭。

第六章 民事责任

第一节 一般规定

第一百零六条 【归责原则】公民、法人违反合同或者不履行其他义务的，应当承担民事责任。

公民、法人由于过错侵害国家的、集体的财产，侵害他人财产、人身的，应当承担民事责任。

没有过错，但法律规定应当承担民事责任的，应当承担民事责任。

第一百零七条 【民事责任的免除】因不可抗力不能履行合同或者造成他人损害的，不承担民事责任，法律另有规定的除外。

第一百零八条 【债务的清偿】债务应当清偿。暂时无力偿还的，经债权人同意或者人民法院裁决，可以由债务人分期偿还。有能力偿还拒不偿还的，由人民法院判决强制偿还。

第一百零九条 【因保护公益或他人私益受损时的赔偿和补偿】因防止、制止国家的、集体的财产或者他人的财产、人身遭受侵害而使自己受到损害的，由侵害人承担赔偿责任，受益人也可以给予适当的补偿。

第一百一十条 【法律责任的重合】对承担民事责任的公民、法人需要追究行政责任的，应当追究行政责任；构成犯罪的，对公民、法人的法定代表人应当依法追究刑事责任。

第二节 违反合同的民事责任

第一百一十一条 【违约责任的一般条款】当事人一方不履行合同义务或者履行合同义务不符合约定条件的，另一方有权要求履行或者采取补救措施，并有权要求赔偿损失。

第一百一十二条 【赔偿责任与违约金】当事人一方违反合同的赔偿责任，应当相当于另一方因此所受到的损失。

当事人可以在合同中约定,一方违反合同时,向另一方支付一定数额的违约金;也可以在合同中约定对于违反合同而产生的损失赔偿额的计算方法。

第一百一十三条 **【双方违约】**当事人双方都违反合同的,应当分别承担各自应负的民事责任。

第一百一十四条 **【防止损失扩大】**当事人一方因另一方违反合同受到损失的,应当及时采取措施防止损失的扩大;没有及时采取措施致使损失扩大的,无权就扩大的损失要求赔偿。

第一百一十五条 **【合同变更或解除时的违约责任】**合同的变更或者解除,不影响当事人要求赔偿损失的权利。

第一百一十六条 **【因上级机关的原因违约时的责任承担】**当事人一方由于上级机关的原因,不能履行合同义务的,应当按照合同约定向另一方赔偿损失或者采取其他补救措施,再由上级机关对它因此受到的损失负责处理。

第四节　承担民事责任的方式

第一百三十四条 **【承担民事责任的方式】**承担民事责任的方式主要有:

(一)停止侵害;

(二)排除妨碍;

(三)消除危险;

(四)返还财产;

(五)恢复原状;

(六)修理、重作、更换;

(七)赔偿损失;

(八)支付违约金;

(九)消除影响、恢复名誉;

(十)赔礼道歉。

以上承担民事责任的方式,可以单独适用,也可以合并适用。

人民法院审理民事案件,除适用上述规定外,还可以予以训诫、责令具结悔过、收缴进行非法活动的财物和非法所得,并可以依照法律规定处以罚款、拘留。

中华人民共和国合同法(节录)

1. 1999 年 3 月 15 日第九届全国人民代表大会第二次会议通过
2. 1999 年 3 月 15 日中华人民共和国主席令第 15 号公布
3. 自 1999 年 10 月 1 日起施行

总　则

第一章　一 般 规 定

第一条 **【立法目的】**为了保护合同当事人的合法权益,维护社会经济秩序,促进社会主义现代化建设,制定本法。

第二条 【合同定义】本法所称合同是平等主体的自然人、法人、其他组织之间设立、变更、终止民事权利义务关系的协议。

婚姻、收养、监护等有关身份关系的协议,适用其他法律的规定。

第三条 【平等原则】合同当事人的法律地位平等,一方不得将自己的意志强加给另一方。

第四条 【合同自由原则】当事人依法享有自愿订立合同的权利,任何单位和个人不得非法干预。

第五条 【公平原则】当事人应当遵循公平原则确定各方的权利和义务。

第六条 【诚实信用原则】当事人行使权利、履行义务应当遵循诚实信用原则。

第七条 【遵纪守法原则】当事人订立、履行合同,应当遵守法律、行政法规,尊重社会公德,不得扰乱社会经济秩序,损害社会公共利益。

第八条 【依合同履行义务原则】依法成立的合同,对当事人具有法律约束力。当事人应当按照约定履行自己的义务,不得擅自变更或者解除合同。

依法成立的合同,受法律保护。

第二章 合同的订立

第九条 【订立合同的能力】当事人订立合同,应当具有相应的民事权利能力和民事行为能力。

当事人依法可以委托代理人订立合同。

第十条 【合同的形式】当事人订立合同,有书面形式、口头形式和其他形式。

法律、行政法规规定采用书面形式的,应当采用书面形式。当事人约定采用书面形式的,应当采用书面形式。

第十一条 【书面形式】书面形式是指合同书、信件和数据电文(包括电报、电传、传真、电子数据交换和电子邮件)等可以有形地表现所载内容的形式。

第十二条 【合同内容】合同的内容由当事人约定,一般包括以下条款:

(一)当事人的名称或者姓名和住所;

(二)标的;

(三)数量;

(四)质量;

(五)价款或者报酬;

(六)履行期限、地点和方式;

(七)违约责任;

(八)解决争议的方法。

当事人可以参照各类合同的示范文本订立合同。

第十三条 【订立合同方式】当事人订立合同,采取要约、承诺方式。

第十四条 【要约】要约是希望和他人订立合同的意思表示,该意思表示应当符合下列规定:

(一)内容具体确定;

(二)表明经受要约人承诺,要约人即受该意思表示约束。

第十五条 【要约邀请】要约邀请是希望他人向自己发出要约的意思表示。寄送的价目表、拍卖公告、招标公告、招股说明书、商业广告等为要约邀请。

商业广告的内容符合要约规定的,视为要约。

第十六条 【要约的生效】要约到达受要约人时生效。

采用数据电文形式订立合同,收件人指定特定系统接收数据电文的,该数据电文进入该特定系统的时间,视为到达时间;未指定特定系统的,该数据电文进入收件人的任何系统的首次时间,视为到达时间。

第十七条 【要约的撤回】要约可以撤回。撤回要约的通知应当在要约到达受要约人之前或者与要约同时到达受要约人。

第十八条 【要约的撤销】要约可以撤销。撤销要约的通知应当在受要约人发出承诺通知之前到达受要约人。

第十九条 【要约不得撤销的情形】有下列情形之一的,要约不得撤销:

(一)要约人确定了承诺期限或者以其他形式明示要约不可撤销;

(二)受要约人有理由认为要约是不可撤销的,并已经为履行合同作了准备工作。

第二十条 【要约的失效】有下列情形之一的,要约失效:

(一)拒绝要约的通知到达要约人;

(二)要约人依法撤销要约;

(三)承诺期限届满,受要约人未作出承诺;

(四)受要约人对要约的内容作出实质性变更。

第二十一条 【承诺的定义】承诺是受要约人同意要约的意思表示。

第二十二条 【承诺的方式】承诺应当以通知的方式作出,但根据交易习惯或者要约表明可以通过行为作出承诺的除外。

第二十三条 【承诺的期限】承诺应当在要约确定的期限内到达要约人。

要约没有确定承诺期限的,承诺应当依照下列规定到达:

(一)要约以对话方式作出的,应当即时作出承诺,但当事人另有约定的除外;

(二)要约以非对话方式作出的,承诺应当在合理期限内到达。

第二十四条 【承诺期限的起点】要约以信件或者电报作出的,承诺期限自信件载明的日期或者电报交发之日开始计算。信件未载明日期的,自投寄该信件的邮戳日期开始计算。要约以电话、传真等快速通讯方式作出的,承诺期限自要约到达受要约人时开始计算。

第二十五条 【合同成立时间】承诺生效时合同成立。

第二十六条 【承诺的生效】承诺通知到达要约人时生效。承诺不需要通知的,根据交易习惯或者要约的要求作出承诺的行为时生效。

采用数据电文形式订立合同的,承诺到达的时间适用本法第十六条第二款的规定。

第二十七条 【承诺的撤回】承诺可以撤回。撤回承诺的通知应当在承诺通知到达要约人之前或者与承诺通知同时到达要约人。

第二十八条 【新要约】受要约人超过承诺期限发出承诺的,除要约人及时通知受要约人该承诺有效的以外,为新要约。

第二十九条 【迟到的承诺】受要约人在承诺期限内发出承诺,按照通常情形能够及时到达要约人,但因其他原因承诺到达要约人时超过承诺期限的,除要约人及时通知受要约人因承诺超过期限不接受该承诺的以外,该承诺有效。

第三十条 【承诺的变更】承诺的内容应当与要约的内容一致。受要约人对要约的内容作出实质性变更的,为新要约。有关合同标的、数量、质量、价款或者报酬、履行期限、履行地点和方式、违约责任和解决争议方法等的变更,是对要约内容的实质性变更。

第三十一条 【承诺的内容】承诺对要约的内容作出非实质性变更的,除要约人及时表示反对或者要约表明承诺不得对要约的内容作出任何变更的以外,该承诺有效,合同的内容以承诺的内容为准。

第三十二条 【合同成立时间】当事人采用合同书形式订立合同的,自双方当事人签字或者盖章时合同成立。

第三十三条 【确认书与合同成立】当事人采用信件、数据电文等形式订立合同的,可以在合同成立之前要求签订确认书。签订确认书时合同成立。

第三十四条 【合同成立地点】承诺生效的地点为合同成立的地点。

采用数据电文形式订立合同的,收件人的主营业地为合同成立的地点;没有主营业地的,其经常居住地为合同成立的地点。当事人另有约定的,按照其约定。

第三十五条 【书面合同成立地点】当事人采用合同书形式订立合同的,双方当事人签字或者盖章的地点为合同成立的地点。

第三十六条 【书面合同与合同成立】法律、行政法规规定或者当事人约定采用书面形式订立合同,当事人未采用书面形式但一方已经履行主要义务,对方接受的,该合同成立。

第三十七条 【合同书与合同成立】采用合同书形式订立合同,在签字或者盖章之前,当事人一方已经履行主要义务,对方接受的,该合同成立。

第三十八条 【依国家计划订立合同】国家根据需要下达指令性任务或者国家订货任务的,有关法人、其他组织之间应当依照有关法律、行政法规规定的权利和义务订立合同。

第三十九条 【格式合同条款定义及使用人义务】采用格式条款订立合同的,提供格式条款的一方应当遵循公平原则确定当事人之间的权利和义务,并采取合理的方式提请对方注意免除或者限制其责任的条款,按照对方的要求,对该条款予以说明。

格式条款是当事人为了重复使用而预先拟定,并在订立合同时未与对方协商的条款。

第四十条 【格式合同条款的无效】格式条款具有本法第五十二条和第五十三条规定情形的,或者提供格式条款一方免除其责任、加重对方责任、排除对方主要权利的,该条款无效。

第四十一条 【格式合同的解释】对格式条款的理解发生争议的,应当按照通常理解予以解释。对格式条款有两种以上解释的,应当作出不利于提供格式条款一方的解释。格式条款和非格式条款不一致的,应当采用非格式条款。

第四十二条 【缔约过失】当事人在订立合同过程中有下列情形之一,给对方造成损失的,应当承担损害赔偿责任:

(一)假借订立合同,恶意进行磋商;

(二)故意隐瞒与订立合同有关的重要事实或者提供虚假情况;

(三)有其他违背诚实信用原则的行为。

第四十三条 【保密义务】当事人在订立合同过程中知悉的商业秘密,无论合同是否成立,不得泄露或者不正当地使用。泄露或者不正当地使用该商业秘密给对方造成损失的,应当承担损害赔偿责任。

第三章 合同的效力

第四十四条 【合同的生效】依法成立的合同,自成立时生效。

法律、行政法规规定应当办理批准、登记等手续生效的,依照其规定。

第四十五条 【附条件的合同】当事人对合同的效力可以约定附条件。附生效条件的合同,自条件成就时生效。附解除条件的合同,自条件成就时失效。

当事人为自己的利益不正当地阻止条件成就的,视为条件已成就;不正当地促成条件成就的,视为条件不成就。

第四十六条 【附期限的合同】当事人对合同的效力可以约定附期限。附生效期限的合同,自期限届至时生效。附终止期限的合同,自期限届满时失效。

第四十七条 【限制行为能力人订立的合同】限制民事行为能力人订立的合同,经法定代理人追认后,该合同有效,但纯获利益的合同或者与其年龄、智力、精神健康状况相适应而订立的合同,不必经法定代理人追认。

相对人可以催告法定代理人在一个月内予以追认。法定代理人未作表示的,视为拒绝追认。合同被追认之前,善意相对人有撤销的权利。撤销应当以通知的方式作出。

第四十八条 【无权代理人订立的合同】行为人没有代理权、超越代理权或者代理权终止后以被代理人名义订立的合同,未经被代理人追认,对被代理人不发生效力,由行为人承担责任。

相对人可以催告被代理人在一个月内予以追认。被代理人未作表示的,视为拒绝追认。合同被追认之前,善意相对人有撤销的权利。撤销应当以通知的方式作出。

第四十九条 【表见代理】行为人没有代理权、超越代理权或者代理权终止后以被代理人名义订立合同,相对人有理由相信行为人有代理权的,该代理行为有效。

第五十条 【法定代表人越权行为】法人或者其他组织的法定代表人、负责人超越权限订立的合同,除相对人知道或者应当知道其超越权限的以外,该代表行为有效。

第五十一条 【无处分权人订立的合同】无处分权的人处分他人财产,经权利人追认或者无处分权的人订立合同后取得处分权的,该合同有效。

第五十二条 【合同无效的法定情形】有下列情形之一的,合同无效:

(一)一方以欺诈、胁迫的手段订立合同,损害国家利益;

(二)恶意串通,损害国家、集体或者第三人利益;

(三)以合法形式掩盖非法目的;

(四)损害社会公共利益;

(五)违反法律、行政法规的强制性规定。

第五十三条 【合同免责条款的无效】合同中的下列免责条款无效:

(一)造成对方人身伤害的;

(二)因故意或者重大过失造成对方财产损失的。

第五十四条 【可撤销合同】下列合同,当事人一方有权请求人民法院或者仲裁机构变更或者撤销：

（一）因重大误解订立的；

（二）在订立合同时显失公平的。

一方以欺诈、胁迫的手段或者乘人之危，使对方在违背真实意思的情况下订立的合同，受损害方有权请求人民法院或者仲裁机构变更或者撤销。

当事人请求变更的，人民法院或者仲裁机构不得撤销。

第五十五条　【撤销权的消灭】有下列情形之一的，撤销权消灭：

（一）具有撤销权的当事人自知道或者应当知道撤销事由之日起一年内没有行使撤销权；

（二）具有撤销权的当事人知道撤销事由后明确表示或者以自己的行为放弃撤销权。

第五十六条　【合同自始无效与部分有效】无效的合同或者被撤销的合同自始没有法律约束力。合同部分无效，不影响其他部分效力的，其他部分仍然有效。

第五十七条　【合同解决争议条款的效力】合同无效、被撤销或者终止的，不影响合同中独立存在的有关解决争议方法的条款的效力。

第五十八条　【合同无效或被撤销的法律后果】合同无效或者被撤销后，因该合同取得的财产，应当予以返还；不能返还或者没有必要返还的，应当折价补偿。有过错的一方应当赔偿对方因此所受到的损失，双方都有过错的，应当各自承担相应的责任。

第五十九条　【恶意串通获取财产的返还】当事人恶意串通，损害国家、集体或者第三人利益的，因此取得的财产收归国家所有或者返还集体、第三人。

第四章　合同的履行

第六十条　【严格履行与诚实信用】当事人应当按照约定全面履行自己的义务。

当事人应当遵循诚实信用原则，根据合同的性质、目的和交易习惯履行通知、协助、保密等义务。

第六十一条　【合同约定不明的补救】合同生效后，当事人就质量、价款或者报酬、履行地点等内容没有约定或者约定不明确的，可以协议补充；不能达成补充协议的，按照合同有关条款或者交易习惯确定。

第六十二条　【合同约定不明时的履行】当事人就有关合同内容约定不明确，依照本法第六十一条的规定仍不能确定的，适用下列规定：

（一）质量要求不明确的，按照国家标准、行业标准履行；没有国家标准、行业标准的，按照通常标准或者符合合同目的的特定标准履行。

（二）价款或者报酬不明确的，按照订立合同时履行地的市场价格履行；依法应当执行政府定价或者政府指导价的，按照规定履行。

（三）履行地点不明确，给付货币的，在接受货币一方所在地履行；交付不动产的，在不动产所在地履行；其他标的，在履行义务一方所在地履行。

（四）履行期限不明确的，债务人可以随时履行，债权人也可以随时要求履行，但应当给对方必要的准备时间。

（五）履行方式不明确的，按照有利于实现合同目的的方式履行。

（六）履行费用的负担不明确的，由履行义务一方负担。

第六十三条 【交付期限与价格执行】执行政府定价或者政府指导价的，在合同约定的交付期限内政府价格调整时，按照交付时的价格计价。逾期交付标的物的，遇价格上涨时，按照原价格执行；价格下降时，按照新价格执行。逾期提取标的物或者逾期付款的，遇价格上涨时，按照新价格执行；价格下降时，按照原价格执行。

第六十四条 【向第三人履行合同】当事人约定由债务人向第三人履行债务的，债务人未向第三人履行债务或者履行债务不符合约定，应当向债权人承担违约责任。

第六十五条 【第三人不履行合同的责任承担】当事人约定由第三人向债权人履行债务的，第三人不履行债务或者履行债务不符合约定，债务人应当向债权人承担违约责任。

第六十六条 【同时履行抗辩权】当事人互负债务，没有先后履行顺序的，应当同时履行。一方在对方履行之前有权拒绝其履行要求。一方在对方履行债务不符合约定时，有权拒绝其相应的履行要求。

第六十七条 【先履行义务】当事人互负债务，有先后履行顺序，先履行一方未履行的，后履行一方有权拒绝其履行要求。先履行一方履行债务不符合约定的，后履行一方有权拒绝其相应的履行要求。

第六十八条 【不安抗辩权】应当先履行债务的当事人，有确切证据证明对方有下列情形之一的，可以中止履行：

（一）经营状况严重恶化；

（二）转移财产、抽逃资金，以逃避债务；

（三）丧失商业信誉；

（四）有丧失或者可能丧失履行债务能力的其他情形。

当事人没有确切证据中止履行的，应当承担违约责任。

第六十九条 【不安抗辩权的行使】当事人依照本法第六十八条的规定中止履行的，应当及时通知对方。对方提供适当担保时，应当恢复履行。中止履行后，对方在合理期限内未恢复履行能力并且未提供适当担保的，中止履行的一方可以解除合同。

第七十条 【因债权人原因致债务履行困难的处理】债权人分立、合并或者变更住所没有通知债务人，致使履行债务发生困难的，债务人可以中止履行或者将标的物提存。

第七十一条 【债务的提前履行】债权人可以拒绝债务人提前履行债务，但提前履行不损害债权人利益的除外。

债务人提前履行债务给债权人增加的费用，由债务人负担。

第七十二条 【债务的部分履行】债权人可以拒绝债务人部分履行债务，但部分履行不损害债权人利益的除外。

债务人部分履行债务给债权人增加的费用，由债务人负担。

第七十三条 【债权人的代位权】因债务人怠于行使其到期债权，对债权人造成损害的，债权人可以向人民法院请求以自己的名义代位行使债务人的债权，但该债权专属于债务人自身的除外。

代位权的行使范围以债权人的债权为限。债权人行使代位权的必要费用，由债务人负担。

第七十四条 【债权人的撤销权】因债务人放弃其到期债权或者无偿转让财产，对债权人造成损害的，债权人可以请求人民法院撤销债务人的行为。债务人以明显不合理的低价转让财产,对债权人造成损害,并且受让人知道该情形的,债权人也可以请求人民法院撤销债务人的行为。

撤销权的行使范围以债权人的债权为限。债权人行使撤销权的必要费用,由债务人负担。

第七十五条 【撤销权的期间】撤销权自债权人知道或者应当知道撤销事由之日起一年内行使。自债务人的行为发生之日起五年内没有行使撤销权的,该撤销权消灭。

第七十六条 【当事人变化对合同履行的影响】合同生效后,当事人不得因姓名、名称的变更或者法定代表人、负责人、承办人的变动而不履行合同义务。

第五章 合同的变更和转让

第七十七条 【合同变更条件】当事人协商一致,可以变更合同。

法律、行政法规规定变更合同应当办理批准、登记等手续的,依照其规定。

第七十八条 【合同变更内容不明的处理】当事人对合同变更的内容约定不明确的,推定为未变更。

第七十九条 【债权的转让】债权人可以将合同的权利全部或者部分转让给第三人,但有下列情形之一的除外:

(一)根据合同性质不得转让;

(二)按照当事人约定不得转让;

(三)依照法律规定不得转让。

第八十条 【债权转让的通知义务】债权人转让权利的,应当通知债务人。未经通知,该转让对债务人不发生效力。

债权人转让权利的通知不得撤销,但经受让人同意的除外。

第八十一条 【从权利的转移】债权人转让权利的,受让人取得与债权有关的从权利,但该从权利专属于债权人自身的除外。

第八十二条 【债务人的抗辩权】债务人接到债权转让通知后,债务人对让与人的抗辩,可以向受让人主张。

第八十三条 【债务人的抵销权】债务人接到债权转让通知时,债务人对让与人享有债权,并且债务人的债权先于转让的债权到期或者同时到期的,债务人可以向受让人主张抵销。

第八十四条 【债权人同意】债务人将合同的义务全部或者部分转移给第三人的,应当经债权人同意。

第八十五条 【承担人的抗辩】债务人转移义务的,新债务人可以主张原债务人对债权人的抗辩。

第八十六条 【从债的转移】债务人转移义务的,新债务人应当承担与主债务有关的从债务,但该从债务专属于原债务人自身的除外。

第八十七条 【合同转让形式要件】法律、行政法规规定转让权利或者转移义务应当办理批准、登记等手续的,依照其规定。

第八十八条 【概括转让】当事人一方经对方同意,可以将自己在合同中的权利和义务一并转让给第三人。

第八十九条 【概括转让的效力】权利和义务一并转让的,适用本法第七十九条、第八十一条至第八十三条、第八十五条至第八十七条的规定。

第九十条 【新当事人的概括承受】当事人订立合同后合并的，由合并后的法人或者其他组织行使合同权利，履行合同义务。当事人订立合同后分立的，除债权人和债务人另有约定的以外，由分立的法人或者其他组织对合同的权利和义务享有连带债权，承担连带债务。

第六章 合同的权利义务终止

第九十一条 【合同消灭的原因】有下列情形之一的，合同的权利义务终止：

（一）债务已经按照约定履行；

（二）合同解除；

（三）债务相互抵销；

（四）债务人依法将标的物提存；

（五）债权人免除债务；

（六）债权债务同归于一人；

（七）法律规定或者当事人约定终止的其他情形。

第九十二条 【合同终止后的义务】合同的权利义务终止后，当事人应当遵循诚实信用原则，根据交易习惯履行通知、协助、保密等义务。

第九十三条 【合同约定解除】当事人协商一致，可以解除合同。

当事人可以约定一方解除合同的条件。解除合同的条件成就时，解除权人可以解除合同。

第九十四条 【合同的法定解除】有下列情形之一的，当事人可以解除合同：

（一）因不可抗力致使不能实现合同目的；

（二）在履行期限届满之前，当事人一方明确表示或者以自己的行为表明不履行主要债务；

（三）当事人一方迟延履行主要债务，经催告后在合理期限内仍未履行；

（四）当事人一方迟延履行债务或者有其他违约行为致使不能实现合同目的；

（五）法律规定的其他情形。

第九十五条 【解除权消灭】法律规定或者当事人约定解除权行使期限，期限届满当事人不行使的，该权利消灭。

法律没有规定或者当事人没有约定解除权行使期限，经对方催告后在合理期限内不行使的，该权利消灭。

第九十六条 【解除权的行使】当事人一方依照本法第九十三条第二款、第九十四条的规定主张解除合同的，应当通知对方。合同自通知到达对方时解除。对方有异议的，可以请求人民法院或者仲裁机构确认解除合同的效力。

法律、行政法规规定解除合同应当办理批准、登记等手续的，依照其规定。

第九十七条 【解除的效力】合同解除后，尚未履行的，终止履行；已经履行的，根据履行情况和合同性质，当事人可以要求恢复原状、采取其他补救措施，并有权要求赔偿损失。

第九十八条 【结算、清理条款效力】合同的权利义务终止，不影响合同中结算和清理条款的效力。

第九十九条 【债务的抵销及行使】当事人互负到期债务，该债务的标的物种类、品质相同的，任何一方可以将自己的债务与对方的债务抵销，但依照法律规定或者按照合同性质不得抵销的除外。

当事人主张抵销的,应当通知对方。通知自到达对方时生效。抵销不得附条件或者附期限。

第一百条 【债务的约定抵销】当事人互负债务,标的物种类、品质不相同的,经双方协商一致,也可以抵销。

第一百零一条 【提存的要件】有下列情形之一,难以履行债务的,债务人可以将标的物提存:

(一)债权人无正当理由拒绝受领;

(二)债权人下落不明;

(三)债权人死亡未确定继承人或者丧失民事行为能力未确定监护人;

(四)法律规定的其他情形。

标的物不适于提存或者提存费用过高的,债务人依法可以拍卖或者变卖标的物,提存所得的价款。

第一百零二条 【提存后的通知】标的物提存后,除债权人下落不明的以外,债务人应当及时通知债权人或者债权人的继承人、监护人。

第一百零三条 【提存的效力】标的物提存后,毁损、灭失的风险由债权人承担。提存期间,标的物的孳息归债权人所有。提存费用由债权人负担。

第一百零四条 【提存物的受领及受领权消灭】债权人可以随时领取提存物,但债权人对债务人负有到期债务的,在债权人未履行债务或者提供担保之前,提存部门根据债务人的要求应当拒绝其领取提存物。

债权人领取提存物的权利,自提存之日起五年内不行使而消灭,提存物扣除提存费用后归国家所有。

第一百零五条 【免除的效力】债权人免除债务人部分或者全部债务的,合同的权利义务部分或者全部终止。

第一百零六条 【混同的效力】债权和债务同归于一人的,合同的权利义务终止,但涉及第三人利益的除外。

第七章 违 约 责 任

第一百零七条 【违约责任】当事人一方不履行合同义务或者履行合同义务不符合约定的,应当承担继续履行、采取补救措施或者赔偿损失等违约责任。

第一百零八条 【拒绝履行】当事人一方明确表示或者以自己的行为表明不履行合同义务的,对方可以在履行期限届满之前要求其承担违约责任。

第一百零九条 【金钱债务的违约责任】当事人一方未支付价款或者报酬的,对方可以要求其支付价款或者报酬。

第一百一十条 【非金钱债务的违约责任】当事人一方不履行非金钱债务或者履行非金钱债务不符合约定的,对方可以要求履行,但有下列情形之一的除外:

(一)法律上或者事实上不能履行;

(二)债务的标的不适于强制履行或者履行费用过高;

（三）债权人在合理期限内未要求履行。

第一百一十一条 【瑕疵履行】质量不符合约定的，应当按照当事人的约定承担违约责任。对违约责任没有约定或者约定不明确，依照本法第六十一条的规定仍不能确定的，受损害方根据标的的性质以及损失的大小，可以合理选择要求对方承担修理、更换、重作、退货、减少价款或者报酬等违约责任。

第一百一十二条 【履行、补救措施后的损失赔偿】当事人一方不履行合同义务或者履行合同义务不符合约定的，在履行义务或者采取补救措施后，对方还有其他损失的，应当赔偿损失。

第一百一十三条 【损害赔偿的范围】当事人一方不履行合同义务或者履行合同义务不符合约定，给对方造成损失的，损失赔偿额应当相当于因违约所造成的损失，包括合同履行后可以获得的利益，但不得超过违反合同一方订立合同时预见到或者应当预见到的因违反合同可能造成的损失。

经营者对消费者提供商品或者服务有欺诈行为的，依照《中华人民共和国消费者权益保护法》的规定承担损害赔偿责任。

第一百一十四条 【违约金】当事人可以约定一方违约时应当根据违约情况向对方支付一定数额的违约金，也可以约定因违约产生的损失赔偿额的计算方法。

约定的违约金低于造成的损失的，当事人可以请求人民法院或者仲裁机构予以增加；约定的违约金过分高于造成的损失的，当事人可以请求人民法院或者仲裁机构予以适当减少。

当事人就迟延履行约定违约金的，违约方支付违约金后，还应当履行债务。

第一百一十五条 【定金】当事人可以依照《中华人民共和国担保法》约定一方向对方给付定金作为债权的担保。债务人履行债务后，定金应当抵作价款或者收回。给付定金的一方不履行约定的债务的，无权要求返还定金；收受定金的一方不履行约定的债务的，应当双倍返还定金。

第一百一十六条 【违约金与定金的选择】当事人既约定违约金，又约定定金的，一方违约时，对方可以选择适用违约金或者定金条款。

第一百一十七条 【不可抗力】因不可抗力不能履行合同的，根据不可抗力的影响，部分或者全部免除责任，但法律另有规定的除外。当事人迟延履行后发生不可抗力的，不能免除责任。

本法所称不可抗力，是指不能预见、不能避免并不能克服的客观情况。

第一百一十八条 【不可抗力的通知与证明】当事人一方因不可抗力不能履行合同的，应当及时通知对方，以减轻可能给对方造成的损失，并应当在合理期限内提供证明。

第一百一十九条 【减损规则】当事人一方违约后，对方应当采取适当措施防止损失的扩大；没有采取适当措施致使损失扩大的，不得就扩大的损失要求赔偿。

当事人因防止损失扩大而支出的合理费用，由违约方承担。

第一百二十条 【双方违约的责任】当事人双方都违反合同的，应当各自承担相应的责任。

第一百二十一条 【因第三人的过错造成的违约】当事人一方因第三人的原因造成违约的，应当向对方承担违约责任。当事人一方和第三人之间的纠纷，依照法律规定或者按照约定解决。

第一百二十二条 【责任竞合】因当事人一方的违约行为，侵害对方人身、财产权益的，受损害方有权选择依照本法要求其承担违约责任或者依照其他法律要求其承担侵权责任。

第八章　其 他 规 定

第一百二十三条　【其他规定的适用】其他法律对合同另有规定的,依照其规定。

第一百二十四条　【无名合同】本法分则或者其他法律没有明文规定的合同,适用本法总则的规定,并可以参照本法分则或者其他法律最相类似的规定。

第一百二十五条　【合同解释】当事人对合同条款的理解有争议的,应当按照合同所使用的词句、合同的有关条款、合同的目的、交易习惯以及诚实信用原则,确定该条款的真实意思。

合同文本采用两种以上文字订立并约定具有同等效力的,对各文本使用的词句推定具有相同含义。各文本使用的词句不一致的,应当根据合同的目的予以解释。

第一百二十六条　【涉外合同】涉外合同的当事人可以选择处理合同争议所适用的法律,但法律另有规定的除外。涉外合同的当事人没有选择的,适用与合同有最密切联系的国家的法律。

在中华人民共和国境内履行的中外合资经营企业合同、中外合作经营企业合同、中外合作勘探开发自然资源合同,适用中华人民共和国法律。

第一百二十七条　【合同监督机关】工商行政管理部门和其他有关行政主管部门在各自的职权范围内,依照法律、行政法规的规定,对利用合同危害国家利益、社会公共利益的违法行为,负责监督处理;构成犯罪的,依法追究刑事责任。

第一百二十八条　【合同争议的解决】当事人可以通过和解或者调解解决合同争议。

当事人不愿和解、调解或者和解、调解不成的,可以根据仲裁协议向仲裁机构申请仲裁。涉外合同的当事人可以根据仲裁协议向中国仲裁机构或者其他仲裁机构申请仲裁。当事人没有订立仲裁协议或者仲裁协议无效的,可以向人民法院起诉。当事人应当履行发生法律效力的判决、仲裁裁决、调解书;拒不履行的,对方可以请求人民法院执行。

第一百二十九条　【特殊时效】因国际货物买卖合同和技术进出口合同争议提起诉讼或者申请仲裁的期限为四年,自当事人知道或者应当知道其权利受到侵害之日起计算。因其他合同争议提起诉讼或者申请仲裁的期限,依照有关法律的规定。

二、司法解释

最高人民法院关于适用《中华人民共和国公司法》若干问题的规定(一)

1. 2006 年 3 月 27 日最高人民法院审判委员会第 1382 次会议通过

2. 根据 2014 年 2 月 17 日最高人民法院审判委员会第 1607 次会议《关于修改关于适用〈中华人民共和国公司法〉若干问题的规定的决定》修正

为正确适用 2005 年 10 月 27 日十届全国人大常委会第十八次会议修订的《中华人民共和国

公司法》,对人民法院在审理相关的民事纠纷案件中,具体适用公司法的有关问题规定如下:

第一条 公司法实施后,人民法院尚未审结的和新受理的民事案件,其民事行为或事件发生在公司法实施以前的,适用当时的法律法规和司法解释。

第二条 因公司法实施前有关民事行为或者事件发生纠纷起诉到人民法院的,如当时的法律法规和司法解释没有明确规定时,可参照适用公司法的有关规定。

第三条 原告以公司法第二十二条第二款、第七十四条第二款规定事由,向人民法院提起诉讼时,超过公司法规定期限的,人民法院不予受理。

第四条 公司法第一百五十一条规定的180日以上连续持股期间,应为股东向人民法院提起诉讼时,已期满的持股时间;规定的合计持有公司百分之一以上股份,是指两个以上股东持股份额的合计。

第五条 人民法院对公司法实施前已经终审的案件依法进行再审时,不适用公司法的规定。

第六条 本规定自公布之日起实施。

最高人民法院关于适用《中华人民共和国公司法》若干问题的规定(二)

1. 2008年5月5日最高人民法院审判委员会第1447次会议通过

2. 根据2014年2月17日最高人民法院审判委员会第1607次会议《关于修改关于适用〈中华人民共和国公司法〉若干问题的规定的决定》修正

为正确适用《中华人民共和国公司法》,结合审判实践,就人民法院审理公司解散和清算案件适用法律问题作出如下规定。

第一条 单独或者合计持有公司全部股东表决权百分之十以上的股东,以下列事由之一提起解散公司诉讼,并符合公司法第一百八十二条规定的,人民法院应予受理:

(一)公司持续两年以上无法召开股东会或者股东大会,公司经营管理发生严重困难的;

(二)股东表决时无法达到法定或者公司章程规定的比例,持续两年以上不能做出有效的股东会或者股东大会决议,公司经营管理发生严重困难的;

(三)公司董事长期冲突,且无法通过股东会或者股东大会解决,公司经营管理发生严重困难的;

(四)经营管理发生其他严重困难,公司继续存续会使股东利益受到重大损失的情形。

股东以知情权、利润分配请求权等权益受到损害,或者公司亏损、财产不足以偿还全部债务,以及公司被吊销企业法人营业执照未进行清算等为由,提起解散公司诉讼的,人民法院不予受理。

第二条 股东提起解散公司诉讼,同时又申请人民法院对公司进行清算的,人民法院对其提出的清算申请不予受理。人民法院可以告知原告,在人民法院判决解散公司后,依据公司法第一百八十三条和本规定第七条的规定,自行组织清算或者另行申请人民法院对公司进行清算。

第三条 股东提起解散公司诉讼时,向人民法院申请财产保全或者证据保全的,在股东提供担保且不影响公司正常经营的情形下，人民法院可予以保全。

第四条　股东提起解散公司诉讼应当以公司为被告。

原告以其他股东为被告一并提起诉讼的，人民法院应当告知原告将其他股东变更为第三人；原告坚持不予变更的，人民法院应当驳回原告对其他股东的起诉。

原告提起解散公司诉讼应当告知其他股东，或者由人民法院通知其参加诉讼。其他股东或者有关利害关系人申请以共同原告或者第三人身份参加诉讼的，人民法院应予准许。

第五条　人民法院审理解散公司诉讼案件，应当注重调解。当事人协商同意由公司或者股东收购股份，或者以减资等方式使公司存续，且不违反法律、行政法规强制性规定的，人民法院应予支持。当事人不能协商一致使公司存续的，人民法院应当及时判决。

经人民法院调解公司收购原告股份的，公司应当自调解书生效之日起六个月内将股份转让或者注销。股份转让或者注销之前，原告不得以公司收购其股份为由对抗公司债权人。

第六条　人民法院关于解散公司诉讼作出的判决，对公司全体股东具有法律约束力。

人民法院判决驳回解散公司诉讼请求后，提起该诉讼的股东或者其他股东又以同一事实和理由提起解散公司诉讼的，人民法院不予受理。

第七条　公司应当依照公司法第一百八十三条的规定，在解散事由出现之日起十五日内成立清算组，开始自行清算。

有下列情形之一，债权人申请人民法院指定清算组进行清算的，人民法院应予受理：

（一）公司解散逾期不成立清算组进行清算的；

（二）虽然成立清算组但故意拖延清算的；

（三）违法清算可能严重损害债权人或者股东利益的。

具有本条第二款所列情形，而债权人未提起清算申请，公司股东申请人民法院指定清算组对公司进行清算的，人民法院应予受理。

第八条　人民法院受理公司清算案件，应当及时指定有关人员组成清算组。

清算组成员可以从下列人员或者机构中产生：

（一）公司股东、董事、监事、高级管理人员；

（二）依法设立的律师事务所、会计师事务所、破产清算事务所等社会中介机构；

（三）依法设立的律师事务所、会计师事务所、破产清算事务所等社会中介机构中具备相关专业知识并取得执业资格的人员。

第九条　人民法院指定的清算组成员有下列情形之一的，人民法院可以根据债权人、股东的申请，或者依职权更换清算组成员：

（一）有违反法律或者行政法规的行为；

（二）丧失执业能力或者民事行为能力；

（三）有严重损害公司或者债权人利益的行为。

第十条　公司依法清算结束并办理注销登记前，有关公司的民事诉讼，应当以公司的名义进行。

公司成立清算组的，由清算组负责人代表公司参加诉讼；尚未成立清算组的，由原法定代表人代表公司参加诉讼。

第十一条　公司清算时，清算组应当按照公司法第一百八十五条的规定，将公司解散清算事宜书面通知全体已知债权人，并根据公司规模和营业地域范围在全国或者公司注册登记地省级有影响的报纸上进行公告。

清算组未按照前款规定履行通知和公告义务，导致债权人未及时申报债权而未获清偿，债权人主张清算组成员对因此造成的损失承担赔偿责任的，人民法院应依法予以支持。

第十二条 公司清算时，债权人对清算组核定的债权有异议的，可以要求清算组重新核定。清算组不予重新核定，或者债权人对重新核定的债权仍有异议，债权人以公司为被告向人民法院提起诉讼请求确认的，人民法院应予受理。

第十三条 债权人在规定的期限内未申报债权，在公司清算程序终结前补充申报的，清算组应予登记。

公司清算程序终结，是指清算报告经股东会、股东大会或者人民法院确认完毕。

第十四条 债权人补充申报的债权，可以在公司尚未分配财产中依法清偿。公司尚未分配财产不能全额清偿，债权人主张股东以其在剩余财产分配中已经取得的财产予以清偿的，人民法院应予支持；但债权人因重大过错未在规定期限内申报债权的除外。

债权人或者清算组，以公司尚未分配财产和股东在剩余财产分配中已经取得的财产，不能全额清偿补充申报的债权为由，向人民法院提出破产清算申请的，人民法院不予受理。

第十五条 公司自行清算的，清算方案应当报股东会或者股东大会决议确认；人民法院组织清算的，清算方案应当报人民法院确认。未经确认的清算方案，清算组不得执行。

执行未经确认的清算方案给公司或者债权人造成损失，公司、股东或者债权人主张清算组成员承担赔偿责任的，人民法院应依法予以支持。

第十六条 人民法院组织清算的，清算组应当自成立之日起六个月内清算完毕。

因特殊情况无法在六个月内完成清算的，清算组应当向人民法院申请延长。

第十七条 人民法院指定的清算组在清理公司财产、编制资产负债表和财产清单时，发现公司财产不足清偿债务的，可以与债权人协商制作有关债务清偿方案。

债务清偿方案经全体债权人确认且不损害其他利害关系人利益的，人民法院可依清算组的申请裁定予以认可。清算组依据该清偿方案清偿债务后，应当向人民法院申请裁定终结清算程序。

债权人对债务清偿方案不予确认或者人民法院不予认可的，清算组应当依法向人民法院申请宣告破产。

第十八条 有限责任公司的股东、股份有限公司的董事和控股股东未在法定期限内成立清算组开始清算，导致公司财产贬值、流失、毁损或者灭失，债权人主张其在造成损失范围内对公司债务承担赔偿责任的，人民法院应依法予以支持。

有限责任公司的股东、股份有限公司的董事和控股股东因怠于履行义务，导致公司主要财产、账册、重要文件等灭失，无法进行清算，债权人主张其对公司债务承担连带清偿责任的，人民法院应依法予以支持。

上述情形系实际控制人原因造成，债权人主张实际控制人对公司债务承担相应民事责任的，人民法院应依法予以支持。

第十九条 有限责任公司的股东、股份有限公司的董事和控股股东，以及公司的实际控制人在公司解散后，恶意处置公司财产给债权人造成损失，或者未经依法清算，以虚假的清算报告骗取公司登记机关办理法人注销登记，债权人主张其对公司债务承担相应赔偿责任的，人民法院应依法予以支持。

第二十条 公司解散应当在依法清算完毕后,申请办理注销登记。公司未经清算即办理注销登记,导致公司无法进行清算,债权人主张有限责任公司的股东、股份有限公司的董事和控股股东,以及公司的实际控制人对公司债务承担清偿责任的,人民法院应依法予以支持。

公司未经依法清算即办理注销登记,股东或者第三人在公司登记机关办理注销登记时承诺对公司债务承担责任,债权人主张其对公司债务承担相应民事责任的,人民法院应依法予以支持。

第二十一条 有限责任公司的股东、股份有限公司的董事和控股股东,以及公司的实际控制人为二人以上的,其中一人或者数人按照本规定第十八条和第二十条第一款的规定承担民事责任后,主张其他人员按照过错大小分担责任的,人民法院应依法予以支持。

第二十二条 公司解散时,股东尚未缴纳的出资均应作为清算财产。股东尚未缴纳的出资,包括到期应缴未缴的出资,以及依照公司法第二十六条和第八十条的规定分期缴纳尚未届满缴纳期限的出资。

公司财产不足以清偿债务时,债权人主张未缴出资股东,以及公司设立时的其他股东或者发起人在未缴出资范围内对公司债务承担连带清偿责任的,人民法院应依法予以支持。

第二十三条 清算组成员从事清算事务时,违反法律、行政法规或者公司章程给公司或者债权人造成损失,公司或者债权人主张其承担赔偿责任的,人民法院应依法予以支持。

有限责任公司的股东、股份有限公司连续一百八十日以上单独或者合计持有公司百分之一以上股份的股东,依据公司法第一百五十一条第三款的规定,以清算组成员有前款所述行为为由向人民法院提起诉讼的,人民法院应予受理。

公司已经清算完毕注销,上述股东参照公司法第一百五十一条第三款的规定,直接以清算组成员为被告、其他股东为第三人向人民法院提起诉讼的,人民法院应予受理。

第二十四条 解散公司诉讼案件和公司清算案件由公司住所地人民法院管辖。公司住所地是指公司主要办事机构所在地。公司办事机构所在地不明确的,由其注册地人民法院管辖。

基层人民法院管辖县、县级市或者区的公司登记机关核准登记公司的解散诉讼案件和公司清算案件;中级人民法院管辖地区、地级市以上的公司登记机关核准登记公司的解散诉讼案件和公司清算案件。

最高人民法院关于适用《中华人民共和国公司法》若干问题的规定(三)

1. 2010 年 12 月 6 日最高人民法院审判委员会第 1504 次会议通过

2. 根据 2014 年 2 月 17 日最高人民法院审判委员会第 1607 次会议《关于修改关于适用〈中华人民共和国公司法〉若干问题的规定的决定》修正

为正确适用《中华人民共和国公司法》,结合审判实践,就人民法院审理公司设立、出资、股权确认等纠纷案件适用法律问题作出如下规定。

第一条 为设立公司而签署公司章程、向公司认购出资或者股份并履行公司设立职责的人，应当认定为公司的发起人，包括有限责任公司设立时的股东。

第二条 发起人为设立公司以自己名义对外签订合同，合同相对人请求该发起人承担合同责任的，人民法院应予支持。

公司成立后对前款规定的合同予以确认，或者已经实际享有合同权利或者履行合同义务，合同相对人请求公司承担合同责任的，人民法院应予支持。

第三条 发起人以设立中公司名义对外签订合同，公司成立后合同相对人请求公司承担合同责任的，人民法院应予支持。

公司成立后有证据证明发起人利用设立中公司的名义为自己的利益与相对人签订合同，公司以此为由主张不承担合同责任的，人民法院应予支持，但相对人为善意的除外。

第四条 公司因故未成立，债权人请求全体或者部分发起人对设立公司行为所产生的费用和债务承担连带清偿责任的，人民法院应予支持。

部分发起人依照前款规定承担责任后，请求其他发起人分担的，人民法院应当判令其他发起人按照约定的责任承担比例分担责任；没有约定责任承担比例的，按照约定的出资比例分担责任；没有约定出资比例的，按照均等份额分担责任。

因部分发起人的过错导致公司未成立，其他发起人主张其承担设立行为所产生的费用和债务的，人民法院应当根据过错情况，确定过错一方的责任范围。

第五条 发起人因履行公司设立职责造成他人损害，公司成立后受害人请求公司承担侵权赔偿责任的，人民法院应予支持；公司未成立，受害人请求全体发起人承担连带赔偿责任的，人民法院应予支持。

公司或者无过错的发起人承担赔偿责任后，可以向有过错的发起人追偿。

第六条 股份有限公司的认股人未按期缴纳所认股份的股款，经公司发起人催缴后在合理期间内仍未缴纳，公司发起人对该股份另行募集的，人民法院应当认定该募集行为有效。认股人延期缴纳股款给公司造成损失，公司请求该认股人承担赔偿责任的，人民法院应予支持。

第七条 出资人以不享有处分权的财产出资，当事人之间对于出资行为效力产生争议的，人民法院可以参照物权法第一百零六条的规定予以认定。

以贪污、受贿、侵占、挪用等违法犯罪所得的货币出资后取得股权的，对违法犯罪行为予以追究、处罚时，应当采取拍卖或者变卖的方式处置其股权。

第八条 出资人以划拨土地使用权出资，或者以设定权利负担的土地使用权出资，公司、其他股东或者公司债权人主张认定出资人未履行出资义务的，人民法院应当责令当事人在指定的合理期间内办理土地变更手续或者解除权利负担；逾期未办理或者未解除的，人民法院应当认定出资人未依法全面履行出资义务。

第九条 出资人以非货币财产出资，未依法评估作价，公司、其他股东或者公司债权人请求认定出资人未履行出资义务的，人民法院应当委托具有合法资格的评估机构对该财产评估作价。评估确定的价额显著低于公司章程所定价额的，人民法院应当认定出资人未依法全面履行出资义务。

第十条 出资人以房屋、土地使用权或者需要办理权属登记的知识产权等财产出资，已经交付公司使用但未办理权属变更手续，公司、其他股东或者公司债权人主张认定出资人未履行出资义务的，人民法院应当责令当事人在指定的合理期间内办理权属变更手续；在前述期间内办理了权属变更手续的，人民法院应当认定其已经履行了出资义务；出资人主张自其实际交付财产给公司使用时享有相应股东权利的，人民法院应予支持。

出资人以前款规定的财产出资，已经办理权属变更手续但未交付给公司使用，公司或者其他股东主张其向公司交付、并在实际交付之前不享有相应股东权利的，人民法院应予支持。

第十一条 出资人以其他公司股权出资，符合下列条件的，人民法院应当认定出资人已履行出资义务：

(一)出资的股权由出资人合法持有并依法可以转让；

(二)出资的股权无权利瑕疵或者权利负担；

(三)出资人已履行关于股权转让的法定手续；

(四)出资的股权已依法进行了价值评估。

股权出资不符合前款第(一)、(二)、(三)项的规定，公司、其他股东或者公司债权人请求认定出资人未履行出资义务的，人民法院应当责令该出资人在指定的合理期间内采取补正措施，以符合上述条件；逾期未补正的，人民法院应当认定其未依法全面履行出资义务。

股权出资不符合本条第一款第(四)项的规定，公司、其他股东或者公司债权人请求认定出资人未履行出资义务的，人民法院应当按照本规定第九条的规定处理。

第十二条 公司成立后，公司、股东或者公司债权人以相关股东的行为符合下列情形之一且损害公司权益为由，请求认定该股东抽逃出资的，人民法院应予支持：

(一)制作虚假财务会计报表虚增利润进行分配；

(二)通过虚构债权债务关系将其出资转出；

(三)利用关联交易将出资转出；

(四)其他未经法定程序将出资抽回的行为。

第十三条 股东未履行或者未全面履行出资义务，公司或者其他股东请求其向公司依法全面履行出资义务的，人民法院应予支持。

公司债权人请求未履行或者未全面履行出资义务的股东在未出资本息范围内对公司债务不能清偿的部分承担补充赔偿责任的，人民法院应予支持；未履行或者未全面履行出资义务的股东已经承担上述责任，其他债权人提出相同请求的，人民法院不予支持。

股东在公司设立时未履行或者未全面履行出资义务，依照本条第一款或者第二款提起诉讼的原告，请求公司的发起人与被告股东承担连带责任的，人民法院应予支持；公司的发起人承担责任后，可以向被告股东追偿。

股东在公司增资时未履行或者未全面履行出资义务，依照本条第一款或者第二款提起诉讼的原告，请求未尽公司法第一百四十七条第一款规定的义务而使出资未缴足的董事、高级管理人员承担相应责任的，人民法院应予支持；董事、高级管理人员承担责任后，可以向被告股东追偿。

第十四条 股东抽逃出资，公司或者其他股东请求其向公司返还出资本息、协助抽逃出资的其他股东、董事、高级管理人员或者实际控制人对此承担连带责任的，人民法院应予支持。

公司债权人请求抽逃出资的股东在抽逃出资本息范围内对公司债务不能清偿的部分承担补充赔偿责任、协助抽逃出资的其他股东、董事、高级管理人员或者实际控制人对此承担连带责任的，人民法院应予支持；抽逃出资的股东已经承担上述责任，其他债权人提出相同请求的，人民法院不予支持。

第十五条 出资人以符合法定条件的非货币财产出资后，因市场变化或者其他客观因素导致出资财产贬值,公司、其他股东或者公司债权人请求该出资人承担补足出资责任的,人民法院不予支持。但是,当事人另有约定的除外。

第十六条 股东未履行或者未全面履行出资义务或者抽逃出资,公司根据公司章程或者股东会决议对其利润分配请求权、新股优先认购权、剩余财产分配请求权等股东权利作出相应的合理限制,该股东请求认定该限制无效的,人民法院不予支持。

第十七条 有限责任公司的股东未履行出资义务或者抽逃全部出资,经公司催告缴纳或者返还,其在合理期间内仍未缴纳或者返还出资,公司以股东会决议解除该股东的股东资格,该股东请求确认该解除行为无效的,人民法院不予支持。

在前款规定的情形下,人民法院在判决时应当释明,公司应当及时办理法定减资程序或者由其他股东或者第三人缴纳相应的出资。在办理法定减资程序或者其他股东或者第三人缴纳相应的出资之前,公司债权人依照本规定第十三条或者第十四条请求相关当事人承担相应责任的,人民法院应予支持。

第十八条 有限责任公司的股东未履行或者未全面履行出资义务即转让股权,受让人对此知道或者应当知道,公司请求该股东履行出资义务、受让人对此承担连带责任的,人民法院应予支持;公司债权人依照本规定第十三条第二款向该股东提起诉讼,同时请求前述受让人对此承担连带责任的,人民法院应予支持。

受让人根据前款规定承担责任后,向该未履行或者未全面履行出资义务的股东追偿的,人民法院应予支持。但是,当事人另有约定的除外。

第十九条 公司股东未履行或者未全面履行出资义务或者抽逃出资,公司或者其他股东请求其向公司全面履行出资义务或者返还出资,被告股东以诉讼时效为由进行抗辩的,人民法院不予支持。

公司债权人的债权未过诉讼时效期间,其依照本规定第十三条第二款、第十四条第二款的规定请求未履行或者未全面履行出资义务或者抽逃出资的股东承担赔偿责任,被告股东以出资义务或者返还出资义务超过诉讼时效期间为由进行抗辩的,人民法院不予支持。

第二十条 当事人之间对是否已履行出资义务发生争议,原告提供对股东履行出资义务产生合理怀疑证据的,被告股东应当就其已履行出资义务承担举证责任。

第二十一条 当事人向人民法院起诉请求确认其股东资格的,应当以公司为被告,与案件争议股权有利害关系的人作为第三人参加诉讼。

第二十二条 当事人之间对股权归属发生争议,一方请求人民法院确认其享有股权的,应当证明以下事实之一:

(一)已经依法向公司出资或者认缴出资,且不违反法律法规强制性规定;

(二)已经受让或者以其他形式继受公司股权,且不违反法律法规强制性规定。

第二十三条 当事人依法履行出资义务或者依法继受取得股权后,公司未根据公司法第三十一条、第三十二条的规定签发出资证明书、记载于股东名册并办理公司登记机关登记,当事人请求公司履行上述义务的,人民法院应予支持。

第二十四条 有限责任公司的实际出资人与名义出资人订立合同,约定由实际出资人出资并享有投资权益,以名义出资人为名义股东,实际出资人与名义股东对该合同效力发生争议的,如无合同法第五十二条规定的情形,人民法院应当认定该合同有效。

前款规定的实际出资人与名义股东因投资权益的归属发生争议，实际出资人以其实际履行了出资义务为由向名义股东主张权利的，人民法院应予支持。名义股东以公司股东名册记载、公司登记机关登记为由否认实际出资人权利的，人民法院不予支持。

实际出资人未经公司其他股东半数以上同意，请求公司变更股东、签发出资证明书、记载于股东名册、记载于公司章程并办理公司登记机关登记的，人民法院不予支持。

第二十五条 名义股东将登记于其名下的股权转让、质押或者以其他方式处分，实际出资人以其对于股权享有实际权利为由，请求认定处分股权行为无效的，人民法院可以参照物权法第一百零六条的规定处理。

名义股东处分股权造成实际出资人损失，实际出资人请求名义股东承担赔偿责任的，人民法院应予支持。

第二十六条 公司债权人以登记于公司登记机关的股东未履行出资义务为由，请求其对公司债务不能清偿的部分在未出资本息范围内承担补充赔偿责任，股东以其仅为名义股东而非实际出资人为由进行抗辩的，人民法院不予支持。

名义股东根据前款规定承担赔偿责任后，向实际出资人追偿的，人民法院应予支持。

第二十七条 股权转让后尚未向公司登记机关办理变更登记，原股东将仍登记于其名下的股权转让、质押或者以其他方式处分，受让股东以其对于股权享有实际权利为由，请求认定处分股权行为无效的，人民法院可以参照物权法第一百零六条的规定处理。

原股东处分股权造成受让股东损失，受让股东请求原股东承担赔偿责任、对于未及时办理变更登记有过错的董事、高级管理人员或者实际控制人承担相应责任的，人民法院应予支持；受让股东对于未及时办理变更登记也有过错的，可以适当减轻上述董事、高级管理人员或者实际控制人的责任。

第二十八条 冒用他人名义出资并将该他人作为股东在公司登记机关登记的，冒名登记行为人应当承担相应责任；公司、其他股东或者公司债权人以未履行出资义务为由，请求被冒名登记为股东的承担补足出资责任或者对公司债务不能清偿部分的赔偿责任的，人民法院不予支持。

三、其他规范性文件

最高人民法院关于胡克诉王卫平、李立、李欣股东权纠纷一案的答复

1. 2003 年 5 月 15 日发布
2. 〔2003〕民二他字第 4 号

河南省高级人民法院：

你院《关于股东未出资，亦未向股权转让人支付对价的股东地位如何认定问题的请示》收悉。经研究，答复如下：

原则同意你院第二种意见。从案卷反映的事实看,1993 年 12 月 30 日,思达设备公司变更公司章程,以书面形式确认新老股东之间就股份转让以及转让的具体份额达成的一致意见,即在公司注册资金 100 万元不变的情况下,原始股东思达科技公司和胡克将部分股份转让给李欣、魏若其、李立、杨为民、王卫平等五位新股东。1994 年 4 月 18 日思达设备公司股东会决定,同意吸收李立、李欣、王卫平、魏若其、杨为民为新的股东,原始股东各方的出资部分转让给该五位股东。此后,河南省工商行政管理局对思达设备公司进行年检时在年检报告"投资者投资情况"一栏将公司新老股东及其所占股份予以记载,该项记载具备将公司股东向社会公示的意义。从思达公司新老股东就股份转让达成合意、到公司股东会认可新股东的身份,直至工商行政管理部门通过年检报告将公司股东予以公示,思达设备公司股东完成了李立等人获得股东身份的必要程序。且李立等人自 1993 年 12 月 30 日受让股份,以股东身份行使权利(参考股东大会、参与公司运营决策等)已近 10 年,此时再否认其股东资格缺乏事实依据。股份转让时各当事人未就股份转让的对价问题做出明示约定,原始股东若就支付对价提出请求,可另案提起诉讼。

此复

最高人民法院执行工作办公室关于股东因公司设立后的增资瑕疵应否对公司债权人承担责任问题的复函

1. 2003 年 12 月 11 日发布
2. [2003]执他字第 33 号

江苏省高级人民法院:

你院[2002]苏执监字第 171 号《关于南通开发区富马物资公司申请执行深圳龙岗电影城实业有限公司一案的请示报告》收悉,经研究,答复如下:

我们认为,公司增加注册资金是扩张经营规模、增强责任能力的行为,原股东约定按照原出资比例承担增资责任,与公司设立时的初始出资是没有区别的。公司股东若有增资瑕疵,应承担与公司设立时的出资瑕疵相同的责任。但是,公司设立后增资与公司设立时出资的不同之处在于,股东履行交付资产的时间不同。正因为这种时间上的差异,导致交易人(公司债权人)对于公司责任能力的预期是不同的。股东按照其承诺履行出资或增资的义务是相对于社会的一种法定的资本充实义务,股东出资或增资的责任应与公司债权人基于公司的注册资金对其责任能力产生的判断相对应。本案中,南通开发区富马物资公司(以下简称富马公司)与深圳龙岗电影城实业有限公司(以下简称龙岗电影城)的交易发生在龙岗电影城变更注册资金之前,富马公司对于龙岗电影城责任能力的判断应以其当时的注册资金 500 万元为依据,而龙岗电影城能否偿还富马公司的债务与此后龙岗电影城股东深圳长城(惠华)实业企业集团(以下简称惠华集团)增加注册资金是否到位并无直接的因果关系。惠华集团的增资瑕疵行为仅对龙岗电影城增资注册之后的交易人(公司债权人)承担相应的责任,富马公司在龙岗电影城增资前与之交易所产生的债权,不能要求此后增资行为瑕疵的惠华集团承担责任。

此复

图书在版编目(CIP)数据

股权案件裁判要点与观点/刘敏主编. —北京:法律出版社,2016.3

(裁判要点与观点丛书/刘贵祥总主编)

ISBN 978-7-5118-8846-4

Ⅰ.①股… Ⅱ.①刘… Ⅲ.①股权转让—经济纠纷—案例—中国 Ⅳ.①D922.291.915

中国版本图书馆CIP数据核字(2015)第293634号

股权案件裁判要点与观点
本册/主　编　刘　敏
　　副主编　袁　力

策划编辑 韦钦平
责任编辑 韦钦平　夏旭日
装帧设计 乔智炜

开本 710毫米×1000毫米　1/16
印张 31　**字数** 608千
版本 2016年6月第1版
印次 2016年6月第1次印刷
出版 法律出版社
编辑统筹 大众出版分社
总发行 中国法律图书有限公司
经销 新华书店
印刷 固安华明印业有限公司
责任印制 沙　磊

法律出版社/北京市丰台区莲花池西里7号(100073)
电子邮件/info@lawpress.com.cn
销售热线/010-63939792/9779
网址/www.lawpress.com.cn
咨询电话/010-63939796

中国法律图书有限公司/北京市丰台区莲花池西里7号(100073)
全国各地中法图分、子公司电话:
第一法律书店/010-63939781/9782
西安分公司/029-85388843
重庆公司/023-65382816/2908
上海公司/021-62071010/1636
北京分公司/010-62534456
深圳公司/0755-83072995

书号:ISBN 978-7-5118-8846-4
定价:78.00元
(如有缺页或倒装,中国法律图书有限公司负责退换)